商事法律制度
前沿问题研究

作者简介

陈景善

　　中国政法大学民商经济法学院教授、博士生导师,《政法论坛》副主编,日本早稻田大学法学院法学博士。中国法学会商法学研究会理事、北京市法学会破产法学会常务理事,北京市法学会债法学研究会副会长兼秘书长,东亚破产再建协会理事,公司法、破产法修改课题组成员。主要研究方向为公司法、破产法、证券法等,侧重于东亚比较法研究,精通韩语、日语。

李亚超

　　北京交通大学法学院助理教授,中国法学会律师法学研究会理事、北京市法学会债法学研究会理事。主要研究方向为商法学、公司法学。在核心期刊发表十余篇论文。

单祖果

　　北京市大兴区人民法院党组副书记、副院长。主要研究方向为民商法学。

周楚舒

　　北京市第一中级人民法院法官助理,北京市法学会债法学研究会理事。主要研究方向为破产法学。发表论文《破产清算转重整中的利益冲突与平衡研究》《上市公司协同重整中统一偿债模式的检视与重构》等。

刘远歌

　　北京市通州区人民检察院检察官助理。主要研究方向为商法学、检察学。

薛　洁

　　北京航空航天大学法学院博士后。主要研究方向为公司法学、破产法学。发表论文《重组支持协议效力延伸的法理基础与机制构造》《中国关联交易司法审查制度的变迁与展望》《公司治理中控股股东的信义义务对象》等。

商事法律制度
前沿问题研究

陈景善

| 编著 |

中国政法大学出版社

2025 · 北京

总 序

2017 年 5 月 3 日，习近平总书记考察中国政法大学并发表重要讲话。他指出，全面推进依法治国是一项长期而重大的历史任务，也必然是一场深刻的社会变革和历史变迁。全面推进依法治国，法治理论是重要引领。办好法学教育，必须坚持中国特色社会主义法治道路，坚持以马克思主义法学思想和中国特色社会主义法治理论为指导。我们要坚持从我国国情和实际出发，正确解读中国现实、回答中国问题，提炼标识性学术概念，打造具有中国特色和国际视野的学术话语体系，尽快把我国法学学科体系和教材体系建立起来。加强法学学科建设，要以我为主、兼收并蓄、突出特色。要努力以中国智慧、中国实践为世界法治文明建设作出贡献。希望法学专业广大学生德法兼修、明法笃行，打牢法学知识功底，加强道德养成，培养法治精神。

习近平总书记的重要论述深刻阐释了法治人才培养的重要意义以及法学学科体系建设的突出地位和特殊使命。法治人才培养是法学教育的核心使命，法学教材体系是法学学科体系建设的重要内容。没有科学合理的法治人才培养机制，没有适合我国国情的法学教材体系，没有符合法治规律的法学教育模式，就不可能完成全面推进依法治国的历史重任。大力加强法学教材体系建设是培养高素质法治人才的基础性工作，对于加强法学学科建设，培育社会主义法治文化，坚持和发展中国特色社会主义法治理论，推进国家治理体系和治理能力现代化都具有重要意义。

为了深入贯彻习近平总书记考察中国政法大学时重要讲话精神，创新法学人才培养机制，加强法学教材体系建设，发展中国特色社会主义法治理论，充分利用中国政法大学作为国家法学教育和法治人才培养主力军的地位，发挥中国政法大学法学学科专业齐全、法学师资力量雄厚、法学理论研究创新方面的优势，我们组织专家学者编写了这套中国特色社会主义法治理论系列研究生教材，期待着为建立健全法学学科体系和教材体系尽绵薄之力。

整体而言，这套教材有以下几个鲜明特色：

第一，坚持以中国特色社会主义法治理论为指导。中国特色社会主义法治理论是新时代法治建设的指导思想，也是该套教材编写的理论指导。在教材编写中，我们坚持以中国特色社会主义法治理论为指导，把立德树人、德法兼修作为法学人才培养的目标，努力探索构建立足中国、借鉴国外、挖掘历史、把握当代、关怀人类、面向未来的中国特色社会主义法学学术和话语体系。教材既立足中国，坚持从我国国情实际出发，又注意吸收世界法治文明成果，体现继承性、民族性、原创性、时代性、系统性和专业性，努力打造具有中国特色和国际视野的学术话语体系。努力为培养高素质法治人才提供基本依据，为完善中国特色社会主义法治体系、建设社会主义法治国家提供理论支撑。

第二，坚持反映我国法治实践和法学研究的最新成果。与传统的法学教材相比，这套教材作为"中国特色社会主义法治理论系列研究生教材"，其特色在于"研究生教材"的地位。不同于传统的以本科生为阅读对象、以基本概念和基础法律制度为主要内容的法学教材，这套教材意在提升法学研究生的问题意识和学术创新能力，培养法学研究生的自我学习意识和自我学习能力，反映我国法治实践和法学研究的最新研究成果。可以说，党的十八大以来在科学立法、严格执法、公正司法、全民守法等各方面的理论和实践创新都在这套教材中有所体现。

第三，坚持理论与实践相结合。习近平总书记在考察中国政法大学时强调，法学学科是实践性很强的学科，法学教育要处理好法学知识教学和实践教学的关系。法治是治国理政的基本方式，法律是社会运行的基本依据，法学是社会科学的基本内容。这三个层面都决定了法学是面向社会、面向生活、面向实践的学科。长期以来，法学教育内容与法治实践需求相脱节始终是我国法学教育面临的突出问题。这套教材坚持理论与实践相结合，着力凸显法学学科的实践性，坚持法学教育内容与法治实践需求相结合，在教材中大量反映中国特色社会主义法治实践、社会实践、制度实践的内容，注重引导学生更加关注鲜活的法治实践、社会现实和制度变革。

由于能力有限，时间较紧，这套教材肯定还存在不少问题，期待各位专家和读者批评指正。

是为序。

马怀德
中国政法大学校长
2020 年 6 月

习近平法治思想是习近平新时代中国特色社会主义思想的重要组成部分。在新时代背景下，应当做好法律法规立改废释，推动完善产权保护、市场准入、公平竞争、社会信用等市场经济基础制度，健全以公平为原则的产权保护制度，把"法治是最好的营商环境"落到实处。依法将各类金融活动全部纳入监管，依法规范和引导资本健康发展，推动经济发展在法治轨道上运行。坚持"两个毫不动摇"，依法保护民营企业产权和企业家权益，推动从制度和法律上把对各类经营主体平等对待的要求落下来，为所有经营主体提供依法平等保护、一视同仁的良好法治环境。

全面依法治国是国家治理的一场深刻革命。新时代以来，以习近平同志为核心的党中央把全面依法治国纳入"四个全面"战略布局，党的二十大报告对"坚持全面依法治国，推进法治中国建设"作出专章部署，凸显了法治在党和国家事业发展全局中的特殊重要性。截至 2024 年 12 月 19 日，我国现行有效法律共计 305 件，中国特色社会主义法治体系不断健全，法治中国建设迈出坚实步伐，党运用法治方式领导和治理国家的能力显著增强。党的二十届三中全会把坚持全面依法治国作为进一步全面深化改革的重大原则，深化了我们党对以法治保障中国式现代化的规律性认识。

商事法律制度前沿问题研究有助于推动法治化营商环境的建立和完善，以法治之力平等保护各类经营主体产权和合法权益，破除体制机制障碍，最大程度激发全社会内生动力和创新活力。

我国在 1978 年党的十一届三中全会宣布改革开放之后，开始构建具有社会主义特色的市场经济法制。在商事制度领域，我国在 20 世纪 80 年代制定了"外商投资企业法"、90 年代初制定了《公司法》，90 年代末制定了《证券法》，2001 年制定了《信托法》（从民事信托为主），直至 2005 年、2023 年大规模修订《公司法》，2005 年、2019 年修订《证券法》，2006 年制定了中国第一部《破产法》以及修订了以鼓励创业为目的的《合伙企业法》。改革开放 40 多年以来，中国特色社会主义法制体系已基本形成，社会主义市场经济法制在不断完善。1996 年党中央提出研究实行依法治国、建设社会主义法治国家问题具有重大的现实意义和深远的历史意义。依法治国、建设社会主义法治国家最重要的原则和制度，关键在于了解和掌握最重要的理论和实践问题。从此，中国特色社会主义市场经济法制从制度构建步入依法治国的时代。2011 年 3 月，时任全国人大常委会委员长吴邦国向十一届全国人大四次会议作全国人大常委会工作报告中宣布，一个立足中国国情和实际、适应改革开放和社会主义现代化建设需要、集中体现党和人民意志的，以宪法为统帅，以宪法相关法、民法商法等多个法律部门的法律为主干，由法律、行政法规、地方性法规等多个层次的法律规范构成的中国特色社会主义法律体系已经形成。目前，涵盖社会关系各个方面的部门法已经齐全，各部门法律中基本的、主要的法律已经制定，相应的行政法规和地方性法规比较完备，法律体系总体做到科学和谐统一。中国特色社会主义法律体系是中国特色社会主义永葆本色的法制根基，是中国特色社会主义创新实践的法制体现，是中国特色社会主义兴旺发达的法制保障。回顾改革开放以来中国的立法进程，吴邦国总结了五条经验：①坚持党的领导；②坚持以中国特色社会主义理论体系为指导；③坚持从中国国情和实际出发；④坚持以人为本、立法为民；⑤坚持社会主义法制统一。我国社会主义市场经济法制架构已基本完成，步入了依法治国的时期，对已构建的商事立法体系重新审视，亟须解决适用中的问题。为了解决适用中的问题，我国通过《立法法》将立法权限授权给最高人民法院，最高人民法院以司法解释、指导案例、裁判规则、公报案例、纪要等方式指导司法实务。中国特色社会主义法治司法体系已经初步形成，法学理论经历了 40 年的积累已经今非昔比。习近平总书记在《加快建设社会主义法治国家》一文中强调："坚持从实际出发，就是要突出中国特色、实践特色、时代特色。要总结和运用党领导人民实行法治的成功经验，围绕社会主义法治建设重大理论和实践问题，不断丰富和发展符合中国实际、具有中国特色、体现社会发展规律的社会主义法治理论，为依法治国提供理论指导和学理支撑。"2017 年 5 月 3 日，习近平总书记在考察中国政法大学时强调："对世界上的优秀法治文明成果，要积极吸收借鉴，也要加以甄别，有选择地吸收和转化，不能囫囵吞枣、照搬照抄。"他国的法治建设并非每一项成果都是优秀的，其中也有糟粕，西方法制史上这样的例子不胜枚举。这就要求对世界法治成果进行认真鉴别。所谓认真鉴别，应做到两点：一是与时俱进，在学习借鉴他国法治文明成果过程中，要防止借鉴学习他国已经放弃的理论或制度，放弃的原因常常是无作用或副作用过大。与时俱进的另一层含义就是要认识到我国社会政治、经济、社会、文化、生态等方面发展阶段与成果产生国在发展阶段上的差异，不应借鉴不符合我国发展实际的制度。二是去芜存菁，要识别世界法治文明建设中产生的恶果，不可盲目引进。本书基于我国构建的商法体系，将我国在立法中遇到的理论问题、司法适用中遇到的实务问题系统介绍，通过本书研究生既可了解体系化的基础知识，也可学习研究前沿问题，为引发学生更多思考，很多方面只作提示，未给出结论性见解。本书不仅适合法学专业硕士研究生，还适合法律硕士以及在职硕士生，在综合考虑研究生结构以及培养目标的情况下设置了章节与内容。需要说明的是本书未列入票据法，是因电子商务日益发展票据法适用逐步减少，制定以来并未作修改，金融法领域适用更多一些。此外，未列入信托法的原因在于两方面：一是篇幅的关系删除，二是 2001年制定的《信托法》以民事信托为主，待《信托法》修改之后本书修订时准备纳入商事信托制度的体系以及前沿问题。

2025 年 1 月

陈景善

目录

第二编 我国公司法体系与前沿问题

第一编　商法总论前沿

社会主义市场经济法律体系的构建 与商事立法变迁

第一节　导　语

　　我国具有中国特色的社会主义商事立法的构建始于 1979 年外商投资企业法的构建。[1] 在外商投资企业法中首次确认了股东

---

　　[1] 外商投资企业法包含三部法律，分别为《中华人民共和国中外合资经营企业法》《中华人民共和国外资企业法》和《中华人民共和国中外合作经营企业法》（以下分别简称《中外合资经营企业法》《外资企业法》《中外合作经营企业法》）。其中《中外合资经营企业法》于 1979 年制定，经过 1990 年、2001 年、2016 年三次修正，第二次修正中新增合营企业职工辞退等事项应订立合同要求及合营企业职工建立工会的要求（第 6 条第 4 款、第 7 条），第三次修正中新增除涉及国家规定实施准入特别管理措施外审批事项采用备案管理形式（第 15 条）。《外资企业法》于 1986 年制定，经过 2000 年、2016 年两次修正，第一次修正中将经营范围所需物资同等条件下应当尽先在中国购买删除（第 15 条），第二次修正中新增除涉及国家规定实施准入特别管理措施外的审批事项采用备案管理形式（第 23 条）。《中外合作经营企业法》于 1988 年制定，于 2000 年、2016 年、2017 年进行过四次修正，第二次修正中新增除涉及国家规定实施准入特别管理措施外审批事项采用备案管理形式（第 25 条），第四次修正中对合作企业成立后改为委托中外合作者以外的他人经营管理的情形放宽标准，仅要求经董事会或者联合管理机构一致同意而无需经过审查批准机关批准（第 12 条第 2 款）。另外，最高人民法院于 2010 年发布《关于审理外商投资企业纠纷案件若干问题的规定（一）》（后于 2020 年修正），旨在解决外商投资企业在设立、变更等过程中产生的纠纷案件，保护当事人的合法权益。2019 年 3 月 15 日，第十三届全国人民代表大会第二次会议表决通过了《中华人民共和国外商投资法》（以下简称《外商投资法》），自 2020 年 1 月 1 日起施行。《外商投资法》是为了进一步扩大对外开放，积极促进外商投资，保护外商投资合法权益，规范外商投资管理，推动形成全面开放新格局，促进社会主义市场经济健康发展，根据宪法制定的法律。《外商投资法》共分 6 章，包括总则、投资促进、投资保护、投资管理、法律责任、附则，共 42 条。

有限责任，用国有土地、国有厂房出资引进了外资，开始了具有社会主义特色的市场经济的建设。此后，在商事制度领域，我国在 20 世纪 90 年代初制定了《中华人民共和国公司法》（以下简称《公司法》），90 年代末制定了《中华人民共和国证券法》（以下简称《证券法》），2001 年制定了《中华人民共和国信托法》（以下简称《信托法》）（以民事信托为主），直至 2005 年、2023 年大规模修订《公司法》，2005 年、2019 年修订《证券法》，2006 年制定了中国第一部《中华人民共和国企业破产法》（以下简称《破产法》）以及修订了以鼓励创业为目的的《中华人民共和国合伙企业法》（以下简称《合伙企业法》）。如前所述，2011 年国家宣布中国特色社会主义法律体系已经形成。2014 年 10 月 23 日，党的十八届四中全会审议通过《中共中央关于全面推进依法治国若干重大问题的决定》指出："社会主义市场经济本质上是法治经济。使市场在资源配置中起决定性作用和更好发挥政府作用，必须以保护产权、维护契约、统一市场、平等交换、公平竞争、有效监管为基本导向，完善社会主义市场经济法律制度。"毋庸置疑，在社会主义市场经济法律体系的构建中，完善商事法律制度至关重要。社会主义市场经济法律体系规范的商事主体、进入市场、退出市场、市场运行规则均需要在商事法律制度中确立。商事法律制度调整商事关系和法律规范，是法律体系中的一个重要组成部分。我国在商事法律制度构建中坚持社会主义市场经济特色的法律体系，同时结合实情移植国外商事法律制度，促进社会主义市场经济的发展。商事立法完成了构建阶段，实质性地进入了本土化、用制度治理的法治化完善阶段。

党的十九大报告指出，深化商事制度改革是加快完善社会主义市场经济体制的一项重要任务。由于社会主义市场经济本质上是法治经济，所以商事制度的改革必然会涉及商事法律制度的调整与完善。我国目前的商事法律制度主要由《公司法》《证券法》

《保险法》《破产法》等法律组成，这些法律在制定时均以中国特色社会主义为指导思想，而且是社会主义市场经济体制建立和运行的法律基础，因此我国的商事法律都能从不同的角度反映社会主义市场经济的特色。

《公司法》是调整公司这一重要市场主体的法律规范。党的十九大报告指出，要深化国有企业改革，发展混合所有制经济，培育具有全球竞争力的世界一流企业。此外，要全面实施市场准入负面清单制度，清理废除妨碍统一市场和公平竞争的各种规定和做法，支持民营企业发展，激发各类市场主体活力。以上目标均与《公司法》存在密切联系，《公司法》的完善与有效实施是实现以上目标的必要条件。

《证券法》是资本市场法律制度的重要组成部分，而资本市场是市场体系的三大支柱之一。党的十九大报告指出，要深化金融体制改革，增强金融服务实体经济能力，提高直接融资比重，促进多层次资本市场健康发展。《证券法》无疑将扮演关键的角色，《证券法》的完善和有效实施是实现上述目标的根本前提。

保险业是社会主义市场经济的一个重要行业，是现代金融体系的支柱之一，而《保险法》对维护金融秩序稳定、促进保险业健康发展发挥了积极的作用，故《保险法》的完善和有效实施是商事法律制度改革不可或缺的一环。

《破产法》对于社会主义市场经济的重要性是毋庸置疑的。根据《加快完善市场主体退出制度改革方案》，市场主体退出制度是现代化经济体系的重要组成部分，而出台该方案的目的是进一步畅通市场主体退出渠道，降低市场主体退出成本，激发市场主体竞争活力，完善优胜劣汰的市场机制，推动经济高质量发展。破产是企业退出市场的重要法律渠道，所以《破产法》对于社会主义市场经济健康发展具有保障作用。

第二节 各国商事立法变迁对我国商事立法的启示

构建我国商事立法体系首先需要探讨各国商事制度立法模式，再结合中国特色完善法律体系与制度。近代意义的商法源于中世纪地中海沿岸各国的商人习惯法，但中世纪商人习惯法是地域性的不成文法，其作为商人法，大部分规则仅适用于行会内部的商人。

欧洲早期的成文商法主要是对中世纪以来长期形成的商人习惯法予以确认，而商人身份是立法的逻辑起点，商法本身带有浓厚的属人法特征。在立法体例上，主要有三种情形：一是制定独立的商事法规；二是实行民商合一立法；三是在一般法律中列出有关商法的专门规章。[1]

19世纪开始，欧洲大陆国家相继开始大规模的法典制定活动，近现代商法由此形成。在大陆法系国家中，法国在《陆上商事条例》（Ordonance surle commerce）和《海事条例》（Ordonance sur le marine）的基础上，于1807年通过了《法国商法典》，这是近代社会第一部独立的商法典，开创了大陆法系国家民商分立体制的先河。《法国商法典》共四编，648条，包括通则（含公司、商行为和票据）、海商、破产和商事法院。《法国商法典》以上述两个条例为基础，摒弃了中世纪商法的商人法主义而采用商行为主义，彰显了法国资产阶级大革命消除等级特权，主张人人平等的人权思想。《法国商法典》开创了商事立法的先河，在整个19世纪都处于世界领先地位，影响了欧洲许多国家商法典的编纂，如意大利、葡萄牙、埃及、波兰、南斯拉夫等国家。

德国商法典最早颁布于1861年，史称《德国旧商法》。《德

---

[1] 范健、王建文：《商法学》（第4版），法律出版社2015年版，第19页。

国旧商法》包括总则、商事公司、隐名合伙以及共算商事合伙、商行为、海商等五编，共 911 条。1897 年重新修订后颁布的新《德国商法典》包括商业性质、商事公司及隐名合伙、商行为、海商四编，共 905 条。《德国商法典》的编纂不同于法国，它是在一般私法的编纂之前进行的。《德国商法典》的编纂是政治上统一的斗争在法律上的反映，它是精心策划的试图通过编纂统一法来推动德国政治统一运动。[1]《德国商法典》的编纂与法国相反，其以商人为中心，采用主观主义原则。即以是否为商人所实施为标准，判断是否适用商法。若是商人实施的行为，则适用商法，若非商人为之，适用民法或其他法律。受《德国商法典》影响的国家主要有奥地利、瑞典、挪威、丹麦、日本以及清朝末期的中国等。其中日本商法典目前的变化比较大。日本的现行商法典[2]是 19 世纪末的 1899 年（明治 32 年）制定的（1899 年 3 月 9 日法律第 48 号），迄今已有百余年历史。但是，在现行商法典之前，曾存在一个旧的商法典版本，即 1890 年商法典（被称为"旧商法"，是以 1844 年罗斯勒[3]的商法草案为基础制定的）。受到当时的"民法典争论"[4] 的波及，该旧商法被延期实施，

---

〔1〕 参见［英］施米托夫：《国际贸易法文选》，程家瑞编辑，赵秀文选译，中国大百科全书出版社 1993 年版，第 9 页。转引自刘宏渭：《商法总则基本问题研究》，华中科技大学出版社 2013 年版，第 13 页。

〔2〕 日本部门框架性，引用［日］尾崎安央：《日本商法典的"解构"与日本民法的"商法化"现象》，张杨译，载《中国政法大学学报》2018 年第 1 期。

〔3〕 罗斯勒（Hermann Roesler），德国人，1878 年开始前后三次受聘于日本政府。在日本期间，为当时的日本政府提供了外交、法律、行政等方面的咨询意见。在立法上，其最著名的功绩是为当时的日本政府起草了宪法草案和商法草案，起草商法草案的时期大致是 1881 年至 1884 年。参见高田晴仁：《日本商法的源流·罗斯勒草案》，载早稻田大学比较法研究所编：《日本法中的外国法》，成文堂 2014 年版，第 175~203 页。在中国的文献中，Roesler 常被译为：罗斯勒、雷斯莱尔、拉斯勒、罗斯勒尔。

〔4〕 1890 年前后，关于新起草的民法典（一般被称为"旧民法"），围绕该法典是否契合日本的风俗和传统，是应该延期实施该法典还是坚决推进实施该法典，在日本的朝野展开了大争论。

从 1893 年开始，其中的公司法编等开始先行实施。从这个意义上而言，旧商法并未被完全弃用。"民法典争论"的结果是，除了民法典被修订外，商法典也被修订，形成了 1899 年的商法典。

1932 年"票据编"（修订前《日本商法典》的第三编）从《日本商法典》中被移除，其直接原因是日本加入了 1930 年《日内瓦统一汇票本票法公约》。加入该条约意味着有义务将该条约的内容纳入国内法，所以日本于 1932 年制定了《日本票据法》（1933 年 7 月 15 日法律第 20 号）。由于制定了该法，日本删除了《日本商法典》第 3 编（票据编）的第一章至第三章。此外，由于日本将 1931 年的《日内瓦统一支票法公约》的内容纳入国内法，并于 1933 年制定了《日本支票法》（1934 年 7 月 29 日法律第 20 号），并删除了《日本商法典》第三编（票据编）的第四章。〔1〕

商法的最大块的条文剥离是 2005 年以独立法典形式制定的《日本公司法》。该法的制定使商法中有关公司法的很多条文被删除。在制定该法前的商法典时期，学术概念上的"公司法"除了商法典中有关无限公司、两合公司、股份公司〔2〕的规定外，还包括独立法典形式的《日本有限公司法》〔3〕、规定了商法特例的

〔1〕 在日本，从学理角度来看，一般认为票据法属于商法的一部分（实质商法）。其法律依据是《日本商法典》第 501 条第 4 项，规定票据行为等属于"绝对商行为"的一种。按照这种思路，不能不说《日本商法典》第 501 条第 4 项存在立法理论上的问题。在现在的民法典修订案中，关于有价证券的规制被纳入民法典中（民法典修订案第 520 条 2 以下），有价证券即将成为一般私法理论中的组成部分。

〔2〕 在 1950 年《日本商法典》修订前，日本也有类似欧洲的股份两合公司制度（公司有无限责任社员和股东）（修订前的《日本商法典》第 457 条、第 458 条以下）。但是，由于这一制度的构造过于复杂，实际上采用这种公司形态的公司不足 100 家，因此在 1950 年《日本商法典》修订时废止了这种公司形态（1951 年修订的《日本商法典》实施法第 46 条第 3 款）。

〔3〕 1938 年 4 月 5 日法律第 74 号。该法后来被《关于实施公司法时整备相关法律等的法律》（2005 年 7 月 26 日法律第 87 号，以下简称《整备法》）废止，见《整备法》第 1 条第 3 项。

《关于股份公司的监查等的商法特例的法律》[1] 等，条文数最多的是《日本商法典》中的"公司编"（被删除的是《日本商法典》中的第 52 条至第 500 条。再加上很多条文项下还有细分条文，总体上有相当数量的条文从《日本商法典》中被删除）。这些条文都因为《日本公司法》的制定而被废止或删除。另一个重大变化是 2008 年制定的《日本保险法》（2008 年 6 月 6 日法律第 56 号）。[2] 该法以"创设人身伤害保险制度，谋求对保险合同的统一规制"为立法目的，制定了单独的法典。其结果是，《日本商法典》中有关"保险"（修订前《日本商法典》的第二编第十章）的所有条文（第 629 条至第 683 条）均被删除。此外，日本还对《日本商法典》中的"运输·海商"部分内容进行了修订。其背景是，该规定明显落后于运输方面的实务发展，因此有必要抓紧修订。另有立法目的，即将迄今为止从实务中发展出来的新制度等予以立法化，制定具有世界一流水平的《日本运输合同法》。法制审议会（法务大臣的咨询机构）于 2016 年就《关于商法（运输·海商相关）等的修订要纲》向法务大臣进行了报告，修改法案已于 2018 年 5 月获得通过，自 2019 年 4 月起施行。

综上所述，《日本商法典》的发展史是一部法典的"解构"史。在不久的将来，《日本商法典》可能会只剩下商法总则以及少量的商行为方面的规定。[3] 在这一演变过程中"商法典到底是规制什么内容的法典"的问题又回到原点。与公司相关的内容

---

[1] 1974 年 4 月 2 日法律第 22 号。该法已被《整备法》废止，见《整备法》第 1 条第 8 项。

[2] 在日本，关于保险的主要法律有：以规制保险公司为主要目的的《日本保险业法》（1995 年 6 月 7 日法律第 105 号，该法于 1900 年制定，并于 1939 年进行了全面修订，1995 年版本是在 1939 年版本基础上全面修订后形成的）和以规制保险合同为主要目的的《日本保险法》。

[3] 上文已提及，在最初的民法典修订构想中，甚至存在商行为法的大部分因被民法典吸收而被删去的可能性。

既然由《日本公司法》作出了规定，那么《日本商法典》就是规制公司以外的主体（例如商个人），这是一种理解（商人法）。可是，如果认为商法典是商人法，那么对其中的商个人来说，虽然商个人也具有"商"的色彩，但作为个人（自然人，民法典中的"人"），其行为很多时候要适用民法规范。也就是说，如果要在商个人层面区分商法与民法，非常重要的是在个人层面区分哪些属于个人领域（受民法规制的内容）以及哪些属于"商"领域（适用商法的部分）。[1] 另外，从商法的交易法（商行为法）角度来看，完全用民法规制包括公司在内的"商人"们从事的"商行为"，这是否合适，也是存疑的。换言之，对于在民法典之外需要商法典这部法律的理由，从传统的争论来看，有必要明确"商"的独特性，并重新证明为什么需要一部恰当反映"商"的独特性的法典（raison d'etre）。[2]

在日本，一方面发生着商法典的"解构"现象，而另一方面"实质商法"的范围却在不断扩大。英美法系国家的商事法以习惯法和判例法为其渊源，它们都受普通法和衡平法的支配，自成一体。在英国，以制定法形式存在的有关商事单行法涉及公司、合伙、破产、票据及保险等诸多方面，如 1882 年《票据法》、1885 年《载货证券法》、1889 年《经纪人法》、1890 年《合伙法》、1893 年《货物买卖法》、1894 年《商船法》及《破产法》，等等。而美国主要继受英国的法律传统，也采用习惯法和判例法。根据美国宪法规定，各州拥有有关贸易方面的立法权，这导致各州的商事立法内容各行其是，这显然不利于商事交往。19 世

---

〔1〕 例如：在财产方面，要区分家庭财产和企业财产。

〔2〕 例如："自然人获得商人资格的时间点"是商法总则的古典争议之一。其基本争议点是，是该理解为在某一时间点统一获得（统一说），还是该理解为分步地、相对地获得（相对说）。在两种学说中，又各自根据具体的时期和如何设定步骤而存在学说上的对立。对于自然人，何时开始适用商法典，这个问题对商行为法的"附属商行为"（《日本商法典》第 503 条）的解释也会产生影响。

纪以来，美国的一些非官方机构，如美国法学会和美国律师协会，发起并推动法律统一运动，着手制定统一的商事法规。如1896年《统一流通票据法》、1906年《统一买卖法》、1909年《统一股票转让法》《统一提单法》等。

综上所述，我国商法学界在对各国商法的立法模式进行充分研究的基础上，现提出制定具有中国特色的"商事通则"，商法学者们不断探索商事制度的特殊性，概括总结能够指导并具有宣示性的商事通则相关规定。

第三节　商事立法体例选择

在我国民商合一的立法体系模式下，到底应民商合一还是民商分立似乎是每一个研究商法的人都绕不开的问题。民商合一，是指在民法典外不另设商法典，将民事与商事统一立法，或将商法的规定编入民法典，或在民法典外制定民事单行特别法。民商分立，则是在民法典之外，另行制定商法典，民法典和商法典独立存在。世界各国民商合一或民商分立体例，与其说是一个立法技术的问题，不如说是历史传统造成的。商事法典的立法独立势在必行。目前从我国社会主义市场经济发展的过程中可以看到，随着人工智能的发展，新型商事主体不断出现，商事合同已超越民法规范的民事合同的范围，商事立法不仅应考虑交易安全，还应考虑社会公共利益、新型商事行为的出现等，必须要构建现行法律框架下能够应对新行为的概括性法律框架，同时与时俱进地完善商事法律制度的立法工作。瞬息万变、不断创新的市场经济要求不断完善法律规定，避免纠纷，维持公平、公正、安全的交易秩序，稳定社会发展。

过去民商分立主要是因为历史传统上商人阶层的存在，但随着商品经济的发展，非商人也可以从事商事行为，例如股票、债券、票据等领域人人都可参加，单纯的商事活动难以存在，原本的商事行为也被认为是民事行为；在人人皆可从商的时代，商人阶层也不是一个固定不变的阶层。民事和商事的界限越来越难以准确界定。有些领域民商分立效率极高，例如公司法因为有明确的适用主体——公司，因此将公司法从民法法人篇中分立；保险法因适用于明确的行为——保险合同，而从合同法中分立。但在商事行为总则领域中，若需要将其从民法总则和债法总则等部分中分立出来，其耗费的成本将是巨大的。[1]因此，高度的民商分立既不必要，也难以实现，在对营业、商人、商行为等概念还难以把握的今天，在民法典中加入商法要素，另就公司法、保险法、票据法等商事关系明晰的领域，通过制定单行法予以规制应是立法成本最小的路径。但在民商合一体例下如何制定系统完善的民法总则，在民法总则中有机加入商法要素，使之能有效涵盖民商事交易规则，这个问题仍不明朗。而此次民法典对商事代理制度并没有过多规定，例如此次代理制度中仍然只明确规定"以被代理人名义"的直接代理制度，而对间接代理制度却只字不提。

事实上，无论是民商合一抑或是民商分立，都无法磨灭商法中其独立的价值观念与适用规则，诸如违约金的调整、借贷利息上限的约定等。诚然，民法典为商事关系提供一般意义上的私法规范，但在处理商事关系纠纷时，在商事单行法没有规定的情况下，不能简单套用民法的规定。例如，公司等商主体中大量存在的决议行为，关于决议行为的成立、生效、可撤销、无效的判断都不能简单地套用法律行为的一般规范，基于维护交易安全的商法原则，商行为一般采用严格的外观主义，而不应随意以虚伪表示为由主张相应决议可撤销或无效。商法要素应该保留，这是无

---

〔1〕 参见王涌：《中国需要一部具有商法品格的民法典》，载《中国法律评论》2015 年第 4 期。

论采取何种形式都应该坚持的，无论是将商法要素融合在民法总则中，还是在民法总则外另设商法通则，都应存在一个共识，也即商法有其"实质的独立性"，无论采取何种形式，都不能将该实质要素给抹杀、摒弃，否则将导致在处理商事纠纷时作出不恰当裁判，在看似符合现行法律条文的情形下产生实质的不公平裁判现象。我国商法学界正热议如何制定商事通则。[1] 范健教授认为商法典起草要分三步，即从商法通则到商法汇编最终走向商法典。刘凯湘教授认为可以先制定商法通则，但商法通则既不能完成商法典的功能与任务，也不能实现私法法典化的目标。王涌教授认为商法通则容量极小，几乎就是一种象征性立法，其出台并不成熟，可能给人一种商法典可有可无的印象，因此，一方面应制定重要的单行法，包括《商号法》《商事登记法》；另一方面应提前规划，制定《商法典》。[2] 赵旭东教授认为民法典的编纂为商法通则的制定提供了历史性的机遇，而商法通则的制定则为民法典的编纂做出特殊的贡献。商法是民法的特别法，民法和商法固有的紧密联系决定了商事立法在民法典制定中的特殊地位，二者都不能脱离彼此而孤立存在。民法典的编纂涵盖着商法要素，但目前其体例布局和内容安排均无法很好地统筹和协调与商事立法的关系，尤其是民法总则"提取公因式"出现一些不足，进一步放大了商事一般条款的立法问题，造成制度供给相对缺乏。民法典的编纂为商法通则奠定了坚实的理论基础。[3]

---

〔1〕 参考 2017 年中国法学会商法学研究会年会论文集以及吉林大学、中山大学、北京大学等学校举办的商事通则立法研讨会。

〔2〕 参见 2017 年 12 月 30 日于北京大学召开的"制定商法典——商法典编纂的全球印象"会议实录。

〔3〕《商法通则立法与商法体系完善研讨会暨"〈商法通则〉立法研究"课题成果发布会在中山大学召开》，载中国法学创新网：http：//www. fxcxw. org/index. php/Home/Xuejie/artIndex/id/15410/tid/1. html，最后访问日期：2018 年 7 月 10 日。

实务中商法总则的具体适用

在我国目前未制定商法总则的情况下，商法总则中体现社会主义市场经济主体资格的特殊的商事能力的限制、商事账簿、商事代理等实际上已通过分散在不同法律的相关规定有所适用。本章结合具有特色的案例进行分析。

第一节　商事能力
——公务员商事能力限制

我国在商事能力方面的限制主要体现在公务员、未成年人、外国人三个方面。公务员受到公务员法限制，未成年人受到基于民法的民事能力限制，外国人受到外商投资企业法限制。由于这些限制，在我国股权代持案例中出现了外国人、公务员隐名股东纠纷案。纵观我国公务员从事商事活动的案例，其中存在违反了《中华人民共和国公务员法》（以下简称《公务员法》）第 59 条第 16 项关于公务员不得"违反有关规定从事或者参与营利性活动，在企业或者其他营利性组织中兼任职务"的禁止性规定，被认定为"股东"之间约定主体不适格的问题；"协议书"第 4 条违反了《合伙企业法》第 33 条第 2 款"合伙协议不得约定将全部利润分配给部分合伙人或者由部分合伙人承担全部亏损"的禁止性规定，签订"协议"存在不平等的问题，比如约定对公务员的保底协议，有利用公务员身份所掌握的公共资源损害国家或集体利益之嫌，"协议书"违反了法律强制性规定，依照《中华人民共和国民法典》（以下简称《民法典》）第153条第1款之规定被判无效。商事能力是一种附加于民事能力之上的能力，即具备商事能力者一般应以具备民事能力为前提，但具备一般民事能力并不必然具备商事能力。从这个意义上说，商事能力是一种特殊的民事能力。[1] 王保树教授认为，商人的能力包括民事主体的权利能力、行为能力和商法上的营业行为能力。所有民事主体都具备成为商人的基础，但要成为商人须具有营业能力。只有在具有营业能力即营业上的行为能力者才具有商人资格。[2]

对于公务员不得经商的观点，讨论商事主体行为能力受限制的情形，是以该主体已成为商事主体为前提的，如果该主体连商事主体资格都未取得，也就谈不上商事行为能力的问题，当然更谈不上受限制的问题。公务员在商法上均不是商事主体，也就谈不上商事行为能力，更谈不上其商事能力受限制的问题。[3]

法律之所以禁止公职人员等与商人身份不兼容的人从事商事活动，其目的在于确保履行公共职能的人具有独立性、公平性、公正性或者维护某些职业活动的尊严。[4]

如果公职人员等与商人身份不兼容的人从事商事交易活动，那么他们所为的商事交易是否有效？在法国，无论是司法判例还是学说，均持肯定的意见。张民安认为，一方面，如果否定这些

---

〔1〕　参见范健、王建文：《商法学》（第4版），法律出版社2015年版，第26页。

〔2〕　参见王保树：《商法总论》，清华大学出版社2007年版，第94页。

〔3〕　参见陈本寒主编：《商法新论》（第2版），武汉大学出版社2014年版，第73页。

〔4〕　参见张民安：《商自然人的法律地位研究》，载王保树主编：《中国商法年刊2007：和谐社会构建中的商法建设》，北京大学出版社2008年版，第179页。

人的商人身份，认定他们与第三人所为的商事交易无效，则第三人的利益将遭受重大损害，危及交易安全；另一方面，虽然这些人违反商法的禁止性规定从商，但是他们在从商时也具有一般商人的外观，根据外观主义理论，他们也应当被认定为商人，以便他们承担自己作为商人应当承担的义务和责任。[1] 日本的案例也是根据交易安全、商事外观主义认为有效，保护善意的第三人。

第二节　商主体概念现代化重塑

在现代商事实践中，商行为的实施主体大多为具有一定组织形式和经济规模的企业。现代社会经济活动的主导主体，也从传统商法中以商自然人为中心，转变为具有一定经济规模和组织形式的企业。所谓企业，是指依法成立并具备一定的组织形式，以营利为目的独立从事生产经营活动和提供商业服务的经济组织。[2] 按照组织形式，可以将企业划分为公司企业、合伙企业和个人独资企业。作为法人或非法人组织，企业都可以以自己的名义，参与商事法律关系，享有权利和承担义务。在我国现今仍未有关于"商主体"和"商行为"法定概念的背景下，有学者认为在一定意义上，可将现代商法称为企业的特别私法，以企业代替"商人"概念。在葡萄牙、巴西等地，都已舍弃了传统的商人概念，而改以企业为中心来界定商主体与商行为。但其也指出，不能将商法限定于企业的对外私法，因为不仅企业内部资本结构与组织关系等内容均为商法的基本内容，而且现代社会中已普遍存

---

〔1〕 参见张民安：《商自然人的法律地位研究》，载王保树主编：《中国商法年刊 2007：和谐社会构建中的商法建设》，北京大学出版社 2008 年版，第 179 页。

〔2〕 参见甘培忠：《企业法新论》，北京大学出版社 2000 年版，第 2 页。

在不依存于企业而实施的商行为。[1]诚然，商主体不仅限于企业，商主体除商法人外还包括商个人，因此不能简单地以企业概念取代商人概念。

2002 年《德国民法典》正式引入消费者和经营者概念，并对其内涵与外延都做了界定，将消费者、经营者作为与自然人并列的民事主体。我国《反不正当竞争法》《消费者权益保护法》《产品质量法》等法律也明确采用了经营者概念，那是否应引入"经营者"概念作为商主体的法定概念，从而与经营行为概念相对应?[2]该观点为我国商法体系构建提供新思路，摆脱商人与商行为循环定义的窠臼，立足于现代市场经济而实现商法的现代化。但由于经营者概念在司法适用中存在不同的理解，因此对于作家、学校、医院等是否属于经营者等问题，如医院与患者之间的医疗服务合同是否属于消费者合同也存在不同的认识。此外，在各国现代公司法日益加强控股股东信义义务的背景下，公司人格否认、禁止股东滥用权利等条文制度也都体现了对股东加重责任的理念。是否或如何将公司股东确定为经营者，从而使在股东身上适用上述商法加重责任原则具有正当性，也是值得深思的问题。

无论是选取传统商法的商人、商事主体概念，又或者是选取与现代市场经济发展相契合的企业、经营者概念，最重要的都是确定商法所调整的主体应具备的要素。这些要素包括但不限于以下几种：行为要素，商主体应从事营利行为；职业要素，该等商事行为应是反复、不间断地从事，因而偶尔从事营利行为不属于商主体；登记要素，经过商事登记机关登记确认的为商主体；知

---

[1]　参见王建文:《中国商法立法体系：批判与建构》，法律出版社 2009 年版，第 230 页。

[2]　参见王建文:《我国商法引入经营者概念的理论构造》，载《法学家》2014 年第 3 期。

识要素，如美国《统一商法典》确定的商人应对交易所涉及的货物或作法具有专门知识或技能。在确定商主体时，哪些要素才是核心必备，哪些要素是辅助判断，这些都应在未来商事立法中予以明确。

商事主体制度是商法上商事主体范围、商事主体分类、商事主体能力等一系列法律制度的统称。商事主体制度旨在揭示商事主体的本质特征，并从立法上将商事主体与其他法律主体区别开来。从我国目前的情况看，商事主体的法律规范尚未形成统一的标准和层次化的立法体系。这种相对分散的立法状态在一定程度上造成了部分法律之间的重复、冲突等，同时也给执法带来了部分困扰。

施天涛教授认为，应当把商事主体进一步划分成商人和非商人。他认为，商人是以自己的名义实施商行为并以此为职业的人。在现实的商事关系中，商人并非商事法律关系的唯一当事人。除了商人之外，以商事主体身份参与商事法律关系的，还有其他非商人。其他非商人参与者也享有商事权利并承担商事义务和责任。但是，商人与非商人在商事法律关系中的地位和位阶是不同的。譬如，在公司法律关系中，公司作为典型商人，以商人的身份享有权利和承担义务与责任；但是，由于公司是由投资者投资组建而成，从而形成公司与股东的股权关系。然而，股东在公司股权关系中并不一定都以商人身份出现。公司董事和高级管理人员是实施商业活动的帮助者或辅助者，同时也是商事法律关系的参与者。董事与高级管理人员享有经营、管理公司的权利或权力，承担诸如受信义务等管理者责任。以上例举意在说明，商人概括不了非商人，实际商法运用中，对他们的要求和规制也是不同的。

商事主体这一概念应当包括商人和非商人。商人和非商人都是商事法律关系的参与者。商人是最重要的商事主体，是商事法律关系的主导者，在商行为的实施中居于核心地位。非商人同样是商事法律关系的参与者：在有的情形下，他们居于辅助地位，帮助商人完成商业活动；在有的情形下，非商人是商事法律关系的主导者和效果承载者，商人作为中介帮助他们完成商事交易活动；在一些特殊情形下，有些民事主体因其附属性地实施商行为，也可以非商人身份参与商事法律关系。[1]

第三节　商事合同与民事合同比较分析
——以股权转让纠纷案为例

本部分以了解商事行为的概念与立法例（德国的主观主义、法国的客观主义、日本的折中主义）、商事行为的特征、商事行为的分类、商事行为与法律行为、商事行为相关规制为前提，结合案例进行研讨。区分商事合同与民事合同，不仅应考虑其主体（至少一方为商主体）、适用原则（交易的安全性、快捷性等）方面，而且还应考虑其营利性。

企业间的交易，是追求营业目的的专业主体之间的交易活动，理应有契合这种交易性质的法律规制。在典型的私法范畴的合同中，其法律规范是以法律主体的平等性和地位的可互换性为基础的。以买卖合同为例，在 A 与 B 之间，A 既可能是买方，也可能是卖方。此时，法律规范既不向买方倾斜，也不向卖方倾斜，例如关于风险承担，法律在双方平等的思路下分配双方的风险。这种具有互换性的当事人关系，是民法中预设的构图。在这种构图中，预设的前提是"当事人均非专业商家"。在商业买卖中，也就是 B2B 交易，虽然商家之间也具有平等性和身份互换性，但因为属于专业商家之间的交易，其中就有商业世界的固有

---

　　[1] 参见施天涛：《商人概念的继受与商主体的二元结构》，载《政法论坛》2018 年第 3 期。

需求，例如"快速交易"等。[1]

民事契约发生在民事主体之间，商事契约发生在商主体之间，由于民事主体和商主体之间理性判断能力、风险承受能力和风险分散能力的差异，应该区别对待并在立法上有所体现。[2]

传统民法规则关于商行为的规制存在两个明显的问题：其一，民法未能一般性地考量商行为之安排，导致了商事疑难案件之处理缺乏一般原则，经常出现"案不能判"或者"类似不同判"的现象，直接影响商事交易对"确定预期"的需求；其二，民法中已有的一些具体商行为之安排，尚存在一些明显的缺点，未能充分考虑商法/商事交易之特殊性，需予以立法修正和填补。[3]

商法是有关商人的法，而商人与银行家被推定为在商务方面是有专业能力、有经验的。关于能力、意思表示瑕疵、对"意思表示自由"的保护，等等，都退到了次要位置。各种行为效力的无因性、独立性安排充分体现了这一点。因此，商行为的效力判断应以登记、公示或其他外在表现形式为主要依据。而且，基于交易维持之原则，商行为之效力不能随意被否定。[4]

薛军教授认为，民法与商法的关系并不是一个非常复杂的问题，其根本就在于针对不同场景以及不同当事人的交易而设定不同的规则。在商人、经营者、企业在进行经济交往时，法律赋予前者的私人自治空间、对其干涉自由的程度以及监控交易的程

---

〔1〕 参见［日］尾崎安央：《日本商法典的"解构"与日本民法的"商法化"现象》，张杨译，载《中国政法大学学报》2018 年第 1 期。

〔2〕 参见王延川：《商事行为类型化及多元立法模式——兼论商事行为的司法适用》，载《当代法学》2011 年第 4 期。

〔3〕 参见蒋大兴：《论民法典（民法总则）对商行为之调整——透视法观念、法技术与商行为之特殊性》，载《比较法研究》2015 年第 4 期。

〔4〕 参见蒋大兴：《论民法典（民法总则）对商行为之调整——透视法观念、法技术与商行为之特殊性》，载《比较法研究》2015 年第 4 期。

度，都与消费者合同或者其他普通的民事合同完全不同。[1]

民事合同的传统作用在于通过财富的公平流转形成良善的社会伦理秩序；而商事合同则背负着促进财富的快速流转、资金的迅速融通、信息和服务的便利发达等作用，最终达到财富的积累和经济的发展的目的。[2]

裁判新型商事合同效力的指导性原则——利益衡量：法官应当仔细分析新型商事合同的社会利益，并在社会利益与"效力规则"的制度利益之间进行权衡，将社会利益技术性地融入裁判，牵引法律制度不断完善，达成制度利益与社会利益相一致的结果。另外，法官应对交易性规范多做任意解释，将"效率和交易安全"确立为优先价值且充分尊重交易习惯。[3]

第四节　商事账簿的制作、保管与提供

无论在学界还是实务中大家认为商事账簿与会计账簿无区分，商法总则（或通则）无须设商事账簿。但是，笔者认为商法总则（或通则）应该制定有关商事账簿的相关规定。上市公司财务账簿按照严格的财务规定制作并需要披露财务报告，股份公司亦需要建立财务账簿，而无强制性规定的商主体中的商个人、我国个体工商户等应由商法的商事账簿规定规范。商法总则（或通则）中的商事账簿应将全部商主体纳入其规范对象中。无商事账簿会导致责任分担不清、利润无法分配、公司财务管理混乱、股东权益无法得到保障等问题，甚至部分有限责任公司或股份有限

---

〔1〕　参见薛军：《私人自治的新课题》，载中国民商法律网：http：//www. civillaw. com. cn/zt/t/?id=%2032586，最后访问日期：2018 年 7 月 10 日。

〔2〕　参见杨姗：《新型商事合同效力认定的裁判思维——以融资合同为中心》，载《法学》2017 年第 8 期。

〔3〕　参见杨姗：《新型商事合同效力认定的裁判思维——以融资合同为中心》，载《法学》2017 年第 8 期。

公司法人人格被否，股东无法承担有限责任，而承担连带责任。

商主体通过编制商事账簿，将有关商事主体的经营活动记录下来，形成书面的会计资料，以便商事主体及有关第三人能够获得商事主体财务状况和损益状况的信息。在现代社会，各国商法典都对商事主体编制商事账簿问题作出了规定，要求商事主体依法编制商事账簿。如果商事主体违反此义务，则应当承担相应的法律责任。比如《法国商法典》规定，一切具有商人身份的自然人或法人都应根据会计登记和财产清单建立年度账目，这些活动应按时间顺序进行登记，并按财产清单的形式至少每年一次，对企业的积极要素和消极要素的存在和价值进行核对。

商事账簿是反映商事主体经营活动和财务状况的重要凭证，在诉讼中也具有重要地位。当商人与他人发生纠纷，基于当事人申请或法院认为有必要时，法院有权责令商人提交有关商事账簿，用以证明纠纷中涉及的有关商事关系，商事主体不得拒绝提供。这是商事主体须承担的商事账簿提交义务。虽然商事主体制作的商事账簿可以作为证据使用，但关于该证据的证明力大小，则由法官自由心证。《法国商法典》第 12 条规定："商人制作的账簿可以作为证据以证明商人实施了某种商行为，此证据的效力取决于商人援引商事账簿对抗商人或非商人。"《法国民法典》第 1329 条规定，商人不得援引自己制作的商事账簿对抗非商人，原因有二：一是商人在诉讼中处于优势、强者的地位，其制作的账簿非商人一般难以收集；二是非商人一方难以用适当的证据对抗商人的商事账簿，以减损商事账簿的证明力。[1] 由此可知，《法国商法典》中商事账簿的证据效力取决于其对抗的主体身份，若是对方也具有商人身份，则商人的商事账簿应被法官接纳，但是否采信，由法官自由心证。但若对方是非商人，则商人不得援引

---

〔1〕 参见张民安：《商事账簿制度研究》，载《当代法学》2005 年第 2 期。

自己制作的商事账簿对抗非商人。

　　在德国，《德国民事诉讼法》规定，在民事诉讼过程中，基于当事人的申请或者基于法院的职权，当事人负有出示商事账簿的义务。此种义务表现在两个方面：一方面，如果诉讼的一方当事人援引某种商事账簿，用来证明某种有争议的事实时，他应当提交有关商事账簿。另一方面，如果诉讼的对方当事人没有占有某种商事账簿，则在该人援引商事账簿时，占有该种商事账簿的一方当事人应当出示所占有的商事账簿。如果一方当事人意图妨害对方当事人使用其商事账簿而毁损其商事账簿或者致使其商事账簿无法使用时，另一方当事人关于举证资料的性质和内容的主张视为已经得到证明。[1] 由此看来，德国与法国的立法规定不同，其没有区分诉讼对象，而是规定一种特别证明效力，当负有提交义务的一方当事人拒不提交或者故意毁损其商事账簿，致使另一方无法证明自己主张时，负有举证责任的一方免除举证责任，其主张视为已经得到证明。

第五节　营业转让

　　营业转让并非组织行为，而是交易行为，营业是可转让的。营业转让包括商号的转让、营业转让人的竞业禁止、债权人的保护、受让人的责任、对受让人的偿还效力等内容。营业转让无论从转让人的角度还是受让人的角度，在维持企业可持续性发展的角度而言，对国民经济的发展均有利。因而，为了有效促进营业转让、合理运用法律需要调整利害关系人的利益。2005 年《日本公司法》将商法总则中商号转让之外的营业转让规定调整到公司法中，"营业转让"名称改为"事业转让"并规定到公司法总则

---

〔1〕　参见张民安：《商事账簿制度研究》，载《当代法学》2005 年第 2 期。

中。但是，《日本公司法》规定的"事业转让"需经股东会决议，围绕着其是否会导致竞业禁止的问题有不同意见。日本最高法院判决认为其与商法总则中的营业转让并无区别，多数说与判例观点相同。而少数说认为《日本公司法》规定的营业转让是为了保护股东利益，考虑公司经营的稳定性。折中说认为以考虑是否存在重大过失为前提，应考虑交易的安全性。

一、转让人的竞业禁止义务

在营业转让中转让人的竞业禁止义务的产生是由于在营业转让中营业客户关系的转让必然伴随着营业的承继。

《日本商法典》第 25 条规定："转让营业时，当事人若无另外意思表示，则转让人在 20 年内，不得于同一市镇内或相邻市镇内经营同一营业。"

我国澳门地区《商法典》第 108 条第 1 款规定："自转让日起最多 5 年内，商业企业转让人不得自行、透过第三人或为第三人经营另一能因所营事业、地点或其他情况而使被移转企业之顾客转移之企业。"第 5 款规定："得订立比第 1 款所定限制更广之不竞业约定，但不得超过该款所定之时间上限，且不得使转让人不能从事任何与企业相关或不相关之职业活动。"

二、商号转让与债权人利益保护

营业转让作为一种商事交易方式，也会存在转让人恶意利用这一形式以达到避债的目的的现象。例如转让人通过低价变卖资产，或者剥离优质资产至新设企业，而新设企业不承担或者少承担债务。

对于营业转让中转让人的债权和债务是否随同营业一起转让给受让人，存在两种不同的观点。一种观点认为，商事主体的债权债务属于商事营业资产的构成要素，因此除非当事人另有约定，商事主体的债权债务随营业的转让发生转移。另一种观点认为，商人的债权债务原则上不属于商事营业资产的构成要素，并不随着营业的转让而发生转移，原则上还是由转让人继续承担债务，当然受让人可通过另行约定承担。

德国采取有条件地承认债务随营业转让而转让的规则，前提条件是受让人一同继受了转让人的商号。《德国商法典》第25条规定："①以原商号、附加或不附加表示继任关系的字样继续生前所取得的营业的人，对原所有人在营业中设定的一切债务负责任。原所有人或其继承人已同意继续使用商号的，对于债务人而言，在营业中设定的债权视为已转移于取得人。②有另行约定的，另行约定只有在其已登入商业登记簿并且已经公告，或已由取得人或让与人通知第三人时，才对第三人有效。③不继续使用商号的，只有在有特别负担义务的原因时，特别是在债务的承担已由取得人以商业上通常的方式公告时，营业的取得人才对原营业债务负责任。"[1] 该规定主要以受让方是否继续使用原商号为准进行判断。如果受让方继续使用该商号，则受让人应对转让方在营业中产生的债务负责，但允许当事人双方对此另有约定，但该约定应登记公告或者告知第三人；但若受让方不使用原商号，则受让方一般不承担债务，但受让方以公告方式表示其承继债务的除外。

第六节　商事代理的解除

商事代理多为组织关系的代理，是基于代理人的经理人或者雇员的身份而产生的代理权和代办权，基于商事交往的频繁和效率要求，第三人往往根据社会通常情况下经理人和代办人可能拥

---

[1] 参见杜景林、卢谌译著：《德国商法典》，中国政法大学出版社1999年版，第17页。

有的权限进行判断，而不愿意花费时间和精力去了解或者调查某个具体商业组织对其经理人或者雇员授权的具体范围。

根据《民法典》第 173 条第 2 款的规定，无论是委托人还是代理人都可以随时解除委托代理关系——赋予委托代理关系的双方以"任意解除权"。该规定显然是以民事代理所具有的人身信任属性为逻辑出发点的。在商事代理领域，对于商事组织体外部产生的独立的代理关系，如对于代理商来说，其前期往往投入大量人力物力精力进行选址、做品牌宣传或者招聘雇员等，该规定将会使其所有投入灰飞烟灭，彻底否定商事代理的连续性和商事代理人的合理经济预期。而这一"任意解除权"对于基于商事组织体内部的经理人或者雇员而产生的代理关系来说，会因与劳动法相冲突而无适用空间。所以，各国商法对于商事代理特别是有固定期限的商事代理合同，均不赋予任何一方当事人以任意解除权。[1]

职务代理的性质：一种观点认为，职务代理是被代理人单方授权行为的结果，职务代理实质上是委托代理的一种特殊形式。[2] 另一种观点认为，职务代理是一种意定代理，职务代理权无需代理权授予行为。换言之，在一般的委托代理中，意定代理权来自代理权授予行为，而在职务代理中，意定代理权来自特定职务。[3]

商事代理可以依据与商事主体的关系，分为内部代理与外部代理。其中，内部代理包括法人内部的机构与董事、员工对法人组织的代理；代理商、代办商等专业型独立商事主体则为外部代

---

〔1〕 参见赵旭东等：《〈商法通则〉立法大家谈》，载《国家检察官学院学报》2018 年第 3 期。

〔2〕 参见马俊驹、余延满：《民法原论》（第 4 版），法律出版社 2010 年版，第 225 页。

〔3〕 参见尹飞：《体系化视角下的意定代理权来源》，载《法学研究》2016 年第 6 期。

理。在探讨商事代理时，学者们往往过多地将关注点放在独立于委托人的商事主体的外部代理，而对商事主体内部的组织机构、人员对法人的代理却关注较少。

在大陆法系国家，通常将具有商事职务代理权的主体称为"商业使用人"或"商业辅助人"。但对职务代理的研究中，以经理权最为典型。经理权包含的代表权使得经理能以公司名义进行活动，与第三人缔结契约，并由公司直接承担该契约的法律后果。但是经理权或者商业使用人只是商事职务代理中的一个类别，商事主体内部其他工作人员的代理权，也是商事职务代理体系中的一个重要组成部分。也即商事代理既包括经理的经理权，也包括员工的代办权。

在商事立法中，经理一般有权代理与商事主体相关的一切商事行为以及与营业有关的诉讼行为。此外，不同于一般民事代理中以出示授权文件为原则的做法，商事代理中一般推定内部经理具有代理权。对经理权的概括授权以及推定授权，主要是从商事交易要求简便迅捷的特点出发。因为商机的瞬息万变和商事交易的迅捷效率，对经理的概括授权与推定授权，可以降低交易相对人的调查成本，保护交易第三人的信赖利益以及维护交易安全。但由于职务代理存在于商事主体内部，外部交易第三人并不清楚内部代理关系与权限，为保护第三人的合法权益，应该对职务性代理人的名称与相关信息在公司登记机关进行登记公示，通过公示缓解因概括授权所带来的权限主体与界限不清晰的问题，这种做法也符合商事外观主义的原则。

第二编　我国公司法体系与前沿问题

第一章 | 公司法的意义

公司法是社会主义市场经济法治的重要一环。作为法人的商事主体在进入市场时，其设立、运营（组织机构）和终止，以及制定相关议事规则都受到公司法的调整。此外，公司法还规范了公司与股东、公司与债权人以及其他相关利益方之间的利害关系。我国第一部《公司法》于1993年制定，之后于2005年、2023年做了大修改。1993年《公司法》主要规范了国有企业，国有企业性质浓厚，缺乏灵活性。为了鼓励创业，建设社会主义市场经济，2005年《公司法》在坚持中国特色的同时移植了保护股东、保护债权人利益的国外相关制度，将适用《公司法》的对象限定于有限责任公司与股份有限公司。保护股东、保护债权人方能稳定发展社会主义市场经济以及资本市场，中国需要制定人民利益至上的公司法。2005年《公司法》彰显社会主义市场经济法治的特色体现在"公司社会责任"的法定化、"法人人格否认制度"的确立、"公司设立党的基层组织、工会组织"等方面。国外并未法定化的制度在我国被逐一纳入到公司法制度中。我国公司法在移植美国、欧洲、日本等国家制度的同时保持了自身的特色。纵观世界各国公司法基本上存在两种趋势：一是以美国为中心的较宽松的公司法规制，鼓励创业，灵活；二是以欧洲大陆法系为中心的较为严格的规制，公司法规定"原则禁止，例外允许"的情况较多。纵观各国公司法的立法情况：大陆法系的德国集 1870 年的股份公司法、1884 年的股份公司法、1892 年的有限公司法以及 1897 年的新商法作为其商法典（即《德国商法典》）。该商法典成了 1937 年德国股份公司法的雏形，后经修改直到 1965 年现行股份公司法才正式公布。法国于 1807 年在《法国商法典》第一篇第三章规定公司法，历经几次修改于 1966 年最终形成了现行公司法。意大利于 1882 年在商法中规定了公司法相关规定，1942 年开始将公司法并入到民法典中，起初以法国法为模板，现受德国法影响的成分比较多。英美法系的英国和美国虽以普通法为基础，但是在公司法上有截然不同的规定。众所周知，英国因出现过南海泡沫等滥用公司的情形，第一部成文法于 1844 年公布，1998 年迎来了最大规模的公司法改革，公布了《英国 2006 年公司法》。[1] 美国于 19 世纪初受英国的影响一直以来严格管制公司设立，但受到产业革命和西部开发的影响，各个州竞相引进公司放宽公司法，公司法展开了朝底竞争。最典型的是特拉华州公司法。另外，还有美国律师协会制定的美国《标准公司法》，已有 16 个州采用该法，35 个州受该法影响。

2000 年以后，世界各国公司法现代化修改基本上趋向于或多或少地放宽。以大陆法系为蓝本的亚洲各国公司法修改就是典型。日本取消了最低资本制；放宽了股份回购、种类股制度；公司组织机构多样化（美国型/大陆法系型均存在）；股份公司与有限公司的统一化（近来发现了其弊端）等。韩国于 2011 年 3 月公布修改方案，全面进行现代化大修改，于 2012 年 4 月份开始实施，之后持续进行修改工作。越南在 2000 年以后也在世界银行的援助下修改了公司法，取消了最低资本金制度。我国在 2005

---

〔1〕 参见《英国 2006 年公司法》（2012 年修订译本），葛伟军译，法律出版社 2012 年版。

年进行大修改时，大幅度放宽，但还是维持了大陆法系的矜持，作为"简政放权"的一环，我国 2013 年修改《公司法》取消了最低资本金制度，将实缴改为认缴，为的是鼓励创业。如此我国《公司法》在结合社会主义市场经济特色的同时，借鉴国外经验逐步予以放宽，但仍面临着适用中的问题，尚需修改完善。

（1）公司法规范了公司设立的门槛和规则。关于公司设立，各国公司法都规定了物的、人的、行为等要件。具体而言，有最低资本金的要求、人数的限制、制定章程时的章程自治与强制性规范之间的关系。2013 年《公司法》修改取消了最低资本金制度。东亚其他国家，日本和韩国取消最低资本金的同时，在制度设计上完善了保护股东、保护债权人的相关制度。我国 2013 年《公司法》修改只放宽了进入的门槛，对于股东保护以及债权人保护只能在现有制度框架下予以实现。2018 年《公司法》修改了股份回购制度，2023 年《公司法》进行了大幅度修改。

（2）公司法规范了公司内部组织机构。纵观世界各国公司法，在公司内部组织机构的设置上典型的有三种模式。具体而言：美国型的以董事会为监督机构、董事会构成人员过半数为独立董事的单层制模式；德国型的股东大会选举监事，再由监事会选举董事的双层制模式，该模式的特点在于赋予监事会以选任/解聘权，监事会成员中包括员工，员工和监事共同决定董事人选，因此被称为"共同决定法"；以中国、日本、韩国为代表的三权并列式模式。但是，目前这三国均出现三权并列式模式与美国单层制模式混合适用的情形。比如日本，在 2006 年实施的《日本公司法》中，法律强制性地规定公司组织机构必须设立股东大会和董事，其他机构根据 8 大原则（在第五章"公司治理与组织机构"章节中后述）可以组合成 41 种以上组织机构。我国《公司法》规定了三权并列模式，但是同时又引进了德国式的员工参与监督/管理的模式，还认可了美国的独立董事模式。此外，

《上市公司治理准则》《健全银行业保险业公司治理三年行动方案（2020—2022 年)》等在治理模式中都强化了党委治理的模式。目前，我国大部分银行已经引进了美国式的"委员会设置公司"模式，在董事会下设薪酬委员会、提名委员会、审计委员会、战略委员会等多个委员会，至少设 2 名独立董事；在监事会下设职工监事、外部监事。我国治理结构目前存在监督成本过高的问题。

（3）调整股东与股东之间的关系。主要规范控股股东，保护少数股东。

（4）调整公司与股东之间的关系。比如，对股东诉权［设股东（大）会决议瑕疵之诉/股东代表诉讼/公司解散之诉等]、分红权、表决权、异议股东收买请求权、查账权等予以保护。

（5）公司法设有保护债权人的规定。在有限责任的保护下，债权人利益得不到保障。因此，公司法规定类似法人人格否认、最低资本金、扣除盈余公积金、资本公积金不得弥补亏损、公司合并与分立中的债权人保护程序、解散/清算中的债权人保护程序等。当然，各国公司法在这方面的规定也不尽相同。

（6）规范公司解散/清算的规则等。公司法规定了公司解散的几种情形，还规定了清算的方式。世界各国清算方式，主要有任意清算、强制清算、特别清算等。

我国《公司法》第 2 条规定："本法所称公司，是指依照本法在中华人民共和国境内设立的有限责任公司和股份有限公司。"即我国《公司法》只规定了两类公司：有限责任公司与股份有限公司。我国目前主要的商事主体除了有限责任公司与股份有限公司以外，还有合伙企业、个人独资企业、外商投资企业（本书将外商独资、合资、合作企业统称为"外商投资企业"）。其中外商投资企业实质上是有限责任公司形式之一，但是因该法律先于公司法存在，外商投资企业相关法律尚未废止，因此本书单独罗列了该形态。此外，学生在借鉴国外资料时，经常借鉴美国、德国、日本的资料，而对这些国家的有限责任公司形式并没有充分理解的情况时有发生。有限责任公司制度由德国发明，世界各国相继仿效。

而我们所称的美国的有限责任公司与我国的有限合伙雷同。现行《日本公司法》（2005 年修改）取消了有限责任公司，规定了的公司形态有股份公司与持份公司（持有股权的意思），其中持份公司包括两合公司（资合公司）、无限责任公司（合名公司）、合同公司。关于《日本公司法》翻译法条的图书已有三本，但是均未作详细解释，对合同公司不理解的情况比较多。鉴于此，下文将简单概括合同公司的主要内容。合同公司是 2005 年《日本公司法》新设的制度，全体社员负有限责任，以章程规定的出资额为限负有限责任的形态。就因为其与股份公司性质的雷同性，在注册资本缴付上实施全额缴付制度以外，还设立了各种各样的债权人保护规制（参照《日本公司法》第 626 条以下内容）。但是，合同公司在业务执行人与法定代表人方面又与两合公司与资合公司的形态一样，而在股权的转让、出资的返还、退社以及退出时的返还规定方面与两合公司的有限责任社员相同，并设有一系列的特别规定（参照《日本公司法》第 632 条至第 636 条）。了解商事主体的不同特点有利于鼓励创业，区分立法。

【专题理论探讨】有限责任

股东在立法上普遍获得有限责任保护最多只有 200 多年的历史，即从法国 1807 年《法国商法典》算起。而从英国 1855 年《有限责任法》算起，则只有 170 年的历史。美国直到 1931 年加利福尼亚州采纳有限责任为止才算最终全面采纳有限责任，距今不过 90 余年的历史。在立法普遍采纳有限责任制度之前是通过特许状赋予（合股）公司以有限责任的特权。这种限定股东责任的特许状授予具有部分政府职能的贸易公司等事关公共利益的特殊公司。公司变迁史上先有"股份公司"而后有"有限责任公司"。实际上股东有限责任是牺牲债权人利益的制度，因此公司法始终围绕着保护股东利益、保护债权人利益而展开，但是这两者的利益是对立的。而股东有限责任不是一成不变的，滥用有限责任时，公司法以法人格否认的法理保护债权人利益。推荐有限责任相关论文：叶林、段威著《论有限责任公司的性质及立法趋向》。

第二章

公司的设立与权利能力

关于设立的程序、设立方式、章程等基本概念本章省略。众所周知，2005 年修改的《公司法》实施了严格的准则主义，放宽了出资制度，实现了章程自治，但是对于设立无效之诉讼、发起人概念、出资瑕疵等未做界定。《最高人民法院关于适用〈中华人民共和国公司法〉若干问题的规定（三）》（以下简称《公司法司法解释三》）鉴于司法实践中出现的适用中的问题，对发起人概念、出资瑕疵等作出了规定。

第一节 设 立

一、发起人的责任

《公司法司法解释三》在第 1 条首次界定了发起人的概念。其第 1 条规定："为设立公司而签署公司章程、向公司认购出资或者股份并履行公司设立职责的人，应当认定为公司的发起人，包括有限责任公司设立时的股东。"我国对于发起人资格有人数上的限制，如有限责任公司为 1 人以上 50 人以下，股份有限公司为 1 人以上 200 人以下，自然人或法人均可以成为发起人。实务中为了满足这一人数要件，存在大量的隐名股东，因此在我国该制度成了产生隐名股东的原因之一。尤其在国有企业改制中有很多持股的职工成为其他人名下的实质性的股东，目前存在诸多纠纷。

关于发起人在设立过程中进行的设立中公司的行为，《公司法司法解释三》第 2 条规定："发起人为设立公司以自己名义对外签订合同，合同相对人请求该发起人承担合同责任的，人民法院应予支持；公司成立后合同相对人请求公司承担合同责任的，人民法院应予支持。"《公司法司法解释三》第 2 条主要规范了设立中公司的行为，设立中公司为了做好开业准备而对外签订合同产生纠纷，即使是以自己名义订立的，依据该条合同相对人也可以要求对方承担合同责任。但是，笔者认为对发起人的行为应判断：是否属于开业准备行为；发起人在公司设立过程中取得或负担的权利义务是否直接归属于成立后的公司；发起人的行为是否归属于成立后的公司的情形等。发起人是设立中的公司的执行机关，在其权限范围内所为的行为效果形式上应归属于发起人，实质上归属于设立中的公司，进而如公司成立当然归属于公司。但是，应明确发起人的权限。学界对此有两种见解：一种见解认为发起人的行为只限定在以公司的形成以及设立为目的；另一种见解认为为了设立公司，发起人的行为包括在事实上以及经济上必要的所有行为。而设立中的公司不仅仅以法人人格的取得为目的，公司成立后还以该实体进行企业经营活动为目的，所以发起人的行为自然不会停留于设立所需行为，当然不能涵盖成立后的行为，但开业准备行为还是可以进行的。但是，无限制地认可发起人的权限有可能产生滥用权限的现象，会影响公司财产的形成，例如设立中公司的开业准备行为（对外签订合同等）的性质，兹举一例以说明。甲、乙等人作为发起人拟设立买卖各种织物的 A 股份公司。在设立登记之前，因公司设立过程中尚需一定时间，几个发起人商定用购买的原材料生产成品出售。于是发起人甲以"A股份公司代表"的名义与丙公司签订合同购买了一些毛线等原材料，不久原材料价格上涨，没等生产成品，甲就把购入的原材料转手给了丁公司。甲等购买原材料所支付的是以丙公司为收款人由丁公司开出的支票，但因丁公司的破产未兑现。另外，甲还聘用了员工、租赁了办公用房。乙除了与报社签订募集股东的广告协议之外（广告费 20 000 元未支付），还宣传 A 股份公司拟与某棒球俱乐部签订赞助协议，甲同意了乙的计划。签约 2 个月后，到处贴出 A 股份公司举办棒球赛的宣传画，甲作为主办方致辞。而棒球俱乐部一直认为 A 股份公司业已存在，认为甲是其法定代表人，但是因为 A 股份公司未支付棒球俱乐部的出场费以及其他费用，所以棒球俱乐部类推适用民法的善意取得条款起诉要求 A 股份公司支付 18 万元的相关费用。在这个案例中可设几个知识点：①发起人甲、乙等在公司设立之前具有的权利；②发起人甲、乙签订的合同的有效性；③上述行为中属于开业筹备行为与营业行为的区别；④发起人需要支付的设立中的费用；⑤如果公司不能成立，发起人承担什么责任等。

二、关于章程自治与强制性规定

在公司设立阶段，公司章程自治始终是热点问题。我国 2005 年《公司法》基本实现了章程自治，而自治必须以遵守法律规定为前提。章程自治与强制性法规是对立的概念。在强制性法规与自治性规定的制度设计上，首先，应考虑公司类型，比如股份公司尤其是上市公司，因其要迎合强大的资本市场，相关规定应以强制性规范为主。创投企业法制是任意性法规，但由于创投企业意在将来进入证券市场，因此这种任意性法规将来也可能成为强制性法规。其次，应考虑股东结构，章程自治应以股东平等为基础。最后，不得歪曲章程自治，使得章程自治被经营者所利用。

日本的上村达男教授在其专著《公司法改革：公开股份公司法的构想》中指出："在日本，具有这种本质的封闭型公司采用股份公司形式的例子很多，所以容易产生在股份公司法的机关秩序中通用章程自治以及任意性法规的主张。但是，应基于公开股份公司、创投企业、封闭型公司的特点对其分别适用监督模式，在这基础上应该探讨适合于各个企业形式的章程自治以及任意性法规。不应该出现将现行股份公司法全部任意化的情况。封闭型公司以有限责任为前提，按理说不应该放宽面向债权人的信息披露、会计、审计制度，为了达成其目的期待各机构之间相互牵制的机制其实也没有实际效果。因此，对这类公司强调由外部会计专家构成的审计人员对其进行审计及强制调查的同时，大力提倡机构秩序的自由化是比较理想的。如果将创投企业视为封闭型企业，就应该大力强调章程自治，但是如果将它视为等待公开的企业，尤其是以信息披露、会计、审计为中心的企业，则不得轻易地认可其自由化。另外，因创投企业以专业投资者之间的合同自由为基础，创投企业的其他问题，可根据投资者之间的合同解决。"

三、关于出资瑕疵

2023年《公司法》第48条规定："股东可以用货币出资，也可以用实物、知识产权、土地使用权、股权、债权等可以用货币估价并可以依法转让的非货币财产作价出资；但是，法律、行政法规规定不得作为出资的财产除外。对作为出资的非货币财产应当评估作价，核实财产，不得高估或者低估作价。法律、行政法规对评估作价有规定的，从其规定。"依此规定，除货币出资外，股东也可以用非货币的财产出资，只是非货币财产的出资必须具备以下两个法定要件：可以用货币估价、可以依法转让。这种财产的转让应该包括出资财产全部权利的转让，例如实物财产的所有权转让和专利权、商标权的整体转让。如果实物财产只转让其用益物权，专利权、商标权只转移其使用权，则不属于实物出资或专利权、商标权本身的出资，而是其他相应财产权的出资。而有些财产或经营资源如劳务、信用等，虽具有经营功能，可以从股东转让于公司并为公司所用，但却不能保证将来清偿债务时可以从公司有效地向债权人移转，所以其因不具有债务清偿功能而被排除在出资形式之外。而在美国则作为出资形式被认可。前述公司法列举的主要出资形式为：货币出资；实物出资（实物出资即以民法上的物出资，包括房屋、车辆、设备、原材料、成品或半成品等）；知识产权出资（包括工业产权出资和著作权出资）；土地使用权出资；其他股东出资形式（包括股权出资、债权出资、非专利技术出资）等。

2013 年我国《公司法》修改后，除少数重要行业外，取消设立公司时的最低资本要求，取消重点行业外公司设立时的资本实缴制度，大力推行认缴制度，以鼓励、促进创业创新。自此，1993 年《公司法》和 2005 年《公司法》中确立的资本制度发生了根本性的转变。公司作为商主体的典型组织形式之一，其设立需要资本毋庸置疑，如果出现出资瑕疵，对公司的伤害将是基础性的，出资股东的权益也会受到影响。因而 2023 年《公司法》第 49 条规定："股东应当按期足额缴纳公司章程规定的各自所认缴的出资额。股东以货币出资的，应当将货币出资足额存入有限责任公司在银行开设的账户；以非货币财产出资的，应当依法办理其财产权的转移手续。股东未按期足额缴纳出资的，除应当向公司足额缴纳外，还应当对给公司造成的损失承担赔偿责任。"但是上述规定对未及时缴纳、缴纳的出资不符合法律规定的后果语焉不详，仅提到向其他股东承担违约责任。股份有限公司认股人未按时缴纳出资的法律后果也存在一定程度上的空白。

此外，《公司法》第 48 条、第 98 条分别阐明有限责任公司和股份有限公司中既可以以货币形式出资也可以以非货币形式出资。第 48 条具体列明的可以非货币形式出资的财产包括实物、知识产权、土地使用权等可以用货币估价并可以依法转让的非货币财产。但是对这些非实物财产的出资规则不够详细，难于操作。

面对实践的需求，《公司法司法解释三》回应了上述问题，主要集中在该解释的第 7 条至第 20 条，聚焦对非货币出资的认定与瑕疵出资、抽逃出资相关问题。其中第 7 条针对适用无处分权的财产或盗赃物出资时的对策，第 8 条至第 11 条以及第 15 条围绕土地使用权、房屋、知识产权、其他公司股权等非货币形式出资的效力与交付问题进行讨论。第 12 条至第 20 条（除第 15 条外）聚焦于未履行、不完全履行或抽逃出资情形下的相关主体责任与债权人求偿权问题。

对以无权处分的财产出资的，《公司法司法解释三》第 7 条第 1 款承认可以准用物权法的善意取得规则，具体来说要求公司在受让出资时是善意的，不知道也不应当知道出资人没有处分权限，出资财产转让价格合理，出资财产依照法律规定应当登记的已经登记至公司名下。而盗赃物的出资效力同样准用民法上的善意取得规则：盗赃物不得善意取得，以盗赃物出资取得的股权应在追究犯罪时采取拍卖或变卖方式处置。而于此也能解读出以盗赃物出资而取得的股权不会导致股权消失[1]，而只是会依法定程序处置后认定出资人未实际出资。

《公司法司法解释三》第 8 条至第 11 条集中讨论非货币出资情形下有限类型的交付标准以及出资认定问题，对《公司法》中的规定进行进一步细化。《公司法》第 48 条第 2 款规定："对作为出资的非货币财产应当评估作价，核实财产，不得高估或者低

---

[1] 参见山东省高级人民法院（2007）鲁民二终字第 63 号民事判决书。

估作价。法律、行政法规对评估作价有规定的，从其规定。"第98 条规定："发起人应当在公司成立前按照其认购的股份全额缴纳股款。发起人的出资，适用本法第 48 条、第 49 条第 2 款关于有限责任公司股东出资的规定。"第 49 条第 1、2 款规定："股东应当按期足额缴纳公司章程规定的各自所认缴的出资额。股东以货币出资的，应当将货币出资足额存入有限责任公司在银行开设的账户；以非货币财产出资的，应当依法办理其财产权的转移手续。"虽然上述条款规定分属于公司法不同章节，但可以看出依法评估、依法办理转移手续是以非货币出资的应有之义。根据《公司法司法解释三》第 9 条的规定，当非货币出资未经评估时，公司、其他股东或者公司债权人均有权请求认定非货币出资人未履行出资责任。根据《公司法司法解释三》第 10 条的规定，以非货币形式出资的，不仅需要办理权属变更登记还应当交付使用，否则属于出资瑕疵。出资瑕疵虽然不必然影响股东资格的认定，但是股东不能享有投票权等股东权益[1]。未办理变更登记或未实际交付时，公司、其他股东或者公司债权人有权主张认定出资人未履行出资义务。

第 8 条规定了以划拨的土地使用权出资和设定权利负担的土地使用权出资的情形。《中华人民共和国城市房地产管理法》（以下简称《城市房地产管理法》）第 23 条第 1 款规定，土地使用权划拨：是指县级以上人民政府依法批准，在土地使用者缴纳补偿、安置等费用后将该幅土地交付其使用，或者将土地使用权无偿交付给土地使用者使用的行为。而其第 24 条则规定，下列建设用地的土地使用权，确属必需的，可以由县级以上人民政府依法批准划拨：①国家机关用地和军事用地；②城市基础设施用地和公益事业用地；③国家重点扶持的能源、交通、水利等项目用

---

〔1〕 参见陕西省高级人民法院（2007）陕民二终字第 68 号民事判决书。

地；④法律、行政法规规定的其他用地。因而从土地公有制的基本制度与有限的使用目的来看，在实务中执行存在困难。《山东省高级人民法院关于审理公司纠纷案件若干问题的意见（试行）》第9条规定："股东以其享有的划拨土地使用权出资，在一审法庭辩论终结前依法补办土地使用权出让手续并缴纳土地出让金的，人民法院可以认定股东履行了出资义务。"结合《城市房地产管理法》其他条文有关于改变土地利用用途时的必要条件的规定，办理变更手续的同时需要缴纳出让金似乎不难理解。而关于使用设定权利负担的土地使用权出资中"权利负担"应当包含民法上的出租权、地役权、抵押权等，如此规定一方面是为规避民法上关于不能出资的限制，另一方面则是为保证土地的使用价值进而确认该股东完全履行出资义务。

《公司法司法解释三》第11条涉及的是以其他公司股权出资公司，相较于其他非货币出资，有学者指出股权出资的若干目的：一是将对股权未来的预期收益计算在内，从而相当于将现有股权价值（包括难以通过市场的价值、商誉等）进行贴现。在严格法定资本制下，采用股权可以更为灵活地表示出资价值。二是当股东采用股权出资能够对未来成立公司实施实质性控制时，其对于原有股权的控制力实际上并没有丧失，甚至会由于更有能力调动更多资源而得到加强。这与完全的转让不同。三是股权作为出资，在很多情况下同一资产会产生两个或者两个以上的股权。从而可以起到虚增资本的作用，而这种方式是非常难以控制的[1]。尽管有上述功能，本条规定的股权出资还是适用非货币出资的一般原理：有处分权、完成变更登记并评估，同时还要求出资的股权无权利瑕疵或者权利负担。

《公司法司法解释三》第12条至第19条涉及瑕疵出资与抽

---

[1] 参见邓峰：《论公司的出资形式和出资监管》，载《安徽大学法律评论》2002年第1期。

逃出资的股东的责任、股权的限制以及公司、公司其他股东、债权人等主体的权利。《公司法》规定了有限责任公司的股东和股份有限公司的股东负有足额缴纳资本的义务，《公司法》第53、105、253条还禁止股东、发起人和认股人成立后抽逃出资。股东整体来说对设立时和增资时未履行和未全面履行出资义务的股东，公司、公司其他股东和公司债权人对该股东均可主张一定的权利，特定情形下公司的董事与高级管理人员、公司的发起人和公司实际控制人也会承担连带或补充责任。公司和其他股东的请求权不受诉讼时效的限制，而债权人主张权利受自己持有债权的诉讼时效限制。

根据《公司法司法解释三》第13条第2款，公司债权人有权对未履行或者未全面履行出资义务的股东在未出资本息范围内主张对公司债务不能清偿的部分承担补充赔偿责任，这一制度被称为股东的出资义务加速到期制度。我国2013年《公司法》实施以来，实践中已出现部分不诚信股东恶意约定过长出资缴纳期限拖延出资的现象，并导致公司债权人无法通过公司财产受偿[1]。这一保护债权人的制度的产生与《破产法》中股东出资义务加速到期制度有着密切的联系[2]。然而目前出资义务加速到期制度无论是在理论上还是实践中仍有质疑，反对者认为在非破产情形下适用出资义务加速到期制度将只使个别的、有限的债权人受益，且加速到期将加重股东负担，破坏出资约定时的股东的合理预期[3]。

---

[1] 参见王建文：《再论股东未届期出资义务的履行》，载《法学》2017年第9期。

[2] 参见赵旭东：《资本制度变革下的资本法律责任——公司法修改的理性解读》，载《法学研究》2014年第5期。

[3] 参见蒋大兴：《论股东出资义务之"加速到期"——认可"非破产加速"之功能价值》，载《社会科学》2019年第2期；另参见《最高人民法院关于当前商事审判工作中的若干具体问题》第1条。

股东未履行或者未全面履行出资义务或者抽逃出资的，公司根据公司章程或者股东会决议对其利润分配请求权、新股优先认购权、剩余财产分配请求权乃至表决权等股东权利作出相应的合理限制，具体如何限制取决于公司的决议内容[1]，抽逃出资的股东的股东权利也应当受到相应限制[2]。在催告后合理期间内仍不返还的，有限责任公司的股东会有权通过决议解除增资时未履行和未全面履行出资义务及抽逃出资的股东的股东资格。

当股东尚未履行或尚未全面履行出资义务即转让自身的瑕疵股权时，受让人对此知道或者应当知道，公司请求该股东履行出资义务、受让人对此承担连带责任。除另有约定外受让人有权向转让人追偿。在出资义务履行完毕之前，受让人的股东权利也处于受限的状态[3]。

公司与其他股东追究瑕疵出资的股东责任是基于公司的内部的资本稳定的考量，而债权人为何有权追究瑕疵出资的股东的责任呢？理论上存在三种解释路径：其一，债权人代位权理论。在公司的债权人面前，公司为债务人，抽逃出资的股东为次债务人。当公司缺乏债务清偿能力，又怠于请求抽逃出资的股东履行尚未缴纳的出资义务的情况下，公司债权人可依《民法典》第535条等相关规则行使代位求偿权。其二，第三人侵权理论。抽逃出资既侵害了公司的独立财产权，也间接侵害了债权。债权同物权、人格权同属受法律保护的民事权利，具有不可侵性，抽逃出资股东与债权人之间构成事实上的侵权损害赔偿关系，理应承担侵权责任。其三，公司法人格否认理论。抽逃出资既侵害了公司的债务承担能力，也明显滥用了公司人格和股东有限责任，在

---

[1] 参见江苏省南京市中级人民法院（2012）宁商终字第991号民事判决书。

[2] 参见重庆市第五中级人民法院（2011）渝五中法民终字第1989号民事判决书。

[3] 参见最高人民法院（2007）民二终字第93号民事判决书。

这种情况下可以适用 2023 年《公司法》第 23 条第 1 款，直接追究抽逃出资股东的民事责任。在这三种解释中，第三人侵权理论尚未在我国立法和司法层面正式确立。公司法人格否认适用要件较为严格，法官在运用中极为谨慎，难以为抽逃出资情形下的债权人利益提供周全保护[1]。

四、隐名股东

《公司法司法解释三》第 24 条至第 26 条对有限责任公司中的实际出资人与名义出资人（或称"隐名股东""名义股东"）权益作出了规定，填补了《公司法》中对该问题规定的空白，此外第 27 条还涉及"一股二卖"问题的处理方法。第 28 条则规定了类似的冒名股东问题。整体上采用商事外观主义的思路，个别问题上则采取实质要件问题观点。

实际上，实际出资人和名义出资人分别由两个主体扮演的情况非常普遍。实际出资人出于隐蔽自己身份、规避出资限制等原因选择与名义出资人签订隐名出资协议（或称"代持股协议"），协商具体的股东权利行使中可能存在的种种问题，主要内容包括实际出资人的出资方式、出资额度，名义出资人如何行使股东权益以及两方如何分配股东享有的股权收益等。名义投资人根据协议的授权，将从实际出资人处收到的出资以自己的名义投入公司，当公司因故不能设立或因其他原因导致股份退回、无法取得股份或未转化为资本时，名义出资人应当向实际出资人退回出资[2]。实际出资人应当承担公司的盈亏风险[3]，这与借贷后投

---

〔1〕　参见薛波：《论公司资本制度改革后债权人保护机制之完善》，载《时代法学》2015 年第 2 期。

〔2〕　参见海南省海口市中级人民法院（2005）海中法民二终字第 154 号民事判决书。

〔3〕　参见最高人民法院（2006）民二终字第 6 号民事判决书。

资不同。因此，在查阅公司内部股东名册、章程、工商登记时存在很难找到实际出资人的状况。对这类合同的效力，《公司法司法解释三》第 24 条第 1 款规定只要 "如无法律规定的无效情形"，此类合同就应当被认定为有效。审判实践中如果隐名出资协议试图规避强制性审批规定，则有将来不能被认定为股东的可能[1]。破坏社会公共利益的隐名出资协议则会被人民法院依法认定为无效合同[2]。而这一合同，尤其是实际出资人的实际出资状况也是双方产生争议时人民法院认定双方权利义务的重要依据。因此，合同有效对名义出资人和实际出资人都至关重要。

在隐名股东资格认定标准的问题上，理论上一直存在着形式要件说和实质要件说的争论。形式要件说认为应该以股东是否被记载于出资证明书、股东名册、公司章程和工商登记等形式要件作为确认股东资格的标准。实质要件说则认为应探究当事人的真实意思表示，而不应将出资义务加速到期局限于形式特征的表现。《北京市高级人民法院关于审理公司纠纷案件若干问题的指导意见（试行）》即规定："有限责任公司股东资格的确认，涉及实际出资额、股权转让合同、公司章程、股东名册、出资证明书、工商登记等。确认股东资格应综合考虑多种因素，在具体案件中对事实证据的审查认定，应当根据当事人具体实施民事行为的真实意思表示，选择确认股东资格的标准。"[3]结合《公司法司法解释三》第 24 条第 2 款中 "名义股东以公司股东名册记载、公司登记机关登记为由否认实际出资人权利的，人民法院不予支持" 的规定不难看出，《公司法司法解释三》在此处采纳的是实

　　[1]　参见江苏省无锡市中级人民法院（2008）锡民二初字第 049 号民事判决书。
　　[2]　参见最高人民法院（2017）最高法民终 529 号民事裁定书；最高人民法院（2017）最高法民申 2454 号民事裁定书。
　　[3]　参见胡晓静、崔志伟：《有限责任公司隐名出资法律问题研究——对〈公司法解释（三）〉的解读》，载《当代法学》2012 年第 4 期。

质要件理论：名义出资人不能以实际出资人未出现于登记名册就否认实际出资人基于实际出资和合法的协议享有的合法权益。但是也有学者基于商事外观保护主义的思路主张应当原则上采用形式要件说，只有在公司明知实际出资人或者认购股份的人的身份，并且已经认可其以股东身份行使股东权利的情况下，如果不存在违反强行法规定的情形，则可以认定实际出资人或者股份认购人为股东[1]。

《公司法司法解释三》第 24 条第 3 款则对实际出资人的"浮出"（显名化）进行限制，规定："实际出资人未经公司其他股东半数以上同意，请求公司变更股东、签发出资证明书、记载于股东名册、记载于公司章程并办理公司登记机关登记的，人民法院不予支持。"本条款在事实上类推适用 2023 年《公司法》第 84 条规定的有限责任公司中关于股权转让的要求。实际出资人作为从未实际在公司运营中出现的投资者，"浮出"时对其他现存股东来说完全是"新股东"。出于对有限责任公司人合性的保护采用较高标准来限制可以理解，而此处的"同意"应当是单独对实际出资人的显名化进行的个别形式的同意。当然此处不应适用优先购买权的规则。

《公司法司法解释三》第 25、26 条的规定则更多地体现商事外观主义的思路，采取保护善意第三人的立场。第 25 条体现了在名义股东未经授权处分股权时，保护善意股权受让人对股权登记与股东外观信任的精神，明确适用物权法中的善意取得制度。而名义出资人造成实际出资人损失时，考虑到登记状况与隐名出资协议的相对性，两方的纠纷只得在双方之间解决，尤其是当名义出资人持有的股份被当作名义出资人财产被强制执行时，实际出资人只能起诉名义出资人要求赔偿而不能直接向执行机关等第

---

〔1〕　参见施天涛：《公司法论》（第 4 版），法律出版社 2018 年版，第 245 页。

三方主张权利，而应以不当得利为由要求名义出资人赔偿[1]。第 26 条中要求名义股东承担责任实际上减轻债权人面临实际出资人情形时的维权、举证成本。虽然第 26 条还赋予名义出资人向实际出资人追偿的权利，但是这条意味着名义出资人必须首先承担债权人的债务要求，基本的出发点就是保护债权人对股东名册等登记资料的信任。即使实际出资人抽逃出资，名义出资人仍应承担相应责任[2]。

五、公司设立无效诉讼

关于设立无效，我国目前只有 2023 年《公司法》第 252 条的责任追究规定。对虚报注册资本的，提交虚假材料的，或采取欺诈手段隐瞒重要事实取得公司登记的情形处以不同比例的罚款，情节严重时撤销公司或吊销营业执照。《日本公司法》则规定得比较详细：其诉讼必须在公司成立之日起 2 年以内提起，提诉资格限于股东、董事、清算人。如此规定，为的是限制无效诉讼，维持法律关系的稳定。原告为股东时，法院根据被告的请求可以判令原告提供担保。诉讼管辖地为公司住所地的法院。关于判决效力，如果原告胜诉设立无效时，只要判决一经确定，该判决效力溯及第三人，是对世性判决。设立无效判决不会对已形成的股东以及第三人之间的法律关系产生影响。如前所述，如同公司解散需要清算。因此，发起人、设立时的董事懈怠任务而负担的损害赔偿责任自然不会消灭。如果原告败诉，根据判决无效的一般原则，只影响当事人之间的关系，而且在提诉期间内，不影响其他人再一次提起无效之诉。败诉的原告如有恶意或重大过

---

〔1〕 参见最高人民法院民事审判第二庭编著：《最高人民法院关于公司法解释（三）、清算纪要理解与适用》（注释版），人民法院出版社 2014 年版，第 406 页。
〔2〕 参见方某某与杭州新亚达商贸有限公司股东身份确认纠纷再审案，浙江省高级人民法院（2009）浙民再字第 73 号民事判决书。

失，应对公司负有连带损害赔偿责任。

第二节 公司的权利能力

公司并不具有自然人所具有的以身体、生命、血缘关系等为前提的权利关系，但是享有名誉权等人格权。公司的法人格是法律所赋予的，其权利能力受法律规定限制。在法人的权利能力方面，有法人实在说与法人拟制说，这两种学说在现实中貌似区别不大，但是在日本的八幡制铁案例中，在责任认定方面的区别比较大。八幡制铁公司给日本自民党捐款，股东认为给公司造成了损失，提起了股东代表诉讼。如果法官采用法人实在说，由公司承担责任；如果法官采用法人拟制说则由董事承担责任。法律来规定法人的权利能力为：解散后的公司以及被宣告破产的公司在清算或破产目的范围内行使权利；外国人的权利能力也有限制，2019 年通过的《外商投资法》大幅度放宽了外国人的权利能力，鼓励投资；我国 2023 年《公司法》第 14 条对公司成为承担无限责任的出资人也进行了限制。按照 2023 年《公司法》第 14 条公司不可成为合伙企业的普通合伙人，但是根据 2006 年修订的《合伙企业法》第 3 条规定：国有独资公司、国有企业、上市公司以及公益性的事业单位、社会团体不得成为普通合伙人。因此根据《合伙企业法》的规定，除了这几种形态以外，其他法人都可以成为合伙企业的普通合伙人。由于出现了《公司法》与《合伙企业法》不衔接的问题，实务中出现很多信托公司在资产运用中以合伙企业形态成为合伙公司中的普通合伙人的情形。主要原因在于采取有限合伙形式后，不能参与经营管理，无法控制资产。

一、公司对外担保

2023 年《公司法》第 15 条规定了公司对外担保能力。公司对外提供担保，依照公司章程的规定，由董事会或股东会决议。公司章程对投资或担保的总额及单项投资或担保的数额有限额规定的，不得超过规定的限额。但是，实务中出现了超出公司章程规定的担保金额的效力问题。在此需了解公司对外担保行为与公司内部决议的效力，超越章程范围对外签订担保合同的效力，公司章程限制以及第三方（债权人）审查义务之间的关系。在效力的认定上有两种不同见解：一种意见认为，董事会或者股东会属于公司机关，其决议反映的是公司的意思形成过程，是公司内部事宜；加盖公司公章的担保合同反映的是公司的对外意思表示，债权人只需审查公司的对外意思表示，是否有决议不影响担保的效力。另一种意见认为，该条规定属于强制性规定，既然法律明确规定公司对外担保应经董事会或者股东会决议，作为债权人就负有审查义务，公司在对外担保时不能提供决议的，担保不生效。笔者认为公司对外担保，如果给公司造成了损失，就应追究造成损害的董事的责任，无需围绕效力性规范或强制性规范问题探讨。

二、目的限制

各国公司法在法人权利能力的目的限制论上继受了英国法的规定。公司在章程以及营业执照中明确规定公司经营内容、公司的权利能力受章程的目的限制。但对于公司的机关进行的超出目的范围的行为是否应为无效的问题一直以来议论众多。各国公司法以及判例对目的范围内的行为解释为不得限制在章程规定的目的，而应包括为达成目的所需或必要的有益的行为。判断有益性与必要性应基于行为的客观性，这是一种抽象的判断。这是考虑到基于章程规定的经营目的保护出资者的期待，确保公司在展开业务当中的利益，并保护交易第三人。关于法人的行为能力，对于公司所为的捐赠以及政治捐款应认为是公司尽社会责任的表现，只要金额恰当应认定为章程规定的目的范围之内的行为。对此，日本、韩国已有判例界定。但是，对于超出合理范围的无偿支出行为应基于董事违反对公司的善管注意义务以及忠实义务追究责任。现实当中章程除列举记载公司经营目的以外，通常还记载其他附带业务。因此，对公司超出业务范围进行其他业务的限制事实上并没有多大意义。

三、公司的侵权行为能力

公司机关的行为就是公司自身的行为，因此公司不仅具有行为能力，还具有侵权行为能力。公司代表机关的侵权行为能力应当视为公司自身的侵权行为能力，因此公司应担负损害赔偿责任。对此，有学说认为代表机关与公司应负共同行为责任，有学说认为公司代表机关的责任并不是侵权行为责任，而是为保护被害者的商法特别责任。但是法理上认为行为主体是公司，因为代表机关只是公司的工具而已，不应负独立的侵权行为责任。

因此，公司在经营中应提前防范法定代表人给公司造成损失。比如：①为了防止法定代表人向公司转移私人债务，公司通过决议变更法定代表人后，应尽快办理工商登记，并同时收回公司公章。②最高人民法院（2018）最高法民再161号民事判决书确定裁判规则为：合同仅有法定代表人的签字，而没有公司加盖的公章，合同相对方就要举证证明法定代表人签字是公司的法定代表人的职务行为，而不是法定代表人的私下行为。合同相对方不能证明的，公司不承担责任。③现实中还存在挂名法定代表人的情形。工商登记的法定代表人实际上并不担任与履行公司董事长、执行董事或经理的任何职务与职权，甚至不是公司的普通员工，与公司设立与运行没有任何实质的关系，仅仅因为与公司实际股东或实际控制人的口头或书面协议，充当工商登记的法定代表人，一般将其称为"挂名"公司法定代表人。从商法商事外观主义角度而言，挂名法定代表人具有一定的法律风险。④被执行的法定代表人必须接受财产调查。

四、法人格否认

营业执照签发之日公司取得法人资格，具有前述法人的权利能力和行为能力，具有与自然人不同的法人格。但是，也有像一人公司这样股东与公司的关系密切的情形，因此形式上贯彻两者的独立性有违正义与衡平原则。在这种情况下，对于特定的事案否定其法人格的独立性，将公司与其背后的股东视为同一人解决债权债务问题，就是法人格否认的原理。我国2023年《公司法》第23条第1款规定：公司股东滥用公司法人独立地位和股东有限责任，逃避债务，严重损害公司债权人利益的，应当对公司债务承担连带责任。①公司必须具有独立法人人格。②只对特定个案中公司人格予以否认，而不是对该公司法人人格全面、彻底、永久地否认，效力不涉及该公司的其他法律关系，并且不影响该公司作为一个独立实体合法地继续存在。③该制度主要是为了保护债权人的利益。该制度是从国外的法理和判例中移植过来的。

在美国，该制度是从19世纪后半期开始通过判例形成的。如果出现利用法人格"危害公共利益、将违法行为正当化、庇护欺诈或犯罪"的情况应该否认法人格。美国还出现了反向否认法人格的案例。反向揭开即股东主张他们自己公司的独立存在应当被否定。如1985年明尼苏达州的案例[1]，该案中一个从事农业的家庭设立了一个公司来拥有组成农场的土地和建筑。当这一家陷入经济困难时，一个债权人获得了一个判决并试图执行其土地。明尼苏达州有一部法律规定个人拥有的农场财产在执行时可以被豁免。为了避免他们的农场被强制出售，这一家主张他们的公司

---

[1] 参见[美]罗伯特·W.汉密尔顿：《美国公司法》（第5版），齐东祥组织翻译，法律出版社2008年版，第118~119页。

的独立存在应当被否认，并且他们有权获得豁免。基于明尼苏达州支持家庭农场财产免于执行拍卖这一有力的公共政策，明尼苏达州法院适用了"反向揭开"原则以保护该家庭，但是法院同时警告该原则只能在"非常有限的情况下"适用。当然一些法院也主张，如果一个人设立了一个公司，那么他应当同时接受该公司带来的"甜头与苦果"，而不应当允许他在对自己有利的时候否认公司的独立存在。

德国从1920年代开始发展该制度。20世纪前后德国在公司设立方面适用准则主义，随后出现了不少一人公司。1920年帝国最高法院判决，认可一人公司中股东与法人格的分离，但是在考虑法律构成之前首先要考虑"现实生活状况、经济上的需要、事实上的控制关系"，之后再具体地根据情况可将股东与公司视为一体。适用条件与美国一样，如财产的混同、他人操纵经营、有限责任的滥用等。资本过小的情况，只限于控股股东危害资本充实原则时成为法人格否认对象。

日本1969年对仙台工作社法人格否认的最高法院判决出台后，开始认可法人格否认原理。在事实上董事对第三人责任与法人格否认竞合适用的情况时常出现，但因董事对第三人责任法律有明确规定，而法人格否认法律没有规定，因此优先适用董事对第三人责任。

韩国从1960年代开始有商法学者介绍了法人格否认理论，1974年首尔高等法院第一次适用了该理论，但是该案上诉到大法院后被驳回了。1988年第一次出现了大法院适用的例子。

目前除了我国在公司法中明确规定法人格否认制度以外，其他国家均根据判例界定，只是在适用法人格否认的原理。我们可以思考其他国家没有立法规定法人格否认的原因，以及如何防止法人格被利用等。

我国2013年最高人民法院指导案例15号徐工集团工程机械

股份有限公司诉成都川交工贸有限公司等买卖合同纠纷案关于关联公司人格混同情形下适用人格否认规则，提供了裁判思路与解决路径。此案的裁判要点为：关联公司的人员、业务、财务等方面交叉或混同，导致母子公司财产无法区分，丧失独立人格的，构成人格混同；关联公司人格混同，严重损害债权人利益的，关联公司相互之间对外部债务承担连带责任。

关于反向否认法人格，我国也已有相关判决。反向否认法人格分为内部反向和外部反向。内部反向指，公司的控制股东主张否认公司的独立人格，从而得以主张公司对第三人享有的权利或者对抗第三人对公司财产的主张，如前所述的明尼苏达州的案例。外部反向否认法人格，是指公司内部人以外的第三人提起，要求法院否认公司法人格，使公司的财产为股东债务承担责任，与传统的法人格否认制度相比，主要是债权人的请求目的以及实现债权的方向相反。对外部反向否认公司法人格有否定说与肯定说。否定说认为，对公司其他债权人和无过错股东产生很大的影响，可用已有的制度代替，如民法上的撤销权、股权强制执行等。肯定说认为，反向否认法人格是传统的法人格否认应有之义，通过 2023 年《公司法》第 23 条第 1 款对第 3 款作扩大解释，其适用条件依然可以有限责任的滥用为前提。

第三章 | **股权与股份**

第一节　股权的分类

一、自益权和共益权

这是以股权行使的目的和内容为标准进行的划分，是公司法理对股权所作出的最基本的分类。凡股东以自己的利益为目的而行使的权利是自益权，股份转让过户的请求权、分配股利的请求权以及分配公司剩余财产的请求权等大致可以归于此类。凡股东以自己的利益并兼以公司的利益为目的而行使的权利是共益权，出席股东会的表决权、任免董事等公司管理人员的请求权、要求法院宣告股东会决议无效的请求权以及对公司董事、监事提起诉讼权等大致可归入此类。就自益权与共益权的内容而论，前者主要是财产权，是股东投资的本来目的所在，后者则主要是管理权，实际上是股东参与公司经营管理的一种体现。自益权与共益权相辅相成，共同构成了股东所享有的完整股权。当然，自益权与共益权间的界限并不是绝对的。这是因为某些共益权是作为自益权的手段而行使，从而使其兼具共益权和自益权的特点，例如知情权。该用语来自德国商法，日本翻译为自益权与共益权后，亚洲各国汉字圈一直在沿用。近期出现了一些学者建议将其改为财产权与管理权，理由是尽量与民法的概念接近以便于理解。自益权与共益权曾经是高端用语，但是时至今日在其起源地德国已陷入死境。[1] 这期间导入德国法的亚洲各国公司法，尤其是日本股份公司制度发生了显著的变化。1899 年日本制定《日本商法典》以来，1950 年引进了无面额股制度，1983 年引进了单位股制度，1990 年认可了一人公司制度，2001 年取消了面额股制度、单位股制度、新设单元股制度，2001 年以及 2002 年实现种类股的灵活性，2005 年统一股份公司与有限责任公司、取消了有限责任公司形式、在法律条文中明确规定了股东平等原则、取消了小数点股制度，2007 年实施合并对价的灵活化，但是还在沿用自益权与共益权概念。就股份的本质论而言，共益权实质上也有为自己利益考虑的性质，而今继续沿用自益权与共益权导致诸多概念不清晰的问题。

二、固有权和非固有权

这是以股权受法律强制的程度为标准进行的划分。固有权又称不可剥夺权，是公司法赋予股东的、不得以公司章程或股东会决议予以剥夺或限制的权利。非固有权又称可剥夺权，是指依公司章程或股东会决议可剥夺或可限制的权利。共益权多属于固有权，而自益权多属于非固有权。

将股权分为固有权与非固有权的意义，主要在于让公司发起人和股东明确哪些权利是可以依公司章程或决议予以限制的，哪些权利是不得以公司章程或决议予以限制的，从而增强其权利意识。凡对固有权加以限制的行为均为违法行为，股东可依法主张

---

[1] 参照 [日] 江头宪治郎：《股份公司法》（第 3 版），有斐阁 2009 年版，第 125 页。现在德国用财产权以及共同管理权一词。

其权利，并采取相应的补救措施。

三、单独股东权和少数股东权

这是以股权行使所需的股东人数为标准进行的划分。单独股东权是指可以由股东一人单独行使的权利，如股东在股东会上的表决权、宣告股东会决议无效的请求权等。这种权利只要普通股股东持有一股即可享有，且每一股东均可依自己的意志单独行使。少数股东权是指持有已发行股份一定比例以上的股东才能行使的权利，如我国 2023 年《公司法》第 114 条规定的单独或者合计持有公司 10%以上股份的股东提请召开临时股东会会议的请求权。

享有少数股东权的少数股东既可以是一人，也可以是数人，具体人数视法律或公司章程要求而定。设立少数股东权的目的主要是防止"资本多数决原则"的滥用。

第二节 股权的法律性质

各国或地区的公司法对股权内容的规定大同小异，但对于股权性质的认识在学理上却大相径庭。在大陆法系早期的公司法理论上，对股权性质认识的通说是股权既非物权，也非债权，而是基于股东的地位所形成的多数权利义务的集合体。在近代，出现了股东地位说和新债权说等各种不同的认识。在我国法学界对股权性质研讨的过程中，形成了下列较有影响的观点：

一、所有权说

该学说的主要观点可以概括为：

①股权的性质属于物权中的所有权，是股东对其投入公司的财产享有的支配权。②在公司中并存着两个所有权，即股东享有

所有权，公司法人也享有所有权，可称之为"所有权的二重结构"。③公司法人所有权并不是对股东所有权的否定，只是使股东所有权表现为收益权及处分权。④股东认缴出资、持有股份并非丧失所有权，而是为了更好地行使和实现所有权。因为公司是股东共同设立的，股东对公司财产理应享有所有权，而股东会就是股东行使所有权的法定途径。⑤股权的所有权性质可进一步定性为财产所有权中的按份共有：公司财产属于全体股东按份共有，各股东按照自己的份额对公司财产享有所有权。

持这一学说的学者不在少数。但持该观点的学者同时也意识到具有所有权性质的股权与民法中典型的所有权相比有自己的特点，因此将前者称为变态所有权，将后者称为常态所有权。二者的主要区别在于：一是传统所有权中所有人对物的直接支配权在股权中表现为间接支配权，即由股东授权董事会对财产行使权利，是所有权权能与所有权的分离；二是传统所有权的客体为有形物，股权的客体为公司。

二、债权说

该学说认为从公司取得法人资格时起，公司实质上就成了财产所有权的主体。股东之所以认缴出资、持有股份，只是为了获取股利分配。因此，股权的实质是民法中的债权，是以请求股利分配为目的的债权或附条件的债权。股东与公司的关系属于债权人与债务人之间的关系，股票是债权债务关系的凭证。特别是自20世纪后期以来，随着现代公司的发展，股东对公司的权利不断弱化，董事和经理的权利不断增强，股东与公司之间的关系已经退化为单纯的债权债务关系，这是股东所有权向债权的转化。这一转化的完成，使公司作为所有权的唯一主体，完全按自己的意志占有、使用、收益、处分公司的财产，而不必受股东的左右和控制，股东也只关心到期股利能否兑现，无意介入公司的经营管理或参与决策。该学说所面临的主要问题在于：债权是纯粹的财产权，基于当事人约定或法律规定而产生，反映财产的流转关系；而股权除财产权外还包括十分重要的管理权，基于投资行为而产生，反映财产的支配与归属关系，二者之间的本质区别非常明显。而且，尽管公司董事与经理人员的权利增强、股东的权利弱化确为事实，但这种量变因素并不能影响股权与债权各自的本质属性。而且，防止董事和经理人员滥用职权、保护股东权益尤其是中小股东权益已成为当代各国或地区公司立法的共识。

三、社员权说

该说认为，股权是股东基于其在营利性社团中的社员身份而享有的权利，属于社员权的一种，包括财产权和管理参与权。股东因出资创办公司这一社团法人，成为该法人成员并在法人内部享有权利和承担义务。

德国学者雷纳德（Renaud）于 1875 年首倡这一学说，现在该学说不仅成了德国、日本学界的通说，我国也有不少学者坚持这一主张。不过，持该主张的学者也认识到，股权作为一种社员权，与公益社团法人中的社员权有着很大区别：一是前者的主要目的在于确认和保护股东得到应有的投资回报，后者的主要目的却在于谋求公益社团法人章程所确定的公共利益，而不在于使社员获得经济利益。二是前者具有较高的流通性，而后者通常不具有可转让性。

四、社员权否认说

第二次世界大战前，对社员权论正面进行批判的是日本著名的法学专家田中耕太郎（东京大学的教授，以主张商的色彩论而出名，曾担任文部大臣、最高法院院长，是担任国际司法法院法官的首位日本人，其名著是《世界法的理论》）。田中教授认为，以表决权为中心的共益权只是公司机关的权限而已，因此不能认为所有权就是表决权。机关的权限就如同董事在董事会行使表决权，意味着在公司执行职务或承担责任，这是反对固有权利学说的概念。他认为排除共益权之后的权利（利益分配请求权等）是社员应具有的股权（包括利益分配请求权），否定了包括自益权和共益权的社员权的概念，所以该学说被称为"社员权否认论"〔大正十五年（1926 年）〕。对于社员权否认论进行深入研究的是田中教授的直系弟子、曾任日本最高法院法官的松田二郎。松田将田中教授的社员自益权直接解释为利益分配请求权以及金钱借贷等私权，另一方面将股东的共益权解释为如同国家参政权般的一种公权。松田认为，正如田中教授指出的那样，表决权不是权限而是权利，应该为公司而行使，只要持有股份就当然地被赋予的、如同人格权的权利。如同年满 20 岁（日本公民年龄为 20 岁，我国为 18 岁）自然具有参政权是一样的，取得股份自然就能得到表决权。一般论国民权的时候，不会将财产权这种私权和参政权这种公权相提并论，同样将共益权和私益权合起来称为社员权是没有意义的，这就是有名的"股份债权论"〔昭和三年（1928 年）〕。

五、股份公司财团论

前述社员权否认论与债权论均根据所有权与经营权分离的社会经济的实际状况而被提出来，但是将其发展到极限的是神户大学八木弘元教授的"股份公司财团论"〔昭和二十八年（1953 年）〕。八木教授认为出现围绕股份公司的所有权与经营权的分离、股东大会权限的制约、对股东新股优先认购权的否认、对无表决权的股份的认可等都是将股份公司解释为人的结合而带来的难题，将股份公司作为以物结合的营利财团法人就不难解释了。公司法明确规定公司为社团法人（《日本商法典》第 52 条、第

54条)，民法规定财团法人是公益性的（《日本民法典》第34条、第35条）。尽管如此八木教授还是主张公司为财团法人是因为公司是物的管理团体，这是该学说的先驱性以及精华所在（另外还有其他学说，展现了百花齐放的现象，像服部荣三教授认为股份公司既不是社团法人也不是财团法人，是第三法人，而境一郎教授则认为股份公司是从社团转变为财团的过渡形式）。股份公司财团论认为股份公司是股份资本（基金或机构）被赋予法律人格之后，通过进行某一事业，以将要得到的利益分配给出资者为目的的营利财团法人。它们认为股份公司是管理出资者提供的资产的团体，这一性质决定了股份公司的本质。社员权论认为认股是加入社团这一团体的行为，但是对于财团论而言，认股只是出资行为，是捐钱，之后由第三人对此进行管理运作，并分配所得到的利益，也就是说认股只是一个投资合同而已。原本持有股份只是意味着参与企业利润分配，回收投资资本的金钱债权。问题是以表决权为主的共益权，该权利是为了保护股东（投资者）的利益而由法律所认可的政策性权利。也就是说，股东会是为保护投资者而举行的集会，原本就不是公司所有者的集会。[1]

六、独立民事权利说

该学说[2]在对固有的传统学说及本质特征进行深入分析的基础上，对股权进行了重新界定，认为股权是一种自成一体的独立权利类型。作为独立民事权利的股权，具有目的权利和手段权利有机结合、团体权利和个人权利辩证统一的特征，兼有请求权和

---

〔1〕 关于社员权否认说与财团论，参见［日］上村达男：《公司法改革：公开股份公司法的构想》（中日文对照本），中国证券监督管理委员会组织编译，法律出版社2015年版。

〔2〕 关于独立民事权利说，参见赵旭东主编：《公司法学》（第2版），高等教育出版社2006年版。

支配权的属性，具有资本性和流转性。

如何认识、界定股权的性质，对公司的财产的认识具有重要影响。前述四种学说均承认公司法人的财产所有权，都有一定的合理因素，但却存在着不能自圆其说的理论缺陷，并影响其对股权本质的反映。从股权的具体权能来看，股权以财产权为基本内容，但又不同于债权和所有权，它还包含有公司内部事务管理权等非财产权内容。因此，一方面，股权作为股东向公司让渡出资财产所有权所换取的对价，体现了股东与公司之间的法律关系；另一方面，股权作为股东基于出资取得的公司成员资格的标志，体现了股东之间的法律关系。在我国，独立民事权利说是通说。

第三节　股权的转让

股权转让制度的设计前提是股东出资不得抽回，是股东退出公司的路径，股东只能通过股权转让来实现现金价值。因而，在股权转让的约定中不得只一味地考虑有限责任公司的人合性。笔者认为只考虑人合性，不考虑资合性的约定应为无效，有违制度设计初衷。

一、股权转让的方式

股权转让有两种方式：一是在公司内部发生的股权转让，即股东将股权转让给现有股东；二是向公司外部进行的股权转让，即股东将股权转让给现有股东以外的其他投资者。

我国 2023 年《公司法》第 84 条和第 85 条对有限责任公司股东的股权转让的限制条件作了规定。依照这些规定可以看出，我国立法将有限责任公司的股权转让区分为在公司内部进行转让、向公司外部进行转让、法院依照法律规定的强制执行程序进行转让三种。

（1）除公司章程对股权转让另有规定的应从其规定外，我国现行立法对在公司内部进行的股权转让采取自由主义原则，即对于股东向公司的其他股东转让其全部或者部分股权的，法律没有专门设定任何限制，只要转让方与受让方协商一致，转让即可成立。

（2）除公司章程对股权转让另有规定的应从其规定外，我国现行立法对向公司外部进行股权转让的行为予以严格限制。但是应当先予说明的是，依据《最高人民法院关于适用〈中华人民共和国公司法〉若干问题的规定（四）》（以下简称《公司法司法解释四》）第16条，在继承情形中，原则上不适用这种限制，除非公司章程另有规定或者全体股东另有约定。对于拍卖程序中有限责任公司股权转让情形以及产权交易场所中有限责任公司国有股权转让情形，则均适用这种限制。这在《公司法司法解释四》第22条中得到了明确的规定。就实质内容与行使程序而言，这种限制主要体现在：股东转让的股权，在同等条件下，其他股东对该股权有优先购买权。两个以上股东主张行使优先购买权的，协商确定各自的购买比例；协商不成的，按照转让时各自的出资比例行使优先购买权。在同等条件的通知程序方面，《公司法司法解释四》第17条明确规定了，经股东同意转让的股权，转让股东应当向其他股东以书面或者其他能够确认收悉的合理方式通知转让股权的同等条件；而关于同等条件的认定，《公司法司法解释四》第18条明确规定，应当结合如下因素综合考虑：转让股权的数量、价格、支付方式及期限等。当然这种优先购买权是一种选择权，原有股东可以行使，也可以放弃。股东优先购买权的行使期间问题，在公司法上原本是一个立法漏洞，后《公司法司法解释四》予以了补充规定。根据其第19条规定，优先购买权的行使期间以公司章程规定的行使期间为准；当公司章程未作规定或规定不明确时，以通知确定的期间为准；同时该条对于通知确定的期间作了补充规定和最短期间的限制：短于 30 日或者未明确行使期间的，行使期间为 30 日。股东对其他股东转让的股权享有优先购买权，意味着只有当公司的其他股东不愿购买、无力购买或其出价低于非股东的出价时，非股东始得购买所转让的股权。这样规定实际上既保护了出让股东的利益，同时也通过提供优先购买权的方式保护了其他股东的利益。

　　在规定了股东优先购买权的实质内容与行使程序的同时，我国《公司法司法解释四》第 21 条第 1 款还补充规定了股东优先购买权被侵害时的救济途径。救济途径一：当转让股东未就其股权转让事项征求其他股东意见，或者以欺诈、恶意串通等手段，损害其他股东优先购买权时，优先购买权人可以通过法院强制行使优先购买权。但是值得注意的是，该救济权利受一定时效期间限制：自优先购买权人知道或者应当知道行使优先购买权的同等条件之日起 30 日内，或者自股权变更登记之日起 1 年内。而且为防止优先购买权人通过此渠道滥用权利而破坏他人交易的稳定性，《公司法司法解释四》第 21 条第 2 款同时作出了如下限制："其他股东仅提出确认股权转让合同及股权变动效力等请求，未同时主张按照同等条件购买转让股权的。"救济途径二：当优先购买权人非因自身原因导致无法行使优先购买权时，其可以请求转让股东承担损害赔偿责任。此外，《公司法司法解释四》第 20 条也明确规定了转让股东的反悔权，"有限责任公司的转让股东，在其他股东主张优先购买后又不同意转让股权的，对其他股东优先购买的主张，人民法院不予支持"。同时，《公司法司法解释四》也为防止出让股东反悔权的滥用而作了限制性规定：①承认股东可以通过公司章程另有规定或者全体股东另有约定的方式来对此后悔权予以约束。②对行使反悔权的出让股东苛以对其他股东的损失赔偿责任。但是，此第 2 项下的损失赔偿范围的计算却比较困难，依照缔约过失责任之计算方法还是违约责任之计算方法尚待进一步研究。③对于人民法院依照法律规定的强制执行程序转让股东的股权的情形，我国《公司法》规定应当通知公司及全体股东，其他股东在同等条件下有优先购买权。如果其他股东自人民法院通知之日起满 20 日未行使优先购买权的，则视为放弃优先购买权。

二、股权转让的程序

（一）公司内部股东变更登记

股权转让应由出让方和受让方签订股权转让合同。关于有限责任公司的股权转让，依我国 2023 年《公司法》第 87 条的规定，股东依法转让其股权后，公司应当及时注销原股东的出资证明书，向新股东签发出资证明书，并由公司修改相应公司章程和股东名册中有关股东及其出资额的记载，而且对公司章程的该项修改不需再由股东会表决。这就是通常所称的公司内部股东变更登记。

我国《公司法》没有明确规定不办理公司内部股东变更登记的法律责任。由于股权转让合同未必为公司知晓，故应该由转让方向公司申请变更登记。若因转让方过错未申请而致未能办理公司内部股东变更登记，则应由转让方依股权转让合同承担违约责任。若公司拒绝登记，则应区分以下情况分别对待：

①如果股权转让不符合《公司法》和公司章程的规定，公司因此拒绝变更登记，则应认为股权转让无效，公司不承担任何法律责任，转让方与受让方之间的纠纷应根据股权转让合同进行处理；②若股权转让符合《公司法》及公司章程的规定而公司拒绝变更登记，则公司侵犯了股东依法转让股权的权利，应责令公司办理变更登记，并由公司承担相应的法律责任。

（二）股东工商变更登记

《中华人民共和国市场主体登记管理条例》第 24 条第 1 款规

定："市场主体变更登记事项，应当自作出变更决议、决定或者法定变更事项发生之日起 30 日内向登记机关申请变更登记。"这就是通常所说的工商变更登记。一般而言，公司变更登记应由转让方（原股东）向董事会或公司章程规定的公司内部组织机构（以下简称"公司内部登记机构"）申请办理股东工商变更登记，再由公司内部登记机构依《公司法》及公司章程规定进行审核。若转让符合《公司法》及公司章程规定，公司内部登记机构应同意变更并记载于股东名册，然后到工商行政管理部门办理工商变更登记手续。但是，实务中很少有有限公司备置股东名册，而且因股东不了解 2023 年《公司法》第 84 条规定外部转让时的其他股东的优先购买权，而给其他股东造成损失的情况时常发生。变更股东名册后，不到工商登记管理局变更名义的情况在企业收购中经常出现。而且，实务中还出现了像阳城热电案的一股二卖现象。对待一股二卖的情况，《公司法司法解释三》规定了善意取得股权的情况。但是，根据上述变更程序股权的善意取得是不可能存在的，而我国还有大量隐名股东问题，名义股东等没有处分权的股东对外转让股份之时，善意取得是否应成立还值得商榷。如按商事外观主义原则，善意取得无从谈起。

除此之外，2023 年《公司法》第 84 条第 3 款"公司章程对股权转让另有规定的，从其规定"的规定，在实务中的情形也不少，出现了股东之间的约定是否可以低于法定的同意权比例，或只能高于或等同于同意权比例的问题，笔者认为在不低于法定比例的情况下可约定。当然，也有部分观点认为如果必须高于法定比例，就失去了法律规定设计的可约定的意义。

第四节　股份有限公司的股份

2023 年《公司法》第 142 条第 1 款规定："公司的资本划分

为股份。公司的全部股份，根据公司章程的规定择一采用面额股或者无面额股。采用面额股的，每一股的金额相等。"股份是股份有限公司股东持有的、公司资本的基本构成单位，也是划分股东权利义务的基本构成单位。股份的主要法律特征可以概括如下：①股份是公司资本构成的最小单位，具有不可分性。②股份是对公司资本的等额划分，具有金额的等额性。③股份具有权利上的平等性。④股份表现为有价证券，具有可自由转让性。此外，我国《公司法》还允许发行种类股，可适用于融资、反收购措施等。

一、种类股的发行

（一）种类股的发行与股东平等

如果发行不同种类的股份，会出现持有不同种类股份的股东所享有的权利和承担的义务各不相同的问题，所以发行种类股时，需解决与股东平等原则之间的关系。

1. 股东平等的理解

股东平等原则，是指在公司中基于股东资格而产生的每个股东的权利和义务应当是平等的，各股东依其所持有的股权比例或股份享有平等的权利，负担同等的义务，不得对任何股东予以歧视。[1] 这一原则说明只要具有股东身份，在公司中就享有平等的权利，各股份的内容应一致（股份平等），且对于内容相同的股份应同等对待。众所周知股份平等原则是公司法上固有的一种概念，基于衡平原则而产生。也就是说，构成人员对公司的参与是平等的，所以不得对其中的某一人有不同的待遇，如果随意改变就有违公司法的平等理念。

一直以来，公司法认为违反股东平等原则的行为是无效的。

---

〔1〕　参见赵旭东主编：《公司法学》（第 2 版），高等教育出版社 2006 年版，第300 页。

比如，违反公司章程、股东会决议、董事会决议、法定代表人的业务执行行为等，不问其是善意还是恶意只要违反股东平等原则均认定为无效。而发行种类股就需要打破股东平等原则。

2. 股东平等之例外

股东平等原则尚有适用上的例外，允许违反股东平等原则的行为存在两种方式：其一，通过法律规定来认可例外规定的存在。如优先股、后配股、可转换股份、无表决权的股份等。其二，股东自愿放弃基于平等原则的利益，甘愿接受不平等待遇的情况。此种情况可通过在章程中约定的方式加以解决。

因此，可以认为股东平等原则只有在这两种例外以外的情形下才发挥作用。比如，在出现大股东的专制损害少数股东利益等情况时适时地发挥作用。所以在实务当中，种类股作为经营的战略被利用时，应处理好与股东平等原则的关系。

(二) 种类股与章程自治

公司法中，通过在公司章程中规定或者变更法律原则或者新设立制度的情况较多。如本书所述，种类股的多样化也通过章程自治来实现。

众所周知，公司章程是由股东制定的，而且最终依"资本多数决原则"确定其内容。因此，其有可能被用作压制少数股东权利的工具。在封闭型公司，如果扩大章程自治还可以依据股东的自制力予以约束，而且也不需要放宽种类股的相关制度。因为如果放宽，封闭的意义就不存在了。但是在大部分股东不发挥作用的公开股份公司，将章程自治完全放宽，尤其是认可种类股的发行等于认可了经营者控制的局面。如，2005 年围绕着日本广播公司、富士电视台和活力门公司展开收购大战时，富士电视台发行了可修改下限条件的可转换债券。通常可转换债券被称为潜在的新股发行，但是并不完全等同于新股发行。只是在其转换价格低于市价时，尤其是价格附带可调整下限的债券，一旦转换招致不可预测股份价值的稀薄化，就会给旧股东带来损失。而一向标榜保护投资者的证券市场允许发行，明显是由于全社会缺乏自我规制力，市场处于无法信赖的状态，股东不主张股东权利。在这样的状况下，如果扩大股份公司章程自治可想而知少数股东将受害，法律还要及时地考虑其救济措施。

虽然公司法规定，公司章程的制定或变更需要股东会的决议，但是股东是否能进行合理的思考监督经营者，是否具备这种意思和能力却是个问题。无论如何强化股东的监督权，不存在相应的股东就没有意义。因此，考虑救济措施时，需要构建一个能够制止以章程自治为幌子进行经营控制的监督机制。很明显，种类股制度直接影响合理的公司治理问题（本书暂不探讨种类股东会问题）。

（三）种类股发行的必要性

随着企业活动的多样化，尤其是在经济不景气的时候企业需要采取战略性措施。很明显在现实社会中，只考虑法律理念就无法应对变化多端的经济局势。比如像美国的金融危机，日本的泡沫经济的崩溃，给金融机构带来了不良资产，使企业处于资金困难甚至破产的状况。

首先，作为银行处理不良资产的应对措施或企业通过发行种类股筹集资金达到解决资金问题的一种战略，种类股的作用是不能忽视的。

其次，中小企业以及创投企业的资金需求也要求商法改善现今的法律环境来应对。尤其是我国创业板市场已经开始启动，种类股的发行应该能够起到促进融资的作用。

最后，除了创投企业引资以外，还考虑将其作为反收购措施适用。众所周知，日本的新公司法放宽了企业合并重组制度，企业随时会面临被收购的危险，为了防止国外恶意收购者进行收购，允许通过章程规定种类股来采取反收购措施。

（四）种类股制度的运用[1]

如前所述，关于种类股我国公司法只作了抽象性的、概括性的规定。当然，2023 年《公司法》在第 144 条也采用列举的方式规定了三种类型的种类股，因此建议在种类股的引进方面借鉴日本和韩国的列举方式，规定股份公司的融资规范。现行《日本公司法》划分的类型股份为：优先分配剩余财产的、限制表决权的、限制转让的、公司可强制性取得的股份（附取得条件的股份），根据股东会可全部强制性取得的股份（附全部取得条件的股份），根据章程规定，需要种类股东会认可的股份（所谓的附拒绝权的种类股份），选任、解聘董事、监事的种类股（在委员会设置公司与公开公司不被认可）。以下将概括介绍这些种类股，拟探讨种类股制度引进的有关问题。

1. 优先分配股利或剩余财产的股份

优先分配股利或剩余财产的股份一般没有表决权。在优先股的设计上，考虑到股东平等原则，一般规定可优先分配股利或剩余财产但是不得行使表决权。比如像日本 1990 年以前规定发行优先股，以发行股份总数的四分之一为限。限制数量是为了防止持有少数普通股的股东控制公司。但是该四分之一，并没有明确的根据。实务界强烈要求放宽，于是 1990 年修改为三分之一。当时规定三分之一的比例是考虑发行多量无表决权的股份以后如果没有出现弊端，立法者准备进一步放宽，直至 2005 年的新公司法完全放开。而在这期间，日本实务当中出现了被称为业绩追踪股的优先股。新公司法颁布之前，根据日本当时的种类股制度，索尼公司为了达到融资的目的曾经发行过作为优先分配股利方式之一的业绩追踪股，以下简单介绍并分析。

---

[1] 参见陈景善：《资本制度现代化与理念冲突——社会需求与公司法理念博弈》，中国政法大学出版社 2014 年版，第 109~132 页。

【专题案例研讨】索尼公司的业绩追踪股[1]

2000 年日本的索尼公司发行追踪子公司业绩的种类股份使日本社会哗然。所谓业绩追踪股是指与利润分配有关的种类股份。该股是股票的价值紧随特定的子公司或公司的某部门的价值的种类股。美国的股份公司一般做市场调查的时候使用该股的情况较多。这一股份是由美林证券东京分所开发的，索尼公司发行的该股与其子公司索尼网络交流公司的业绩联动。当时，基于旧《日本商法典》第 222 条"公司可以发行数种"股份的抽象规定发行该股。我国 2023 年《公司法》第 144 条有相关规定，但是仍有待商业实践以及国务院相关规定来完善。而索尼公司处于泡沫经济崩溃之后，股价下跌、业绩平平的状态，根本无法筹集资金，面对这种状况，索尼公司利用受宠的 IT 股，说服相关部门委托美国的美林证券东京分所设计并发行。但是，因为发行不久，IT 股的泡沫崩溃并没有得到预期的效果，到了 2005 年该股全部转换为普通股。其实业绩追踪股，以并不十分确定的业务部门为单位进行公开、计算，而且以法人格不同为理由，母公司可以否定对子公司债权人的责任，是一个比较方便的制度。[2] 但是该事例说明了在商法规定不完善的时候，实业界完全有可能根据企业自身的需求发行新的种类股。

我们国家的上市公司也完全有可能出现同样的例子。根据我国 2023 年《公司法》第 144 条和第 148 条，完全可以发行类似的种类股。而追踪子公司的业绩优先分配利润，明显有违股东平等原则，一方面只能解释为这是股东平等原则的例外，另一方面

---

〔1〕 参见《索尼——日本版业绩追踪股》，载索尼公司网站：http://www.sony.co.jp，最后访问日期：2009 年 10 月 20 日。

〔2〕 参见 ［日］ 上村达男：《公司法改革》，岩波书店 2002 年版，第 220 页。

可以意识到股东平等原则有可能妨碍企业通过创意筹集资金。[1]
在此，还需要注意的是业绩追踪股推翻了一直以来的"分红必须
与公司自身的收益联动"的常识。对于股份本质的最基础性理解
有了很大的改观。而且，这样的股份居然在市场上安逸地被发
行，展现了企业需要多样化、自由化的资金筹集方式，而法律应
对却处于迟延的状态。

2. 附带多数表决权的股份

美国、英国、法国在公司法中明确规定可发行附带多数表决
权的股份。以利用这一股份而著称的事例为英国的撒切尔夫人在
国有企业的民营化中运用的机制，日后由日本的前首相小泉在国
有企业民营化（国家石油开发公司的民营化）中引进。在美国这
一种类股份主要作为反收购对策适用，日本亦作为反收购对策引
进。实务当中 UFJ 银行作为反收购措施曾发行过，但是，这一股
份存在滥用控股权的问题，引进时还须慎重考虑，以下简单探讨
分析。

【专题案例研讨】UFJ 银行的附带否决权的股份[2]

2004 年 9 月 UFJ 控股公司属下子公司 UFJ 银行向三菱东京金
融集团发行了戊种优先股（附带否决权的股份）。其股份内容为：
该股份股东无表决权，但是对于如下事项通过种类股东大会可进
行决议。如变更章程；合并、股权交换、股权转移、公司分立、
营业转让；处分或受让 5% 以上的财产；发行股份、新股预约权、
债券；减少资本或法定公积金；股份的分割、合并；董事的选任
以及解聘；处分利益、处理损失等。[3]但是，这一股份是由全资

---

〔1〕 参见［日］江头宪治郎：《股份公司法》（第 2 版），有斐阁 2008 年版，第
126 页。

〔2〕 参见《合并与收购——UFJ 银行和三菱整合》，载每日新闻网站：http：//www.
yomiuri. co. jp，最后访问日期：2019 年 10 月 20 日。

〔3〕 参见《新公司法研究》，载《商事法务别册》第 298 号，第 54 页。

子公司 UFJ 银行发行的，所以需要经由 UFJ 银行的股东大会决议发行，而 UFJ 银行是只有一个股东的一人公司。而在日本，股份发行决议机构是董事会，所以无需经由 UFJ 控股公司的股东大会决议。在我国，股份发行是股东会的决议事项，因此母公司自然会干涉。在此引发母公司是否要干涉子公司的营业转让、合并、子公司股份的转让等问题。另外，还可以看到 UFJ 银行发行的种类股的内容包括章程变更、合并等重大资产的变更，甚至于董事的选举权、解聘权都转给了三菱东京金融集团，这样一来母公司 UFJ 控股公司完全将有效的控制权转让给三菱东京金融集团。这一股份的发行，主要是针对当时三井住友银行对 UFJ 控股公司的收购，作为反收购对策所采取的。为了避免被收购，UFJ 控股公司把集团公司中最有价值的 UFJ 银行转让出去，采取了焦土战术。

3. 附带选举权的种类股

这一股份一般为创投企业所用。这一股份是创投资本家选任代表自己利益的董事，或合资公司根据出资比例选任董事参与经营的时候利用得较多。创投资本家一般不参与经营，因此选派代表来参与，有利于创投资本的利用。一般而言公司法为了避免纠纷的发生通常在公司章程中规定，主要通过股东之间的合同来进行约束。在创投企业，创业股东与风险资本家之间就变更组织形式、新股发行、处分利益等事项，在未获得部分股东同意的情况下不得变更为发行种类股。但是，如果这些相关决议是基于商法的规定由股东会或董事会合法作出的，那么股东之间的合同是无法对抗的。其实股东之间的合同是以保护少数股东为目的的，而保护少数股东可通过设立种类股东会实现。而股份公司一般而言都尽量避免设立种类股东会。

4. 附带取得请求权或取得条件的股份

附带取得请求权股份，是指股份公司有权要求取得的股东持有的股份。股份公司取得该股东持有的股份时，作为对价可交付股份公司的债券、新股预约权、附带新股预约权的债券、股份以及其他财产，而这一系列的内容可通过章程予以规定。如果对价为现金，该股份就相当于偿还股，如果对价为其他种类股份，该股份就相当于转换股。日本新公司法规定，公司可以将全部股份设定为这一种类股，也可以将部分股份设定为附带请求权的股份。

附带取得条件的股份，指股份公司无需经股东同意，以发生一定事由为条件取得的股东持有的股份。股份公司作为对价支付股份公司的债券、新股预约权、附带新股预约权的债券、股份及其他财产。股份种类是法定的，但是对价可通过章程予以规定。如果取得对价为现金其性质如同随时偿还股，如果对价为股份公司的其他种类股就相当于附带强制转换条件的股份。这一类股份所指的一定事由通常指企业被收购的情况。而取得条件既可以附在普通股，也可以单独发行。全部股份都可以设定为附带取得条件，也可以部分设定为附带取得条件。

这两种股份是考虑偿还股份或转换股份对价多样化的股份。从前述内容中可以看出通过章程可规定对价。但是，如果将公司的全部股份设定为全部取得请求权的股份或全部取得条件的股份，有可能违反公司法的基本理念。除了公司解散的情况以外股东不得抽逃出资是公司法的基本理念，但是因该类股份的行权有可能招致资金的抽逃以及没有股东的股份公司的出现。另外，这一股份的发行还说明有可能出现 100% 减资的情况，而这种例子是极少的。显然该股份只考虑到创投企业，适用于一般股份公司并不恰当。因此，可以断定设计种类股制度时，需要基于公司的类型予以划分。

设计种类股制度需要协调与公司法的基本理念之间的关系，如股东平等原则，资金抽逃问题等。除此之外，我们可以看得出章程自治在其中发挥了重要的作用。在各种类股的规定上通过股东之间的合约章程记载来解决不平等的问题，也就是通过除法律强制性规定以外，使股东自愿放弃或选择。法律规定在章程中应当记载种类股的内容，发行决议机构，发行的有效、无效，种类股东大会，信息公开等。而且要防止众多种类股东的参与阻碍公司的正常发展，应作适当的种类控制规定。我们可以考察日本放宽种类股之后的运用状况，将来适时地予以引进。我国目前除了前述 2023 年《公司法》第 144 条以外，国家发展改革委 2005 年公布的《创业投资企业管理暂行办法》中也提到了种类股。此外，2023 年《公司法》第 65 条规定，当股东另有约定时，可以对表决权进行限制；第 227 条规定，股东另有约定的可以不按出资比例分红；第 90 条规定，股东资格可以继承，但是另有约定的除外等。这些规定也可理解为公司可设计不同种类股。我国通常划分的 A 股、B 股、N 股、H 股等是根据股份的发行地点分类的，不是公司法所指股份内容、权利内容不同的种类股。

我国 2013 年《公司法》第 127 条、第 131 条的规定都预留了种类股的存在空间，并授予了国务院制定种类股相关具体规则的职权。在此法律基础之上，国务院于 2013 年 11 月 30 日颁行了《国务院关于开展优先股试点的指导意见》（以下简称《指导意见》），开始了优先股的试点工作，以此推进企业股份制改革，为发行人提供灵活直接的融资工具，优化企业财务结构，为投资者提供多元化的投资渠道，丰富公司实施并购重组、反收购等措施的工具，从而促进资本市场的完善与发展。

（1）优先股的概念和特征。优先股是相对于普通股而言的具有某种特别权利的股份。《指导意见》对其含义的规定是："优先股是指依照公司法，在一般规定的普通种类股份之外，另行规定的其他种类股份，其股份持有人优先于普通股股东分配公司利润和剩余财产，但参与公司决策管理等权利受到限制。"可见，优先股的优先性主要体现在以下几方面：

第一，优先分配公司利润。2023 年《公司法》第 210 条第 4 款中规定："股份有限公司按照股东所持有的股份比例分配利润，公司章程另有规定的除外。"这就赋予了公司章程较大的利润分配自主权，可以对优先股股息进行规定。因此，在《指导意见》中确定"优先股股东按照约定的票面股息率，优先于普通股股东分配公司利润。公司应当以现金的形式向优先股股东支付股息，但在完全支付约定的股息之前，不得向普通股股东分配利润"。

第二，优先分配剩余财产。公司因解散、破产等原因进行清算时，公司财产在按照公司法和企业破产法有关规定进行清偿后的剩余财产，应当优先向优先股股东支付未派发的股息和公司章程约定的清算金额，不足以支付的按照优先股股东持股比例分配。

对投资者而言，由于优先股股息收入比较稳定，并且在财产清算时具有优先顺位，因此其风险相对较小，适宜于中长期投资，在国外优先股票就受到保险公司、企业年金、养老基金等机构投资者的青睐。目前我国在推进经济结构调整和转型发展的过程中，中国银保监会、中国证监会和央行等机构也陆续出台了一些部门规章，探索保险资金投资优先股等新型金融工具以提供长期股权投资的相关政策。

当然持有优先股股东获得优先利益是有代价的，其参与公司决策管理等权利要受到限制，也即优先股股东一般没有投票表决权，只有在特殊情况下，比如讨论涉及优先股股东权益的议案时，才能得以行使表决权。《指导意见》对此进行了具体规定，即："除以下情况外，优先股股东不出席股东大会会议，所持股份没有表决权：①修改公司章程中与优先股相关的内容；②一次或累计减少公司注册资本超过 10%；③公司合并、分立、解散或变更公司形式；④发行优先股；⑤公司章程规定的其他情形。上述事项的决议，除须经出席会议的普通股股东（含表决权恢复的优先股股东）所持表决权的三分之二以上通过之外，还须经出席会议的优先股股东（不含表决权恢复的优先股股东）所持表决权的三分之二以上通过。"

另外，《指导意见》针对优先股股东不能享受优先权利益的现象，规定了表决权恢复，即："公司累计 3 个会计年度或连续 2 个会计年度未按约定支付优先股股息的，优先股股东有权出席股东大会，每股优先股股份享有公司章程规定的表决权。对于股息可累积到下一会计年度的优先股，表决权恢复直至公司全额支付所欠股息。对于股息不可累积的优先股，表决权恢复直至公司全额支付当年股息。公司章程可规定优先股表决权恢复的其他情形。"

（2）优先股的种类。优先股票的具体优先条件由各公司的章程加以规定，根据《指导意见》所确定的章程应规定事项内容，可以把优先股大致分为以下几类：其一，股息率固定优先股和股息率浮动优先股，分类标准是股息率是否允许调整；其二，累计优先股和非累计优先股，分类的依据是如果公司因本会计年度可分配利润不足而未向优先股股东足额派发股息，差额部分是否累积到下一会计年度予以补足；其三，参与优先股和非参与优先股，分类的依据是当公司盈利较多时，优先股股东按照约定的股息率分配股息后，是否有权同普通股股东一起参加剩余利润分配；其四，可转换优先股，是指发行后在一定的条件下允许持有者将优先股转换为其他种类股票的优先股票；其五，可回购优先股，即股票在发行后一定时期可按特定的回购条件、价格和比例由发行人收回的优先股票。针对可转换和可回购优先股，公司可以在公司章程中规定优先股转换为普通股，发行人回购优先股的条件、价格和比例；转换选择权或回购选择权可规定由发行人或优先股股东行使。

（五）双层股权结构与种类股的区别

与传统公司法上"一股一表决权"的股权结构不同，在双层股权结构中，股东所持的投票权多少不是由其所持股份多少来确定。双层股权结构通常是指公司将普通股划分为两类，其中一类股遵循一股一表决权原则，而另一类股则不遵循一股一表决权原则，该类股所持表决权可能是一股多权，也可能是多股一权的股权结构。通过采用双层股权结构对外发行低表决权的股份或者对内部人定向发行高表决权的股份的方式，公司可以在保障控制股东的控制权的同时实现对外融资。

有学者指出，传统理论认为一股一表决权原则最优的结论是建立在股东同质化假设基础之上的。在这一前提下，股东被假定为有同质的利益、目的及能力。但这一观点是难以令人信服的，事实上，股东之间存在多维的利益分歧，而股东的目的、能力也各有不同，故股东偏好实际上是异质的。为尊重股东的异质化需求，公司法应允许公司进行灵活的股权设置、实现高效的决策机制，具体表现为通过股权结构的合理设计满足股东对股票的经济利益和控制利益所表现的不同偏好。而双层股权结构则是对股东异质化做出了有效的回应。具体而言，在双层股权结构下，公司可以根据股东偏好和实际融资需求对其发行的普通股权利进行非比例配置以满足股东对股票控制权或经济性权利的偏好。另外，公司发行超级表决权可以为公司控制权的集中提供一个高效的途径，使公司控制权集中到积极参与到公司治理的股东手中，缓和公司治理中的理性冷漠和搭便车问题。[1]

谷歌公司在纳斯达克上市时就采用了双层股权结构。谷歌公司把其股票分为 A、B 两类股票，A 类股一股一权，B 类股一股十权。谷歌公司发行给创始人、CEO、董事、雇员的 B 类股票占

---

[1] 参见冯果：《股东异质化视角下的双层股权结构》，载《政法论坛》2016 年第 4 期。

B 类股发行总数的 62.9%，而这部分 B 类股占公司全部投票权份额（包括 A 类和 B 类股票）的 62%。其中，公司三名创始人持有约 38.1%的 B 类股，该三人的投票权占谷歌公司总投票权的 37.6%。[1] 我国企业也开始采用双层股权结构来适应现实的需求。目前我国仍不允许采用双层股权结构的公司在中国境内上市，故有此需求的企业通过在境外上市的方式实现双层股权结构。据统计，截至 2014 年 12 月 31 日，在美国上市的 168 家中国公司中，有 34 家公司采用了双层股权结构。仅 2014 年一年间，15 家在美国纽交所和纳斯达克上市的中国公司中，11 家采用双层股权结构。[2] 由此可见，双层股权结构日渐成为一种受上市公司欢迎的股权结构。2019 年 3 月 1 日，中国证监会发布《科创板上市公司持续监管办法（试行）》，该办法第 7 条第 1 款规定，存在特别表决权股份的科创公司，应当在公司章程中规定特别表决权股份的持有人资格、特别表决权股份拥有的表决权数量与普通股份拥有的表决权数量的比例安排等事项。该条款规定承认了科创板上市公司可以采用双层股权结构。同日，上海证券交易所发布《上海证券交易所科创板股票上市规则》（已被修改），该规则第四章第五节对上市科创板股票的表决权差异安排进行了具体规定。

2019 年 4 月 1 日，采用双重股权结构的优刻得科技股份有限公司申报科创板获受理。该公司中，季昕华、莫显峰、华琨为公司共同控制人，三人合计直接持有优刻得公司 26.8347%的股份。优刻得公司为该三人设置 A 类股份，剩余股份均为 B 类股份。每份 A 类股份拥有的表决权数量为每份 B 类股份拥有的表决权的 5

---

〔1〕 参见黄臻：《双层股权结构公司的投资者保护问题研究》，华东政法大学 2015 年博士学位论文。

〔2〕 参见高菲、周林彬：《上市公司双层股权结构：创新与监管》，载《中山大学学报（社会科学版）》2017 年第 3 期。

倍，每份 A 类股份拥有的表决权数量相同。经过上述表决权特别安排后，三个共同控制人直接持有股份的表决权比例从 26.8347%提高到 64.71%。

（六）股份的转让

股份有限公司是最为典型的资合公司。投资者在向股份有限公司投资后，既不能以退股的方式要求公司返还财产，也不能直接支配由自己的投资所构成的公司财产。在这种情况下，股东对自己持有的股份的处分就成为股东保护其自身利益的有力手段。如果投资者不能根据自己的判断而随时处分所持有的股票，他们必会因其利益无法保障而放弃以购买股票向公司投资的方式，转而寻求其他投资方式。股份有限公司因此将不复存在。为此，股份有限公司的股份可以自由转让就成为各国或地区公司立法所贯彻的一条基本原则，这也正是股份有限公司的重要特点和优点之一。我国 2023 年《公司法》第 157 条也明确规定："股份有限公司的股东持有的股份可以向其他股东转让，也可以向股东以外的人转让；公司章程对股份转让有限制的，其转让按照公司章程的规定进行。"

股份转让以自由为原则是各国或者地区公司立法的通例。依我国 2023 年《公司法》第 157 条至第 167 条的规定，股东持有的股份可以依法公开、公平、公正转让，但要受到下列限制：

1. 对股份转让场所的限制

我国 2023 年《公司法》第 158 条规定："股东转让其股份，应当在依法设立的证券交易场所进行或者按照国务院规定的其他方式进行。"这里所说的证券交易场所，包括全国性证券集中交易系统、地方性证券交易中心和从事证券柜台交易的机构等。我国的上海证券交易所和深圳证券交易所是最具有代表性的证券交易场所。

除了上述证券交易场所外，股东转让其股份也可以按照国务院规定的其他方式进行。比如，目前众多非上市公司的股份都是通过私下协议的方式或 2013 年 1 月份开始启动的新三板进行转让。

2. 对发起人所持股份的转让限制

我国 2023 年《公司法》第 160 条第 1 款规定："公司公开发行股份前已发行的股份，自公司股票在证券交易所上市交易之日起 1 年内不得转让。法律、行政法规或者国务院证券监督管理机构对上市公司的股东、实际控制人转让其所持有的本公司股份另有规定的，从其规定。"但是，因为 1 年之后可自由转让，所以控股股东在上市 1 年以后，兑现圈钱的现象大量存在。

3. 对公司董事、监事、高级管理人员持有本公司股份的转让限制

我国 2023 年《公司法》第 160 条第 2 款对此作了具体规定："公司董事、监事、高级管理人员应当向公司申报所持有的本公司的股份及其变动情况，在就任时确定的任职期间每年转让的股份不得超过其所持有本公司股份总数的 25%；所持本公司股份自公司股票上市交易之日起 1 年内不得转让。上述人员离职后半年内，不得转让其所持有的本公司股份。公司章程可以对公司董事、监事、高级管理人员转让其所持有的本公司股份作出其他限制性规定。"现实当中，在国有企业改制中，有很多高管在对股票缺乏认识的情况下，被强制性地持有股份，上市后受益的也为数不少。

4. 我国对公司收购自身股份的限制

我国 2023 年《公司法》第 162 条第 1 款规定："公司不得收购本公司股份。但是，有下列情形之一的除外：①减少公司注册资本；②与持有本公司股份的其他公司合并；③将股份用于员工持股计划或者股权激励；④股东因对股东会作出的公司合并、分立决议持异议，要求公司收购其股份；⑤将股份用于转换公司发

行的可转换为股票的公司债券；⑥上市公司为维护公司价值及股东权益所必需。"第 2 款规定："公司因前款第 1 项、第 2 项规定的情形收购本公司股份的，应当经股东会决议；公司因前款第 3 项、第 5 项、第 6 项规定的情形收购本公司股份的，可以依照公司章程或者股东会的授权，经三分之二以上董事出席的董事会会议决议。"第 3 款规定："公司依照本条第 1 款规定收购本公司股份后，属于第 1 项情形的，应当自收购之日起 10 日内注销；属于第 2 项、第 4 项情形的，应当在 6 个月内转让或者注销；属于第 3 项、第 5 项、第 6 项情形的，公司合计持有的本公司股份数不得超过本公司已发行股份总数的 10%，并应当在 3 年内转让或者注销。"根据该规定，在我国，对公司持有自身股份的态度是"原则禁止，例外允许"。具体而言，公司收购自身股份应遵守下列限制：

（1）如果公司是为减少公司注册资本，或者为与持有本公司股份的其他公司合并，应当经股东会作出减少资本、合并公司的决议。在公司减少注册资本的情况下，由公司向股东发出收购要约。一般而言，收购条件应使每一股东均有机会按照持股比例出让一定数额的股份。在公司合并的情况下，由反对合并的股东请求公司全数收购他们持有的股份。

（2）如果公司是为减少公司注册资本而收购自身股份的，在公司完成收购后，应当自收购之日起 10 日内注销该部分股份；如果公司是为与持有本公司股份的其他公司合并，或者是因为股东行使股份收购请求权而收购自身股份的，应当在 6 个月内转让或者注销。

（3）如果公司是为将股份奖励给本公司的职工而收购自身股份的，其合计持有的本公司股份数不得超过公司已经发行股份总数的 10%。

5. 对股票质押的限制

我国 2023 年《公司法》第 162 条第 5 款规定："公司不得接

受本公司的股份作为质权的标的。"公司的股份作为一种权益，股票作为一种特殊的种类物，是这种权利的表征，可以作为质押物用作质押的。但是，公司法上不允许公司接受本公司的股票作为质押权的标的。一般认为，作此限制的原因主要有：首先，如果公司接受本公司的股票作为质押权的标的，无异于用自己的财产担保自己的债权，显然不妥；其次，当公司的债务人无力清偿到期债务而公司拍卖质押股票所代表的股份又无人应买时，公司自然就成为质押股票的所有人，这又违背了公司不得拥有自身股份的一般原则。

6. 股东在法定的"停止过户期"的时限内不得转让股份

我国 2023 年《公司法》第 159 条第 2 款规定："股东会会议召开前 20 日内或者公司决定分配股利的基准日前 5 日内，不得变更股东名册。法律、行政法规或者国务院证券监督管理机构对上市公司股东名册变更另有规定的，从其规定。"需要注意的是，所谓在法定的期限内不得进行股票名册的变更登记，并不意味着在此期间不得进行股份转让。也就是说，股份转让仍是自由的，但如果受让人在此期间申请股东名册的变更登记，公司应当拒绝；如果公司接受其申请，并办理过户手续，应属于无效转让。

二、股份公司股份回购制度

关于股份回购制度，我国 2023 年《公司法》第 162 条规定"原则禁止，例外允许"，而在我国实务中从云天化开始根据《上市公司回购社会公众股份管理办法（试行）》（已失效）早已允许回购本公司股份。纵观世界各国，美国、日本均允许回购，回购后可以不注销，将回购股份放入金库称为"库存股"。这一库存股既可以被拿出来当新股用，也可以作为反收购措施来用，较为灵活。这一制度的实施在日本起到了化解相互持股而带来的弊端的积极作用。但是，欧洲各国，如英国、法国、德国基于后文陈述的几点原因依然实施"原则禁止,例外允许"制度。在我国,2008 年 10 月中国证监会颁布了《关于上市公司以集中竞价交易方式回购股份的补充规定》(以下简称《回购补充规定》),自 2008 年 10 月 9 日起实施,同时废止了 2005 年 6 月 16 日出台的《上市公司回购社会公众股份管理办法(试行)》(以下简称《回购管理办法》)中有关集中竞价方式回购股份的规定。公布《回购管理办法》时中国证监会称以完善证券市场基本制度,顺利解决困扰中国证券市场许久的股权分置问题为目的,而《回购补充规定》是在股权分置改革告一段落后市场上解禁股流通蔓延的情况下,中国证监会又以适应资本市场发展实践的需要,以进一步规范上市公司为目的而公布的。2018 年 10 月 26 日,我国《公司法》修改了股份回购制度,允许库存股的存在,关于股份回购的权限由股东大会授权给董事会,进行了一系列的改革。因而,回购的股份存入金库时、转让时、注销时,公司财务及资本结构变化有所不同。2022 年 1 月 5 日,中国证监会公布了《上市公司股份回购规则》(后于 2023 年修订),自公布之日起施行,2018 年 10 月 9 日施行的《回购补充规定》同时废止。

(一)有关我国股份回购制度的概述

有关于股份回购制度各国法律规定不尽一致,[1] 主要有两种政策趋向,以美国为代表的自由主义和以大陆法系各国为代表的"原则禁止,例外允许"。[2] 我国公司法亦采取"原则禁止,例外允许"的政策。虽说公司法禁止,而事实上通过中国证监会公布的规范的允许,众多公司在实践中已经尝试回购本公司股份。较为典型的实践出现在上市公司减持国有法人股中,如 1994 年陆家嘴就开始回购国有股,1999 年底有申能股份,之后云天化、

---

[1] 参见赵旭东主编:《公司法学》(第 2 版),高等教育出版社 2006 年版,第 351 页以下。李建伟:《公司法学》,中国人民大学出版社 2008 年版,第 326 页以下。

[2] 参见李建伟:《公司法学》,中国人民大学出版社 2008 年版,第 326 页以下。

长春高新等也相继以国有股回购方式实施减持。但是，本书无意对此类事例进行分析，主要针对 2023 年《公司法》有关股份回购的规定以及《回购管理办法》和《回购补充规定》，对其禁止和放宽的必要性进行探讨。

笔者拟在本部分主要阐述我国股份回购制度，在后文中对禁止回购的原因进行分析，期待引发对股份回购制度更多、更深入的讨论。

2018 年修改前我国《公司法》第 142 条规定了公司可以回购股权的特定情形，[1] 即该条第 1 款规定了可回购的例外情况："公司不得收购本公司股份。但是，有下列情形之一的除外：①减少公司注册资本；②与持有本公司股份的其他公司合并；③将股份奖励给本公司职工；④股东因对股东大会作出的公司合并、分立决议持异议，要求公司收购其股份的。"[2] 该条第 2 款规定了回购所需程序以及回购后的处分方式。比如，因第 1 款 1 项至第 3 项的原因收购本公司股份的，应当经股东大会决议。公司依照第 1 款规定收购本公司股份后，属于第 1 项情形的，应当自收购之日起 10 日内注销；属于第 2 项、第 4 项情形的，应当在 6 个月内转让或者注销。对于第 3 项原因回购的情形规定稍微更严格一些，专门设第 3 款作了规定："公司依照第 1 款第 3 项规定收购的本公司股份，不得超过本公司已发行股份总额的 5%；用于收购的资金应当从公司的税后利润中支出；所收购的股份应当在 1 年内转让给职工。"该条第 4 款规定了公司不得接受本公司的股票作为质押权的标的。另外，对持有本公司股份的限制性规定可散见于其他条文当中。如，2023 年《公司法》第 116 条第 1

---

〔1〕 参见法律出版社法规中心编：《中华人民共和国公司法注释本》（第 2 版），法律出版社 2010 年版，第 68~69 页。

〔2〕 这是异议股东请求公司收购股权的情形。有关异议收买请求权，参见 2023 年《公司法》第 89 条的详细规定。

款中规定："公司持有的本公司股份没有表决权。"2023年《公司法》第160条第2款对公司董事、监事、高级管理人员持有本公司股份的转让作了限制性规定："公司董事、监事、高级管理人员应当向公司申报所持有的本公司的股份及其变动情况，在就任时确定的任职期间每年转让的股份不得超过其所持有本公司股份总数的25%；所持本公司股份自公司股票上市交易之日起1年内不得转让。上述人员离职后半年内，不得转让其所持有的本公司股份。公司章程可以对公司董事、监事、高级管理人员转让其所持有的本公司股份作出其他限制性规定。"

这些条文列举我国公司法"原则禁止，例外允许"回购股份的情形，而且还规定回购以后的处分方式以注销为主。可见公司法对于股份回购是严格限制的，而下述两个规范采取的是趋向解禁但又不完全放宽的方式。

（二）对股份回购制度的探讨

公司法之所以设这一系列的禁止性规定，主要是考虑到资本充实原则还有公司收购自己的股份，成为自己的股东，容易使公司的董事等人员，通过其所实际掌握的公司拥有的本公司股份影响公司决策，还可能利用其掌握的内部消息进行股票操作，扰乱证券市场秩序，损害公司股东或者债权人利益。笔者在此对其弊端进行逐一分析，目的在于探讨商法的应对措施。

1. 对于公司基本财产的脆弱化

（1）股份回购有违资本充实、资本维持原则。众所周知，公司如果使用资本金回购本公司股份，就等于返还出资，有违资本充实、资本维持的原则。股份公司一直以来被认为是使闲散资本变为产业资本的过程，由此资本在企业活动中得到有效运用。但是，股份回购就等于把产业资本又放回到闲散的状态，对产业资本起副作用。因此，股份公司制度原则上本着资本充实、资本维持的原则禁止返还出资，而事实上股东依据股份自由转让原则可以随时收回投资的闲散资本。而且，股份回购很有可能招致逃避法律规制变相返还出资的危险。但是，这一问题很容易解决，只要不使用资本部分回购股份即可。其实，投资人在股份公司的出资并不是停留在企业中不动，而是不断地、反复性地投入到企业活动中，使股份公司由此实现利润的最大化。因此，利用可分配利润回购股份可以在一定程度上避免因返还出资而带来的弊端。我国 2023 年《公司法》对于第 162 条第 1 款第 3 项用于奖励员工时回购的情况通过该条第 3 款作了回购财源的规定，即"属于第 3 项、第 5 项、第 6 项情形的，公司合计持有的本公司股份数不得超过本公司已发行股份总数的 10%，并应当在 3 年内转让或者注销"。除此之外，在公司法中看不到有关购买财源方面的规定。只是，作为董事会、股东大会的决议事项，披露拟回购的资金来源等即可。但是，不具体规定回购资金会导致股东大会决议利用资本公积金等回购时，出现返还出资导致资本事实上减少的情况，有损公司债权人的利益，无法避免股份回购的弊端。而与我国同样，原本实施"原则禁止，例外允许"的日本在新公司法中放宽股份回购制度，但是对于回购财源作了严格限制。因为日本曾经在泡沫经济崩溃不久的 1997 年通过限时立法[1]尝试过放宽，目的在于回购放量过多的股份以此来解决股价不涨的问题。限时立法被称为《注销利益特例法》，该法将股份回购作为经营管理事项定位，将股份回购的决策权限赋予董事会，董事会可通过决议动用资本公积金。新日铁等日本经济联合团体的成员公司是推动这一立法的主要力量。对此，日本著名商法学者上村达男教授将其比喻为"这就如同急需现金的某一家庭不卖眼前的金银首饰之类，而要拆开房梁钢筋卖是一样危险"。在此，我们可以考虑利用可分配利润来购买。以下笔者对其可行性小作分析。

---

〔1〕 日本国会迫于来自企业界的压力根据经济形势通过立法限定时间实施了股份回购制度（1997 年至 1999 年）。

（2）可分配利润与回购股份。事实上，即使利用可分配利润回购股份，公司基本财产脆弱化的问题还是不能得到彻底解决。在公司业绩恶化的情况下，毋庸置疑公司持有的本公司股份的价值也会随之贬值，所以很可能造成公司资产状态更加恶化。但是，这种恶化并不局限于股份回购的情况，某一公司作为资产的一部分持有其他公司的股份时也会发生前述情况。不仅某一股份公司持有的其他股份公司的股份贬值，再加上本公司业绩的恶化，所持有的本公司股份价值也贬值，这种雪上加霜的现象以前被认为也有可能是偶然，纯属"运气不佳"时出现，但是这次美国的金融危机将这种"偶然"变为"必然"了。例如，趁美国的金融危机购买雷曼股份的日本野村集团和购买摩根士丹利股份的日本三菱日联银行上个月刚刚风光一番，然而好景不长，正当全世界关注它们会不会重蹈覆辙（20世纪日本企业收购美国企业不久就不得不将其拱手让出）时，2008年10月28日上午，野村集团在半年报中称由于金融市场混乱，金融商品价格暴跌，公司出现了1494亿日元的经营赤字。据说野村集团2007年有642亿日元的利润，它们在收购雷曼证券部门时根本没有想到日本的股市会跌得比纽约还厉害，而日元汇率又被一路抬高。而三菱日联银行称，美国金融危机引发的股市暴跌，致使该行自我拥有的股票价值直落，金融基础显得十分脆弱。[1] 由此可见一斑，利用可分配利润回购股份并非万全之策。

日本新公司法的规定目前还可供我们借鉴。日本在股份回购制度上从禁止到放宽，进行了一系列的修改之后现行《日本公司法》第461条规定"公司回购股份时的对价不得超出取得当日公司财产的账面所记载的可分配的财产"。也就是说，用剩余财产可回购。因此，笔者认为可借鉴日本的失败和立法之经验，在我

---

〔1〕 参见《第一财经》2008年10月29日第2版的报道。

国公司法中也应具体规定回购财源，确保企业资本制度之健全。

2. 股份回购违反股东平等原则

股份回购违反股东平等原则的情况是在很多股东想抛售持有股份的情况下，公司只回购一部分股东的股份，且在回购价格问题上，比市价低或高的金额回购会导致与其他股东持有的股份之间产生不均衡，更有违股东平等原则。但是，这一弊端也易解决，回购股份时，通过交易市场集中竞价即可。股份流通市场应该是遵循价格优先、时间优先原则的世界。也就是说，卖出时按价格由低到高的顺序，购买时按照价格由高到低的顺序促成交易成功。因此，很难想象选择特定的对象购买股份的情况。我国公司法虽未对具体回购方式作出规定，但是前述《回购管理办法》以及《回购补充规定》均作了相应规定。《回购管理办法》第9条规定："上市公司回购股份可以采取以下方式之一进行：①证券交易所集中竞价交易方式；②要约方式；③中国证监会认可的其他方式。"（其他两种方式暂放本书不作讨论）《回购补充规定》专门对集中竞价交易方式作了详细规定，在第8条中规定上市公司不得进行股份回购的交易时间以及不得进行交易的期间等，即开盘集合竞价、收盘前半小时内、股票价格无涨跌幅限制。可见我国出台的《回购管理办法》以及《回购补充规定》致力于保护股东以免出现不平等，但是《回购补充规定》是从2008年10月9日开始实施的，实施前并无法预测会出现何种事例，至少目前可认为集中竞价（或要约）回购方式还是可取的，与公司法的基本理念也无冲突。

3. 股份回购造成公司控制的不均衡

单纯而言，公司回购股份一方面会相应地导致不得行使表决权的股份数的增加，从而出现在股东大会中无法保持控制地位的问题；另一方面很有可能导致一部分持有少量股份的股东在股东大会中成为"多数派"。这一弊端主要体现在经营管理阶层很可能操纵控制多数派。典型的情况是企业面临敌对性企业收购的时候，对待企业收购，对象公司的董事为了对抗收购者会采取反收购对策，回购股份就是其对策之一。回购的股份成为公司财产之后，董事会可根据董事会决议随时自由使用。但是，在此需要注意的是，畏惧企业收购的应该是经营管理阶层，因为股东的更迭会带来经营管理阶层的更替。所以，经营管理阶层会积极采取措施保护"自我"。而采取股份回购方式就等于将股东的"钱"用于"董事保身"[1]，这种方式在美国就被允许（Unocal 基准）。为何被允许呢？主要是争取到了持股比例高的股东的支持，这就是问题的关键。如前所述，我国公司法把股份回购的决议权限赋予股东会，而且《回购管理办法》第 17 条和《回购补充规定》第 4 条均规定须经股东大会特别决议。值得一提的是，形式上可防止董事利用股份回购保护"自我"现象。但是，我国对出席股东会的股东没有作足数法定方面的规定，因此放宽股份回购制度时，如何确保股东会决议的公正性还有待探讨。

4. 回购股份违反流通市场的公正性

一般认为股份回购很容易招致内幕交易或市场操纵行为，从而影响正确的投资判断。公司为了标榜良好的业绩，有时候策划通过股份回购将股价拉升；或者为了易发行新股，通过回购股份来稳住股价。在这种情况下，投资者很容易判断失误。

而公司的董事知悉公司的股份回购计划利用回购进行的前后时机来投机赚取差价的情况也居多。无论是否存在操纵市场的目的，一般而言在市场上某一位投资者短期内大量购买某一特定的股份就会引起股价的飙升。

---

[1] 在企业收购中"公司恐吓者"的花样繁多，因此经营管理阶层的反收购措施也相应地多种多样。其实，与股份回购相比，反收购措施中的"毒丸计划"更有经营管理阶层利用其地位保身之嫌疑。因此，公司控制的公正性的确保问题上股份回购与"毒丸计划"等相比较还算合理。

　　为应对这种情况，我国《证券法》还有《回购管理办法》第7条和《回购补充规定》第11条均规定了禁止内幕交易以及市场操纵。而且，可设追究董事责任的规定，如《日本公司法》第465条规定："如果股份回购给公司造成损失时，董事等业务执行人员对此负有填补损失的责任。"因此，笔者认为这几项法律足以应付市场操纵行为以及内幕交易，因为均有规定相应的处罚措施。所以，在事实上已经允许上市公司回购股份的情况下，公司法的限制性规定，作为事前规范其存在意义并不大。

　　综上所述，通过对《公司法》有关股份回购制度的规定以及《回购管理办法》与《回购补充规定》的考察，笔者认为实际上我国公司法可以顺应潮流采取相应措施放宽对股份回购的限制。本书在前文中对限制股份回购的几种原因，以及应对其弊端的对策作了分析。可概括为，购买财源明确可防止返还出资、购买方式（市场集中竞价）合理可防止股东不平等现象的出现、内幕交易等不公正、不公开、不公平的现象通过证券法会得到处罚。而公司控制不均衡的问题还有待进一步探讨。虽然问题点并没有得到完善解决，但是笔者斗胆建议立法者思量股份回购放宽所带来的利益与便利，以及其是否大于禁止之利益。而放宽的目的在于配合实践中已经实施的股份回购行为，通过公司法来构建健全的企业金融制度。我们可参考国外经验将其灵活地、有效地利用。诸多国家在公司法中放宽了股份回购制度之后，允许库存股（把回购的股份锁进金库）的存在，即在需要的时候拿出库存股可调整股价、用于股权交换或者用于期权交易。本公司股份的这种便利之处应该说在市场、企业重组当中均具有积极意义，可以说得到了循环使用。因此，笔者还建议不要局限于将回购股份"注销"，可考虑"持有"。如前所述，2005年《回购管理办法》实施以来，实践中已经有很多上市公司适用股份回购制度，而且在完成股权分置改革的现今，存在着国有资产流失、市场上股份过多等问题，面对这些问题股份回购方式还是可取的。鉴于此，笔者认为有必要对弊端再作深入研究，完善相应的制度，可杜绝因股份回购而有可能出现的各种混乱状况，可将"副的权益融资（Equity Finance）变为便利的权益融资"，以确保企业金融的健全性。

如前所述，我国放宽了股份回购制度。在现行的法律体系下，2023 年《公司法》第 162 条对股份公司股份回购的规定是"原则禁止，例外允许"。2018 年 9 月，中国证监会公布的《中华人民共和国公司法修正案（草案征求意见稿）》中提到，放宽股份回购制度，将股份回购作为董事会的决议事项、建立库存股制度等，这意味着将《公司法》规定的股份回购制度变为"原则放宽，例外禁止"的美国式宽松模式。日本在泡沫经济崩溃之后，也放宽了股份回购制度，期待的效果是解消相互持股的现象，用于筹集资金以及反收购措施。但是，日本和美国均实施的是授权资本制，由董事会作出股份回购决议没有问题，而我国放宽回购时不仅需要协调资本制度，还要强化因股份回购而有可能招致的内幕交易和操纵市场的监管措施。日本出现东芝公司调整净资产回收率（Return on Equity，ROE），通过股份回购减资，无盈分红的情况。因而放宽股份公司回购制度时，需明确规定购买的财源。

从国外经验而言，放宽法律制度对上市公司而言，意味着更容易自主性地进行重组，提升上市公司的竞争优势。

三、授权资本制下制度设计

（一）新股发行停止制度以及无效制度的实施背景

国外无论是英美国家还是大陆法系的日本、韩国，在新股发行方面为了能够机动灵活地筹集资金，公司法规定实行授权资本制下由董事会决定新股发行的方式。比如，日本 1950 年代公司法修改之前增资新股发行权限在股东大会，实行面额股制度，股东大会决议始终按面额平价发行，没能达到公司筹集资本的目的。因此1950年修改为授权资本制下的董事会决议来决定。并为了制止董事会滥发新股损害旧股东利益，或以控制公司为目的发行新股的现象，设定了新股发行停止之诉和新股发行无效之诉。

通常新股发行带来旧股东持股比例的稀释，使旧股东利益受损（这与我国新股东受损的现象恰恰相反）。具体而言在发行新股时，旧股东可能会受到两种损失：一是旧股东持股比例即发言权被摊薄；二是对股东以外的第三者公开发行新股的时候，市场机制会影响发行条件，有时发行价格会非常低，低于旧股东持股时的旧股份的价格，这种发行便会损害旧股东的利益。

关于新旧股东利益失去均衡的问题，日本公司法界著名学者神田秀树举了一个例子。[1] 例如：10名股东聚集在一起成立了一家股份公司。每个股东持有1个股份，假定该公司的企业价值为1000万日元，如此，很容易得出每一股份的价值是100万日元（不考虑负债等）。假设该公司通过新股发行再筹资1000万元。结果，该企业价值会达到2000万日元。公司拟定每股的发行价格（缴付价格）为50万日元，发行方式为公开发行。新股的发行份数为20股（1000万日元÷50万日元＝20股）。因此发行新股以后，每股的股价就变成了66.7万日元。发行新股以后，该企业的价值为2000万日元，已发行股份总数为30股，所以新股股价为2000万日元除以30股，即每股66.7万日元。新股发行的影响：表决权受影响，持有股份的股价下跌。旧股东的表决权价值从十分之一变为三十分之一，而且股价也从100万日元降至66.6万日元，经济上也受损失。因此，应当通过新股发行停止之诉以

---

〔1〕 参见［日］神田秀树：《公司法入门》，岩波新书2006年版，第109页以下。

及无效制度予以补救。

（二）新股发行停止之诉与适用中的问题

《日本公司法》第 210 条规定："公司发行新股时，违反了法令、章程或以明显不公正的方法发行，因该发行有可能受损失的股东可以要求公司停止发行新股。"[1] 新股发行停止之诉的案例类型主要可归纳为目标公司管理阶层通过发行新股稀释旧股东的持股比例，采取反收购措施时利用的较多。其中典型的为忠实屋案例，通过向特定对象以特别有利的价格发行新股来采取反收购措施，而其他欲要采取收购行为的股东以该新股发行不公正为理由提起新股发行停止之诉。[2] 该事件的梗概为：不动产公司秀和持有忠实屋（超市）的 33% 的股份，持有稻毛屋（超市）的 21% 的股份，并且持续买入两家超市的股份企图全面控制。秀和作为大股东于 1987 年 6 月至 10 月对忠实屋、于 1987 年 10 月至 11 月对稻毛屋提案，建议他们与另一家超市（Life Store）合并。对此建议上述两家超市并未接纳，而是以业务合作、资本合作的名义双方达成一致，彼此以对方为对象定向发行了股份，使相互持股的比例均达到 19.5%。就因为该新股发行行为，秀和对忠实屋的持股比例由 33% 降至 26%，对稻毛屋的持股比例由 21% 降至 17%。因此，旧股东秀和想当然地提起了新股发行停止之诉。理由为：这次的新股发行价忠实屋为市价的 22%，稻毛屋为市价的 38%。这一价格应该属于特别有利的特价了，特价发行需股东大会特别决议，而这次新股发行在没有筹集资金需要的情况下的所为，实际上并未筹集资金，主要就是为了降低秀和的持股比例。基于上述理由，秀和向法院提起诉讼，要求暂时停止这次的新股

---

[1] 其他韩国公司法相关制度内容基本雷同，不一一列举。

[2] 参见［日］奥岛孝康：《公司法的基础——从事例中学习公司法入门》，日本评论社 1994 年版，第 175 页以下。参见姜一春：《日本公司法判例研究》，中国检察出版社 2004 年版，第 159～163 页。

发行，法院判决秀和胜诉。之后，三方持续了一段三足鼎立的状态，但是因为泡沫经济的崩溃，秀和房地产资金出现短缺，应了大荣超市的收购要约，将忠实屋的股份抛出，结果使大荣坐收渔翁之利，这一事件告终。这一案件的审理中还出现了"主要目的规则论"。

所谓主要目的规则，法院将其定义为："在发生控制权争夺战时，公司为了维持现有经营管理层的控制权而发行新股，结果导致旧股东的持股比例严重下降。也就是说，发行新股主要以维持控制权为目的时，这种新股发行属于不公正发行。"这一主要目的论的局限性在于只要找出需要筹资的理由就可以简单被驳倒。

该事件为典型的新股定向发行被企业控制权的争夺战所利用的案例，但是如若利用股东配股方式就有可能不存在这一案例。在定向发行中，一般成为焦点的是发行价格。一般在定向发行中容易出现以尤为有利的特价发行的情况，从保护旧股东的角度出发在这种情况下法律规定须经股东大会的特别决议。何为有利？有利发行是针对市场价格而言的。比市场价格低的都应该可以看作是有利发行。但是，发生企业收购战的时候，市价有可能一时高涨，针对这样的市价就很难判断什么是有利价格了。日本最高法院曾经审理一件关于有利价格界定的案件 [最高院昭和 50 年（1975 年）4 月 8 日第三小法庭判决，载《民集》第 29 卷第 4 号，第 350 页]。最高法院在解释其判决理由时论述道，上市股份公司向股东外第三者发行普通股份时，其发行价格如何决定，一般原则是必须等同于旧股市场时价，即决定时的市场价格，这样不会造成新旧股东之间不平等，也不会损害旧股东利益。但从消化新股，尽快达到筹资的目的出发，实际操作中其发行价略低于时价。在确定可以容忍的不公正时，需综合考虑以下因素：价格决定前该公司股价、新股消化可能性、市场动向、发行新股数、公司资产/收益/分配状况、股份涨落习性、买卖交易量、新旧股东利益调和。

在日本最高法院提到的参考因素中,最广为学界认同的就是市场价和新股消化可能性,后者即发行股份均被认购,这也是为了达到筹集资金目的而适当限制旧股东利益。有日本学者提出无论如何,当新股发行价低于时价 15% 时,可认定为以不公平的价格向第三者发行新股。还有些讨论关注时价作为考虑因素时是否应当反映公司本身真实价值。

(三) 新股发行无效之诉与适用中的问题

《日本公司法》第 828 条规定新股发行以及处理回购股份时在程序上出现瑕疵时,无效诉讼可在效力发生之日起 6 个月以内(封闭型公司可在 1 年内),仅限股东、董事、监事可提起无效之诉讼。除此之外,根据判例代表董事没有根据有效的董事会决议进行的新股发行以及未经股东大会特别决议所进行的有利发行被认定为无效。还有与董事以及执行董事共谋以明显不公正的价格得到股份的人,有义务支付与公正价格之间的差额。这一责任的追究方式为股东代表诉讼。新股发行无效判决生效后,公司需公告新股发行无效,并向新股东返还其作为股款缴纳的金额。

新股发行无效制度虽然为一定规模的公募发行而设计,这可以从判决发行确属无效时公司须公告的程序中就可以看出,但此制度并不适合于公开募集,因为在大规模公开募集中难以实现无效股票的回购以及返还缴付金。但不能因此在公募发行领域排除新股发行无效制度的适用,因为除了此制度以外,尚无其他制度影响判断新股发行的有效性以及无效性。

另外,根据日本最高法院判决,新股发行不存在之诉的扩大也是有局限性的。[1] 那么将新股发行无效之诉适用于封闭型公

---

[1] 相关论述,参见 [日] 上村达男:《公司法改革》,岩波书店 2002 年版。

司是否很适合呢？1977 年 7 月日本最高法院审理了"曼莉-藤井事件（《判例时报》第 1512 号，第 178 页）"[1]。该案的焦点在于新股的不公正发行是否成为新股发行无效的原因。学界有三种解释，即有效说、无效说、折中说。法官在其中采取了有效说。该案发生在一家封闭型公司中。X 原本是 Y 股份公司的代表董事并且持有已发行总数的过半数股份。但是在 Y 股份公司任董事的 A，为了争权夺位，策划召集了选举他本人为代表董事的董事会并作出了决议。之后，在未对 X 发出召集通知的情况下召集董事会作出新股发行决议，而且 A 本人将全部认购该新股并缴纳股款，掌握了 Y 股份公司。由此，X 认为这一新股发行是不公正的，主张该新股发行行为无效，提起了新股发行无效之诉。但是，法院认为该新股发行行为是有效的。理由是：新股发行相当于公司的业务执行行为，既然代表董事决定发行了新股，就应认为有效。审理该案的法官认为，该新股由进行不公正发行的董事持有的问题，与新股发行无效与有效判断没有关系。不采用折中说的理由在于新股发行影响与公司交易的第三方，所以对其效力应统筹考虑。显然该法官只注重了形式要件，没有注重实质内容。近期采用无效说和折中说的法官逐渐增加。因为如果采用有效说，不仅会侵害股东的经济利益，还会招致不恰当地控制公司的局面。因此，导入新股发行无效之诉时，还要考虑无效的股东大会决议、无效的董事会决议的效力问题。

---

[1]　参见 [日] 仓泽康一郎等编：《公司法判例讲义》，悠悠社 2007 年版，第 198 页。

第四章　公司债

第一节　公司债概述

在资本市场发展过程中股市、债市、创业板、国际版市场、新三板已形成一定格局，相互影响，在维持均衡关系中发展。每个市场都有不同的产品，债市中有国债、公司债、短期融资债券、中期票据等。本章节主要介绍其中的公司债。不论是我国还是亚洲各国，债券市场尤其是公司债市场并没有得到充分发展，近年趋向稳步发展。据中央国债登记结算有限责任公司（以下简称"中央结算公司"）的统计，1981年恢复发行国债以来中国债券市场开始启动，2000年债券发行余额为1.66万亿元，占GDP的18%，2005年7.26万亿元，占GDP的42%，2010年20万亿元，占GDP的52%，现券流动性3.5X，国债＋央票共50%。其中，政策性金融＋商业金融债共30%；公司信用债20%，世界第五，亚洲第二；金融债＋企业债新增量世界第一。在此需要明确的是，公司债与企业债不同，企业债的范围更广，还包括国有企业发行的债券等。现有债券市场格局是以银行间市场为主导、以交易所和银行柜台市场为补充的。1987年开始开通场外流通，

1990 年交易所设债券市场，1997 年成立银行间债券市场，2002 年奠定格局。其中，银行间债券市场是场外市场，处于主导地位，交易量占全市场比重 97% 以上，参与者为机构投资者，统一通过中央结算公司办理全额逐笔结算。交易所债券市场是零售市场，包括上海和深圳两家证券交易所，参与者包括机构投资者和个人投资者；主要采用竞价撮合的交易方式，通过中国证券登记结算有限责任公司办理净额结算。商业银行柜台市场也属于零售市场，柜台承办银行进行双边报价，与中小投资者进行交易结算。

一、公司债的发行

我国 1993 年《公司法》对公司债的发行主体设有限制性规定，而 2005 年《公司法》予以取消，由此可以认为我国有限责任公司和股份有限公司均可以成为发行公司债券的主体。

我国《证券法》第 15 条规定："公开发行公司债券，应当符合下列条件：①具备健全且运行良好的组织机构；②最近 3 年平均可分配利润足以支付公司债券 1 年的利息；③国务院规定的其他条件。公开发行公司债券筹集的资金，必须按照公司债券募集办法所列资金用途使用；改变资金用途，必须经债券持有人会议作出决议。公开发行公司债券筹集的资金，不得用于弥补亏损和非生产性支出。上市公司发行可转换为股票的公司债券，除应当符合第 1 款规定的条件外，还应当遵守本法第 12 条第 2 款的规定。但是，按照公司债券募集办法，上市公司通过收购本公司股份的方式进行公司债券转换的除外。"同时，该法第 17 条还规定："有下列情形之一的，不得再次公开发行公司债券：①对已公开发行的公司债券或者其他债务有违约或者延迟支付本息的事实，仍处于继续状态；②违反本法规定，改变公开发行公司债券所募资金的用途。"根据上述规定，既有发行公司债券的积极条件，也有消极条件。

根据《证券法》第 9 条规定，我国对公司债券的发行采取的是注册制。在这一体制下，结合《公司法》的有关规定，可以将公司债券的发行程序概括为：

（1）由董事会制订公司发行公司债券的方案。根据 2023 年《公司法》第 67 条、第 120 条规定，董事会制订公司发行公司债券的方案。

（2）由公司股东会作出发行公司债券的决议。根据 2023 年《公司法》第 59 条、第 112 条的规定，股份有限公司、有限责任公司发行公司债券，应当由股东会作出决议。根据 2023 年《公司法》第 169 条规定，国有独资公司发行公司债券，由国有资产监督管理机构决定。

（3）依照《公司法》和《证券法》的规定，报经国务院授权的部门或者国务院证券监督管理机构核准。我国的债券发行审批并不统一，不同类型的债券有不同的发行审批部门（部分券种实行注册制），具体如表 1：

表 1　不同类型债券发行审批机构及相关制度规章

债券类别	发行审批机构	相关制度规章
国　债	全国人大常务委员会（实行余额管理）	《中华人民共和国各级人民代表大会常务委员会监督法》《中华人民共和国国库券条例》
中央银行票据	中国人民银行	《中华人民共和国中国人民银行法》
政策性银行债券	中国人民银行 中国银保监会	《全国银行间债券市场金融债券发行管理办法》《关于银行业金融机构发行资本补充债券有关事宜的公告》《金融租赁公司、汽车金融公司和消费金融公司发行金融债券有关事宜》《商业银行次级债券发行管理办法》
商业银行债券		
特种金融债券		
非银行金融机构债券		

续表

债券类别	发行审批机构	相关制度规章
证券公司债	中国证监会	《公司债券发行与交易管理办法》
证券公司短期融资券	中国人民银行 中国证监会	《证券公司短期融资券管理办法》
短期融资券 中期票据	中国人民银行授权中国银行间市场交易商协会进行注册管理	《银行间债券市场非金融企业债务融资工具管理办法》
资产支持证券	中国银保监会 中国人民银行	《信贷资产证券化试点管理办法》
企业债券	国家发展改革委	《企业债券管理条例》
上市公司债	中国证监会	《公司债券发行与交易管理办法》
国际机构债券	中国人民银行 财政部 国家发展改革委 中国证监会	《国际开发机构人民币债券发行管理暂行办法》（已失效）
可转换债券	中国证监会	《可转换公司债券管理暂行办法》（已失效）《上市公司证券发行注册管理办法》

（4）发行公司债券的申请经国务院授权的部门或者国务院证券监督管理机构核准后，应当公告公司债券募集办法。2023 年《公司法》第 195 条规定，公司债券募集办法中应当载明下列主要事项："①公司名称；②债券募集资金的用途；③债券总额和债券的票面金额；④债券利率的确定方式；⑤还本付息的期限和方式；⑥债券担保情况；⑦债券的发行价格、发行的起止日期；

⑧公司净资产额；⑨已发行的尚未到期的公司债券总额；⑩公司债券的承销机构。"

（5）公开发行公司债券的，通过有承销资格的证券公司以代销或者包销的方式向社会公开发行。

（6）信用评级制度。债券发行要求经有资质的评级机构进行强制评级和跟踪评级（境内政府债券、政策性金融债券豁免评级要求）。《全国银行间债券市场金融债券发行管理办法》、《银行间债券市场非金融企业债务融资工具管理办法》、《国际开发机构人民币债券发行管理暂行办法》（已失效）等分别就相应债券的发行评级做了规范。2004 年，中国人民银行公告〔2004〕第 22 号还专门对银行间债券市场发行债券信用评级有关事项作了专项规定。按此规定，拟在银行间债券市场发行债券的机构和发行的债券，除不需评级外，均应经过在中国境内工商注册且具备债券评级能力的评级机构的信用评级；拟发债机构应向中国人民银行报告跟踪评级安排；资信评级机构应分别对拟发债机构和拟发行债券进行信用评级；对发行债券提供担保的，资信评级机构还应对担保机构及债券增值进行信用评级，确定信用等级。

在银行间债券市场，资信评级机构开展评级业务受中国人民银行监管，中国人民银行负责对信用评级结果进行事后检查，对资信评级机构的评级能力进行评价，并向社会公示资信评级机构依法合规开展信用评级业务的情况，以及违反评级程序、恶性竞争、以级定价或以价定级的资信评级机构名单。目前，中国人民银行针对银行间债券市场信用评级行业的监管规范包括《中国人民银行关于加强银行间债券市场信用评级作业管理的通知》、《中国人民银行信用评级管理指导意见》（已被修改）和《信贷市场和银行间债券市场信用评级规范》等。

（7）信息披露制度。经过几十年的发展，债券市场已经建立起较为完备的信息披露体系。一是规则制度完备，主管机关针对各类债券都制定了专门的信息披露规则，交易商协会、外汇交易中心和中央结算公司也都根据所承担职责分别发布了相关业务规则和操作细则。二是披露要求严格，全面涵盖债券发行、存续及付息兑付整个生命周期，包括定期报告及重大事项公告等多层次披露机制。三是系统建设高效，2010 年，中央结算公司债券信息自助披露系统正式上线，通过信息自助上传、专线传输、审核发布这一全新的业务流程，改变了银行间市场信息披露工作烦琐低效的现状。现就银行间债券市场主要的信用类债券的信息披露要求概述如下：按《全国银行间债券市场金融债券发行管理办法》第 30~34 条规定，经中国人民银行核准发行金融债券的，发行人应于每期金融债券发行前 3 个工作日披露募集说明书和发行公告，并在募集说明书与发行公告中说明金融债券的清偿顺序和投资风险。金融债券存续期间，发行人应于每年 4 月 30 日前向投资者披露年度报告，包括发行人及该债券担保人（若有）上一年度的经营情况说明、经注册会计师审计的财务报告以及涉及的重大诉讼事项等内容；发行人应于每年 7 月 31 日前披露债券跟踪信用评级报告；发行人应于金融债券每次付息日前 2 个工作日公布付息公告，并在最后一次付息暨兑付日前 5 个工作日公布兑付公告；对影响发行人履行债务的重大事件，发行人应在第一时间向中国人民银行报告，并按照中国人民银行指定的方式披露。

此外，对于次级债券，按照《商业银行次级债券发行管理办法》第 31 条第 1、2 款的规定，发行人应在每期次级债券发行前 5 个工作日披露发行公告和募集说明书，并披露本次发行与上次发行之间发生的重大事件。对于混合资本债券，按照《商业银行发行混合资本债券的有关事宜》（已失效）的规定，发行人应按照《全国银行间债券市场金融债券发行管理办法》有关规定披露其经营情况以及近 3 年按监管部门要求计算的资本充足率信息和其他债务本息偿付情况；混合资本债券存续期间，发行人应按季度披露财务信息；发行人按规定提前赎回混合资本债券、延期支付利息或混合资本债券到期延期支付本金和利息时，应提前 5 个工作日报中国人民银行备案，通过中国货币网、中国债券信息网公开披露，同时，作为重大会计事项在年度财务报告中披露；信用评级机构每年发布一次跟踪评级报告，每季度发布一次跟踪评级信息，对影响发行人履行债务的重大事件，信用评级机构应及时提供跟踪评级报告。中国人民银行指定中国货币网和中国债券信息网作为金融债券的信息披露媒体。

二、公司债券的偿还制度

（一）概念

公司债券的偿还，是指发行公司按照事先约定的时间和利率等条件，将公司债券的本息交付给公司债券持有人的行为。从经济意义上讲，发行公司偿还其发行的公司债券，是公司债券持有人实现其投资收益的一种形式。从法律意义上讲，发行公司偿还由其发行的公司债券，则意味着由公司债券发行所引起的法律关系消灭。到期偿还公司债券本息是公司债消灭的最基本形式。除此之外，由公司债券表彰的债权债务法律关系，与其他公司债务一样，也会因提存、抵销、免除及混同等原因而消灭。

（二）偿还方式

在正常情况下，公司债券应当到期偿还。但是在特殊情况下，也应当允许有条件的提前偿还。提前偿还在理论上有两种情形：一种是提前偿还同一次发行的全部公司债券；另一种则是提前偿还同一次发行的部分公司债券，这种情形事实上已经和分期偿还紧密相连。一般来讲，提前偿还公司债券的具体方式主要有以下两种：

1. 从公开市场买回注销

从公开市场买回注销的方式，即发行公司在公司债券的交易市场，在公司债券市场价格处于对发行公司较为有利的价位时，作为债券的买方，将公司债券以买回注销的方式偿还该部分债券的本息。在这里，有必要进一步指出的是，发行公司买回债券，不仅可以达到注销债券、偿还债券的目的，还可以达到抬高债券市场价格的目的，并间接地达到支撑公司股票市场价格、维护公司形象的目的。

2. 行使赎回权

赎回权是指在债券合同中约定的在债券到期前发行公司购回所有或部分债券的权利。在到期前赎回债券，等于是由发行公司行使一种期权，以便在更为有利的条件下对债务进行重新安排。发行公司如果有提前赎回债券的愿望，应该事先在发行合同中作出约定。如果没有事先约定，发行公司无权提前赎回发行在外的债券。大部分可转换公司债券都有提前赎回的规定。

三、公司债的转换

公司债的转换是针对可转换公司债而言的。转换是以可转换公司债券持有人自由判断为基础的，在发行时已经确定的转换请求期间内，通过对可转换公司债券行使转换请求权而实现。可转换公司债券的转换是一种法律行为，其产生的法律后果是可转换公司债券的发行公司与持有人之间的债权债务关系的消灭，随着可转换公司债券持有人行使转换权，持有人自身的身份也发生了转换，由原来的发行公司债权人转换为发行公司的股东。持有人身份的变化也就带来了权利和义务内容的变化。由债券持有人转换而来的股东，与其他股东处于同一的法律地位，享有其他股东所享有的权利，承担其他股东所应承担的义务。

转换权的行使及保护发行公司在可转换公司债券发行条件中有关债券持有人享有的转换权的约定是一种单务法律行为。因此，在可转换公司债券持有人请求行使转换权时，发行公司负有将可转换公司债券换发为发行公司新股的义务。我国 2023 年《公司法》第 203 条规定："发行可转换为股票的公司债券的，公司应当按照其转换办法向债券持有人换发股票，但债券持有人对转换股票或者不转换股票有选择权。法律、行政法规另有规定的除外。"

第二节　公司债券持有人保护制度

在公司债券偿还之前，债券持有人与发行公司之间一直维持着已有的债权债务法律关系。这种债权债务法律关系的约束力集中地体现在公司债券到期时，公司债券持有人有权要求发行公司还本付息，发行公司也有义务向公司债券持有人支付债券的本息。如果发行公司到期拒不支付或不能支付债券的本息，则属于债的不履行，是一种违约行为，应当依照有关法律的规定和发行合同的约定承担违约责任。尤其在 2008 年的全球性金融危机中，因无法偿还到期债券而宣告破产的跨国性公司并不少。债券虽然与股票相比较稳定，但是其风险在于期限，在期限未到期之前公司破产将给债券持有人带来损失。因此，债券持有人保护制度与破产法的完善也有密切的联系。

目前我国破产制度主要由《破产法》以及《公司法》《证券法》《商业银行法》等相关法律法规构成。其中，《破产法》是规范企业破产的专项法律制度，企业法人不能清偿到期债务，并且资产不足以清偿全部债务或者明显缺乏清偿能力的，应当依照《破产法》规定清理债务。按照《破产法》规定，企业被宣告破产后，其已作为担保物的财产不属于破产财产，而是优先清偿其所担保的债务，多出部分则列入破产财产。破产财产按如下顺序清偿：① 破产费用。包括破产案件的诉讼费用，管理、变价和分配债务人财产的费用，管理人执行职务的费用、报酬和聘用工作人员的费用。②共益债务。包括因管理人或者债务人请求对方当事人履行双方均未履行完毕的合同所产生的债务，因债务人财产受无因管理所产生的债务，因债务人不当得利所产生的债务，为债务人继续营业而应支付的劳动报酬和社会保险费用以及由此产生的其他债务，管理人或者相关人员执行职务致人损害所产生的债务，以及债务人财产致人损害所产生的债务。③破产人所欠职工的工资和医疗、伤残补助、抚恤费用，所欠的应当划入职工个人账户的基本养老保险、基本医疗保险费用，以及法律、行政法规规定应当支付给职工的补偿金。④破产人欠缴的除前项规定以外的社会保险费用和破产人所欠税款。⑤普通破产债权。若破产财产不足以满足同一顺序的清偿要求，则按照比例进行分配。

金融危机后，鉴于美国雷曼等大型金融机构破产的风险教训，我国计划制定"金融机构破产管理条例"，目的是规范和解决金融机构大而不能倒的问题。因此，建立债券持有人可以采取集体行动的法律制度，对发行公司也是有利的。这样发行公司由于某种原因需要对有关债券的事项作出新的安排时，不再需要征求每一个债券持有人的同意，集体行动中的多数决机制可以为发行公司调整其与债券持有人的利益关系提供便利，这也正是各国将债券持有人集体行动法制化的重要原因之一。现今，我国接连出现债券违约的事件，大型公司频频出现破产的现象。

一、公司债券持有人会议制度

各国公司法认为债券持有人为不特定多数的公众，因此为了保护债券持有人的共同利益，设置了债券管理者制度以及债券持有人会议制度。我国公司法对此未作规定。公司债券持有人会议不是常设机构，在这一点上与公司的股东大会有相似之处。但是，公司债券持有人会议并不是公司的组织机构，这又与公司的股东大会有所不同。

各国公司法普遍认为采取个别行动不利于充分保护债券持有人的利益，因此以债券持有人会议这一团体的名义向公司行使权利。比如，①偿还方面：债券管理公司在法律上当然享有为债券持有人得到偿还的权利，而且为了保全债权还可以行使法庭内外的一切权限。另外，债券持有人会议的代表人、决议执行人基于债券持有人会议的决议，可行使能够使债权人得到偿还所需的一切诉讼权利。②发行公司不履行义务时。发行公司怠于支付利息或不按期偿还时，基于债券持有人会议的决议，可通知发行公司如在一定期限内不偿还将失去对债券总额的限制期限的利益。③减资或合并时可表示异议。债券持有人不得个别地陈述意见，而是基于债券持有人会议决议可表示异议。

另外，如果发行公司对某个债券持有人的偿还或和解上如存在明显不公正的情形时，如果对方不是善意的，债券管理者在法律上基于债券持有人会议的决议通过诉讼可以撤销其行为。这一撤销类似于民法中的欺诈撤销。

二、公司债信托制度

一些英美法系国家没有接受大陆法系的债券持有人会议制度，而是利用信托的原理，指定一个受托人代表债券持有人行使所涉及的债权和担保物权。依照信托制度的一般原理，债券受托人是由发行公司为了债券持有人的利益，在债券发行合同中指定的。受托人是普通法上的所有权人，对发行公司享有各项请求权。而债券持有人是此项权益的受益人，亦即这些请求权在衡平法上的所有权人。这就意味着后者的权益具有所有权的性质，而不仅仅是债权人与债务人之间基于合同关系的请求权。大陆法系国家采取债券管理者制度。债券管理者受托于发行公司对债券进行管理。各国公司法为了保护公司债权人利益规定了管理者资格以及权限和义务。

（一）受托人的资格

债券管理者为银行、信托公司。在日本还有一些信托法允许的保险公司。证券公司不得成为债券管理者。根据信托法的一般原理，受托人对受益人负有信赖的义务。就债券信托而言，债券受托人应当避免其对债券持有人所承担的忠实义务与其自身利益发生冲突。受托人如果与某项债券的发行有重大的利益冲突，则不能担任受托人。较为典型的利害冲突包括：交错控制；受托人为同一个债务人充当两个以上的信托合同项下的受托人；受托人本身就是债券的承购人；受托人公司较高比例的有表决权股票由债务人或债务人公司的董事或高级职员所持有。

（二）受托人的义务

英美法系信托法都规定受托人应当为受益人的利益承担繁重的信赖义务。一般而言，受托人必须为受益人的利益以应有的勤勉善意地行事，而且，不能让自己的利益与自己承担的义务发生冲突。按照英国判例的解释，所谓应有的勤勉（due diligence），是指受托人在管理信托事务时应与一个普通谨慎的人在处理自己的事务时所适用的谨慎与勤勉一样。具体到公司债券信托制度来说，为了便于债券受托人履行自己的职责，使得作为信托受益人的债券持有人的利益得到维护，债券受托人的主要权利义务可以概括为调查的义务、通知发生违约事件的义务、决定加速到期的权利、代表债券持有人提起强制执行的诉讼权利等。大陆法系规定债券管理者与英美法系规定雷同。比如日本公司法规定，债券管理者必须公平、诚实地进行管理，并负有善管注意义务。如果债券管理者违反公司法以及债券持有人会议决议给债权人造成损害的，应当与发行公司一同承担连带责任。

（三）本章需关注的概念

可转换公司债：公司债券与股份同样是公司融资的方式之一。债券相对而言是比较稳定的，但是在资本社会的发展过程中我们看到债券也是有风险的。尤其是可转换公司债券。债券转为股份时，有可能吞掉公司，稀释旧股东的持股比例，有可能导致旧股东利益的损失，甚至导致破产。以下是可转换公司债券的发行对原股东的利弊及原股东的保护措施。

1. 可转换公司债券对原股东的益处

首先，由于可转换公司债券附有可以转换为公司股份的权利，因此这种债券的票面利率往往比普通公司债低，从而公司筹资成本也低。一旦债券持有人换股，公司的股本就可以得到充实，资产负债结构就可以得到改善和健全。其次，发行市价转换式的可转换公司债所得的溢价比市价发行新股还要多，这部分溢价属于股东的收益，日后可通过无偿配股的方式由全体股东分享。此外，如果公司能够有效地利用有利条件和较低成本筹集到的资金，将会产生更多的盈余供股东分享。

2. 可转换公司债券对原股东的弊端

首先，债券持有人行使转股权后将增加公司的股份总数，从而稀释了每股股份的盈余，每股可分得的红利相应减少。其次，转股后，若日后公司解散，公司原股东可分得的公司剩余财产相应减少。再次，转股后，除非原股东所持股份能通过其他途径按相应比例增加，否则其对公司的控制权也会有所降低。最后，可转换公司债券持有人转股后，可在外流通的股份数目会相应地增加，容易造成股价下跌。

3. 对原股东的保护措施

发行可转换公司债券的过程中涉及各种利益关系的平衡，尤其是发行公司原股东和可转换债券持有人之间的关系。如何使这些重要主体的利益达到均衡，其中重要的一环则是保护原股东的相应权益。学者提出的可参考的保护措施如下：

（1）原股东享有认购可转换公司债券的优先权。公司的股东成为公司的债权人对公司来说能增加运营资金，对其他债权人也并无不利。只要公司股东不滥用其双重身份，公司资本结构合理，公司股东成为公司债权人并没有太大障碍。

（2）发行公司应建立溢价返还股东的制度。发行市价式的可转换公司债券，在债券持有人转股时，发行公司可以得到一定数量的溢价。有学者建议公司在决定发行可转换公司债券之前，应先确立将该溢价通过配股的方式返还股东的制度，以维护公司原股东利益。因为根据公司法规定，溢价应当列入资本公积金。而该溢价若累积过久而未配股，在日后公司经营中必受侵蚀，且日后有新股时也可享受此配股，这对公司原股东是不公平的。因此，建立溢价返还股东的制度对于保护公司原股东具有重要意义。

（3）可转换公司债券的不公正发行与原股东的保护。可转换公司债券的不公正发行主要是指发行公司违反有关法律法规的规定或公司章程的规定而发行可转换公司债券的情形，以及可转换公司债券的发行条件明显不合理且将有损于公司原股东利益的情形。因此在不公正发行可转换公司债券的情况下，应该赋予原股东相应的法律救济措施。原股东的救济措施随着可转换公司债券发行所处的阶段不同而有差异。一方面，在可转换公司债券的发行合同尚未生效之前，任何一个原股东都享有请求公司停止发行可转换公司债券的权利；另一方面，在可转换公司债券发行合同生效之后，原股东则享有提起确认可转换公司债券发行无效的诉权。

第五章 | # 公司治理与公司组织机构

第一节　公司治理的概述

现代公司实现了所有权与经营权的分离。投资者因投资成为股东，股东因出资享有股权或持有股份，具有盈余分配请求权、剩余财产分配请求权等权利，并通过行使表决权等参与公司管理。现代公司所有权与经营权分离的主要原因在于：首先，通常股东不具备应对市场情势万变的经营管理能力，因而参与经营无法得到预期的效应；其次，经营管理阶层具备着经营才华，是经营的专家。现代公司中董事会及其聘任的管理层日益掌握公司的权力，成为公司的实际统治者，而股东依股权则对其缺乏有效监管以使之忠诚于公司和股东的利益。各国股东大会的监督职能基本趋向于形同虚设。面对这种无拘束的权力必然要求有相应的权力进行制约与平衡，也就是需要防止董事会、经理滥用权力的专业的监督组织机构，即监事会。公司法面临的一个重要问题便是为公众公司不同组织机构之间作出恰当的制约制度安排。各国设计不同的监督、经营模式，以使公司权力分化并相互制约，以达到保护股东与公司利益的目的，这就是公司法所称的公司治理模式。

由此，公司治理基于股东与经营管理人员之间的委托代理关系而产生。股东将资产委托给经营管理人员，也就是一种商事信托，由经营管理人员实际上控制公司财产进行运营。自世界上第一个股份公司——1602 年东印度公司成立以来，股份公司一直重复着经营管理人员敛走财产的历史。因此，各国公司法围绕着有效监督的问题设计了各种治理模式，有如下典型模式。

各国和地区公司立法对公司治理模式中的监督机构设计既有相同点，也有不同点。受各国经济政治、历史文化等因素的影响，在董事会以及监事制度的选择上有所不同。一般有单层制、双层制、三权并列式等模式。

单层制模式：也称美国模式。董事会为监督机构，经营管理权交付经理，不设监事会。董事会内部设各种工作小组。比如，薪酬委员会、提名委员会、审计委员会等，所以日本称引进美国模式的公司为"委员会设置公司"。与其说让不懂经营的人员专门去监督，还不如说让懂得经营的专业人士去监督经营管理人员，原本这一构想是合理的。但是，这一模式存在董事相互勾结的问题，因此美国各州公司法规定，董事会过半数的成员为独立董事（或外部董事），以求完善其治理结构。而 2000 年代陆续发生的安然、世界通讯破产、粉饰结算事件暴露出了美国模式的弊端。为应对这一弊端，当时的美国总统布什于 2002 年公布了著名的企业改革法《萨班斯-奥克斯利法案》。该法案强化了董事责任，并赋予董事会以内部风险控制体系的构建义务，并实施了审计师事务所每 6 年轮换一次的制度。这虽然在一定程度上可以遏制经营管理人员的专横行为以及杜绝粉饰结算的问题，但是也相应提高了公司经营成本。而日后，内部风险控制体系构建模式被其他国家纷纷效仿。《日本金融商品交易法》、《日本保险法》、2006 年的《日本公司法》中明确规定，我国亦在《证券法》《保险法》《企业内部控制基本规范》中明确规定，赋予董事自愿接受公众监督的模式。但是，该模式作为新的监督模式推广不久，业已暴露出人为模式非完善的局限性，有待完善。

双层制模式：也称德国模式，股东将经营决策权交付董事会，将监督权交给监事会行使。具体而言，股东大会选举监事、监事选举董事。这里的双层是指董事的产生过程。德国的这一模式赋予监事会以任免董事的人事权，而且监事会成员中还包括职工代表，由监事和职工共同决定董事人选，因此也被称为"共同决定法"。赋予监督机构以人事权，应该说这是最有力的监督权限，但是1990年代末开始至2000年代德国也陆续出现粉饰结算的问题，暴露出其治理模式的不完善。尤其是2008年的全球金融危机发生以后，德国对其治理模式进行了反思。比如，退职于董事会的董事在监事会中不得占3人以上，还公布了2009年《董事薪酬规范》等，以求完善治理模式。可见，德国的双层制模式也并非完善。虽然我国《公司法》也引进了监事会成员中应包括职工代表的规定，但是本书认为职工监督领导这一制度的可行性还值得深思。

日本采取的是三权并列式模式，我国采取的亦是该模式。日本的三权并列式模式最早规定于1899年制定的《日本商法典》，该法规定公司组织机构分为股东大会、董事、监事三个机关，各自履行相应职责。这一模式是德国人劳斯拉在帮助日本起草公司法时所设计的。劳斯拉当时为何没有把德国的双层制模式引进到日本，对此众人持有疑问。就因为劳斯拉的三权并列式模式，使得日本日后的监事制度屡次修改并深陷迷茫。日本公司法中监事制度经过1950年、1974年、1981年、1993年、2002年、2005年的修改，现已确定。在1950年的修改中日本引进了美国的董事会制度，相应弱化了监事会的权限，将监事会的业务监督权限赋予董事会，只给监事会留下了审计权限。由此，日本的董事会被定位为既是业务执行机构，也是业务监督机构。当时，日本只引进了美国的董事会制度，而没有引进独立董事制度。据说，当时日本处于战败重建富国的阶段，人才明显不足，仅就注册会计师状况而言，全日本注册会计师加起来只有 20 多人，无法引进独立董事制度。1974 年"山阳特殊钢事件"的爆发，使日本的监事制度又一次面临了修改，监事会认为其对财务审计不利原因在于没有进行恰当的业务监督。1993 年日本公司法还引进了独立监事制度。就这样在反复修改的过程中，2002 年日本公司法终于引进了美国的"委员会设置公司"模式。在 2005 年修改、2006 年实施的新公司法中规定，公司必设股东大会和董事，其他组织机构可根据公司规模、类型、监督不重复等因素考虑设计为 41 种组合模型。例如，在公司法组织机构的设计中，日本公司法规定如下原则，即如前所述所有股份公司必设股东大会和董事；公开公司必设董事会；如设置董事会，需要设立监事（包括监事会）或委员会/执行董事这一设置即可；如不设董事会，不得设置监事会或委员会/执行董事；大公司和委员会设置公司需要会计审计人员；为了设置会计审计人员，需要在监事或委员会/执行董事之中择一设置。如此，日本公司法现行治理模式并不单纯是美国模式或三权并列式模式，而是将各国模式都放在一起的混合型模式，目的是让制度之间相互竞争，探讨完善公司治理模式。目前初步得出，美国模式并不适合日本，日本的部分家族型大公司也并不欢迎美国模式，其中主要原因在于美国模式董事会中设有提名委员会，提名董事候选人的权限在董事会而不在股东。值得一提的是日本引进美国模式时为解决独立董事适格问题、公司成本问题，没有完全照搬董事会人数过半数为独立董事的模式。日本模式为董事会内部各委员会由 3 人以上组成，其中各委员会独立董事人数为半数以上，由此各公司只要聘用 2 人以上独立董事即可。

另外，1998 年经济合作与发展组织（Organization for Economic Co-operation and Development，OECD）为了改善其成员的公司治理，成立了一个根据世界各国公司治理经验和理论成果制定公司治理国际性基准的专门委员会。这个委员会于 1999 年正式出台了《OECD 公司治理原则》。《OECD 公司治理原则》对公司董事会制定了下列关键职能：

①审查和指导公司战略、重大行动计划、年度预算和商业计划；设定绩效目标；监督实施情况和公司绩效；监督重大资本支出、收购和资产剥离。②审查和评估风险管理制度和程序。③监督公司治理实践的有效性，并根据需要进行调整。④遴选、监督、评估关键高管绩效，必要时进行替换并监督继任计划的实施。⑤关键高管和董事会的薪酬应与公司及其股东的长期利益保持一致。⑥确保董事会提名和选举程序正式、透明。⑦监督和管理管理层、董事会成员和股东之间的潜在利益冲突，包括防止公司资产的滥用和不当的关联交易。⑧确保公司披露会计和报告系统的完整性，包括独立外部审计，并确保依法和按照相关标准建立适当的控制系统。⑨监督披露和沟通过程。这些职能的规定虽然没有法律效力，但对各国公司法的改进及各国公司治理结构的完善都有借鉴意义。

第二节　股东与股东会

一、股东的含义

股东在英文中被称为"Shareholder"，在日文中被称为"株主"，即"股"的东家。在公司成立之前，参与设立公司的自然人被称为发起人。股东分为：原始股东、继受股东、新股东、名义股东、隐名股东；大股东、小股东；自然人股东、法人股东。

此外，就投资人成为公司股东的动机而言，理论上可将公司股东分为三类，即投资股东、经营股东和投机股东。投资股东取得公司出资或股份的目的，在于投入资本赚取股利等收益；经营股东投资的目的是取得经营企业的权利，当然并不排除其营利目的；投机股东一般都是短线投资，其目的是伺机牟取暴利。尽管股东因投资动机不同，其股权内容可能会有所差异（如投资股东多为优先股股东，经营股东多为普通股股东），但各类股东的法律地位一律平等。股东的法律地位既表现在股东与公司之间的法律关系中，又表现在股东相互之间的法律关系中，离开对公司具体的法律关系的分析，股东的法律地位就无从谈起。股东的法律地位主要表现如下：

（一）股东享有股权，这是股东与公司之间的法律关系和股东法律地位的集中体现

公司是由股东出资组成的法人组织。股东将自己的财产交由公司进行经营，按其投资份额对公司享有一定权利并承担一定义务，这种权利和义务的总称就是股权。股权既是股东法律地位的具体化，又是对股东具体权利义务的抽象概括。

在不同类型的公司中，股权的内容不尽一致，股权与所有权联系的紧密程度也有所不同。一般而言，无限公司因所有与经营合一，股权与所有权的联系较为紧密；在股份有限公司中，由于所有与经营发生了分离，股东不再享有直接支配其投入到公司的财产的权利，股权与所有权的联系也较为疏远，股权甚至成为与所有权迥然有别的一种新型权利。然而，股权的具体内容无论在不同的公司类型中表现如何，作为股东向公司出资的"对价"，股权是各种类型公司的股东所普遍享有的权利。股东正是在行使股权的过程中，体现了其在公司中的法律地位，揭示了其与公司之间的法律关系。

（二）股东平等原则

股东平等原则，是指在公司中基于股东资格而产生的每个股

东的权利和义务应当是平等的，各股东依其所持有的股权比例或股份享有平等的权利，负担同等的义务，不得对任何股东予以歧视。

股东平等原则包括这样两个层面的含义：①只要具有股东身份，不论股东有何个体差异，均可以该身份在公司中享有平等的权利，如参加股东会。从这个意义上说，股东平等原则具有绝对性。②股东平等原则并不排除股权具体内容的不同。恰恰相反，股权不仅有普通股和优先股等划分，股东所拥有的出资额和所持有的股份也有多寡之别，大股东因其股份或出资额占有的多数而拥有更多的控制权。但这绝不是对股东平等原则的违背，更不是对股东平等原则的否定。因为，公司法中的股东平等是一种在资本平等基础上的平等，或者说是一种按比例的平等，它以每一股东所持有的股权或股份的比例作为衡量标准。"一股一表决权原则"就集中体现了这种比例上的平等。从这个意义上讲，股东平等又具有相对性。正因为如此，各国或地区的公司立法对股东平等原则都有例外的规定，对中小股东与大股东在事实上的不平等多采取一定的保护措施，以保护中小股东的利益。我国《公司法》中亦有体现股东平等原则的规定，如同股同权和同股同利（2023 年《公司法》第 143 条）、一股一表决权（2023 年《公司法》第 116 条）、按出资比例或者持有的股份比例分配剩余财产（2023 年《公司法》第 236 条）等。

二、股东会会议

股东会的会议方式一般分为定期会议和临时会议两类。公司法明确规定了股东会的召集人、召集程序、召集通知、召集时间、股东名册的封闭等，违反召集程序所召开的股东会决议被认为程序有瑕疵，可提起股东会决议撤销之诉。此外，公司法还规定了股东参与股东会所行使的主要的权利，比如股东提案权、股东知情权。股东名册的封闭是考虑到股东结构的稳定性、股东会的顺利召开而规定的。在股东提案权方面，目前我国并未出现滥用的问题。日本 2005 年修改公司法放宽制度以后，公司股东中的法人股东，外国人股东占多数，尤其是在机构投资者打出在股东会中要成为"发言的股东"的旗号后，出现了滥用提案权的现象，日本法制审议委员会正在修改中。关于股东知情权，股东在监督公司经营管理情况，并进一步纠正不当行为和追究责任之时，经常会面临着一个信息不对称的问题。知情权是解决信息不对称问题的一个重要方式。以此而言，或许"股东信息收集权"是一种更为贴切的表述。关于股东知情权概念的范围，学界争议较大，此处仅以"查阅复制权"为对象来开展论述。

知情权是一种典型的固有权，根据《公司法司法解释四》第9条，公司章程、股东之间的协议不得实质性剥夺股东的查阅复制权。在行使范围方面，我国区分了不同类型的公司而予以区别立法。在有限责任公司中，股东有权查阅、复制公司章程、股东会会议记录、董事会会议决议、监事会会议决议和财务会计报告。2023 年《公司法》新增会计账簿、会计凭证的查阅。而在股份有限公司中，股东则有权查阅公司章程、股东名册、股东会会议记录、董事会会议决议、监事会会议决议、财务会计报告。2023 年《公司法》对连续 180 日以上单独或合计持有公司 3% 以上股份的股东也附条件地允许查阅公司会计账簿和会计凭证。

根据我国 2023 年《公司法》第 57 条第 2 款，股东行使会计账簿查阅权时，应当向公司提出书面请求并说明目的。而且为保障股东会计账簿查阅权的行使，《公司法司法解释四》第 10 条对股东聘请中介机构执业人员辅助查阅作出了规定。但是为保护公司的正常经营管理以及合法利益，2023 年《公司法》第 57 条第2 款同时规定，公司有合理根据认为股东查阅会计账簿有不正当目的、可能损害公司合法利益的，可以拒绝提供查阅。当然，公司法同时要求公司应当自股东提出书面请求之日起 15 日内书面答复股东并说明理由。至于"不正当目的"的具体判断方法，则被规定在了我国《公司法司法解释四》第 8 条。根据该条规定，不正当目的情形主要包括如下四种：①实质竞争：股东自营或者为他人经营与公司主营业务有实质性竞争关系业务的，但公司章程另有规定或者全体股东另有约定的除外；②经济间谍：股东为了向他人通报有关信息查阅公司会计账簿，可能损害公司合法利益的；③曾有前科：股东在向公司提出查阅请求之日前的 3 年内，曾通过查阅公司会计账簿，向他人通报有关信息损害公司合法利益的；④股东有不正当目的的其他情形。此外，针对股东滥用知情权损害公司利益的行为，《公司法司法解释四》设立了相关的规制规则，其第 11 条规定，股东或其辅助人行使知情权后泄露公司商业秘密，从而导致公司合法利益受到损害时，公司有权请求股东及其辅助人赔偿相关损失。

股东知情权诉讼，是指公司股东在其知情权遭到侵害之时，为保护自身利益而提出的旨在通过强制执行判决实现知情权的诉讼。知情权之诉在公司法中并无直接规定，而是在《公司法司法解释四》中得到了规定，主要包括原告资格和胜诉判决内容两方面。①原告资格。结合民事诉讼法理论中的诉的利益原则，在知情权之诉中，一般只有起诉时具有公司股东资格的股东方能成为原告。但是为保护公司原股东的利益，《公司法司法解释四》第 7 条作出了例外规定，即当公司原股东有初步证据证明在持股期间其合法权益受到损害时，其有权提起知情权之诉，请求依法查阅或者复制其持股期间的公司特定文件材料。②胜诉判决内容。《公司法司法解释四》第 10 条规定，在原告胜诉之时，法院应当在判决中明确查阅或者复制公司特定文件材料的时间、地点和特定文件材料的名录。而且股东依据该生效判决查阅公司文件材料时，在该股东在场的情况下，可以由会计师、律师等依法或者依据执业行为规范负有保密义务的中介机构执业人员辅助进行。倘若公司董事、高级管理人员等未依法履行职责，导致公司未依法制作或者保存相关查阅材料，那么股东的知情权则难以实现。在此种情况下，股东有权请求公司董事、高级管理人员承担相应的民事赔偿责任。

三、股东会决议与瑕疵诉讼

（一）决议中的表决权行使

股东参加股东会行使表决权，股东会决议分为过半数股东同意的普通决议和三分之二多数决同意的特别决议。但是，部分股东的表决权受到限制。比如：①在种类股中通常可以看到优先股的表决权被限制。为了股东平等理念的实现，比如种类股中的优先股虽说有优先分配股利的优势，但是没有表决权。另外，选任以及解聘董事、监事的股份，如果存在这一类型的种类股，该股只能在种类股东大会中行使表决权，在普通的股东大会上无表决权。②回购后的本公司股份不得行使表决权。③特别利害关系股东限制表决权。2023 年《公司法》第 15 条第 2 款规定：公司为公司股东或者实际控制人提供担保的，应当经股东会决议。第 3 款规定：前款规定的股东或者受前款规定的实际控制人支配的股东，不得参加前款规定事项的表决。该项表决由出席会议的其他股东所持表决权的过半数通过。该条款明确限制了利害关系人行使表决权。④对相互持股的表决权进行限制。我国公司法对此没有规定，日本、韩国均有此方面的规定。比如，《日本公司法》规定，如果公司之间相互持有对方公司股份，其持股比例达到四分之一以上就不得行使表决权。如果认可其行使表决权，对其他股东不公平。日本在公司发展的实务中，董事为了确保被选举而操作安定股东、相互持股的现象在泡沫经济崩溃之前非常严重，带来了股份不流通，股权空洞等种种弊端。为了部分解消这一现象,《日本公司法》解禁本公司股份的回购,允许库存股的存在。⑤基准日后发行的股份。为了确保出席股东大会的股东的安定性,各国公司法规定,股东大会召开之前以及召开期间为股东名册封存期间,而这一基准日后发行的股份,在此次股东大会中不得行使表决权。

（二）股东会决议的瑕疵

股东会的决议是根据"资本多数决原则"作出的,是少数股份服从多数股份的制度,因此决议内容和程序必须合法、公正。如果决议内容或程序上有瑕疵,其效力就会受到影响。根据各国公司法的规定,如果决议存在瑕疵,应通过诉讼程序来解决决议的效力,根据决议瑕疵的原因,可分为决议无效之诉、决议撤销之诉,有些国家还规定了决议不存在之诉和变更不当决议之诉,我国《公司法》规定了股东会决议的无效与股东会决议的撤销两种诉讼方式。《公司法司法解释四》进一步完善了股东会决议瑕疵制度,增设了股东会决议未形成之诉。在《公司法司法解释四》意见征求阶段,我国学界热议是否可增加关于决议有效诉讼的问题,而且实务中已出现了股东会决议有效诉讼。但是,世界任何一个国家都不存在决议有效之诉讼,原因是股东会决议瑕疵诉讼制度的意义在于,在"资本多数决原则"下对少数股东利益的救济。我国实务中出现的股东会决议有效诉讼是确权诉讼,与股东会决议瑕疵诉讼性质不同。

1. 股东会决议的无效

公司的经营运行和管理决策必须在符合法律与行政法规的允许范围内进行,而对于决议的内容违反法律、行政法规的,一方面这种违法性常常对股东的权益会产生较为不利的影响,另一方面由于其违法性程度较为严重,一般也会对社会公益等其他利益产生消极影响,因而各国立法均将这种决议的效力规定为无效。我国 2023 年《公司法》第 25 条规定,公司股东会、董事会的决议内容违反法律、行政法规的无效。此处的违反法律、行政法规，是指违反法律、行政法规的强制性规定，因为法律、法规的强制性规定必须得到遵守，否则行为即告无效，违反法律、行政法规规定的股东会决议从决议作出之时即为无效。

（1）违反公司章程的决议的法律后果。需要讨论的是，股东会作出违反公司章程的决议是否有效？以前的日本商法、韩国商法及我国台湾地区的"公司相关法律规定"曾把决议违反章程作为决议无效的理由，现行法则将其修正为决议撤销的事由，我国2023年《公司法》第26条同样将决议内容违反公司章程规定作为可撤销之诉的理由，这主要是从法律规定决议撤销与无效的效力来考虑的。决议撤销之诉的起诉期间的限制是在法律规定的期间内，没有提起决议撤销之诉，不得再提起决议撤销之诉，以维护决议所涉及的法律关系的稳定性。决议无效之诉则没有起诉时间的限制，使得决议所涉及的法律关系长期处于不稳定的状态，因此，只有严重的瑕疵才能成为决议无效的事由，决议内容违反公司章程比决议内容违反法律自然要轻微得多，将违反公司章程改为撤销决议的事由是与瑕疵的严重程度相符的。如果决议内容违反公司章程的同时，又违反了法律、行政法规，那么它就会成为无效的事由。

（2）提起无效之诉的主体。我国2023年《公司法》规定股东有权提起决议无效之诉，这一规定显然是不够的。监事会是公司的监督机构，对于股东会决议的无效之诉，监事会当然有权提起诉讼，这不仅与监事会的监督职责相适应，同时也是维护公司和股东利益的需要。因此，从公司法理论而言，对于股东会决议违反法律、行政法规的，公司股东既可以要求监事会提起诉讼，也可以以自己的名义起诉。我国《公司法司法解释四》第1条规定，公司股东、董事、监事均可以提起无效之诉。公司股东的原告资格自无疑议。而监事会因发挥监督职能的需要成为原告，这点上文也已经论述了。至于董事的原告资格的正当性为何，《〈关于适用《中华人民共和国公司法》若干问题的规定（四）〉的理解与适用》作了如下说明："董事受董事会决议的约束，有权请求确认董事会的决议内容违法或者不成立。由于公司法规定股东会或者股东大会为公司权力机关，董事会负责执行，股东会或者股东大会决议是否违法会影响董事职务行为的合法性，因此，董事有权请求确认股东会或者股东大会决议无效或者不成立。"需注意的是，我国法律以监事、董事而非监事会、董事会作为该类诉讼的原告主体，主要是基于如下考虑：董事会、监事会乃公司内部机构，并无法律上的主体资格，在不以公司名义提起诉讼的情形下只能以个人名义为之。争议较大的是《公司法司法解释四》在第 1 条规定之中关于原告资格的表述为"公司股东、董事、监事等"，此处的"等"应该如何理解呢？最高人民法院的贺小荣和曾宏伟法官在《〈关于适用《中华人民共和国公司法》若干问题的规定（四）〉的理解与适用》一文中写道："对'等'字的理解，不仅要遵从原告必须与案件有直接利害关系方为适格的民事诉讼法规定，还要遵循前文'股东、董事、监事'的逻辑延伸，即原告须依据公司法、公司章程的规定或者合同的约定，享有参与或者监督公司经营管理的权利，方为适格原告。随着公司实践的日益丰富，如可转换债券持有人、职工股持有人、根据合同安排可以监督公司经营的金融债权人等，均有可能成为与其特定权利相关的决议无效或者不成立之诉的适格原告。但如果没有关于参与或者监督公司经营管理的特殊安排，则其与公司之间的纠纷仍应通过合同或者侵权等其他处理公司外部关系的诉讼解决。"对于这种理解，应当保持理性，通过合同方式实现的实际参与公司经营安排，并不能成为债权人、职工享有原告资格的理由。决议之诉在某种程度上就是公司内部治理的一部分，对债权人、职工的保护自可通过契约法、劳动法或者公司法上的特殊制度安排如职工代表大会等予以实现，否则其原告资格将影响公司治理结构的权序安排，打破原有制度的平衡状态。

此外，在此类诉讼中，一律以公司为原告。对决议涉及的利害关系人，可以列为第三人。对于其他具有原告资格的人以相同的诉讼请求申请参加诉讼的，可以列为共同原告，但我国相关司法解释将时间限定为"一审法庭辩论终结前"。

（3）决议无效的法律后果。股东会决议无效，意味着股东会决议自始不发生法律效力，因而，股东会决议无效的确认之诉的判决效力具有对世性，即其效力及于第三人，且具有绝对的溯及力。《公司法司法解释四》基于商事交易安全的考虑，在第6条规定："股东会或者股东大会、董事会决议被人民法院判决确认无效或者撤销的，公司依据该决议与善意相对人形成的民事法律关系不受影响。"但是值得注意的是，司法解释在这里没有包括决议不成立。

股东会决议内容全部无效的，整个决议当然无效，但是，倘若股东会决议中的部分内容无效，是否导致整个股东会决议无效？我们认为，倘若决议各项内容不具有可分性，则部分决议事项无效导致整个决议当然无效；倘若决议各项内容具有可分性，则部分决议事项无效并不必然导致决议中的其他事项无效。换言之，除去无效决议事项，股东会决议亦可成立的，则其他决议事项仍然有效。另外，公司根据股东会决议已办理变更登记的，人民法院宣告决议无效后，公司应当向公司登记机关申请撤销变更登记。

2. 股东会决议的撤销

2023年《公司法》第26条第1款还规定了股东会决议的撤销。股东会会议召集程序、表决方式违反法律、行政法规或者公司章程，或者决议内容违反公司章程的，股东自决议作出之日起60日内，可以请求人民法院撤销。决议撤销的事由为：一是召集程序违反法律、行政法规或公司章程；二是表决方式违反法律、行政法规或公司章程；三是决议内容违反公司章程。

如果决议内容不具有可分性，部分决议事项被撤销当然导致整个决议被撤销；若决议各项内容具有可分性，则部分决议事项被撤销并不必然导致决议中的其他事项被撤销，换言之，股东提起股东会决议撤销之诉时，可以选择只申请撤销部分决议事项，而保留其他决议事项的效力。但是对召集程序和表决方式仅有轻微瑕疵、对决议没有实质影响的情形，是否导致决议可撤销，公司法没有明确规定，各地法院裁判尺度不一。为统一裁判尺度、明确裁判标准，《公司法司法解释四》第 4 条特意作了如下规定："会议召集程序或者表决方式仅有轻微瑕疵，且对决议未产生实质影响的，人民法院不予支持。"由于决议可撤销制度的立法宗旨在于规范公司治理，而召集程序或者表决方式仅有轻微瑕疵且对决议未产生实质影响的，对公司治理规范影响较小，据此撤销决议对实现决议可撤销制度立法宗旨意义不大。关于该条文的实际适用，最高人民法院的贺小荣和曾宏伟法官在《〈关于适用《中华人民共和国公司法》若干问题的规定（四）〉的理解与适用》一文中指出，要注意把握"两个结合"：一是将"仅有轻微瑕疵"与"对决议未产生实质影响"结合起来判断。在判断会议程序瑕疵是否轻微时，不可先入为主，而应根据是否对决议产生实质影响来判断。有些会议程序瑕疵可能在一般情况下都是轻微的，但在特殊情况下有可能对决议产生实质影响，因此必须根据个案情况进行综合判断。二是将对股东权利的实质影响和对表决结果的实质影响结合起来判断。有的会议程序瑕疵虽然不影响决议的结果，但属于对股东权利的重大损害，亦属于对决议有实质影响的情形。比如持有有限责任公司多数股权的股东，如果不通知其他股东，而召集部分股东开会并作出股东会决议，即使符合章程规定的最低出席人数和通过比例，其在召集程序上的瑕疵亦不属轻微瑕疵。

撤销之诉的提起。我国公司法规定股东可以提起股东会决议的撤销之诉，但如果股东会召集程序或表决方法有瑕疵，参加股东会的股东一致通过了股东会决议，那么参加股东会的股东是否仍享有股东会决议的撤销诉权？我国2023年《公司法》以及《公司法司法解释四》明确规定原告为股东，被告为公司。这是由于"资本多数决原则"将股东的意思拟制为公司的意思，既然决议体现了公司的意思，自然应将公司列为决议撤销之诉的被告。

提起撤销之诉的担保。为防止股东滥用决议撤销之诉，图谋不当利益，我国2005年《公司法》就决议撤销之诉规定了原告股东提供担保的义务，即如果公司提出请求，人民法院可以要求股东提供相应担保。立法这一规定，提高了没有正当理由而滥用诉权的成本，若原告出于恶意或重大过失而败诉，应对公司负损害赔偿的责任。

提起撤销之诉的法律后果。按照一般法律行为制度，被撤销的法律行为自行为开始起无效，因此，决议撤销判决的效力应当溯及决议作出之时，当被撤销的股东会决议仅涉及公司内部关系时尤为如此。但对基于撤销前的股东会决议而产生交易关系的善意第三人，从维护法律关系的稳定和交易的安全角度出发，有必要否定撤销之诉判决的溯及力，以保护善意第三人。关于这一点，现行《公司法司法解释四》第6条作了明确规定。基于被撤销的股东会决议而实施的变更登记事项，在法院撤销决议之诉生效后，公司应当向公司登记机关申请撤销变更登记。

3. 股东会决议的未形成

股东会决议未形成，是指公司决议的成立过程中所存在的瑕疵明显重大，以至于连决议本身的存在也无法认可，此时就构成确认决议成立的事由。《公司法》对此并无规定，但是《公司法司法解释四》对此作了补充规定。

根据《公司法司法解释四》第5条的规定,"股东会或者股东大会、董事会决议存在下列情形之一",当事人可以主张决议未形成。第一种情形是,公司未召开会议。公司根本没有召开会议,自然不存在真实的决议。但是此情形下又有例外情形:依据2018年《公司法》第37条第2款或者公司章程规定可以不召开股东会或者股东大会而直接作出决定,并由全体股东在决定文件上签名、盖章。因此,"未召开会议"的更为规范的表述应当是"未依照法律规定的方式召开会议"。第二种情形是,会议未对决议事项进行表决。决议作为法律行为,必须以表决权人的真实意思表示为基础。决议事项没有经过表决权人的表决,自然也就不存在意思表示,也就不能成立决议。第三种情形是,出席会议的人数或者股东所持表决权不符合公司法或者公司章程规定。作出这种规定是因为公司决议是一种组织法上的法律行为,团体性是其根本特征,上述情形明显违背团体性要求,当然认为决议不成立。第四种情形是,会议的表决结果未达到公司法或者公司章程规定的通过比例的。该情形下也认定决议不成立,其理由也是如上所言的违背团体性要求。第五种情形事实上是兜底条款,其实证法上的表述是"导致决议不成立的其他情形"。实践中,公司决议瑕疵情形极为繁杂,法律难以一一穷尽,故以兜底条款来让法官斟酌谨慎处理。这是为保持法律开放性的惯用法律技术。但是决议行为作为组织法上的法律行为,其意思自治理念和团体性特征乃是核心,因此在认定是否符合"其他情形"时,应当以如上理念为核心。确认决议未形成的法律后果。一旦确认决议未形成,其在公司内部自然没有拘束力。但是,基于该决议而形成的对外法律关系的效力如何确定,我国法律则无明确规定。亦有学者认为,应当一体适用法律关于决议撤销后法律效果的规定。[1]

---

〔1〕 参见李建伟:《公司法学》(第4版),中国人民大学出版社2018年版,第315页。

第三节　董事会

一、董事会的构成及任职规定

（一）董事会的构成

我国 2023 年《公司法》第 68、120、122 条规定了董事会的构成及其地位。第 68 条规定了有限责任公司董事会的构成人数和人员构成等：有限责任公司董事会成员为 3 人以上，其成员中可以有公司职工代表。职工人数 300 人以上的有限责任公司，除依法设监事会并有公司职工代表的外，其董事会成员中应当有公司职工代表。董事会中的职工代表由公司职工通过职工代表大会、职工大会或者其他形式民主选举产生。董事会设董事长一人，可以设副董事长。董事长、副董事长的产生办法由公司章程规定。第 120 条规定适用于股份有限公司，即股份有限公司设董事会，本法第 128 条另有规定的除外。本法第 67 条、第 68 条第 1 款、第 70 条、第 71 条的规定，适用于股份有限公司。

（二）任职规定

我国 2023 年《公司法》第 70 条第 1、2 款规定，董事任期由公司章程规定，但每届任期不得超过 3 年。董事任期届满，连选可以连任。第 2 款规定，董事任期届满未及时改选，或者董事在任期内辞职导致董事会成员低于法定人数的，在改选出的董事就任前，原董事仍应当依照法律、行政法规和公司章程的规定，履行董事职务。2023 年《公司法》第 70 条关于有限责任公司董事任期的规定，同样适用于股份有限公司。第 122 条第 1 款规定了董事会的构成人员，即董事会设董事长一人，可以设副董事长。董事长和副董事长由董事会以全体董事的过半数选举产生。

二、董事会的职能

如前所述，纵观各国公司法对董事会的界定，美国模式界定董事会为监督机构，德国模式界定为经营决策机构，日本以及我国界定为经营决策兼监督机构。对此，在本章第一节"公司治理的概述"中已有涉及，本节不予赘述。本节主要围绕我国公司法的规定进行阐述。

董事会的决策权体现在股东会闭会期间。董事会是公司的最高决策机构，是公司的法定代表。可以说，除了股东会拥有或授予其他机构的权利之外，公司的一切权利皆由股东会行使或授权董事会行使。董事会的重大决策权，主要是指董事会有权对公司的经营管理事项作出决定，主要体现为对公司经营的方向、战略、方针以及重大措施的决定权。

董事会的监督职能主要表现在行使职责聘任和解雇经理人员，或者通过制定重大和长期战略来约束经理人员的行为、对董事长选举的权限上。

关于董事会职权的规定。我国 2023 年《公司法》第 67 条第 2 款具体列举规定了董事会的职权："董事会行使下列职权：①召集股东会会议，并向股东会报告工作；②执行股东会的决议；③决定公司的经营计划和投资方案；④制订公司的利润分配方案和弥补亏损方案；⑤制订公司增加或者减少注册资本以及发行公司债券的方案；⑥制订公司合并、分立、解散或者变更公司形式的方案；⑦决定公司内部管理机构的设置；⑧决定聘任或者解聘公司经理及其报酬事项，并根据经理的提名决定聘任或者解聘公司副经理、财务负责人及其报酬事项；⑨制定公司的基本管理制度；⑩公司章程规定或者股东会授予的其他职权。"从这些具体规定可以了解到董事会职权涉及公司经营管理权、人事任免权等。但是，需要注意的是决定投资方案、制定财务预算、利润分配方案、增减资本方案甚至公司合并方案等，都只是方案制定权，不具有最后的决定权，最终决定权在股东会，这在 2023 年《公司法》第 59 条股东会职权中有所体现。董事会能够自己决定的事项主要是第 7 项至第 9 项，也就是公司内部管理机构设置、基本管理制度制定、公司经理及以下高管人员任免，这些都是比较具体而且需要根据经营及时作出修正的，应该交由董事会决定。关于股份有限公司董事会的职权，我国 2023 年《公司法》第 120 条第 2 款规定，适用前述第 67 条关于有限责任公司董事会职权规定。

三、董事

（一）董事与公司的关系

董事与公司的法律关系基于委任。由此，董事在执行职务时对公司应尽到勤勉义务。我国 2023 年《公司法》第 179 条规定：董事、监事、高级管理人员应当遵守法律、行政法规和公司章程。第 180 条规定：董事、监事、高级管理人员对公司负有忠实义务，应当采取措施避免自身利益与公司利益冲突，不得利用职权牟取不正当利益。董事、监事、高级管理人员对公司负有勤勉义务，执行职务应当为公司的最大利益尽到管理者通常应有的合理注意。公司的控股股东、实际控制人不担任公司董事但实际执行公司事务的，适用前两款规定。其中勤勉义务是我国 2005 年《公司法》新设的规定。勤勉义务的履行表现为不得懈怠完成任务、管理好公司、对其他董事以及经理尽监督的义务。勤勉义务范围较广、较抽象，没有具体的标准，董事有可能时常面临被追究责任的风险，因此美国、日本等国在追究董事的勤勉义务时适用经营判断原则。经营判断原则的适用标准为：①是否在充分收集信息的情况下作出的判断（程序的恰当性）；②其经营判断是否具有合理的根据（判断内容的恰当性）；③不保护违反忠实义务的经营判断，适用经营判断原则的前提是，该董事的行为是否是为了公司的利益所为；④不保护违反法令的经营判断。法官判断时，如认为符合这四项基本标准，可对其免责或减轻责任。但是，如果违反了忠实义务，经营判断原则就没有适用的余地。

关于忠实义务，除了我国2023年《公司法》第179条和第180条规定基本原则以外，第181条还列举规定了违反的情况，即董事、监事、高级管理人员不得有下列行为：①侵占公司财产、挪用公司资金；②将公司资金以其个人名义或者以其他个人名义开立账户存储；③利用职权贿赂或者收受其他非法收入；④接受他人与公司交易的佣金归为己有；⑤擅自披露公司秘密；⑥违反对公司忠实义务的其他行为。第182条至第184条分别对董事、监事、高级管理人员直接或者间接与本公司订立合同或者进行交易、利用职务便利为自己或者他人谋取属于公司的商业机会、自营或者为他人经营与其任职公司同类的业务等行为进行了规定。第186条规定，董事、监事、高级管理人员违反本法第181条至第184条规定所得的收入应当归公司所有。因而，该条不仅被称为违反"忠实义务"的条款，还被称为"篡夺公司机会"或"归入权"。需要注意的是，第182条到第184条的行为并非绝对禁止，董事、监事、高级管理人员实施前述行为，应当依法向董事会或者股东会报告，并按照公司章程的规定经董事会或者股东会决议通过。对于第4项，董事、高级管理人员作为公司人员执行公司职务，理应代表公司的利益，不能收取他人支付的佣金。将他人与公司交易的佣金据为己有，就是利用职务为自己谋取利益。作为惩罚，一旦认定董事、高级管理人员违反上述某项规定，则其因此所得收入归入公司所有，并负赔偿责任。

（二）独立董事

独立董事的概念最早出现在1992年的"凯得伯瑞报告"中，是指不在公司担任除董事职务以外的其他任何职务，并与其所受聘的上市公司及其主要股东不存在可能妨碍其进行独立客观判断的一切关系的特定董事。自 20 世纪六七十年代，以英美为代表的英美法系国家在不改变"单层制"的模式下，通过设立独立董事制度达到了改善公司治理、提高监控职能、降低代理成本的目的，实现了公司价值与股东利益的最大化。在美国董事会设立的审计、薪酬、提名的三个委员会中，半数以上成员是独立董事，许多国家纷纷仿效。

在我国，独立董事的产生却是与监事会职能的发挥息息相关。尽管我国在公司法中规定了监事及监事会作为我国公司的法定监督机构，但在实际操作中存在监事会的作用未能充分发挥的情况。面对上市公司出现的一些案件和不端行为，证券监管机构将监督责任的目光转向了独立董事制度，希望这一新兴制度能够为公司治理带来新的监督机制。从 1997 年 12 月中国证监会发布的《上市公司章程指引》、1999 年 3 月国家经贸委与中国证监会联合发布的《关于进一步促进境外上市公司规范运作和深化改革的意见》，到 2000 年 8 月中国证监会发布的《公司二板上市规则（草案）》；从 2000 年 11 月上海证券交易所发布的《上海证券交易所上市公司治理指引（草案）》、2001 年中国证监会发布的《证券公司内部控制指引》（后于 2003 年修订）、《证券公司管理办法》（已失效），到 2002 年 1 月中国证监会与国家经贸委联合发布的《上市公司治理准则》（后于 2018 年修订），2003 年中国证监会《关于在上市公司建立独立董事制度的指导意见》（已失效），我国 2023 年《公司法》第 136 条规定上市公司设独立董事，具体管理办法由国务院证券监督管理机构规定。这些规范都不同程度地规定了独立董事与监事会相互补充，共同发挥监督作用。但是，目前各国面临的共同问题是独立董事并不真正独立，无法进行有效监督。

（三）董事对公司的责任

基于股东对董事的委任产生董事义务以及对公司的责任。

2023 年《公司法》第 188 条规定："董事、监事、高级管理人员执行职务违反法律、行政法规或者公司章程的规定，给公司造成损失的，应当承担赔偿责任。"第 189 条规定了股东派生诉讼、第 190 条规定了股东直接诉讼，由此实现追究董事对公司的责任的目的。基于这两项诉讼追究董事对公司责任的原因在于，原本董事对公司的责任应由董事会或监事会予以追究，但是董事会极有可能会包庇董事，董事之间相互勾结，基本无法期待其追究责任。监事会虽然是专业的监督机构，但是其在公司的地位事实上弱于董事会，无法充分发挥监督作用。因此，这两个组织机构不追究责任时，法律为了保护股东利益设计了股东派生诉讼制度及直接诉讼制度。从既能防止滥诉又能保护股东的角度考虑，股东派生诉讼规定了前置程序。详解第 189 条规定：①提起诉讼的前提为董事、高级管理人员有本法第 188 条规定的情形的，也就是说必须要有损害的发生。②对提起诉讼的股东资格作了规定，有限责任公司的股东、股份有限公司连续 180 日以上单独或者合计持有公司 1%以上股份的股东。有限责任公司股东只要持有 1 股就有提起诉讼的权利，股份有限公司的股东必须要连续持有 180 天以上，单独或者合计持有 1%以上股份才有资格提起诉讼。股份有限公司股东结构分散，为了确保股东的稳定性，公司法要求连续持有 180 天以上，断断续续持有也不可以，持有 179 天也不可以提起诉讼。而在此提到的 1%，在小规模的股份公司中很容易达到，在资本金达到上百亿的大规模的公司中就不容易达到，需要一定的成本。因此，有见解认为这一前置程序有可能阻碍股东派生诉讼。关于该条款，《最高人民法院关于适用〈中华人民共和国公司法〉若干问题的规定（一）》第 4 条、2023 年《公司法》第 189 条规定的 180 日以上连续持股期间，应为股东向人民法院提起诉讼时，已期满的持股时间；规定的合计持有公司 1%以上股份，是指 2 名以上股东持股份额的合计。③程序，可以书面请求监事会或不设监事会的有限责任公司的监事向人民法院提起诉讼。如果监事有本法第 188 条规定的情形的，前述股东可以书面请求董事会向人民法院提起诉讼。第 189 条第 2 款规定，监事会或者董事会收到前款规定的股东书面请求后拒绝提起诉讼，或者自收到请求之日起 30 日内未提起诉讼，或者情况紧急、不立即提起诉讼将会使公司利益受到难以弥补的损害的，前款规定的股东有权为公司利益以自己的名义直接向人民法院提起诉讼。④第 189 条第 3 款规定，他人侵犯公司合法权益，给公司造成损失的，本条第 1 款规定的股东可以依照前两款的规定向人民法院提起诉讼。但是对于他人的范围，公司法并未作详细规定。

　　从上述条款中我们可以了解到股东派生诉讼的概念。股东派生诉讼也被称为股东代表诉讼。此处的派生或代表意味着，公司应追究董事责任的时候不追究时，派生了股东代表公司追究董事责任。在股东代表诉讼中，关于当事人的列明，《公司法司法解释四》作了新的规定，即董事、高级管理人员为被告、股东为原告，公司为第三人。股东代表诉讼的作用在于抑制损害、补偿损失。

　　在股东代表诉讼中需要关注的问题是诉讼利益归属、诉讼费用、防止滥诉措施。在诉讼中如果胜诉，其利益归属于公司，股东享有的是因公司利益的恢复而带来的间接利益。当然，在诉讼中的一切合理费用应当由公司承担。而且不论股东的诉讼请求是部分还是全部得到人民法院支持，公司均应当承担股东因参加诉讼支付的合理费用。但是关于起诉时的诉讼费用还需股东先垫付。这也已经为《公司法司法解释四》第 25、26 条所直接明确规定。因此纵观各国股东代表诉讼，诉讼费用低可以起到鼓励股东代表提起诉讼的作用，诉讼费用高则使该制度形同虚设。像日本，从美国引进该制度之后，在诉讼费用上屡次进行降低修改，为防止滥诉，法官判断有滥诉的倾向时，应要求原告提供担保，不提供担保则不予受理。

【专题理论探讨】 双重代表诉讼

双重代表诉讼，是指在一家公司的权利受到侵犯而该公司和作为其股东的另一家公司均无意行使诉讼权利的情况下，由该另一家公司的股东就该侵犯公司权利的行为提起的诉讼。[1] 股东代表诉讼与双重代表诉讼不同，股东代表诉讼是公司股东对侵害本公司权益的主体所提起的诉讼，而双重代表诉讼是母公司股东对侵害子公司权益的主体所提起的诉讼。《公司法司法解释四》（征求意见稿）第 31、35 条曾规定了双重代表诉讼制度。第 31 条采用扩张解释的方式，将 2023 年《公司法》第 189 条的"董事、高级管理人员""监事会""监事"解释为包括全资子公司的董事、高级管理人员、监事会、监事。第 35 条第 2 款规定，股东因公司的全资子公司利益受到损害，依据 2023 年《公司法》第 189 条提起诉讼，请求被告向全资子公司承担民事责任的，应予支持。这两条规定使母公司股东可以对其全资子公司的董事、高级管理人员、监事会、监事提起双重代表诉讼，通过追究子公司董事、监事、高级管理人员的责任，保障母公司的投资权益，最终保障母公司的投资权益。但是，2017 年 8 月 25 日公布的《公司法司法解释四》最终并没有规定双重代表诉讼制度。

在母子公司中，若子公司的董事、监事、高级管理人员的不当行为损害子公司利益而子公司又怠于追究不当行为人责任，根据我国《公司法》股东代表诉讼的规定，只有子公司的股东即母公司有权提起股东代表诉讼，而母公司的股东并非该股东代表诉讼的适格原告。此时，若母公司怠于行使其股东代表诉讼的权

---

[1] 参见薛波主编：《元照英美法词典》，法律出版社 2003 年版，第 439 页。

利，则不当行为人就无需为其不当行为负责，子公司就因此遭受损失，而这损失以母公司的投资损失的方式最终由母公司股东承担。此时，没有起诉权的母公司股东所遭受的损失将无法得到救济，其利益无法得到保障。

双重代表诉讼正是为解决以上困境而产生的制度，通过赋予母公司股东对子公司董事、监事、高级管理人员提起代表诉讼的权利，救济利益遭受损害的子公司，最终实现对母公司股东利益的保障。另外，双重代表诉讼制度还能对侵害子公司权益的子公司董事起到有效的威慑作用。[1]

【专题理论探讨】董事对第三人的责任

2023 年《公司法》第 191 条规定了董事对第三人责任制度。日本该制度从 1900 年到现在实施了 100 多年，有必要梳理日本制度予以借鉴。现行《日本公司法》第 429 条（2006 年修改前旧《日本商法典》第 266 条之三）规定了董事对第三人的责任。该条第 1 款规定："董事在执行职务中有恶意或重大过失的，该董事对第三人承担由此产生的损害赔偿责任。"也就是说，该条第 1 款规定继续保留了旧《日本商法典》第 266 条之三所规定的主观要件，即"恶意"或"重大过失"。与我国众多论文中介绍的日本公司法中董事对第三人责任的认定并无区别，当董事怠于履行对公司的善管注意义务以及忠实义务给第三人造成损失，而且主观上存在恶意或重大过失时，只要该懈怠行为和第三人损害之间具有因果关系，无论其为间接损害还是直接损害，董事均应负损

---

〔1〕　参见樊纪伟：《我国双重代表诉讼制度架构研究》，载《华东政法大学学报》2016 年第 4 期。

害赔偿责任。[1]

第 2 款罗列规定了被追究责任的对象以及免除责任的情形，与旧《日本商法典》规定相比新增了一些内容，即"董事及执行董事有下列各项行为时，但是该人证明实施该行为未怠于履行注意义务的除外。①在募集股份、新股预约权、公司债或附带新股预约权公司债的认购人时，进行虚假通知或虚假记载的；②就财务会计报表、营业报告、附属明细表、临时财务会计报表应记载或记录的重要事项，进行虚假记载或记录的；③虚假登记的；④虚假公告的。另外规定外聘会计、监事及审计人员、专业审计人员就重要事项进行虚假记载或记录的亦负损害赔偿责任。"

从第 2 款中可以看出董事、执行董事、监事、财务负责人、外部审计人员均为被追究责任的对象，与旧《日本商法典》第266 条之三相比扩大了范围。而且明确指出公司的公告、登记内容以及相关财务报告不得有"虚假"。虽然该款并没有限定公司类型，但是在规定中明显可以看出是规范上市公司的，上市公司在资本市场上不得造假，如有前述造假行为可直接对该上市公司董事追究其对第三人的责任。该款第 1 项明确指出在募集股份、新股预约权、公司债或附带新股预约权的公司债的认购人时，进行虚假通知或虚假记载的，如果董事无法举证其不存在怠于履行注意义务的行为，就应被追究对第三人的责任。笔者认为如此一来第三人范围中就自然包括认购股份以及新股预约权的投资者即股东，还包括认购公司债券的投资者即债权人。还有一点需要注意的是 2006 年实施的《日本公司法》赋予董事会构建内控体系的义务。如果董事会构建了内控体系，任何一个董事就公司任何角落发生的事情都应该清楚，不得存在以本人不清楚为由推卸责

---

[1] 日本最高法院 1969 年 11 月 26 日判例，载《民集》第 23 卷第 11 号，第2150 页。[日] 江头宪治郎：《股份公司法》（第 2 版），有斐阁 2008 年版，第 459 页。

任的情况。而且，董事会的任何一项报告均需要公开。因此，董事会公开的前述报告中若有虚假内容，给第三人造成损失，相关人员均要被追究责任。而追究董事对第三人的责任，通常将其损害分为间接损害和直接损害，在认定上也需要加以区别，以避免该规定在适用中与其他保护债权人的规范竞合或冲突。

一、对第三人造成损害的认定

（一）间接损害的发生与第三人的认定

这里的间接损害，是指因董事恶意、重大过失给公司造成损害，其结果给第三人造成损失的情况。典型的例子是董事放慢经营速度、进行自我交易等使公司破产并给债权人造成损失。而围绕着造成间接损失时第三人中是否还要包括股东的问题存在不同的见解。日本有一些判例把股东作为第三人追究了董事的损害赔偿责任。[1] 当然也有相反的意见。反对的理由在于对股东的间接损失，公司法规定可通过股东代表诉讼救济，所以不应将股东列为第三人赔偿其损失。[2] 但是这种情形应该是针对上市公司而言的，在控股股东和董事为一体的封闭型公司，如将少数股东受害救济的情形限定在股东代表诉讼有可能使股东反复受损失。比如日本出现过在授权资本制下董事未经股东大会特别决议以特别有利的价格（《日本公司法》第 199 条第 3 款、第 200 条第 2 款）向特定对象发行新股给股东造成损失的情形，还有因自我交易给股东造成损失而要求赔偿损失的案例。对此法院均认可了董事对第三人的责任。

如果第三人包括股东，董事既可能基于其对公司的责任既要

---

〔1〕　日本最高法院 1997 年 9 月 9 日判例，载《判例时报》第 1618 号，第 38 页。

〔2〕　参见［日］河本一郎：《论商法 266 条之三第 1 款规定的第三人与股东》，载《服部荣三古稀论文集商法学中的争论与考察》，商事法务研究会 1990 年版，第 261 页。

被追究责任，还要因为董事对第三人的责任，对股东负有责任，即负双重损害赔偿责任，显然这种责任追究方式肯定会限制董事的经营能力。若股东为第三人，在发生间接损害时有可能出现股东代表诉讼与董事对第三人责任的追究竞合的问题。当然，追究第三人责任时，还要满足"恶意"或"重大过失"这一主观要件。另外，我国《破产法》第125条第1款规定："企业董事、监事或者高级管理人员违反忠实义务、勤勉义务，致使所在企业破产的，依法承担民事责任。"此责任是董事对公司的责任还是对第三人的责任，《破产法》对此并没有解释。但是从破产法的立法保护目的而言应该是保护债权人利益。

（二）直接损害与董事义务的关系

董事的恶意、重大过失没有给公司造成损失，只给第三人造成损失时称为直接损害。典型的直接损失，是指公司面临破产时，董事明知根本无法偿还借贷金钱或在无法支付价款的情况下购入商品给交易第三方造成损失的情况。在这种情形下，要考虑是否应基于侵权行为来追究责任的问题。对此，判例认为[1]因侵权行为给第三人造成损失时需要主观上的故意、过失要件，而《日本公司法》规定董事对第三人的责任基于董事懈怠义务的"恶意"或"重大过失"。那么前述的金钱借贷是否属于懈怠义务的行为呢？上柳克郎教授认为其借贷有损于公司信用这一点上可以引申出懈怠义务的情形。但是，在资不抵债的公司，股东在有限责任的保护伞下通常投机的比较多，而且持续营业还要向董事支付薪酬，这样有可能更恶化公司的财务状况，因此为了防止债权人损害的扩大，将董事对公司再建的可能性、破产处理等的判

---

[1] 日本最高法院1969年11月26日判例，载《民集》第23卷第11号，第2150页。

断也解释为善管注意义务的内容。[1] 除此之外，董事对第三人直接造成损害的案例还有：因对公司债务不履行而产生的；非法侵占建筑物的；著作权侵害；不执行股东会决议向退任董事支付退休金的；告知虚假信息诱劝投资的。这些案例主要发生在中小企业，其中比较明确的欺诈行为并不能以善管注意以及忠实义务来解释，而是直接构成了侵权行为。如前所述，董事对第三人的责任、董事对公司的责任并存时应如何处理的问题还有待研究。可以肯定的是，董事没有尽到善管注意义务与忠实义务就可能被追究董事对公司的责任、董事对第三人的责任。

二、董事的内部控制体系构建义务与对第三人责任

新《日本公司法》第 330 条规定了董事对公司负有善管注意义务，第 355 条规定了忠实义务，第 357 条规定了说明义务，第 362 条第 2 款第 4 项规定了董事的监督义务，同条第 6 项还规定了董事构建内部控制体系的义务。在《公司法实施规则》第 100 条中规定了构建内部控制体系的具体内容。具体而言，新《日本公司法》以及《公司法实施细则》规定的内部控制体系的构建、运用义务包括以下内容。

（一）为确保业务实施的恰当性而构建内控机制

这一机制包括的内容如下：①确保构建董事以及使用人（高级管理人）执行职务符合法令以及章程的机制。这一条文通常被解释为"合规机制"。这一机制的构建内容包括经营方针以及基于行动指南制定遵守准则，进而策划合规基本方针、相关规定以及合规推动机制和内部举报制度等。②构建保存董事执行职务所需的相关信息以及管理机制。这一条要求完善文书信息管理机

---

〔1〕　参见［日］吉原和志：《公司责任财产的维持与债权人的利益保护》，载《法协》1985 年第 102 卷第 8 号，第 1480 页。

制，在会议记录上记载对董事执行职务时的重要的意思决定事项，董事会决议事项以及记录的保管期限等。对具体会议记录以及上报文件等保存对象要具体规定，而且对其保管期限以及保管地点，文书管理规则或修改的认可，基于监事的要求如何提供信息也要具体要求。同时，委员会设置公司不应仅停留于文书和信息的保管，还要做好信息防盗系统。③关于损失危机管理及其他机制。这一机制就是所谓的"风险管理体制"。对本公司可能发生的各种各样的风险，从事前需防止的程序、机制到发生时的应对方法均规定在公司内部规章制度中。这些事项由董事会决议并探讨。在委员会设置公司[1]中，有的公司举出了公司自认为的风险内容，以及直到完成营业持续计划为止，记载了董事会讨论事宜全过程。这里所指损失危机并不是防火等单纯的危险管理，而是对全公司的风险控制（Enterprise Risk Management，ERM），需要每个公司自己定义。④确保董事有效执行职务的机制。这一机制是关系到董事执行职务的具体机制，所谓的企业治理就包括在其中，而且这一机制必须做到在任何一个阶段都要有效地进行经营管理。具体而言，经营机构、执行董事的职务分管、经营管理机制、预算制度以及业绩管理等均为其内容。⑤确保母子公司以及集团公司业务的妥当性。这一机制要求集团公司的内部控制体系的构建以合并报表为主。以前"子公司"对"母公司"不具有发言权，但是新公司法认为子公司应构建当受到来自母公司的不恰当的指示时的应对方针以及机制。

（二）确保构建监事有效进行监督的机制

除了前述各项内容以外，董事会必须决议构建为确保监事有效进行监督的机制：①在是否应设辅助监事的使用人时，董事会要考虑派专人还是派其他部门使用人兼职的问题。②如果决定设

---

[1] 引进美国治理模式的公司被称为"委员会设置公司"。

监事辅助人员时，关于该辅助人员的调动问题是否应经监事的同意、执行董事有没有对该使用人的指挥命令权等。③构建董事以及使用人向监事的报告、举报的体系以及其他有关部门向监事报告有关内部控制体系的实施状况等，对此需要决议。

（三）营业报告中的公开与监事的监督

前述这些事项均由新《日本公司法》开始实施后的 2006 年 5 月 1 日以后召集的董事会来决定。另外，关于董事会决定的上述内容应记载于营业报告中。有关营业报告中的业务恰当性的确保机制的决定或决议内容有记载时，若监事认为其内容并不恰当时，应将其理由记载于监事报告中。但公司法要求公司构建内部控制体系时，董事会的决定和决议应如何进行、包括何种内容的问题困惑了大部分公司。因为公司法并没有明确规定内部控制体系在法规方面需完成的具体目标。日本的现状是公司各自构建独自的内部控制体系，其体系内容各异，实施方案也由每个公司各自决定。也就是说，基于公司法的规定，董事公开决议以及构建程序。诸多公司在具体构建程序上模仿了 COSO 报告模式。如此，日本新公司法从 1950 年代引进董事会制度以来一直赋予董事会以监督、监视义务，2006 年实施的新《日本公司法》中明确了大公司的董事构建内部控制体系的义务，强化了其应尽的监督义务。也就是说，需要探讨董事"应负"的监督、监视责任内容以及"应有"的职务内容与董事责任之间的因果关系。在此日本东京地方法院 2007 年 5 月 23 日的判决较引人注目。[1] 该案的梗概为：原告甲因某期货交易公司（申请破产）员工乙的劝诱从 1999 年 11 月开始了期货交易，直到 2001 年 3 月为止进行了 10 种商品交易，结果造成了共计 1469.71 万日元的损失。其中交易损失达 264.94 万日元、手续费达 1147.4 万日元、消费税达 57.37 万日

---

[1]《金融商事判例》第 1268 号，第 22 页。

元。日本于 1994 年 4 月开始实施分管账户制度，将顾客的委托资金与期货公司的账户分离保管。但是，该公司 2003 年 9 月开始不再分离委托金和公司财产，擅自使用客户委托资金并虚报假账伪造银行存款余额、向农林水产省以及经济产业省虚假报告，被金融厅处以取消商品交易资格的处分。而丙从 1973 年开始在该公司担任法定代表人，2004 年 8 月该公司被宣告破产。对此，原告甲认为进行劝诱的乙等违反适合性原则，提供断定性的判断信息违反了说明义务，不仅诉请追究该公司的侵权行为责任或员工责任，要求损害赔偿，而且请求破产管理人认可其债权。原告甲还基于修改前的旧《日本公司法》第 266 条之三董事对第三人责任条款要求追究其违反忠实义务侵占使用客户资金、放慢经营，没有对员工乙等的业务行为进行有效监督的责任，要求赔偿损失，同时将该公司其他董事也列为被告。

对此法院判决法定代表人（代表董事）丙负赔偿责任（法院在认定原告甲的损失的基础上认为原告甲也有过失，判决各承担 50%），其他董事免责。因为该公司实际上全部由法定代表人丙掌握全权，其他人如同名义上的董事，基本上无发言权。法院根据公司的实际运营状况免除了其他董事的责任。这一案例应该属于前述间接损害的情形。笔者赞同这一判决将法定代表人责任和其他一般董事责任分开追究的方式，但是也不得完全免除其他董事的责任。在此有必要首先明确法定代表人及其他业务执行董事的监督义务。纵观日本判例，对具有业务执行权限的董事较之一般董事处罚严厉，因为他们不仅有业务执行权限而且掌握着业务信息，所以易于监视。而且可以基于内部控制体系构建以及运用义务是否恰当履行来判断是否存在怠于完成任务或违反善管注意义务的情况。在追究董事对公司责任的大和银行案[1]中明确指

---

[1] 大阪地判平成 2000 年 9 月 20 日判例，载《判例时报》第 1721 号，第 3 页。

出："为了确保公司的健全经营，应正确掌握公司营业目的、性质，防止相应地可能发生的各种风险，比如信用风险、市场风险、流动性风险、事务风险、机制风险等。并且要完善符合公司经营规模与特性的风险管理机制。重要业务执行决定权在于董事会，构建内部控制体系大纲权也在董事会，法定代表人以及其他业务执行董事分担业务各自掌控风险。"在这个意义上法院认为法定代表人以及其他业务执行董事负有构建及监督义务，对其他董事亦追究了责任。

　　之后 2004 年还出现了养乐多本公司的董事进行金融衍生产品交易给公司造成了巨额损失的判例。[1] 此判决除追究了具体负责业务的董事的责任以外，其他董事没有被追究责任。理由在于该公司已经构建了风险管理机制以及合规机制，所以认为其没有违反监督义务，员工等的违法行为不得直接构成违反善管注意义务的行为。该判决的意义在于只要构建了内部控制体系就可以视为尽到了善管注意义务，没有追究董事的责任。但是笔者认为这就有悖于内部控制体系构建制度的初衷，无法达到控制风险的目的。此外，还有某出版社没有构建内部控制体系没能有效防止侵害肖像权等违法行为的发生从而导致全体董事被追究责任的，[2] 食品公司的董事将已过保质期的牛奶再利用而招致食物中毒，认为董事怠于构建合规体制以及风险管理体制被追究责任的。[3] 如此，在公司法中明确规定类似于《日本公司法》以及《公司法实施细则》规定的内部控制体系构建指引，明确定位就很容易判别董事应负责任与损害之间的因果关系，但是从这些案例中可以看出法官在判决中对适用条文的理解不同而结果截然不同。当

---

〔1〕　东京地判平成 2004 年 12 月 16 日判例，载《判例时报》第 1888 号，第 3 页。

〔2〕　大阪地判 2004 年 5 月 20 日判例，载《判例时报》第 1871 号，第 125 页。

〔3〕　名古屋高金泽支判 2005 年 5 月 18 日判例，载《判例时报》第 1898 号，第 130 页。

然，对于董事责任也应区分追究，不得一概而论。可以说，事实上内部控制体系以及合规体系的构建与否成为是否追究责任的一个判断标准，但是还存在停留于构建还是追究具体实施责任的问题，有待研究。

三、董事对第三人责任与其他规范的适用竞合问题

如前所述，董事对第三人的责任是为防止公司财产不当流失保护债权人的制度。在确保公司财产方面，公司法主要规定了资本充实、维持、确定原则。而《日本公司法》取消了最低资本金制度，所以在此只讨论充实、维持原则与第三人责任之间的关系。另外，在保护债权人方面还可以举法人格否认制度，实务中还经常出现法人格否认与董事对第三人责任应优先适用哪一项制度的问题。与我国不同，《日本公司法》并没有规定法人人格否认制度，只是通过 1969 年的最高法院判例予以界定并适用。以法人格形骸化或滥用为适用要件，以期保护债权人。该法理在保护债权人这一点上与第 429 条的董事对第三人责任具有同样的制度功能。但是，第 429 条明确规定了适用要件，而法人格否认以《日本民法典》第 1 条第 3 款一般条款（禁止滥用权利的规定）作为依据。在具体适用中法人人格否认法理仅在《日本公司法》第 429 条无法妥善解决问题时方才适用。[1] 尤其是对中小企业而言，控股股东兼任代表董事的情况较多，第 429 条基本上与法人格否认是重合的。在这种情形下，第 429 条优先适用于法人格否认。因此，法人格否认制度应该适用于是控股股东未就任董事、在背后指使董事进行实质性经营的情况，只限其他途径无法赔偿时揭开面纱"抓幕后元凶"时适用为恰当。笔者也认同此种做法。

---

〔1〕 参见徐永前主编:《新公司法100问》，企业管理出版社 2005 年版，第 301 页。

四、董事对第三人责任与资本充实原则

日本公司法界定资本充实、维持原则为公司在设立以及设立后发行股份时，以实际出资的财产价值为限作为资本金（《日本公司法》第 445 条第 1 款资本充实），并且公司事实上没能确保相当于资本金的财产时不得分配盈余（《日本公司法》第 461 条、第 446 条资本维持）。这两项原则主要是为了防止公司财产不当地流向控股股东等损害债权人利益而规定的。但是，如果发生不当流失现象，公司以及股东根据资本充实、维持原则可以直接追究董事责任（《日本公司法》第 462 条），董事无需举证其是否有怠于任务的行为以及与损害之间的因果关系。只要存在超出基于资本金算定的可分配额度公司财产流向股东的形式上的事实，就足以要求董事用金钱赔偿相当金额。可是公司在经营中产生损失，公司财产价值低于资本金时，日本新公司法并没有规定此时股东追加出资义务，所以并不能保证公司时常保有这部分资金。因此，如果公司在经营中失败给债权人造成损失时，作为债权人保护规定的《日本公司法》第 429 条有关董事对第三人责任的规定具有一定的意义。而且取消最低资本金制度以后，即使公司确有财产，但是资本金也有可能是 1 日元，相应的公司财产也有可能是 1 日元，资本充实原则基本上就失去意义。另外，就资本维持原则而言，盈余分配规定是基于账簿上的纯资产的，所以如果没有采取市价评价机制，其中含损益，其实也无法起到债权人保护功能。与此相反，第 429 条却规定不论其资本金多寡以及公司财产账簿上的价值，公司债权人均可以全额要求赔偿损失，在这一点上与资本充实、维持原则相比具有一定优势。

第四节　监事会制度概述

在所有权与经营权分离的原则下，作为企业所有者的股东，

由于不具备经营企业的能力与经验。股东分散化导致的直接管理成本的无限增大，需要将企业经营权交给专业管理人员来掌管、执行。基于此，股东与高管之间形成了委托代理关系。由于董事、经理的决策不当、滥用权力甚至中饱私囊的行为势必引起公司及股东利益的损失，这种损失便是"代理成本"。由此，公司需要专门监督董事的业务机构，就是监事。日本从德国移植监事制度，之后亚洲各国也开始移植。《日本商法典》实施至今100多年以来实践证明，监事会制度存在局限，为克服制度局限性，在监事会成员中纳入职工监事或外部监事等拟提升监事对董事的监督功能的措施依然在沿用，不断完善监事会制度。

监事会的主要功能在于监督检查董事在公司执行业务的恰当性和合法性。从理论上讲，监事会主要具有以下作用：①保护股东利益，防止董事会独断专行。如前所述，由于代理成本的存在，董事会及其成员可能假公济私、中饱私囊，而股东会显然不可能有效行使对公司经营的监督权，以监督董事业务执行情况。正是基于此，监事会凭借出资者赋予的监督权，代替股东专职行使监督董事及董事会的职权，成为保护股东利益、防止董事会独断专行的必然选择。②保护债权人利益，防止损害债权人利益行为的发生。由于公司承担的是有限责任，而这种有限责任可能是以损害债权人利益为前提的，公司财务会计的任何虚假记载都是对债权人的欺骗，公司财产减少也直接对债权人债权的收回构成威胁。法律为了公司债权人利益能得到充分的保护，设立了监事会制度，监督公司的财务会计状况，防止公司违法行为的发生。

2023年《公司法》第78条规定，有限责任公司或股份有限公司的监事会或者监事行使下列职权：①检查公司财务；②对董事、高级管理人员执行职务的行为进行监督，对违反法律、行政法规、公司章程或者股东会决议的董事、高级管理人员提出解任的建议；③当董事、高级管理人员的行为损害公司的利益时，要求董事、高级管理人员予以纠正；④提议召开临时股东会会议，在董事会不履行本法规定的召集和主持股东会会议职责时召集和主持股东会会议；⑤向股东会会议提出提案；⑥根据本法第189条的规定，对董事、高级管理人员提起诉讼；⑦公司章程规定的其他职权。

第79条第2款规定，监事会发现公司经营情况异常，可以进行调查；必要时，可以聘请会计师事务所等协助其工作，费用由公司承担。另外，董事、高级管理人员不得妨碍监事会或者监事行使职权，应当如实向监事会提供有关情况和资料。董事、高级管理人员违反前条规定，给公司造成损害的，股东可以书面请求监事会提起诉讼。法律赋予监事及监事会检查财务的权利，防范、纠正董事经理的不当行为，并有权就其监督事宜向股东会会议提出提案。如果董事会不履行召集、主持股东会会议的职责，则监事会、不设监事会的公司的监事可以代行其权，召集主持股东会会议，以实现有效监督。另外，在特定情况下还有权对董事、经理提出罢免设置的诉讼，以有效约束董事、经理的职权行为，维护股东和公司的利益。第78条、第79条赋予了监事会质询建议权、调查权，监事会行使职权时的费用承担。第81条第2、3、5款规定，监事会的议事方式和表决程序，除本法有规定的外，由公司章程规定。监事会决议应当经全体监事的过半数通过。监事会应当对所议事项的决定做成会议记录，出席会议的监事应当在会议记录上签名。我国设置监事会制度时，在公司治理模式上实现了多样化。国有公司监事会主席大部分由纪委书记兼任，以期达到真正监督的目的。

第六章 公司重组

目前各国公司法规定的公司整合模式主要有事业转让、合并、分立、股份交换、股份转移、简易合并等。2023 年《公司法》规定了简易减资、简易合并等制度。从广义上而言，公司的这些行为都属于重组。对于收购公司的股权或营业部门，收购的主要方式有：受让公司的全部或部分业务；吸收合并目标公司；吸收分立；受让股权；收购公司成为目标公司的母公司；新设公司，收购公司成为新设公司的母公司。狭义的重组，是指企业集团内部的营业转移重组。集团内的营业转移也存在集团内部的营业转让、合并、分立、股权收购等情形。另外，企业联营模式比较灵活，比如成立合作公司或联营公司、租赁或委托经营或签订共同承担风险合同等各种方式。近几年还出现了管理层收购（Management Buy‐Outs，MBO）模式以及职工收购（Employee Buy‐Out，EBO）模式。管理层收购通常发生在上市公司中，经营管理层从私募或投行或金融机构贷款以要约收购的方式将公司私有化，经由一段时间再重新上市的方式比较多。在这种情况下，应注意私有化过程中对一般股东的保护。职工收购模式的典型案例发生在日本。日本 MSK 公司于 2006 年 8 月被中国无锡尚德股份有限公司以 345 亿日元的收购价收购，这是目前中资企业在日本的最大收购案。无锡尚德股份有限公司收购 MSK 公司之后，决定关闭该公司下设大牟田市的工厂时，员工为了避免失业以 EBO 的方式受让营业，于 2007 年 7 月新设公司——"YOCA-SOL"股份有限公司。

公司的这些整合需经股东（大）会特别决议，对决议持有异议的股东可行使异议股东股权（份）收购请求权，并为了保护债权人法律规定了事前、事后的公开制度。

第一节 事业转让

如前所述，2005 年《日本公司法》修改时将商法总则中的营业转让规定在公司法中，名称改为"事业转让"。营业转让是交易行为，并不是公司组织机构的重组行为，但是在实务中作为重组模式频繁被适用。因其交易行为的性质，在日本、韩国把营业转让规定在商法总则中。在营业转让中受让方是否持续使用原商号，关系到债权以及债务的承继问题。我国因未设商法总则，所以没有关于营业转让的规定。日本商法早在 1960 年就通过最高法院的判决界定了营业转让中的营业概念。营业指的是出于一定的营业目的组织起来的、作为有机的一体发挥机能的财产。2005 年修改的《日本公司法》将营业转让变更为事业转让，并将其规定在公司重组章节中。《日本公司法》第 21~24 条规定如下：第一，就转让方而言，负有竞业禁止的义务。①自转让之日起至 20 年[1]禁止规定；②有特殊约定时，适用 30 年禁止规定；③在同一个市、街、村或邻接的市、街、村。第二，就受让方而言，根据是否续用商号来确定债务偿还义务。债务具有 2 年时效。

---

[1] 参见王保树主编：《最新日本公司法》，于敏、杨东译，法律出版社 2006 年版，第 63 页。①若当事人无特别约定，自转让之日起 20 年内负竞业禁止义务；②若当事人有特别约定，其特别约定，限自转让其事业之日起 30 年内有效。

① "有限公司米安商店"转化为合资公司新米安商店；②以"营业"作为实物出资成立了一家公司时，如果新公司续用出资者的商号时，对于出资者因"营业"而产生的债务，新公司与出资者共同负有偿还义务；③高尔夫球场的转让及续用，由受让方承担返还托管会员费的义务。

第二节 合 并

我国公司法明确规定了合并方式、合并中的债权人保护、合并决议方式等。关于合并的法律性质学界一直以来存在人格合一说和实务出资说。人格合一说认为合并是当事公司之间成为一体的公司组织法中的特别约定。实务出资说认为合并是消灭公司以全部财产为实务出资，由存续公司发行股份或新设公司的方式。但是，实务出资说无法说明资不抵债成为消灭公司的情形以及消灭公司不经清算的情形。而如今区别两种学说的意义并不大。

关于存续公司或新设公司承继消灭公司权利义务的问题，如在合同中只约定承继部分债务等，即使通过了合并决议也是无效的。关于消灭公司员工的雇佣合同，如果在合并合同中没有特别约定，自然由存续公司与新设公司承继。

一、合并对价与合并方式

对消灭公司的股东只支付现金的合并被称为"现金合并"（Cash-Out Merger），对消灭公司的股东交付母公司股份的合并被称为"三角合并"。美国各州的公司法一直以来都认可三角合并制度。

而一些国家把合并的本质视为以消灭公司的全部资产作为出资的股份的发行或公司的设立。比如，日本对消灭公司的股东不交付股份给存续公司的合并根本不可能予以认可，因此认为可以交付金钱的占少数。而企业重组以及企业收购等的多样化，在产业活力再生特别措施法（2003 年）实施后，实现了合并对价的灵活。尤其是将现存公司作为消灭公司，以多数股东构成的存续公司交付金钱为对价，从而排挤少数股东（Squeeze-Out）的现象有可能会出现。但是，无论是美国还是日本或德国，都没有规定保护股东利益的措施。因此，如果滥用金钱交付对价的合并方式，会出现股东税务负担的问题以及消灭公司少数股东被挤出的情形。

在新设合并中，消灭公司的股东基于合并合同将消灭公司的股份（权）与新设公司的股份交换。一方面，在新设合并中不可能出现完全不支付新设公司股份的情形；另一方面，在吸收合并中消灭公司的股东并不一定会得到消灭公司股东的股份。基于合并合同有可能交付存续公司的债券或其他财产［包括金钱或母公司股份（三角合并的情形）等］。在吸收合并中如果消灭公司的股东得到的对价是现金，那就不是存续公司的股东。如果存续公司不想改变股东构成进行合并或将公司组合为封闭型公司时，使用金钱对价的情况比较多。

二、合并的效力——承继

因合并消灭公司公法上的权利与义务是否由存续公司以及新设公司承继的问题，应根据公法所保护的制度宗旨进行个案判断。比如，消灭公司存在的法人税法中的递延亏损的承继只有在能够举证证明集团内部没有避税目的的情形下，才可以承继。存续公司以及新设公司不得承继刑事责任的追究。但是，已确定的刑事处罚金等由存续公司承继。对于消灭公司的民事诉讼，由于合并中断，由存续公司以及新设公司承继。

因合并存续公司以及新设公司的权利概括性转移在合并合同的效力发生之日生效。因此在生效日前消灭公司向第三人转让的房地产等的情形下，存续公司按照合同约定对该第三人负有办理转让登记手续的义务，所以与第三人之间不应发生对抗关系。此外，消灭公司法定代表人资格应在吸收合并登记完成后。那么在效力发生之日后、登记前消灭公司的法定代表人对第三人而为的行为有可能产生类似双重转让的关系，也即该行为与因合并而产生的一般承继类似。虽然房地产是需要登记要件对抗第三人，而动产以及债权等的转让也需要对抗要件，因此有一些观点认为合并不需要具备对抗要件。当然这一区别并没有合理的根据，合并中也应需要对抗要件。

三、权益结合（Pooling）方式与购买（Purchase）方式

这是一种会计处理方式。对消灭公司的资产以及负债在不进行评估的情形下直接承继账簿价格的方式被称为 Pooling 方式。而 Purchase 方式是在承继消灭公司的资产、负债时，重新进行评估的方式。在实务中，即使使用 Purchase 方式再评估，虽然会出现评估利益，但是可分配额不增加，而且会增加合并后的折旧费用等，所以一般企业不用再评估方式。使用 Pooling 方式，涉及跨国合并时，因会计准则不同，会产生不合理的情况，需要重新评估。

四、债权人异议程序

合并各方当事人对债权人应公告以下事项：合并的宗旨；合并公司的商号以及地址；会计文书；对合并持有异议的债权人一个月以内可向公司提出异议。对于已知的债权人需要个别通知。但是除了官方指定报刊以外，在日刊报纸公告或进行电子公告的情形下，无须个别通知。在异议期间内，未提出异议的债权人视为认可合并。对于提出异议的债权人，或偿还或提供担保或以信托托管用于偿还的财产，但是合并后债权人利益不受影响的不用

采取这些措施。另外，虽然提出了异议，但是未被采纳的债权人只能提起合并无效之诉讼。

五、简易合并以及略式合并

简易合并，是指在合并中出现消灭公司规模明显小，对存续公司股东的影响比较小的情形。国外通常规定简易合并方式，比如：《日本公司法》规定，将因合并而交付给存续公司的股份数乘以每股净资产额加之债券以及其他财产的账簿价格不超出净资产额的五分之一时，存续公司无须经由股东大会决议进行合并。我国对此未作规定。即使存在消灭公司规模较小的情况，如果产生合并利益差损或存续公司为有限公司，全部股权为限制转让的，就需要经股东大会决议，在合并过程中是否选择简易合并方式是自由的，并不是强制性的。

2023年《公司法》规定，合并中一方拥有对方公司90%以上表决权时，从简便程序的角度而言，无论从属公司为存续公司还是消灭公司，都可以不用经股东会决议。但是如果消灭公司存在限制转让的股份，就需要经股东会决议。

【专题理论探讨】合并与股东保护

关于合并中的股东利益的保护，公司法规定合并需要股东会三分之二以上多数决议，不同意的股东可行使异议股东回购请求权救济自己的权利。我国未设合并无效制度，因而在现行法律框架下，股东以股东会决议瑕疵诉讼救济权利也是路径之一。2012年1月深圳发展银行公告吸收合并平安银行，3月优酷和土豆公告合并成立优酷土豆股份有限公司。后者合并基本顺利，实现了合并后的相承效果，合并之后土豆的股价上涨了15倍。而前者产生了异议股东收购请求权实施及少数股东保护的问题、合并对价是否公正的问题。以下概观我国公司法中的合并制度，并简略探讨完善合并制度的若干建议。

合并程序与股东保护：合并需签订合并协议，根据我国现行 2023 年《公司法》第 59 条、第 66 条规定合并还需经股东会特别决议，经代表三分之二以上表决权的股东通过。因此，在"资本多数决原则"下产生如何保护不到三分之一的股东利益的问题。我国以及各国公司法都规定了异议股东收购请求权制度来救济少数股东。我国 2023 年《公司法》第 89 条第 1 款第 2 项规定，公司合并、分立、转让主要财产，在股东会中对该项决议投反对票的股东可以请求公司按照合理的价格收购其股权。同时该条第 2 款还规定，自股东会决议作出之日起 60 日内，股东与公司不能达成股权收购协议的，股东可以自股东会决议作出之日起 90 日内向人民法院提起诉讼。在深圳发展银行和平安银行合并事例中控股股东持有 90.75% 的股权，出现了持有 9.25% 股权的平安银行少数股东行使异议股东收购请求权的问题，而公司拟以 3.37 元的价格收购这些少数股东的股权。而平安银行的股东认为 3.37 元的价格并不公平，根据目前深圳发展银行的 15 元左右的股价以及平安银行的状况，股东认为 8 元~9 元的价格才是合理的。而深圳发展银行称 3.37 元是中联资产管理公司评估而定的，是公正的价格。双方各持己见。笔者认为出现这种状况的原因在于，我国对异议股东收购请求权规定得相对抽象、不具体，在一定程度上缺乏可操作性，诉讼成本问题没有完全解决。

在目前的法律框架下，如果想保护前述少数股东可以从异议股东要求公司收购请求权制度以及股东会决议无效或可撤销着手，探讨是否可能予以司法救济。

（1）异议股东收购请求权制度。该制度源自美国各州公司法，其他国家从美国移植而来。美国各州公司法具体规定了收购价格的算定基准，普遍认为公正价格应以受合并或转让股权的预期影响之前的状态为基准，而且这个价格需由股东和公司之间协商，然后由法院决定。韩国、日本也移植了该模式。上市公司按照市价易于评估，但是有限公司需要根据具体的资产负债等进行评估。如果我国也具体规定以何时为基准，就不会出现平安银行少数股东得不到公正待遇的问题。在此还需要关注的是合并对价的问题。从该事例中我们可以看到以股份和现金作为对价，选择现金意味着不能留在合并后的公司。纵观各国规定，美国可以用现金，而其他诸多国家考虑到少数股东保护的问题，只能用股份。而日本2005年修改公司法、韩国2012年修改公司法都考虑到了重组模式的活跃化，允许用现金作为对价。我国没有禁止性规定，实务中均可适用，出现了少数股东利益受损现象。我国不像其他国家，异议股东收购请求权制度程序相对完善，并设有合并无效之诉或可撤销制度，因此有必要明确规定合并对价以保护少数股东。

（2）合并属股东会（股东决议）决议事项，在此分析能否从现行股东会决议无效诉讼或可撤销之诉中保护少数股东利益。根据2023年《公司法》第25条的规定，公司股东会、董事会的决议内容违反法律、行政法规的无效。因此，少数股东只有举证证明合并决议违反法律以及行政法规，方可适用股东会决议无效之诉讼请求司法救济。第26条第1款中规定，公司股东会、董事会的会议召集程序、表决方式违反法律、行政法规或者公司章程，或者决议内容违反公司章程的，股东自决议作出之日起60日内，可以请求人民法院撤销。因此，可撤销之诉亦应举证程序瑕疵或违反章程规定，方可提起。因此，笔者认为，如若想确实保护少数股东利益，应移植程序明确的合并无效之诉讼。

关于合并无效之诉讼。我国公司法尚未对此作出规定。纵观其他国家法律规定，合并无效的缘由为：合并违反法律规定的情形；合并协议缺乏法定要件的情形；合并决议存在瑕疵的情形；

合并未经债权人保护程序的情形；合并比率不公正的情形等。在该诉讼中被告为存续公司或新设公司，提诉人根据情况各异。比如除了少数股东、债权人，如若违反了公正交易法还有可能是公正交易委员会来提起合并无效之诉讼。合并无效之诉，通常规定在作出决议之日起60日（有的国家规定为45日）内提起。

（3）有见解认为应适用特别利害关系人无法行使表决权制度。但是，我国2023年《公司法》第15条第2款规定，公司为公司股东或者实际控制人提供担保的，应当经股东会决议。该条第3款规定，前款规定的股东或者受前款规定的实际控制人支配的股东，不得参加前款规定事项的表决。该项表决由出席会议的其他股东所持表决权的过半数通过。因此，从该条的文义中我们可以知道，特别利害关系人表决权的限制只适用于为股东或实际控制人提供担保的情形，关于合并未作规定。因此，本书所举事例中的深圳发展银行是可以参加股东会表决的。而且，其他国家还设简略合并制度，像深圳发展银行这样持股比例已经达到90%以上的可适用简略合并（有的国家为95%以上），无须特别决议。

综上所述，我国公司法目前在合并制度方面只有合并程序、保护股东和债权人的原则性抽象规定，在一定程度上缺乏可操作性。因此，出现本书所举类似案例很难应对。有必要对合并制度进行全面考量，创设既能促进企业重组，又能够切实保护股东以及债权人的合并制度。

第三节　公司分立

一、公司分立的概要

公司分立是一个公司分为两个以上公司的方式。分立方式分为以下四类：①新设分立：分立公司新设立公司，将分立公司的权利义务的一部分或全部转移到新设公司的方式。②吸收分立：分立公司将公司的权利义务的一部分或全部转移到其他公司的方式。③物的分立：一般而言公司分立的对价为股份，将股份交付给分立公司的为物的分立，也称分身型分立。④人的分立：将分立出的公司的股份交付给分立公司股东的方式为人的分立，也称分割型分立。美国通用汽车在金融危机中通过人的分立的方式成功起死回生。实务中也可以将人的分立与物的分立混合使用。举例而言，日本雪印乳业股份公司、全国农业直销股份公司、日本乳业网股份公司于 2002 年 6 月 5 日达成一致协议决定适用公司分立制度，以 2003 年 1 月 1 日为期限设立新的公司"日本乳业交流股份公司"，将各自的乳业部门分离出来，由新设立的公司承继。①资本金为 150 亿日元，销售目标为 2450 亿日元。承继原三家公司的品牌，并开发新的品牌。主要生产牛奶、果汁等儿童饮料。②为了将顾客的信息即时反馈到公司，成立了"乳业交流委员会"，这一委员会的成员是顾客、厂家、销售点、有识之士等。委员会起连接生活者与生产者的作用。目的：乳业事业所处的环境是设备、劳动力过剩，廉价竞争激烈。公司通过分立重新组合乳业事业，集中销售、物流、开发事业，并力求提高竞争力。设立方式有两种：①新设分立（日本雪印乳业股份公司、全国农业直销股份公司、日本乳业网股份公司为分立公司，新设日本乳业交流股份公司为承继公司）。②具体配股方式：物的分立与人的分立相结合的方式。新设立的日本乳业交流股份公司发行 4 900 001 股，配给日本雪印乳业股份公司 3 150 000 股，日本乳业网股份公司 1 股，全国农业直销股份公司的股东按 1∶5 的比例互换。

二、公司分立的程序以及效力

（1）程序：①公司分立需经股东会特别决议。②签订分立合同。③事前公开。④公司债权人异议程序。我国公司法在公司分立时，未规定债权人异议程序，原因在于分立公司承担连带责任。⑤登记。在吸收分立的情形下，在分立合同中约定的效力发生之日生效。新设合并在新设立的公司成立之日生效。⑥事后公开。

（2）分立的效力。公司分立与合并不同。公司分立后，持续存续，不因分立而解散。在吸收分立的情形下，承继公司的新股及其他财产交付于分立公司。在新设合并的情形下，成立新的公司，分立公司成为承继公司的股东或新设公司的股东。公司分立后，分立公司将得到的对价（承继公司或新设公司的股份）可以交付给分立公司的股东，可视为盈余分配。分立公司与承继公司或新设公司承担连带赔偿责任。

（3）分立合同。在吸收分立的情形下，分立合同的内容是：分立公司以及承继公司的商号以及住所；承继公司因分立承继的资产、债务、雇佣合同以及其他权利义务、承继的股份相关事宜、对价。新设分立的情形下还需包含新设公司的目的、商号、所在地、发行股份总数、章程、新设公司董事姓名、新设公司承继的资产、债务、雇佣合同以及其他权利义务等。

三、公司分立与债权人保护

与公司合并同样，分立时也应将分立的宗旨、商号以及地址、会计文书等公告于债权人。这是分立时的债权人保护措施。纵观国外规定，持有异议的债权人必须在 1 个月以内提出异议，对于异议债权人应偿还、提供担保、将偿还用财产供担保。但是，分立不影响债权人利益时，不需要采取这些措施。因此，我国公司法在公司分立时，未设债权人异议程序。另外，如果劳动债权未记载在分立合同中，劳动者可以提出异议。除此之外，已设定担保的企业不得分立。

四、分立无效之诉讼

分立程序存在瑕疵时，可提起分立无效诉讼。提起无效诉讼的原告是双方公司的股东、董事、监事、执行董事、清算人、破产财产管理人、不同意分立的债权人。提诉期间是分立生效之日起6个月以内。被告是双方公司。分立无效的判决具有对世性，对第三人也有效力，但是没有溯及力。专属管辖、提供担保等与其他诉讼雷同。

【专题理论探讨】股份交换与股份转移

股份交换、股份转移是成立控股公司的模式：某一股份公司根据股东大会的决议成为另一家股份公司的全资子公司的一种方式。成为母公司的公司如果是已存在的公司，则称之为股份交换。成为母公司的公司如果是新设的公司，就称之为股份转移。成立纯粹的母子公司，没有消灭的公司，有关公司的财产也不发生变化，只是股东变动而已。因此，与合并或公司分割不同，原则上法律不要求办理公司债权人异议手续、不需法院的检查。股份交换根据股份交换合同规定的股份交换之日产生效力，股份转移以新设立的母公司的设立登记之日为生效日。由此，对于各股东而言，公司的资产状态与股份交换、股份转移的条件非常重要。所以，公司法规定，股份交换合同的缔结或股份转移计划的制作需要股东大会的认可。基本程序为：签订股份交换合同或制作股份转移计划；事前公开；经由股东大会认可；登记；事后公开。关于股份转移以及股份交换，如设股份交换、股份转移无效诉讼，日本公司法规定：原告是股东、董事、监事、执行董事、清算人、破产财产管理人、债权人；提诉期限为效力发生之日起6个月内；被告是各当事者公司或新设公司。判决无效时，母公司应将取得的子公司的股份返还给子公司股东。但是，需要注意的是新设该制度时应配套引进双重代表诉讼制度。比如，日本兴业银行案就是其典型案例，其产生了根据股份转移原告资格发生变化时，是否应该认为其原告资格存续的问题。

该案的案情是：从 1988 年 2 月份开始兴业银行对在大阪经营料厅的尾上贷款 1000 亿日元以上，而尾上不具备偿还能力，银行在没有做信用调查的情况下将 1000 亿日元分批分次地贷给了尾上。在贷款时，尾上将其持有的相当于 312 亿日元的兴业银行债券作为担保，但是 1991 年 7 月，他提出将这一担保债券与他持有的东洋信用金库的定期存折（300 亿日元）更换，日后发现该存折是伪造的。但是到了 1991 年 8 月 5 日，尾上宣告破产并进入破产程序，尾上的财产由破产财产管理人来管理。兴业银行提起诉讼，向律师支付了 2 亿日元，并且在诉讼中败诉了，要向破产财产管理人支付 97 亿日元。对于兴业银行董事放贷审查不慎造成的损失，股东要求赔偿，于是对董事们提起了股东代表诉讼。提起股东代表诉讼期间，兴业银行、第一劝业银行、富士银行通过股份转移成立了瑞穗控股公司，公司的股东转为控股公司的股东，不是兴业银行的股东了，由此出现了诉讼中股东资格的变化，子公司的股东变为母公司的股东，但是《日本公司法》没有双重代表诉讼制度。因此，法院认为原告资格不符驳回了股东的诉讼请求。该案对立法是一个教训。之后，2005 年修改的《日本公司法》依然未引进双重代表诉讼，只是规定如果在案件审理过程中股东资格因企业重组出现变化时，该股东不失去原告资格。2012 年《日本公司法》修改纲要已明确要引进双重代表诉讼。

第七章

公司资本与财务

资本是公司法中最基本的概念之一，公司治理实质上也是资本制度的具体体现。中国公司法正是以资本信用为基础构建了自己的体系。[1] 在公司法制度的设计上，资本是公司成立的基本条件、是公司进行经营活动的基本物质条件、是公司承担财产责任的基本保障、是股东对公司债务承担责任的界限。

第一节　公司资本原则概述

公司资本（Capital），又称股本或股份资本，是公司成立时公司章程规定的由股东出资构成的财产总额。为保护股东和债权人利益，维护公司稳定和促进公司发展，各国公司法在长期的发展中，确立和形成了一系列基本的法律原则。

一、资本确定原则

资本确定原则，是指公司在设立时，必须在公司章程中对公司的资本总额作出明确规定，并须全部认足或募足，否则公司不

---

〔1〕　参见赵旭东主编：《公司法》（第2版），高等教育出版社2006年版，第215页。

能成立。公司成立后若发行股份，必须履行增资程序，经股东会决议并修改公司章程。

资本确定原则是关于公司资本形成的基本原则。按这一原则，公司资本既要确定，又须认足，这正是资本形成制度中法定资本制的内容，因此通常又把资本确定原则等同于或称之为法定资本制，实质上法定资本制是体现资本确定原则的资本形成制度。但是，公司法如果取消法定资本制，实施授权资本制，并不必然导致资本确定原则的取消。在授权资本制模式下，公司设立时明确设立时发行的股份以及设立之后可发行的股份即可，资本确定原则依然存在。

二、资本维持原则

资本维持原则，又称资本充实原则，是指公司在其存续过程中，应经常保持与其资本额相当的财产。资本维持原则的立法目的是防止资本的实质减少，保护债权人利益，同时也防止股东对盈利分配的不当要求，确保公司本身业务活动的正常开展。

资本维持原则贯穿整个公司资本制度，适用于公司全部存续期间的重要原则，直接或间接地体现在以下几方面：①股东退股禁止。公司成立后，股东不得抽回出资。②在面额股制度下不得折价发行股份。③限定非货币出资的条件。非货币出资财产价值的特殊性容易造成资本的虚假，因此公司法通常对非货币财产的出资作出限制性规定。④发起人和股东对出资承担连带认缴责任。其中包括股份未被全部认购时的认购担保责任、股款未被全部缴纳时的缴纳担保责任和实物出资过高估价时的差额填补责任。⑤按规定提取和使用公积金。公司公积金的作用除扩大再生产外，主要用于充实公司资本和弥补公司经营的亏损。我国2023年《公司法》第210条对此明确予以规定：没有盈利，不得分配利润。"无盈不分"是公司股利分配的基本规则，公司的盈利首先应用于弥补亏损，公司只有在盈利的状态下，才能向股东分配股利，否则等于以公司资本向股东分配。日本称这种无盈而分为"章鱼分红"，如同章鱼饿了吃自己的身体，属于违法分红。该条款既考虑到债权人利益，也考虑到股东利益，还考虑到国家的税收，非常经典地体现了资本维持原则。⑥限制公司收购本公司的股份。公司收购本公司的股份，等于股东退股，收回的股份等于未能发行，从而导致资本虚假。因此，我国 2023 年《公司法》第 162 条对此明确规定"原则禁止，例外允许"。如前所述，现已放宽限制。⑦不得接受以本公司股份提供的担保。此种担保的实现会导致公司取得自己的股份，与公司不得收购自己股份的规则相悖。

三、资本不变原则

资本不变原则，是指公司的资本一经确定，即不得随意变更，如需增减，必须严格按法定程序进行。由此可见，不得变更，并非资本绝对的不可改变，而是指资本不得随意增减，也不得随构成资本的具体资产价值的实际变化而增减。从某种意义上说，资本一经注册，就变成了纯粹的账面数字，成了一个静止不动的符号。资本不变原则的立法意图与资本维持原则是相同的，即防止资本总额的减少导致公司财产能力的降低和责任范围的缩小，以保护债权人利益。实质上，资本不变原则是资本维持原则的进一步要求，如果没有资本不变原则的限制，公司实有财产一旦减少，公司即可相应减少其资本额，那么资本维持原则也就失去了实际的意义。我国公司法的资本不变原则主要体现在对公司增减资本的严格规定上，公司法中对公司增减资本规定了严格的条件和程序，要求必须经股东会决议通过，并依法办理变更登记。而且，对于减少资本，公司法特别规定了债权人保护程序，即公司减少资本时，必须编制资产负债表及财产清单，向债权人发出通知，并于 30 日内在报纸上或者国家企业信用信息公示系统公告，债权人有权要求公司清偿债务或提供相应担保。

第二节　增加资本与减少资本

虽然公司法确立了资本确定、维持、不变三大原则，但公司资本并非绝对不变。实际上，随着公司经营活动的开展、业务范围和市场状况的变化，客观上也要求公司资本相应地增加或减少。公司增资通常具有下述目的和意义：

①筹集经营资金，开拓新的投资项目或投资领域，扩大现有经营规模。②保持现有运营资金，减少股东收益分配。③调整现有股东结构和持股比例，改变公司管理机构的构成。④公司吸收合并。⑤增强公司实力，提高公司信用。

一、增资与股东利益的均衡

公司增资，会导致股权的稀释和股权结构的调整，并直接影响现有股东利益，因此公司法规定了股东优先认购权。公司法规定认缴制后，股东的持股比例按其认缴出资计算。股东认缴但未实际缴纳出资的，一些权利会受到影响，例如利润分配请求权、优先认缴增资权利等。2023 年《公司法》第 227 条规定的股东优先认缴权是指在实缴的出资范围内享有的优先认缴权。在法律程序上，公司增资必须经代表三分之二以上表决权的股东通过。违反增资程序，会导致公司增资的无效或被撤销。

关于增资，出现了对赌协议无效-增资协议无效的案例，从甘肃省世恒案开始在我国理论界与实务界备受瞩目。根据最高人民法院的判决，股东之间的约定为有效，涉及公司资本与债权人利益的部分为无效。此外，我国陆续出台了相应的裁判规则。即：①最高人民法院（2010）民二终字第 104 号民事判决书（深圳市汇润投资有限公司与隆鑫控股有限公司欠款、担保合同纠纷案），确立了公司增资扩股后，因有新的出资注入公司，虽然原公司股东的持股比例发生变化，但其对应的公司资产价值并不减少。因此，对于原以公司部分股权设定质权的权利人而言，公司增资扩股后其对相应缩减股权比例享有优先受偿权，与其当初设定质权时对原出资对应的股权比例享有优先受偿权相比，实质权利并无变化，不存在因增资扩股损害质权人合法权利的可能。②增资扩股不同于股权转让。最高人民法院（2010）民申字第1275号民事裁定书（贵州捷安投资有限公司与贵阳黔峰生物制品有限责任公司等新增资本认购纠纷申请再审案）指出，增资扩股不同于股权转让，两者明显的区别在于公司注册资本是否发生变化。增资扩股与股权转让资金的受让方是截然不同的。增资扩股中的资金受让方为标的公司，而非该公司的股东，资金性质为标的公司的资本金。股权转让中的资金由被转让股权公司的股东受领，资金性质属于股权转让对价。

二、减少资本

（一）减资的目的和意义

根据资本不变原则，公司的资本不得随意减少，但并非绝对不可改变，而是可以通过法定的程序减资。减资的目的和意义在于：①缩小经营规模，或停止经营项目。②减少资本过剩，提高财产效用。③实现股利分配，保证股东利益。④缩小资本与净资产差距，真实反映公司资本信用状况。⑤公司分立。在派生分立或分拆分立的情况下，原公司的主体地位不变，但资产减少，也会要求资本的相应减少。⑥2023年《公司法》规定了简易减资制度。

（二）减资条件和程序

资本的减少，直接涉及股东的股权利益，同时也可能在实际上减少公司的资产，缩小公司的责任范围，因而直接影响到公司债权人的利益，为此法律规定了比增加资本更为严格的法律程序。根据我国 2023 年《公司法》第 224 条和其他有关规定，公司减资的条件和程序如下：

（1）股东会作出减资决议，并相应地对公司章程进行修改。有限公司作出减资决议，必须经代表三分之二以上表决权的股东通过。同时，公司减资后的注册资本不得低于法定的最低限额。

（2）公司应当编制资产负债表及财产清单。

（3）通知债权人和对外公告。公司应当自股东会作出减资决议之日起 10 日内通知债权人，并于 30 日内在报纸上或者国家企业信用信息公示系统公告。

（4）债务清偿或担保。债权人自接到通知之日起 30 日内，未接到通知的自公告之日起 45 日内，有权要求公司清偿债务或者提供相应的担保。

（5）办理减资登记手续。资本是公司注册登记的主要事项之一，公司成立之时其资本总额已登记注册，减少资本会引起主要登记注册事项的变更，因而须办理减资登记手续，并自登记之日起减资生效。毋庸置疑，减资程序中必须要保护债权人利益。最高人民法院公报 2017 年第 11 期公报案例——上海德力西集团有限公司诉江苏博恩世通高科有限公司、冯某、上海博恩世通光电股份有限公司买卖合同纠纷案的判决中指出，①公司减资时对已知或应知的债权人应履行通知义务，不能在未先行通知的情况下直接以登报公告形式代替通知义务。②公司减资时未依法履行通知已知或应知的债权人的义务，公司股东不能证明其在减资过程中对怠于通知的行为无过错的，当公司减资后不能偿付减资前的债务时，公司股东应就该债务对债权人承担补充赔偿责任。

第三节　公司财务会计概念

一、公司法财务会计制度

我国 2023 年《公司法》第 207 条规定："公司应当依照法律、行政法规和国务院财政部门的规定建立本公司的财务、会计制度。"这一规定确立了基本规则，具体内容包括：①财务会计报告。2023 年《公司法》第 208 条规定了公司应当在每一会计年度终了时编制财务会计报告，第 209 条规定了送交股东、置备以及公告规则。同时 2023 年《公司法》第 57 条还规定了股东查阅权。②公积金。2023 年《公司法》第 210～214 条规定了公积金的提取、构成、用途以及转增资本的规则。③股利分配。2023 年《公司法》第 210 条规定了股利分配的基本规则。④外部审计。2023 年《公司法》第 208 条第 1 款以及第 215、216 条规定了公司财务会计的外部审计制度。关于公司内部审计，《公司法》第 78 条第 1 项规定了监事会具有检查公司财务的职权。此外第 79 条第 2 款还规定了可聘请会计师事务所协助调查的权利。⑤会计账簿。2023 年《公司法》第 217 条规定，公司除法定的会计账簿外，不得另立会计账簿。对公司资产，不得以任何个人名义开立账户存储。

二、财务会计报告

（一）资产负债表

资产负债表（balance sheet），是根据"资产－负债＋所有者权益"这一基本平衡公式，将公司在某一特定日期的资产、负债和所有者权益（又称股东权益）分类分项列示编制而成的报表。资产负债表反映公司在某一特定日期的静态财务状况，学理上称为静态会计报表。

资产负债表的编制方式很多，表中所包含的科目繁简也各不相同，但都遵循"资产 - 负债 + 所有者权益"的公式。由于资产负债表的左栏和右栏各自的金额总数始终是平衡的，所以又叫资金平衡表。

（二）利润表

利润表（statement of profit），也称损益表，是反映公司在一定会计期间经营成果的报表。此处的利润，就是指企业在一定会计期间的经营成果。利润表根据"收入 - 费用 = 利润"这一公式制作，按照各项收入、费用以及构成利润的各个项目分类分项列示。借此，利润表展示公司的盈亏账目，凸显了公司利润（或亏损）实现的过程，体现公司在一定时期的动态的业务经营状况，因此又被称为"动态的会计报表"。

利润表是重要的会计报表。国际会计准则委员会《财务报表应提供的资料》要求利润表反映以下内容：营业收入、投资收益、利息收入、利息费用、所得税、非常支出、非常收益、公司间的重要交易、净收益等。会计实务中，利润表中还包含利润分配的内容。在国外，利润表通常将利润计算与利润分配合二为一，将其称为利润与利润分配表（statement of profit and profit appropriation）。

（三）现金流量表

现金流量表（statement of cash flow），财务状况变动表的取代者，是反映公司一定会计期间现金和现金等价物（以下合称"现金"）流入和流出的报表。它以现金为基础反映公司的经营活动、投资活动和融资活动，以及公司内部现金的周转情况，比以营运资金为基础的财务状况变动表更能直接、迅速地反映公司经营状况的好坏。这一变换也表明公司对"现金"的特别关注。

现金流量表中的现金流量分为三类，即经营活动产生的现金流量、投资活动产生的现金流量、筹资活动产生的现金流量。编制现金流量表的目的，是向会计报表使用者提供公司一定会计期间内现金流入和流出的信息，以便于报表使用者了解、评价公司获取现金的能力，据此预测企业未来现金流量及短期的偿债能力。

（四）财务情况说明书

财务情况说明书，是对公司资产负债表、损益表、现金流量表和其他会计报表所列示的资料，以及未能列示的但对公司财务状况有重大影响的其他重要事项所作的文字说明。财务情况说明书是我国独有的会计报表内容，有助于报表的使用者进一步详细了解公司财务状况、经营成果及会计政策。与其他财务会计报告文件不同的是，财务情况说明书主要是文字说明，必要时才附以图表，也没有固定格式。按照《企业财务会计报告条例》第15条，其基本内容包括：企业生产经营的基本情况；利润实现和分配情况；资金增减和周转情况；对企业财务状况、经营成果和现金流量有重大影响的其他事项。

（五）利润分配表

利润分配表（statement of profit appropriation），是反映公司一定会计期间对净利润以及以前年度未分配利润的分配或者亏损弥补的报表，是利润表的附属明细表，在国外通常将二者合二为一。利润分配表所显示的利润总额分配走向分为四个层次：应交所得税；当年税后利润；可供股东分配的利润；公司累计尚未分配的利润。通过利润表、利润分配表，使用者可以分析出公司的盈利能力、股东投资的回报情况，从而为股东或潜在投资者提供投资决策依据。

（六）合并财务报表

合并财务报表是集团公司中的母公司编制的报表，它将其子公司的会计报表汇总后，抵消关联交易部分，站在整个集团角度上得出的报表数据。也可以说，是以母公司及其子公司为会计主体，以控股公司和其子公司单独编制的个别财务报表为基础，由控股公司编制的反映抵消集团内部往来账项后的集团合并财务状况和经营成果的财务报表。合并财务报表包括合并资产负债表、合并损益表、合并现金流量表或合并财务状况变动表等。《企业会计准则第 33 号——合并财务报表》自 2014 年 7 月 1 日起施行。

（七）公积金

公积金（reserve），是指公司根据法律、章程的规定，从公司盈余和其他收入中提取的，用于弥补公司亏损或扩大公司生产经营规模的储备资金。以来源为标准，公积金可以分为盈余公积金和资本公积金。

1. 盈余公积金

盈余公积金，是从公司盈余中提取的累积资金。根据提取方式的不同，盈余公积金又区分为法定盈余公积金和任意盈余公积金。

（1）法定盈余公积金。基于法律规定而强行提取的公积金。我国 2023 年《公司法》第 210 条第 1 款规定，公司分配当年税后利润时，应当提取利润的 10% 列入公司法定公积金。公司法定公积金累计额为公司注册资本的 50% 以上的，可以不再提取。

（2）任意盈余公积金。公司根据公司章程规定或者股东会决议而特别储备的公积金。我国《公司法》第 210 条第 3 款规定，公司从税后利润中提取法定公积金后，经股东会决议，还可以从税后利润中提取任意公积金。任意公积金提取与否由公司自治，但一经确定，除非变更公司章程或股东会决议，不得随意改变。

（3）股利分配的方式。第一，股利分配基本原则为：同股同利、优股优先；无盈不分；自有股份不参与分配；按股分红。我国 2023 年《公司法》第 227 条、第 210 条第 4 款规定，有限责任公司按照股东"实缴的出资比例"分红，股份有限公司按照股东"持有的股份比例"分红。但考虑到充分尊重股东自治,上述条款都有但书规定,有限责任公司可以根据全体股东的约定不按出资比例分红,股份有限公司可以根据章程规定不按持股比例分红。股利的分配方式有:现金股利;财产股利;债券股利;股票股利(share/stock dividend)。我国《公司法》对股利分配的方式未作明确规定。《上市公司章程指引》第153条规定,公司可以采取现金或者股票方式分配利润,故上市公司只能采取现金股利和派送股票两种方式。至于非上市公司,可以自主决定股利分配方式。第二,股东利润分配之诉。我国《公司法司法解释四》规定了"股东利润分配诉讼",并且同时设置了具体股利分配之诉和抽象股利分配之诉两种诉讼类型。具体股利分配之诉是股东以载明了具体分配方案的股东会决议为依据,请求公司分配利润的诉讼。同时《公司法司法解释四》也直接承认了公司可以提出拒绝分配利润且其关于无法执行决议的抗辩理由,一旦该理由成立,法院也不会支持股东的利润分配请求。抽象股利分配之诉的情形之中,并不是以利润分配决议的存在为前提,而是应当满足如下要件:①公司具有税后可分配利润;②控股股东违反法律规定滥用股东权利导致公司不分配利润;③给其他股东造成损失。但是,"滥用股东权利"与"造成股东损失"于司法实践中如何具体认定?这在现行实证法之中,均付之阙如。对此,最高人民法院的贺小荣和曾宏伟法官在《〈关于适用《中华人民共和国公司法》若干问题的规定(四)〉的理解与适用》一文中写道:"从司法实践来看,股东控制公司从事下列行为之一的,可以认定为滥用股东权利:给在公司任职的股东或者其指派的人发放与公司规模、营业业绩、同行业薪酬水平明显不符的过高薪酬,变相给该股东分配利润的;购买与经营不相关的服务或者财产供股东消费或者使用,变相给该股东分配利润的;为了不分配利润隐瞒或者转移公司利润的。应当强调的是,《解释》没有对此类案件的裁判方式作出规定，主要是因为具体裁判取决于原告的诉请及案件的实际情况，难以作出统一规定。但总体上，人民法院在审理此类案件时，应当尽可能穷尽公司内部的救济途径，积极行使释明权，尽量促使公司作出分配利润的决议。"

2. 资本公积金

资本公积金，是指依照法律规定将特定的公司收入项目列入资本公积金账户的积累资金。资本公积金与盈余公积金的最大区别是，资本公积金的来源与公司盈余无关，只要公司收入中出现法定的项目，就应提取。我国2023年《公司法》第213条规定，公司以超过股票票面金额的发行价格发行股份所得的溢价款、发行无面额股所得股款未计入注册资本的金额以及国务院财政部门规定列入资本公积金的其他项目，应当列为公司资本公积金。据此，资本来源于两个方面：股份公司溢价发行股份所得的溢价款（premium）；国务院财政部门规定的其他收入。此处的"其他收入"，主要包括：有限公司股东的出资溢价；处置公司资产所得；资产重估增值；接受捐赠；股份公司发行新股时冻结申购资金期间的利息；投资准备等。资本公积金起着巩固公司财产基础、防范公司经营风险、加强公司信用、维持资本完整等作用，不仅有利于企业自身的持续发展，也有利于债权人利益的保护。关于资本公积金可否弥补亏损的探讨，可参考北京大学刘燕教授的论文，在我国郑百文公司重整案例中曾经通过债务重组的方式用资本公积金弥补了亏损。日本在泡沫经济时代股份的溢价流入资本公积金，资本公积金积累得很充实，但因为公司法规定不得弥补亏损，因而公司在缺乏资金的情况下无法使用。而且，股价无法居高，导致投资者不投资，资本市场失去筹资的功能。因而，企业界人士积极推动议员立法，原因是正常的法制审议会的立法启动程序，审议程序漫长，无法应对资本市场的危机。其中措施包括，通过五年时限立法的形式制定了特别法——《股份注销特例法》。该法规定根据董事会决议可任意注销，并肯定了以减资差以及土地所包含的利益进行分配，这之前是不允许的。这些措施成为其后资本、资本公积金制度大幅瓦解的前奏。这一时期制定的一系列的时限立法内容，作为永久的制度被引进公司法中。日本商法学者上村达男指出，推动这一修改的是美国派的金融理论以及法和经济学所强调的任意法规论，他强烈批判了这一理论并指出，用资本公积金弥补亏损的行为，如同拆自家房屋。2023 年《公司法》规定了资本公积金可弥补亏损，突破了资本公积金保护债权人利益的理念。

第
八
章

公司解散与清算

第一节　公司解散

公司解散的原因，按照是否出于公司股东的意愿，分为任意解散（自愿解散）与强制解散（非任意解散）两大类。

一、任意解散

任意解散（voluntary dissolution），是指基于公司自己的意思而解散公司。相对于强制解散，这种解散取决于公司的意志，与外在意志无关，是一种自愿行为。当然，任意解散的程序并不任意，仍需依法定程序进行。任意解散的具体情形有二：

（一）章程规定的事由发生

2023 年《公司法》第 229 条第 1 款第 1 项规定，"公司章程规定的营业期限届满或者公司章程规定的其他解散事由出现"属于解散公司的事由之一。但是，这些事由出现并不一定要解散，通过修改章程可以延期或避免事由的发生。

（二）股东会决议

《公司法》第 229 条第 1 款第 2 项规定，"股东会决议解散"

是解散公司的事由之一。在公司经营中如发现原来的章程等议事规则已经不能适应经济形势的变化，阻碍公司的发展时，应召集股东会议研究、商讨如何走出困境。因为事关重大，所以由股东会决议是存续还是终止，并适用特别决议的表决规则（《公司法》第 66 条、第 116 条）。一人公司的解散由单个股东决定（《公司法》第 60 条）。国有独资公司不设股东会，其解散应当由履行出资人职责的机构决定（《公司法》第 172 条）。

二、强制解散

强制解散（compulsory dissolution），是指非由于公司自己的意志，而是基于法律规定、行政机关命令或司法机关命令、裁判而解散公司的情形。强制解散又分为如下三种情形：

（一）法定解散

法定解散（statutory dissolution），是指发生了法律规定的解散事由而解散公司。关于合并与分立，《公司法》第 229 条第 1 款第 3 项规定，"因公司合并或者分立需要解散"属于解散事由之一。具体而言，合并肯定会涉及公司解散：在吸收合并中，被吸收的公司解散；在新设合并中，合并各方解散。而在公司分立中，只有解散分立才发生被分立的公司解散；存续分立的存续公司和分立公司均不解散。

（二）行政解散

行政解散（administrative dissoltltion），是指因公司违反法律而由行政主管机关作出的行政处罚决定导致公司解散。《公司法》第 229 条第 1 款第 4 项规定，"依法被吊销营业执照、责令关闭或者被撤销"属于解散事由之一，此即一种行政解散。行政解散的立法依据在于，为了维护社会经济秩序，公司经营严重违反工商、税收、市场、环境保护等法律的，行政主管机关可以作出终止其主体资格、永远禁入市场经营的行政处罚。公司对这些行政处罚不服的，可以寻求行政复议、行政诉讼等救济途径。这些行政处罚一经生效，公司即被解散。

（三）司法解散

司法解散，是指法院依职权或者依检察官、利害关系人之请求，发布命令或者作出裁判解散公司。司法解散包括命令解散和裁判解散。我国公司法没有规定司法解散命令，但是 2005 年《公司法》规定了司法裁判解散（judicial dissolution），即指公司经营管理发生严重困难，继续存续会使股东利益受到重大损失，通过其他途径不能解决时，法院根据股东的请求而强制解散公司。裁判解散的宗旨主要是保护少数股东利益。

我国《公司法》第 229 条第 1 款第 5 项规定司法裁判解散是解散事由之一，第 231 条规定："公司经营管理发生严重困难，继续存续会使股东利益受到重大损失，通过其他途径不能解决的，持有公司 10% 以上表决权的股东，可以请求人民法院解散公司。"股东申请解散公司的意旨，主要是解决公司僵局或者股东间的欺压或者公司资产浪费等问题。允许股东主动申请解散公司的实质，是为少数股东提供一种退出公司（尤其在封闭公司）机制和利益保护机制。

公司僵局（corporate deadlock），是指在公司存续期间发生严重内部矛盾，导致公司无法正常运作，治理机构瘫痪，继续存续会使股东利益受到重大损失的事实状态。实践中，公司僵局发生的主要情形包括股东会僵局和董事会僵局：前者指需要股东会决策时，股东间的严重分歧对立致使决议无法通过而形成的公司僵局，如不能选出继任董事会；后者指需要董事会决策时，董事间的严重分歧对立致使决议无法通过而形成的公司僵局，如不能作出公司经营决策方案，不能选聘总经理。公司僵局多发生于封闭公司，公众公司也偶有出现。从某种意义上说，公司僵局是现代公司制度安排下不可避免的现象。公司作为资本企业，其经营管理贯彻"资本多数决原则"，但其具体运作又需要股东、管理层相互之间的信任与合作。但股东、管理层相互之间的利益冲突客观存在，当矛盾不可调和时，公司僵局的发生不可避免。虽然法律以及公司章程可以设立一些"防患于未然"的措施来预防公司僵局的产生，但仍不足以杜绝其发生。因此，法院给予事后救济不仅必要，而且重要。我国《公司法》也规定了回购股份制度，这种制度也可以用来解决公司僵局。当然，如果这些替代措施不能适用或者适用后仍不足以解决公司僵局、股东欺压与争执的，还需适用司法裁判解散公司。

三、司法解散公司之诉

（一）适用要件

（1）我国 2023 年《公司法》第 231 条规定的适用要件是：公司经营管理发生严重困难。为了增强司法可操作性，《最高人民法院关于适用（中华人民共和国公司法）若干问题的规定（二）》（以下简称《公司法司法解释二》）第 1 条明确列举了四种适用情形：①公司持续两年以上无法召开股东会或者股东大会，公司经营管理发生严重困难的；②股东表决时无法达到法定或者公司章程规定的比例，持续两年以上不能作出有效的股东会或者股东大会决议，公司经营管理发生严重困难的；③公司董事长期冲突，且无法通过股东会或者股东大会解决，公司经营管理发生严重困难的；④经营管理发生其他严重困难，公司继续存续会使股东利益受到重大损失的。该条同时明确规定，"股东以知情权、利润分配请求权等权益受到损害，或者公司亏损、财产不足以偿还全部债务，以及公司被吊销企业法人营业执照未进行清算等为由，提起解散公司诉讼的，人民法院不予受理"。

（2）通过其他途径不能解决。此处的"其他途径"，是指通过修改章程、股权转让、公司股份回购、调解方式调整公司股东股权结构、满足中小股东的正当权利要求等时适用司法程序。

（3）单独或合计持有公司 10% 以上表决权的股东向法院起诉。

关于经营管理发生严重困难，在最高人民法院指导案例 8 号——林某清诉常熟市凯莱实业有限公司、戴某明公司解散纠纷案中，一审法院与二审法院观点截然不同。该案中，一审法院认为：首先，该案两股东各持有 50% 的股权，虽然两股东陷入僵局，但常熟市凯莱实业有限公司目前经营状况良好，不存在公司经营管理发生严重困难的情形。如果仅仅因为股东之间存在矛盾而使公司从业人员失去工作、几百名经营户无法继续经营，既不符合 2005 年《公司法》第 183 条（2023 年《公司法》第 231 条）的立法本意，也不利于维护任何一方股东的权益。其次，股东之间的僵局可以通过多种途径来破解。公司法在维护股东权利方面有着明确而具体的规定，若林某清认为其股东权利受损，可依法进行救济。最后，原告林某清可以要求另外一个股东戴某明或常熟市凯莱实业有限公司收购林某清的股份，以合理的价格转让股份，既能打破僵局救济股东权利，又能保持公司的存续。基于以上裁判理由一审法院驳回了原告要求解散公司的诉讼请求。二审法院认为：公司虽处于盈利状态，但其股东会机制长期失灵，内部管理有严重障碍，已陷入僵局状态，可以认定为公司经营管理发生严重困难。常熟市凯莱实业有限公司已持续 4 年未召开股东会，无法形成有效股东会决议，也就无法通过股东会决议的方式管理公司，股东会机制已经失灵。执行董事戴某明作为互有矛盾的两名股东之一，其管理公司的行为，已无法贯彻股东会的决议。林某清作为公司监事不能正常行使监事职权，无法发挥监督作用。由于常熟市凯莱实业有限公司的内部机制已无法正常运行、无法对公司的经营作出决策，即使尚未处于亏损状况，也不能改变该公司的经营管理已发生严重困难的事实。对此学界有不同的意见。

赞同意见：蒋大兴认为[1]其准确地揭示了"公司经营管理发生严重困难"的实质乃在于管理困难，而非经营困难。判决既有利于理解"'好公司'为什么也会被解散"这一中外共同的裁判立场，也有利于引导人们认同解散之诉解决的真正问题是封闭型公司的人合性治理障碍。蒋大兴建议将 2005 年《公司法》第 183条的"经营管理发生严重困难"修改为"公司管理发生困难"，去除"经营"的字样，从而排除"经营是有关公司绩效"的判断，将"股东压制"纳入"管理困难"范围之内。

反对意见：耿利航认为[2]此举取消了"经营困难"的限制性条件，无异于赋予异议股东无理由甚至恶意退出公司的权利，从而极大影响公司持续稳健地运行。法院是否判决解散与公司能否存续无关。中国法院过分夸大了公司解散的不利后果，忽略了这样的可能事实：即使法院宽松解释和适用 2005 年《公司法》第 183 条，事实上也不会导致大量的企业走向解散。因为对于一个存在继续经营理由的公司，公司的盈利前景会导致存在一个股份交易的市场。此时就是法院决定判决公司解散，诉讼的最终结果也经常是在法院作出解散判决前，公司或其他股东将异议股东的股份全部买下。而如果公司已经没有继续运营的价值，此时就是法院不愿意判决解散，多数公司后来也会被解散，因为公司的继续运营已经不符合任何股东的意愿。

（二）管辖

《公司法司法解释二》第 24 条规定，解散公司诉讼案件和公司清算案件由公司住所地人民法院管辖。公司住所地是指公司主

---

〔1〕 蒋大兴：《"好公司"为什么要判决解散——最高人民法院指导案例 8 号评析》，载《北大法律评论》2014 年第 1 期。

〔2〕 参见耿利航：《有限责任公司股东困境和司法解散制度——美国法的经验和对中国的启示》，载《政法论坛》2010 年第 5 期。

要办事机构所在地。公司办事机构不明确的，由其注册地人民法院管辖。基层人民法院管辖县、县级市或者区的公司登记机关核准登记公司的解散诉讼案件和公司清算案件；中级人民法院管辖地区、地级市以上的公司登记机关核准登记公司的解散诉讼案件和公司清算案件。

（三）当事人

（1）原告与第三人。单独或者合计持有公司10%以上的表决权的股东均可提起诉讼，没有持股时间的要求。原告一经起诉应当告知其他股东，或由法院通知其参加诉讼。

（2）被告。《公司法司法解释二》第4条规定，股东提起解散公司诉讼应当以公司为被告；原告以其他股东为被告一并提起诉讼的，人民法院应当告知原告将其他股东变更为第三人；原告坚持不予变更的，人民法院应驳回原告对其他股东的起诉。

（四）调解

《公司法司法解释二》第5条规定，人民法院审理解散公司诉讼案件，应当注重调解。当事人协商同意由公司或者股东收购股份，或者以减资等方式使公司存续，且不违反法律、行政法规强制性规定的，人民法院应予支持。当事人不能协商一致使公司存续的，人民法院应当及时判决。之所以注重调解，目的仍在于严格限制司法裁判公司解散的适用。此外，经人民法院调解公司收购原告股份的，公司应当自调解书生效之日起6个月内将股份转让或者注销。股份转让或者注销之前，原告不得以公司收购其股份为由对抗公司债权人。

（五）判决效力

（1）对世效力。《公司法司法解释二》第6条规定，人民法院关于解散公司诉讼作出的判决，对公司全体股东具有法律约束力。人民法院判决驳回解散公司诉讼请求后，提起该诉讼的股东或者其他股东又以同一事实和理由提起解散公司诉讼的，人民法院不予受理。

（2）与清算的关系。《公司法司法解释二》第 2 条规定，股东提起解散公司诉讼，同时又申请人民法院对公司进行清算的，人民法院对其提出的清算申请不予受理。人民法院可以告知原告，在人民法院判决解散公司后，依法进行清算。根据 2023 年《公司法》第 233 条的规定，首先适用普通清算程序，由公司自行组织清算，唯有在公司逾期不成立清算组进行清算或者成立清算组后不清算的，方可适用特别清算程序申请法院进行强制清算。

第二节　公司清算

一、清算的概念与方式

（一）概念

公司清算（liquidation winding up），是指公司解散或被宣告破产后，依照一定程序了结公司事务，清理公司债权债务，处分公司剩余财产，并最终使公司终止的法律行为和程序。清算方式包括解散清算和破产清算。针对我国公司清算方面存在的诸多问题，最高人民法院出台了《公司法司法解释二》，又专门召开座谈会，形成了《最高人民法院关于审理公司强制清算案件工作座谈会纪要》。以这两份法律文件为基础，我国初步建立了公司强制清算程序。强制清算程序的出现，为法院解决实践中的公司清算问题提供了依据，但是关于清算程序的规定还是比较简单，未能形成体系完整，逻辑严谨的法律制度，仍需进一步完善和改进。

（二）解散清算的方式

公司解散清算分为任意清算与法定清算两种情形。

1. 任意清算

任意清算，是指公司依照公司章程或者股东会决议进行的清算。换言之，任意清算可以不按照法律规定的方式和程序进行，所以具有"任意性"。任意清算只适用于无限公司、两合公司等人合公司，其间的法理依据在于，这些公司的全体或者部分股东承担无限连带责任，所以法律无须担心任意清算会损害债权人利益。当然，如股东同意，人合公司亦可选择法定清算方式。我国不存在人合公司，自然不适用任意清算。

2. 法定清算

法定清算，是指按照法律规定的方式和程序进行的清算。法定清算适用于任何公司，但资合公司只能实行法定清算。我国台湾地区和日本按照清算组的组织方式的不同，将适用于股份公司的法定清算又进一步分为普通清算和特别清算。

（1）普通清算。普通清算（general liquidation），是由公司自行组织清算组进行的法定清算。公司自行组织清算组依法清算，国家不直接干预其清算事务，仅实行一般监督。此种清算兼顾了股东和公司债权人的利益。我国 2023 年《公司法》第 232 条第 1、2 款规定，公司因本法第 229 条第 1 款第 1 项、第 2 项、第 4 项、第 5 项规定而解散的，应当清算。董事为公司清算义务人，应当在解散事由出现之日起 15 日内组成清算组进行清算。清算组由董事组成，但是公司章程另有规定或者股东会决议另选他人的除外。可见，我国公司法上的普通清算对于自愿解散和强制解散两种情况都可以适用。

（2）特别清算。特别清算（special liquidation），在国外公司法上，是指股份公司因某些特殊事由解散后，或者被宣告破产后，或者在普通清算发生显著障碍无法继续时，由行政机关或者法院介入而进行的法定清算。日本公司法中设立特别清算制度，是因为"股份公司制度复杂，关于存续中的股份公司的更生（重整）等于重新创设了公司整顿制度，破产的结果导致公司解散，但是对所有破产的情况均适用破产法并不是上策，所以创设了由法院监督的特别清算制度"。[1] 因此，日本的特别清算制度，也可以被看作是破产的预防性措施。我国台湾地区仿照日本立法例设立特别清算制度，是为了加强不正清算的处理。我国现行公司法及其司法解释均没有规定特别清算制度。但是在公司法颁布之前，有关处理外商投资企业的清算问题的行政法规和地方性法规中，出现了"特别清算"的有关规定。

20世纪90年代，广东、上海、北京、青岛等地方相继出台了规范外商投资企业清算的地方性法规。这些地方性法规专门针对外资企业的清算问题，基本都规定了"特别清算"制度。1993年北京出台的《北京市外商投资企业清算条例》（已失效）第8条第2款中就规定，"企业在清算过程中发现资产不能够抵偿债务，应当立即报告审批机构并通告债权人。债权人或者企业向人民法院申请破产还债，人民法院裁定宣告进入破产还债程序的，原清算程序终止；不进行破产还债的，转入本条例规定的特别清算程序"。

在这些地方性法规的基础上，原对外经济贸易部于1996年7月9日发布了《外商投资企业清算办法》（已失效）。其第三章专门规定了特别清算，即第35、36条规定："企业审批机关批准特别清算之日或者企业被依法责令关闭之日，为特别清算开始之日。""企业进行特别清算，由企业审批机关或其委托的部门组织中外投资者、有关机关的代表和有关专业人员成立清算委员会。"从这些规定中可以发现，这里的"特别清算"，是指由企业主管机关批准和组织的特殊的清算制度。《公司法司法解释二》第7条第2款进一步规定了类似适用特别清算的情形：①公司解散逾

---

〔1〕 参见陈景善：《浅析日本特别清算制度的适用程序》，提交于2010年第二届中日韩破产法研讨会。

期不成立清算组进行清算的；②虽然成立清算组但故意拖延清算的；③违法清算可能严重损害债权人或者股东利益的。而且，在上述三种情形下，不仅债权人可以提起清算申请，在债权人未提起的情形下，股东也可以提起特别清算申请。这一规定对于保护少数股东利益具有积极意义。

可见，我国公司法上的特别清算与普通清算的区别在于：后者是由公司自行组织的，前者是由公权力机关介入和债权人介入的，即在法院的组织、监督下，债权人或者少数股东积极参与，并引进破产清算规则，主要目的在于保障债权人公平受偿。在性质上，特别清算是介于普通清算和破产清算之间的一种"中间制度"，是结合了普通清算与破产清算的若干特点的混合物。

二、清算组

（一）概念

清算组，又称清算人（receiver）、清盘官、清算组织、清算机构、清算机关、清算委员会，是指清算事务的执行人，具体职责是对内执行清算事务，对外代表清算中公司。

（二）组成

2023 年《公司法》第 232 条的规定表明，除公司章程另有规定或者股东会决议另选他人外，董事是公司清算的义务主体，履行清算职责。如果怠于履行清算职责，由此给相关利益主体如债权人造成损失的，应当承担相应的法律责任。

我国公司法使用"清算组"这一概念，也并不表明法律要求清算组必须由 2 人以上组成。清算组的法律地位，是指清算组与清算中公司的关系。从总体上说，清算组是清算中公司的法人机关，在清算期内对内执行清算事务，对外代表清算中公司，其法律地位相当于公司正常营业期间的董事会、经理。《公司法司法解释二》第 10 条第 1 款规定，"公司依法清算结束并办理注销登记前，有关公司的民事诉讼，应当以公司的名义进行"。

《公司法司法解释二》第 10 条第 2 款规定，"公司成立清算组的，由清算组负责人代表公司参加诉讼；尚未成立清算组的，由原法定代表人代表公司参加诉讼"。清算组负责人一般由清算组会议决定产生。

2023 年《公司法》第 234 条规定，清算组的具体职权为：①清理公司财产，分别编制资产负债表和财产清单；②通知、公告债权人；③处理与清算有关的公司未了结的业务；④清缴所欠税款以及清算过程中产生的税款；⑤清理债权、债务；⑥分配公司清偿债务后的剩余财产；⑦代表公司参与民事诉讼活动。

2023 年《公司法》第 238 条概括规定：清算组成员履行清算职责，负有忠实义务和勤勉义务。清算组成员怠于履行清算职责，给公司造成损失的，应当承担赔偿责任；因故意或者重大过失给债权人造成损失的，应当承担赔偿责任。《公司法司法解释二》对清算组成员的违信责任进行了体系化的规定。其第 11 条第 2 款规定，清算组未按照前款规定履行通知和公告义务，导致债权人未及时申报债权而未获清偿，债权人主张清算组成员对因此造成的损失承担赔偿责任的，人民法院应依法予以支持。

其第 15 条第 2 款规定，执行未经确认的清算方案给公司或者债权人造成损失，公司、股东、董事、公司其他利害关系人或者债权人主张清算组成员承担赔偿责任的，人民法院应依法予以支持。

其第 23 条规定，清算组成员从事清算事务时，违反法律、行政法规或者公司章程给公司或者债权人造成损失，公司或者债权人主张其承担赔偿责任的，人民法院应依法予以支持。公司怠于起诉追究该赔偿责任的，股东可以提起代表诉讼；公司已经清算完毕注销的，股东可以直接以清算组成员为被告、其他股东为第三人向人民法院提起代表诉讼。

三、清算程序

（一）一般程序

根据《公司法》《公司法司法解释二》有关规定，解散清算程序大致如下：

1. 清算开始

清算组成立之日即为清算开始之日。在国外公司法上，清算组选任后应当进行登记，我国法律无此要求。清算开始后，公司便负有相应的义务，如不得开展与清算无关的经营活动。

2. 债权申报与登记

我国《公司法》第 235 条以及《公司法司法解释二》第 11 条规定，清算组应当自成立之日起 10 日内将公司解散清算事宜书面通知全体已知债权人，并于 60 日内在报纸上或者国家企业信用信息公示系统进行公告。清算组未按照前款规定履行通知和公告义务，导致债权人未及时申报债权而未获清偿，债权人主张清算组成员对因此造成的损失承担赔偿责任的，人民法院应依法予以支持。

债权人应当自接到通知之日起 30 日内，未接到通知的自公告之日起 45 日内，向清算组申报其债权。债权人申报其债权，应当说明债权的有关事项，并提供证明材料。清算组应当对债权进行登记。在申报债权期间，清算组不得对债权人进行个别清偿。

《公司法司法解释二》第 12 条规定，公司清算时，债权人对清算组核定的债权有异议的，可以要求清算组重新核定。清算组不予重新核定，或者债权人对重新核定的债权仍有异议，债权人以公司为被告向人民法院提起诉讼请求确认的，人民法院应予受理。第 13 条第 1 款规定，债权人在规定的期限内未申报债权，在公司清算程序终结前补充申报的，清算组应予登记。第 14 条规定，债权人补充申报的债权，可以在公司尚未分配财产中依法清偿。公司尚未分配财产不能全部清偿债务，债权人主张股东以其在剩余财产分配中已经取得的财产予以清偿的，人民法院应予支持；但债权人因重大过错未在规定期限内申报债权的除外。债权人或者清算组，以公司尚未分配财产和股东在剩余财产分配中已经取得的财产，不能全额清偿补充申报的债权为由，向人民法院提出破产清算申请的，人民法院不予受理。

3. 制订清算方案

清算组在清理公司财产、编制资产负债表和财产清单后，应当制订清算方案，报股东会确认（普通清算）或者人民法院确认（特别清算）。《公司法司法解释二》第 15 条第 2 款规定，执行未经确认的清算方案给公司或者债权人造成损失，公司、股东、董事、公司其他利害关系人或者债权人主张清算组成员承担赔偿责任的，人民法院应依法予以支持。

4. 分配剩余财产

清算方案的执行，就是分配公司剩余财产。法定分配顺序依次为：①支付清算费用；②支付职工工资、社会保险费用和法定补偿金；③清缴所欠税款；④清偿公司债务；⑤清偿完毕前述四项款项后的公司剩余财产，有限责任公司按照股东的出资比例分配，股份有限公司按照股东持有的股份比例分配。分配财产必须严格依照法定顺序进行，如果在未进行其他清偿前向股东分配财产，则属无效行为，不仅追回所分配的财产，相关人员还会被依法追究法律责任。

5. 清算终结

2023 年《公司法》第 239 条规定，公司清算结束后，清算组应当制作清算报告，报股东会（普通清算）或者人民法院（强制清算）确认，并报送公司登记机关，申请注销公司登记，至此清算程序终结。

（二）特别清算与破产清算的关系

2023 年《公司法》第 242 条规定，公司被依法宣告破产的，依照有关企业破产的法律实施破产清算。根据这一立法精神，《公司法司法解释二》又作出两个具体规定。

其第 14 条第 2 款规定，债权人或者清算组，以公司尚未分配财产和股东在剩余财产分配中已经取得的财产，不能全额清偿补充申报的债权为由，向人民法院提出破产清算申请的，人民法院不予受理。

其第 17 条规定，人民法院指定的清算组在清理公司财产、编制资产负债表和财产清单时，发现公司财产不足清偿债务的，可以与债权人协商制作有关债务清偿方案。债务清偿方案经全体债权人确认且不损害其他利害关系人利益的，人民法院可依清算组的申请裁定予以认可。清算组依据该清偿方案清偿债务后，应当向人民法院申请裁定终结清算程序。债权人对债务清偿方案不予确认或者人民法院不予认可的，清算组应当依法向人民法院申请宣告破产。

（三）注销公司登记

解散清算报告得到确认后，清算组将其报送公司登记机关，申请注销公司登记，公告公司终止。至此清算组的职责也宣告完成。依照有关规定，清算终结后不申请注销公司登记的，将由公司登记机关吊销公司营业执照，并予以公告。

【专题理论探讨】特别清算制度
——日本特别清算制度的适用程序

我国公司法对特别清算制度并未作详细规定，相关规定散见于其他法律规定中。如我国在外商投资企业法中规定了特别清算制度，而规定较为简单，在一定程度上缺乏适用性。关于是否应适用特别清算制度的问题，实务界以及学界均在探讨。在特别清算方面规定较详细的可以日本和我国台湾地区为例。本书拟对日本特别清算制度的对象、优势与适用弊端、具体程序等逐一介绍并加以分析，以资我国司法实务界、学界参考、借鉴。日本的特别清算制度创设于 1938 年，是当时在日本的企业重整［更生（重整）法、再生法］法规不完善的状态下，为防止企业破产，作为预防性的措施所创设。[1] 特别清算虽然具有与破产程序类似的机能，但并不是与破产法并列的破产程序（不是破产法的特别程序），而是股份公司的清算程序先行于破产程序的以破产预防为目的的法律程序。

一、特别清算的适用对象

《日本公司法》（包括新、旧）规定，特别清算仅适用于股份公司。但是实际上投资法人[2]、相互公司[3]以及特定目的的公司均适用股份公司的特别清算制度。而股份公司以外的其他公司（合同公司[4]、合资公司以及合名公司）以及医疗机构、学校等法人不得适用这一程序。在新《日本公司法》的修改工作中特别清算制度一直由日本法制审议会破产法分会研究探讨。[5] 在修改研讨过程中有人指出，特别清算程序是基于债权人会议法定多数同意的协定而进行的，与严格的破产程序相比可节省所需费用，并且在时间方面具有优势，因此应该扩大其适用范围。对此，立法者认为如果将特别清算程序适用于股份公司以外的法人，该制度就得重新定位，根据实际利用状况应考虑扩大适用范

[1] 立法宗旨为"因为股份公司制度复杂，关于存续中的股份公司的更生（重整）等于重新创设了公司整顿制度，破产的结果导致公司解散，但是对所有破产的情况均适用破产法并不是上策，所以创设了由法院监督的特别清算制度"。

[2] 《日本有关投资信托及投资法人的法律》第 164 条。

[3] 《日本保险业法》第 184 条。

[4] 日本法中合同公司相当于我国有限合伙公司。

[5] 2001 年 1 月经改组成立的日本破产法修改分会于 2002 年对特别清算的各项制度重新探讨，2003 年、2004 年对特别清算制度进行了审议并与公司法修改现代化接轨。

围，且对于存立中的法人是否应该适用也成为焦点。但是最终还是决定只限于股份公司。[1] 其理由在于，如果对其他法人也扩大适用，存在针对每一种类的法人分别制定适合其企业固有性质的特别清算制度，还会出现特别清算制度与破产法的衔接以及其他特别法的衔接等问题，将无谓地增加立法工作量。另外，立法者认为随着破产法的修改，破产法被定位为破产清算型法律，随着其他更生（重整）法、法庭外债务重组程序的完善，日本的破产法制度不断趋于完善，有可能会阻碍特别清算制度的利用，与创设特别清算法的 1938 年相比，特别清算存在的意义相对减少了，因此其扩大适用是不恰当的。除此之外，日本公司法现代化修改将股份公司和有限公司统一化了，基于上述考虑，日本新公司法还是维持了旧法关于适用范围的规定。只是在特别清算程序的简洁、迅速、合理化方面进行了修改。

二、有关特别清算的优势与适用弊端

适用特别清算程序主要存在以下几点优势：①即使在特别清算程序开始后清算人为履行清算事务，可以确保清算程序开始之前的营业以及清算事务的持续进行。②无需经由债权调查及确定程序和严格的分配程序，主要利用协商、个别和解、按比率清偿等方式即可，其程序构造灵活，处理简洁迅速。③即使在债权人较多，相互利害关系对立的事例中也可以基于协商一并解决问题。④可以对每个债权人分别设定和解条件，而且在债权人人数较少，利害关系人没有异议时，可在极短的期间内减免债务并免税。⑤避免强制执行以及担保权的实行，按比率清偿，由清算人主导程序。⑥对少额债权等的许可偿还制度，可减少参加协商的债权人数，同时可防止企业的连续性破产。⑦可以避免因破产带

---

[1] 参见［日］荻本修编：《新特别清算逐条解释》，载《商事法务》2006年版，第8页。

来的债务人以及债权人名誉和信用等问题。但是，特别清算制度在实施过程中亦有以下弊端：①特别清算制度并不为人广泛所知。②法律规定并不多，内容较难以理解，运用不易。③只有清算中的股份公司方可适用，存在局限性。④对债权的存在、数额等有分歧并存在否认事由时无法适用。⑤实务中基于简单程序无法清算的破产事件较多。⑥小规模的无需适用特别清算而适用法庭外债务重组程序的较多。基于此，新《日本公司法》主要在特别清算程序的法律规定上作了部分修改。新《日本公司法》在修改中概括了关于清算的法律制度，将条文语言修改得更易于理解的同时，在内容上也作了修改。以下介绍日本新的特别清算制度并探讨其意义。

三、特别清算的具体程序

(一) 特别清算的申请

特别清算是在法院的监督下进行的股份公司清算程序的一种，有关股份公司的清算规定也适用于特别清算。《日本公司法》第475条规定了清算开始的原因，[1] 规定有解散的情形、认可有关设立无效之诉请求的判决生效的情形、认可有关股份转移无效之诉请求的判决生效的情形。其中关于解散的情形，《日本公司法》第471条具体列举规定，即章程规定的存续期间届满；章程规定的解散事由发生；股东大会决议；合并；破产程序开始的决定；依第824条第1款[2]或第833条第1款规定命令解散的裁

---

〔1〕 参见《日本公司法典》，吴建斌、刘惠明、李涛合译，周剑龙、张凝审校，中国法制出版社2006年版，第244页。

〔2〕《日本公司法》第824条规定，在下列情形下，认为为确保公共利益不能允许公司存在的，法院可以法务大臣或股东、社员、债权人及其他利害关系人的请求，做出解散公司的命令：公司基于不法目的设立的；公司无正当理由，自其成立之日起1年内未开展事业，或其事业持续1年以上停歇的；在业务执行董事、执行官或业务执行社员进行超越或滥用法令或章程规定的公司权限的行为，或触犯刑事法令的行为的情形下，尽管受到法务大臣的书面警告，仍持续或反复地进行该行为的。

定。《日本公司法》第 511 条第 1 款规定特别清算可以由债权人、清算人、监事或股东申请。还有清算人如若认为清算公司具有资不抵债的情形时，必须要申请特别清算（第 511 条第 2 款），清算人慢待时处以罚款（第 976 条第 27 项）。特别清算的管辖法院为，股份公司本部所在地的地方法院（第 868 条）。另外，关于管辖，《日本公司法》还作了特别规定，主要是针对母子公司，因为在日本特别清算制度经常被子公司等关联公司所利用。例如，法人拥有股份公司表决权的过半数，对于该法人（母公司）的特别清算事件、破产事件、再生事件或更生（重整）事件在审理中时，对于子公司的特别清算的申请，由审理母公司特别清算事件的地方法院为管辖法院（第 879 条第 1 款）。而在股份公司中持有四分之一以上股份者以及实际控制人也可以适用该法律条文。《日本公司法》如此规定主要考虑到母子公司事件的一体化处理，也是从程序的迅速化以及合理化角度出发的。

（二）特别清算开始前后的效果

对于申请特别清算程序的启动，法院自认为有必要时起，基于债权人、清算人、监事以及股东的申请或依其职权，直到作出特别清算开始的决定为止，可以对其他程序命令中止、进行保全处分。对于其他有可能阻碍特别清算程序的事由，不得依职权直接命令解除而是根据《日本公司法》第 514 条审理其是否满足特别清算程序开始的要件，如果满足可启动程序。

特别清算程序启动带来法院的监督、清算人的地位的持续、其他程序的中止、担保权实行程序等的中止令、禁止抵消、时效的停止的效果。具体而言通常清算程序无需法院的监督，而特别清算是在法院监督下进行（第 519 条）。特别清算开始后，清算人继续对清算股份公司、债权人以及股东负有公平、诚实处理清算事务的义务（第 523 条）。而且法院可依职权或申请作出解聘、选任清算人的决定（第 524 条）。

（三）特别清算的实行

作出特别清算开始命令后，清算人对清算股份公司的财产状况作调查，调查终结即制作财产目录，清算股份公司原则上应立即召集债权人集会，在债权人会议上汇报清算股份公司的业务以及财产状况调查结果和财产目录等。并应对清算的方针以及可行性予以阐述（第562条）。但是新的特别清算制度规定，在特定的情况下可以省略债权人集会召开程序（第562条但书规定）。这一条是新公司法为使特别清算程序简洁、迅速而作的修改。法院任何时候都可以命令被清算股份公司对清算事务以及财产状况作报告，还可以监督其他清算业务并进行必要的调查（第520条）。而且，只要有法院的特别清算程序开始的命令，清算股份公司通过股东大会特别决议后，应立即向法院提交财产目录等。清算股份公司出现前述第475条的清算开始原因后，应立即向该公司债权人发出公告，使其在一定期间内申报债权。而且要个别地催告已知的债权人。但是，这一期间不得少于2个月。公告内容须明确记载这一除斥期间（第499条）。如果债权人（已知债权人除外）在申报期限内没有申报，就会被排除在清算程序之外（第503条）。在公司财产变价方面，清算公司原则上可以自由地进行变价，但是特定行为需要法院的许可（第535条、第536条）。而清算股份公司基于民事执行法及其他强制执行程序规定，对其财产可以进行变价，届时无需法院许可（第538条）。另外，在债务偿还方面，清算股份公司在债权申报期间内不得偿还债务，但是经由法院许可，对少额的债权在设定担保且不影响其他债权人的情况下可部分清偿（第500条）。债权申报期间结束后，对债务的清偿无限制。而在特别清算程序中，如果启用协商程序，就得按照协商确定的偿还比率进行。即使在协商程序中，清算公司如果对于少额债权，设定担保并不影响其他债权人利益的情况下，也可以按照超过协商确定的债权额的偿还比率（第537

条）。可见，特别清算程序与破产程序相比在个别清偿方面具有
灵活性。法院在清算监督方面根据需要可以作出如下决定，即对
清算股份公司财产的保全处分；禁止股东名册记载等处分；对董
事等的财产的保全处分；禁止免除董事等责任的处分；基于董事
等的责任请求损害赔偿时的核定。而特别清算制度中没有否认制
度，仅规定在特定条件下，对董事责任的免除，清算公司可予以
取消（第 544 条）。另外，在特别清算程序中如果基于协商偿还
时，由债权人自主地商定偿还比率，或和解，根据需要制作协商
方案，向债权人会议提交。该方案由债权人会议法定多数通过，
法院认可，基于协定内容确定债权人的权利。需要变更债权人权
利时，手续亦同。对于法定多数，《日本公司法》第 567 条规定
法定多数有两种情形，通过决议须满足其中任一条款：①经出席
会议表决权人的过半数同意；②表决权人表决权总额的三分之二
以上表决权人同意。原本《日本公司法》对于第 2 款的通过比率
规定为四分之三以上，但是立法者认为这一标准过高，所以该制
度修改时从易于利用的角度考虑降低了比率要件。关于协商通过
要件主要还是考虑了对债权人利益的保护，特别是对少数债权
人。新《日本公司法》还将有担保权的优先债权排除于协商的范
围之外。由此可见，特别清算程序结合了法院的强制性监督与债
权人自主性，是一种方便灵活的制度。

（四）特别清算的终结

在特别清算程序的终结方面，新《日本公司法》规定了直接
终结特别清算的程序、从特别清算程序转移至普通清算及破产的
程序。在特别清算开始后法院基于第 573 条的规定终结特别清算
程序，即①特别清算终结时；②无需特别清算时，根据清算人、
监事、债权人、股东或调查委员的申请作出终结特别清算的决
定。在①的情形下清算程序本身直接终结，而在②的情形下，从
特别清算程序回到通常的清算程序中。而且在特别清算开始后，

没有协商希望的、协商无法实行的、特别清算有可能损害一般债权人利益的，出现其中的任一情况，加之清算公司存在破产程序开始的原因事实，法院依职权直接决定转移至破产程序，作出破产开始的决定。在协商被否认或法院不认可协商时也一样，如果存在破产事实直接转移至破产程序。作出破产程序开始的决定之后，特别清算程序当然终结。

日本的特别清算制度始于破产法制不完善的时代，随着破产法的修改也基本趋向完善化。据统计，战后特别清算受理案件数大概从 10 件增加到 50 件，从 1980 年代开始逐渐增加，1994 年超过 100 件，近期为 300 件。1999 年开始破产案件的增加非常显著，而特别清算案件却很少，只是在 2005 年达到 400 件，有略微增加的趋向。在这种情形下，2005 年《日本公司法》主要对特别清算制度的现代语化（便于理解）、程序的迅速以及合理化、确保程序的公平性和透明性方面进行了修改。比如，在程序迅速以及合理化方面：①扩大管辖范围，对于母子公司等破产事件一并处理；②对受特别清算效力开始后的债权范围的修改；③公司（清算人）行为规制方法的变更；④对董事等责任的免除取消规定；⑤放宽协定通过要件；⑥完善特别清算程序转移至破产程序的制度。在确保公平性和透明性方面：①完善阅览、复印事件相关文书等制度；②特别清算开始的条件、明确了协商不通过的要件等。如此，特别清算制度虽然与制度实施的历史相比并没有被有效利用，但是在法院监督下，清算的独特的法律地位决定了该制度的存在意义。我国现在有人提议完善特别清算制度，对清算事件进行实质性的监督。因为实务中出现了清算公司资不抵债的情形时，直接清算注销其法人格，而事后发现债权人的情况很多。针对这种情况，在清算制度中实施法院监督的特别清算制度应该可以有效防止。但是这一制度会给法院带来超负荷的工作量，在我国目前情况下应将监督权限给予政府工商登记注销机关，由人民法院配合较为合适。而且，在破产法制尚未完善的现阶段，不论是从防止破产的角度，还是实质性监督的角度，该制度均具有很大的适用空间。

第三编　我国证券法体系与前沿问题

第一章 | 证券与证券市场

从 1979 年银行体制改革算起，中国资本市场的建设在探索中突飞猛进。1999 年 7 月实施中国第一部《证券法》，《证券法》公布之前适用《股票发行与交易管理暂行条例》。中国特色的资本市场的建设实践先行，通过行政法规的形式规范资本市场，积累资本市场经验 20 年之后，公布了《证券法》。在这一过程中，中国资本市场也逐步壮大。1990 年底，上海证券交易所和深圳证券交易所成立，但是当时 A 股仅有 8 只股票，又称"老八股"。而经过 30 多年的发展，A 股上市公司已经超过 5000 家，市值超90 万亿元，成为全球第二大资本市场。

目前世界各国证券法的主要模板为分业监管的 1933 年、1934 年的《美国证券法》《美国证券交易法》和英国 1986 年的金融统合监管模式《英国金融服务法》。我国 1999 年施行的《证券法》和 2005 年修订的《证券法》以美国为蓝本，日本以及韩国 2000 年后从美国型转向英国模式，转向英国模式后日本《证券交易法》更名为《金融商品交易法》，《韩国证券法》更名为《资本市场统合法》。我国于 2017 年 7 月宣布设立国务院金融稳定发展委员会，统合中国银保监会和中国证监会，监管实务导向统合监管。此外，学生需要深入了解什么是证券、在资本市场发行证券的规则、流通市场的规则以及违反相关规定的时候的责任，国家对资本市场的监管。关于证券法的基础内容，学生可参考李东方教授主编的《证券法学》，朱锦清著的《证券法学》，彭冰著的《中国证券法学》等书籍。因篇幅的关系本书主要列出研讨题目和研讨提示。

第一节　证券法上的证券定义和范围

证券存在广义和狭义之分，在各国立法和实践中，对于证券概念的理解也不尽一致。从市场发展来看，美国立法上所指的证券范围更是广大，一些国家如日本、德国的立法在不断扩大证券的外延。美国、德国等证券市场成熟的国家在其证券立法中，对证券种类的定义采取列举加兜底条款的立法形式。但在具体的列举方式上又有所不同，美国采取单一的列举方式，即把种类繁多的 20 多种证券同时罗列在同一条款中；而德国采用分类列举的方式，将证券分为有价证券、金融市场工具和金融衍生工具三大类，然后分别列举各类中包含的具体证券品种。[1]

美国在法院以判例形式界定证券的过程中出现了许多有代表性的判例，其中比较出名的案例是 1946 年美国国家证券与交易委员会诉豪威公司（W. J. Howey Co.）案。[2] 法院通过该案以判例的形式确立了投资合同作为证券的一般性标准。案中被告为美国佛罗里达州的一家公司，将自己种植有橘树的土地所有权以保证契约的形式转让给投资者，并由土地购买人自愿签订 10 年的委托管理服务合同。合同规定橘园的经营权由豪威公司行使，买方不能进入橘园且园内的任何产品不属于投资人，买方享有在收

---

〔1〕　参见邢会强：《我国〈证券法〉上证券概念的扩大及其边界》，载《中国法学》2019 年第 1 期。

〔2〕　SEC v. W. J. Howey Co., 328 U. S. 293, (1946).

获季节获得经济利益的权利。由于很多人并不在当地居住，而且看中了该公司在经营橘园时投入的先进设备与优秀的管理，于是有85%的投资者在签订土地买卖合同后，又与豪威公司签订了委托管理服务合同。其中的土地转让合同、保证契约与委托管理服务合同看似与证券没有任何联系，然而美国国家证券与交易委员会认为豪威公司的行为属于发行证券的行为，因而违反了《美国证券法》第5条和第12条有关证券登记与信息披露的规定。此案历经多次审理，最后上诉至联邦最高法院，法官们紧紧围绕案件的争议点，即本案中的三项合同安排是否构成证券法上"投资合同"进行了分析。[1] 美国联邦最高法院本着对证券的经济实质进行重点分析的原则，经过反复的推敲论证，肯定了其证券的本质属性，并且由此确立了"豪威检验"规则。

美国对于证券的定义来自联邦和州的立法以及法院的判例。在立法中，以1933年《美国证券法》和1934年《美国证券交易法》为代表，其采取单一列举的方式，对证券种类作出尽可能多的列举，并设置兜底条款。在判例中，美国法院对证券的认定采用"重实际经济情况轻法律术语和重内容轻形式的分析方法"，长期的司法实践中针对不同的证券种类形成了标准化规则。使各种新形式的证券纳入证券法的调整范围，防止了实质证券因新形式而脱离证券法监管的现象。

日本于1948年重新颁布了《证券交易法》，并采取列举与兜

---

[1]　SEC v. W. J. Howey Co. , 328 U. S. 293, (1946).

底条款的立法方式定义证券。[1] 随着日本经济的发展,实践中证券的种类不断增加。1992 年日本修订《证券交易法》,对其调整的证券范围作出了扩大性的修改。在研究过程中有人也提到对证券定义采取概括性规定,保护各类投资者,但是从有价证券的具体明确性和规定的限定性来看,修改之后的《证券交易法》依然采用单一列举的方式增加证券种类。因而有人认为其修改对于保护投资者的作用有限。笔者认为此种修改方式反映了一种立足于现实的立法理念。列举的立法方式固然有其自身缺点,即不能最大限度地彰显证券的种类,但其诸如明确性的优势在当时是不能被概括性规定所取代的。只有首先确保证券的明确性,才能更好地对证券发行、交易活动予以规制,保障投资人的利益。只有在明确《证券交易法》调整的证券的基础上,对其进行概括性规定才有参照标准。由于证券品种不断创新,而《证券交易法》采取单一列举的方式规定证券,为更好地保护投资者,相关证券化商品就应当不断被增加进来,《证券交易法》的修订工作就会经常进行。所以在 1992 年修法后历经 6 年,1998 年日本继续修订《证券交易法》。此次修订,依然是增加了列举的内容,但是在兜底性条款的修改方面体现了一种立法的创新。[2] 即增加了根据

---

[1] 日本 1948 年《证券交易法》有价证券包括:国债证券;地方债证券;根据特别的法律法人发行的债券;附担保或无担保的公司债券;根据特别的法律设立的法人发行的出资证券;股票或表示新股认购权的证书;投资信托的受益证券;外国或外国法人发行的证券或证书中具有以上证券或证书性质者;证券交易委员会因公益或保护投资者认为必要且适当,根据证券交易委员会规则制定的其他有价证券或证书。转引自[日]河本一郎、大武泰南:《证券交易法概论》(第 4 版),侯水平译,法律出版社 2001 年版,第 12 页。

[2] 日本 1998 年《证券交易法》第 2 条第 1 款第 11 项规定:鉴于其流通性及其他情况,由政令确定为确保公益及投资者的保护所必需的证券及证书。第 2 条第 2 款第 5 项:其流通状况被认定相当于证券交易法上有价证券,并具有该有价证券同样的经济性质及鉴于其他情况,由政令认定为公益及保护投资者所必要且适当的金钱债权。参见庄玉友、吴开龙:《日本证券法制规制对象的演进及其对我国的启示》,载《聊城大学学报(社会科学版)》2009 年第 6 期。

"流通性、投资性及其他法令是否对其规制"作为认定其他证券的方式，比以往的兜底条款规定得更加有操作性。

历经数次修订，日本《证券交易法》一直采用列举加兜底条款的立法方式对证券予以界定。在日本关于证券定义的兜底条款发展中，从简单地规定新型证券的制定主体、目的，发展到增加新型证券的形式特征，如有无"流通性"等。如此修法，不仅保证了证券的明确性，而且增加了新型证券认定的操作性标准。随着金融监管市场体系的建立，日本由机构性监管模式转向功能性监管模式，强化了证券监管职能。其金融体系随着经济的不断发展也更加成熟，2006 年日本将适用了 60 余年历经多次修订的《证券交易法》改名为《金融商品交易法》。这部法律在《证券交易法》的基础上整合了日本的纵向分割的金融业法律，吸收了《抵押证券法》《金融期货法》《外国证券业者法》等多部法律，将有价证券、金融期货、信托等大部分金融商品整合到一部法律中。其规制的对象也从有价证券拓展到金融商品。《金融商品交易法》承继了原《证券交易法》中的有价证券的概念，同时随着《金融期货法》中的期货等衍生品被整合到《金融商品交易法》中，新法"对原《证券交易法》中的定义做了必要修改"。具体来说，《金融商品交易法》增加了列举的种类，但是删除了 1998 年《证券交易法》兜底条款中对证券认定时"流通性"的标准，分析其背后的原因，笔者认为这与本法规制的对象扩大有关，通过删除"流通性"这一标准，使得《金融商品交易法》能在最大限度内保护投资性的金融商品。

与以往增加列举、扩充兜底条款的方式相比，此次立法又有所创新，即在该法第 2 条第 2 款第 5、6 项中引入了"集合投资计划份额"的概念。[1] 通过分析该法条可以看出，集合投资计划

---

〔1〕 参见中国证券监督管理委员会组织编译：《日本金融商品交易法及金融商品销售等相关法律》（中日文对照本），法律出版社 2015 年版，第 6~7 页。

份额包含"接受投资者金钱（包括其他与金钱类似的通过政令认可的有价物）的出资、支出；利用出资、支出的金钱进行投资；出资人获得所投资事业分配的经济利益"等三方面的特征。[1]这其实是借鉴了美国判例法对投资合同从实质上界定的立法经验。证券实质概念的引入增加了被调整的证券的种类，使得具有强投资性的金融商品都被纳入《金融商品交易法》调整范围。在金融法律体系中日本继续保留部分金融商品的专门立法，将其中未作出调整的部分纳入《金融商品交易法》调整，将《金融商品交易法》作为金融法律体系的核心，确保金融商品能够得到有效的监管从而保障金融投资者的权利。当然这部法律并不是将所有的金融商品涵盖进去，而是"最大限度地对于整个金融商品交易过程的各个阶段予以原则性的规定"。[2]

　　证券法上的证券是一种有价证券。有价证券有不同的种类，而且不同的有价证券由不同的法律调整和规范。法律按照有价证券的经济功能的不同而对有价证券进行分类调整。财产证券（或者物权证券）由民法或者相关法律（如运输法和海商法中关于仓单和提单的规定）调整和规范；货币证券由票据法调整和规范；而资本证券则由专门的证券法调整和规范。证券法上的证券属于资本证券。资本证券的形式主要表现为股票、债券和投资基金三大类。如今，金融创新使得证券的种类越来越多样化，如各种衍生证券。同时，一些权利证书和凭证也可能被视为证券法上的证券，如新股认购权利证书，股款缴纳凭证等。民法上并不能将这些证书或凭证视为有价证券，但是由于这些证书或凭证仍然可以在证券市场上流通，所以证券法上通常将其视为证券。

---

〔1〕 参见［日］松尾直彦：《一问一答——金融商品交易法》，载《商事法务》2006 年版，第 23 页。

〔2〕 参见陈洁：《金融投资商品统一立法趋势下"证券"的界定》，载《证券法苑》2011 年第 2 期。

第二节　我国证券法上的证券种类

按照 2019 年修订的《证券法》第 2 条对该法调整范围的界定，该法调整"股票、公司债券、存托凭证和国务院依法认定的其他证券的发行和交易"以及"政府债券、证券投资基金份额的上市交易"。同时，"资产支持证券、资产管理产品发行、交易的管理办法，由国务院依照本法的原则规定"。因而我国证券法上的证券主要是股票、公司债券、存托凭证以及国务院依法认定的其他证券。目前我国证券市场上发行和流通的证券，主要有以下几种：股票、债券、基金、权证以及证券衍生品种。关于"资产支持证券、资产管理产品"的法律适用，《证券法》原则规定由"国务院依照本法的原则规定"。自 2005 年《证券法》实施以来，国务院并未根据法律授权认定过"其他证券"的种类。总体上，我国目前《证券法》中的证券概念是以股票、债券为基本类型，相关证券发行、交易中的审查批准、信息披露、不当交易控制、法律责任等制度也基于此种证券概念的界定而构建。

第三节　证券市场

证券市场是股票、公司债券、金融债券、政府债券、外国债券等有价证券及其衍生产品（如期货、期权等）发行和交易的场所，其实质是通过各类证券的发行和交易以募集和融通资金并取得预期收益。按照功能进行划分，证券市场可以分为证券发行市场和证券流通市场。

一、发行市场

证券发行市场，又称一级市场或初级市场，是指证券发行主体将新发行和增资发行的股票或债券通过承销商出售给投资者的市场。它由证券发行人、认购人和承销商三者组成。其功能是为资金需要者提供筹集资金的服务，为投资者提供投资收益的机会。一级市场没有固定的场所，但证券经销和发行新证券需要符合法律规定的条件。证券发行市场是证券流通市场形成的前提，其发行市场的交易量大体能够反映社会资本的增量。

二、流通市场

证券流通市场，又称二级市场或次级市场，是指投资者把在发行市场上认购的证券再次或重复多次投入流通，实现证券在不同投资者之间买卖的市场。证券流通市场主要有以下三种形式：①交易所方式，即通过证券交易所公开竞价，由证券经纪人按照价格优先和时间优先的原则进行交易，如我国的上海证券交易所和深圳证券交易所。②柜台方式，又称场外交易方式或店头交易方式，即不通过交易所集中竞价，而是分散在各个金融机构柜台上的交易方式。OTC（Over the Counter）市场（即场外交易市场）没有交易大厅，只有计算机和电话通信网络系统，如美国的纳斯达克。③中介方式，即通过证券交易所之外的证券金融机构进行交易，主要针对"三级市场"或者"四级市场"而言。"三级市场"是指已上市证券的场外交易，主要发生在证券经纪商和机构投资者之间，交易成本较低。"四级市场"则是指投资者和金融资产持有人绕开通常的证券经纪人，直接利用计算机网络进行大宗交易的场外交易。

第二章 | **证券发行与承销**

第一节　证券发行

一、证券发行的法理逻辑[1]

（1）证券发行权究竟是特许权还是商事权，本质属性在于证券发行权利来源是政府授予还是法律授予。若是政府授予的权利，非经政府授权不可取得，那么行政许可是行使权利的前提，特许权属性构成审批制或核准制的基础；若是法律授予的商事权利，除非可能损害公众利益，否则政府不得加以限制，因证券发行涉及公众利益，证券发行权是一种特殊商事权利，政府仅需从保护投资者角度对信息披露把关，而不实质否决发行权，构成以信息披露为核心的注册制基础。鉴于此，可以认为核准制下的证券发行权就是特许权，而注册制下的证券发行权是商事权。在英美法系国家证券监管史上，直到法定披露理论确立之后，证券发行权才被视为一种商事权利，但又由于此权利的行使涉及公众利

---

〔1〕　参见李文莉：《证券发行注册制改革：法理基础与实现路径》，载《法商研究》2014年第5期。

益即投资者的利益，故须受到法律的约束，发行主体行使证券发行权前必须向证券监管机构登记注册，证券监管机构对发行主体的信息披露进行监督，注册制的本质是以信息披露为核心的审核制度。

（2）我国证券发行的法理逻辑：特殊商事权利下的法定披露。随着政府逐步放权于市场，证券法促进效率、鼓励资本形成和竞争以及投资者保护等功能的发挥，要求我国必须实行注册制，以信息披露为核心的注册制的证券发行权利属性，当然应当是一种关乎社会公众利益的商事权利。既然是商事权利，政府监管就不应通过实质判断来否决证券发行。但由于证券发行权是关乎公众投资利益的一项商事权利，必须经受政府以投资者利益保护为中心的信息披露审核，且这种审查不对信息披露的内容作实质审查，仅对其作形式和程序性判断，直到其信息披露达到真实、完全、充分、准确、易得五项标准。

二、证券发行审核制度

证券发行审核制度区分为两种体制：一是实行公开主义的注册制；二是实行准则主义的核准制。

（一）证券发行的注册制

证券发行注册制的理论认为市场经济条件下的证券市场，只要信息完全真实，及时公开，市场机制与法律制度健全，证券市场本身会自动作出择优选择。管理者的职责是保证信息公开与禁止信息滥用。如果过多用行政手段干预市场，结果往往可能事与愿违。基于这一理念，公开原则成为证券法律制度的基本指导思想，注册制就是该原则的具体化。

注册制，又称申报制或者形式审查制，是指证券监管机构对发行人发行证券，事先不作实质性审查，仅对申请文件进行形式审查，发行者在申报文件以后的一段时间内，若没有被拒绝注册，即可以发行证券。在证券发行注册制下，证券监管机构对证券发行不作实质条件限制。凡是拟发行证券的发行人，只需将依法应当公开的，与所发行证券有关的一切信息和资料制成法律文件并公之于众，并对公布资料的真实性、全面性、准确性、及时性负责。证券监管机构不对证券发行行为及证券本身作出价值判断，其对公开资料的审查只涉及形式，不涉及任何发行实质条件。只要发行人依规定将有关资料完全公开，监管机关就不得以发行人的财务状况未达到一定标准为理由而拒绝其发行。

注册制改革是简政放权、进一步转变政府职能的必然要求。注册制改革不能仅仅被当成股票发行审批机制的改变，而要深刻认识到这一改革对转变政府职能、简政放权、增强政府公信力、激发市场活力带来的革命性影响。与现有的以政府审批为特征的核准制相比，注册制意味着企业向投资者全面、充分披露信息，审核部门不对股票发行是否具有"投资价值"把关，不对企业发行规模、发行节奏进行管控，不对股票发行价格进行限制，不对市场价格的涨跌进行"维护"。因此，将股票发行审批制改革为注册制，实质就是在资本市场进一步简政放权，证券监管部门不再对企业股票公开发行是否符合实质条件、是否具有投资价值进行判断，而是将这种判断权还给市场。另外，注册制改革有利于减少公权力"寻租"腐败现象，证券监管部门的职责是依法进行高效、独立、自主地监管。

在审批制下，证券监管部门对股票发行"管价格、调节奏、控规模"，虽然短期内可起到稳定证券市场和投资者心理的作用，但不利于市场自身机制的发挥。注册制可以最大限度地提高资本市场运行效率，使市场在资源配置中起决定性作用。其一，注册制能够更迅捷地满足筹资者的需要，调节社会资金需求者与资金供给者之间的矛盾。其二，证券交易所自主行使发行上市审核权，可以解决在核准制下股票发行阶段交易所审核"缺位"、股票上市阶段交易所审核"虚位",没有权力决定股票发行上市的问题。其三,在注册制下,法律不对企业发行设置发行条件,但证券交易所有必要对企业上市设置上市门槛,如企业盈利能力等财务指标。证券交易所可以通过上市审核,淘汰那些不符合其上市条件的发行人,从而发挥证券交易所应有的市场资源配置作用。[1]

我国证券发行的时间不长,证券发行的审核制度还在不断完善的过程中。在《证券法》于 2005 年 10 月 27 日修订以前,发行审核制度呈现出来的一个重要特点是区分股票与公司债券,实行不同的审核制度,甚至由不同的机构进行审核。自 2006 年 1 月 1 日起修订后的《证券法》施行后,情况有所改变,原有的二元审核机制被打破,证券发行实行统一的核准制度。党的十八届三中全会通过的《中共中央关于全面深化改革若干重大问题的决定》明确提出"推进股票发行注册制改革",确立了股票发行审核制度的改革方向。根据立法规划,2013 年 12 月全国人大财经委启动了《证券法》的第二次重大修订,并于 2015 年 4 月公布了修订草案,但多种原因致使修订工作处于停滞状态。为满足股票发行注册制改革的立法需求,确保重大改革于法有据,实现立法与改革决策相衔接,2015 年 12 月 27 日,第十二届全国人大常委会第十八次会议通过了《全国人民代表大会常务委员会关于授权国务院在实施股票发行注册制改革中调整适用〈中华人民共和国证券法〉有关规定的决定》,该决定自 2016 年 3 月 1 日起施行,实施期限为两年。这意味着在法律范畴内,中国资本市场自 2016 年 3 月起就可以实施股票发行注册制,国务院可以在授权期限内根据股票发行注册制改革的要求,调整适用《证券法》关于股票核准制的规定,对注册制改革的具体制度作出专门安排。

---

[1] 参见中国法学会证券法学研究会:《股票发行注册制改革风险评估与对策建议》,载郭锋主编:《金融法律评论》(第 8 卷),法律出版社 2016 年版,第 3 页以下。

2019 年 12 月 28 日修订的《证券法》第 9 条第 1 款明确规定，注册制为公开发行证券的原则性规则："公开发行证券，必须符合法律、行政法规规定的条件，并依法报经国务院证券监督管理机构或者国务院授权的部门注册。未经依法注册，任何单位和个人不得公开发行证券。证券发行注册制的具体范围、实施步骤，由国务院规定。"

（二）证券发行的核准制

核准制，又称准则制或者实质审查制，是指发行人发行证券，不仅要公开全部的可供投资人判断的材料，还要符合证券发行的实质性条件，即证券监管机构有权依照法律的规定，对发行人提出的申请以及有关材料，进行实质性审查；发行人在得到批准以后，才可以发行证券。核准制并不排除注册制所要求的形式审查，对确已具备发行条件的发行申请作出核准发行的决定。发行人没有获得核准发行的决定不得发行证券。证券监管机构应当通过审查剔除一些不良证券，即消除一些发行人发行证券的资格，但证券监管机构并不保障投资者认购经核准发行的证券一定获益，投资的风险由投资者自己承担，投资的收益归投资者自己所有。

证券发行核准制是在准则主义立法思想指导下建立的一种证券发行审核制度。核准制的理论认为：证券市场是一个单靠市场自身的机制无法实现公平、高效率运转的市场，因为在这个市场上，发行人和投资人缺乏谈判能力的均衡性，发行人可能利用其强势者的优势损害投资人的利益；发行证券是发行人的团体行为，法律虽然要求发行人必须公开全部资料，但是并不是所有人都可以读懂专业文件的，如招股说明书、资产负债表。即使可以读懂文件，也不一定能对其细节作出合理的理解和判断。为了保护投资者的利益不受团体行为的侵害，监管机构应该履行职责，对证券发行采取实质审查管理，尽可能排除一些不良证券，从而减少投资者可能受损的机会，降低受损的程度，维持公众对市场的信心，最终提高市场的效率。

（三）公开发行豁免注册制度

2019 年 4 月 26 日公布的《证券法〈修订草案三次审议稿〉》增加了证券公开发行豁免注册制度。其第 11 条规定，通过证券经营机构或者国务院证券监督管理机构认可的其他机构以互联网等众筹方式公开发行证券，发行人和投资者符合国务院证券监督管理机构规定的条件的，可以豁免注册或者核准。2015 年发布的《证券法（修订草案）》第 14 条规定，通过证券经营机构公开发行证券，募集资金限额、发行人和投资者符合国务院证券监督管理机构规定的条件的，可以豁免注册或者核准；第 15 条规定，企业实施股权激励计划或者员工持股计划，向职工发行股票累计超过 200 人，符合国务院证券监督管理机构规定的，可以豁免注册。第 16 条规定，向下列合格投资者公开发行证券，可以豁免注册或者核准：①国务院及其金融行政管理部门批准设立的金融机构或者认可的境外机构；②前项规定的金融机构管理的证券投资基金以及其他投资性计划；③实缴资本不低于 3000 万元、所持有或者管理的金融资产净值不低于 1000 万元的投资公司或者其他投资管理机构；④实缴资本或者实际出资额不低于 500 万元、净资产不低于 500 万元的除金融机构以及投资管理机构以外的其他企业；⑤年收入不低于 50 万元，金融资产不少于 300 万元，具有 2 年以上证券、期货投资经验的个人。国务院证券监督管理机构可以根据市场情况变化，调整合格投资者的条件。

既然是公开发行之豁免注册，该发行在性质上即应属于公开发行，只是由于符合法律规定的豁免注册事由，发行人无需在公开发行时向证券监管机关办理注册申请。然而，作为依照公开发行豁免注册程序而发行的股票，是否可以上市交易，《证券法

（修订草案）》未作出明确规定。但是，《证券法（修订草案）》在豁免注册规则中，均提及要"符合国务院证券监督管理机构规定"，相当于授权证券监管机构另行制定注册豁免规则。有理由相信，证券监管机关在制定注册豁免规则时，必然要对豁免申请程序作出单独规定。至于发行人豁免公开发行注册的股票，若符合证券交易所规定的上市条件，可否申请在证券交易所上市交易，也要由证券监管机关制定的规则中加以明确。[1] 值得注意的是，2019 年修订的《证券法》并没有采纳上述条文。

美国的小额发行豁免制度：美国的小额发行制度主要构建在 1933 年《美国证券法》第 3（b）条中，该条款规定："美国证券交易委员会（SEC）若认为或因公开发行所涉金额小或公开发行特征有限，从维护公共利益和保护投资者的角度对发行证券执行本法没有必要，则可以通过制定规则和条例并依据其中可能规定的条款和条件，随时增加本条所规定的豁免证券的种类；但是，若向公众发售证券的发行总额超过 500 万美元，则该证券之发行不得依本条款规定予以豁免。"这就是小额发行最初的法源，不过该条款除了对豁免限额作了法定限制外，并没有规定小额发行制度的具体内容，而只是授予了 SEC 的"小额发行豁免"的规则制定权。在随后的时间里，SEC 根据该条的授权制定了一系列的条例、规则等行政指引，使其成为一项完整的具体的制度体系，并与私募发行制度一起构成了美国证券注册豁免交易制度的核心内容。这些规则主要包括 SEC 颁布的《A 条例》《D 条例》中的规则 504 等。

《A 条例》规定：对于在美国或加拿大成立并以之为主要营业地的发行人（Issuer），如果其既不是受 1934 年《美国证券交易法》约束的报告公司（Reporting Company）和投资公司（Invest-

---

[1] 参见叶林：《关于股票发行注册制的思考——依循"证券法修订草案"路线图展开》，载《法律适用》2015 年第 8 期。

ment Company），也不是"空白支票公司"（Blank Check Compa-ny），同时又没有规则 262 中"坏男孩"排除条款的情形的，则其在 12 个月内发行或出售的证券总价值不超过 500 万美元（其中由证券持有人出售的部分不超过 150 万美元）的，就可以豁免按《美国证券法》第 5 条的规定注册登记。《D 条例》中的规则 504 是自由度最大的小额发行方式，其主要内容：除投资公司、报告公司、"空头支票公司"和有"坏男孩"等不良记录的发行人外，任何发行人在 12 个月内，如果一种证券的发行总额不超过 100 万美元，则可以免于向 SEC 注册。比《A 条例》更有优势的是，规则 504 没有强制性的信息披露要求，不需要在发行前向 SEC 提出申请，而只是在发行完毕后，以"D 表格"（Form-D）的形式向 SEC 发出通知即可，且该通知也不作为享受豁免的前提。因此与《A 条例》相比，规则 504 大大节省了发行的成本，是 SEC 专为处于创业种子期或是微型企业筹集资本而设计的融资方式。规则 504 在大大便利了中小企业融资的同时，也使不法分子滥用规则 504 的可能性大增，同时由于转让不受限制，在证券场外交易市场（The Over-The-Counter Markets）还出现了不法经纪人欺诈不明真相投资者的现象。于是，1999 年 SEC 又对规则 504 再次进行了修订，重新确立了对公开发行方式和自由转售进行了限制的原则，规定为了维护社会公众利益，适用规则 504 进行公开发行方式的需要根据有关州"蓝天法"进行注册；而且规则 504 交易中的购买人如果后来决定出售股票，也需保证自己能获得豁免登记。这一举措无疑又增加了中小企业利用这一条款筹集种子资本的难度。

美国"JOBS"法案的 302 条款要求在 1933 年《美国证券法》第 4 条款的结尾处增加一项关于众筹的全新的证券发行豁免条目。根据 302 条款，任何发行人只要遵守四项前提条件就可以使用该豁免：① 12 个月内发行总额不多于 100 万美元；②每一投资者投资未超过法定限额；③必须通过已注册的证券经纪商或者集资门户进行；④符合相关信息披露的要求。

美国需要众筹豁免制度的原因：①因信息不对称、投资者对小微企业不感兴趣以及因次贷危机引起的全球经济衰退使得小微企业融资困难；②在前"JOBS 法案"时代，众筹在美国采用的主要是捐赠、奖品回馈和无利率债权等不向投资者许诺经济收益的方式，这种方式很难完全满足小微企业的融资需要。

三、证券保荐制度

为规范证券发行上市行为，提高上市公司质量和证券经营机构执业水平，保护投资者的合法权益，促进证券市场健康发展，在我国，证券的公开发行与上市实行保荐制度。保荐人为依法登记注册的证券经营机构，其职责是推荐发行人证券发行上市，持续督导发行人履行规范运作、信守承诺、信息披露等义务。保荐人在推荐发行人首次公开发行股票前，应当按照中国证监会的规定对发行人进行辅导。发行人经辅导符合法定要求的，保荐人方可推荐其股票发行上市。保荐人应保证其所出具文件的真实性、准确性和完整性，如果发现其所保荐的上市公司存在虚假陈述或者其他不符合法定条件的行为，可能导致其与发行人承担连带责任。《证券法》第 10 条规定，发行人申请公开发行股票、可转换为股票的公司债券，依法采取承销方式的，或者公开发行法律、行政法规规定实行保荐制度的其他证券的，应当聘请证券公司担任保荐人。保荐人应当遵守业务规则和行业规范，诚实信用，勤勉尽责，对发行人的申请文件和信息披露资料进行审慎核查，并督导发行人规范运作。保荐人的管理办法由国务院证券监督管理机构规定。2019 年修订的《证券法》明确规定保荐机构为证券公司。

第二节　证券承销

证券承销是指按照协议约定，以包销或代销方式为发行人销售证券的行为。《证券法》第 26 条第 1 款规定，发行人向不特定对象发行的证券，法律、行政法规规定应当由证券公司承销的，发行人应当同证券公司签订承销协议。证券承销业务采取包销或者代销方式。证券发行分为直接发行和间接发行。直接发行是指发行人不借助任何媒介，而是由自己销售证券的发行方式。直接发行比较适合具有发行经验的发行人采用，如金融机构发行金融债券。直接发行的益处在于发行人可以充分利用自己的信用和经验优势，降低发行成本。间接发行是指发行人借助一定的媒介来销售证券的发行方式。凡由承销商来发行的，即为间接发行。承销商是指按照承销协议，以包销或代销方式为发行人销售证券的证券经营机构。证券承销，是指证券发行人借助证券经营机构发行证券的行为，属于证券的间接发行。间接发行的优势在于，发行人可以借助承销商的良好信誉和专业品质，使发行成功，但劣势在于会增加发行成本。

一、证券承销的特征

（一）证券承销是承销商为发行人销售证券的行为

股份有限公司通过公开发行证券的方式，募集社会资本，以达到筹集设立资金或增资的目的。前者称为设立发行，后者称为增资发行。无论设立发行还是增资发行，发行的主体都是股份有限公司。作为发行人的股份有限公司，只有将发行的证券顺利地销售出去，才能实现集资的目的。为顺利发行，发行人往往借助证券经营机构来销售证券，但发行的规模由发行人决定，销售所得资金也归发行人所有。承销商在发行市场中处于中介地位，是联结发行人和投资者的重要环节。证券经营机构作为承销商，只是按照发行人的授权，在授权范围内，代发行人销售证券而已。其既不是证券的所有人，也不分享销售所得，只是收取一定的佣金作为酬劳。证券承销是承销商为发行人销售证券的行为。

（二）证券承销是承销商按照和发行人事先签订的承销协议销售证券的行为

承销商既非证券的所有人，亦非资金的所有人，其销售证券的依据来源于和发行人的合同约定。通过约定，明确双方的权利义务关系，特别是对承销商的授权。承销协议是发行人和承销商建立证券承销法律关系的基础。承销商只是按照承销协议的授权，代发行人销售证券，销售的后果由发行人承担。

（三）证券承销是以包销或代销方式为发行人销售证券的行为

根据证券经营机构在承销过程中承担责任和风险的不同，证券承销方式分为包销和代销两种。当承销期满，尚未售出的证券按照承销协议中约定的包销或者代销方式分别处理。包销是指证券经营机构将发行人的证券按照协议全部购入，或者在承销期结束后将售后剩余证券全部自行购入的承销方式。代销是指证券经营机构代发行人发售证券，在承销期结束时将未售出的证券全部退还给发行人的承销方式。

二、证券承销的方式

证券承销的方式分为代销和包销两种。根据2023年修订后的《证券发行与承销管理办法》第28条规定，证券公司承销证券，应当按照《证券法》第26条的规定采用包销或代销的方式。其第32条第1款规定，上市公司向特定对象发行证券未采用自行销售方式或者上市公司向原股东配售股份的，应当采用代销方式。可见，包销和代销是证券承销的两种基本方式。

包销和代销方式的划分，根据的是证券承销商、发行人在承销过程中承担的风险和责任的不同。承销方式的不同，意味着承销商和发行人在法律上享有的权利和承担的义务不同。

（一）代销

证券代销是指证券经营机构代发行人发售证券，在承销结束时，将未售出的证券全部退还给发行人的承销方式。其具有以下特征：第一，在代销中，发行人与证券经营机构的法律关系是委托代理关系。在代销的承销期内，证券经营机构作为发行人的代理人，代发行人销售证券。证券经营机构以代销方式承销证券，在承销协议规定的承销期结束后，证券经营机构将未售出的证券全部退还给发行人。发行的规模由发行人决定，销售所得也归发行人所有。证券经营机构在发行市场中起着媒介的作用，联结着发行人和证券投资者。证券经营机构作为承销商，只是按照发行人的授权，在授权范围内代发行人销售证券而已。其既不是证券的所有人，也不分享销售所得，只是收取一定的佣金作为酬劳。第二，采取代销方式销售证券，对于发行人来说，承担的风险大，成本低；对于证券经营机构来说，承担的风险小，收益也少。在代销中，证券经营机构作为代理人，对发行人只承担尽力销售证券的义务，而不承担在承销期结束后，购买未售出证券的义务。由于不需要承担证券销售不出去，甚至是发行失败的风险，所以对于证券经营机构来说，承担的风险比较小。风险和收益相伴，因此收益也相对较少。在代销的承销期结束后，由于证券经营机构要将未售出的证券全部退还给发行人，由发行人承担全部风险，所以，对于发行人来说，代销风险大，不过付出的成本也相对较低。第三，在代销中，由于发行失败的风险全部由发行人承担，所以适用的范围有限。证券发行受诸多因素的影响，特别是市场因素。无论发行人还是证券经营机构，在承担发行工作时，都会考虑市场的风险因素，尽力回避、转嫁自身的风险，降低发行失败的可能性，增加发行成功的概率。为了最大限度地回避风险，发行人和证券经营机构都会在承销方式的选择上慎之又慎。任何一方都不希望承担发行失败的责任。但考虑到发行人和证券经营机构之间的关系毕竟是建立在合同基础上的，因此一切权利、义务和责任都是由双方协商确定的。

（二）包销

包销是指证券经营机构将发行人的证券按照协议全部购入或者在承销期结束时将售后剩余证券全部自行购入的承销方式。其具有如下特征：第一，在包销中，发行人与证券经营机构的法律关系可能是买卖关系，如全额包销；也可能是既有委托代理关系，又有买卖关系，如余额包销。证券经营机构以包销方式承销证券，须在承销协议所规定的承销期结束后，按发行价认购未售出的证券。在全额包销中，发行人不与证券投资人直接发生法律关系，而是由证券经营机构直接面对证券投资者。在这个过程中，先是由证券经营机构全部购入发行人发行的证券，然后再由其自行将证券销售给证券投资者。此时，发行人和证券经营机构之间的法律关系为买卖关系。发行人为卖方，证券经营机构为买方。在余额包销中，发行人和证券经营机构之间的法律关系是根据在承销期内还是在承销期外来区分。在承销期内，发行人和证券经营机构之间的法律关系为委托代理关系。证券经营机构作为发行人的代理人，应尽力代发行人销售证券。在承销期结束后，发行人和证券经营机构之间的法律关系转为买卖关系。证券经营机构要从发行人处按协议价格购入未售出的证券。这时证券经营机构成为买方，发行人则成了卖方。第二，与代销方式相反，采取包销方式销售证券，对于发行人来说成本大，承担的风险小；对于证券经营机构来说则成本小，承担的风险大。第三，在包销中，由于发行失败的风险分配比较均衡，所以适用的范围较广。对于证券经营机构来说，采用包销方式，虽然承担的风险大，但收益高；对于发行人来说，采用包销方式，虽然付出的成本高，但承担的风险小，可以将风险全部或部分转移给证券经营机构。所以，实践中，包销，特别是余额包销，广受发行公司和证券经营机构的青睐。

（三）承销团

承销团承销是指由两家或两家以上的证券经营机构组成联合承销组织，为发行人销售证券的承销方式。承销团承销是一种特殊的证券承销方式，只有发行的证券票面总值超过一定数额时，法律才要求采用此种承销方式。一般来说，承销团承销在发行的证券票面总值较大的情况下采用。承销团承销与单个承销商承销相比，最大的优势就在于其具有分散风险的功能。在设立发行过程中，当发行证券数额较大时，由几家证券经营机构组成承销团承销，在国际证券市场上较为常见。银团包销就是国际证券市场常见的承销团承销方式。

第三章 证券上市、退市与交易

第一节　证券上市与退市

一、证券上市

在证券交易所内买卖的有价证券，被称为上市证券。在上市证券中，股票是最重要的组成部分，此外，还有公司债券、国债、基金、权证等。发行上市股票的公司，被称为上市公司。从广义上说，证券上市包括在场内市场和场外市场取得交易资格的过程。在我国，证券上市仅指在场内交易市场上市，即狭义的证券上市概念。

证券上市条件，也称证券上市标准，是指证券交易所制定的，证券发行人获得上市资格的基本条件和要求。为保证证券的流通性和交易的安全性，证券必须符合一定的条件方可挂牌上市。各国证券法对证券上市条件的规定宽严不同，但基本标准大致相同，通常包括上市公司的资本额、资本结构、盈利能力、偿债能力、股权分散状况、公司财务情况、开业时间等。

关于证券的上市条件，2014 年《证券法》第 50 条和第 57 条分别对股票上市条件与公司债券上市条件进行了明确规定。2019年修订的《证券法》把上述条件删去，把股票、债券及其他证券上市条件的制定权交给了证券交易所。2019年《证券法》第47条规定，申请证券上市交易，应当符合证券交易所上市规则规定的上市条件。证券交易所上市规则规定的上市条件，应当对发行人的经营年限、财务状况、最低公开发行比例和公司治理、诚信记录等提出要求。

二、证券上市暂停与终止

证券上市的暂停，是指证券发行人出现了法定原因时，其上市证券暂时停止在证券交易所挂牌交易的情形。暂停上市的证券在暂停的原因消除后，可恢复上市。证券上市的终止，是指证券发行人出现了法定原因后，其上市证券被取消上市资格，不能在证券交易所继续挂牌交易的情形。上市证券被终止后，可以在终止上市原因消除后，重新申请证券上市。上市证券依法被证券管理部门决定终止后，可在依法设立的非集中竞价的交易场所继续交易。

证券上市的暂停和终止是两个既有联系又有区别的概念。前者暂停上市的情形一旦消除，证券即可恢复上市。因此，证券上市暂停时，该证券仍为上市证券。而后者证券不能恢复上市，只能在被终止的情形消除后，重新申请上市，故终止上市的证券不再属于上市证券，而是退市证券。

（一）股票上市暂停与终止

1. 股票上市暂停

所谓股票上市暂停，是指上市公司因出现法定情形，而被证券交易所决定暂时停止其股票在证券交易所上市交易的状况。2014年《证券法》第55条明确规定股票暂停上市条件，2019年《证券法》删除了上述规定，并删除了2014年《证券法》第62

条"暂停上市"的表述，取消了股票暂停上市制度。

2. 股票上市终止

所谓股票上市终止，亦称上市公司退市，是指上市公司因出现法定情形，而被证券交易所决定终止其股票在证券交易所上市交易的状况。即取消其股票在证券交易所挂牌交易的资格。2014年《证券法》第56条明确规定股票终止上市条件，2014年10月15日中国证监会发布的《关于改革完善并严格实施上市公司退市制度的若干意见》（自2014年11月16日起施行，已失效），规定了上市公司主动退市的7种情形和强制退市的20种情形，其中包括对重大违法行为实施强制退市，这对我国上市公司退市制度的改革和完善有着深远的影响。2019年修订的《证券法》修改了2014年《证券法》第56条的规定，把股票上市终止条件的制定权交给了证券交易所。2019年《证券法》第48条规定，上市交易的证券，有证券交易所规定的终止上市情形的，由证券交易所按照业务规则终止其上市交易。证券交易所决定终止证券上市交易的，应当及时公告，并报国务院证券监督管理机构备案。

（二）公司债券上市暂停与退市

1. 暂停制度

2014年《证券法》第60条明确规定了债券暂停上市条件，2019年《证券法》删除了上述规定，并删除了2014年《证券法》第62条"暂停上市"的表述，取消债券暂停上市制度。在注册制的制度背景下，即使证券退市，也没有必要重新上市，只要重新履行注册程序即可。另外，暂停上市环节的取消，会使得退市时间大大缩短。

2. 退市制度

我国退市制度在2001年便正式开始实施，但实施以来未能充分发挥制度作用，对劣质上市公司的警示作用并不明显。万福生科案，明显暴露出我国退市制度不完善的问题。万福生科是创业板上市公司，根据创业板退市规则，创业板上市公司不允许借壳，没有 ST 警示过渡期，连续三年亏损将直接退市。2018 年 7 月 27 日中国证监会出台了新退市制度——《关于修改〈关于改革完善并严格实施上市公司退市制度的若干意见〉的决定》（已失效），规定了新的退市制度并自即日起施行。根据中国证监会网站发布的信息，这次是对 2014 年发布的《关于改革完善并严格实施上市公司退市制度的若干意见》进行修改，修改主要包括三个方面：一是完善了重大违法强制退市的主要情形，明确上市公司构成欺诈发行、重大信息披露违法或者其他涉及国家安全、公共安全、生态安全、生产安全和公众健康安全等领域的重大违法行为的，证券交易所应当严格依法作出暂停、终止公司股票上市交易的决定的基本制度要求。二是强化证券交易所的退市制度实施主体责任。三是落实因重大违法强制退市公司控股股东、实际控制人、董事、监事、高级管理人员等主体的相关责任。修改后的 2018 年《关于改革完善并严格实施上市公司退市制度的若干意见》还明确列出上市公司主动退市的 7 种情形以及强制退市的 17 种情形。

首先，退市新规的针对性是非常强的，针对目前市场上出现的一些问题。其次，新规新增了退市非常重要的一点，即"休克式疗法"，相当于只要认定其中存在重大的违法违规行为，且涉及五个安全的问题（国家安全、公共安全、生态安全、生产安全和公众健康安全）就可以强制退市，这是原来的强制退市措施里没有的，现在为这样的企业退市提供了非常强有力的依据。最后，退市的力度，包括法规的执行，退市的周期非常短，这是很强有力的措施，短时间之内可以达到效果。关于涉及五大安全的重大违法行为为何将触及退市红线的问题，2014 年的《关于改革完善并严格实施上市公司退市制度的若干意见》当中列举了几种情况：一是欺诈发行，二是信息披露重大违规，三是其他的重大违法行为。但是其他的违法行为怎么界定，这是比较弹性的问题，对于中国证监会来讲，它在执行这种弹性法律的时候，可能面临巨大风险，如果掌握不准有可能被监管对象投诉或者提起诉讼，等等。中国证监会及时出台退市新规，涉及五个安全的情况的上市公司将被强制退市，这样做一方面是对市场的需求的回应，另一方面就是把相关的规定更加细化，将来退市制度应该说会更加有章可循。

第二节　证券交易

一、证券交易概述

证券交易是证券权利转移的方式之一，除此之外继承、赠与等也是证券权利转移的方式。证券交易是证券市场最为活跃、最为频繁、风险最为集中的行为，因此成为证券法所调整规范的重点对象之一。其与一般商品交易，以及其他证券转让形式相比，具有以下特征：①证券交易属于金融商品的买卖；②证券交易的价格波动幅度大 ；③证券交易是证券流通的基本方式；④证券交易是一种特殊的交易行为；⑤证券交易一般须在场内进行；⑥证券交易须依法进行。证券交易的方式和种类通常由法律规定，未经法律许可，不得进行证券交易。

（一）证券交易的类型

证券交易市场的分类比较复杂，按照不同的标准或角度，可以作出不同的分类。例如按照证券市场的组织形式，可以分为场外交易市场和场内交易市场；而按照证券交易市场交易对象的种类，可以分为股票交易市场等。不同的分类与证券、股票指数和利率进行不同组合，便出现了多种证券交易种类，如现货证券交易、利率选择权交易、股票选择权交易、股票指数交易、利率期货交易、股票指数期货交易、利率期货选择权交易、股票指数期货选择权交易、保证金交易等。这里简要介绍几种主要的证券交易种类与方式。①股票指数期货交易，是证券期货交易的一种。证券期货合约中约定，在该合约规定的日期以约定的价格进行清算交割的证券交易方式。股票指数期货交易是一种旨在减少市场股票交易风险的保值交易方式。股票的指数，是指以一定日期为基期，统计交易所所有代表性的若干种股票的成交额加权计算为100，而后根据每日股票成交额的增长或者减少，计算出的即期变化指标。股票指数期货的价格：即股票指数点数与每日指数的固定价格的乘积。投资者买进或拥有某种股票，为了保值可卖出该种股票指数期货。卖出的期货的总价值与买进的股票总价值大体相等，当在预计的未来时间内，该种股票价格下降时，其指数也相应下降，指数期货的原价减去未来价格的差额，可以弥补股票价格下跌的损失。②股票期权交易，又称股票选择权交易，是证券期权交易的一种，是指证券交易当事人为获得证券市场波动带来的利益，约定在一定期限内，以特定的价格买进或卖出约定的证券，或者放弃买进或卖出约定的证券的交易。证券期权交易依交易方向的不同，分为看涨期、看跌期和双向期权交易。股票期权交易的期限有 3 个月、6 个月和 9 个月等不同档次。选择权合约的价格为保险费，由当事人双方商定。③保证金交易，又称信用交易，是指客户只出一部分现金或证券，另一部分现金或证券向经纪人借贷来进行的证券交易。这种交易的风险比其他交易方式要大，获得的盈利也比其他交易方式高。保证金交易的特点是，客户可以用较少的钱，买进较多的股票，也可以在拥有较少股票，甚至没有股票的情况下，卖出较多的股票，使客户在承担较大风险的情况下，有可能得到较多的利益。保证金证券交易主要有两种：一是保证金买空交易，又称证券融资交易；二是保证金卖空交易，又称融资交易。

（二）证券交易的主体

证券交易的主体也就是证券的投资者，包括个人投资者和机构投资者、中国投资者和外国投资者。总之，凡是具有民事权利能力和民事行为能力的自然人和法人均可以进行证券的买卖活动。即使是没有行为能力或者行为能力受到限制的自然人，也同样可以进行证券的买卖，只不过他们的证券买卖行为要在其监护人的监护下进行。由此可见，证券交易的主体具有广泛性。但是应当注意的是，为了维护证券交易的公平性，《证券法》第36条规定，依法发行的证券，《公司法》和其他法律对其转让期限有限制性规定的，在限定的期限内不得转让。上市公司持有5%以上股份的股东、实际控制人、董事、监事、高级管理人员，以及其他持有发行人首次公开发行前发行的股份或者上市公司向特定对象发行的股份的股东，转让其持有的本公司股份的，不得违反法律、行政法规和国务院证券监督管理机构关于持有期限、卖出时间、卖出数量、卖出方式、信息披露等规定，并应当遵守证券交易所的业务规则。对证券交易的限制主要包括以下几种情形：第一，《公司法》第160条规定，公司公开发行股份前已发行的股份，自公司股票在证券交易所上市交易之日起1年内不得转让。法律、行政法规或者国务院证券监督管理机构对上市公司的股东、实际控制人转让其所持有的本公司股份另有规定的，从其规定。公司董事、监事、高级管理人员应当向公司申报所持有的本公司的股份及其变动情况，在就任时确定的任职期间每年转让的股份不得超过其所持有本公司股份总数的25%；所持本公司股份自公司股票上市交易之日起1年内不得转让。上述人员离职后半年内，不得转让其所持有的本公司股份。公司章程可以对公司董事、监事、高级管理人员转让其所持有的本公司股份作出其他限制性规定。股份在法律、行政法规规定的限制转让期限内出质的，质权人不得在限制转让期限内行使质权。第二，《证券法》

第 40 条规定，证券交易场所、证券公司和证券登记结算机构的从业人员，证券监督管理机构的工作人员以及法律、行政法规规定禁止参与股票交易的其他人员，在任期或者法定限期内，不得直接或者以化名、借他人名义持有、买卖股票或者其他具有股权性质的证券，也不得收受他人赠送的股票或者其他具有股权性质的证券。任何人在成为前款所列人员时，其原已持有的股票或者其他具有股权性质的证券，必须依法转让。实施股权激励计划或者员工持股计划的证券公司的从业人员，可以按照国务院证券监督管理机构的规定持有、卖出本公司股票或者其他具有股权性质的证券。第三，《证券法》第 42 条规定，为证券发行出具审计报告或者法律意见书等文件的证券服务机构和人员，在该证券承销期内和期满后 6 个月内，不得买卖该证券。除前款规定外，为发行人及其控股股东、实际控制人，或者收购人、重大资产交易方出具审计报告或者法律意见书等文件的证券服务机构和人员，自接受委托之日起至上述文件公开后 5 日内，不得买卖该证券。实际开展上述有关工作之日早于接受委托之日的，自实际开展上述有关工作之日起至上述文件公开后 5 日内，不得买卖该证券。第四，《证券法》第 44 条第 1 款规定，禁止上市公司、股票在国务院批准的其他全国性证券交易场所交易的公司的持有 5% 以上股份的股东、董事、监事、高级管理人员，将其持有的该公司的股票或者其他具有股权性质的证券在买入后 6 个月内卖出，或者在卖出后 6 个月内又买入。根据第 44 条第 2 款规定，"董事、监事、高级管理人员、自然人股东持有的股票或者其他具有股权性质的证券"包括其配偶、父母、子女持有的及利用他人账户持有的股票或者其他具有股权性质的证券。

综上所述，上述人员从事证券交易的资格是受到限制的。但是，应当注意的是，这种资格的限制，并不意味着其从事证券交易的权利能力被剥夺，只是他们在任期或者法定期限内从事股票交易的资格受到限制。一旦其任期届满或者超过法定期限，其从事证券投资的权利能力则得以恢复。

（三）证券交易的对象

《证券法》第35条规定，证券交易当事人依法买卖的证券，必须是依法发行并交付的证券。非依法发行的证券，不得买卖。该规定表明证券的买卖必须合法进行，所交易的证券必须是依照法定条件和程序发行的证券。这里所说的证券，包括股票、公司债券、政府债券、投资基金券、证券衍生品和国务院依法认定的其他证券。《证券法》第39条规定，证券交易当事人买卖的证券可以采用纸面形式或者国务院证券监督管理机构规定的其他形式。就股票而言，传统上通常采用纸面形式，然而，当今技术的发展已经使得无纸化交易在世界范围越来越普遍。目前，我国上海和深圳证券交易所都已实现了股票交易无纸化。证券交易当事人进行的证券交易，实际上是通过在专门机构设立的证券账户和资金账户进行的。无纸化交易提高了证券交易的运行效率，保障了交易安全。

《证券法》第37条第1款规定，公开发行的证券，应当在依法设立的证券交易所上市交易或者在国务院批准的其他全国性证券交易场所交易。该条款规定表明，我国法律既允许场内交易，又承认场外交易。但场外证券交易场所必须为全国性的证券交易场所且需获得国务院批准。

（四）证券交易的方式

在证券业发达的国家与地区，证券交易有各种各样的方式。按照不同的分类标准，证券交易方式可以分为三种类型：第一，以时间为标准划分的现货交易与期货交易；第二，以是否有选择权为标准划分的期权交易与非期权交易；第三，以有无保证金为标准划分的保证金交易与非保证金交易。上述三种主要分类与证券进行组合，便出现了多种证券交易方式，如证券现货交易、证券期货交易、证券期权交易、证券信用交易等，由此衍生出许多新的证券交易品种，如股票期货交易、股票指数期货交易、股票期货选择权交易、股票指数期货选择权交易、债券利率期货交易、股票利率期权交易、股票保证金买空交易、股票保证金卖空交易等。美国的证券市场比较发达，证券交易方式和交易品种较为丰富。

二、中国股市交易结算规则——T+0 还是 T+1[1]

所谓 T+0 的 T，是英文 trade 的首字母，是交易的意思。T+0 是指股票成交的当天日期。凡在股票成交当天办理好股票和价款清算交割手续的交易制度，就被称为 T+0 交易，即当天买入的股票在当天就可以卖出。所谓 T+1，是指投资者当天买入的股票不能在当天卖出，需待第二天进行交割过户后方可卖出；投资者当天卖出的股票，其资金需要到第二天才能提出。美国股市曾实行过 T+0 交易，但因为其投机性太大，所以自 1995 年 1 月 1 日起，为了保障股票市场的稳定，防止过度投机，股票交易改为 T+1 交易，即当日买进的股票，要到下一交易日才能卖出。同时，对资金仍然实行 T+0 交易，即当日回笼的资金马上可以使用。自此 T+1 交易制度一直沿用至今。但是关于中国股市交易实行 T+0 还是 T+1 的争议一直持续不断。

2005 年《证券法》修订时，取消了 2004 年《证券法》第 106 条对 T+0 交易的禁止性规定。其后我国部分证券交易品种恢复了 T+0 交易，但股票交易仍然实行 T+1。2010 年 4 月 16 日我国证券市场推出股指期货，实行 T+0 交易，从此我国证券市场的交易有了做空机制，改变了以往的单一做多机制，这对股票市场上的 A 股和 B 股投资者而言加大了投资风险。

---

[1] 参见李东方主编：《证券法学》（第 3 版），中国政法大学出版社 2017 年版，第 112~115 页。

三、证券交易的强制性规则

从证券交易规则的强制性程度看，有任意性规则和强制性规则，证券法上的所确认的交易规则多为强制性规则。根据《证券法》及相关法律法规的规定，证券交易的强制性规则主要有：

（一）对证券交易物标的的规制

为规范证券市场的交易行为，防止证券欺诈，维护金融秩序，《证券法》第 35 条规定："证券交易当事人依法买卖的证券，必须是依法发行并交付的证券。非依法发行的证券，不得买卖。"这一规定表明，并非任何证券都可以进行交易，证券交易当事人依法买卖的证券必须符合两项条件，即依法发行和依法已交付。凡未依法经过核准，未依照法定程序，擅自公开发行的证券，以及未按照法律法规的规定向特定对象非公开发行的证券，不得进行买卖。根据我国 2023 年《公司法》第 160 条的规定，股份有限公司成立前不得向股东交付股票。因此，即使已经依法发行的证券，未交付的，亦不得进行买卖。

（二）对证券交易场所的规制

《证券法》第 37 条规定："公开发行的证券，应当在依法设立的证券交易所上市交易或者在国务院批准的其他全国性证券交易场所交易。"这一规定，属于场内交易的限制性规定。由于公开发行的证券涉及的人数众多，影响的范围较广，为了保护投资者的合法权益，维护证券市场的秩序和社会公共利益，证券法规定，依法公开发行的证券，应当在依法设立的证券交易所上市交易或者在国务院批准的其他全国性证券交易场所转让。

（三）对证券交易方式的规制

证券交易方式关系到证券交易的公平与效率，采用何种交易方式，对参与证券交易的各方当事人能否得到公平的交易机会与公平的交易价格是至关重要的。证券交易方式既要体现证券法的公平原则，又要体现证券法的效率与安全原则。《证券法》第 38 条规定："证券在证券交易所上市交易，应当采用公开的集中交易方式或者国务院证券监督管理机构批准的其他方式。"集中交易方式是指在集中交易市场以竞价交易的方式进行的交易。集中竞价，又称集合竞价，是指所有参与证券买卖的各方当事人，在证券交易所内公开报价，按照价格优先、时间优先的原则，连续竞价撮合成交的交易。在我国，证券交易所内还有大宗交易方式，大宗交易是指单笔交易规模远大于市场平均单笔交易量的交易。大宗交易由买卖双方达成一致，经交易所确认后成交。证券交易所采用集中交易方式以外的其他方式进行证券交易的，必须经国务院证券监督管理机构批准。

（四）对特定主体证券转让期限的规制

《证券法》第 36 条规定，依法发行的证券，《公司法》和其他法律对其转让期限有限制性规定的，在限定的期限内不得转让。上市公司持有 5% 以上股份的股东、实际控制人、董事、监事、高级管理人员，以及其他持有发行人首次公开发行前发行的股份或者上市公司向特定对象发行的股份的股东，转让其持有的本公司股份的，不得违反法律、行政法规和国务院证券监督管理机构关于持有期限、卖出时间、卖出数量、卖出方式、信息披露等规定，并应当遵守证券交易所的业务规则。根据《公司法》和《证券法》的有关规定，下列特定主体所持证券在规定期限内，禁止转让或买卖。①发起人所持本公司股份转让的限制。《公司法》第 160 条第 1 款规定："法律、行政法规或者国务院证券监督管理机构对上市公司的股东、实际控制人转让其所持有的本公司股份另有规定的，从其规定。"②股东所持公开发行前的股份转让的限制。《公司法》第 160 条第 1 款规定，公司公开发行股份前已发行的股份，自公司股票在证券交易所上市交易之日起 1 年内不得转让。由于公司发起人不仅是公司的主要控股股东和经营管理的主要执行者，还是公司未来经营业绩的预测分析者，并对其预测承担一定责任。对发起人转让股份设立一定的限制期限，可以将发起人利益与其他股东利益和公司利益结合为一体，并促使发起人对公司的发起和经营认真负责。③公司董事、监事、高级管理人员所持本公司股份转让的限制。《公司法》第160条第2款规定："公司董事、监事、高级管理人员应当向公司申报所持的本公司的股份及其变动情况，在就任时确定的任职期间每年转让的股份不得超过其所持有本公司股份总数的25%；所持本公司股份自公司股票上市交易之日起1年内不得转让。上述人员离职后半年内，不得转让其所持有的本公司股份。公司章程可以对公司董事、监事、高级管理人员转让其所持有的本公司股份作出其他限制性规定。"公司高管掌管着公司的经营与管理，是公司事务的实际掌管人，对公司的经营状况最为了解，如果允许其在任职期间随意转让股份，不仅会加剧高管与公司的利益冲突，还会产生内幕交易。但离职后半年内不得转让所持股份的规则显得过分了，在任期间可以转让一定数量，离任后半年内反而绝对不允许转让，是没有道理的。[1]

（五）对短线交易的规制

对短线交易的限制，实质是对上市公司董事、监事、高级管理人员和大股东买卖所持本公司股份的限制，目的是防止内幕交易。《证券法》第44条第1、2款规定："上市公司、股票在国务院批准的其他全国性证券交易场所交易的公司持有5%以上股份的股东、董事、监事、高级管理人员，将其持有的该公司的股票或者其他具有股权性质的证券在买入后6个月内卖出，或者在卖出后6个月内又买入，由此所得收益归该公司所有，公司董事会应当收回其所得收益。但是，证券公司因购入包销售后剩余股票

---

〔1〕　参见朱锦清：《证券法学》（第3版），北京大学出版社2011年版，第201页。

而持有 5% 以上股份，以及有国务院证券监督管理机构规定的其他情形的除外。前款所称董事、监事、高级管理人员、自然人股东持有的股票或者其他具有股权性质的证券，包括其配偶、父母、子女持有的及利用他人账户持有的股票或者其他具有股权性质的证券。"持有一个股份有限公司已发行股份 5% 的股东，实际上属于大股东，其在公司中处于有利的特殊地位，在对公司的经营状况的了解方面，具有一般的投资者所无法比拟的资讯优势。公司大股东对其他股东有信赖义务，不能利用其基于特殊身份所掌握的公司内幕信息谋取私利；同时，对上市公司董事、监事、高级管理人员持有上市公司股份 5% 以上的股东的短线交易进行限制，亦有利于防范和减少以操纵市场为目的的虚假收购行为。

【专题案例研讨】李宁短线交易案[1]

2016 年 4 月 18 日，中国证监会作出〔2016〕39 号行政处罚决定书（以下简称"被诉处罚决定"），认定：李宁控制"李宁"账户、"汤某"账户、"李某菲"账户、"张某婷"账户、"张某"账户（以下简称"李宁"账户组）进行的系列行为，违反 2014 年《证券法》第 86 条第 1 款、第 47 条第 1 款、第 77 条第 1 款第 4 项的规定，构成第 193 条第 2 款所述信息披露违法行为、第 195 条所述短线交易违法行为和第 203 条所述操纵证券市场违法行为。

在交易"元力股份"期间，"李宁"账户组在 6 个交易日存在异常交易，具体如下：

（1）2013 年 7 月 1 日，"张某婷"账户于 10 时 14 分 42 秒至 10 时 17 分 29 秒，连续申报买入 6 笔，申报数量为 13.3 万股，占同期该股市场申买量的 86.67%，其该时段平均申报价格较申报前一刻买委托第 1 档价格高 0.113 元，成交数量为 13.1 万股，

---

〔1〕 北京市高级人民法院（2017）京行终 2138 号行政判决书。

占同期该股市场交易量的 94.04%，股价由 10 时 14 分 42 秒申报前一笔的成交价 7.16 元，涨至 10 时 17 分 29 秒的 7.3 元，拉升股价涨幅为 1.96%。之后"张某婷"账户于当日 10 时 19 分至 14 时 52 分大量卖出该股，累计卖出 17.56 万股，卖出均价为 7.25 元，较拉抬前的 7.2 元高出 0.05 元，盈利 -43 047.64 元。

（2）2013 年 8 月 1 日，"李宁"账户于 9 时 33 分 39 秒至 9 时 36 分 48 秒，连续申报买入 9 笔，申报数量为 18.3 万股，占同期该股市场申买量的 72.48%，股价申报价格区间为 7.86 元至 8.15 元，其该时段平均申报价格较申报前一刻买委托第 1 档价格高 0.086 元，成交数量为 18 万股，占同期该股市场交易量的 90.18%，股价由 9 时 33 分 39 秒申报前一笔的成交价 7.78 元，涨至 9 时 36 分 48 秒的 8.09 元，拉升股价涨幅为 3.98%。此后，"李宁"和"张某婷"账户于当日 9 时 37 分至 13 时 35 分大量卖出该股，累计卖出 90.74 万股，卖出均价为 7.87 元，较拉抬前 7.68 元高出 0.19 元，合计盈利 67 691.56 元。

（3）2013 年 8 月 20 日，"李宁"账户于 9 时 34 分 03 秒至 9 时 40 分 29 秒，连续申报买入 17 笔，申报数量 39 万股，占同期该股市场申买量的 74.26%，股价申报价格区间为 8.40 元至 8.69 元，其该时段平均申报价格较申报前一刻买委托第 1 档价格高 0.052 元，成交数量为 31.8494 万股，占同期该股市场交易量的 81.96%，股价由 9 时 34 分 03 秒申报前一笔的成交价 8.39 元，涨至 9 时 40 分 29 秒的 8.7 元，拉升股价涨幅为 3.69%。此后，"李宁"和"李某菲"账户于当日 9 时 41 分至 13 时 11 分大量卖出该股，累计卖出 63.3132 万股，卖出均价为 8.61 元，较拉抬前的 8.39 元高出 0.22 元，合计盈利 177 920.23 元。

（4）2013 年 8 月 21 日，"李宁"和"李某菲"账户于 9 时 43 分 43 秒至 9 时 46 分 26 秒，连续申报买入 11 笔，申报数量 20.32 万股，占同期该股市场申买量的 77.71%，股价申报价格区间为 8.65 元至 8.80 元，其该时段平均申报价格较申报前一刻买委托第 1 档价格高 0.095 元，成交数量为 20.32 万股，占同期该股市场交易量的 94.69%，股价由 9 时 43 分 43 秒申报前一笔的成交价 8.62 元，涨至 9 时 46 分 26 秒的 8.76 元，拉升股价涨幅为 1.62%。此后，"李宁"和"李某菲"账户于当日 9 时 47 分至 11 时 07 分大量卖出该股，累计卖出 60.6 万股，卖出均价为 8.56 元，合计盈利 190 412.89 元。

（5）2013 年 10 月 24 日，"李宁"和"张某婷"账户于 9 时 36 分 01 秒至 9 时 42 分 30 秒，连续申报买入 13 笔，申报数量 11.55 万股，占同期该股市场申买量的 28.05%，股价申报价格区间为 9.00 元至 9.27 元，其该时段平均申报价格较申报前一刻买委托第 1 档价格高 0.048 元，成交数量为 11.55 万股，占同期该股市场交易量的 47.88%，股价由 9 时 36 分 01 秒申报前一笔的成交价 9.00 元，涨至 9 时 42 分 30 秒的 9.20 元，拉升股价涨幅为 2.22%。此后，"李宁"和"张某婷"账户于当日 9 时 43 分至 14 时 42 分大量卖出该股，累计卖出 41.125 万股，卖出均价为 9.16 元，较拉抬前的 9.00 元高出 0.16 元，"李宁"和"张某婷"账户合计盈利 503 654.60 元。

（6）2013 年 9 月 18 日，"张某"账户于 14 时 50 分 08 秒至 14 时 52 分 02 秒，连续申报买入 11 笔，申报数量为 44.53 万股，占同期该股市场申买量的 75.51%，股价申报价格区间为 8.22 元至 8.89 元，其该时段平均申报价格较申报前一刻买委托第 1 档价格高 0.25 元，成交数量为 41.9509 万股，占同期该股市场交易量的 91.41%，股价由 14 时 50 分 08 秒申报前一笔的成交价 8.17 元，涨至 14 时 52 分 02 秒的 8.46 元，拉升股价涨幅为 3.55%，股票收盘价 8.43 元，收盘涨幅 4.33%，偏离当日创业板指数 2.92%。9 月 18 日后的次一交易日即 9 月 23 日，"李宁""李某菲""张某"账户全天卖出 70.5 万股，卖出均价 8.40 元，较 9 月

18 日拉抬前的 8.17 元高出 0.23 元，卖出合计盈利 7496.42 元。

二审法院认为，根据 2014 年《证券法》第 47 条第 1 款的规定，上市公司董事、监事、高级管理人员、持有上市公司股份 5% 以上的股东，将其持有的该公司的股票在买入后 6 个月内卖出，或者在卖出后 6 个月内又买入，由此所得收益归该公司所有，公司董事会应当收回其所得收益。其第 195 条规定，上市公司的董事、监事、高级管理人员、持有上市公司股份 5% 以上的股东，违反本法第 47 条的规定买卖本公司股票的，给予警告，可以并处 3 万元以上 10 万元以下的罚款。本案中，从 2013 年 8 月 20 日至 2014 年 4 月 25 日，"李宁"账户组累计买入"元力股份"15 012 057 股，卖出 27 183 237 股，净卖出 12 171 180 股。上述期间内，李宁作为持有上市公司股份 5% 以上的股东，存在将持有的股票在买入后 6 个月内卖出，在卖出后 6 个月内又买入的行为。中国证监会据此依据法律规定对其作出警告及 10 万元罚款的处罚，亦无不当。

（六）对特定主体买卖股票的规制

1. 证券服务机构和人员买卖股票的限制

2019 年《证券法》第 42 条规定："为证券发行出具审计报告或者法律意见书等文件的证券服务机构和人员，在该证券承销期内和期满后 6 个月内，不得买卖该证券。除前款规定外，为发行人及其控股股东、实际控制人，或者收购人、重大资产交易方出具审计报告或者法律意见书等文件的证券服务机构和人员，自接受委托之日起至上述文件公开后 5 日内，不得买卖该证券。实际开展上述有关工作之日早于接受委托之日的，自实际开展上述有关工作之日起至上述文件公开后 5 日内，不得买卖该证券。"该规定的目的是防止证券服务机构及其人员利用其业务后信息优势参与股票交易而损害其他投资者的利益。

2. 收购公司的投资者买卖股票的限制

2019 年《证券法》第 63 条第 1、2 款规定："通过证券交易所的证券交易，投资者持有或者通过协议、其他安排与他人共同持有一个上市公司已发行的有表决权股份达到 5% 时，应当在该事实发生之日起 3 日内，向国务院证券监督管理机构、证券交易所作出书面报告，通知该上市公司，并予公告，在上述期限内不得再行买卖该上市公司的股票，但国务院证券监督管理机构规定的情形除外。投资者持有或者通过协议、其他安排与他人共同持有一个上市公司已发行的有表决权股份达到 5% 后，其所持该上市公司已发行的有表决权股份比例每增加或者减少 5%，应当依照前款规定进行报告和公告，在该事实发生之日起至公告后 3 日内，不得再行买卖该上市公司的股票，但国务院证券监督管理机构规定的情形除外。"上述规定的目的在于防止假借收购以操纵证券交易市场的行为，保护中小投资者的利益。

（七）对法定人员持股与买卖股票的规制

2019 年《证券法》第 40 条对下列人员作为法定人员在任职期间内或者法定限期内持有股票和买卖股票的有关限制如下：①证券服务机构的从业人员，包括证券交易场所、证券公司、证券登记结算机构从业人员；②证券监督管理机构的工作人员，包括中国证监会和证券业协会的工作人员；③法律、行政法规规定禁止参与股票交易的其他人员。

上述人员在任职期间内或法定期限内，不得直接持有、买卖股票或者其他具有股权性质的证券，也不得以化名、假借他人名义持有、买卖股票或者其他具有股权性质的证券；任何人在成为上述人员时，其原已持有的股票或者其他具有股权性质的证券，不能继续持有，必须依法转让，否则成为非法证券。无论是以购买或者赠与方式获得的证券，还是以其他方式获得的证券，均属被禁止之列。证券法限制上述人员在一定期限内持有、买卖股票或者其他具有股权性质的证券，一方面是因为在任职期间有机会获得内幕信息，如果允许其持有、买卖股票容易产生内幕交易；另一方面上述人员均须履行其相应的职责，如允许其持有、买卖股票，将影响其职责的履行。

（八）对国有企业和国有资产控股的企业买卖股票的规制

我国 2019 年《证券法》对国有企业和国有资产控股的企业买卖上市交易的股票的规定，经历了从禁止到有条件允许的转变。其第 60 条规定："国有独资企业、国有独资公司、国有资本控股公司买卖上市交易的股票，必须遵守国家有关规定。"企业是一个独立的法律主体，拥有独立的法人财产权和经营自主权，完全禁止国有企业和国有资产控股的企业买卖上市交易的股票，既不利于国有企业和国有资产控股的企业实现经营自主权，也不利于国有资产的流通和保值、增值。所以，应当允许国有企业和国有资产控股的企业买卖上市交易的股票，但必须遵守国家有关法律、法规。

信息披露制度

第一节　信息披露概述

　　证券市场信息披露制度，又称证券市场信息公开制度或证券市场信息公示制度，是证券市场较为成熟的国家对其证券市场进行规范、管理的重要制度之一，包括强制性信息披露制度和自愿性信息披露制度。所谓强制性信息披露制度，是指证券发行公司在证券的发行和流通诸环节中，为维护公司股东和债权人的合法权益，依法将与其证券有关的一切真实信息予以公开，以便投资者据此作出投资判断的法律制度。所谓自愿性信息披露制度，是对作为基本信息披露制度的强制性信息披露的补充和深化，是发行证券的公司在法定披露信息以外，根据自身的情况自愿披露的信息，这些信息对于提高公司信息披露质量，展现公司未来和发展具有重要意义，对于投资者决策具有重要的参考价值。通常所说的信息披露制度，主要是指强制性信息披露制度，按照信息披露阶段的不同，信息披露制度可以分为证券发行市场信息披露制度和证券交易市场信息披露制度。信息披露制度贯穿于证券发行、交易的整个过程之中，集中体现了证券市场的公开原则。

一、信息披露的意义

证券是所有者持有的可以转让的权利凭证，因此它具备商品的一般可交易的特征，但证券又不同于普通的商品，因为证券的品质从外部难以观测，证券的价值通常以综合性的财务指标和法律指标来反映，投资者要根据这些指标来进行投资决策，但投资者是否能获得这些指标取决于发行人上市公司对指标公布的范围、程度和时间。证券市场"三公"原则中，公开是核心原则，也是证券法律制度的精髓所在，而公开原则的法律规则化就是信息披露制度，证券监管者也力图通过信息披露机制来保护投资者的合法权益，以此树立并维护公众对证券市场的信心，实现资本资源的最佳配置，促进证券市场健康发展。信息披露制度是保护投资者利益的重要制度，是证券市场赖以存在的基石，是证券法的核心内容。证券市场信息披露制度的价值是指通过建立信息披露制度，证券市场上的信息披露义务主体依据法律规定公开其信息所能产生的具体作用和体现的积极意义。证券市场信息披露制度是保证现代证券市场健康运行的核心制度，其具体意义体现在以下四个方面：①信息披露制度是保护投资者利益的重要前提，其要求信息披露义务人及时向社会公众披露有关证券的真实、准确、完整信息，保证了社会公众的知情权，便于投资者依据真实充分的信息作出理性的投资决策，有效维护投资者的合法权益。②信息披露制度是防止证券欺诈的重要手段。发行公司信息隐匿是公司欺诈产生的土壤。公司信息越隐匿，公司发起人、内部关系人和证券中介机构就越容易垄断公司信息，而投资者不能直接或间接获取公司信息，垄断公司信息者就极易进行证券欺诈行为。并且，由于公司透明度差，即使发生证券欺诈行为也很难被发现。信息公开后公司的信息不为少数人所垄断，社会公众也能够公平获得和利用信息。同时，信息公开将公司发起人、内部关系人和证券中介机构的行为置于公众的监督之下。因此，信息公开是防止证券欺诈的重要手段。③信息披露制度有利于提升公司的治理水平。证券市场信息披露制度要求发行证券的公司定期或不定期地将公司经营、内部管理、人事和资产状况向社会公开披露，接受证券管理机构和社会公众的监督，这种监督促使证券发行公司不断改善公司治理结构，提升公司业务水平，以便获得投资者支持。④信息披露制度有利于优化资源配置。证券发行和证券投资实质上是一个优化资源配置的过程。投资者参与证券投资的最大目的就是获得投资回报，要想达到此目的，投资者往往会将资金投向业绩良好、回报率高且有发展前途的行业和公司。证券市场信息披露制度通过强制证券发行公司及时披露关于公司经营的真实、准确、完整信息，投资者根据该信息作出理性投资判断和决策，充分利用了证券调节机制，从而促进资源的优化配置。

二、信息披露的基本要求

根据《公司法》《证券法》《首次公开发行股票注册管理办法》《上市公司证券发行注册管理办法》《上市公司信息披露管理办法》《证券发行与承销管理办法》《上市公司收购管理办法》和其他相关部门规章等的规定，依法披露的信息，必须真实、准确、完整，不得有虚假记载、误导性陈述或者重大遗漏。违反以上规定致使投资者在证券交易中遭受损失的，发行人应当承担赔偿责任；发行人的董事、监事、高级管理人员和其他直接责任人员以及保荐人、承销的证券公司，应当与发行人承担连带赔偿责任，但是能够证明自己没有过错的除外；发行人的控股股东、实际控制人有过错的，应当与发行人、上市公司承担连带赔偿责任。概而言之，信息披露的基本要求是真实性、准确性、完整性、公正性和及时性。

（一）真实性

真实性是指信息披露义务人所公开的信息必须信赖可靠，不得有虚假记载或者误导性陈述，必须与自身的客观实际相符。信息披露是否达到真实性的要求，可从客观性和一致性两个方面进行判断。客观性是指信息披露义务人所公开的信息和所反映的事实必须是证券发行人运作过程中实际发生的，而不是为了影响证券市场价格而编造的；一致性是指信息披露义务人所公开的信息和所反映的事实之间具有同一性。真实性要求的反面便是虚假记载。虚假记载是指将不实的重要事项记载于文件的行为，它是指招股说明书、上市公告书、定期报告、临时报告等文件对证券发行人重大情况的介绍、分析与事实不符，致使有关文件严重失实的行为。信息披露义务人有义务保证自己所发布的非正式信息与正式信息的一致性，对于不是信息披露义务人发布的但与其有关的信息，如足以影响投资者的投资判断，信息披露义务人也负有说明的义务。因此，信息披露义务人在信息披露中所描述的事实应有充分、客观的依据。真实性处于信息披露要求的首要地位，可以说，如果信息披露义务人披露的信息不真实，那么准确、完整、公正和及时的要求都将失去基础。

（二）准确性

准确性是指信息披露义务人披露的信息必须尽可能详细、具体，没有遗漏。因此，信息披露义务人在披露信息时必须确切表明其含义及内容，不得使人产生重大误解。由于信息披露义务人披露信息主要是通过语言文字的表述来实现的，而语言内容的多义性与语言文字表达方式的多样性，使得证券法在规范信息披露义务人信息披露时，应坚持准确性要求。违背准确性要求的行为是误导性陈述。所谓误导性陈述，是指陈述的事项虽然真实，但是由于陈述存在缺陷，容易为投资者所误解，投资者难以通过其陈述获得准确的信息。信息披露义务人信息披露的准确性要求不只是强调已披露信息与信息所反映的客观事实之间的一致性，而更强调信息披露者与信息接收者之间对同一信息在理解上的一致性。任何与证券价格波动相关的信息，都应当将所有的投资者作为整体进行公布，而不能将部分信息对全部投资者披露或者将全部信息对部分投资者披露。

（三）完整性

完整性是指凡是供投资者判断投资价值和影响证券市场价格的重大信息，信息披露义务人必须全部披露，不得故意隐瞒或有重大遗漏。要完整地披露信息，信息披露义务人至少应当做到：①对披露信息的各个方面要进行完整的描述，不能存在重大遗漏；②通过格式指引的方式来保证信息披露的完整性；③网络披露方式是实现信息披露完整性的重要手段。一般来说，信息披露的完整性要求包括质和量两个方面：首先，在性质上披露的信息必须是重大信息。所谓重大信息是指能够影响证券市场价格的信息。其次，在数量上披露的信息能够使投资者有足够的投资判断依据，不得有重大遗漏。所谓重大遗漏就是法定事项部分或者全部不予记载，或者未予披露的行为。在理论上，信息披露义务人披露的全部信息可分为陈述客观事实的描述性信息、发布人主观判断的评价性信息和对公司未来经营状况的预测性信息（如盈利预测）。

（四）公正性

公正性是指信息披露义务人在信息披露的场合和途径方面，对所有投资者获得和利用信息应同等对待而无差别且不设置障碍。这可以从两个方面理解：一方面是所有投资者均有平等获得和利用信息的机会，信息披露义务人不能只向某一部分投资者提供信息；另一方面是对欲获得信息披露义务人信息的投资者而言，取得信息的场合和途径是不存在任何障碍的。在证券市场中，公正的要求表现为对信息披露义务人权利的约束，表现为社会对市场行为的评价，即市场行为的社会公正性。由此可见，公正主要在于为社会提供一个监督信息披露义务人行为、防止权力滥用的机制。

（五）及时性

信息披露的及时性，又称时效性或者最新性，是指凡是与证券市场价格有关的重大信息应依照法定时间及时向投资者作出公告，确保重要信息利用的平等性，防止内幕交易。及时性要求信息披露义务人公告信息的期限不得超过法定期限。在理论上，投资者是根据信息披露义务人披露的信息作出投资价值判断的。影响证券市场价格的重要信息，如果是在其发生相当长时间后才得以披露，披露的信息作为判断依据的价值将不复存在。

三、信息披露的方式

信息披露的方式可以披露的途径、使用的语言和目的为标准分为三类：

（1）从披露的途径的角度来看，信息披露的方式可分为公布或公开、备案、置备和章程约定的其他方式。①公布或公开，主要包括：报刊登载、网站和只读存储器即光盘（CD-ROM）公开。报刊登载方式是目前使用最为普遍的信息披露方式，其次是网站和光盘的信息披露方式。②备案，是指将披露的信息报送中国证监会和证券交易所备用、备查和存档。按照《证券法》和《股票发行与交易管理暂行条例》的规定，信息披露义务人在报刊披露的信息，应同时将其报中国证监会和证券交易所备案。值得注意的是，由于备案文件不易被股东及社会公众查阅，因而不能将文件备案方式作为单独运用的信息披露方式。③置备，是指将披露的信息在指定的场所存放。根据《证券法》第23条和第86条，依法必须披露的信息，应当在证券交易场所的网站和符合国务院证券监督管理机构规定条件的媒体发布，同时将其置备于公司住所、证券交易场所，供社会公众查阅。置备文件方式是将信息制作完毕后存放在公司住所地和证券交易场所，以备公众查阅的信息披露方式。按规定，置备文件必须同时以指定报刊等媒体登载方式进行披露，而不能只采取置备文件方式进行披露。④章程约定的其他方式。此外，信息披露义务人可以与投资者在章程中约定其他披露方式，如答复咨询或查阅、复制公开披露的信息资料等方式。

（2）从披露使用的语言的角度来看，信息披露的方式可分为中文表述的披露方式和英文表述的披露方式。公开披露的信息应当用中文表述。向境外投资者发行有价证券的公司公开披露信息，如有必要，还应当用英文表述。英译文本的字义和词义与中文文本有差异时，应以中文文本为准。凡涉及外资股的上市公司，其信息披露时还应注意将信息译成英文，登载在中国证监会指定的外文报刊或者网站上。

（3）从披露的目的的角度来看，信息披露的方式可分为初次信息披露和持续信息披露。初次信息披露，又称首次公开发行证券的信息披露，是证券发行人公开发行证券时依法所承担的信息披露义务。持续信息披露，又称继续信息披露，是指证券在上市交易期间，信息披露义务人披露与证券价格波动有关的一切重大信息。

第二节　初次信息披露

初次信息披露主要包括首次公开发行股票和公司债券发行上市的信息披露。发行的证券品种不同，所承担的信息披露义务也不同。

一、首次公开发行股票的信息披露

在首次公开发行股票并申请上市时，公司披露的文件主要包括：招股说明书及其附录和备查文件；招股说明书摘要；发行公告；上市公告书。以招股说明书为例进行说明：①招股说明书的基本内容。股票发行最基本的法律文件是招股说明书。招股说明书，又称招股章程，是由发行人制定，由中国证监会核准，向社会公众公开披露公司主要事项及招股情况的专门文件。招股说明书的制作和公开必须符合规定的格式、内容和程序。凡是公开发行股票的公司必须向中国证监会报送招股说明书，在经中国证监会核准之后，发行股票的公司应当按照规定公布招股说明书等有关信息。招股说明书包括封面、扉页、目录和释义四个部分。②招股说明书的编制。申请在中华人民共和国境内首次公开发行股票并在上海证券交易所、深圳证券交易所上市的公司，应按中国证监会发布的《公开发行证券的公司信息披露内容与格式准则第 57 号——招股说明书》的要求编制招股说明书，作为申请首次公开发行股票并上市的必备法律文件，并按规定进行披露。招股说明书的封面应当载明："发行人保证招股说明书的内容真实、准确、完整。政府及国家证券管理部门对本次发行所作出的任何决定，均不表明其对发行人所发行的股票的价值或者投资人的收益作出实质性判断或者保证。"③招股说明书的披露。发行人发行股票前应在交易所网站和符合中国证监会规定条件的报刊依法开办的网站全文刊登招股说明书，同时在符合中国证监会规定条件的报刊刊登提示性公告，告知投资者网上刊登地址及获取文件途径。发行人可以将招股说明书以及有关附件刊登于其他网站，但披露内容应完全一致，且不得早于在交易所网站、符合中国证监会规定条件的网站的披露时间。④招股说明书的保证和有效期。发行人及其董事、监事、高级管理人员应当在招股说明书上签字、盖章，保证招股说明书的内容真实、准确、完整，不存在虚假记载、误导性陈述或者重大遗漏，按照诚信原则履行承诺，并声明承担相应法律责任。发行人控股股东、实际控制人应当在招股说明书上签字、盖章，确认招股说明书的内容真实、准确、完整，不存在虚假记载、误导性陈述或者重大遗漏，按照诚信原则履行承诺，并声明承担相应法律责任。保荐人及其保荐代表人应当在招股说明书上签字、盖章，确认招股说明书的内容真实、准确、完整，不存在虚假记载、误导性陈述或者重大遗漏，并声明承担相应的法律责任。发行人在招股说明书中披露的财务会计信息应有充分依据，引用的财务报表、盈利预测报告（如有）应由符合《证券法》规定的会计师事务所审计、审阅或审核。为发行人出具文件的注册会计师及其所在事务所、专业评估人员及其所在机构、律师及其所在事务所，在履行职责时，应当按照本行业公认的业务标准和道德规范，对其出具文件内容的真实性、准确性、完整性进行核查和验证。招股说明书的有效期为 6 个月，自公开发行前最后一次签署之日起算。预先披露的招股说明书及其他注册申请文件不能含有价格信息，发行人不得据此发行股票。招股说明书失效后，股票发行必须立即停止。

二、公司债券发行上市的信息披露

公司债券发行人等相关主体根据《公司法》《证券法》《企业债券管理条例》的规定和中国证监会、国家发展改革委的基本要求，编制公开发行企业债券（或公司债券）申报材料。下面我们结合《公司法》《证券法》等规定分析公司债券发行与上市的信息披露制度。

（一）公告公司债券募集办法

公司债券募集办法是公司债券的发行人依据有关的要求制作的、记载与公司债券发行有关的实质性重大信息的一种法律文件。公司债券募集办法，又称债券公开说明书或者募资说明书。《公司法》第 195 条规定："公开发行公司债券应当经国务院证券监督管理机构注册，公告公司债券募集办法。公司债券募集办法应当载明下列主要事项：①公司名称；②债券募集资金的用途；

③债券总额和债券的票面金额；④债券利率的确定方式；⑤还本付息的期限和方式；⑥债券担保情况；⑦债券的发行价格、发行的起止日期；⑧公司净资产额；⑨已发行的尚未到期的公司债券总额；⑩公司债券的承销机构。"《证券法》第16条规定："申请公开发行公司债券，应当向国务院授权的部门或者国务院证券监督管理机构报送下列文件：①公司营业执照；②公司章程；③公司债券募集办法；④国务院授权的部门或者国务院证券监督管理机构规定的其他文件。依照本法规定聘请保荐人的，还应当报送保荐人出具的发行保荐书。"

（二）公告公司债券上市文件

根据我国《证券法》第86条的规定，依法披露的信息，应当在证券交易场所的网站和符合国务院证券监督管理机构规定条件的媒体发布，同时将其置备于公司住所、证券交易场所，供社会公众查阅。第23条第1款规定，证券发行申请经注册后，发行人应当依照法律、行政法规的规定，在证券公开发行前公告公开发行募集文件，并将该文件置备于指定场所供公众查阅。《证券法》关于公司债券信息披露的规定的目的是为投资者提供判断公司债券投资价值的完整性信息。

第三节　持续信息披露

持续信息披露，又称持续信息公开，是指发行人、上市公司、公司主要股东等信息披露义务人在证券上市交易后，依照《公司法》《证券法》等法律、法规和证券监督管理机构的有关规定向社会公众持续公开一切与证券交易和证券价格有关的重要信息的行为。依照《证券法》第78条的规定，信息披露义务人披露的信息，应当真实、准确、完整，简明清晰，通俗易懂，不得有虚假记载、误导性陈述或者重大遗漏。

一、持续信息披露特点

在证券上市交易后，信息披露义务人承担持续性披露义务。这一制度有如下特点：

（1）持续信息披露义务是信息披露义务人法定的强制性义务。

（2）应持续披露信息的种类和范围是由法律规定的。上市公司的哪些信息应当披露，是由法律直接规定的。目前，我国规定上市公司信息披露义务的法律条款主要是《公司法》第 154 条第 1 款："公司向社会公开募集股份，应当经国务院证券监督管理机构注册，公告招股说明书。"此外，证券交易所业务规则关于信息披露的具体要求，也是信息披露义务人必须严格遵守的。

（3）应披露的信息范围越来越广。证券投资具有很高的风险性，投资者有权得到与该种证券有关的法定应予披露的各种信息。持续信息披露的内容包括中期报告、年度报告、临时报告及其他公告。

（4）持续信息披露逐渐成为完整的系统性制度。目前，中国证监会颁布的公开发行证券的公司信息披露的规章制度分为四个层次，依次为：《公开发行证券的公司信息披露内容与格式准则》、《公开发行证券的公司信息披露编报规则》、《公开发行证券的公司信息披露规范问答》、个案意见与案例分析。上海、深圳证券交易所发布的有：《证券交易所股票上市规则》《资产支持证券临时报告信息披露指引》。可以说，我国证券市场信息披露体系完整，其重要性绝不亚于公司的经营活动。

（5）持续信息披露与证券上市交易的一致性。持续信息披露是指证券持续挂牌交易期间所进行的信息披露行为，这一期间一般与证券作为上市证券相伴而生，即只要它是上市证券，则与该证券有关的信息披露义务人就要自始至终依法履行信息披露义务。

二、持续信息披露的意义

持续信息披露义务是使证券法公开原则得以贯彻的最重要保证。持续信息披露具有以下重要意义：①是投资者作出投资价值判断的基本条件。投资者远离公司的管理，只有依靠上市公司提供的信息才能作出投资于何种证券的抉择。②是防止证券欺诈的重要条件。证券欺诈是证券法上的一种严重违法行为，它不仅破坏证券市场秩序，侵害公共利益，也损害众多中小投资者的利益，甚至引发经济危机。实践中，证券欺诈常伴随公司信息的隐匿而存在和发展，公司信息愈是披露得不够，公司信息就愈是易被少数人垄断。投资者不能及时获取公司信息，则证券欺诈行为就极容易发生。③能够促使信息披露义务人加强内部管理。持续信息披露制度要求信息披露义务人必须定期和不定期地披露其经营状况和财务状况等重要信息，以及内幕人员的交易、股权结构变化等情况，这种压力必然会促使信息披露义务人大力加强内部管理，规范运作，以维护信息披露义务人在证券市场上的良好声誉。④有助于提高公众对资本市场的信心。如前所述，持续信息披露为投资者决策提供了信息条件，进而使证券有可能在完整、准确信息的基础上形成合理的价格，形成证券市场良好的秩序。这有助于提升公众对资本市场的信心。

三、持续信息披露的形式

持续信息披露主要有两种形式：定期报告和临时报告。

（1）定期报告，是指信息披露义务人在法定期限内制作完毕并公告的信息披露文件。它分为年度报告与中期报告。所谓年度报告，是指在每个会计年度结束时，由信息披露义务人依法制作并提交的，反映信息披露义务人本会计年度基本经营情况、财务情况等重大信息的法律文件。2014 年《证券法》第 65 条与第 66 条规定了上市公司和公司债券上市交易的公司向国务院证券监督管理机构和证券交易所报送的中期报告和年度报告应当记载的内容。2019 年《证券法》第 79 条把制定中期报告和年度报告的内容要求及格式要求的权利授予国务院证券监督管理机构和证券交易场所:"上市公司、公司债券上市交易的公司、股票在国务院批准的其他全国性证券交易场所交易的公司,应当按照国务院证券监督管理机构和证券交易场所规定的内容和格式编制定期报告,并按照以下规定报送和公告:①在每一会计年度结束之日起 4 个月内,报送并公告年度报告,其中的年度财务会计报告应当经符合本法规定的会计师事务所审计;②在每一会计年度的上半年结束之日起 2 个月内,报送并公告中期报告。"

(2)临时报告,是指信息披露义务人就发生的可能对证券交易价格产生较大影响,而投资者尚未得知的重大事件而发布的公告。根据《证券法》第 80 条第 1 款规定,发生可能对上市公司、股票在国务院批准的其他全国性证券交易场所交易的公司的股票交易价格产生较大影响的重大事件,投资者尚未得知时,公司应当立即将有关该重大事件的情况向国务院证券监督管理机构和证券交易场所报送临时报告,并予公告,说明事件的起因、目前的状态和可能产生的法律后果。第 80 条第 2 款规定,前款所称重大事件包括:①公司的经营方针和经营范围的重大变化;②公司的重大投资行为,公司在 1 年内购买、出售重大资产超过公司资产总额 30%,或者公司营业用主要资产的抵押、质押、出售或者报废一次超过该资产的 30%;③公司订立重要合同、提供重大担保或者从事关联交易,可能对公司的资产、负债、权益和经营成果产生重要影响;④公司发生重大债务和未能清偿到期重大债务的违约情况;⑤公司发生重大亏损或者重大损失;⑥公司生产经营的外部条件发生的重大变化;⑦公司的董事、三分之一以上监事或者经理发生变动，董事长或者经理无法履行职责；⑧持有公司5%以上股份的股东或者实际控制人持有股份或者控制公司的情况发生较大变化，公司的实际控制人及其控制的其他企业从事与公司相同或者相似业务的情况发生较大变化；⑨公司分配股利、增资的计划，公司股权结构的重要变化，公司减资、合并、分立、解散及申请破产的决定，或者依法进入破产程序、被责令关闭；⑩涉及公司的重大诉讼、仲裁，股东大会、董事会决议被依法撤销或者宣告无效；⑪公司涉嫌犯罪被依法立案调查，公司的控股股东、实际控制人、董事、监事、高级管理人员涉嫌犯罪被依法采取强制措施；⑫国务院证券监督管理机构规定的其他事项。《证券法》第 81 条列举了 11 项影响上市交易公司债券的交易价格产生较大影响的重大事件，包括：①公司股权结构或者生产经营状况发生重大变化；②公司债券信用评级发生变化；③公司重大资产抵押、质押、出售、转让、报废；④公司发生未能清偿到期债务的情况；⑤公司新增借款或者对外提供担保超过上年末净资产的 20%；⑥公司放弃债权或者财产超过上年末净资产的10%；⑦公司发生超过上年末净资产 10%的重大损失；⑧公司分配股利，作出减资、合并、分立、解散及申请破产的决定，或者依法进入破产程序、被责令关闭；⑨涉及公司的重大诉讼、仲裁；⑩公司涉嫌犯罪被依法立案调查，公司的控股股东、实际控制人、董事、监事、高级管理人员涉嫌犯罪被依法采取强制措施；⑪国务院证券监督管理机构规定的其他事项。

四、上市公司再融资的持续信息披露

（一）增发申请过程中的信息披露

①公告董事会决议；②公告召开股东大会的通知；使用募集资金收购资产或者股权的，应当在公告召开股东大会通知的同时，披露该资产或者股权的基本情况、交易价格、定价依据以及

是否与公司股东或者其他关联人存在利害关系；③公告股东大会决议。股东大会通过本次发行议案后，公司应当在 2 个工作日内披露股东大会决议。

（二）增发新股过程中的信息披露

增发新股过程中的信息披露，是指发行人从刊登招股意向书开始到股票上市为止，通过中国证监会指定报刊向社会公众发布的有关发行、定价及上市情况的各项公告。一般包括招股意向书，网上、网下发行公告，网上或网下路演公告，发行提示性公告，网上、网下询价公告，发行结果公告以及上市公告等。

（三）上市公司发行新股《招股说明书》的编制和披露

这里的招股说明书与前面曾提到的上市公司发行新股时的招股意向书的区别，简单来说就是，招股意向书是缺少发行价格和数量的招股说明书，除此以外二者在编制方法和内容要求上没有区别，也不应当有区别。《公开发行证券的公司信息披露内容与格式准则第 60 号——上市公司向不特定对象发行证券募集说明书》规定了对上市公司发行新股招股说明书的编制和披露的要求。其大部分与首次公开发行时编制招股说明书的要求一致，只是更加强调了上市公司前次募集资金的运用情况。

（四）上市公司发行可转换公司债券的信息披露

根据《上市公司发行可转换公司债券实施办法》（已失效），发行人应及时披露任何对投资可转换公司债券有重大影响的任何信息。可转换债券的信息披露文件应包括发行前的董事会和股东大会公告、募集说明书、上市公告书以及持续的信息披露文件（包括定期报告、临时报告等）。可转换公司债券募集说明书、上市公告书应当按照中国证监会的有关规定编制和披露。根据中国证监会《公开发行证券的公司信息披露内容与格式准则第 60 号——上市公司向不特定对象发行证券募集说明书》，申请发行可转换公司债券的上市公司，应按照此准则的要求制作和披露募集说明书。

五、违反持续信息披露的责任

《证券法》第 82 条规定，发行人的董事、高级管理人员应当对证券发行文件和定期报告签署书面确认意见。发行人的监事会应当对董事会编制的证券发行文件和定期报告进行审核并提出书面审核意见。监事应当签署书面确认意见。发行人的董事、监事和高级管理人员应当保证发行人及时、公平地披露信息，所披露的信息真实、准确、完整。董事、监事和高级管理人员无法保证证券发行文件和定期报告内容的真实性、准确性、完整性或者有异议的，应当在书面确认意见中发表意见并陈述理由，发行人应当披露。发行人不予披露的，董事、监事和高级管理人员可以直接申请披露。

关于发生可能对上市公司、股票在国务院批准的其他全国性证券交易场所交易的公司的股票交易价格产生较大影响的重大事件，2019 年《证券法》第 80 条第 3 款规定，公司的控股股东或者实际控制人对重大事件的发生、进展产生较大影响的，应当及时将其知悉的有关情况书面告知公司，并配合公司履行信息披露义务。第 85 条规定，信息披露义务人未按照规定披露信息，或者公告的证券发行文件、定期报告、临时报告及其他信息披露资料存在虚假记载、误导性陈述或者重大遗漏，致使投资者在证券交易中遭受损失的，信息披露义务人应当承担赔偿责任；发行人的控股股东、实际控制人、董事、监事、高级管理人员和其他直接责任人员以及保荐人、承销的证券公司及其直接责任人员，应当与发行人承担连带赔偿责任，但是能够证明自己没有过错的除外。

六、对持续信息披露的监管

2019 年《证券法》第 87 条规定，国务院证券监督管理机构对信息披露义务人的信息披露行为进行监督管理。证券交易场所应当对其组织交易的证券的信息披露义务人的信息披露行为进行监督，督促其依法及时、准确地披露信息。

七、信息披露的价值及其"重大性"问题

信息披露制度被许多国家奉为证券市场制度的基石。事实上，其从诞生之日起，就一直受到理论界的质疑。但绝大多数学者仍对其持肯定态度。尽管如此，对这一制度的反思，有利于证券市场监管的正常运行。支持强制性披露理论有：第一，市场失灵的需要；第二，会计信息的公共物品属性要求；第三，有效市场假设的要求；第四，信息不对称的客观要求。[1]"重大性"是证券市场虚假陈述导致民事责任的依据，也是虚假陈述与其他侵权行为承担民事责任的区分标志之一。"重大性"具体标准为世界性难题，2019年《证券法》修订时未作规定，从而使其成为今后立法乃至司法解释中不容回避的问题之一。

证券本身没有使用价值，只有交换价值，即投资价值，由于证券的投资价值不等同于证券的面额，证券的面额不决定证券的投资价值，证券的价值就是通过发行人或上市公司披露的信息来判断的，这就要求信息披露的真实性、准确性、完整性、及时性。当前，在信息披露实践中，首先要完善企业会计制度，进一步向会计制度靠拢，会计制度的调整应以提高会计信息的可靠性为首要目标。其次，为防止企业经营者操纵财务预测信息，确保利益预测质量，应规范预测性财力信息的披露。《公司法》《证券法》进一步完善包括虚假陈述、内幕交易、操纵市场民事、刑事和行政责任在内的多层次的信息公开监管机制，逐步改变目前多由行政监管来规范证券市场信息公开行为的做法。同时，完善证

---

〔1〕 参见刘新民:《中国证券法精要——原理与案例》，北京大学出版社2013年版，第66~68页。

券诉讼的配套制度，建立和完善证券纠纷调解和仲裁制度。另外，还要进一步完善股东代表诉讼制度，建立符合中国国情的集团诉讼制度。[1]

1933年《美国证券法》确立了证券市场的初始信息披露制度，详细规定了招股说明书应披露的信息内容。[2] 1934年《美国证券交易法》确立了证券市场的持续信息披露制度。该法规定的发行公司持续信息披露内容包括：①定期报告。包括年度报告、季度报告及临时报告。②重大事项报告。根据该法的规定，发行人有责任立即公开有关重大事项信息，以防止欺诈及内幕交易，并规定了需在15日内披露的重大事项。③特殊人士取得证券的登记及公开。特殊人士是指直接或间接持有公司任何种类股票的10%以上或某一种类股票的5%以上的人士和发行公司的董事及高级职员。④发行人购回自身股票的信息披露。《美国证券交易法》规定，发行人在决定购回所发行的证券时，应公开披露其购回原因、购回数量、回购资金来源、购回价格、购回方式等信息。

在《美国证券法》和《美国证券交易法》的框架下，已初步形成了信息披露制度框架。这时的信息披露的理念是：信息内容局限于数量上重要的信息，这些信息又可称之为硬性信息，能够直接反映公司的财务状况和经营业绩，不直接反映公司财务状况与经营业绩但直接反映了公司管理层的管理质量和业务素质等方面的信息，这些信息又可称之为软性信息。另外，未来的预测性信息如盈利预测等信息 也被称为软性信息。《美国证券法》和《美国证券交易法》所体现出来的倾向认为，硬性信息较为客观

---

〔1〕 参见李东方主编：《证券法学》（第3版），中国政法大学出版社2017年版，第196页。

〔2〕 该部分引自杨郊红：《美国上市公司信息披露制度的变迁及启示》，载《证券市场导报》2005年第4期。

和具体，便于投资者阅读和审核者审查，故对硬性信息作了要求，没有对软性信息提出明确要求。

大规模的兼并浪潮和国际金融市场的动荡等不确定性的出现，使硬性信息难以真实反映公司财务和经营状况，SEC 等管理当局更加意识到软性信息的透明对投资者决策至关重要。1978年，SEC 制定颁布了《揭示预测经营业绩的指南》和《保护盈利预测安全港规则》，虽然不强制但鼓励盈利预测的披露。从此信息披露制度突破了原有禁止披露软性信息的框架，进入支持软性信息披露的阶段，软性信息透明成为证券发行公司的强制性披露要求。SEC 制定了须披露的非经济性软性信息的 S-K 条例，其规定的软性信息内容包括：①公司董事及高级管理人员的自我交易行为；②发行人董事及高级管理人员的业务经验和声誉；③发行人及其董事和高级管理人员的诉讼事项及已经判处的行为。在安然、世通、施乐等公司重大财务丑闻曝光后，2002 年 7 月 30 日时任美国总统布什正式签署了《萨班斯-奥克斯利法案》，该法案直接以投资者利益保护和提高公司透明度为根本立法思想。《萨班斯-奥克斯利法案》对信息披露的改进要求体现在以下几方面：①公众公司应进行实时披露，即要求实时披露导致公司经营和财务状况发生重大变化的信息；②由 SEC 制定规则，要求公众公司披露对公司财务状况具有重大影响的所有重要的表外交易和关系，且不以误导方式编制模拟财务信息。由 SEC 负责对特殊目的实体等表外交易的披露进行研究，提出建议并向国会报告；③主要股东或高级管理者披露股权变更或证券转换协议的强制期间由原来的 10 个工作日减少为 2 个工作日；④由 SEC 制定规则，强制要求公众公司年度报告中应包括内部控制报告及其评价，并要求会计师事务所对公司管理层做出的评价出具鉴证报告；⑤由 SEC 制定规则，强制要求公司审计委员会至少应有一名财务专家，并且要予以披露。《萨班斯-奥克斯利法案》对信息披露提出了更高要求，首先是强调信息披露，由原来《美国证券法》《美国证券交易法》下的"及时"提高到"实时"，主要股东或高级管理者披露股权变更或证券转换协议的强制期间减少到 2 个工作日；其次增加了信息披露内容，包括对内部控制报告及其评价和重大的表外交易的披露。

上市公司收购制度

在各国的证券法中，上市公司收购的含义是不同的，通常而言，有广义和狭义之分。广义的上市公司收购，不仅包括要约收购、协议收购，还包括证券交易所内进行的收购。狭义的上市公司收购仅指要约收购。投资者即收购人既可以是自然人，也可以是法人或者其他组织。被收购的公司即目标公司（target company）。

值得我们注意的是，这里所指的"上市公司收购"，其实际意义是"收购上市公司"，涵盖的是以上市公司为收购目标的股权收购行为，并不包括对非上市公司的收购。因此，只有收购人对上市公司的收购行为才受到《证券法》的调整，投资者对非上市公司的收购则不受《证券法》的规制。《证券法》将上市公司规制为被收购的目标公司，主要是基于上市公司股权的特点——股东人数众多，股权较为分散。在对上市公司收购的过程中，中小股东很难准确地判断收购人的意图和目的，因而无法在完全掌握相关信息的基础上决定是否出售其股权。因此，立法便弥补了这方面的不足，立法规制了上市公司控股股东的出售行为和收购人的收购行为。[1]

为了维护证券市场的稳定发展，现阶段世界各国都制定了相关法律对上市公司收购行为进行规制。目前我国《证券法》也设专章规定了上市公司的收购。中国证监会颁布的《上市公司收购管理办法》以及商务部颁布的规制涉外收购方面的《关于外国投资者并购境内企业的规定》。这些法律规范是调整我国上市公司收购方面的主要规范。

第一节 上市公司收购的规则

上市公司收购的基本原则是指收购人在收购的过程中应当遵循的基本行为准则。因上市公司的收购涉及多方当事人，如收购人、目标公司、目标公司的股东、目标公司管理层、目标公司的债权人等。这些利益主体都有着自己的利益追求，在上市公司收购的过程中都在争取着利益最大化，而各方的利益也可能会发生冲突。对于收购者来说，如何平衡各方利益成为其重要的任务之一。因而，上市收购主要有以下基本原则：

一、保护中小股东利益原则

保护中小股东利益原则是上市公司收购原则中最为核心的原则。在上市公司收购的过程中，中小股东由于持股比例小，且没有充分的条件来了解收购人的相关信息，因此其在上市公司收购的过程中则处于明显的劣势地位。而在收购过程中的另外两大主体，即目标公司的大股东和收购人。大股东持股比例大，享有目标公司的控股权，能够充分地了解市场相关信息，甚至有可能和收购人达成隐性的协议，即形成对大股东有利的条件来进行收

---

[1] 参见彭冰：《中国证券法学》（第 2 版），高等教育出版社 2007 年版，第 266 页。

购。对于收购人来说，其在收购的过程中也有着明显的优势，如在专业知识领域以及获取信息方面等。小股东由于人员分散，以及受到专业领域知识和资金等方面的限制，因而其劣势地位就显得相当明显，因此，如何保护中小股东的利益成了当前证券立法中的重要课题，我国《证券法》中对中小股东利益的保护主要体现在以下几个方面：

（一）强制全面收购要约制度

强制全面收购要约制度是指当收购人持有目标公司的股份达到一定的比例时，就必须向目标公司所有股东发出收购要约，从而使中小股东可以在此时作出对己方有利的选择。我国 2019 年《证券法》第 65 条第 1 款规定："通过证券交易所的证券交易，投资者持有或者通过协议、其他安排与他人共同持有一个上市公司已发行的有表决权股份达到 30% 时，继续进行收购的，应当依法向该上市公司所有股东发出收购上市公司全部或者部分股份的要约。"强制收购要约是中小股东利益保护的重要保障，同时也使得大股东在某种程度上享有同等的待遇。因为对于上市公司来说，其股权呈现着日趋分散的趋势，如果控制了一个上市公司 30% 以上的股份时，基本上就享有该上市公司的控制权了。此时，该股东则享有公司的经营管理权和决策权，且可以决定继续购买的权利，而小股东则只能处于被支配的地位，不享受上述权利，二者的优劣势差距明显，从公平的角度考虑，规定全面收购要约制度也是合情合理的。

（二）强制收购制度

强制收购制度是指收购期限届满之后，如收购人持有目标公司的股份已经达到绝对多数时，持有该公司股份的其他股东可以要求收购人继续购买其股份的制度。我国 2019 年《证券法》第 74 条第 1 款规定："收购期限届满，被收购公司股权分布不符合证券交易所规定的上市交易要求的，该上市公司的股票应当由证券交易所依法终止上市交易；其余仍持有被收购公司股票的股东，有权向收购人以收购要约的同等条件出售其股票，收购人应当收购。"此条款的价值在于可以有效保护中小股东的利益，允许中小股东可以自由地退出目标公司，维护自己的合法地位。

除了上述两种保护中小股东的制度外，我国 2019 年《证券法》第 75 条还规定："在上市公司收购中，收购人持有的被收购的上市公司的股票，在收购行为完成后的 18 个月内不得转让。"

此规定的主要目的在于阻止收购人在购买目标公司股份之后的短期内进行操纵市场获取不正当利益。

二、信息披露原则

信息披露也是上市公司收购的重要原则之一，它主要是指在上市公司收购的过程中，所有关于收购的相关信息都应当准确、及时而又全面地予以公布和披露，不得有虚假记载、误导性陈述和重大遗漏。它的公布主体既包括收购人，也包括目标公司的管理层。

（一）收购人的信息披露义务

收购人的信息披露义务是指收购人直接或者间接持有一个上市公司的股份达到一定的比例时，以及增加或者减少一定比例时，应当将相关的情况予以公布和披露。我国《上市公司收购管理办法》第 16 条第 1 款规定，收购人持有目标公司已经发行的股份达到 5% 但未达到 20% 的，应当编制简式权益变动报告书，向公众披露其持股比例的变化。第 17 条第 1 款规定，收购人持有目标公司的股份达到 20% 但是未超过 30% 的，也应当编制详式权益变动报告书。与此同时，我国《证券法》第 63 条第 1~3 款规定，通过证券交易所的证券交易，投资者持有或者通过协议、其他安排与他人共同持有一个上市公司已发行的有表决权股份达到 5% 时，应当在该事实发生之日起 3 日内，向国务院证券监督管理机构、证券交易所作出书面报告，通知该上市公司，并予公告，在上述期限内不得再行买卖该上市公司的股票，但国务院证券监督管理机构规定的情形除外。投资者持有或者通过协议、其他安排与他人共同持有一个上市公司已发行的有表决权股份达到5%后，其所持该上市公司已发行的有表决权股份比例每增加或者减少5%，应当依照前款规定进行报告和公告，在该事实发生之日起至公告后3日内，不得再行买卖该上市公司的股票，但国务院证券监督管理机构规定的情形除外。投资者持有或者通过协议、其他安排与他人共同持有一个上市公司已发行的有表决权股份达到5%后，其所持该上市公司已发行的有表决权股份比例每增加或者减少1%，应当在该事实发生的次日通知该上市公司，并予公告。这些规定的价值在于不仅有利于证券监管部门对收购人进行较好的管理，还有助于投资者充分地了解收购者的信息，并据此作出有利于己方的投资决定。

（二）目标公司管理层的信息披露义务

目标公司管理层的信息披露义务的主体主要限定在目标公司的董事会。目标公司董事会必须以全体股东的最大化利益为出发点，披露影响公司其他股东利益以及与收购要约相关的信息。我国《上市公司收购管理办法》第32条规定："被收购公司董事会应当对收购人的主体资格、资信情况及收购意图进行调查，对要约条件进行分析，对股东是否接受要约提出建议，并聘请独立财务顾问提出专业意见。在收购人公告要约收购报告书20日内，被收购公司董事会应当公告被收购公司董事会报告书与独立财务顾问的专业意见。收购人对收购要约条件作出重大变更的，被收购公司董事会应当在3个工作日内公告董事会及独立财务顾问就要约条件的变更情况所出具的补充意见。"

【专题理论探讨】强制要约收购制度

一、要约收购的概念和特征

（一）要约收购的概念

要约收购是指收购人在证券交易所的集中竞价系统之外，通过向目标公司全体股东发出收购要约，直接购买其手中持有的股票的一种收购方式。

对于要约收购的定义，我国《证券法》和《上市公司收购管理办法》都没有作出明确的规定，我国《证券法》第 65 条第 1 款规定：通过证券交易所的证券交易，投资者持有或者通过协议、其他安排与他人共同持有一个上市公司已发行在外的有表决权的股份达到 30% 时，继续进行收购的，应当依法向该上市公司所有股东发出收购上市公司全部或者部分股份的要约。

要约收购从本质上来说其实就是公开进行收购，收购要约在美国法中被称为"tender offer"，而在英国法和加拿大法中被称为"takeover bid"。要约收购是一种公开行为，并且是一种要式行为，以目标公司的股东为相对人的意思表示行为。关于最高价强制要约收购义务（要约收购义务）规则的基准（threshold）：德国与英国同样是表决权的 30%（WpÜG 第 29 条第 2 款），法国则将表决权的三分之一作为基准（AMF's General Regulation 第 234-2 条第 1 款）。[1] 其他欧盟各国同样以超出 30% 或三分之一为

---

〔1〕 2008 年 10 月，法国金融市场厅（AMF）公布了事务委员会的报告书，降低了义务要约收购的门槛。（Groupe de travail preside par Bernard Field, member du College de l'AMF, Rapport sur les declarations de franchissment de seuil participation et les declaretions d'intention, Octobre 2008）。根据该报告，法国于 2010 年 10 月修改了一般规则，将门槛下调了 30%。

基准。

有特殊规定的国家为奥地利和瑞士。奥地利的基准虽为30%（s 22 para 2 Takeover Act），但是超过26%的时候，直到30%为止的期间，表决权将被停止（The Takeover Amendment Act 2006）。因为，在奥地利股东大会的出席率低、取得26%的表决权就有可能获得实质性的控制权。另外，在奥地利作为上市公司的目标公司可在章程中规定更低的最高价强制要约收购基准。

瑞士（非欧盟加盟国）虽规定为三分之一（Art. 22 SESTA），但是根据目标公司章程可以豁免最高价强制要约收购义务（"opting-out"条款），还可以将最高价强制要约收购义务基准提高到49%，而且可以将该规定作为退出规定（Art. 22 para. 3 SESTA），但是需根据债务法第706条以不损害股东利益为前提（"opting-up"条款）。

如前所述，这些国家（英国、法国、爱尔兰、希腊）在取得了超出基准的股份以上，增持未满50%的情形下，均赋予最高价强制要约收购义务，采用双层的较严格的最高价强制要约收购规则。但是，欧洲的"最高价强制要约收购规则"适用于"取得"目标公司一定数量以上的表决权的情形，与按照要约收购取得股份后根据表决权比例规范的日本方式不同。关于这一点，日欧规则差异并不大。但是，根据欧洲型基准赋予全部要约收购义务时，只要不超过基准就可以任意地进行收购，而且可战略性地调整收购价格以及收购条件，从这些因素考虑其实日欧规则差异还是很大的。

日本引入义务性要约收购制度时借鉴了欧洲规则，日本"收购基准"从比较法的角度而言也是微妙的规定。以此规定为前提，最近还规定了所谓的"速度规则"等，[1]是非常复杂的规

---

〔1〕 （《金融商品交易法》第27条之二第1项第4号）通过市场内外的迅速收购，持股比例超过三分之一时，成为要约收购的对象。

则。（与日本一般的理解相反）可理解欧洲式的"到达标准"的门槛是相当灵活的 M&A 战略。

根据我国《证券法》的相关规定，收购者可以以自愿的方式对目标公司的股东发出收购要约，收购要约既可以是全面收购要约，也可以是部分收购要约。此外，收购者在一定条件下必须以强制要约的收购方式来收购目标公司的股份，主要包括以下几种情形：

（1）投资者及一致行动人通过证券交易所的证券交易，持有一个上市公司已发行有表决权的股份的 30%时，继续进行收购的，应向所有股东发出收购要约。

（2）采用协议收购方式的，代购人收购或者通过协议、其他安排与他人共同持有一个上市公司已经发行的有表决权的股份达到 30%时，继续进行收购的，应向所有股东发出收购要约，但按照国务院证券监督管理机构的规定免除发出要约的除外。

（3）采用间接收购方式的，收购人拥有权益的股份超过该公司已经发行的股份的 30%时，应向该公司所有股东发出收购要约；收购人预计无法在实施发生之日起 30 日内发出全面收购要约的，应在前述 30 日内促使其控制的股东将所持有的上市公司的股份减持至 30%或者 30%以下，并自减持之日起 2 个工作日内予以公告；其后收购人或者其控制的股东拟继续增持的，应当采取要约的方式。收购人可以向国务院证券监督管理机构申请免除其要约收购义务。收购人以要约方式收购一个上市公司股份的，其预定收购的股份比例不得低于该上市公司已经发行股份的 5%。

（二）要约收购的特征

（1）公开性。它一方面是指收购人发出收购要约时，应当向上市公司所有的股东发出收购要约；另一方面是指要约收购的全过程，都要为投资者、目标公司的股东以及国务院证券监督管理机构所知悉。

（2）目标公司股权分散。在要约收购的情形下，目标公司的股权是较为分散的，此时收购人采取要约收购的方式，能够较快地使得中小股东出售其股份，从而最终获得目标公司的控制权。

（3）有一定的期限限制。通常来说，要约收购只有在一定的期限内才有效，我国《证券法》第 67 条规定：收购要约约定的收购期限不得少于 30 日，并不得超过 60 日。这样的规定一方面是为了目标公司的股东尽快做出是否出售其手中的股票的决定，另一方面也是为了让收购人能在一定的期限内作出计划和预算。

（4）目标公司股东平等性。对于收购人来说，目标公司的所有股东应当都被同等对待，收购要约的相对人是上市公司的所有股东，而不能针对个别股东发出，而收购要约的条件，也同样适用于上市公司的所有股东。我国《证券法》第 69 条第 1 款规定：收购要约提出的各项收购条件，适用于被收购公司的所有股东。

（三）目标公司股东的承诺与转让股份

目标公司股东在作出正式承诺之前可以作出同意接受要约的初步意思表示，即预受。在要约期限届满内，预受行为不构成承诺。在要约收购期限届满前 3 个交易日内，预受股东不得撤回其对要约的接受。通常而言，为了使目标公司的股东更加全面地了解收购人的收购状况，在要约收购的期限内，收购人应当每日在证券交易所的网站上公告已预受收购要约的具体股份数额。

当收购要约期限届满之前，发出部分要约的收购人应当按照收购要约约定的条件购买被收购公司股东预受的股份，如果预受要约股份的数量超过收购人预定收购的数量时，收购人应当按照同等比例收购预受要约的股份。对于收购价格而言，其不得低于要约收购提示性公告日前 6 个月内收购人取得该种股票所支付的最高价格。收购人支付对价可以采用现金、证券、现金与证券相结合等多种方式。收购期限届满后 3 个交易日内，接受委托的证券公司应当向证券登记结算机构申请办理股份转让结算和过户登记手续，解除对超过预定收购比例的股票的临时保管。

（四）收购结束并报告公告收购结果

收购上市公司行为结束之后，收购人应当在 15 日内将收购情况报告国务院证券监督管理机构和证券交易所，通知被收购的目标公司，并予以公告。

二、强制要约收购制度

（一）强制要约收购制度的概念

强制要约收购，是指收购人持有一个上市公司已经发行的股份达到一定的比例之后，依照法律的规定，要求其在法定期间内向该上市公司的所有股东发出收购该公司股份的要约。就目前而言，强制要约收购制度在世界范围内还不算是一种通行的做法，目前采取此种制度的国家也主要是法国、英国及曾经是英属殖民地的国家，而像美国、德国、意大利等国家暂时还没有强制要约收购制度的相关规定。

我国《证券法》对强制要约收购制度的规定主要体现在第 65 条第 1 款：通过证券交易所的证券交易，投资者持有或者通过协议、其他安排与他人共同持有一个上市公司已发行的有表决权股份达到 30% 时，继续进行收购的，应当依法向该上市公司所有股东发出收购上市公司全部或者部分股份的要约。

（二）强制要约收购制度的豁免

强制要约收购制度的豁免，是指收购人持有一个上市公司已经发行的有表决权股份超过 30% 时，经过证券监督管理机构的批准免除强制要约的义务的制度。但是不论是在理论上，还是在实践中，对于强制要约收购制度的争论都一直存在，它也不为每个国家所接受，鉴于此，一些国家便规定了强制要约收购制度的豁免。我国规定强制要约收购制度的豁免主要见于《上市公司收购管理办法》，针对收购人持有上市公司股份的不同情形，法规将强制要约收购制度的豁免申请的程序分成了普通程序的申请和简易程序的申请。

1. 适用普通程序的条件

我国《上市公司收购管理办法》第 62 条规定了豁免申请的普通程序：收购人可以向中国证监会提出免于以要约方式增持股份的申请，而中国证监会须根据申请人的申请，决定是否豁免申请人的强制要约收购义务。

（1）收购人与出让人能够证明本次转让未导致上市公司的实际控制人发生变化，如果收购人的收购行为已经导致了上市公司的实际控制人的变化，则申请不能被通过。

（2）上市公司面临严重财务困难，收购人提出的挽救公司的重组方案取得该公司股东大会批准，且收购人承诺 3 年内不转让其在该公司中所拥有的权益，此种行为是为了挽救目标公司所采取。

（3）除了上述规定的情形之外，中国证监会为适应证券市场发展变化和保护投资者合法权益的需要而认定的其他情形，则也应当适用豁免制度。该制度的设计一方面是为了保护目标公司中小股东的利益，另一方面也是为了上市公司的长远发展考虑。

2. 适用简易程序的条件

《上市公司收购管理办法》第 63 条规定了简易程序的适用，当符合下列条件时，当事人可以向中国证监会申请适用简易程序免除其义务。

（1）经政府或者国有资产管理部门批准进行国有资产无偿划转、变更、合并，导致投资者在一个上市公司中拥有权益的股份占该公司已发行股份的比例超过 30%。

（2）因上市公司按照股东大会批准的确定价格向特定股东回购股份而减少股本，导致投资者在该公司中拥有权益的股份超过该公司已发行股份的 30%。

（3）经上市公司股东大会非关联股东批准，投资者取得上市公司向其发行的新股，导致其在该公司拥有权益的股份超过该公司已发行股份的 30%，投资者承诺 3 年内不转让本次向其发行的新股，且公司股东大会同意投资者免于发出要约。

（4）在一个上市公司中拥有权益的股份达到或者超过该公司已发行股份的 30% 的，自上述事实发生之日起一年后，每 12 个月内增持不超过该公司已发行的 2% 的股份。

（5）在一个上市公司中拥有权益的股份达到或者超过该公司已发行股份的 50% 的，继续增加其在该公司拥有的权益不影响该公司的上市地位。

（6）证券公司、银行等金融机构在其经营范围内依法从事承销、贷款等业务导致其持有一个上市公司已发行股份超过 30%，没有实际控制该公司的行为或者意图，并且提出在合理期限内向非关联方转让相关股份的解决方案。

（7）因继承导致在一个上市公司中拥有权益的股份超过该公司已发行股份的 30%。

（8）因履行约定购回式证券交易协议购回上市公司股份导致投资者在一个上市公司中拥有权益的股份超过该公司已发行股份的 30%，并且能够证明标的股份的表决权在协议期间未发生转移。

（9）因所持优先股表决权依法恢复导致投资者在一个上市公司中拥有权益的股份超过该公司已发行股份的 30%。

（10）中国证监会为适应证券市场发展变化和保护投资者合法权益的需要而认定的其他情形。

相关投资者应在前款规定的权益变动行为完成后 3 日内就股份增持情况做出公告，律师应就相关投资者权益变动行为发表符合规定的专项核查意见并由上市公司予以披露。相关投资者按照前款第 5 项规定采用集中竞价方式增持股份的，每累计增持股份比例达到上市公司已发行股份的 2% 的，在事实发生当日和上市公司发布相关股东增持公司股份进展公告的当日不得再行增持股份。前款第 4 项规定的增持不超过 2% 的股份锁定期为增持行为完成之日起 6 个月。

三、要约收购的法律后果

（一）收购行为成功

收购行为成功是指收购人收购的上市公司的股份达到法定比例，收购人成功取得了上市公司的控制权。我国《股票发行与交易管理暂行条例》第 51 条规定了此项行为，即收购人所持有的目标公司的股份比例达 50% 的，收购成功，收购人取得目标公司的控制权。

（二）收购行为失败

收购行为失败是指收购人收购的上市公司的股份没有达到法定比例，最终没有取得上市公司的控制权，即当要约收购期满，收购人持有的普通股未达到该公司发行在外的股份总数的 50% 的，为要约收购失败。并且收购人除发出新的收购要约之外，其在之后每年购买的该公司发行在外的股份的普通股，不得超过该上市公司发行在外的普通股总数的 5%。

（三）被收购目标公司维持上市资格

当要约收购期限届满，目标公司的股权分布仍符合证券交易所规定的上市交易要求的，该上市公司的股票可以继续在证券交易所上市交易。此时，虽然上市公司股权结构发生了一定的变化，但是不影响其上市资格。现阶段收购人通过收购上市公司股票的行为来借壳上市的情形已经不在少数。但是，收购人在完成对上市公司股票的收购行为之后的 18 个月内，不得转让该上市公司的股票。

（四）被收购目标公司终止上市交易

当收购期限届满，被收购公司股权分布不符合证券交易所规定的上市交易要求的，该上市公司的股票应当由证券交易所依法终止上市交易。

（五）公司的注销以及股票的变更

收购人通过要约收购的方式完成对上市公司的控制权之后，并且将该上市公司注销的，此种行为被称为公司的合并。而对于被收购的公司的股票的处理方式，由收购人依照法律的规定来进行变更。我国《证券法》第76条第1款规定：收购行为完成后，收购人与被收购公司合并，并将该公司解散的，被解散公司的原有股票由收购人依法更换。收购人通过要约收购或协议收购获得被收购公司具有控制权的股份的，通过股东大会的决议，收购人与被收购的上市公司合并，并将被收购的上市公司解散，被解散的公司的原有股票由收购人依法更换。同时，收购人应当依照《公司法》的规定，概括承受被收购公司原有的债权债务，并办理公司合并手续。

【专题案例研讨】我国要约收购典型案例：鹏欣集团要约收购案[1]

鹏欣集团向除公司第一大股东中科合臣化学公司（以下简称"中科合臣"）以外的全体股东发出要约，收购其所持有的股份，要约收购价为每股3.41元，收购期限为自经中国证监会审核无异议的要约收购报告书全文公告之日起的30个自然日。当时，公司第二大股东嘉创企业已承诺将以其全部持有的850万股中科合臣股份接受本次鹏欣集团发出的收购要约。

鹏欣集团当时表示，此次发出收购要约是由于履行股权受让行为而触发的法定全面要约收购义务，不以终止中科合臣上市地位为目的。2008年12月16日，鹏欣集团受让了信弘投资、同心

---

〔1〕《鹏欣集团要约收购中科合臣股份》，载新浪网：http://finance.sina.com.cn/stock/s/20081224/15375680424.shtml，最后访问日期：2018年7月19日。

制药及嘉创企业所持有的中科合臣合计70%的股权，从而控制了中科合臣34.24%的股份，根据相关法律法规规定，该股份的收购以要约方式进行。

公告显示，本次要约收购所需最高资金总额为29 600.51万元，鹏欣集团已将不低于所需最高资金总额20%的履约保证金5950万元存入登记结算公司指定银行账户。登记结算公司出具了《履约保证金保管证明》，剩余的收购资金将来源于鹏欣集团的自有资金，鹏欣集团已就履行要约收购义务所需资金进行了稳妥安排。收购期限届满，鹏欣集团将按照国泰君安根据登记结算公司临时保管的预受要约的股份数量确认收购结果，并按照要约条件履行收购要约。

四、要约收购中的少数股东的挤出与"公正的价格"

在要约收购中发生挤出少数股东或异议股份买收请求权时，欧盟企业收购指令规定，如果是义务性的要约收购，"要约收购价格被视为公正的价格"。如果是任意的收购，收购后的表决权取得比率达到90%以上时，要约收购价格同样被视为是公正的价格。[1] 如此在要约收购中，挤出少数股东或异议股份买收请求权的价格被视为公正价格的前提，在要约收购中存在"强压性（不情愿的情形下需抛售的压力）排除"的现象。在欧洲收购规则中不论是强制性的还是任意性的，原则上被赋予了全部要约收购义务，并且在收购期间未达到重新设定的最低取得比率时（一般是50%或66.7%等），一般规定报价无效。在这种情形下，理

---

〔1〕《欧盟企业收购指令》第15条第5款、第16条第3款。欧盟各国的具体规定使指令认可的范围存在若干差异。

论上应该不会产生强压性的问题。[1]

新《日本公司法》修改了异议股东行使买收请求权时的收购价格。将以前的"经决议应有的公正的价格"（2005 年修改前的《日本商法典》规定）修改为"公正的价格"（《日本公司法》第785 条第 1 款）。该条款可以理解为收购价格中包括企业重组时的相乘效果。以此为前提，最近出现的在 MBO 后挤出少数股东的事例中，异议股东行使买收请求权、决定收购价格时，法院的考虑倾向于企业重组后的相乘效果以及股价上升的期待价值。但是，相乘效果以及股价变动在企业重组前很难合理预测，并且还有可能出现消极的相乘效果以及股价下跌的情况。因此，包括MBO 在内的要约收购后如出现少数股东的挤出或异议股东行使买收请求权的情形，应在"公正的退出价格"的框架内考虑对价。

新《日本公司法》规定，运用取得全部条款的种类股份挤出少数股东应经股东大会的特别决议，与《欧盟企业收购指令》的规定的"表决权的 90%以上"相比门槛过低。另外，在 MBO 中，因为收购者是目标公司的经营者，自然处于有利益相反的状况。所以在要约收购中未满足上述条件未发生强压性的问题时，可将"公正的收购价格"视为挤出少数股东或异议股东行使买收请求权时的"公正的价格"。存在强压性或显著的利害相反行为时，可以考虑适用义务性要约收购中的"最高价格"规则，即"《欧盟企业收购指令》（第 5 条第 4 款）中基于收购者过去 6~12 个月的目标公司股份的最高取得价格"。但是，如何设定"最高价格"标准尚需探讨。

---

[1]　在英国，义务要约收购时，只允许设定这种条件［Takeover Code, RULE 9.3 (a)］。在德国、法国，义务要约收购并未规定最低的取得比率（允许任意要约收购）。但是，不管是否设定最低取得比率，欧洲要约收购规则在适用"最高价强制要约收购规则"时在对价方面充分保护目标公司股东。

【专题理论探讨】反收购制度

探讨企业收购规则时，应认识到欧洲规则中渗透的"股东决定主义"。但是，需注意的是"股东决定主义"（shareholder decision-making）与"股东价值最大化主义"（maximizing shareholder values）的意义是完全不同的。如前所述的要约收购是向收购者发出的报价要约，对此股东表明是否认购，是以"股东决定主义"为前提的制度。而标榜"股东价值最大化主义"的美国企业却广泛引进毒丸（控制权对策）措施，经营者的影响力甚强，企业收购背离了"股东决定主义"。[1] 此外，在英国、德国、法国等欧洲国家，股东在要约收购中具有最终决定权。[2] 因在收购中以目标公司为对象报价，所以收购价格具有重要性，而对于报价简单地引进毒丸等反收购措施会涉及董事责任。[3] 因此，不论是在机构投资者影响力较强的英国，还是在劳动者影响力较强的德国以及法国，均发生了企业收购时还没有目标公司采取防御措施的事例。并且，为使股东决定主义彻底发挥作用，在充分且

---

〔1〕 这一制度是在资本市场股价压力非常大，但是股东权限比较弱，保护劳动者的制度薄弱的情况下而制定的。

〔2〕《欧盟企业收购指令》规定的"董事中立义务"与"通过规则"是为使"股东决定主义"充分发挥作用而完善的法律规定。另外，欧洲强有力的股东决定主义是以高度的劳动者保护为前提的。

〔3〕 在机构投资者的影响力强的英国，对于控制权方案等的反收购措施股东一概持否定态度。在德国、法国同样认为控制权方案等收购反收购措施有违"公司（企业）的利益"（德国"UnternehmensInteresse"、法国"intérêt social"），成为追究董事责任的原因。但是，关于"公司利益"概念、在企业收购中具体而言什么会成为违反"公司的利益"的行为什么不成为，并没有具体标准，可以说蕴含着日本的"企业价值"概念同样的问题。

合理范围内公开信息、公布实际受益人、[1] 制作适当的时间表，严格禁止不公正交易。[2]

一、反收购制度概述

在上市公司收购的过程中，其双方主体是收购人和目标公司的股东，与目标公司的管理层似乎没有直接的关联。虽然目标公司管理层不是收购的当事人，但是收购行为导致的后果往往会对目标公司的经营策略以及公司的利益产生影响，甚至导致目标公司的管理层被更换。为了维护自己的利益或者是公司的利益，目标公司的管理层往往会利用自己的地位优势和手中的权力来对抗收购行为。虽然上市公司收购行为的双方当事人是收购人和目标公司的股东，与目标公司的管理层没有直接的接触，目标公司的管理层也不会对收购行为产生影响，但是管理层却能够动用自己的资源优势来防御收购人，使得收购人需要花费更大的成本来展开收购行为，有时直接导致收购行为的失败。综上，我们可以总结出反收购的概念，即目标公司的管理层为了维护自己的利益或者为了维护公司的利益，利用手中的权力，采取一定的措施来防止收购结果的发生或者是阻止已经发生的收购行为。

随着世界经济的不断发展，发达国家已经经历了多次上市公司收购浪潮，公司收购的数量之大，规模之大已经司空见惯，收购行为和反收购行为也在不断发展。而目标公司为了对抗敌意收

---

〔1〕 "公布实际受益人"并非意味着无限制地向出资者公开。例如在实务中：在英国根据机构投资者的形态决定是否披露出资者的姓名；可裁量运用时仅披露机构投资者名就可以；运用者运用时无裁量性只要披露出资者名即可。德国的实务操作也相同。

〔2〕 例如：英国还存在"put up"或"shut up"这种关于潜在收购者的收购意思表明的规定（Takeover Code, RULE 2.5）。由于收购者未明确表明意思或撤回使目标公司经营层混乱，进行操纵市场的行为时，这一监管规定有效地发挥作用。法国最近也导入了同样的规定（AMF's General Regulation, Articles 223-32 to 223-35）。

购行为，创造出了很多反收购措施，根据反收购措施发生的阶段的不同，我们可以将其分为防御性的反收购策略和抵抗性的反收购策略。

防御性策略是指公司的经营者在收购行为人完成上市公司收购之前所采取的防御性反收购策略，其目的是阻止将来公司被收购，从而维护公司的独立性。防御性的措施主要包括以下几种：

（一）建立合理的持股结构

建立合理的持股结构主要包括：①自我控股，即公司的发起人或者是公司的股东或者董事会的持股比例如果达到51%时，则任何敌意收购都不可能发生；②相互持股，即上市公司通过比较信任的公司达成协议，相互持有对方股份，并确保在敌意收购时不将手中的股权转让，以达到防御敌意收购的目的，目前我国通常会采取此种措施；③雇员持股计划，即通过公司的员工的持股计划来加强公司的控股权。

（二）"驱鲨条款"

"驱鲨条款"，又称接管修正，是使用日益频繁的防御机制中的一种。它是以修正公司章程和章程细则的方式，阻碍公司所不愿接受的要约收购行为，通常不是为了针对某一特定的企业，须经股东大会同意方可运用，[1] 主要包括：①董事会轮选制，即公司内部规定董事会每年进行重新选举时，必然会有一部分董事成员是固定不变的，该项制度设置的目的在于防止持多数股权的股东在较短的时间内获得董事会的控制权而给公司带来不利的影响；②公平价格条款，即收购人在进行收购行为时的收购价格必须统一，不得区别对待目标公司的股东。公平价格的条款的目的在于防止并购者采取双重收购要约来给股东造成强制收购压力，保障目标公司所有股东都能以最高的价格来出售自己手中的股

---

〔1〕 参见林发新主编：《证券法》，厦门大学出版社 2007 年版，第 293 页。

票。公平价格是指收购人在一定时间内支付的最高价格。

对公司章程中是否设计"驱鲨剂条款"存在争议。现行公司法更加强调公司的自治，这使得章程的作用更加重要。对于公司章程中是否可以载明"驱鲨剂条款"，学者们持不同的主张。有的学者认为，"驱鲨剂条款"虽然可能提高公司的收购价格，但也增加了收购的风险，为低效率的管理层提供了一个护身符，其结果是减少了收购数量、降低了收购的风险，使股东利益受损。由于股权分散，公司实际被经营者所控制，一些经营者通过委托投票书左右股东大会，"驱鲨剂条款"并不反映股东的真实愿望。因此法律应禁止设立"驱鲨剂条款"。也有的学者认为，"驱鲨剂条款"不但可以提高收购溢价，还可以使溢价的分配更加平等，在某种程度上，"驱鲨剂条款"限制了股东的权利，巩固了经营者的地位。因此主张法律应允许设立"驱鲨剂条款"，但同时要对其使用有所限制。

我们同意后一种观点。"驱鲨剂条款"尽管为收购人控制公司增加了难度，但并不是绝对拒绝收购，"驱鲨剂条款"的设计应以保护中小股东利益为基点。但由于股权分散，股东力量薄弱，股东大会很可能被经营者所控制，经营者可以利用这种控制在公司章程中增加一些用来维护自身利益，却是损害股东利益的反收购条款。因此，对"驱鲨剂条款"进行立法限制是必要的。

（三）"毒丸策略"

"毒丸策略"是指公司分配给股东的具有预先表决权、偿付权的有价证券，或者一种购买期权。当某些事件发生时，会导致目标公司股东能够以较低价格购买公司的股票或者债券，或以较高的价格向收购人出售股权或者债权。"毒丸策略"的指导思想是通过发行若干不同证券或期权，稀释收购人持股或者弱化目标公司的财务状况，使收购人在收购后遭受经济上的不利后果。"毒丸策略"在实践中有多种表现形式，如向内翻转毒丸和向外翻转毒丸。向内翻转毒丸是目标公司给予股东一种购买权,当收购人未经目标公司经营者同意而收购目标公司股份达到一定比例时,其他股东低价认股的权利即生效,有权以较低的价格购买公司的股份,这将导致目标公司的股份总数激增,不仅稀释了收购人持股,而且加重了其负担。向外翻转毒丸是指公司通过分红给予股东一种购买权,如果收购人将目标公司兼并,被挤出的股东可以凭借此权利以半价购买合并后存续公司的股份。[1]

(四)白衣骑士计划

寻找白衣骑士是指在面临收购者的敌意收购时,目标公司可以寻找第三方与收购者竞争对目标公司的收购,如此,目标公司的股价便会上升,收购的难度也自然会增大。因此,通过此项措施来增加收购者的收购成本,收购者的收购计划也必然会被搁置、延迟或者被取消。

二、适用股份回购的反收购措施

适用股份回购进行反收购的典型案例为美国犹纳卡公司(Unocal Corporation)案例,该公司成立于 1890 年,是一家拥有一百余年历史的老牌石油企业。而梅沙公司(Mesa Petroleum Co.)是持有犹纳卡公司 13%股权的股东。1985 年 4 月 8 日,梅沙公司向犹纳卡公司发出了一个双层收购要约,以每股 54 美元的价格(高于市价)收购犹纳卡公司 37%已发行的股票,其余股东未能出售的股份,梅沙公司称将以等额的债券来交换。犹纳卡公司立即召开了董事会(有 14 名董事,其中包括 8 名独立董事),对梅沙公司的收购案进行了详细的讨论。根据投资银行的报告,他们认为所谓的等额债券是垃圾债券(这一点随后梅沙公司也做出补充声明予以承认),将损害剩余股东的利益,且此种

---

〔1〕 参见李东方主编:《证券法学》(第 2 版),中国政法大学出版社 2012 年版,第 170 页。

双层收购要约对股东造成了强迫并对公司造成了威胁。于是，根据投资银行的建议，犹纳卡公司的董事会决定采取反收购措施。具体而言，就是公司开始以自有资金回购本公司股份（包括董事自己持有的），溢价款达到了每股72美元。更重要的是，此次回购把梅沙公司排除在外。此举引发了梅沙公司的强烈不满，并一纸诉状将犹纳卡公司告到了法院。梅沙公司认为自己作为股东受到了歧视，而且犹纳卡公司的董事们违反了他们对公司的信义义务。初审法院认可了梅沙公司的主张，作出了不利于犹纳卡公司的判决。这里值得注意的是，初审法院禁止了犹纳卡公司的回购要约，其主要理由是该要约对待股东有歧视。法院在判决中这样写道：董事会可以对他们认为不利于公司利益的敌意并购表示反对，但是若要歧视性地收购公司股票，则必须证明：①有正当的目的；②交易对包括被排除的股东在内的所有股东都是公平的。犹纳卡公司不服，提起了上诉。上诉法院最终判决支持了犹纳卡公司的反收购措施。法院认为，公司董事会并不是一个消极的工具，董事会有权利在公司面临恶意收购的时候采取适当的反收购措施。法院同时认为，在评判公司的反收购措施时，应该援引商事判断规则（BJR），即只要证明：①董事会合理相信恶意收购会给公司造成威胁；②反收购措施是合理和适度的。此案中，犹纳卡公司的反收购措施是适当的，并且符合援引商事判断规则的条件。上诉法院在判决中回答了一系列相关问题。其一，公司董事会是否有权针对恶意收购采取反收购措施？根据特拉华州公司法，董事有处理公司股票的权利。董事会的行动权来自其保护公司和股东不受任何来源的伤害的基本职责。其二，董事会的此种反收购措施是否受到商事判断规则的保护？BJR是一种推测，如果董事会的决定是基于合理的商业目的，法院不会用自己的判断取代董事会的决定。换言之，法院不会因为事后的大量债务而否定董事会当时的商业决定。（董事信义义务 VS 商事判断规则）这两个问题是此案审理中的焦点问题。其三，如何判断犹纳卡公司的董事会是基于合理的商业目的？法院认为梅沙公司的双层收购要约对股东造成压迫，对公司造成威胁是不言而喻的，其将对其他股东造成损害也是可以预见的。同时法院根据其他材料认定梅沙公司的收购动机明显不良。面对此种威胁的反收购措施完全可以得到支持。而且，犹纳卡公司的董事会有 8 名独立董事，法院有理由相信其决定主要是为了公司利益。其四，回购要约排除梅沙公司是否合理？法院认为"如果梅沙公司参与到回购要约中，则反收购的目的不能达到"。所以法院支持了犹纳卡公司的有歧视的回购要约（不过这一原则后来被其他判例否定，即当股东是恶意收购人时，公司也不得歧视）。

三、其他措施

（1）金色降落伞计划。目标企业与高层管理人员为防止敌意并购而订立的雇佣合同，内容一般是本公司被并购而高层管理人员被解聘时，公司必须立即无条件支付巨额解聘费或退休金或额外津贴。

（2）焦土战术。一种是除掉企业中最有价值的部分。使目标公司失去并购吸引力，变成焦土。另一种是无力反击时，购置大量闲置资产，故意恶化财务状况，加大经营风险，使目标公司变成焦土，如收购完成则会两败俱伤。

第二节　各国反收购立法规制

当前，世界各国的反收购立法规制相对来说也是不相同的，就现状而言，美国和英国是反收购中较为发达的两个国家，他们有着世界上较为发达的资本市场，世界范围内出现的多次大的反收购浪潮都出现在这两个国家，但是其在反收购的立场上却有着不同的规制。

一、美国反收购立法规制现状

美国的反收购立法主要有联邦和州的成文法和判例法。联邦的主要法律是《威廉姆斯法案》（Williams Acts）。对上市公司收购方面的规定主要包括三个方面，分别是：强制披露义务、一般反欺诈条款和目标公司股东的适度的"交通规则"。《威廉姆斯法案》规定：①目标公司必须将有关其欲采取的反收购行为进行披露，旨在确保任何可能采取的防御性策略都是公开的；②目标公司管理层应对其股东提供它对要约利弊的立场，包括拒绝或接受要约，且需给出相应的理由，此意见在公布或送达股东之日前，应向SEC呈报表格；③目标公司自行回购所发行的股票时，必须在购回前向SEC填表报存有关资料并公布。

总体来说，美国当前的反收购立法主要依靠各州的司法判例来完成。在美国，目标公司的董事会拥有很大的权利，对于反收购在相当大程度上能够自主决定，并且董事会可以采取任何措施来反对上市公司的收购行为。但是却存在着这样一个观点：即董事会如果过多地介入，将会不利于公司的正常运转，且法院也深知不能太坚信董事会的经营决策。因此在实践判例中，法官们也在努力寻求一个平衡点，做到让董事们介入的出发点在于为公司的利益。相对于其他国家来说，美国的反收购立法规制还是比较宽松的，在这样的法制环境下，美国的反收购行为在全球范围内也较为先进和发达。

二、英国反收购立法规制现状

与美国相比，英国对反收购是严格限制的。英国反收购的法律规范主要是《收购与兼并城市法典》（The City Code on Takeover and Mergers，以下简称《城市法典》）。《城市法典》将反收购的权利交给了股东大会，很多条文都体现出以股东为本的理念，并要求目标公司的董事会在收到收购要约之后，所采取的一切行动均需以协助股东是否做出接受收购要约的决定为落脚点。例如《城市法典》第 7 条规定：当一项真正的要约已经通知受要约的公司的董事会，或受要约公司董事会有理由相信一项真正的要约可能即将发出，受要约公司董事会不得在未经股东大会批准的情况下，就公司事务采取任何行动，其目的是使该项真正的要约受到阻挠，或使股东没有机会根据要约的利弊作出决定。其第 21 条规定：在一项要约存续期间，甚至在要约发出之前，如果受要约公司董事会有理由相信一项真正的要约可能即将发出，除了履行先期签订的合同以外，未经股东大会同意，该董事会不得采取的行动有：①发行任何已授权但未发行的股份；②就任何违法性的股份发行或授予选择权；③创设或发行，或者允许创设或发行任何带有转股权或认股权的证券；④出售、处分或取得，或者同意出售、处分或取得具有重大价值的资产；⑤在日常业务规程之外签订合同。

由此可见，英国立法将反收购的权利交给了股东会，这样做的原因也和英国传统理论观点有关，即认为目标公司的股东才是公司股权的真正拥有者，其享有决定公司最终命运的权利。通常来说，公司的经营者与公司的股东之间是常常存在着利益冲突的。因此，《城市法典》中也规定未经股东大会的同意，公司董事会也就不能采取任何反收购行动。

通过以上描述我们可以看出，美国成文法和判例法对于反收购的规定是比较宽松的，并且在反收购的过程中给予董事会充分的权利，且股东诉讼制度较为发达。但是在英国则不同，英国的立法则严格限制了目标公司董事会的权利，赋予股东在反收购过程中的极大权利，但是在诉讼制度方面，公司的管理层拥有着较大的诉讼权利。

三、其他国家

在德国，围绕着企业收购规则还形成了惊人的"均衡关系"，德国实施共同决定法，劳动者的影响力强。根据有价证券购买及收购法（WpÜG）的规定经股东大会的审议批准、监事会的同意，公司可导入反收购措施，虽然字面上看似非常有力度，但实际上在未导入反收购措施的情况下要约收购最终依赖于股东的判断。如果收购价格高，要约收购就会基本成功。[1] 由于"强有力的劳动者保护制度"的存在，即使要约收购本身成功，如果不能与劳动者协调也无法实现。其结果是：基本不存在敌对性要约收购，即便是以敌对性要约收购开始，最后也会以友好收购而结束。在法国，劳动者参与要约收购程序体现为：应要向收购者及目标公司双方的企业委员会提供信息；目标公司的企业委员会（comite d'entreprise）听取收购者的意见（劳动法典 L2323-23）；企业委员会为听取信息要求收购者出席会议，而收购者未出席时，目标公司剥夺其表决权等（劳动法典 L2323-24）。如此，虽然规定劳动者参与要约收购程序，但是劳动者没有要约收购的决定权。

四、反收购规制问题的理论争议[2]

对于是否允许目标公司的经营者采取反收购措施，理论上有不同的观点。

一种观点认为，公司收购市场充斥着套利者和掠夺者，收购

---

〔1〕　根据 2009 年夏天的德国调查团（证券经济研究所）的听证调查，在德国对于要约收购还需得到目标公司的董事会、监事会的同意，收购价格的合理性成为是否赞成的主要理由。

〔2〕　参见李东方主编：《证券法学》（第 3 版），中国政法大学出版社 2017 年版，第 173~174 页。

行为掠夺目标公司及股东的财富，迫使公司经营者注重短期利益，忽视公司的存续和长期利益，对公司股东和整个社会都是有害的。主张目标公司经营者应当对有损公司利益的收购行为采取积极对抗行动，立法不应对目标公司实施反收购行为进行限制。

另一种观点主张，公司收购行为有益无害。反收购措施导致收购成本增加，限制了对公司经营者的激励与监督作用，使股东失去获得溢价的机会。反收购措施不仅与市场效率相悖而且损害股东退出公司的权利，因此目标公司经营者应当扮演消极角色，是否采取反收购措施，应当由股东会决定，证券立法应限制乃至禁止反收购措施。

反收购措施也有利弊两方面。因此，既不应绝对禁止反收购措施的采用，也不应对反收购措施一味地放任。在收购活动中，目标公司董事是两种利益的代表：一是公司利益即股东利益的代表，二是自身利益的代表。当目标公司董事面临着丧失名誉、失去工作的巨大危险时，他们通常是为了自身的利益，利用手中的权力，以公司利益为名实施一些反收购措施，对于这样的措施应秉持禁用的立法态度。立法有条件地允许反收购措施的采用更加合理。我们认为采取反收购措施应具备两个基本条件：①经股东大会同意；②不使股东失去向收购人出售股份的机会，仅仅是作为一种讨价还价的手段。

五、"一致行动人"的认定问题[1]

"一致行动人"是上市公司收购中不可或缺的制度，对"一致行动人"进行规制的法理学基础是证券法的"三公"原则。在理论层面上一般认为，在上市公司的收购中，当某些人事先约定或者达成默契，从证券市场上大量购入某一公司的股票，从单个

---

〔1〕 参见李东方主编：《证券法学》（第3版），中国政法大学出版社2017年版，第175~176页。

人的行为来看，其不构成收购要约，但从他们购入股份的数量来看，可能早已突破履行收购要约义务的底线，这时这些人就不应再被看作单独行为的个体，而应在法律上被看作"一致行动人"。但具体到操作层面，如何具体认定则是很困难的。关于"一致行动人"的认定，目前受到普遍赞许的是我国香港地区《公司收购、合并及股份回购守则》的规定，"一致行动人"包括依据一项协议或者谅解，透过其中任何一个人取得一家公司的投票权，一起积极合作以取得或者巩固对公司的控制权的人。《美国证券法》中与"一致行动"类似的概念则为"收益股权"，即两个以上的股东直接或者间接地通过任何形式的合同、协议，或达成某种默契、某种关系等取得对某一股票的控制股权。从各地对"一致行动人"的认定上看，有几点是共同的：一是"一致行动人"一般包括关联人以及有一致行动契约关系的人；二是"一致行动人"的持股数量合并计算，因为他们有着共同的目标（获得目标公司经营控制权），并共同行使表决权；三是基于保护广大中小投资者的利益，防止大股东联手操纵市场，各地对"一致行动人"的认定比较宽泛，对举证要求很低。如我国香港地区《公司收购、合并及股份回购守则》列举了八种关联人，包括：一家公司及其母公司、子公司、并列子公司，联营及前述四类公司的联营公司，一家公司与其任何董事（包括该董事的近亲，有信托关系的公司和该近亲或公司所控制的公司）等，并规定除非有相反的证明成立，否则这八类人被推定为"一致行动人"。根据美国的立法和司法实践，判断"一致行动人"以合意为要件，只要有为获得目标公司的经营控制权而进行共同行为的合意即可认定为"一致行动人"，而且合意并不需要书面的协议，只要有一致行动的事实，便可推定为有合意。《日本证券法》和美国的规定相似，同时进一步规定拥有超过50%股份的母子公司以及亲戚关系等，即使事实上无合意，也视为"一致行动人"。

我国《证券法》原则规定了"一致行动人"问题，证券监督管理机构颁布的《上市公司收购管理办法》对"一致行动人"既作出了原则性界定，又逐一列举进行具体说明，并将列举责任落在一致行动嫌疑人身上。这些规定基本解决了"一致行动人"的范围问题、举证责任问题。但透过对"一致行动人"的具体列举，不难看出，基本上都是关联人，而在原则性界定中"一致行动人"中还应该包括无关联的关系的一致行动人。而对于无关联关系的一致行动人的认定是比较复杂的，有各种情况，包括有明确协议的人，无明确协议但在行为上又有某种默契的人，长期的合作伙伴、临时的战略同盟等。如果对无关联关系的"一致行动人"的认定范围过窄，有利于收购人分割其持有的股票，避开权益披露的触发点，降低收购成本，为大股东联手操纵市场提供了空间，会使广大中小股东得不到有力的保护。相反，若对无关联关系的"一致行动人"的认定范围过宽，虽能使广大投资者及时获得信息，但是同样会有市场操作之忧，比如将无关联关系的临时战略同盟作为"一致行动人"，有可能导致市场中出现以"收购"为名的价格操纵行为。基于我国证券市场的现状，我们主张对无关联关系的"一致行动人"范围界定不宜过宽，应以长期合作伙伴为限，相互之间是否有明确协议在所不问，只要有一致行动的合意即可。

证券监督管理

证券监管机制即证券监督管理机制的简称，是指一个国家通过立法设立或认可的对该国证券进行监督、管理、控制与协调的整个体系与职责权限划分的制度。它包括组织机构体系、目标体系、功能体系以及运行体系。从组织体系看，它既包括国家授权监管机构，也包括自律性组织机构。

第一节　国外的机制

证券监管机制的类型，按照不同的标准可以进行不同的分类。按照政府监管与证券市场自律的关系，证券监管机制通常分为两种类型：一是市场主导的自律型监管机制，其特点是证券市场的管理主要由证券交易所和证券商协会等组织进行自律管理，除必要的国家立法外，政府较少干预证券市场，证券监管以市场为主导。这一监管机制的典型代表是英国。1986 年《英国金融服务法》实施之后，英国走向统合监管之路。二是政府主导的他律型监管机制，其特点是证券市场的管理主要由政府负责，国家通过立法设立全国性的证券监督管理机构，并制定专门的证券法和配套的管理法规，对证券市场实行集中统一的管理，如美国、日本等国家。美国一直以来坚持分业监管模式，但是美国的监管机构具有强有力的侦查权以及执法权。日本 2007 年开始移植英国模式，将证券法改为《金融商品交易法》，实施统合监管模式。之后，韩国也移植英国、日本模式，制定了《资本市场统合法》，实施统合监管。

第二节　我国监管机制

我国的证券市场是随着经济体制改革的不断深入而发展起来的，其监管机制则是随着证券市场的发展而不断变化的，经历了从地方监管到中央监管，从分散监管到集中监管的发展过程。这一发展过程大致经历了四个阶段：财政部独立管理阶段（1981 年到 1985 年）；主要由中国人民银行主管阶段（1986 年到 1992 年 9 月）；国务院证券委员会主管阶段（1992 年 10 月到 1998 年 7 月）；中国证券监督管理委员会统一监管（1998 年 8 月至今）。1998 年 8 月，国务院批准《证券监管机构体制改革方案》，决定逐步建立与社会主义市场经济相适应的证券监管机制，理顺中央与地方监管部门的关系，实行集中统一领导的管理体制，根据各地区的证券业发展的实际情况，在部分中心城市设立中国证监会派出机构。1998 年 12 月，《证券法》以法律的形式确认了国务院证券监督管理机构对全国证券市场实行集中统一监督管理的体制。从此，我国证券监管机制进入集中统一监管阶段。《证券法》第 7 条规定："国务院证券监督管理机构依法对全国证券市场实行集中统一监督管理。国务院证券监督管理机构根据需要可以设立派出机构，按照授权履行监督管理职责。"这些规定表明，我国的证券监督管理体制的特点是以政府监管为主，并与证券业自律性管理相结合。

我国的证券监管机制是随着我国社会主义市场经济体制改革

的推进而逐步建立和完善的。自 20 世纪 80 年代末期以来，我国证券监管机制伴随证券市场本身的发展经历了由分散监管、多头监管到集中统一监管的过程。

一、中国证监会委托交易所实施调查取证权

《中国证监会委托上海、深圳证券交易所实施案件调查试点工作规定》第 3 条规定，中国证监会委托交易所对部分涉嫌欺诈发行、内幕交易、操纵市场、虚假陈述等违法行为，实施调查取证；采用一事一委托的方式，委托交易所对涉嫌重大、新型、跨市场等特定违法行为，实施调查取证。

薛刚凌教授称，中国证监会委托交易所办案，调查取证后果由中国证监会承担，属于委托代理。证券法赋予中国证监会行使证券执法的权力，要委托交易所行使，应有法律依据。她同时称，目前行政部门将自己的部分权力委托专业机构行使比较普遍。比如，医药食品卫生主管部门对于药品功效的说明、对食品卫生状况的认定，都需要委托专业机构进行技术鉴定。从依法行政角度看，所有行政机关的委托授权，都应当依据法律的规定而为，不能随意私自授权。她认为，中国证监会在委托交易所办案时，应对办案人员的权限进行分类，办案人员欲行使受限调查权时应履行的程序亦应当明确。对于办案人员提供的证据，中国证监会在审理案件时，要求办案人员参与，对其证据进行听证。必要时要求其对所采证据进行说明，使涉嫌违法的行为人能够了解，行使自己的申辩权。

刘俊海教授认为，现行证券法没有规定中国证监会可以将自己的执法权委托给交易所。为此他建议，证券法应对中国证监会委托授权予以明确，使中国证监会的授权做到职权法定、程序法定、主体法定、证据法定。

在证券市场上，我国形成了中国证监会、行业协会和交易所

三位一体的监管模式，职权不同，但都行使一定的监管权。在这种情况下，由交易所配合中国证监会执法，是恰当的。以前，中国证监会调查取证，要交易所为其提供必要的交易数据，交易所是被动的。委托授权后，交易所变为主动，办案人员可能会有考核压力，更有积极性，这对于证券执法有利。

前英大证券研究所所长李大霄直言，中国证监会委托交易所调查，会大大提高办案效率。他以自己亲身经历的案件举例说，有时候发现违法犯罪线索，由于不能及时获得足够证据，等到可以冻结账户时，涉嫌犯罪的人早就将股票卖了，可以定罪的证据很难找到了。据李大霄介绍，交易所处于监管第一线，可以及时获得第一手材料，过去证监会办理的很多案件，证据都是由交易所提供的。现在，中国证监会委托交易所调查取证，更有利于及时查处违法犯罪案件了。

二、政府对上市公司协会的监管

政府对上市公司协会的监管应当审慎适度。

（一）政府监管的必要性

上市公司协会享有对行业公共事务进行管理的社会公权，这种社会公权的行使也同样存在权力滥用的可能性。这是因为：首先，协会的活动可能会造成垄断。上市公司协会本身是非营利性的，但是其会员却是追求利益最大化的上市公司。行业性的垄断可以使协会里的每一个成员都有可能获得超额利润，在利益的推动下，协会可能会联合全体成员来控制或者操纵整个资本市场，从而损害投资公众和社会利益。其次，上市公司协会内部也存在损害会员利益的可能性。例如，协会在行使其自律监管权时，可能会对其内部成员错误地进行惩处；协会开展营利性活动，与会员争利等。这些都可能会有意无意地滥用权力，损害成员的利益。最后，我国目前正处于转型时期，政府还未能从全能政府转变为有限政府，行业协会也没有完全转变为自主性的非营利性组织，要取得行业协会的健康、稳定发展，仍需要政府对其进行监管。

（二）政府监管切忌抑制和干扰上市公司协会的自律监管权

我国资本市场的建立，与欧美等西方国家资本市场的建立，走的是两条不同的道路。欧美等西方国家的资本市场是在市场自然发展的过程中，渗入国家干预因素，因而，政府的干预是在资本市场充分发育的条件下产生的。而我国资本市场的发展始终是由政府来推进的，政府在资本市场的演进中一直起着不可或缺的主导作用，从最初的组织试点到市场规则的设计以及整个资本市场运行的监管，都未离开过政府的直接干预；并且我国证券监管模式的建立又主要着眼于集中统一。因此，在实践中采用的是刚性极强的政府监管方式，这就难免易于忽视自律监管的作用，未给资本市场主体进行自律留出必要的发展空间，具体表现为：资本市场自律监管模式尚未形成，自律组织的功能也未真正发挥出来。总之，我国资本市场自律功能的发挥明显滞后。因此，政府监管切忌抑制和干扰上市公司协会的自律监管权，我们在论证政府监管必要性的时候，更应当注重政府对上市公司协会监管的审慎性和适度性。

三、我国行业协会监管制度存在的问题

从现有的法律、法规、政策的规定，结合目前我国行业协会管理的实际情况看，我国对行业协会的监督管理制度主要存在以下问题：

（一）监管机制不尽合理

现行的对行业协会的监督管理体制，是业务主管部门和登记管理部门的双重管理体制，即由业务主管部门和登记管理部门共同进行管理。例如，《中国上市公司协会章程》第 5 条和第 65 条

就分别规定，协会的业务主管单位是中国证监会，登记管理机关是民政部。协会接受中国证监会、民政部等政府有关部门的业务指导与监督管理。协会终止动议须经会员代表大会表决通过，并报中国证监会审查同意，然后由登记管理机关进行登记审核，行业协会也能设立、变更、解散。对于行业协会的日常管理，《社会团体登记管理条例》规定，业务主管单位负责协会成立登记、变更登记、注销登记前的审查；监督、指导行业协会遵守宪法、法律、法规和国家政策，依据其章程开展活动；负责行业协会年度检查的初审；协助登记管理机关和其他有关部门查处行业协会的违法行为；会同有关机关指导行业协会的清算事宜等。登记管理机关履行下列职责：负责行业协会的成立、变更、注销的登记；对行业协会实施年度检查；对行业协会违反《社会团体登记管理条例》的问题进行监督检查、给予行政处罚等。这种双重管理体制是不合理的。首先，它与上市公司协会自治性团体的基本性质是相违背的。上市公司协会的本质，是一种在会员资源基础上成立的，为会员服务的自治性组织。这种双重管理体制，实际是把上市公司协会作为政府部门的附属物，完全将其纳入政府部门的控制和管理之下，使协会失去了应有的自治组织的基本性质和地位。其次，很难使上市公司协会保持独立于政府的品质。上市公司协会作为代表和维护上市公司集体利益的组织，在这种双重管理体制之下，实际上变成了政府的附属物，很难发挥其行业协会应有的职能。最后，增加了上市公司协会运作的成本。上市公司协会的成立和运作在双重体制之下必然会增加成本，使上市公司协会的成立和退出都变得非常困难。

（二）协会地位不独立

我国两级上市公司协会基本上都是由中国证监会和各地方证监局主导产生的，造成我国目前两级上市公司协会"半官半民"的性质。中国证券业协会、中国期货业协会、中国上市公司协会和中国证券投资基金业协会等四大协会，共同构成中国资本市场的自律监管机制。其实，四大协会大部分属于中国证监会的政府管理体系，被称为二级政府，并算不上是真正意义上的自律协会。

目前我国对行业协会的监管，主要还是依靠政府部门的行政监管，而应有的社会监督管理机制尚未有效建立。事实上，在坚持行业协会自治制度的前提下，对行业协会的监管，既要重视政府的监督，更要重视社会监督。社会监督包括必要信息公示制度，让会员和社会公众对行业协会的运作和有关信息得以了解，从而监督行业协会的有效运作。社会监管也包括建立独立的第三方评估制度，让中立的第三方根据一定的评估标准，对行业协会的信誉、运作情况等进行独立的评估，借以促进行业协会更好地发展等。

对于行业协会的监管制度，我国传统上更注重行政机关对行业协会事前和事中的监管，对于行业协会设立采取的严格行政审批制度，对于行业协会的日常事务的行政管理制度等，而对于通过司法机构的司法活动，克服行业协会自治过程中可能会出现的自治权的滥用，损害会员、非会员和社会公共利益的行为，司法监管可能会是一种更有效的手段。

第七章 | 证券违法行为及法律责任

第一节 虚假陈述

一、虚假陈述及其法律责任

（一）概念和特征

信息披露制度是证券市场公平和公正的法律保障，它要求负有证券信息披露义务的主体必须真实、准确、全面和及时地披露有关信息。虚假陈述包括虚假记载、误导性陈述和重大遗漏披露，违背了信息披露制度的基本要求，是证券法规制的一个重点。

《证券法》颁布之前，国务院发布了《禁止证券欺诈行为暂行办法》（已失效），即有关虚假陈述的禁止性规定。此外，2022年发布的《最高人民法院关于审理证券市场虚假陈述侵权民事赔偿案件的若干规定》，明确了相关民事赔偿诉讼的问题。《证券法》第78条第1、2款规定，发行人及法律、行政法规和国务院证券监督管理机构规定的其他信息披露义务人，应当及时依法履行信息披露义务。信息披露义务人披露的信息，应当真实、准确、完整、简明清晰、通俗易懂，不得有虚假记载、误导性陈述或者重大遗漏。第 85 条规定虚假陈述致使投资者在证券交易中遭受损失的民事责任。此外，第 56 条又对信息披露义务人之外的相关机构和人员编造、传播虚假信息或者误导性信息的行为作出了禁止性规定：禁止任何单位和个人编造、传播虚假信息或者误导性信息，扰乱证券市场。禁止证券交易场所、证券公司、证券登记结算机构、证券服务机构及其从业人员，证券业协会、证券监督管理机构及其工作人员，在证券交易活动中作出虚假陈述或者信息误导。各种传播媒介传播证券市场信息必须真实、客观，禁止误导。传播媒介及其从事证券市场信息报道的工作人员不得从事与其工作职责发生利益冲突的证券买卖。编造、传播虚假信息或者误导性信息，扰乱证券市场，给投资者造成损失的，应当依法承担赔偿责任。也就是说，相关机构和人员编造、传播虚假信息、虚假陈述，误导投资者的行为虽然不构成虚假陈述，但却同样属于证券违法行为，也要依法承担相应的法律责任。

虚假陈述，是指信息披露义务人违反法律、行政法规、监管部门制定的规章和规范性文件关于信息披露的规定，在披露的信息中存在虚假记载、误导性陈述或者重大遗漏的行为。虚假陈述具有以下特点：①虚假陈述是特定主体实施的行为，也就是说，虚假陈述是信息披露义务人所为的行为。不负有披露义务的人所实施的虚假记载、误导性陈述和重大遗漏披露行为，尽管可能构成其他证券违法行为，但不构成虚假陈述。②证券法上的虚假陈述是一种特殊的行为，不同于民法上的虚假陈述。民法上的虚假陈述是指行为人故意作出某种意思表示的积极行为，即行为人故意作出某种不符合事实真相的积极意思表示。证券法上的虚假陈述不限于行为人故意作出某种不符合事实真相的积极意思表示，而是泛指各种违反信息披露义务的行为，包括以各种行为形态和因各种主观态度而为的行为。也就是说，证券法上的虚假陈述既包括故意的虚假记载和误导性陈述，也包括过失，甚至包括意外发生的误导性陈述和重大信息遗漏披露。③虚假陈述是在履行信息披露义务时所为的行为。对于各种影响证券价格的重大信息，信息披露义务人应当及时以规定的文件格式、内容和法定的方式、方法向公众披露，在提交或公布的法定信息披露文件中作出与事实不符的虚假记载、误导性陈述和重大遗漏，均构成虚假陈述。④虚假陈述是针对重大性信息而言的行为。所谓重大性，是指对证券价格有重大影响，因此，凡是可能对证券价格有重大影响的事件、事项或者信息及其发生的变动，都具有重大性。最高人民法院在《全国法院民商事审判工作会议纪要》第85条中指出，重大性是指可能对投资者进行投资决策具有重要影响的信息，虚假陈述已经被监管部门行政处罚的，应当认为是具有重大性的违法行为。

（二）类型

从字面意义上看，虚假陈述似乎仅限于内容不实的陈述，但在现实生活中，虚假陈述的表现形式却非常复杂。从我国《证券法》的规定来看，虚假陈述主要包括以下分类：①虚假记载。虚假记载是指信息披露义务人在披露信息时，将不存在的事实在信息披露文件中予以记载的行为，即在信息披露文件中作出与事实真相不符的记载。事实上没有发生或者无合理基础的事项被记载于信息披露文件，无论属于捏造或者笔误，都可以认定为是虚假记载，但虚假记载通常属于义务人基于过错而实施的积极行为。例如，招股说明书否认发行人和控制股东之间存在着实际发生过的关联交易，或者持续披露文件记载了没有发生的交易和财务数据。②误导性陈述，是指行为人在信息披露文件中或者通过媒体，作出使投资人对其投资行为发生错误判断并产生重大影响的陈述。信息披露文件记载的表述存有缺陷而容易使人误解，投资者依赖该信息披露文件无法获得清晰、正确的认识，或者持续披露文件记载了没有发生的交易和财务数据。③重大遗漏，是指信息披露义务人在信息披露文件中，未将应当记载的事项完全记载或者仅部分予以记载。重大遗漏既包括出于主观故意而未予记载的情形，也包括由于过失而未记载的情形。例如，上市公司招股说明书或者其他募集文件未记载被提起的较重大的诉讼，或记载不充分者，都有可能按照重大遗漏对待。

（三）法律责任

1. 虚假陈述的民事责任

（1）虚假陈述的民事责任，现实生活中虚假陈述主要是民事赔偿责任，其认定的构成要件有：①主观上存在过错。过错，是指行为人的主观故意和过失的状态。在证券市场中，由于受害人对侵权人的主观过错难以举证证明，因此证券立法一般规定以过错推定和无过错责任作为虚假陈述责任人的归责原则。如果他们能够证明其已尽到勤勉义务，则可以免责。②客观上有虚假陈述行为，行为人在客观上作出了虚假陈述行为。关于虚假陈述行为的认定，应当以人民法院、中国证监会和财政部的处罚认定为准。③损害后果。民事赔偿以存在损害后果为前提。如果不存在可以补救和计算的损失，则虚假陈述不能产生赔偿责任。投资者对所受到的损害，应当承担举证责任。④因果关系。在民事责任中，因果关系是联系违法行为与损害之间的重要纽带。我国《证券法》第85条和第213条规定了因果关系的内容。第85条规定，信息披露义务人未按照规定披露信息，或者公告的证券发行文件、定期报告、临时报告及其他信息披露资料存在虚假记载、误导性陈述或者重大遗漏，致使投资者在证券交易中遭受损失的，信息披露义务人应当承担赔偿责任；发行人的控股股东、实际控制人、董事、监事、高级管理人员和其他直接责任人员以及保荐人、承销的证券公司及其直接责任人员，应当与发行人承担连带赔偿责任，但是能够证明自己没有过错的除外。第213条规定，证券服务机构违反《证券法》第 163 条的规定，未勤勉尽责，所制作、出具的文件有虚假记载、误导性陈述或者重大遗漏的，责令改正，没收业务收入，并处以业务收入 1 倍以上 10 倍以下的罚款，没有业务收入或者业务收入不足 50 万元的，处以 50 万元以上 500 万元以下的罚款；情节严重的，并处暂停或者禁止从事证券服务业务。对直接负责的主管人员和其他直接责任人员给予警告，并处以 20 万元以上 200 万元以下的罚款。

（2）虚假陈述民事责任的主体和责任认定方式。①虚假陈述民事责任的主体包括：公司发起人、控股股东等实际控制人；证券发行人或者上市公司；保荐人、主承销商、会计师事务所、律师事务所、资产评估机构等证券服务机构；发行人或者上市公司、保荐人、主承销商中负有责任的董事、监事和经理等高级管理人员以及会计师事务所、律师事务所、资产评估机构等专业服务机构的直接负责人；其他作出虚假陈述的机构或者自然人。②虚假陈述民事责任的认定方式主要包括：第一，无过错责任。根据 2019 年《证券法》第 19 条、第 78 条、第 85 条、第 163 条，《最高人民法院关于审理证券市场因虚假陈述引发的民事赔偿案件的若干规定》（已失效）第 24 条以及《股票发行与交易管理暂行条例》第 16 条、第 17 条的规定，只要发行和上市文件中出现了虚假记载、误导性陈述或者重大遗漏而致投资者受到损害，发行人、上市公司就必须承担侵权损害赔偿责任。第二，过错推定责任。根据 2019 年《证券法》第 85 条的规定，发行人的控股股东、实际控制人、董事、监事、高级管理人员和其他直接责任人员以及保荐人、承销的证券公司及其直接责任人员，如果能够证明其恪守职责进行核查，没有过错的，则可免责。值得注意的是，2014 年《证券法》第 69 条规定，对发行人、上市公司的控股股东、实际控制人采取过错责任原则，即受害人必须举证证明发行人、上市公司的控股股东、实际控制人有过错，上述主体才

与发行人、上市公司承担连带赔偿责任。2019 年《证券法》第
85 条对发行人的控股股东、实际控制人采取过错推定原则，即发
行人的控股股东、实际控制人必须证明自己没有过错，方可免
责。其第 163 条规定，证券服务机构为证券的发行、上市、交易
等证券业务活动制作、出具审计报告及其他鉴定报告、资产评估
报告、财务顾问报告、资信评级报告或者法律意见书等文件，应
当勤勉尽责，对所依据的文件资料内容的真实性、准确性、完整
性进行核查和验证。其制作、出具的文件有虚假记载、误导性陈
述或者重大遗漏，给他人造成损失的，应当与委托人承担连带赔
偿责任，但是能够证明自己没有过错的除外。

2022 年 1 月发布的《最高人民法院关于审理证券市场虚假陈
述侵权民事赔偿案件的若干规定》，对 2003 年的《最高人民法院
关于审理证券市场因虚假陈述引发的民事赔偿案件的若干规定》
作出了大幅修订，对于重大性判断、因果关系推定和损失计算规
则进行优化，且增订了更为详细的责任免除规则，心理论工具是
采纳虚假陈述是否对股价产生扭曲之外在可见标准。[1]

2. 虚假陈述的行政责任

（1）初次披露虚假陈述的行政责任，《证券法》第 180 条规
定，违反本法第 9 条的规定，擅自公开或者变相公开发行证券
的，责令停止发行，退还所募资金并加算银行同期存款利息，处
以非法所募资金金额 5% 以上 50% 以下的罚款；对擅自公开或者
变相公开发行证券设立的公司，由依法履行监督管理职责的机构
或者部门会同县级以上地方人民政府予以取缔。对直接负责的主
管人员和其他直接责任人员给予警告，并处以 50 万元以上 500 万
元以下的罚款。

（2）持续披露虚假陈述的行政责任，《证券法》第 197 条规

---

〔1〕 耿利航、朱翔宇：《证券虚假陈述民事责任纠纷中的价格影响》，载《法学
论坛》2023 年第 6 期。

定，信息披露义务人未按照本法规定报送有关报告或者履行信息披露义务的，责令改正，给予警告，并处以 50 万元以上 500 万元以下的罚款；对直接负责的主管人员和其他直接责任人员给予警告，并处以 20 万元以上 200 万元以下的罚款。发行人的控股股东、实际控制人组织、指使从事上述违法行为，或者隐瞒相关事项导致发生上述情形的，处以 50 万元以上 500 万元以下的罚款；对直接负责的主管人员和其他直接责任人员，处以 20 万元以上 200 万元以下的罚款。信息披露义务人报送的报告或者披露的信息有虚假记载、误导性陈述或者重大遗漏的，责令改正，给予警告，并处以 100 万元以上 1000 万元以下的罚款；对直接负责的主管人员和其他直接责任人员给予警告，并处以 50 万元以上 500 万元以下的罚款。发行人的控股股东、实际控制人组织、指使从事上述违法行为，或者隐瞒相关事项导致发生上述情形的，处以 100 万元以上 1000 万元以下的罚款；对直接负责的主管人员和其他直接责任人员，处以 50 万元以上 500 万元以下的罚款。

（3）提供虚假文件的证券服务机构的行政责任，《证券法》第 213 条第 3 款规定，证券服务机构违反本法第 163 条的规定，未勤勉尽责，所制作、出具的文件有虚假记载、误导性陈述或者重大遗漏的，责令改正，没收业务收入，并处以业务收入 1 倍以上 10 倍以下的罚款，没有业务收入或者业务收入不足 50 万元的，处以 50 万元以上 500 万元以下的罚款；情节严重的，并处暂停或者禁止从事证券服务业务。对直接负责的主管人员和其他直接责任人员给予警告，并处以 20 万元以上 200 万元以下的罚款。

3. 虚假陈述的刑事责任

（1）欺诈发行证券罪，《刑法》第 160 条规定，在招股说明书、认股书、公司、企业债券募集办法等发行文件中隐瞒重要事实或者编造重大虚假内容，发行股票或者公司、企业债券、存托凭证或者国务院依法认定的其他证券，数额巨大、后果严重或者有其他严重情节的，处 5 年以下有期徒刑或者拘役，并处或者单处罚金；数额特别巨大、后果特别严重或者有其他特别严重情节的，处 5 年以上有期徒刑，并处罚金。控股股东、实际控制人组织、指使实施前款行为的，处 5 年以下有期徒刑或者拘役，并处或者单处非法募集资金金额 20% 以上 1 倍以下罚金；数额特别巨大、后果特别严重或者有其他特别严重情节的，处 5 年以上有期徒刑，并处非法募集资金金额 20% 以上 1 倍以下罚金。单位犯前两款罪的，对单位判处非法募集资金金额 20% 以上 1 倍以下罚金，并对其直接负责的主管人员和其他直接责任人员，依照第 1 款的规定处罚。

（2）违规披露、不披露重要信息罪，《刑法》第 161 条规定，依法负有信息披露义务的公司、企业向股东和社会公众提供虚假的或者隐瞒重要事实的财务会计报告，或者对依法应当披露的其他重要信息不按照规定披露，严重损害股东或者其他人利益，或者有其他严重情节的，对其直接负责的主管人员和其他直接责任人员，处 5 年以下有期徒刑或者拘役，并处或者单处罚金；情节特别严重的，处 5 年以上 10 年以下有期徒刑，并处罚金。前款规定的公司、企业的控股股东、实际控制人实施或者组织、指使实施前款行为的，或者隐瞒相关事项导致前款规定的情形发生的，依照前款的规定处罚。犯前款罪的控股股东、实际控制人是单位的，对单位判处罚金，并对其直接负责的主管人员和其他直接责任人员，依照第 1 款的规定处罚。

（3）编造并传播证券、期货交易虚假信息罪，《刑法》第 181 条第 1 款规定，编造并且传播影响证券、期货交易的虚假信息，扰乱证券、期货交易市场，造成严重后果的，处 5 年以下有期徒刑或者拘役，并处或者单处 1 万元以上 10 万元以下罚金。

【专题案例研讨】康美药业虚假陈述案

2001 年 3 月，康美药业在上海证券交易所主板上市。2017 年

4 月、2018 年 4 月、2018 年 8 月，康美药业在上海证券交易所网站、巨潮资讯网及中国证监会指定报纸上先后披露了《2016 年年度报告》《2017 年年度报告》《2018 年半年度报告》。2019 年 8 月，中国证监会作出处罚字〔2019〕119 号《行政处罚及市场禁入事先告知书》，查明上述三份报告存在虚假记载，包括虚增营业收入，虚增营业利润，虚增货币资金，虚增金额高达数十亿至数百亿元人民币，同时还存在重大遗漏，未按规定披露控股股东及其关联方非经营性占用资金的关联交易情况。

中国证监会认为，康美药业上述虚假记载以及重大遗漏行为，违反了 2014 年《证券法》第 63、65、66 条（2019 年《证券法》第 63、79 条）的规定，构成 2014 年《证券法》第 193 条第 1 款（2019 年《证券法》第 197 条第 1 款）所述的行为。

二、虚假陈述的类型

根据《证券法》第 78 条第 2 款的规定，虚假陈述包括虚假记载、误导性陈述和重大遗漏三种类型。[1] 发行人、上市公司依法应当披露的文件只要包括发行人的申请文件、定期报告、临时报告，无论是何种披露文件，都不应该出现虚假陈述。虚假陈述行为的本质是对信息内容的发生概率/确定性的扭曲：虚假记载是以假乱真，误导性陈述、重大遗漏使投资者错误估计事件发生的概率。[2] 本部分将通过案例来详细解析上述三类虚假陈述行为。

---

〔1〕 王志明：《内幕交易民事赔偿制度之审思》，载《交大法学》2024 年第 4 期。

〔2〕 缪因知：《信息确定性视角下的披露与反欺诈制度一体性》，载《中外法学》2023 年第 5 期。

（一）虚假记载

【专题案例研讨】欣泰电气虚假陈述案（上）[1]

1. IPO 申请文件中相关财务数据存在虚假记载

2011 年 11 月，丹东欣泰电气股份有限公司（以下简称"欣泰电气"）向中国证监会提交首次公开发行股票并在创业板上市（以下简称"IPO"）申请，该申请于 2012 年 7 月 3 日通过创业板发行审核委员会审核。2014 年 1 月 3 日，欣泰电气取得中国证监会《关于核准丹东欣泰电气股份有限公司首次公开发行股票并在创业板上市的批复》。

为实现发行上市目的，解决欣泰电气应收账款余额过大问题，欣泰电气总会计师刘某胜向公司董事长、实际控制人温某乙建议在会计期末以外部借款减少应收账款，并于下期初再还款冲回。二人商议后，温某乙同意并与刘某胜确定主要以银行汇票背书转让形式进行冲减。2011 年 12 月至 2013 年 6 月，欣泰电气通过外部借款、使用自有资金或伪造银行单据的方式虚构应收账款的收回，在年末、半年末等会计期末冲减应收款项（大部分在下一会计期期初冲回），致使其在向中国证监会报送的 IPO 申请文件中相关财务数据存在虚假记载。其中，截至 2011 年 12 月 31 日，虚减应收账款 10 156 万元，少计提坏账准备 659 万元；虚增经营活动产生的现金流净额 10 156 万元。截至 2012 年 12 月 31 日，虚减应收账款 12 062 万元，虚减其他应收款 3384 万元，少计提坏账 726 万元；虚增经营活动产生的现金流净额 5290 万元。截至 2013 年 6 月 30 日，虚减应收账款 15 840 万元，虚减其他应收款 5324 万元，少计提坏账准备 313 万元；虚增应付账款 2421 万元；虚减预付账款 500 万元；虚增货币资金 21 232 万元，虚增经营活动产生的现金流净额 8638 万元。

---

[1] 中国证监会行政处罚决定书〔2016〕84 号。

欣泰电气将包含虚假财务数据的 IPO 申请文件报送中国证监会并获得中国证监会核准的行为，违反了 2014 年《证券法》第 13 条关于公开发行新股应当符合的条件中"最近 3 年财务会计文件无虚假记载，无其他重大违法行为"和第 20 条第 1 款"发行人向国务院证券监督管理机构或者国务院授权的部门报送的证券发行申请文件，必须真实、准确、完整"的规定，构成 2014 年《证券法》第 189 条所述"发行人不符合发行条件，以欺骗手段骗取发行核准"的行为。

2.《2013 年年度报告》《2014 年半年度报告》和《2014 年年度报告》中存在虚假记载

2013 年 12 月至 2014 年 12 月，欣泰电气在上市后继续通过外部借款或者伪造银行单据的方式虚构应收账款的收回，在年末、半年末等会计期末冲减应收款项（大部分在下一会计期期初冲回），导致其披露的相关年度和半年度报告财务数据存在虚假记载。其中，《2013 年年度报告》虚减应收账款 19 940 万元，虚减其他应收款 6224 万元，少计提坏账准备 1240 万元；虚增应付账款 1521 万元；虚增货币资金 20 632 万元；虚增经营活动产生的现金流净额 12 238 万元。《2014 年半年度报告》虚减应收账款 9974 万元，虚减其他应收款 6994 万元，少计提坏账准备 272 万元；虚增应付账款 1521 万元；虚减其他应付款 770 万元；虚增货币资金 14 767 万元；虚减经营活动产生的现金流净额 9965 万元。《2014 年年度报告》虚减应收账款 7262 万元，虚减其他应收款 7478 万元，少计提坏账准备 363 万元，虚减经营活动产生的现金流净额 12 944 万元。

（二）重大遗漏

【专题案例研讨】欣泰电气虚假陈述案（下）

欣泰电气实际控制人温某乙以员工名义从公司借款供其个人使用，截至 2014 年 12 月 31 日，占用欣泰电气 6388 万元。欣泰电气在《2014 年年度报告》中未披露该关联交易事项，导致《2014 年年度报告》存在重大遗漏。

以上事实，有客户提供的情况说明、欣泰电气提供的转款汇总表和明细表、欣泰电气财务凭证、银行资金流水、银行汇票等单据、定期报告、董事会决议、监事会决议、定期报告书面确认意见、当事人提供的说明材料和当事人询问笔录等证据证明，足以认定。

欣泰电气披露的《2013 年年度报告》《2014 年半年度报告》《2014 年年度报告》存在虚假记载及《2014 年年度报告》存在重大遗漏的行为，违反了 2014 年《证券法》第 63 条有关"发行人、上市公司依法披露的信息，必须真实、准确、完整，不得有虚假记载、误导性陈述或者重大遗漏"的规定，构成 2014 年《证券法》第 193 条所述"发行人、上市公司或者其他信息披露义务人未按照规定披露信息，或者所披露的信息有虚假记载、误导性陈述或者重大遗漏"的行为。

（三）误导性陈述

【专题案例研讨】奥联电子虚假陈述案

2016 年 12 月，南京奥联汽车电子电器股份有限公司（以下简称"奥联电子"）在深圳证券交易所创业板上市。2024 年 3 月，中国证监会查明奥联电子在披露文件中存在误导性陈述并作出〔2024〕34 号行政处罚决定书。

2022 年 12 月，奥联电子披露《关于全资子公司签署钙钛矿投资合作协议暨设立公司的公告》，称公司全资子公司海南奥联投资有限公司与自然人胥某军共同出资设立奥联光能并签署《投资合作协议》，拟从事钙钛矿太阳能电池及制备装备的研发、生产、销售等。2023 年 2 月，奥联电子收到深圳证券交易所对其发出的《关注函》（创业板关注函〔2023〕第 67 号），要求结合公司相关技术、资金、资质，胥某军的履历、背景、既往工作研究成果等，详细说明奥联光能从事相关业务的方式、方法及可行性等情况。同月，奥联电子披露了《关于对深圳证券交易所关注函回复的公告》（以下简称《关注函回复》），其中称时任奥联光能总经理胥某军完成或指导完成 100×100mm 钙钛矿电池组件实验线全部工艺设备国产化研制等 12 项项目。《关注函回复》称："胥某军及包括鲁某在内的多名团队成员已自主研发完成多型钙钛矿工艺装备，并实现了与钙钛矿电池制备工艺适配，完成并交付了多条实验线、中试线装备，对钙钛矿电池研发进程和产业化过程有独到的理解与实践能力，在钙钛矿技术产业化所需要的材料配方、工艺研发、装备研制等领域具备核心竞争能力。"

事实上，中国证监会查明，胥某军未在上述 12 项项目中起到主导或牵头研制作用。公告所称的"完成"仅指胥某军参与了该项目，例如参与技术讨论、与合作方接洽、作为使用者提建议，且项目最终完成。而且，胥某军专业为军事指导自动化，在过往工作经历中不是核心技术人员，工作内容以运营管理为主，所谓"自主研发完成"，实则是仅参与了部分管理工作。综上，奥联电子的上述信息披露未能客观、准确、完整反映胥某军在钙钛矿行业过往工作业绩和核心竞争力，夸大了其行业影响力，有较大误导性。

奥联电子的上述行为，被中国证监会认定为违反 2019 年《证券法》第 78 条第 2 款的规定，构成 2019 年《证券法》第 197 条第 2 款所述信息披露违法行为中的误导性陈述行为。

第二节　内幕交易

一、内幕交易的概念和特征

内幕交易是一种最古老、最典型的证券违法行为。在我国，自证券市场建立时起，内幕交易就开始出现并伴随着证券市场的成长历程而不时兴风作浪。1994 年，被一些学者视为"首例内幕交易案"的"襄樊上证营业部内幕交易案"引人注目。其后，"张家界旅游开发公司内幕交易案""北大方正副总裁王某内幕交易案""四川托普发展总裁戴某辉内幕交易案""高某山内幕交易案"等相继曝出，大有越演越烈之势头。

内幕交易是指证券交易内幕信息的知情人和非法获取证券交易内幕信息的人利用内幕交易所从事的证券交易活动。内幕交易，又称内部人交易、内线交易或者内情者交易。内幕交易的实质是行为人利用内幕信息从事证券交易，目的是获得额外利益或者避免正常交易风险的损失。公开、公平和公正是各国证券法的基本原则。公开原则的核心是信息公开，只有建立在信息公开和信息共享的基础上，才会形成公正的证券秩序；公平原则意味着投资者获得信息的机会均等，尤其是利用证券信息的机会均等。内幕交易违背了公开、公平的基本原则，扰乱了正常的市场秩序，使信息和机会的天平倾斜于内幕信息拥有者。因此，禁止和取缔内幕交易是各国证券监管的重要任务之一。

从世界范围来看，各国证券立法几乎都对内幕交易实施了比较严格的法律规制。美国和日本证券立法都将内幕行为本身视为证券犯罪，我国《刑法》也将情节严重的内幕交易行为规定为证券犯罪。为了公正地对待证券市场上的所有投资者，保证投资者依据同样的公开信息买卖证券，我国早在 1993 年颁布的《禁止证券欺诈行为暂行办法》（已失效）中，就把内幕交易视为重要的欺诈行为而予以严格禁止。2005 年 10 月 27 日全国人大常委会修订《证券法》时，又对禁止内幕交易制度作了进一步充实。2008 年 1 月 15 日，国务院决定废止《禁止证券欺诈行为暂行办法》，相关内容由 2005 年 10 月 27 日公布的《证券法》代替。2011 年 7 月 13 日最高人民法院印发的《关于审理证券行政处罚案件证据若干问题的座谈会纪要》，就内幕交易行为的规制提出了司法指导意见。

二、内幕交易的构成要件

在我国，学者们对于内幕交易构成要素的认识，可以分为两要素说、三要素说和四要素说。如有学者认为，内幕交易有内幕信息和内幕人员两个核心要素；有学者认为，内幕交易的构成要素主要包括行为主体、行为方式和内幕信息；有学者认为，内幕交易有内幕人、内幕信息和主观方面三个构成要素；有学者认为，内幕交易由内幕信息、内幕人、内幕证券和证券交易四个要素构成；还有学者认为，内幕交易的构成要素有内幕人员、内幕信息、主观方面和客观方面；同时，有的学者则从刑法学的角度，讨论内幕交易罪的构成要件。其中，我国香港地区和台湾地区的学者，对此也有不同的认识。综合观之，内幕交易应当包括三个要素：内幕人员（知情人）、内幕信息和利用内幕信息的行为。其中，前两个为静态要素，第三个为动态要素。

三、内幕交易的法律责任

（1）内幕交易的民事责任，《证券法》第 53 条第 3 款规定，内幕交易行为给投资者造成损失的，应当依法承担赔偿责任。

（2）内幕交易的行政责任，《证券法》第 191 条规定，证券交易内幕信息的知情人或者非法获取内幕信息的人违反本法第 53 条的规定从事内幕交易的，责令依法处理非法持有的证券，没收违法所得，并处以违法所得 1 倍以上 10 倍以下的罚款；没有违法所得或者违法所得不足 50 万元的，处以 50 万元以上 500 万元以下的罚款。单位从事内幕交易的，还应当对直接负责的主管人员和其他直接责任人员给予警告，并处以 20 万元以上 200 万元以下的罚款。国务院证券监督管理机构工作人员从事内幕交易的，从重处罚。证券交易场所、证券公司、证券登记结算机构、证券服务机构和其他金融机构的从业人员、有关监管部门或者行业协会的工作人员，利用因职务便利获取的内幕信息以外的其他未公开的信息进行交易的，依照前款的规定处罚。

（3）内幕交易的刑事责任，《刑法》第 180 条规定，内幕交易、泄露内幕信息罪，即证券、期货交易内幕信息的知情人员或者非法获取证券、期货交易内幕信息的人员，在涉及证券的发行，证券、期货交易或者其他对证券、期货交易价格有重大影响的信息尚未公开前，买入或者卖出该证券，或者从事与该内幕信息有关的期货交易，或者泄露该信息，或者明示、暗示他人从事上述交易活动，情节严重的，处 5 年以下有期徒刑或者拘役，并处或者单处违法所得 1 倍以上 5 倍以下罚金；情节特别严重的，处 5 年以上 10 年以下有期徒刑，并处违法所得 1 倍以上 5 倍以下罚金。单位犯前款罪的，对单位判处罚金，并对其直接负责的主管人员和其他直接责任人员，处 5 年以下有期徒刑或者拘役。内幕信息、知情人员的范围，依照法律、行政法规的规定确定。利用未公开信息交易罪，即证券交易所、期货交易所、证券公司、期货经纪公司、基金管理公司、商业银行、保险公司等金融机构的从业人员以及有关监管部门或者行业协会的工作人员，利用因职务便利获取的内幕信息以外的其他未公开的信息，违反规定，从事与该信息相关的证券、期货交易活动，或者明示、暗示他人从事相关交易活动，情节严重的，依照第 1 款的规定处罚。

【专题案例研讨】苏某鸿内幕交易案[1]

中国证监会认为苏某鸿涉嫌内幕交易，决定对其进行立案调查，并对威华股份及相关人员进行了检查、调查。经核查，中国

---

[1] 《为何这起证券行政处罚被撤销 北京高院判决详解内幕交易调查规则与标准》，载京法网事：https://mp.weixin.qq.com/s/uF66uxbl4zrkgces7wH4yw，最后访问日期：2024 年 8 月 25 日。

证监会认为苏某鸿在内幕信息公开前与内幕信息知情人员殷某国联络、接触，相关交易行为明显异常，且其没有提供充分、有说服力的理由排除其涉案交易行为系利用内幕信息，构成内幕交易行为。

中国证监会认为苏某鸿交易威华股份的时点与资产注入及收购铜矿事项的进展情况高度吻合，但是苏某鸿没有为其与殷某国在涉案期间存在接触联络以及其交易行为与内幕信息形成过程高度吻合提供充分、有说服力的解释。苏某鸿的上述行为构成内幕交易行为。根据苏某鸿违法行为的事实、性质、情节与社会危害程度，依据 2014 年《证券法》第 202 条的规定，中国证监会作出〔2016〕56 号行政处罚决定：没收苏某鸿违法所得 65 376 232.64 元，并处以 65 376 232.64 元罚款。苏某鸿不服被诉处罚决定，向中国证监会申请行政复议。中国证监会经审查作出〔2017〕63 号行政复议决定，决定维持被诉处罚决定。苏某鸿仍不服，诉至法院。法院认为中国证监会认定苏某鸿进行内幕交易具有事实根据。苏某鸿不服，提起上诉。

一、内幕信息认定标准问题

法院认为，本案中，威华股份注入 IT 资产及收购铜矿方案，属于公司的重大投资行为，在其未公开之前，中国证监会据此认定属于 2014 年《证券法》第 67 条第 2 款第 2 项规定的"公司的重大投资行为和重大的购置财产的决定的"内幕信息正确。影响内幕信息形成的动议、筹划、决策或者执行人员，其动议、筹划、决策或者执行的初始时间，应当认定为内幕信息的形成之时。本案中，不晚于 2013 年 2 月 23 日，威华股份管理层已经实质启动 IT 资产注入及收购铜矿的筹划工作，因此中国证监会认定内幕信息至迟不晚于 2013 年 2 月 23 日形成，并无不当。

至于 IT 资产注入及收购铜矿方案被让壳方案所替代，是否影响内幕信息的认定问题，二审法院认同一审判决的结论，即不构成实质影响。这是因为，威华股份注入 IT 资产及收购铜矿方案本身构成内幕信息，并不限于该方案的对象或者方式，乃至于与该方案是否最后成功完成也并无直接关系。公司重大决策及其讨论实施过程，可能是一个动态、连续、有机关联的过程，只要启动威华股份注入 IT 资产及收购铜矿方案本身符合内幕信息的认定标准，内幕信息即已形成，其后实施对象、方式的变化以及是否成功等都不会实质性改变内幕信息已经形成的事实。

二、证券行政调查的规则

法院认为，中国证监会认定殷某国为内幕信息知情人，除了相关会议记录以及其他相关人员的证人证言外，还必须向殷某国本人进行调查询问，除非穷尽调查手段而客观上无法向殷某国本人进行调查了解。这就是说，虽然有关会议记录和其他涉案人员询问笔录均显示殷某国为内幕信息知情人，中国证监会还应当向作为直接当事人的殷某国进行调查了解，除非穷尽调查手段仍存在客观上无法调查的情况。本案中，中国证监会认为需要向殷某国进行直接调查了解，实际上也为寻找殷某国接受调查采取了一定的实际行动，比如通过电话方式联系殷某国，还试图到殷某国可能从业的单位进行调查了解，但是，中国证监会的这些努力尚未穷尽调查方法和手段，也不能根据这些努力得出客观上存在无法向殷某国进行调查了解的情况。这是因为，中国证监会寻找殷某国的相关场所，只是殷某国可能从业的单位，并不是确定的实际可以通知到殷某国的地址，而且看不出中国证监会曾到殷某国住所地、经常居住地或户籍所在地等地方进行必要的调查了解。在案证据显示，即使是便捷通知方式，中国证监会联系殷某国的方式也并不全面，电话联络中遗漏掉了"1392091XXX9"号码，且遗漏掉的该号码恰恰是苏某鸿接受询问时强调的殷某国联系方式，也是中国证监会调查人员重点询问的殷某国联系方式，更是中国证监会认定苏某鸿与殷某国存在数十次电话和短信联络的手机号码。执法中存在的上述疏漏，说明中国证监会对殷某国的调查询问并没有穷尽必要的调查方式和手段，直接导致其认定殷某国为内幕信息知情人的证据，因未向本人调查了解而不全面，因其他证据未能与本人陈述相互印证并排除矛盾而导致事实在客观性上存疑，因未让当事人本人参与内幕信息知情人的认定并将该过程以当事人看得见的方式展示出来而使得公正性打了折扣。据此，法院确认中国证监会在认定殷某国为内幕信息知情人时未尽到全面、客观、公正的法定调查义务，中国证监会认定殷某国为内幕信息知情人事实不清、证据不足。苏某鸿对该问题的主张成立，法院予以支持。

对于中国证监会认为是否向殷某国本人进行调查了解属于其执法裁量范围的主张，法院认为，殷某国系中国证监会认定的内幕信息知情人，在认定苏某鸿内幕交易中起着关键的"连接点"作用，依法应当纳入调查范围，中国证监会在开展调查的方式、程序和手段上存在一定的裁量空间，但在是否对殷某国进行调查了解的问题上不存在裁量的空间，因此对中国证监会的该项主张，法院不予采纳。中国证监会还认为，即使找到了殷某国，其也可能不配合调查。法院认为，这是一个基于假设的主张，本身不足为据。而且，进一步来说，中国证监会在调查过程中所需要做的是把法定调查义务履行到位，对应当开展调查的当事人穷尽调查方式和手段，无论如何，法定调查义务的履行都不是以被调查人配合为前提的，更不能以被调查人可能不配合调查为由怠于履行法定调查职责。因此，对中国证监会的该项意见，法院不予采纳。

三、内幕交易推定的适用条件

关于推定的适用条件问题，具体又分为推定的基础事实是否清楚以及基础事实是否达到相应的证明标准问题。对于推定适用空间以及本案中推定的基础事实是否清楚等问题，正如一审判决所述，隐蔽性是内幕交易的突出特点，如果要求行政执法机关必须掌握内幕交易的直接证据才能认定违法事实，可能导致行政执法机关难以对内幕交易行为实施有效的行政监管。因此，在内幕交易的行政处罚案件中，如果基于现有证据已经足以推定交易行为是基于获知内幕信息而实施的，即可以认定当事人存在内幕交易行为，除非当事人能作出合理说明或提供证据排除其存在利用内幕信息从事相关证券交易活动。这项认识，也反映在最高人民法院《关于审理证券行政处罚案件证据若干问题的座谈会纪要》中，该纪要第一部分"关于证券行政处罚案件的举证问题"明确，人民法院在审理证券内幕交易行政处罚案件时，应当考虑到该类案件违法行为的特殊性，由监管机构承担主要违法事实证明责任，通过推定的方式适当向原告转移部分特定事实的证明责任。在证据法上，推定是根据严密的逻辑推理和日常生活经验，从已知事实推断未知事实存在的证明规则。根据该规则，行政机关一旦查明某一事实，即可直接认定另一事实，主张推定的行政机关对据以推定的基础事实承担举证责任，反驳推定的相对人对基础事实和推定事实的不成立承担举证责任。本案中，中国证监会认为苏某鸿与内幕信息知情人殷某国在内幕信息敏感期内有过多次联络，且苏某鸿交易威华股份的时点与资产注入事项的进展情况高度吻合，且没有为此交易行为提供充分有说服力的解释，应当推定构成内幕交易。这里，苏某鸿在内幕信息敏感期内与内幕信息知情人殷某国多次联络接触且苏某鸿证券交易活动与内幕信息进展情况高度吻合属于基础事实，苏某鸿的证券交易活动构成内幕交易属于推定事实。中国证监会需要对基础事实承担举证责任，苏某鸿则需要对推翻基础事实和推定事实承担举证责任，前者是后者的前提和基础，只有中国证监会认定的基础事实成立，才需要苏某鸿承担后续举证责任。在基础事实中，殷某国为内幕信息知情人的事实是其重要组成部分，而根据前述对"证券行政调查的规则"的分析，中国证监会对该事实的认定构成事实不清，因而导致推定的基础事实不清。在此情况下，中国证监会对苏某鸿证券交易活动构成内幕交易的推定亦不成立。

综合上述分析，被诉处罚决定认定苏某鸿构成内幕交易事实不清，被诉复议决定维持被诉处罚决定错误，法院应当一并纠正。二审法院的上述裁判，体现出了司法规范证券执法权行使的努力，通过树立"必须找到信息传递的联结人物"的调查标准和传递"从严把握内幕交易推定规则适用"的司法态度，来限制证监会对内幕交易传递"关键联结点"的调查裁量权。[1]

【专题案例研讨】杨某波诉中国证券监督管理委员会行政处罚决定案[2]

2013 年 11 月 1 日，中国证监会作出〔2013〕59 号行政处罚决定书（以下简称《被诉处罚决定》），查明：2013 年 8 月 16 日 11 时 05 分，光大证券股份有限公司（以下简称"光大证券"）在进行交易型开放式指数基金（以下简称"ETF"）申赎套利交易时，因程序错误，其所使用的策略交易系统以 234 亿元的巨量资金申购 180ETF 成分股，实际成交 72.7 亿元。经测算，180ETF 与沪深 300 指数在 2013 年 1 月 4 日至 8 月 21 日期间的相关系数达 99.82%，即巨量申购和成交 180ETF 成分股对沪深 300 指数、180ETF、50ETF 和股指期货合约价格均产生重大影响。同时，巨量申购和成交可能对投资者判断产生重大影响，从而对沪深 300 指数、180ETF、50ETF 和股指期货合约价格产生重大影响。根据 2014 年《证券法》第 75 条第 2 款第 8 项和 2013 年《期货交易管理条例》第 82 条第 11 项的规定，"光大证券在进行 ETF 套利交易时，因程序错误，其所使用的策略交易系统以 234 亿元的巨量

---

〔1〕 高振翔：《传递型内幕交易中推定规则的理解与适用——从苏嘉鸿案谈起》，载《证券法苑》2019 年第 2 期。

〔2〕 最高人民法院（2015）行监字第 2094 号行政裁定书。

资金申购 180ETF 成分股，实际成交 72.7 亿元"（以下简称"错单交易信息"）为内幕信息。光大证券是 2014 年《证券法》第202 条和 2013 年《期货交易管理条例》第 70 条所规定的内幕信息知情人。上述内幕信息自 2013 年 8 月 16 日 11 时 05 分交易时产生，至当日 14 时 22 分光大证券发布公告时公开。同日不晚于11 时 40 分，光大证券时任法定代表人、总裁徐浩明召集时任助理总裁杨某忠、时任计划财务部总经理兼办公室主任沈某光和时任策略投资部总经理杨某波开会，达成通过做空股指期货、卖出ETF 对冲风险的意见，并让杨某波负责实施。因此，光大证券知悉内幕信息的时间不晚于 2013 年 8 月 16 日 11 时 40 分。

《被诉处罚决定》认定：光大证券 2013 年 8 月 16 日下午将所持股票转换为 180ETF 和 50ETF 并卖出的行为和 2013 年 8 月 16日下午卖出股指期货空头合约 IF1309、IF1312 共计 6240 张的行为构成内幕交易。2013 年 8 月 16 日 13 时，光大证券称因重大事项停牌。当日 14 时 22 分，光大证券发布公告，称"公司策略投资部自营业务在使用其独立套利系统时出现问题"。但在当日 13时开市后，光大证券即通过卖空股指期货、卖出 ETF 对冲风险，至 14 时 22 分，卖出股指期货空头合约 IF1309、IF1312 共计 6240张，合约价值 43.8 亿元，获利 74 143 471.45 元；卖出 180ETF共计 2.63 亿份，价值 1.35 亿元，卖出 50ETF 共计 6.89 亿份，价值 12.8 亿元，合计规避损失 13 070 806.63 元。光大证券在内幕信息公开前将所持股票转换为 ETF 并卖出和卖出股指期货空头合约的交易，构成《证券法》第 202 条和《期货交易管理条例》第 70 条所述的内幕交易行为。徐浩明为直接负责的主管人员，杨某忠、沈某光、杨某波为其他直接责任人员。据此，中国证监会依据 2014 年《证券法》第 202 条和 2013 年《期货交易管理条例》第 70 条的规定，决定对光大证券 ETF 内幕交易的其他直接责任人员杨某波给予警告，并处以 30 万元罚款；对光大证券股指期货内幕交易的其他直接责任人员杨某波给予警告，并处以 30 万元罚款。上述两项罚款合计 60 万元。杨某波不服被诉处罚决定，遂起诉。

最高人民法院认为，本案争议焦点是：①光大证券案发当日下午的对冲交易是否构成"内幕交易"；②杨某波是否属适格处罚对象。具体分析如下：

（1）光大证券案发当日下午的对冲交易是否构成内幕交易，或者是否属于基于既定投资计划、指令所为，从而不构成内幕交易。在内幕交易案件中，交易者知悉内幕信息后实施相关的证券期货交易行为，原则上即应推定其利用了内幕信息，具有内幕交易的主观故意。如果该交易行为系基于内幕信息形成以前即已经制订的投资计划和指令所作出，并足以证明其实施的交易行为与内幕信息无关，则可以作为内幕交易的抗辩事由。本案中，光大证券案发下午实施的对冲交易，是在内幕信息公开前，社会公众和中小股民均不明真实情况下，直接针对错单交易而采取的将所持股票转换为 ETF 并卖出和卖出股指期货空头合约的交易行为，其并非基于内幕信息形成之前已经制订的投资计划、指令所作出的交易行为，因此，被诉处罚决定和原审判决认定上述对冲交易行为构成内幕交易，并无不当。

（2）再审申请人杨某波是否属于适格处罚对象。2014 年《证券法》第 202 条及 2013 年《期货交易管理条例》第 70 条第 1 款规定，单位从事内幕交易的，还应当对直接负责的主管人员和其他直接责任人员给予警告，并处以 3 万元以上 30 万元以下的罚款。再审申请人杨某波作为时任光大证券策略投资部总经理，参与了光大证券决定实施对冲交易的相关会议，并直接负责执行案发下午的对冲交易，中国证监会作出的被诉处罚决定将其作为其他直接责任人员进行处罚，亦无明显不妥。

●内幕交易行为给投资者造成损失的诉讼实务问题。

2019 年《证券法》第 53 条第 3 款规定，内幕交易行为给投资者造成损失的，应当依法承担赔偿责任。对此，在理论上对责任人、赔偿额的确定以及赔偿额的计算等需要深入研究，为进一步完善制度提供理论支撑。在实务上至少需要明确如下几个问题：①内幕交易损害赔偿诉讼的原告确定为内幕交易发生之日与内幕交易者同时进行相反交易的投资者，但在内幕信息公开前又进行了与内幕交易者相同交易的投资者除外；②内幕交易行为给投资者造成损失的赔偿，应限定为被告在所获取利益或避免损失的范围之内，原告所要求的赔偿数额限定在其损失范围之内；③具体赔偿数额应采取差价计算法，内幕信息披露后的证券价格应以披露后的一段时间内该证券收盘平均价格为准，具体为多少个交易日由法院综合该证券涨停盘天数、其他影响证券价格的因素等自由裁量。[1]

●内幕交易中的"公开否则戒绝交易规则"[2]。

1968 年，美国第二巡回法院在 SEC v. Texas Gulf Sulphur Co.（以下简称"TGS"）一案中，确认了证监会的"公开否则戒绝交易规则"。该案是一起证监会执法的行政案件，主要涉及 TGS 公司和 13 个自然人利用对公司构成重大利好的探矿和采矿信息来买入公司普通股和期权的内幕交易行为。法院认为，规则 10b-5 的一个重要目标，就是要确保所有在证券市场上进行交易的市场参与人有相对平等的机会获悉重大信息。沃特曼（Waterman）法官强调："这一规则的真髓是，'有直接或间接的途径获取那些专为公司利益而非个人利益才能知悉的公司信息'的任何人，在为自己的利益进行证券交易时，如果明知与其进行交易的人（如投

---

〔1〕　参见王作全主编：《商法学》，北京大学出版社 2017 年版，第 257 页。
〔2〕　本部分摘自周伦军：《从不当得利到损害赔偿：内幕交易民事责任的逻辑演进——〈证券法〉修订草案第 92 条之评析》，载《法律适用》2015 年第 8 期。

资大众）不知道这些信息，则其不得利用这些信息进行交易。"据此，"公开否则戒绝交易规则"的适用范围为：①在信息获得人和公司之间存在专为公司利益方可获得信息的直接或间接的关系；②行为人明知其所利用的信息是其交易相对人无从得知的信息，即行为人对交易的不公平性存在明确的认知。该规则对大部分公司内部人来说，其往往既没有权力也没有能力代表公司实施公开信息披露，这一规则的实际功能是要求公司内部人不得利用内幕信息从事交易，也不得泄露内幕信息。"公开否则戒绝交易规则"的着眼点是从消除证券市场上信息不平等现象入手，为所有市场参与人提供一个简单明了的判断基准，实际上是希望通过以违反法定义务的路径来确立内幕交易的不法性，并以此来解决证明欺诈的难题。

●内幕交易的前提——有效市场假说[1]。

有效市场假说，是指证券的市场价格能及时充分地反映证券市场的全部信息，证券的价格代表着证券内在的真实价值；历史信息对价格的变动是不重要的，价格只有在收到新的信息时才会发生变化。在市场有效的前提下，在信息不对称的情况下，假若投资者在信息公开前根据所提前获取的信息买卖证券，从而获利或避损，对于其他不知情的投资者而言，则违背了公平交易原则。信息公开前后价格出现差异，正是市场有效的正常表现，即在信息公开前，价格对该信息不作出反应；在信息公开后，价格将马上体现该信息的影响，并导致价格出现非正常波动。反之，如果市场是无效的，那么在信息公开后，价格对该信息不会作出反映，信息公开后的价格不包含该信息的影响，投资者无论在信息公开前后的任何阶段根据该信息买卖证券都没有区别，纵使根据内幕信息买卖了证券也不会造成市场的不公平问题。因此，有

---

〔1〕 本部分摘自张鹏：《内幕交易规制的理论及实务疑难问题研究》，载《法律适用》2015 年第 3 期。

效市场是内幕交易存在的前提，有效市场假说是内幕交易存在的理论基础。

●认定虚假陈述行为与投资者损失的因果关系——市场欺诈理论[1]。

在证券法上，公开失真行为与投资者遭受的损失之间的因果关系具有一定的特殊性，投资者难以证明违反行为与自己遭受的损失之间有因果关系。为了解决这一难题，尤其是为了达成保护投资者的目的，根据让有过错的公开责任人承担责任的公平理念，美国联邦第九巡回法院在审判实践中提出"市场欺诈"理论。根据这种理论，市场是充分竞争的和健全的，能够及时地吸收所有已经公开的信息，市场价格就是所有这些已经公开的真实的和虚假的信息的综合反映。投资者在不知道失真信息真相的情况下，出于对市场的信赖，作出了投资的决定，自然就包罗了对虚假信息的信赖。因此，只要投资者证明失真的信息是重要的，法律便可以推定因果关系成立。可见，所谓市场欺诈，是指违法行为对整个市场的欺诈。投资者作为这个市场的一个组成部分，自然也与整个市场一起遭受了欺骗。因此，即便投资者没有阅读过公开材料，也根本没有听过责任人的虚假陈述或误导，也还是受到了欺骗，因而因果关系可以成立。

第三节　操纵市场

一、操纵市场及其法律责任

（一）概念和特征

操纵市场也是一种古老而典型的证券违法行为。1814 年拿破

---

　[1]　参见朱锦清:《证券法学》（第 3 版），北京大学出版社 2011 年版，第 160 页。

仑战争时期，有人即捏造有关战争的虚假事实进行市场操纵。美国贝鲁扬斯为了兼并其他公司，贿赂一批股票交易经纪人为其客户在市场上大量购入贝鲁扬斯所在公司的股票，使该公司股票在短短几个月之内从 6 美元上涨到 14.5 美元。事情败露后，贝鲁扬斯被法院判处罚金和监禁。我国 1993 年发生的"苏三山"事件，也是典型的市场操纵：湖南李某挪用公款购入江苏三山实业股份有限公司股票 15 万股。当时正值股市低迷，股价不断下跌，李某为了避免损失，便以虚构的北海正大置业有限公司的名义，用传真、信函、电话等方式向江苏三山实业股份有限公司、《深圳特区报》、《海南特区证券报》发布所谓"收购三山股票"的虚假信息。《海南特区证券报》于 10 月 8 日在头版刊登了这一消息，致使该股开盘后暴涨，从每股 8.3 元涨到每股 11.5 元。后来事实得以澄清，该股狂跌。很多误信谣言的人，在大量购入后被套牢，损失惨重，而李某早已将自己的股票抛出。

证券市场应该是一个充满自由竞争的市场，众多投资者在该市场中依据公开的信息独立地作出投资判断，进而在竞争性的环境中形成合理的证券价格。自由竞争的市场机制是证券交易公平性的基本要求，也是证券投资者自由参与、自担风险的基本前提。如果证券交易行情被人为控制，证券市场的均衡就会被打破，价格机制会因此而发生扭曲，市场操纵者也将因此获得不正当利益，而其他投资者却遭受不应有的损失，成为欺诈行为的受害者。总之，操纵市场行为严重破坏证券市场信用，扰乱证券市场秩序，损害投资者合法权益，是各国证券立法普遍禁止的行为。

对于操纵市场的行为，《股票发行与交易管理暂行条例》第 74 条第 1 款第 3~6 项将下列行为认定为应予以处罚的违法行为：通过合谋或者集中资金操纵股票市场价格，或者以散布谣言等手段影响证券发行、交易的；为制造股票的虚假价格与他人串通，不转移股票所有权或者实际控制，虚买虚卖的；出售或者要约出售其并不持有的股票，扰乱股票市场秩序的；利用职权或者其他不正当手段，索取或者强行买卖股票，或者协助他人买卖股票的。《禁止证券欺诈行为暂行办法》第 7 条规定，禁止任何单位或者个人以获取利益或者减少损失为目的，利用其资金、信息等优势或者滥用职权操纵市场，影响证券市场价格，制造证券市场假象，诱导或者致使投资者在不了解事实真相的情况下作出证券投资决定，扰乱证券市场秩序。

1999 年施行的《证券法》第 71 条也对操纵市场行为作出了禁止性规定，禁止任何人以下列手段获取不正当利益或者转嫁风险：①通过单独或者合谋，集中资金优势、持股优势或者利用信息优势联合或者连续买卖，操纵证券交易价格；②与他人串通，以事先约定的时间、价格和方式相互进行证券交易或者相互买卖并不持有的证券，影响证券交易价格或者证券交易量；③以自己为交易对象，进行不转移所有权的自买自卖，影响证券交易价格或者证券交易量；④以其他方法操纵证券交易价格。

2019 年《证券法》在保留上述关于操纵市场的规定的同时，进一步明确了原有规定中表述不清晰的内容并作了一些新的补充，第 55 条第 1 款列举了 8 种操纵证券市场的行为：①单独或者通过合谋，集中资金优势、持股优势或者利用信息优势联合或者连续买卖；②与他人串通，以事先约定的时间、价格和方式相互进行证券交易；③在自己实际控制的账户之间进行证券交易；④不以成交为目的，频繁或者大量申报并撤销申报；⑤利用虚假或者不确定的重大信息，诱导投资者进行证券交易；⑥对证券、发行人公开作出评价、预测或者投资建议，并进行反向证券交易；⑦利用在其他相关市场的活动操纵证券市场；⑧操纵证券市场的其他手段。2019 年《证券法》还增加规定了操纵证券市场行为给投资者造成的损失的民事赔偿责任。

　　操纵市场行为是若干种行为的集合，证券立法很难规定一个统一的定义。操纵市场行为的模式多样、力度不一，对市场价格和投资者判断也会产生不同的影响。[1] 理论上可以将操纵市场行为界定为：任何组织或个人为牟取不正当利益或者转嫁风险，利用资金、信息或持股优势或者滥用职权影响证券交易价格或证券交易量，诱使投资者买卖证券，扰乱证券市场秩序，侵害投资者权益的行为。操纵市场行为的实质在于通过制造虚假的交易行情，故意使其他投资者作出错误的投资判断，操纵者因此而获得投资收益或避免损失。操纵市场行为是典型的证券欺诈行为，具有以下特征：①操纵市场表现为一种证券交易行为。操纵市场是为了进行证券交易，但有别于正常的证券交易。区分操纵市场与正常的证券交易行为不能简单地看交易行为，而必须考虑行为人的交易目的：证券交易行为是为获得正常的投资收益或者规避风险，而操纵市场是为牟取不正当的投资收益或为了不正当地规避或转嫁风险。在操纵市场的情况下，买卖证券首先已经成为操纵市场的具体手段，其次才以此达到自己获得正常的投资收益或者规避风险的目的。需要注意的是，实践中"捏造、散布虚假信息"是一种常用的操纵手段，但是这种手段只有与谣言制造、散布者的交易相对应，才能构成操纵市场行为。如果只是散布了影响证券价格或交易量的虚假信息，而自身没有从事证券交易行为，可能构成其他的证券违法行为，但一般不构成操纵市场行为。②操纵市场是人为影响证券价格的行为。客观上，这种行为通过影响证券价格的走势使其符合操纵者的预期，以达到操纵者利用或避险的目的。故操纵市场行为也被称为影响证券行情行为。而证券行情不仅指证券价格，证券交易量也是证券行情的有机组成部分，证券价格与交易量有着密切的关系，证券价格反映

---

　　[1] 缪因知：《操纵证券市场民事责任的适用疑难与制度缓进》，载《当代法学》2020 年第 4 期。

着包括交易量在内的诸多变动因素。因此，影响成交量也构成操纵市场行为。主观上，操纵情形下产生的价格是一种人为控制的价格。③操纵市场是一种利用优势或滥用权利的行为。市场操纵者利用自己或者他人所掌控的资金优势、信息优势或者利用持股上的优势制造虚假的市场行情，诱使其他投资者进行证券交易，以达到自己的不正当目的。

（二）表现形式

操纵市场行为的表现形式复杂多样，不同国家、不同历史时期的证券立法所规定的具体行为态度也不相同。一般认为，操纵市场行为表现形式有如下几种：①联合操纵，是指两个或者两个以上的人通过合谋，集中资金优势、持股优势或者利用信息优势，共同操纵证券交易价格的行为。②相对委托，又称合谋买卖。它是指为操纵证券市场行情，行为人与他人合谋串通，以各自事先约定的交易券种、时间、价格和方式向相同或不同的证券公司发出交易委托指令并达成交易，以此影响证券市场行情的行为。③自买自卖，又称冲洗买卖、虚售、洗售。它是指为了人为影响证券交易价格，使他人对证券交易数量和价格发生误解，而在自己实际控制的账户之间进行证券交易。④连续买卖，是指行为人为了抬高、压低或者维持证券的交易价格，通过单独或者合谋，连续高价买入或者连续低价卖出该证券的行为。⑤以其他手段操纵证券市场行为。其他操纵证券市场行为，一般指通过散布谣言等方式，影响证券市场的行为。《证券法》第 55 条第 1 款规定了上述形式的操纵证券市场行为为法律所禁止。

（三）法律责任

（1）操纵证券市场的民事责任，我国《证券法》第 55 条第 2 款规定，操纵证券市场行为给投资者造成损失的，应当依法承担赔偿责任。

（2）操纵证券市场的行政责任，《证券法》第 192 条规定，违反本法第 55 条的规定，操纵证券市场的，责令依法处理其非法持有的证券，没收违法所得，并处以违法所得 1 倍以上 10 倍以下的罚款；没有违法所得或者违法所得不足 100 万元的，处以 100 万元以上 1000 万元以下的罚款。单位操纵证券市场的，还应当对直接负责的主管人员和其他直接责任人员给予警告，并处以 50 万元以上 500 万元以下的罚款。

（3）操纵证券市场的刑事责任，我国《刑法》第 182 条规定，有下列情形之一，操纵证券、期货市场，影响证券、期货交易价格或者证券、期货交易量，情节严重的，处 5 年以下有期徒刑或者拘役，并处或者单处罚金；情节特别严重的，处 5 年以上 10 年以下有期徒刑，并处罚金：①单独或者合谋，集中资金优势、持股或者持仓优势或者利用信息优势联合或者连续买卖的；②与他人串通，以事先约定的时间、价格和方式相互进行证券、期货交易的；③在自己实际控制的帐户之间进行证券交易，或者以自己为交易对象，自买自卖期货合约的；④不以成交为目的，频繁或者大量申报买入、卖出证券、期货合约并撤销申报的；⑤利用虚假或者不确定的重大信息，诱导投资者进行证券、期货交易的；⑥对证券、证券发行人、期货交易标的公开作出评价、预测或者投资建议，同时进行反向证券交易或者相关期货交易的；⑦以其他方法操纵证券、期货市场的。单位犯前款罪的，对单位判处罚金，并对其直接负责的主管人员和其他直接责任人员，依照前款的规定处罚。

【专题案例研讨】徐某操纵市场案[1]

徐某等人于 2010—2015 年先后与 13 家上市公司董事长或实际控制人，合谋控制上市公司择机发布"高送转"方案、引入热

---

[1] 本部分摘自徐瑶：《信息型市场操纵的认定思路——兼评徐翔案》，载"北京大学金融法研究中心"微信公众号：https://mp.weixin.qq.com/s/uIIySC9AhtbDPMXMsZihSw，最后访问日期：2018 年 7 月 18 日。

点题材等利好消息；徐某等人基于上述信息优势，使用基金产品及其控制的证券账户，在二级市场进行涉案公司股票的连续买卖，拉抬股价；徐某以大宗交易的方式，接盘上述公司股东减持的股票；上述公司股东将大宗交易减持的股票获利部分，按照约定的比例与徐某等人分成；或者双方在共同认购涉案公司非公开发行的股票后，以上述方式拉抬股价，抛售股票获利，或实现股票增值。其中，徐某组织实施了全部 13 起证券交易操纵行为，从中非法获得巨额利益。

法院认为，被告人徐某等人为谋取非法利益，与他人合谋，利用信息优势连续买卖，操纵证券交易价格和交易量，犯罪数额及违法所得数额特别巨大，情节特别严重，严重破坏国家对证券交易的管理制度和正常的证券交易秩序的，其行为均构成操纵证券市场罪。

这是国内首例以"利用信息优势连续买卖"为依据判定的操纵市场案。

信息型操纵与其他滥用信息优势的不法行为（如欺诈发行、信披违法、内幕交易、短线交易、投资顾问欺诈客户、基金经理老鼠仓等）相同，信息型操纵的本质是市场主体对信息优势地位的滥用。不同于其他市场操纵形态，信息型操纵利用信息的发布与传播实现操纵股价之目的。本案中，行为人不是单纯地利用信息优势地位，而是以信息优势地位与交易的配合实现操纵股价获利之目的，也就是说，股价被拉抬的原因来自信息本身和交易行为两个方面，二者在对股价的操纵过程中起着相互配合的作用，属于信息型操纵中的利用信息+资金优势连续交易的类型（法院仅认定为利用信息优势连续交易，实际上徐某等人的连续交易也具有资金优势）。

信息优势连续交易中所利用的信息真实与否无关紧要，"高送转"、业绩利好及重组收购等信息多为自然而然发生的行为，且事后证明都是真实的。信息优势连续交易操纵之所以有别于其他操纵形态，是因其利用信息发布与传播实现操纵股价之目的。就发布的信息来说，可能是虚假的扭曲的信息，可能是基于真实而夸大或拆分的信息，也可能是真实的信息。这种利用信息的操纵可以固化为一种模式，即上市公司利用自愿性信息披露做文章，或将本可一次性披露的利好拆成若干次小的利好，或控制信息披露的节奏，在建仓期延迟披露，在股价进入拉升期时披露利好助涨，或选择性披露利好部分，对风险揭示语焉不详或不予披露，或追随市场热点，作"迎合式"信息披露。从信息的本质来看，信息型市场操纵中的信息并非一定具有内幕信息所具备的"重大性"，甚至是一些不必要发生或不必要披露的信息。在信息型操作市场中，行为人本身在多数情况下就是消息的制造和谋划方，通过对这些信息发布的内容和节奏的控制，行为人可以达到吸引投资者跟进操作并配以资金炒作达到投资者跟风操作，从而反向操作获利的效果，获利的来源不是信息本身，信息只是配合获利的一个要素，因而信息的产生和真实性不应成为抗辩的理由。

二、欺诈客户及其法律责任

（一）概念与特征

证券公司与投资者间的客户关系，其实质是一种契约关系。从广义上讲，这种契约关系，是一种概括委托关系，投资者是委托人，证券公司是受托人。受托人对委托人负有受托义务，应诚信地履行受托义务，处理受托事务时应当勤勉、谨慎。具体而言，包括：①处理事务的义务。受托人应当在授权范围内以诚实信用原则处理受托事务，无论是针对某一事务的特别授权，还是就有关事务的概括授权，都应当遵循诚实信用原则处理好事务，不得擅自改动或曲解指示，否则将对由此造成的损失承担责任；受托人应当亲自处理受托事务，不得随意转委托，转委托须经委托人同意，否则受托人应对转委托的行为承担责任，但在法律规定的紧急状况下为维护委托人的利益而转委托的除外。②报告的义务。受托人在处理委托事务的过程中，应当随时向委托人报告事务处理的进展情况以及存在的问题，以使委托人能及时了解情况；事务处理完毕后应交付给委托人并及时汇报最终结果。③交付财产的义务。受托人在处理事务过程中所得的财产应当交付给委托人，办理好证券的清算交割，并应提供交易的书面确认文件。④明示交易状态义务。证券商在代客买卖时，应以对客户最有利为原则确定交易状态，禁止将自营业务和经纪业务混合操作。⑤为客户保密的义务。受托人对委托人的事务负有严格保密的义务。受托人对委托人的事务负有严格保密的义务，不得随意向第三人泄露。⑥赔偿损失的义务。受托人因自己的违约行为或违法行为而给委托人造成损失的，应当按照约定或法律规定承担赔偿损失的责任。总而言之，受托人对委托人负有信赖义务，应尽善良管理人的注意义务，像处理自己的事务一样处理委托事务，不得利用其受托人的地位从事损害客户利益的行为，以维护投资者对证券市场的信心。而欺诈客户本质上违背了客户的真实意思表示，损害了客户的利益，理应为法律所禁止。

为防止证券欺诈，保障投资者利益，在《证券法》出台之前，国务院发布的《禁止证券欺诈行为暂行办法》第 9 条对欺诈客户作出了禁止性规定，禁止任何单位或者个人在证券发行、交易及其相关活动中欺诈客户，并在第 10 条列举性规定了欺诈客户行为所应承担的民事赔偿责任和行政责任。

（二）主要方式

从实践中看，欺诈客户的行为多种多样。《证券法》第 57 条第 1 款规定，证券公司及其从业人员欺诈客户的行为主要有以下情形：违背客户的委托为其买卖证券；不在规定时间内向客户提供交易的确认文件；未经客户的委托，擅自为客户买卖证券，或者假借客户的名义买卖证券；为牟取佣金收入，诱使客户进行不必要的证券买卖；其他违背客户真实意思表示，损害客户利益的行为。从理论上分析，这些行为又可以分为以下五类：

（1）混合操作。《证券法》第 128 条第 2 款规定，证券公司必须将其证券经纪业务、证券承销业务、证券自营业务、证券做市业务和证券资产管理业务分开办理，不得混合操作。所谓混合操作，是指证券商将证券自营业务和证券经纪业务、证券承销业务、证券资产管理业务、证券做市业务混合操作。在证券交易中，证券商一方面接受投资者的买卖或管理的委托，充当投资者的受托人而代客户买卖或管理；另一方面又是投资者的交易相对人，充当交易的一方当事人而自己买卖。在混合操作中，证券商以双重身份从事同一证券交易，使自己处于利益冲突之中，难免会因为自己的利益而损害客户的利益。从理论上看，混合操作属于自己交易。一方面合同是双方法律行为，而自己交易却是一人兼任双方当事人，与合同本质相背；另一方面合同双方是利益对立的双方，由一人同时代理，难保公平。

（2）违背指令，是指证券商违背客户的交易指令为其买卖证券。证券商是投资者的代理人，理应本着勤勉谨慎的态度执行客户的交易指令，否则就违反了代理人的信赖义务。所以，证券商在代客买卖时，应当严格按照客户委托的证券种类、证券价格、证券数量以及交易时间等指令进行，不得超过委托范围买卖证券。对于证券商超出委托范围买卖证券的，除非事后客户进行追认，否则超出委托范围买卖证券的法律后果应由证券商来承担，由此给客户造成损失的还应当承担赔偿责任。

（3）不当劝诱，是指证券商利用欺骗手段诱导客户进行证券交易。在证券交易中，证券商可以对投资者进行投资劝诱，但应当正当，否则即构成不当劝诱。证券商及其从业人员不得向投资者提供某种证券价格上涨或下跌的肯定判断，不得允诺保证客户的交易收益或允诺赔偿客户的投资损失，不得以超出证券业公平竞争的范围的特殊利益为条件诱导客户进行投资，不得以向投资者表示给予委托手续费回扣为条件进行不当劝诱。

（4）过量交易，是指证券商以多获取佣金为目的，诱导客户进行不必要的证券买卖，或者在客户的账户上翻炒证券的行为。对投资者而言，证券交易应当以适当为原则，对证券商而言，则负有忠诚与勤勉义务，应当依据投资者的投资意向、财产状况以及投资经验，确定适当的交易数量、交易金额、交易次数及交易频率。证券商负有义务进行适当交易。因此，禁止证券商以多获取佣金为目的，诱使客户进行过量的证券买卖，或在客户账户上翻炒证券。

（5）其他欺诈客户行为，是指除上述行为以外，其他违背客户真实意思表示、损害客户利益的行为。例如，在证券交易中，证券公司及其从业人员不在规定的时间内向客户提供交易的书面确认文件；挪用客户所委托买卖的证券或客户账户上的资金；私自买卖客户账户上的证券，或者假借客户的名义买卖证券。

（三）构成要件

《证券法》上的欺诈客户，有其特定的内涵，也表现出其特殊性。具体而言，具有以下特征：①客观推定。现行证券立法对证券公司欺诈客户采取客观认定标准，只要证券公司实施了《证券法》禁止的欺诈客户行为，即可构成欺诈客户，客户无须证明证券公司的主观态度存在过错，证券公司通常也不能以证明自己没有实施侵害的主观故意而免责。②不以客户作出错误意思表示为构成要件。《证券法》上的欺诈客户无须考虑客户是否受到欺诈，也不要求客户作出错误的意思表示。也正因为如此，在认定欺诈时也就无须考虑欺诈客户与错误意思表示之间是否存在因果关系。只有对于那些法律未明确列举的其他违背客户真实意思，损害客户利益的行为，客户的错误意思表示以及欺诈行为之间的因果关系，才可能具有构成要件的意义。③欺诈客户一般发生于委托关系成立之后。证券公司与客户之间的委托关系成立于投资者开立账户之时，随后委托证券公司买卖证券属于双方履行合同权利义务的行为。欺诈客户通常只发生在证券代理关系成立后的履行阶段，系针对证券公司受托执行指令、管理账户以及履行附随义务而设定的特别规则，与投资者在证券公司处开设账户一般不发生直接的关系。证券公司欺诈客户时，客户通常只能要求赔偿损失、返还财产等，无法通过申请变更或者撤销委托合同来实现救济。④欺诈客户具有违法与侵权的双重属性。一方面，从证券公司与客户关系来看，证券公司的欺诈行为违背了委托合同的基本义务；另一方面，证券公司欺诈客户的行为又是对客户实施的较为明显的侵权行为。因此，欺诈客户是违法行为与侵权行为的竞合。从理论上来看，客户既可以依照委托关系提出违约赔偿请求，也可根据侵权法提出损害赔偿请求。但按照我国证券市场的交易规则，客户一般只能通过证券公司参与市场交易，加之双方之间的合同具有标准化、统一化特征，欺诈客户行为的侵权特征更为明显。

（四）法律责任

《证券法》第 57 条第 2 款规定，证券公司及其从业人员从事欺诈客户行为给客户造成损失的，应当依法承担赔偿责任。欺诈客户行为人承担民事赔偿责任的前提，是请求权人遭受了利益损害，包括投资者遭受资金亏损，多支出了交易费用，可得利益的丧失等，利益损害由投资者证明。[1]

---

〔1〕 刘培昌、赵爱萍：《试论证券民事赔偿机制的建立与完善》，载《甘肃政法学院学报》2003 年第 3 期。

第四编　我国保险法体系与前沿问题

第一章 保险法概述

导 论

新中国成立后，中央政府先后颁布了一批保险法规，如1951年颁布的《政务院关于实行国家机关、国营企业、合作社财产强制保险及旅客强制保险的决定》、《船舶强制保险条例》（已失效）、《铁路车辆强制保险条例》（已失效），1957年颁布的《公民财产自愿保险办法》等。改革开放之后，伴随着保险业发展的迫切需要，我国保险立法有了很大发展，先后制定了一批保险法律法规，如国务院颁布的《中华人民共和国财产保险合同条例》（已失效）、《保险企业管理暂行条例》（已失效），1981年全国人大颁布的《中华人民共和国经济合同法》（已失效）对财产保险合同作了原则性规定。1992年颁布的《中华人民共和国海商法》（以下简称《海商法》）对海上保险合同作出了规定。

1995年6月30日，第八届全国人大常委会第十四次会议通过了《中华人民共和国保险法》（以下简称《保险法》），从而确立了我国保险法的体系框架。针对我国加入世贸组织承诺对保险业的要求，2002年10月28日第九届全国人大常委会第三十次会议对《保险法》进行了修正，修正内容重在保险业法部分。这是《保险法》的第一次修改，修正后的《保险法》于2003年1

月 1 日起实施。随后《保险法》分别于 2009 年、2014 年、2015 年经过了三次修改。最近的一次修改主要集中在保险业法领域，例如对行政审批等有关事项作出修订。

第一节　保险法的体系

按照规范对象的不同，可以将保险法分为两大类：保险合同法和保险业法。

保险合同法是保险法的核心内容，涉及保险商行为的主体资格、受益人资格、合同订立与生效的条件、合同基本条款、当事人的权利义务、合同的变更与终止等。许多国家都将保险业法单独制定，而一般所谓保险法即特指保险合同法。在立法体例上，保险合同法主要有两种模式：①作为合同法或商行为法的一部分而规定于民法典或商法典中，如意大利、日本、西班牙、葡萄牙等；②规定于单行法规中，如德国、法国、奥地利、瑞士、英国等。我国《保险法》第二章"保险合同"是关于保险合同法的专门规定。此外，《民法典》的相关规定作为关于合同的一般规定亦可适用于保险合同。

保险业法通常包括保险组织法、保险经营法、保险监管法以及保险中介人法等。保险合同法按照保险标的或风险的不同，一般包括人身保险法、海上保险法、财产保险法，等等。除此之外，出于维护某些公共利益的需要，某些社会或经济活动的组织经营者必须为这些活动的参与者提供法律规定的保险保障，即强制保险。有关强制保险的法律法规通常并不以单独的立法形式出现，而是被包含在其他相关法律之中。强制保险法既不是以商业保险的经营者为规范对象，也不是以保险合同当事人为规范对象，而是以相关社会经济活动及其组织经营者为规范对象，强制保险法不像保险业法和保险合同法可以自成独立的体系。强制保险法的一部分属于强制商业保险，例如汽车所有人的第三者责任险，仍属于保险法调整的范围；另一部分则属于社会保险。社会保险法则是独立于保险法的一个法律部门。

第二节　保险法的基本原则[1]

一、最大诚信原则

保险法中的诚信原则，又称最大诚信原则（Principle of the Utmost Good Faith）。最大诚信原则运用于保险活动的历史，可追溯到海上保险的初起时代。当时通信工具十分落后，承保人在签订合同时，往往远离船、货所在地，对保险财产难以实地查勘或委请他人查勘，仅能凭投保人提供的资料，决定是否承保及如何承保，所以特别要求投保人诚实可靠。首先确定最大诚信原则的保险立法是英国1906年《海上保险法》，该法第17条规定："海上保险契约为基于最大诚信的契约，如果双方当事人中任何一方不遵守诚信规定，另一方可宣布合同无效。"后来该原则从海上保险扩展到所有保险，而且对诚信的要求不仅局限于定约前和定约时，也应扩及整个保险合同的有效期。

最大诚信原则最初多用于限制投保人，因为投保人掌握保险标的，其对标的危险因素、危险程度等重要事实的了解大于保险人，保险人决定是否承保及保险费率的大小取决于投保人的告知与保证。后来该原则扩展适用于保险人，因为多数保险合同属于附合合同，合同的格式、内容都由保险人制定，投保人对该事先制定的保险单（保单），只能同意或不同意，因而保险人对合同的具体内容的了解要多于投保人，所以保险费率、免责条件是否

---

〔1〕　关于保险法的基本原则部分，参见赵旭东主编：《商法学》（第3版），高等教育出版社2015年版，第377~381页。

合理，承保条件及赔偿方式是否苛刻等均取决于保险人的诚意。最大诚信原则在投保人一方体现为投保人的如实告知、保证、通知义务等制度，在保险人一方体现在说明义务、免责条款的特别说明义务、弃权、禁止反言等制度。学界通说认为最大诚信原则是保险法的基本原则，其英文表达是"utmost good faith"。最大诚信原则最早起源于英国海上保险时代，1766 年主审大法官曼斯菲尔德勋爵（William Murray Mansfield）在卡特诉鲍曼案（Carter v. Boehm）中最早将最大诚信原则引入审理中。到 19 世纪晚期，法官在判决中形成较为一致的判决意见，认为在保险法领域，被保险人与投保人负有的不是诚信义务，而是最大诚信义务，具体体现在如实告知义务、弃权与禁反言、信守保证等制度中。

我国《保险法》第 5 条规定："保险活动当事人行使权利、履行义务应当遵循诚实信用原则"，没有采取"最大诚信原则"的表述。近年来，有学者主张，从最大诚信原则的核心规则来看，无论是告知义务、说明义务、还是弃权与禁止反言，都不足以支撑其存在。最大诚信原则之称谓在理论与实践层面均具有巨大潜在危害性。[1]保险法中保险合同订立时的信息不对称、保险合同的射幸性、保险合同的格式性、保险合同的保障性功能，已不能成为最大诚信原则的基础。随着通信技术的迅猛发展和保险技术的不断进步，现代保险业已远非其发展初期所能比拟。如果说在保险业发展初期，使用最大诚信之称谓还有一些合理性的话，如今该等合理性已丧失殆尽。因为，现代科技和保险技术与1766 年卡特诉鲍曼案时代已有天壤之别，保险人和投保人（被保险人）在保险合同中的力量与地位对比也已发生了根本性的变化。在保险实践中，最大诚信原则已由产生初期主要是约束投保人和被保险人的工具转变为同时适用于保险合同双方当事人。保

---

[1] 参见任自力：《保险法最大诚信原则之审思》，载《法学家》2010 年第 3 期。

险法中的诚信虽然不等同于合同法中的诚信，但其实质不过是一般诚信原则在保险法中的具体呈现，不需要另外冠之以"最大诚信"之名。

二、保险利益原则

保险利益原则，是指只有具有保险利益的保险行为才具有法律效力。所谓保险利益，又称可保利益，是指投保人或者被保险人对保险标的具有的法律上承认的利益。保险利益既可指投保人对其保险标的所具有的某种经济上的利益，也可指投保人依法或依合同所承担的责任、义务而产生的利害关系。若保险事故发生，投保人或被保险人的经济利益受到损害，则表明投保人对保险标的有保险利益；否则即无保险利益。

保险利益原则起源于 18 世纪英国海上保险实务。[1] 保险利益原则的确定是为了防止某些人利用保险活动牟取非法利益，并防止道德危险的发生，避免保险沦为一种赌博活动，从而确保保险有效发挥分散风险、分担损失的作用。为此，我国 2015 年《保险法》第 12 条第 1、2 款规定：人身保险的投保人在保险合同订立时，对被保险人应当具有保险利益。财产保险的被保险人在保险事故发生时，对保险标的应当具有保险利益。对此，我国 2002 年《保险法》第 12 条第 2 款规定："投保人对保险标的不具有保险利益的，保险合同无效。"但现行 2015 年《保险法》删除了该规定，而仅有关于人身保险合同的第 31 条第 3 款规定："订立合同时，投保人对被保险人不具有保险利益的，合同无效。"依此，财产保险的保险利益并非保险合同的生效要件，而仅要求被保险人在保险事故发生时，对保险标的具有保险利益即可。

---

〔1〕 参见［美］小罗伯特·H. 杰瑞、道格拉斯·R. 里士满：《美国保险法精解》（第 4 版），李之彦译，北京大学出版社 2009 年版，第 101 页。

三、损失补偿原则

保险以对危险事故所致损失进行补偿为目的，任何人不能通过保险获利。损失补偿原则是保险法中的一项基本原则，其含义是：被保险人在保险合同约定的保险事故发生后所受实际损失，保险人应在其责任范围内进行充分补偿。该原则主要包含以下内容：①保险人在保险合同约定的责任范围内按实际损失进行充分补偿；②被保险人原则上不能通过保险赔偿额外获利，即保险事故发生后，被保险人所获保险金的总和以及保险金与第三者赔偿的总和，原则上不能超过被保险人的实际损失。损害补偿原则衍生出了代位求偿权制度、委付制度、重复保险分摊制度。损失补偿原则是为了避免任何人通过保险获利的可能性，从此角度来讲，损失补偿原则也具有防范道德风险的作用。

根据我国《保险法》的规定，损失补偿原则仅适用于财产保险，人身保险不予适用。一般说来，由于人身保险的保险标的是无法估价的人的生命或身体机能，其保险利益也是无法估价的，因而人身保险合同不具有补偿性，其赔付只能属于给付性质，无法量化到具体赔偿多少为限。人身保险中的人寿保险作为给付性质的保险不适用损失补偿原则自无疑义，但对于健康保险、意外伤害保险等明显具有补偿性质的保险是否适用损失补偿原则，一直是保险界乃至法学界争议的焦点。事实上，确定是否适用损失补偿原则，不应简单地按照财产保险与人身保险来区分，而应根据保险的补偿性与给付性来区分。因此，意外伤害保险、健康保险等虽然属于人身险，但其保险金的给付以实际损失为依据，具有明显的补偿性质，故同样应适用损失补偿原则。

四、近因原则

近因是指导致结果发生的起决定性作用的或最有力的原因。

在保险法中，所谓近因，是指造成保险标的损害的最直接、最有效的起主导作用或支配性作用的原因。近因原则，是指只有发生事故的近因属于保险责任的范围时，保险人才对发生的损失负赔偿责任。近因原则是确定保险人对保险标的的损害是否负保险责任以及负何种保险责任的原则。保险人按照约定的保险责任范围承担责任时，要求保险人所承保危险的发生与保险标的损害之间存在最直接的因果关系。只有当近因属于保险责任时，保险人才赔付保险金，否则，保险人不必承担任何责任。我国《保险法》未直接规定近因原则，但在司法实践中，近因原则已成为判断保险人是否应承担保险责任的一个重要标准。

近因的判断方法争议颇多，尤其在多因一果的情形下，近因的判断通常是事实判断和法律判断的结合。目前理论界较为主张的认定方法是排除法，即如果"有此原因必然导致该后果、无此原因则不会发生该后果"，那么就可以认定此原因是近因。排除法的弊端在于其将会使大部分事实上的原因被认定为近因，因此其合理性仍有讨论的余地。《最高人民法院关于适用〈中华人民共和国保险法〉若干问题的解释（三）》（以下简称《保险法司法解释三》）第 25 条规定，被保险人的损失系由承保事故或者非承保事故、免责事由造成难以确定，当事人请求保险人给付保险金的，人民法院可以按照相应比例予以支持。

在近因认定方面，可参考以下案例。在（2011）西民初字第22553 号张某苹等诉昆仑健康保险股份有限公司北京分公司保险合同纠纷案中，法院委托了鉴定机构对被保险人的死亡原因进行了鉴定，按照鉴定结论所认定的疾病、伤害分别对死亡结果的参与度比例，判定保险人相应承担给付保险金的义务。

2010 年，李某友为自己投保意外伤害险，保险公司签发保险卡给李某友，保险卡载明，因被保险人遭受意外伤害，并自事故发生之日起 180 日内，以此事故为直接且单独原因身故的，保险公司给付意外身故保险金 10 万元，保险有效期至 2011 年 11 月。2010 年 12 月，李某友从梯子上摔下致头部受伤，经救治无效于 2011 年 1 月死亡。医院出具的死亡报告载明以下内容：第一，李某友摔伤导致其急性重型闭合性颅脑外伤等身体损伤；第二，李某友生前患高血压多年，5 年前出现过脑梗塞；第三，李某友入院后接受手术治疗，并发心源性猝死，经抢救无效死亡。

李某友的三名继承人请求保险公司给付保险金，而保险公司认为，李某友的死因是心源性猝死，而导致心源性猝死的原因是李某友自身患有的高血压和脑梗塞等疾病，意外伤害不是导致死亡的原因，因此不同意给付意外伤害身故保险金。三名继承人遂起诉保险公司。

经保险公司申请，审理法院委托北京市红十字会急诊抢救中心司法鉴定中心对李某友死亡原因进行鉴定，鉴定结论为：第一，李某友生前被确诊的急性重型闭合性颅脑外伤，系摔伤行程，尽管急诊给予开颅手术，但术后继发脑水肿，压迫脑干导致心跳呼吸骤停而死亡；第二，医院诊断李某友心源性猝死依据不足（无病理解剖及临床资料支持）。据此，李某友的死亡原因是摔伤所致重度颅脑损伤后经抢救无效死亡，摔伤与死亡之间存在直接因果关系，建议参与度指数为 90% ~ 100%。

法院认为，李某友患高血压并且出现脑梗塞与其摔倒并导致头部严重受伤，不应被割裂、孤立看待，李某友的死亡是上述因素的叠加结果，其中头部严重创伤是主要的、决定性的因素，而既往病症是辅助性的因素。鉴于此，法院认同并采纳鉴定机构的鉴定结论，判定保险公司按 90% 的比例给付全部意外身故保险金额 10 万元的 90%，即 9 万元。

第二章

保险合同总论

第一节　保险合同概述

一、保险合同的特征

（一）保险合同是射幸合同

射幸合同是与实定合同比较而言，其法律效果在订立合同时并非确定不变，相反，当事人一方或双方的给付义务取决于合同成立后偶然事件的发生。保险合同订立后保险人是否赔付保险金是不确定的，其需要以保险事故发生与否作为依据，目的在于使保险人在特定不可预料或不可抗力的事故发生时，对被保险人履行给付义务，所以是射幸合同的一种，以客观不确定性为基础。

（二）保险合同是双务合同

双务合同的双方当事人在享有权利的同时都负担相应义务。保险合同的一方当事人——投保人负有支付保险费的义务，而另一方当事人——保险人负有危险负担的义务，即保险事故发生或保险合同到期后给付保险金的义务。合同的双方当事人互负义务，因此该合同为双务合同。

（三）保险合同是有偿合同

保险合同当事人互负给付义务，由于当事人各方均负给付义务，因而保险合同既是双务合同，亦是有偿合同。保险合同不得为无偿合同，是由保险制度之特性所决定的，保险制度乃危险共同团体共同承担风险的制度，因而保险合同中当事人之意思表示并非绝对自由，若保险合同可以为无偿，则危险共同团体筹集资金不足，最终会危及其他投保人利益及整个社会公共利益，因此保险合同不得以无偿形式订立。

（四）保险合同是诺成合同

根据我国《保险法》第13条第1款规定："投保人提出保险要求，经保险人同意承保，保险合同成立。保险人应当及时向投保人签发保险单或者其他保险凭证。"可以看出保险单或者其他保险凭证并非保险合同成立的形式要件，故我国《保险法》确定保险合同属诺成性合同，只要双方当事人意思表示一致，保险合同即可成立生效。

（五）保险合同是格式合同

格式合同，指合同一方当事人制定合同条款，另一方当事人只能考虑订立或不订立，对合同条款的内容少有协商余地。保险合同的基本条款及费率是由保险人拟定并经保险监督管理部门备案的。除特殊险种外，投保人如同意投保，就必须接受这些基本条款。保险合同的这一特征是由保险业的迅速发展所决定的，保险人所承保的风险越来越复杂，同时保险人每年签发保险合同数以千万计，因而不得不简化手续，使保险合同逐渐走向技术化、定型化和标准化。保险合同具有格式合同的特征，因而需适用特殊的解释规则。

二、保险合同的主体

保险合同的主体从广义层面理解，非仅限于保险合同的当事人，还包括和保险合同相关的人员，包括当事人和参加人，参加人又可以分为关系人和辅助人。我国保险法采纳大陆法系保险合同法"三分法"理论，投保人、保险人是保险合同的当事人，而被保险人与受益人是保险合同的关系人，投保人承担保险费缴纳义务，但不必然享有保险合同之利益，而被保险人无需承担缴费义务却收到保险保障并享有保险金给付请求权。[1]

（一）当事人

保险合同当事人是签订保险合同的双方主体，即投保人与保险人。

1. 投保人

投保人亦称要保人，我国《保险法》第 10 条第 2 款规定："投保人是指与保险人订立保险合同，并按照合同约定负有支付保险费义务的人。"投保人是保险合同的一方当事人。投保人对保险标的应当具有保险利益。为防止保险成为赌博工具或产生道德危险，法律要求投保人必须对保险标的具有经济上的利害关系，否则其因主体资格不合格而不能成为投保人。投保人是保险合同债务人，负有依约缴费义务。在保险合同关系中，投保人和保险人互为债务人，就保险合同约定的缴费义务而言，投保人是保险合同债务人，负有按期、足额支付保费义务。

2. 保险人

我国《保险法》第 10 条第 3 款规定："保险人是指与投保人订立保险合同，并按照合同约定承担赔偿或者给付保险金责任的保险公司。"因此在我国保险人应当是经营保险业的公司法人。但在英国等少数国家，保险人也可以是自然人。[2]

保险人具有以下法律特征：①主体资格的合法性。《保险法》

---

〔1〕 何丽新、陈诺：《利他保险合同下任意解除权的利益失衡与解决路径》，载《政法论坛》2021 年第 1 期。

〔2〕 方乐华：《保险法论》（第 2 版），立信会计出版社 2006 年版，第 71 页。

第 6 条规定：保险业务由依照本法设立的保险公司以及法律、行政法规规定的其他保险组织经营，其他单位和个人不得经营保险业务。这说明作为民事行为主体的保险人，必须是符合《保险法》规定的主体，包括经许可设立、采取法定组织形式等。②经营资格的特许性。《保险法》第 67 条第 1 款规定："设立保险公司应当经国务院保险监督管理机构批准。"市场主体不能自由进入保险市场，只有经保险主管部门特许的市场主体才能成为保险人。此外，《保险法》第 68 条还规定了设立保险公司应当具备的条件。

（二）关系人

所谓保险合同的关系人，是指虽然不是保险合同当事人，但与保险合同的权利义务密切相关的人。

1. 被保险人

《保险法》第 12 条第 5 款规定："被保险人是指其财产或者人身受保险合同保障，享有保险金请求权的人。投保人可以为被保险人。"上述规定表明，被保险人虽然不是保险合同当事人，却受保险合同保障，享有保险金请求权。被保险人可以是投保人，也可以不为投保人而另行指定，如为他人利益订立的保险合同，合同上的保险赔偿请求权应归于此他人，此他人被称为被保险人。

2. 受益人

《保险法》第 18 条第 3 款规定："受益人是指人身保险合同中由被保险人或者投保人指定的享有保险金请求权的人。投保人、被保险人可以为受益人。"受益人具有以下特点：①受益人由被保险人或投保人指定，但投保人指定受益人必须征得被保险人同意。②受益人的受益权不能继承，受益人可以放弃受益权但不能行使出售、转让等任何处分的权利。这是由受益权的不确定性所决定的。③被保险人或投保人可变更受益人，但投保人变更受益人须征得被保险人同意而无须征得保险人同意，只要通知保险人即可。④受益权只能由受益人独享，具有排他性，其他人都无权剥夺或分享受益人的受益权。受益人领取的保险金不是遗产，无需交遗产税，不用抵偿被保险人生前债务。⑤根据《保险法》第 42 条的规定，当受益人先于被保险人死亡、受益人放弃或丧失受益权且无其他受益人时，保险金可依法作为被保险人的遗产处理。受益人与被保险人在同一事件中死亡，且不能确定死亡先后顺序的，推定受益人死亡在先。《保险法司法解释三》第 14 条规定，保险金根据《保险法》第 42 条规定作为被保险人的遗产，被保险人的继承人要求保险人给付保险金，保险人以其已向持有保险单的被保险人的其他继承人给付保险金为由抗辩的，人民法院应予支持。

（三）辅助人

保险合同的辅助人是协助保险合同当事人办理保险合同有关事项的人。保险合同的辅助人一般包括：

1. 保险代理人（Insurance Agent）

《保险法》第 117 条规定，保险代理人是根据保险人的委托，向保险人收取佣金，并在保险人授权的范围内代为办理保险业务的机构或者个人。保险代理机构包括专门从事保险代理业务的保险专业代理机构和兼营保险代理业务的保险兼业代理机构。

依目前大陆法系保险法的观念，保险代理人虽大都为独立营业的法人，但保险人聘用的代理人也可视为保险代理人，并且不论代理人是专业还是兼业，佣金式还是薪水式，独家代理还是多家代理。更有甚者，在保护被保险人目的范围内，经总代理授权的复代理人，虽未直接由保险人授权，也适用代理效果归属原则。对保险代理人的含义可理解为：①既可以是法人，也可以是自然人；②要有保险人的委托授权，其授权形式一般采用书面授权即委托授权书的形式，包括明示授权、默示授权、追认；③以保险人的名义办理保险业务，而不是以自己的名义；④向保险人收取代理手续费；⑤代理行为所产生的权利和义务的后果直接由保险人承担[1]。

2. 保险经纪人（Insurance Broker）

《保险法》第 118 条规定，保险经纪人是基于投保人的利益，为投保人与保险人订立保险合同提供中介服务，并依法收取佣金的机构。保险经纪人虽是基于投保人的利益，但是如果保险经纪人也有为保险人代收保险费的情况，这时也同时为保险人的代理人，投保人在将保险费交付经纪人时，也发生保险费已交付的效力。换言之，保险经纪人是在投保人与保险人之间进行沟通、斡旋的中介人。其服务的性质是居间，是仅给委托人提供信息或促进委托人与某第三人接触、谈判并达成协议，例如为投保人制定投保计划、选择保险公司、代办投保手续、监督保险合同执行、协助索赔等。

3. 保险公估人（Insurance Surveyor）

保险公估人是指专门从事保险标的的查验、评估及保险事故的认定、估损、理算等业务，并据此向当事人委托方收取合理费用的机构或个人。《保险法》第 129 条第 1 款规定，保险活动当事人可以委托保险公估机构等依法设立的独立评估机构或者具有相关专业知识的人员，对保险事故进行评估和鉴定。

保险公估人是一种中介机构，发挥着专业技术服务功能、保险信息沟通功能和风险管理咨询功能。2018 年《保险公估人监管规定》对保险公估机构的设立、经营依法履行监管职责。根据 2018 年《保险公估人监管规定》第 43 条规定，设立保险公估机构，应当符合中国银保监会的规定的资格条件，取得经营保险公估业务许可证。其主要业务范围包括：①保险标的的承保前和承保

---

[1] 赵旭东主编：《商法学》（第 3 版），高等教育出版社 2015 年版，第 643 页。

后的检验、估价及风险评估；②保险标的出险后的查勘、检验、估损理算及出险保险标的的残值处理；③风险管理咨询；④中国保监会规定的其他业务。保险公估机构应当遵循独立、客观、公平、公正的行业准则，其出具的公估报告书，可以作为理赔的参考依据，但本身并不具有法律效力。

三、保险合同的种类

（一）财产保险合同与人身保险合同

以保险合同所保护的内容即保险标的而言，可将保险合同分为财产保险合同和人身保险合同，这也是保险合同的基本分类。

1. 财产保险合同

财产保险以补偿被保险人的财产利益的损失为目的。该财产利益损失不仅可因被保险人的财物或无形利益直接受到损害而发生，也可因被保险人对第三人负有的损害赔偿责任而发生。财产保险的目的在于满足被保险人因损害发生而产生的需要，所以也被称为"损害保险"或"损失补偿性保险"。

2. 人身保险合同

人身保险的目的是在被保险人生命、身体的完整性受到侵害或损失时，对其损失以金钱方式予以弥补，如人寿保险、健康保险或意外伤害保险等。基于生命、身体的无价性，除医疗费用保险及丧葬费用保险等就具体性损失投保的保险合同外，绝大多数人身保险合同的当事人可自由约定保险金额，在保险事故发生时，直接以保险合同约定的金额作为赔偿额。因此，人身保险合同又被称为"定额保险"或"定额给付性保险"。

（二）定值保险合同和不定值保险合同

根据 2018 年《保险公估人监管规定》，以保险价值是否事先在保险合同中约定为标准，可以将保险合同分为定值保险合同和不定值保险合同。所谓保险价值，即保险标的的价值，是指投保人与保险人订立保险合同时，投保人对保险标的所享有的保险利益的货币估值。只有损失补偿性保险合同，才有定值和不定值的区分，定额给付性保险合同只有保险金额的约定，而无保险标的的价值确定。

1. 定值保险合同

定值保险合同，是指双方当事人事先约定保险利益的价值并在保险单中载明的保险合同。《保险法》第 55 条第 1 款规定："投保人和保险人约定保险标的的保险价值并在合同中载明的，保险标的发生损失时，以约定的保险价值为赔偿计算标准。"当事人订立定值保险合同的，当保险事故发生导致保险利益的损失时，保险人只需根据保险利益的实际损失情况，在保险金额内按合同载明的保险价值全额赔偿即可。定值保险能够使保险人及时履行义务，减少纠纷，但它也容易使投保人故意抬高保险标的的价值，进行保险欺诈，所以其使用范围受到一定的限制。一般情况下，海洋货物运输保险大多采用定值保险合同。此外，船舶保险合同以及保险利益的价值不易确定的财产保险合同有时也采用这种合同形式。

2. 不定值保险合同

不定值保险合同，是指双方当事人对于保险利益的价值事先不约定，也不在保险单中载明的合同。在保险合同中仅仅对保险金额加以规定，并以保险金额为最高限额，保险事故发生后，保险合同的当事人首先需要对保险标的的损失进行核定，然后决定赔偿保险金的数额，但保险赔偿额最高不能超过保险金额。《保险法》第 55 条第 2 款规定："投保人和保险人未约定保险标的的保险价值的，保险标的发生损失时，以保险事故发生时保险标的的实际价值为赔偿计算标准。"

（三）损失补偿性保险合同与定额给付性保险合同

这是以给付保险金的目的为标准所做的分类。这种分类容易造成一种误解，使人认为财产保险是损失补偿性保险，而人身保险是定额给付性保险，实际上这两组分类，不是简单的对应关系，而是相互交叉，这要根据保险合同的具体性质进行判断，不能一概而论。

损失补偿性保险合同，是以具体性保险利益投保而订立的保险合同。在当事人没有特别约定的情况下，所有财产保险合同和人身保险合同中有关医疗费用、丧葬费用、债务保证的保险，都属于损失补偿性保险。在这种保险中，保险人只负责赔偿被保险人实际遭受的损失，而不是按照签订合同时合同中约定的保险金额进行赔偿。它的理论基础是：保险制度只是一个社会共担风险的机制，给任何一个被保险人多于其损失的赔偿，都可能违背大数法则的精算结果，削弱保险人对其他被保险人的赔付能力。将被保险人受到赔偿的范围限定于其所遭受的损失，是为了保证整个保险制度的发展。

《保险法司法解释三》第18、19条规定，保险人给付费用补偿型的医疗费用保险金时，主张扣减被保险人从公费医疗或者社会医疗保险取得的赔偿金额的，应当证明该保险产品在厘定医疗费用保险费率时已经将公费医疗或者社会医疗保险部分相应扣除，并按照扣减后的标准收取保险费。保险合同约定按照基本医疗保险的标准核定医疗费用，保险人以被保险人的医疗支出超出基本医疗保险范围为由拒绝给付保险金的，人民法院不予支持；保险人有证据证明被保险人支出的费用超过基本医疗保险同类医疗费用标准，要求对超出部分拒绝给付保险金的，人民法院应予支持。

定额给付性保险合同，是以抽象性保险利益投保而订立的保险合同，保险赔偿的范围是当事人在保险合同中的约定。现在一般的人寿保险合同，都属于定额给付性保险合同。

（四）足额保险合同、不足额保险合同和超额保险合同

以保险金额与保险价值的关系为准，可以将保险合同分为足

额保险合同、不足额保险合同和超额保险合同。此种分类方法仅适用于损失补偿性保险合同，而不适用于定额给付性保险，这是由于定额给付性保险的保险金是通过合同事前约定的。此种分类的意义在于：第一，因为保险具有损失补偿的性质，所以法律规定超额保险合同的超额部分无效；第二，法律规定了不足额保险合同中保险金额的计算方式。

1. 足额保险合同

足额保险合同，又称全额保险合同，是指保险金额与保险价值完全相等的保险合同。当保险标的因保险事故的发生而遭受全部损失时，保险人按保险价值进行赔偿，标的物如有损余，保险人享有物上代位权，也可折价归被保险人并在保险赔款项下扣除；如保险标的遭受部分损失，保险人按实际损失计算赔偿。

2. 不足额保险合同

不足额保险合同，又称低额保险合同，是指保险金额低于保险价值的保险合同。当保险标的因保险事故的发生遭受全部损失时，保险人按保险金额赔偿，其与保险价值的差额部分，由被保险人自己承担；保险标的遭受部分损失的，由保险人和被保险人对保险客体的损失按比例分摊。例如，一栋房屋价值人民币 10 万元，但保险合同中约定的保险金额为人民币 8 万元，当该房屋全部损失时，保险人应向被保险人按全部保险金额人民币 8 万元给付保险金。若该房屋仅遭受一半损失，则保险人向被保险人按保险金额的 50%——人民币 4 万元给付保险金。《保险法》第 55 条第 4 款规定，保险金额低于保险价值的，除合同另有约定外，保险人按照保险金额与保险价值的比例承担赔偿保险金的责任。

3. 超额保险合同

超额保险合同，是指保险金额高于保险价值的保险合同。它包括因投保人超额投保而订立的保险合同，和因保险人超额承保所订立的保险合同，也包含因保险客体价值变化而产生的保险价值降低等情况。《保险法》第 55 条第 3 款规定，保险金额不得超过保险价值。超过保险价值的，超过部分无效，保险人应当退还相应的保险费。

（五）原保险合同和再保险合同

以保险合同保障的业务对象为准，可以将保险合同分为原保险合同和再保险合同。

1. 原保险合同

原保险合同，也称直接保险合同，是投保人与保险人订立的保险合同。它是相对于再保险合同而言的，因而原保险合同的称谓只有在再保险合同出现后才能出现。通常所说的主保险合同，就是指原保险合同。

2. 再保险合同

再保险是相对原保险而言的，《保险法》第 28 条第 1 款规定，保险人将其承担的保险业务，以分保形式部分转移给其他保险人的，为再保险。再保险合同即原保险人直接承保了业务后，为把自己承担的保险责任的一部分转让给再保险人承担而与其订立的保险合同。再保险的意义在于使风险分散于不同的保险公司，有利于行业的整体发展。

原保险合同与再保险合同是两个相互独立的合同，根据《保险法》第 29 条的规定，原保险的被保险人、受益人对再保险接受人无索赔请求权；再保险接受人无权向原保险合同的投保人请求保险费的给付；再保险分出人不得以再保险接受人不履行保险金额给付义务为理由，拒绝履行或迟延履行对被保险人的赔偿或支付保险金的义务。中国银保监会依据《保险法》等相关法律法规制定《再保险业务管理规定》，规定了再保险业务的经营细则，并依法对再保险业务经营进行监管。

四、保险合同主要内容

保险合同的内容，分为法定记载事项与约定记载事项两种，前者称为保险合同的基本条款，后者称为保险合同的特约条款。

（一）保险合同的基本条款

保险合同的基本条款，是指依照法律规定，保险合同中必须列入的事项或条款。《保险法》第 18 条所规定的保险合同"应当"包括的事项，就是保险合同基本条款。

1. 保险合同当事人和关系人的名称和住所

明确记载保险合同当事人、关系人的名称和住所，是保险合同履行的必要保证。保险人据此联系投保方，进行通知、催告、理赔等；投保人等据此联系保险人，以履行危险增加通知、出险通知等义务。此外，双方当事人及其关系人发生保险诉讼时，该记载还关系到诉讼管辖权的确定。

从理论上讲，保险人的名称和住所，应当是经工商行政登记的总公司名称和住所，但在总公司与分公司、分公司与支公司不在同一地的情况下，通常记载"出单权限"的分支机构名称和住所，其形式为 XX 保险公司 XX 分公司 XX 支公司及所在地地址。保险人的名称和住所，通常由保险人事先印制在保单上。

2. 投保人、被保险人、人身保险合同中受益人的名称和住所

保单上投保人、被保险人和受益人的名称，应当与身份证或户口簿上的姓名一致；其住所应当是常住地。值得注意的是：以死亡为给付保险金条件、以他人身体和寿命投保的保险，被保险人的名称应当由其亲笔填写；受益人的名称，原则上也应当由被保险人亲笔填写，投保人填写时应当有被保险人同意的依据。

3. 保险标的

保险标的是指保险所保障的对象，即事故发生的对象。无论是在保险业务上，还是保险立法以及保险学理上，保险标的都被分为财产和人身两大类，保险合同根据保险标的被分为财产保险

和人身保险也是保险分类的固有和通行做法。[1] 在财产保险中，保险标的是指财产或者与其有关的利益和责任；在人身保险中，保险标的是人的身体、生命、健康。明确保险标的，可以确定保险种类、明确保险范围。

4. 保险责任和责任免除

保险责任是指保险合同约定的，保险人承担赔付保险金责任的保险事故范围。保险责任通常由保险人根据不同种类的保险事先制定，载明于保险合同中，供投保人根据保险标的之性质及自身保险需要进行选择。保险责任条款通常采用定义式或列举式来规定。定义式即通过下定义方式来确定保险责任，通常出现在一切危险保险的条款中。列举式即通过列举危险事故名称的方式来明确保险责任，通常出现在单一危险保险、多种危险保险的条款中。列举式条款具有排他性，条款中未列举的危险事故，即不在保险责任范围之内。

责任免除，又称责任除外或除外责任，是指保险合同中约定的，保险人不承担赔付保险金责任的范围。责任免除条款通常由保险人根据不同种类的保险事先制定，载明于保险合同中。对于保险合同中的免责条款，保险人在订约时应当向投保人明确说明，否则该条款将不产生法律效力。

5. 保险期间和保险责任开始时间

保险期间是指保险合同的有效期间，即合同双方当事人权利义务的起讫时间。保险责任开始时间是指保险人开始承担保险责任的某一确定时刻。就一般保险合同而言，其生效日往往就是保险责任开始时间。但根据《保险法》第 14 条的规定，"保险合同成立后，投保人按照约定交付保险费，保险人按照约定的时间开始承担保险责任"，换言之，当事人可以对保险责任的开始时间

---

〔1〕　于海纯：《论人身保险不应适用损失补偿原则及其意义》，载《政治与法律》2014 年第 12 期。

另行约定，不必与合同生效时间完全一致。保险期间的确定方式有两种：一是直接约定保险合同的起保日及期限，如约定某年某月某日为起保日，保险期间为 1 年；二是以某一事件的起始和终止来确定保险期间，如约定保险期间为某船舶的航行时间。

6. 保险金额

保险金额是指被保险人对保险标的实际投保金额，也是保险人负担损失补偿或保险金给付的最高限额。保险金额直接关系到保险费的计算与保险事故发生后保险金的数额，因此必须在合同中明确约定。准确地确定保险金额，必须公正、合理地核定保险价值。在损失补偿性保险中，保险金额超过保险价值的部分无效。人身保险中，由于人的价值不能用货币进行估价，因此人身保险的保险金额是由保险人与被保险人协商确定的。财产保险中，一般依据保险标的价值确定保险金额。

7. 保险费以及支付办法

保险费，简称"保费"，是投保人向保险人支付的费用，作为保险人承担风险的代价。保险费是保险基金的来源，投保人缴付保险费的多少，由保险金额、保险费率和保险期限来决定，保险金额大，保险费率高，保险期限长，则保险费就多。保险费率的高低还取决于保险责任范围的大小、以往该范围内危险造成保险标的的损失率和经营成本等，所以不同的险种其保险费率是有差异的，不同被保险人之间的保险费率也不同。支付保险费为投保人的义务，投保人应当按照合同约定的支付方式按时支付保险费。同时《保险法》第 38 条规定，保险人对人寿保险的保险费，不得用诉讼方式要求投保人支付。人寿保险的投保人没有缴纳保费的绝对义务，在因家庭和经济状况发生重大变化而丧失支付保险费的能力时，可自由选择是否继续缴纳保费，这也是各国通行的做法。[1]

8. 保险金赔偿或者给付办法

保险金赔偿或者给付办法是指保险事故发生致使被保险人遭受损失时或者在保险期限到来时保险人依照法律规定或合同约定的方式、数额或标准向被保险人或者受益人支付补偿金或保险金。在财产保险中一般称为保险金赔偿，而在人身保险中一般称为保险金给付，这是保险人最主要的义务。

9. 违约责任和争议处理

违约责任是指合同当事人一方由于自己的过错造成合同不能履行或者不能完全履行时，按照法律规定或者合同的约定而承担的一种法律责任。违约则承担相应的法律责任，这是合同具有法律约束力的必然要求。规定违约责任，能保证合同的顺利履行，保险合同中主要的违约责任形式包括实际履行、支付违约金和赔偿损失等。

争议处理是指保险合同当事人对合同履行过程中所发生的纠纷以何种方式解决。保险合同当事人应该在保险合同中约定争议解决的方式，如诉讼或者仲裁。如有仲裁条款，应当依仲裁来解决，未写有仲裁条款，双方均同意也可采取仲裁。

10. 订立合同的年、月、日

订立保险合同的年、月、日是指保险合同生效的时间点，其意义在于：第一，订立保险合同的年、月、日是判定保险利益是否存在的时间标准。《保险法》第 31 条第 3 款规定，订立合同时，投保人对被保险人不具有保险利益的，合同无效。第二，订立保险合同的年、月、日可以判断保险危险是否发生在保险期间内，避免保险骗赔。

---

〔1〕 韩彧博：《自然债权的效力分析与实践争议》，载《学术交流》2018 年第 6 期。

（二）保险合同的特约条款

保险合同的内容，除法定应记载的事项外，还有特约条款。所谓保险合同的特约条款，是指保险人与被保险人在基本条款之外自由约定的条款。《保险法》第 18 条第 2 款规定，投保人和保险人可以约定与保险有关的其他事项。

1. 附加条款（Rider or Indorsement）

附加条款是为了适应特殊情形的需要，经过双方当事人同意，对原有的基本条款加以补充，在保险合同中附加补充条文以约定新的权利义务。通常情况下，附加条款加注于保险单的空白处，或者粘贴于保险单上，也是保险合同的一部分。附加条款是当事人之间的特别约定，因此一般而言在条款之间出现冲突的情况下，附加条款的效力优先于基本条款以及下文的协会条款和保证条款。

2. 协会条款（Institute Clauses）

协会条款专指由伦敦保险人协会根据实际需要所协议规定的条款，仅见于海上保险合同。协会条款包括但不限于船舶保险中的碰撞条款、本身劣质条款等。当协会条款添附于保险单时，有对保险单原有条款修改、补充或限制的效力。

3. 保证条款（Warranties）

保证条款是指保险人要求被保险人保证作为或不作为，或保证某种事实状态的存在或不存在的条款。其性质与基本条款、协会条款及附加条款三者不同。后三者是说明保险人责任的扩大或限制，具有积极性，而保证条款则是投保人或被保险人对保险人所作出的一种承诺，如有违反，保险人不承担责任，所以具有消极性。

（三）保险合同条款的解释

在保险合同履行过程中会涉及对保险合同条款，乃至对条款中语言文字的理解，不同的理解会产生保险纠纷，甚至引起仲裁或诉讼。由于保险合同的专业性较强，为了正确判明当事人的真实意图，保护当事人的合法权利，准确处理保险纠纷，有必要确立保险合同的解释原则。

我国《保险法》第 30 条规定："采用保险人提供的格式条款订立的保险合同，保险人与投保人、被保险人或者受益人对合同条款有争议的，应当按照通常理解予以解释。对合同条款有两种以上解释的，人民法院或者仲裁机构应当作出有利于被保险人和受益人的解释。"法律之所以确立这样有利于被保险人和受益人的解释原则，主要是因为保险人提供格式合同条款，投保人只能表示接受与否，对于保险合同的具体条款没有过多的商量余地。为解决由此产生的利益失衡问题，应当要求制定格式合同的保险人，在条款上做到公平合理、准确严密，否则，其必须承担疏于制定的法律后果。对于《保险法》确立的有利解释原则，不能机械理解为只要有争议，就应当向被保险人倾斜，因为争议中保险人固然可能有错，被保险人亦可能理解有误。为此，仍应当先依照通常的理解方式进行解释。

【专题理论探讨】保险利益

一、保险利益概述

（一）保险利益的概念

保险利益，又称可保利益，是指投保人对保险标的具有的法律上承认的利益。投保人对保险标的之合法的利益，包括财产利益和人身利益；根据损失可否以金钱计算，又区分为抽象性保险利益和具体性保险利益。根据《保险法》第 12 条第 1、2 款的规定，人身保险的投保人在保险合同订立时，对被保险人应当具有保险利益。财产保险的被保险人在保险事故发生时，对保险标的

应当具有保险利益。保险利益要求的初衷，是防止道德危险，抑
制赌博行为的发生，在投保人与被保险人并非同一人时降低
风险。[1]

（二）保险利益的构成要件

财产保险和人身保险中的保险利益，构成要件有所不同。财
产保险中的保险利益，是指投保人对保险标的所具有的某种确定
的、合法的经济利益，包括现有利益、基于现有利益而产生的期
待利益和基于某一法律上的权利基础而产生的期待利益三种。人
身保险中的保险利益，是指投保人对于被保险人的生命或身体所
具有的利害关系，即投保人对于被保险人将因保险事故的发生而
遭受损失，因保险事故的不发生而维持原有的利益。一般认为，
人身保险的保险利益，应取决于法定关系人或被保险人的同意。
无论是财产保险还是人身保险的保险利益，其构成要件应有以下
两点：

1. 须为合法性利益

保险合同是民事法律行为之一，所以除《保险法》有特别规
定外，应适用有关法律行为的一般规定，不得违反强制性或禁止
性法律规定，不得有悖社会公共秩序和善良风俗。保险利益制度
之所以是防范道德危险的基础制度，其基石就是投保人和被保险
人之间存在合法且善意的关系。[2] 故走私货物、盗赃物的利益，
皆不成立保险利益。

2. 须为确定性利益

在同一个保险标的上，可能存在数个利益，例如在特定的一
栋房屋上可能存在所有利益、担保利益、使用利益等数个利益；

〔1〕 韩长印：《总括意外伤害保险中的保险利益问题》，载《政法论坛》2023 年
第 5 期。
〔2〕 邹翔远：《完善未成年人死亡保险制度的几点思考》，载《法律适用》2024
年第 2 期。

又例如，对于同一个被保险人，也可能有因亲属关系、债权债务关系、抚养关系而产生不同的保险利益。且该数个保险利益，可能归属于同一人，也可能分别归属于不同的数人。因此投保人对保险标的所具有的利益，应为已经确定的或是可以确定的利益。

二、财产保险的保险利益

《保险法》第 12 条第 2 款规定："财产保险的被保险人在保险事故发生时，对保险标的应当具有保险利益。"在订立保险合同时，被保险人尚可不具备保险利益，只要保险事故发生时具有保险利益即可。《保险法》第 48 条规定，保险事故发生时，被保险人对保险标的不具有保险利益的，不得向保险人请求赔偿保险金。财产保险，有为投保人或被保险人现有利益或可得利益保险者，也有为投保人或被保险人对第三人之责任保险者，前者所欲弥补之损害为投保人或保险人的积极经济利益，后者所欲弥补之损害为投保人或保险人的消极经济利益。因此，依《保险法》上损害的性质划分，保险利益可分为积极保险利益和消极保险利益。

（1）积极保险利益。积极保险利益，为一特定的人对某一特定积极财产具有积极、肯定、有利的经济利益。简单地说，就是享有权利或期待利益。当此种权利或期待利益遭受毁损灭失或发生其他保险事故时，被保险人将蒙受损失，造成被保险人原有利益的减损。积极保险利益主要包括：所有权人保险利益、抵押权保险利益、请求权保险利益、信用保险利益、期待利益保险利益、增值保险利益、保管保险利益、占有保险利益、股权保险利益、代理保险利益等。

（2）消极保险利益。消极保险利益，是指某一不利情形的发生，将使特定人产生财产上的损失。消极保险利益和积极保险利益的主要区别，在于前者是为防止任何因法律规定、合同义务或事实上的必要费用而产生的被保险人财产上的负担，后者保护的对象是已存在或将来可得的利益。消极保险利益，一般指责任保险利益。我国《保险法》第 65 条第 4 款规定："责任保险是指以被保险人对第三者依法应负的赔偿责任为保险标的的保险。"

三、人身保险的保险利益

人身保险的保险利益，是指投保人对于被保险人的生命或身体所具有的法律上承认的利害关系。基于这种利害关系，投保人会因保险事故的发生而遭受损失。《保险法》第 12 条第 1 款规定，人身保险的投保人在保险合同订立时，对被保险人应当具有保险利益。根据《保险法》第 31 条规定，投保人对下列人员具有保险利益：①本人；②配偶、子女、父母；③前项以外与投保人有抚养、赡养或者扶养关系的家庭其他成员、近亲属；④与投保人有劳动关系的劳动者。除前款规定外，被保险人同意投保人为其订立合同的，视为投保人对被保险人具有保险利益。因此可以将人身保险利益的主体范围分为以下三类：①本人，即投保人自身。②具有法定关系的人。人身保险的保险利益中，以弥补抽象性损害为目的的人身保险合同，基于法定关系投保，不需有经济上之利益，保险赔偿金也不以投保人或被保险人实际遭受的损失为限，称为法定关系保险利益。纯粹的法定关系仅包括本人、配偶、子女、父母。由于上述具有法定人身关系的人，负有监护、赡养、抚养、扶养等法定义务，各国立法均直接规定这些人互相有保险利益，理论上也仅以法定权利义务概括其理由，而不进一步讨论此类利益的具体状况。此外，投保人对与投保人有劳动关系的劳动者也具有保险利益。③被保险人同意。人身保险中的被保险人同意原则来源于德国保险契约法的规定，从大陆法系国家保险契约法的立法条文来看，此原则实际上只适用于以死亡为保险事故的保险。而我国《保险法》第 31 条对此做了扩大解释，认为除法定关系外，被保险人同意投保人为其订立合同的，视为投保人对被保险人具有保险利益。同时该法第 34 条规定："以死亡为给付保险金条件的合同，未经被保险人同意并认可保险金额的，合同无效。按照以死亡为给付保险金条件的合同所签发的保险单，未经被保险人书面同意，不得转让或者质押。父母为其未成年子女投保的人身保险，不受本条第 1 款规定限制。"《保险法司法解释三》第 3 条规定，人民法院审理人身保险合同纠纷案件时，应主动审查投保人订立保险合同时是否具有保险利益，以及以死亡为给付保险金条件的合同是否经过被保险人同意并认可保险金额。

《保险法司法解释三》第 1 条还规定，当事人订立以死亡为给付保险金条件的合同，根据《保险法》第 34 条的规定，"被保险人同意并认可保险金额"可以采取书面形式、口头形式或者其他形式；可以在合同订立时作出，也可以在合同订立后追认。有下列情形之一的，应认定为被保险人同意投保人为其订立保险合同并认可保险金额：①被保险人明知他人代其签名同意而未表示异议的；②被保险人同意投保人指定的受益人的；③有证据足以认定被保险人同意投保人为其投保的其他情形。此外，第 2 条规定，被保险人以书面形式通知保险人和投保人撤销其依据《保险法》第 34 条第 1 款规定所作出的同意意思表示的，可认定为保险合同解除。第 4 条规定，保险合同订立后，因投保人丧失对被保险人的保险利益，当事人主张保险合同无效的，人民法院不予支持。

关于保险利益的原则的适用范围、保险利益的转移及其存废问题，一直是保险法领域内的争议问题。

在财产保险中，因为存在在同一保险标的上有数个性质不同的保险利益的情况，所以不同投保人对同一保险标的具有保险利益的，可以在各自保险利益范围内投保。所以在保险标的转让时，就可能存在保险利益并不转移的情况，例如，抵押标的物转让时，抵押权人的利益并不因此消失〔1〕。

有学者认为，保险利益原则虽有助于区分、限制赌博，防范道德风险，却也诱发了逆向道德风险，并有碍于保险制度风险移转功能的实现。在补偿保险中，由于法定保险利益并非区分赌博与保险的必要条件，加之损害填补原则可以替代实现道德风险的防范功能，故应取消保险利益原则。对于一般性给付保险，可以被保险人的同意替代保险利益原则，以体现和强化对人格利益的尊重与保护。在道德风险后果极其严重的死亡给付保险中，可通过被保险人同意与保险利益原则的双重要件来限制道德风险，但保险利益主体应是受益人〔2〕。

关于财产保险中保险利益的转移，《保险法》第49条第1款规定，保险标的转让的，保险标的的受让人承继被保险人的权利和义务。即保险利益随保险标的之移转而移转。关于财产保险中保险利益的转移的时点，《最高人民法院关于适用〈中华人民共和国保险法〉若干问题的解释（四）》（以下简称《保险法司法解释四》）第1条规定，保险标的已交付受让人，但尚未依法办理所有权变更登记，承担保险标的毁损灭失风险的受让人，依照《保险法》第48条、第49条的规定主张行使被保险人权利的，人民法院应予支持。

根据《保险法》第49条第2款，保险标的转让的，被保险人或者受让人应当及时通知保险人，但货物运输保险合同和另有约定的合同除外。当被保险人、受让人向保险人发出保险标的转让通知后，保险人未作出答复时，保险标的发生保险事故，哪一

---

〔1〕 赵亚军、白恒晶：《财产保险中保险利益的移转与保险合同的效力》，载《法学杂志》2006年第1期。

〔2〕 马宁：《保险利益原则：从绝对走向缓和，抑或最终消解?》，载《华东政法大学学报》2015年第5期。

方有权向保险人请求赔偿保险金呢？《保险法司法解释四》第5条规定，被保险人、受让人依法及时向保险人发出保险标的转让通知后，保险人作出答复前，发生保险事故，被保险人或者受让人主张保险人按照保险合同承担赔偿保险金的责任的，人民法院应予支持。

【专题案例研讨】保险合同的解释[1]

1995年11月28日，海南丰海粮油工业有限公司（以下简称"丰海公司"）在中国人民财产保险股份有限公司海南省分公司（以下简称"海南人保"）投保了由印度尼西亚籍"哈卡"轮（HAGAAG）所运载的自印度尼西亚杜迈港至中国洋浦港的4999.85吨桶装棕榈油，投保险别为一切险。根据保险条款规定，一切险的承保范围除包括平安险和水渍险的各项责任外，海南人保还"负责被保险货物在运输途中由于外来原因所致的全部或部分损失"。该条款还规定了5项除外责任。上述投保货物是由丰海公司以CNF价格向新加坡丰益私人有限公司（以下简称"丰益公司"）购买的。根据买卖合同约定，发货人丰益公司与船东代理梁国际代理有限公司（以下简称"梁国际"）签订一份租约。该租约约定由"哈卡"轮将丰海公司投保的货物5000吨棕榈油运至中国洋浦港，将另1000吨棕榈油运往香港。1995年11月29日，"哈卡"轮的期租船人、该批货物的实际承运人印度尼西亚PT. SAMUDERA INDRA公司（以下简称"PSI公司"）签发了编号为DM/YPU/1490/95的已装船提单。该提单载明船舶为"哈卡"轮，装货港为印度尼西亚杜迈港，卸货港为中国洋浦港，货物唛头为BATCH NO. 80211/95，装货数量为4999.85吨，清洁、运费已付。据查，发货人丰益公司将运费支付给梁国际，梁国际

---

[1] 最高人民法院指导案例52号：海南丰海粮油工业有限公司诉中国人民财产保险股份有限公司海南省分公司海上货物运输保险合同纠纷案。

已将运费支付给 PSI 公司。1995 年 12 月 14 日，丰海公司向其开证银行付款赎单，取得了上述投保货物的全套（3 份）正本提单。1995 年 11 月 23 日至 29 日，"哈卡"轮起航后，由于"哈卡"轮船东印度尼西亚 PT. PERUSAHAAN PELAYARAN BAHTERA BINTANG SELATAN 公司（以下简称"BBS 公司"）与该轮的期租船人 PSI 公司之间因船舶租金发生纠纷，"哈卡"轮中止了提单约定的航程并对外封锁了该轮的动态情况。

为避免投保货物的损失，丰益公司、丰海公司、海南人保多次派代表参加"哈卡"轮船东与期租船人之间的协商，但由于船东以未收到租金为由不肯透露"哈卡"轮行踪，多方会谈未果。直至 1996 年 4 月，"哈卡"轮走私至中国汕尾被我海警查获。上述 20 298 桶棕榈油已被广东省检察机关作为走私货物没收上缴国库。1996 年 6 月 6 日丰海公司向海南人保递交索赔报告书，8 月 20 日丰海公司再次向海南人保提出书面索赔申请，海南人保明确表示拒赔。丰海公司遂诉至海口海事法院。

最高人民法院认为：丰海公司与海南人保之间订立的保险合同合法有效，双方的权利义务应受保险单及所附保险条款的约束。本案保险标的已经发生实际全损，对此发货人丰益公司没有过错，亦无证据证明被保险人丰海公司存在故意或过失。保险标的的损失是由于"哈卡"轮船东 BBS 公司与期租船人之间的租金纠纷，将船载货物运走销售和走私行为造成的。本案争议的焦点在于如何理解涉案保险条款中一切险的责任范围。

二审审理中，海南省高级人民法院认为，根据保险单所附的保险条款和保险行业惯例，一切险的责任范围包括平安险、水渍险和普通附加险（即偷窃提货不着险、淡水雨淋险、短量险、沾污险、渗漏险、碰损破碎险、串味险、受潮受热险、钩损险、包装破损险和锈损险），中国人民银行《关于〈海洋运输货物保险"一切险"条款解释的请示〉的复函》亦作了相同的明确规定。

可见，丰海公司投保货物的损失不属于一切险的责任范围。此外，鉴于海南人保与丰海公司有长期的保险业务关系，在本案纠纷发生前，双方曾多次签订保险合同，并且海南人保还作过一切险范围内的赔付，所以丰海公司对本案保险合同的主要内容、免责条款及一切险的责任范围应该是清楚的，故认定一审判决适用法律错误。

根据涉案"海洋运输货物保险条款"的规定，一切险除了包括平安险、水渍险的各项责任外，还负责被保险货物在运输过程中由于各种外来原因而产生的损失。同时保险条款中还明确列明了五种除外责任，即：①被保险人的故意行为或过失所造成的损失；②属于发货人责任所引起的损失；③在保险责任开始前，被保险货物已存在的品质不良或数量短差所造成的损失；④被保险货物的自然损耗、本质缺陷、特性以及市价跌落、运输迟延所引起的损失；⑤本公司海洋运输货物战争险条款和货物运输罢工险条款规定的责任范围和除外责任。从上述保险条款的规定看，海洋运输货物保险条款中的一切险条款具有如下特点：

第一，一切险并非列明风险，而是非列明风险。在海洋运输货物保险条款中，平安险、水渍险为列明的风险，而一切险则为平安险、水渍险再加上未列明的运输途中由于外来原因造成的保险标的的损失。

第二，保险标的的损失必须是外来原因造成的。被保险人在向保险人要求保险赔偿时，必须证明保险标的的损失是因为运输途中外来原因引起的。外来原因可以是自然原因，亦可以是人为的意外事故。但是一切险承保的风险具有不确定性，要求是不能确定的、意外的、无法列举的承保风险。对于那些预期的、确定的、正常的危险，则不属于外来原因的责任范围。

第三，外来原因应当限于运输途中发生的，排除了运输发生以前和运输结束后发生的事故。只要被保险人证明损失并非因其自身原因，而是由于运输途中的意外事故造成的，保险人就应当承担保险赔偿责任。

根据保险法的规定，保险合同中规定有关于保险人责任免除条款的，保险人在订立合同时应当向投保人明确说明，未明确说明的，该条款仍然不能产生效力。据此，保险条款中列明的除外责任虽然不在保险人赔偿之列，但是应当以签订保险合同时，保险人已将除外责任条款明确告知被保险人为前提。否则，该除外责任条款不能约束被保险人。

关于中国人民银行的复函意见。在保监委成立之前，中国人民银行系保险行业的行政主管机关。1997 年 5 月 21 日，中国人民银行致中国人民保险公司《关于〈海洋运输货物保险"一切险"条款解释的请示〉的复函》中，认为一切险承保的范围是平安险、水渍险及被保险货物在运输途中由于外来原因所致的全部或部分损失。并且进一步提出：外来原因仅指偷窃、提货不着、淡水雨淋等。1998 年 11 月 27 日，中国人民银行在对《中保财产保险有限公司关于海洋运输货物保险条款解释》的复函中，再次明确一切险的责任范围包括平安险、水渍险及被保险货物在运输途中由于外来原因所致的全部或部分损失。其中外来原因所致的全部或部分损失是指 11 种一般附加险。鉴于中国人民银行的上述复函不是法律法规，亦不属于行政规章。根据《中华人民共和国立法法》的规定，国务院各部、委员会、中国人民银行、国家审计署以及具有行政管理职能的直属机构，可以根据法律和国务院的行政法规、决定、命令，在本部门的权限范围内，制定规章；部门规章规定的事项应当属于执行法律或者国务院的行政法规、决定、命令的事项。因此，保险条款亦不在职能部门有权制定的规章范围之内，故中国人民银行对保险条款的解释不能作为约束被保险人的依据。

另外，中国人民银行关于一切险的复函属于对保险合同条款的解释。而对于平等主体之间签订的保险合同，依法只有人民法院和仲裁机构才有权作出约束当事人的解释。为此，上述复函不能约束被保险人。要使该复函所做解释成为约束被保险人的合同条款，只能是将其作为保险合同的内容附在保险单中。中国人民保险公司之所以向主管机关请示一切险的责任范围，主管机关对此作出答复，恰恰说明对于一切险的理解存在争议。而依据 2002 年《保险法》第 31 条的规定，对于保险合同的条款，保险人与投保人、被保险人或者受益人有争议时，人民法院或者仲裁机关应当作有利于被保险人和受益人的解释。作为行业主管机关作出对本行业有利的解释，不能适用于非本行业的合同当事人。

综上，应认定本案保险事故属一切险的责任范围。二审法院认为丰海公司投保货物的损失不属一切险的责任范围错误，应予纠正。丰海公司的再审申请理由依据充分，应予支持。本案采取了有利解释原则。海上货物运输保险合同中的"一切险"，除包括平安险和水渍险的各项责任外，还包括被保险货物在运输途中由于外来原因所致的全部或部分损失。在被保险人不存在故意或者过失的情况下，由于相关保险合同中除外责任条款所列明情形之外的其他原因，造成被保险货物损失的，可以认定属于被保险货物损失的"外来原因"，保险人应当承担运输途中由该外来原因所致的一切损失。

【专题案例研讨】保险责任范围的认定[1]

2009 年 7 月 30 日，原告王某国与被告中国人寿保险股份有限公司淮安市楚州支公司（以下简称"人寿保险楚州支公司"）签订了保险合同一份，合同约定：险种名称为康宁终身保险合同，保费金额为 2 万元，保险期间为终身。康宁终身保险条款

---

　　[1]　王某国诉中国人寿保险公司淮安市楚州支公司保险合同纠纷案，载《最高人民法院公报》2015 年第 12 期。

（2007 修订版）第 5 条第 1 款约定，被保险人于合同生效之日起 180 日后，初次发生本合同所指的重大疾病，本公司按基本保险金额的 2 倍给付重大疾病保险金。第 23 条重大疾病的名称及定义如下："主动脉手术是指为治疗主动脉疾病，实际实施了开胸或开腹进行的切除、置换、修补病损主动脉血管的手术，主动脉指胸主动脉和腹主动脉，不包括胸主动脉和腹主动脉的分支血管，动脉内血管形成术不在保障范围内。"保险期间内，原告经淮安市第一人民医院确诊为主动脉夹层，原告在江苏省人民医院行主动脉夹层覆膜支架隔绝术。

原告要求被告给付保险金，保险公司称王某国所患疾病不属于双方保险合同约定的主动脉疾病赔付情形，双方保险合同中约定给付保险金的情形是：实际实施了开胸或开腹手术的主动脉疾病，因此拒绝赔付。

2012 年 4 月 27 日根据原告王某国申请，委托了江苏省人民医院司法鉴定所对原告申请的"①王某国所患的主动脉夹层是否属于主动脉疾病；②主动脉夹层覆膜支架隔绝术是否比中国人寿保险股份有限公司康宁终身保险条款（2007 修订版）第 23 条第 10 款约定的开胸手术创伤更小、手术死亡率和并发症的发生率更低；③主动脉夹层覆膜支架隔绝术是否属于中国人寿保险股份有限公司康宁终身保险条款（2007 修订版）第 23 条第 10 款约定的主动脉手术；④患者的病情是否更加适合主动脉夹层覆膜支架隔绝术，是否属于主动脉修补范畴"等事项进行了鉴定，该所于 2012 年 6 月 11 日作出了省人医司鉴所法医临床〔2012〕鉴字第 087 号法医临床鉴定意见书，鉴定意见为："王某国所患的主动脉夹层属于主动脉疾病；主动脉夹层覆膜支架隔绝术比中国人寿保险股份有限公司康宁终身保险条款（2007 修订版）第 23 条第 10 款约定的开胸手术创伤更小、手术死亡率和并发症的发生率低；主动脉夹层覆膜支架隔绝术是主动脉手术，但其无需实施开胸进行；患者的病情更加适合主动脉夹层覆膜支架隔绝术，属于介入主动脉修补范畴"。2012 年 7 月 10 日该所作出答复："①随着医学技术的进步，外科手术向微创化发展。许多原先需要开胸或开腹的手术，已被腔镜或介入手术所取代。被鉴定人王某国所患疾病为主动脉夹层，该病患更适合用介入的方法行主动脉夹层覆膜支架隔绝术。对其实施的主动脉夹层覆膜支架隔绝术是主动脉手术，属于介入主动脉修补范畴，相对于传统的开胸手术，具有创伤小、死亡率低、并发症发生率低的优点，目前已取代了传统的开胸手术。②对照委托方提供的中国人寿保险股份有限公司康宁终身保险条款（2007 修订版）第 23 条第 10 款规定"主动脉手术是指为治疗主动脉疾病，实际实施了开胸或开腹进行的切除、置换、修补病损主动脉血管的手术……"，被鉴定人接受的主动脉夹层覆膜支架隔绝术为主动脉手术，本术式与开胸手术虽途径不同，但目的一致，因其无需实施开胸，故创伤更小。本所用法医学及临床医学知识理解主动脉手术之本意为治疗主动脉疾病，治疗采用创伤小、死亡率低、并发症发生率低的方法为合理行为，新的术式取代旧的术式是科学的进步，具体手术途径非本条款的核心内容。③本所鉴定主张已表述明确，本案矛盾焦点为保险条款滞后于目前医学技术所致"。

判决要求保险公司支付保险金。理由在于：保险公司以保险合同格式条款限定被保险人患病时的治疗方式，既不符合医疗规律，也违背保险合同签订的目的。被保险人有权根据自身病情选择最佳的治疗方式，而不必受保险合同关于治疗方式的限制。本案中，王某国所患的疾病属于保险责任范围，保险公司不能以被保险人没有选择保险合同指定的治疗方式而免除自己的保险责任。

第二节　保险合同的订立与效力

一、保险合同的订立

（一）保险合同的形式

投保人提出投保要求，经保险人同意承保，并就合同的条款达成协议，保险合同成立。保险人应当及时向投保人签发保险单或其他保险凭证，并在保险单或其他保险凭证中载明当事人双方约定的合同内容。经投保人和保险人协商同意，也可以采取前款规定以外的其他书面形式订立保险合同。

我国保险合同的书面形式，主要包括投保单、暂保单、保险单和保险凭证。

1. 投保单（Application Form）

投保单是投保人向保险人申请订立保险合同的书面要约。投保单的主要内容包括：①投保人、被保险人的姓名、名称和住所；②保险标的的名称及存放地点；③保险险别；④保险责任的起讫；⑤保险价值和保险金额等。并且，投保单应告知保险客体的危险程度或状态等。投保单本身并非正式合同文本，一经保险人接受后，即成为保险合同的一部分。

2. 暂保单（Binding Slip）

暂保单是保险人或其代理人在正式保险单签发之前出具给被保险人的临时保险凭证。暂保单内容比较简单，只载明被保险人的姓名或名称、承保危险的种类、保险标的等重要事项。

暂保单的使用：①保险代理人在争取到业务而尚未向保险人办妥保险单手续前，给投保人开出的证明；②保险公司的分支机构，在接受投保后，在获得总公司批准前，先出具的保险证明；③保险人与被保险人就标准保险单记载事项所涉及的特定条款未完全协商一致，但保险人原则上先予以承保时由保险人出具的保险证明。人寿保险一般不使用暂保单。

3. 保险单（Insurance Policy）

保险单是保险人与投保人之间订立的保险合同的正式书面凭证，由保险人制作、签章并交付给投保人，应载明保险人责任和双方当事人权利、义务在内的保险合同的全部内容。保险单内容主要表现为保险合同的基本条款。

4. 保险凭证（Insurance Certificate）

保险凭证是保险人出具给被保险人以证明保险合同已有效成立的文件，是一种简化的保险单，与保险单具有相同的效力。保险凭证的使用：①保险人承揽团体保险业务时，一般对团体中每个成员签发保险凭证，作为参加保险的证明；②在货物运输保险中，保险人与投保人订立保险合同明确总保险的责任和范围，然后再对每笔运输货物单独出具保险凭证；③在机动车辆及第三人责任保险中，为便于被保险人随身携带，保险人通常出具保险凭证。

（二）订立程序

首先，投保。投保是投保人向保险人提出订立保险合同的请求。投保人也可委托代理人向保险人提出订立保险合同的请求。

其次，承保。承保是保险人承诺投保人的保险要约的行为。承保为保险人的单方面法律行为，保险要约一经承诺，保险合同即告成立。

再次，告知义务。投保人的告知义务在性质上属于先合同义务，是指在保险合同订立过程中需就保险标的的有关情况如实告知保险人。由于投保人比保险人更了解保险标的的具体情况，且保险公司对于保险标的风险评估很大程度上依赖于投保人的告知，因此法律规定投保人有如实告知的义务。这也是保险法中最大诚实信用原则的具体体现之一。我国《保险法》第 16 条第 1

款、第 2 款规定，订立保险合同，保险人就保险标的或者被保险人的有关情况提出询问的，投保人应当如实告知。如果在合同成立后，保险人发现投保人故意或者因重大过失未履行如实告知义务，足以影响保险人决定是否同意承保或者提高保险费率的，保险人有权解除合同。

（1）如实告知义务的范围。《最高人民法院关于适用〈中华人民共和国保险法〉若干问题的解释（二）》（以下简称《保险法司法解释二》）第 6 条规定：投保人的告知义务限于保险人询问的范围和内容。当事人对询问范围及内容有争议的，保险人负举证责任。保险人以投保人违反了对投保单询问表中所列概括性条款的如实告知义务为由请求解除合同的，人民法院不予支持。但该概括性条款有具体内容的除外。由此可见我国投保人的如实告知义务的范围采取询问告知原则，即投保人只对保险人询问的范围承担如实告知的义务。此外，其第 5 条还规定：保险合同订立时，投保人明知的与保险标的或者被保险人有关的情况，属于《保险法》第 16 条第 1 款规定的投保人"应当如实告知"的内容。这说明投保人的告知范围以其明知为限，否则是对投保人的过分苛责。

《保险法司法解释三》第 5 条规定，保险合同订立时，被保险人根据保险人的要求在指定医疗服务机构进行体检，当事人主张投保人如实告知义务免除的，人民法院不予支持。保险人知道被保险人的体检结果，仍以投保人未就相关情况履行如实告知义务为由要求解除合同的，人民法院不予支持。

（2）违反如实告知义务的后果。违反如实告知义务的主观状态必须是故意或者重大过失，如果可以证明投保人是因为一般过失而未如实告知相关事项，不构成义务的违反。根据投保人的主观恶意程度不同，法律对违反如实告知义务予以区别对待，即若投保人故意不履行如实告知义务的，保险人对于合同解除前发生的保险事故，不承担赔偿或者给付保险金的责任，并不退还保险费。若投保人因重大过失未履行如实告知义务，对保险事故的发生有严重影响的，保险人对于合同解除前发生的保险事故，不承担赔偿或者给付保险金的责任，但应当退还保险费。

《保险法司法解释四》第9条第2款规定，保险合同订立时，保险人就被保险人在保险合同订立之前是否已经放弃对第三者请求赔偿的权利提出询问，投保人未如实告知，导致保险人不能代位行使请求赔偿的权利，保险人请求返还相应保险金的，人民法院应予支持，但保险人知道或者应当知道上述情形仍同意承保的除外。

（3）保险人解除权的限制。解除合同是对保险人的救济，反之，投保人行使解除权会使投保人彻底丧失获得保险金给付的可能，因此为了防止保险人滥用解除权而使投保人的权利长期处于不确定的状态，法律对保险人解除权的行使做了严格的限制。《保险法》第16条第3款、第6款规定，前款规定的合同解除权，自保险人知道有解除事由之日起，超过30日不行使而消灭。自合同成立之日起超过2年的，保险人不得解除合同；发生保险事故的，保险人应当承担赔偿或者给付保险金的责任。保险人在合同订立时已经知道投保人未如实告知的情况的，保险人不得解除合同；发生保险事故的，保险人应当承担赔偿或者给付保险金的责任。

对于解除权行使的期间有两方面的限制：一是自保险人知道有解除事由之日起，超过30日不行使而消灭。该30日的期间在性质上属于除斥期间，与其他形成权的除斥期间相同，期间经过则权利消灭。二是自合同成立之日起超过2年的，保险人不得解除合同。该2年的期间是保险法上的特殊条款，称作不可抗辩条款，是指保险合同订立2年之后，即使投保人确实违反了如实告知义务，保险人也不能解除合同了。

最后，说明义务。说明义务是保险人在订立合同过程中的义务，是指保险人应当向投保人说明保险合同格式条款的内容。保险合同大多是格式合同且专业性较强，为防止保险人利用其优势地位损害投保人、被保险人的利益，《保险法》第 17 条规定保险人的说明和明确说明义务，即"订立保险合同，采用保险人提供的格式条款的，保险人向投保人提供的投保单应当附格式条款，保险人应当向投保人说明合同的内容。对保险合同中免除保险人责任的条款，保险人在订立合同时应当在投保单、保险单或者其他保险凭证上作出足以引起投保人注意的提示，并对该条款的内容以书面或者口头形式向投保人作出明确说明；未作提示或者明确说明的，该条款不产生效力"。据此，法律规定的说明义务包括对合同内容的一般说明义务和对免责条款的明确说明义务，对免除保险人责任条款的提示和明确说明义务的形式作出了严格规定。实践中对一般说明和明确说明义务是否履行的认定标准有所不同。

根据《保险法司法解释二》第 11 条至第 13 条的规定，保险合同订立时，保险人在投保单或者保险单等其他保险凭证上，对保险合同中免除保险人责任的条款，以足以引起投保人注意的文字、字体、符号或者其他明显标志作出提示，或者保险人对保险合同中有关免除保险人责任条款的概念、内容及其法律后果以书面或者口头形式向投保人作出常人能够理解的解释说明的，可以认定履行了明确说明义务。通过网络、电话等方式订立的保险合同，保险人以网页、音频、视频等形式对免除保险人责任条款予以提示和明确说明的，人民法院应当认定其履行了《保险法》第 17 条第 2 款规定的提示和明确说明义务。

保险人对其履行了明确说明义务负举证责任。投保人对保险人履行了符合《保险法司法解释二》第 11 条第 2 款要求的明确说明义务并在相关文书上签字、盖章或者以其他形式予以确认的，应当认定保险人履行了该项义务。但另有证据证明保险人未履行明确说明义务的除外。

保险人对投保人已尽说明义务，之后保险标的被转让，那保险人是否要对受让人再行履行说明义务呢？《保险法司法解释四》第 2 条规定，保险人已向投保人履行了保险法规定的提示和明确说明义务，保险标的受让人以保险标的转让后保险人未向其提示或者明确说明为由，主张免除保险人责任的条款不成为合同内容的，人民法院不予支持。

二、保险合同的成立与生效

（一）保险合同成立的要件

我国《保险法》第 13 条第 1 款规定："投保人提出保险要求，经保险人同意承保，保险合同成立……"依照这一规定，保险合同的一般成立要件有三：其一，投保人提出保险要求；其二，保险人同意承保；其三，保险人与投保人就合同的条款达成协议。这三个要件，实质上仍是合同法所规定的要约和承诺的过程。因此，保险合同原则上应当在当事人通过要约和承诺的方式达成意思表示一致时即告成立。由于保险合同为诺成性合同，为避免误解，应注意保险合同的成立不需要以保险单或保险凭证的交付为要件，也不需要以保险费的交付为要件。

（二）保险合同生效的要件

与一般合同相似，保险合同的有效要件主要有三项：

1. 主体合格

主体合格，是指订立合同的当事人双方都必须具有订立保险合同的资格。就投保人而言，自然人、法人或者其他组织在订立保险合同时必须具有民事权利能力和民事行为能力，具备成为商事合同主体的必要条件；如果投保人委托代理人订立保险合同，必须出具授权委托书，代理人方可获得缔约主体资格。就保险人而言，在订立保险合同时，必须是依法设立的保险公司，持有从事保险这一特殊商行为的营业执照，并且在其营业执照核准的经营业务范围内订立保险合同。如果保险公司委托保险代理人从事保险业务，保险代理人订立保险合同时，必须具有保险人的合法授权，同时依法取得从事保险代理商行为的经营许可证和营业执照。

2. 意思表示真实、一致

意思表示真实、一致，即行为人在订立保险合同时的意思表示，应当是行为人自己的真实意思；双方就合同的全部内容所作出的意思表示完全一致，即达成合意。

3. 合同内容合法

保险合同的内容不得违反法律和社会公共利益。具体地说，投保人对所签订的保险合同具有可保利益，即有保险利益存在；保险合同的保险标的本身具有合法性；保险合同的内容不违反法律的规定；保险合同当事人不得为非法目的而订立保险合同等。

三、保险合同的无效

无效保险合同，是指已经成立但不符合法律规定的条件，因而不能发生法律效力的保险合同。如前所述，无效制度旨在保护公共利益，体现了国家意志的干预，主要适用违法民事行为。无效保险合同有全部无效和部分无效两种：全部无效指保险合同的全部内容自始不发生效力；部分无效指保险合同的一部分内容无效，其他部分继续有效的情况。根据《保险法》规定，出现下列情况时，将导致保险合同全部或部分无效。

（一）格式条款无效的情形

《保险法》第 19 条规定，采用保险人提供的格式条款订立的保险合同中的下列条款无效：①免除保险人依法应承担的义务或者加重投保人、被保险人责任的；②排除投保人、被保险人或者受益人依法享有的权利的。

（二）违反保险利益原则

保险利益，是指投保人或被保险人对保险标的具有的法律上承认的利益，保险利益由保险标的承载。[1]《保险法》第 31 条第 3 款规定，订立合同时，投保人对被保险人不具有保险利益的，合同无效。

（三）以死亡为给付保险金条件的合同未经被保险人同意无效

以死亡为给付保险金条件的合同，未经被保险人同意并认可保险金额的，合同无效。但父母为其未成年子女投保的人身保险不受此限制。《保险法司法解释三》第 6 条规定，未成年人父母之外的其他履行监护职责的人为未成年人订立以死亡为给付保险金条件的合同，当事人主张参照《保险法》第 33 条第 2 款、第 34 条第 3 款的规定认定该合同有效的，人民法院不予支持，但经未成年人父母同意的除外。

（四）超额保险无效

保险金额不得超过保险价值。根据《保险法》第 55 条第 3 款，超过保险价值的，超过部分无效，保险人应当退还相应的保险费。不仅如此，《保险法》第 56 条第 2 款规定，重复保险的各保险人赔偿保险金的总和不得超过保险价值。上述规定的理论基础，是保险法中的对价平衡原则，即在保险合同中，投保人一方付出的对价应与保险人付出的对价对等，因此保险金额不应超过保险价值。

【专题案例研讨】保险合同成立与生效的认定[2]

2011 年 8 月 16 日下午 5 时 36 分，云南福运物流有限公司

---

〔1〕李激汉、杨志刚：《保险代位权中"第三人"范围确定方法探析》，载《法律适用》2016 年第 6 期。

〔2〕云南福运物流有限公司与中国人寿保险股份有限公司曲靖中心支公司财产损失保险合同纠纷案，载《中华人民共和国最高人民法院公报》2016 年第 7 期。

（以下简称"福运公司"）工作人员用手机拨打中国人寿财产保险股份有限公司（以下简称"人寿财保曲靖公司"），业务员曾某的手机，投保了包括云 aa7753、云 a1480 挂车在内的 36 辆汽车公路运输货物，口述了此次投保的品名、数量、单价及金额，启运时间为当天，即 2011 年 8 月 16 日 0 时。人寿财保曲靖公司曾某用笔记录了当时的口述投保内容，因接近下班时间，没有出单，准备次日补录此单。16 日 22 时 35 分涉案车辆云 aa7753、云 a1480 发生保险事故。

次日，即 2011 年 8 月 17 日，福运公司才填写国内货物运输保险投保单并就其他相关权利义务内容进行协议。福运公司第一笔涉案保险费交付的时间是 2011 年 8 月 17 日 9 时 34 分。投保单特别约定一栏中载明："投保人应当在保险合同成立时交付保险费。保险费未交清前发生的保险事故，保险公司不承担保险责任。"2011 年 8 月 18 日，人寿财保曲靖公司向福运公司出具了保单尾号为 16 的《国内公路运输货物保险单》，且在 2011 年 8 月 29 日开具了收取保险费 7630.85 元的发票。现福运公司要求人寿财保曲靖公司承担赔偿保险金的责任。

保险合同以当事人双方意思表示一致为成立要件，即保险合同双方当事人愿意接受特定条件拘束时，保险合同即为成立。签发保险单属于保险方的行为，目的是对保险合同的内容加以确立，便于当事人知晓保险合同的内容，能产生证明的效果。根据《保险法》第 13 条第 1 款关于"投保人提出保险要求，经保险人同意承保，保险合同成立。保险人应当及时向投保人签发保险单或者其他保险凭证"之规定，签发保险单并非保险合同成立时所必须具备的形式要件。

保险费是指被保险人获得保险保障的对价。根据《保险法》第 13 条第 3 款关于"依法成立的保险合同，自成立时生效。投保人和保险人可以对合同的效力约定附条件或者附期限"之规定，保险合同可以明确约定以交纳保险费为合同的生效要件。本案中，双方当事人在保险合同中约定于交纳保险费后保险合同生效，则投保人对交纳保险费前所发生的损失不承担赔偿责任。

【专题案例研讨】保险人的说明义务[1]

2008 年 3 月 24 日，原告段某国为其拖拉机在被告中国人民财产保险股份有限公司南京市分公司（以下简称"人保南京分公司"）处投保了机动车第三者责任保险，被保险人为段某国。涉案保险合同第 25 条第 2 款约定："保险人按照国家基本医疗保险的标准核定医疗费用的赔偿金额。"该保险投保单的投保人声明处载明："保险人已将投保险种对应的保险条款（包括责任免除部分）向本人作了明确说明，本人已充分理解，上述所填写的内容均属实，同意以此投保单作为订立保险合同的依据。"段某国在投保人声明栏签字确认。

2008 年 9 月 11 日，原告段某国驾驶该拖拉机在龙铜线与案外人王某伟驾驶的二轮助力车相撞，造成两车损坏、王某伟受伤的交通事故。交警部门认定段某国负事故全部责任。王某伟遂向法院起诉，南京市江宁区人民法院作出（2009）江宁民一初字第 480 号民事判决书、（2009）江宁民一初字第 480 号民事裁定书，判决被告人保南京分公司在段某国另行投保的交强险责任限额内赔偿王某伟 111 075 元，段某国、段某玲连带赔偿王某伟 55 923.68 元。判决生效后，段某国向人保南京分公司要求理赔被拒绝。

本案的争议焦点是：被告人保南京分公司是否应当理赔，如果应当理赔，如何确定理赔数额。本案争议焦点在于涉案保险合同第 25 条第 2 款约定"保险人按照国家基本医疗保险的标准核

---

〔1〕 段某国诉中国人民财产保险股份有限公司南京市分公司保险合同纠纷案，载《最高人民法院公报》2011 年第 3 期。

定医疗费用的赔偿金额"的效力问题。从保险合同的性质来看，保险合同是最大的诚信合同，保险合同的免责条款决定着投保人的投保风险和投保根本利益，对于投保人是否投保具有决定性的影响。根据 2002 年《保险法》第 17 条第 1 款、第 18 条的规定，保险人应当向投保人说明保险合同的条款内容。保险合同中规定有关于保险人责任免除条款的，保险人在订立保险合同时应当向投保人明确说明，未明确说明的，该条款不产生效力。据此，保险人在订立保险合同时必须向投保人就责任免除条款作明确说明，前述义务是法定义务，也是特别告知义务，这种义务不仅是指经过专业培训而具有从事保险资格的保险人在保险单上提示投保人特别注意，更重要的是要对有关免责条款内容做出明确解释，如合同当事人对保险人就保险合同的免责条款是否明确说明发生争议，保险人应当负有证明责任，即保险人还必须提供其对有关免责条款内容做出明确解释的相关证据，否则该免责条款不产生效力。本案中，人保南京分公司为证明已经尽到说明义务而提供的证据是涉案保险投保单的投保人声明以及段某国的签名，但该段声明的内容并没有对争议条款的具体内容作出明确的解释，不能证明人保南京分公司已经向段某国陈述了该条款包含"医保外用药不予理赔"即部分免除保险人责任的含义。因此，该条款不能产生相应的法律效力。

此外，国家基本医疗保险是为补偿劳动者因疾病风险造成的经济损失而建立的一项具有福利性的社会保险制度，旨在通过用人单位和个人缴费建立医疗保险基金，参保人员患病就诊发生医疗费用后，由医疗保险经办机构给予一定的经济补偿，以避免或减轻劳动者因患病、治疗等所带来的经济风险。为了控制医疗保险药品费用的支出，国家基本医疗保险限定了药品的使用范围。而涉案保险合同是一份商业性的保险合同，保险人收取的保费金额远远高于国家基本医疗保险，投保人对于加入保险的利益期待也远远高于国家基本医疗保险。因此，如果按照被告人保南京分公司"医保外用药"不予理赔的主张对争议条款进行解释，就明显降低了人保南京分公司的风险，减少了人保南京分公司的义务，限制了原告段某国的权利。人保南京分公司按照商业性保险收取保费，却按照国家基本医疗保险的标准理赔，有违诚信。因此，保险人应当按照合同约定给付保险金。

本案争议焦点在于合同条款的解释、保险人履行明确说明义务的方式与证明责任。本案发生于《保险法司法解释二》颁布之前，该司法解释颁布后对保险人的明确说明义务进行了更加详细的规定。

【专题案例研讨】如实告知义务[1]

2004 年 3 月 8 日，黄某基与原告何某红一起到中国人寿保险股份有限公司佛山市顺德支公司（以下简称"顺德支公司"）下属的伦教办事处，投保"祥和定期保险"20 万元（投保单号为 10014××××××64435）、"人身意外伤害综合保险"31 万元（投保单号为 10014××××××31249）。以上两份保险的投保人、被保险人均为黄某基，受益人均为何某红。黄某基在保险投保单中填写的工作单位是"伦教建筑水电安装队"，职业是"负责人"，职业代码是"070121"，平均年收入为"5 万元"。对于保险投保单第三项告知事项中的第十一款内容，即"A. 目前是否有已参加或正在申请中的其他人身保险？如有，请告知承保公司、保险险种名称、保险金额、保单生效时间；B. 过去两年内是否曾被保险公司解除合同或申请人身保险而被延期、拒保或附加条件承保；C. 过去有无向保险公司索赔"，黄某基在 10014××××××64435 号保险投保单中均填写"否"，而在 10014××××××31249 号保险投

---

〔1〕 何某红诉中国人寿保险股份有限公司佛山市顺德支公司、中国人寿保险股份有限公司佛山分公司保险合同纠纷案，载《最高人民法院公报》2008 年第 8 期。

保单中未填写任何内容。保险公司同意承保并收取保费。2004 年
7 月 7 日，黄某基意外死亡。同年 8 月 27 日，原告何某红向被告
中国人寿保险股份有限公司佛山分公司（以下简称"佛山分公
司"）提出理赔申请，佛山分公司以投保人黄某基故意违反如实
告知义务、保险人有权解除合同等为由，未予赔付。

另查明：黄某基于 2004 年 2 月 29 日、3 月 2 日向中国太平洋
人寿保险股份有限公司顺德支公司购买了 3 份"安康如意卡保
险"；于 2004 年 3 月 1 日向中国平安人寿保险股份有限公司购买
了 5 份"如意卡保险"；于 2004 年 3 月 4 日向天安保险股份有限
公司顺德分公司购买了"愉快人身意外伤害保险" 1 份；于 2004
年 3 月 5 日、3 月 9 日向新华人寿保险股份有限公司广州分公司
购买了"多保通吉祥卡" 3 份。上述保险金额共计 1 738 000 元。

黄某基于 2003 年 9 月 16 日进入泰康人寿保险股份有限公司，
从事兼职个人寿险业务代理工作，2004 年 1 月 2 日离职。原告何
某红于 2003 年 9 月 4 日进入泰康人寿保险股份有限公司，从事兼
职个人寿险业务代理工作，2004 年 2 月 2 日离职。

本案一审的争议焦点：一是黄某基在投保涉案保险时是否故
意违反了如实告知义务；二是被告佛山分公司、顺德支公司应否
承担保险责任。

一、关于投保人黄某基在投保涉案保险时是否故意违反了如
实告知义务的问题

基于保险合同的特殊性，合同双方当事人应当最大限度地诚
实守信。投保人依法履行如实告知义务，即是最大限度诚实守信
的一项重要内容。根据 2002 年《保险法》第 17 条的规定，投保
人是否对保险标的或者被保险人的有关情况作如实说明，直接影
响保险人测定和评估承保风险并决定是否承保，影响保险人对保
险费率的选择。所以，投保人在订立保险合同前，应当如实回答
保险人就保险标的或者被保险人的有关情况作出的询问。

根据本案事实，可以认定投保人黄某基在投保涉案保险时，在是否向多家保险公司投保同类保险的问题上具有故意违反如实告知义务的行为。

首先，在如实告知自己职业方面，投保人只要实事求是地说明自己的工作情况，即属于尽到了相关的如实告知义务，至于投保人的工作应认定为何种职业、职业类别和职业代码如何确定，应当由保险人根据投保人的情况自行作出选择。要求投保人自己准确地界定职业类别、代码，则超出了一般投保人的能力范围。本案中，投保人黄某基在投保涉案保险时陈述自己从事水电安装工作，相关证据也证实黄某基确有从事水电安装的资质，也实际从事水电安装工作。至于黄某基是否曾兼职保险公司业务员，不影响其就自身职业作出的上述陈述的真实性。因此可以认定黄某基已就其职业情况尽到了如实告知义务。

其次，投保人黄某基向被告佛山分公司分别购买了"祥和定期保险"和"人身意外伤害综合保险"，签订了两份保险合同。在购买"祥和定期保险"时，黄某基对于投保单第三部分告知事项第 11 款投保记录关于"A. 目前是否有已参加或正在申请中的其他人身保险？如有，请告知承保公司、保险险种名称、保险金额、保单生效时间；B. 过去两年内是否曾被保险公司解除合同或申请人身保险而被延期、拒保或附加条件承保；C. 过去有无向保险公司索赔"的三项询问，均填写了"否"。黄某基向佛山分公司投保"人身意外伤害综合保险"时，对于投保单第三部分告知事项第 11 款关于是否向多家保险公司投保等事项的询问，未作回答。但黄某基分别向多家保险公司购买了多份人身保险，保险金额累计高达 1 738 000 元，可以认定黄某基对于保险人提出的上述问题没有履行如实告知义务。黄某基生前曾从事泰康人寿保险股份有限公司兼职个人寿险业务代理工作的事实，对于如实告知义务应当比一般投保人具有更全面和清晰的认识，并对保险风险控制应注意的事项具有一定的了解。同时，黄某基的重复投保行为涉案投保时间并不久远，不可能记忆不清。据此可以认定黄某基不履行如实告知义务系出于故意。

二、关于被告佛山分公司、顺德支公司应否承担保险责任的问题

中国人寿保险股份有限公司在佛山市的分支机构是被告佛山分公司，顺德支公司是佛山分公司的下属机构，不具备以自己的名义独立签发保险合同及承担相应法律责任的资格，故涉案保险合同应认定为由佛山分公司与黄某基签订，由此导致的法律后果应由佛山分公司承担。

首先，投保人黄某基向被告佛山分公司购买"祥和定期保险"时，在是否向多家保险公司投保同类保险的问题上具有故意违反如实告知义务的行为。黄某基所重复投保的包括涉案保险在内的各项保险，均为低保费、高赔付的险种，重复投保次数多，保险金额累计高达 1 738 000 元，相应的保险费对于黄某基 5 万元的年收入而言，亦属巨额。上述情形的存在，使投保人在客观上具有巨大的潜在道德风险，投保人不如实告知保险人上述情况，直接影响保险人对投保人人身风险的评估，足以影响保险人对是否承保、如何确定承保条件和费率等问题作出正确决策。因此，佛山分公司解除黄某基与其签订的涉案"祥和定期保险合同"，拒绝对该保险合同解除前发生的保险事故承担赔偿或者给付保险金的责任，并不退还保险费，具有事实根据和法律依据。原告何某红要求佛山分公司依据"祥和定期保险合同"支付保险赔偿金的诉讼请求，不予支持。

其次，投保人黄某基向被告佛山分公司投保"人身意外伤害综合保险"时，对于投保单第三部分告知事项第 11 款关于是否向多家保险公司投保等事项的询问，既未填写"是"，也未填写"否"，即未作回答，也具有故意违反如实告知义务的行为。佛山

分公司明知存在上述情形，但既不向投保人作进一步的询问，也未明确要求投保人必须如实回答，而是与投保人签订了涉案"人身意外伤害综合保险合同"，并收取了保险费。保险人虽然可以以投保人不履行如实告知义务为由解除保险合同并拒绝承担赔偿责任，但如果保险人在明知投保人未履行如实告知义务的情况下，不是要求投保人如实告知，而是仍与之订立保险合同，则应视为其主动放弃了抗辩权利。佛山分公司的上述行为，即属于主动放弃了要求投保人如实告知的权利，构成有法律约束力的弃权行为，故无权再就该事项继续主张抗辩权利。因此，佛山分公司无权解除其与黄某基签订的合同编号为 2004-××××××-×××-×××××1682-5 的"人身意外伤害综合保险合同"。因该合同的被保险人黄某基已因交通事故死亡，合同约定的保险事故已经发生，佛山分公司应按该合同的约定，向受益人即原告何某红支付意外伤害保险赔偿金 30 万元。

【专题理论探讨】不可抗辩条款

该条款源自英美法的不可抗辩条款，乃对保险人解除权的限制，在制度设计上，应当遵循形成权限制的法理，包括应当以除斥期间为中心限制保险人解除权。

是否以保险人知晓为条件。由于形成权的效力特性，对形成权的限制一般是不能附条件和期限的，因而形成权只有取得和消灭的问题。正因为此，有学者认为保险人是否知晓不应作为解除权行使和限制的考量因素。在保险合同订立时保险人知道投保方未履行如实告知义务仍与之签订合同的，乃并未取得解除权，适用禁反言的规则。保险合同订立后保险人方知投保方未履行如实告知义务者，保险人虽已取得解除权，但以默示之行为，经过一定期间而致权利丧失。此种情形下虽也有一定期间的要求，且期间也是除斥期间，但并非法定的解除权限制，而是依保险人行为所推定，应适用弃权的规则。

欺诈是否排除不可抗辩条款的适用？由于解除权限制的理论支撑之一是信赖利益保护，在欺诈的情形下解除权不受限制，似乎是题中之义。然而，如果不可抗辩不适用于欺诈的话，保险人又有机会把其核保义务延后到保险事故发生时再履行，甚至在已经知道欺诈情形的情况下，不主动解除合同。从举证责任的分配上看，投保方证明保险人知道的难度，要远远大于保险人证明投保方欺诈的难度，因而看似平衡的欺诈例外，并不一定导出公平的结果。

各国（地区）逐渐开始承认即使欺诈也不得否定不可抗辩条款的适用这一观点。如日本、韩国等国和我国台湾地区"保险相关法律规定"都没有规定欺诈情形的适用例外，而德国只是规定在欺诈情形下，保险人的解除权的除斥期间较一般规定长。这一规则的演变虽然表面上是司法衡平的结果，事实上隐含的法理背景还是形成权限制的问题，在除斥期间之外设定条件或设定例外都不妥当。

第三节　保险合同的履行

一、保险人的义务

保险合同中，保险人所应履行的主要义务是赔付保险金。《保险法》第 2 条规定，保险是指投保人根据合同约定，向保险人支付保险费，保险人对于合同约定的可能发生的事故因其发生所造成的财产损失承担赔偿保险金责任，或者当被保险人死亡、伤残、疾病或者达到合同约定的年龄、期限等条件时承担给付保险金责任的商业保险行为。

在损失补偿性保险中，保险人补偿或支付的保险金分两部分计算：一是对保险标的损失的赔偿；二是对为防止或减少保险责任范围内的损失而采取的必要措施所支出的合理费用进行的补偿，包括诉讼费用等。《保险法》第 57 条第 2 款规定，保险事故发生后，被保险人为防止或者减少保险标的的损失所支付的必要的、合理的费用，由保险人承担；保险人所承担的费用数额在保险标的损失赔偿金额以外另行计算，最高不超过保险金额的数额。被保险人这一费用补偿请求权不以被保险人所采取措施真实地减少了保险标的之损失为前提。《保险法司法解释四》第 6 条规定，保险事故发生后，被保险人依照《保险法》第 57 条的规定，请求保险人承担为防止或者减少保险标的的损失所支付的必要、合理费用，保险人以被保险人采取的措施未产生实际效果为由抗辩的，人民法院不予支持。

《保险法》第 23 条第 1、2 款对补偿或给付保险金的期限作了规定，保险人收到被保险人或者受益人的赔偿或者给付保险金的请求后，应当及时作出核定；情形复杂的，应当在 30 日内作出核定，但合同另有约定的除外。保险人应当将核定结果通知被保险人或者受益人；对属于保险责任的，在与被保险人或者受益人达成赔偿或者给付保险金的协议后 10 日内，履行赔偿或者给付保险金义务。保险合同对赔偿或者给付保险金的期限有约定的，保险人应当按照约定履行赔偿或者给付保险金义务。保险人未及时履行该规定义务的，除支付保险金外，应当赔偿被保险人或者受益人因此受到的损失。

二、投保人与被保险人的义务

（一）缴纳保费的义务

保险费（保费），是保险人为投保人承担风险的对价。《保险法》第 14 条规定，保险合同成立后，投保人须按合同约定的时间交付保险费，保险人按合同约定的时间开始承担保险责任。保险人对财产保险的保险费可诉请支付，但对人身保险的保险费不得以诉讼方式请求投保人支付。人身保险的投保人不能按期支付保险费的，保险人可中止保险合同，如果投保人再恢复能力可以续保。对于保险费的缴纳方式，《保险法》第 35 条规定，投保人可以按照合同约定向保险人一次支付全部保险费或者分期支付保险费。《保险法司法解释三》第 7 条规定，当事人以被保险人、受益人或者他人已经代为支付保险费为由，主张投保人对应的交费义务已经履行的，人民法院应予支持。

《保险法》第 29 条第 1、2 款规定，在再保险中，再保险接受人不得向原保险的投保人要求支付保险费，原保险的被保险人或者受益人也不得向再保险接受人提出赔偿或者给付保险金的请求。

（二）危险增加的通知义务

危险增加的通知义务，是指在保险合同的有效期内，保险标的危险程度增加的，被保险人应依照合同规定及时通知保险人。标的物的危险程度会直接影响保险事故发生的概率，因而是保险人决定保险费率高低的重要因素，诚信原则要求被保险人对已经保险的财物应尽谨慎照看义务，如发现其危险程度增加应当及时通知保险人。

依据《保险法》第 49 条和第 52 条的规定，危险增加的通知义务的主体是被保险人或标的的受让人。被保险人没有及时履行危险增加的通知义务，保险人可以按照合同约定增加保险费或者解除合同。保险人解除合同的，应当将已收取的保险费，按照合同约定扣除自保险责任开始之日起至合同解除之日止应收的部分后，退还投保人。被保险人未履行前款规定的通知义务的，因保险标的的危险程度显著增加而发生的保险事故，保险人不承担赔偿保险金的责任。

关于"危险程度显著增加"的认定，《保险法司法解释四》第 4 条规定，应当综合考虑以下因素：①保险标的用途的改变；②保险标的使用范围的改变；③保险标的所处环境的变化；④保险标的因改装等原因引起的变化；⑤保险标的使用人或者管理人的改变；⑥危险程度增加持续的时间；⑦其他可能导致危险程度显著增加的因素。另外，保险标的危险程度虽然增加，但增加的危险属于保险合同订立时保险人预见或者应当预见的保险合同承保范围的，不构成危险程度显著增加。

（三）出险通知义务

出险通知义务，是指投保人、被保险人或者受益人知道保险事故发生后，应当及时通知保险人，使保险人能够及时勘查现场、收集证据和确定事故性质，然后能够及时赔付。我国《保险法》第 21 条规定投保人、被保险人或者受益人故意或者因重大过失未及时通知，致使保险事故的性质、原因、损失程度等难以确定的，保险人对无法确定的部分，不承担赔偿或者给付保险金的责任，但保险人通过其他途径已经及时知道或者应当及时知道保险事故发生的除外。出险通知义务是附随义务，违反附随义务不构成根本违约，保险人不因此而不承担保险责任，但因违反附随义务致使保险事故的性质等难以确认的除外。

（四）出险施救义务

《保险法》第 57 条第 1 款规定，保险事故发生时，被保险人应当尽力采取必要的措施，防止或者减少损失。如果被保险人无动于衷没有采取措施防止损失的扩大，保险人可主张赔付抗辩权，双方有争议的，由保险公估人认定在实施抢救措施后保险标的可能发生的损失，被保险人无权就超过保险公估人认定的部分损失请求赔偿。被保险人采取措施防止或减少损失时可能会产生费用，而这些费用是为了防止产生更大损失而发生的，保险人因此而受益，因此第 57 条第 2 款规定，保险事故发生后，被保险人为防止或减少保险标的的损失所支付的必要的、合理的费用，由保险人承担；保险人所承担的费用数额在保险标的损失赔偿金额以外另行计算，最高不超过保险金额的数额。

三、保险人代位求偿权

（一）保险人代位求偿权的定义和意义

保险人代位求偿权，是指在财产保险中因第三方的过失或错误等导致保险标的发生保险责任范围内的损失，保险人按照保险合同的约定支付保险赔偿后，可以在其赔偿金额范围内代位行使被保险人对第三方的损害赔偿请求权。依据我国《保险法》第60条第1款规定，因第三者对保险标的的损害而造成保险事故的，保险人自向被保险人赔偿保险金之日起，在赔偿金额范围内代位行使被保险人对第三者请求赔偿的权利。《保险法司法解释四》第7条规定，保险人依照《保险法》第60条的规定，主张代位行使被保险人因第三者侵权或者违约等享有的请求赔偿的权利的，人民法院应予支持。当投保人与被保险人不是同一人，而投保人是实施侵害行为，损害保险利益而造成保险事故的人时，根据《保险法司法解释四》第8条，保险人依法主张代位行使被保险人对投保人请求赔偿的权利，人民法院应予支持，但法律另有规定或者保险合同另有约定的除外。

保险人代位求偿权的意义：首先，在于防止被保险人不当得利，使被保险人不得因同时拥有损害赔偿请求权和保险金请求权而获得双重赔偿。其次，避免第三人因保险的存在而脱责。最后，保险人只有在先行赔付保险金之后才可获得代位权，保障了投保人、被保险人、受益人及时获得保险金的权利，同时有助于减少保险人的损失，维护保险基金的正常运行。

（二）保险人代位求偿权的立法

对于保险人代位权，世界各国保险立法有不同主张，归纳起来主要有两种：一种是当然代位主义，即保险代位权为保险人享有的法定权利，不论保险合同是否有所约定，保险人均可依法行使该项权利。保险人的代位权基于法律规定当然取得，随同保险合同的订立而发生，在保险事故发生时，当然归属于保险人，保险人在给付保险金额后，得以自己的名义行使被保险人对第三人的求偿权；不论保险人和被保险人在保险合同中是否约定有保险代位权，也不论被保险人和第三人在其交易中是否约定有保险代位权，保险人均自动取得代位请求权。另一种是请求代位主义，即保险人向被保险人赔偿后，并不能取得求偿权，还须有被保险人将其享有的对第三人的损害赔偿请求权让与或转让给保险人的这一行为。[1]

我国《保险法》第 60 条采用的是当然代位主义，即只要保险人支付了保险赔偿金，就相应取得了向第三人请求赔偿的权利，而无须被保险人确认。

（三）保险人代位求偿权与被保险人对第三人的损害赔偿请求权的关系

1. 被保险人放弃对第三者的赔偿请求权

被保险人同时享有保险金请求权和对第三人的损害赔偿请求权，这两种权利的共同行使，将会使保险人代位权与被保险人对第三人的损害赔偿请求权产生一定的冲突：如果被保险人放弃对第三人之损害赔偿请求权，则保险人无法行使代位权，可能危害保险人的利益。故《保险法》第 61 条规定，保险事故发生后，保险人未赔偿保险金之前，被保险人放弃对第三者请求赔偿的权利的，保险人不承担赔偿保险金的责任。保险人向被保险人赔偿保险金后，被保险人未经保险人同意放弃对第三者请求赔偿的权利的，该行为无效。被保险人故意或者因重大过失致使保险人不

---

〔1〕 赵旭东主编：《商法学》，高等教育出版社 2007 年版，第 654 页。

能行使代位请求赔偿的权利的，保险人可以扣减或者要求返还相应的保险金。《保险法司法解释四》第 9 条第 1 款规定，在保险人以第三者为被告提起的代位求偿权之诉中，第三者以被保险人在保险合同订立前已放弃对其请求赔偿的权利为由进行抗辩，人民法院认定上述放弃行为合法有效，保险人就相应部分主张行使代位求偿权的，人民法院不予支持。

2. 禁止超额赔付

若被保险人同时行使此两项权利，则有被保险人获得超额赔偿的可能，违反保险法的损失补偿原则。故《保险法》第 60 条规定，被保险人仅能就未取得赔偿的部分向第三者请求赔偿的权利；若在保险人赔付保险金之前，被保险人已经从第三者取得损害赔偿的，保险人赔偿保险金时，可以相应扣减被保险人从第三者已取得的赔偿金额。

若保险人在赔付保险金后没有通知第三者或通知尚未到达第三者时，第三者在对被保险人已经从保险人处获赔的范围内又向其作出赔偿，根据《保险法司法解释四》第 10 条，保险人主张代位行使被保险人对第三者请求赔偿的权利的，人民法院不予支持。但保险人有权就相应保险金主张被保险人返还。但若保险人获得代位请求赔偿的权利的情况已经通知第三者，第三者又向被保险人作出赔偿，保险人主张代位行使请求赔偿的权利，第三者不得以其已经向被保险人赔偿为由抗辩。

3. 保险人代位权的限制

《保险法》第 46 条规定，被保险人因第三者的行为而发生死亡、伤残或者疾病等保险事故的，保险人向被保险人或者受益人给付保险金后，不享有向第三者追偿的权利，但被保险人或者受益人仍有权向第三者请求赔偿。因此，在人身保险中，在保险人支付约定的定额保险金后，被保险人或受益人仍能向第三者主张权利，但保险人不能向第三者追偿，其代位权受到限制。

4. 被保险人的协助义务

根据《保险法》第 63 条，保险人向第三者行使代位请求赔偿的权利时，被保险人应当向保险人提供必要的文件和所知道的有关情况。若被保险人故意或重大过失违反该协助义务，致使保险人未能行使或者未能全部行使代位请求赔偿的权利，根据《保险法司法解释四》第 11 条规定，保险人有权主张在其损失范围内扣减或者返还相应保险金。保险人面临着举证困难的问题，但不应减轻其证明程度要求，否则可能对被保险人、受益人不利，而是应当赋予被保险人、受益人等利害相关人一定的说明、协助义务，从而间接减轻保险人的举证责任。[1]

四、保险索赔和理赔

（一）索赔

索赔，是指被保险人或受益人因保险事故发生导致保险标的受损，即保险财产损失或人身伤亡时，根据合同向保险人提出要求经济补偿或支付保险金的行为。索赔是被保险人或受益人实现其保险权益的具体体现，是保险合同履行最重要的一个部分。保险索赔通常应遵循下列程序：

1. 提出出险通知和索赔请求

出险通知，是指投保人、被保险人或者受益人在知道保险事故发生后，及时告知保险人保险危险已经发生的通知。通知的内容包括保险事故发生的时间、地点、原因、程度及保险证明材料。及时提出出险通知有两个方面的作用：一是使保险人能够迅速调查事实真相，查明证据和事实，以便确定自己应当承担的责任范围；二是便于保险人及时处理和承担责任。《保险法》第 21 条规定，投保人、被保险人或者受益人知道保险事故发生后，应

---

〔1〕 文婧：《保险法上意外伤害事故的判断及其证明》，载《法商研究》2017 年第 1 期。

当及时通知保险人。投保人、被保险人或者受益人的索赔请求权受到诉讼时效的限制。对此，《保险法》第 26 条规定，人寿保险以外的其他保险的被保险人或者受益人，向保险人请求赔偿或者给付保险金的诉讼时效期间为 2 年，自其知道或者应当知道保险事故发生之日起计算。人寿保险的被保险人或者受益人向保险人请求给付保险金的诉讼时效期间为 5 年，自其知道或者应当知道保险事故发生之日起计算。

2. 提供索赔单证

索赔单证是保险人、被保险人、投保人、受益人在保险活动中行使权利、履行义务的重要凭证之一。索赔单证主要有：保险单或者其他保险凭证的正本；有关保险标的的原始单据，如发票、提单、账册、装箱单、运输合同等；已支付保险费的凭证；被保险人的身份证、户口簿、工作证等可以证明其姓名、年龄、职业等情况的资料；保险事故证明及损害结果证明；索赔清单，包括受损财产清单、费用清单、请求保险人给付的清单等。被保险人、受益人提供的索赔资料和文件应当真实，否则保险人不承担保险责任，且要依法追究当事人的法律责任。

3. 领取保险赔偿金或保险金

经保险人对索赔资料审查，一旦符合规定，投保人、被保险人或受益人可以领取保险赔偿金或保险金。通常保险赔偿金或保险金以现金方式给付，但对于特殊标的或合同另有约定，保险人可以采用修复、重建或重置等形式赔偿。

（二）理赔

理赔，是指基于被保险人或者受益人提出的索赔请求，保险人根据合同和有关索赔资料，受理保险赔偿，审核确定保险索赔责任，以决定是否支付保险金的行为。一般情况下，理赔应遵循下列程序：

1. 查勘定损

保险人收到被保险人或者受益人的赔偿或者给付保险金的请

求后，应当及时做出核定，并将核定的结果通知被保险人或受益人。保险事故发生后，按照保险合同请求保险人赔偿或者给付保险金时，投保人、被保险人或者受益人应当向保险人提供其所能提供的与确认保险事故的性质、原因、损失程度等有关的证明和资料。保险人按照合同的约定，认为有关的证明和资料不完整的，应当及时一次性通知投保人、被保险人或者受益人补充提供。根据《保险法》第23条第1款的规定，保险人收到被保险人或者受益人的赔偿或者给付保险金的请求后，应当及时作出核定；情形复杂的，应当在30日内作出核定，但合同另有约定的除外。保险人应当将核定结果通知被保险人或者受益人。第24条规定，保险人对事故作出核定后，对不属于保险责任的，应当自作出核定之日起3日内向被保险人或者受益人发出拒绝赔偿或者拒绝给付保险金通知书，并说明理由。

2. 赔偿给付

《保险法》第23条第1、2款规定，保险人经查勘核定，对属于保险责任的，在与被保险人或者受益人达成有关赔偿或者支付保险金额的协议后10日内，履行赔偿或者给付保险金义务。保险合同对保险金额及赔偿或者支付期限有约定的，保险人应当依照保险合同的约定，履行赔偿或者支付保险金的义务。保险人未及时履行前款规定义务的，除支付保险金外，应当赔偿被保险人或者受益人因此受到的损失。

3. 先行赔付

《保险法》第25条规定，保险人自收到赔偿或者给付保险金的请求和有关证明、资料之日起60日内，对其赔偿或者给付保险金的数额不能确定的，应当根据已有证明和资料可以确定的最低数额先予支付；保险人最终确定赔偿或者给付保险金的数额后，应当及时支付相应的差额。

【专题案例研讨】保险人代位求偿权[1]

2008 年 10 月 28 日，被保险人华东联合制罐有限公司（以下简称"华东制罐公司"）、华东联合制罐第二有限公司（以下简称"华东制罐第二公司"）与被告江苏镇江安装集团有限公司（以下简称"镇江安装公司"）签订建设工程施工合同，约定由镇江安装公司负责被保险人整厂机器设备迁建安装等工作。建设工程施工合同第二部分"通用条款"第 38 条约定："承包人按专用条款的约定分包所承包的部分工程，并与分包单位签订分包合同，未经发包人同意，承包人不得将承包工程的任何部分分包"；"工程分包不能解除承包人任何责任与义务。承包人应在分包场地派驻相应管理人员，保证本合同的履行。分包单位的任何违约行为或疏忽导致工程损害或给发包人造成其他损失，承包人承担连带责任"。

2008 年 11 月 16 日，镇江安装公司与镇江亚民大件起重有限公司（以下简称"亚民运输公司"）签订工程分包合同，将前述合同中的设备吊装、运输分包给亚民运输公司。2008 年 11 月 20 日，就上述整厂迁建设备安装工程，华东制罐公司、华东制罐第二公司向中国平安财产保险股份有限公司江苏分公司（以下简称"平安财险公司"）投保了安装工程一切险。投保单中记载被保险人为华东制罐公司及华东制罐第二公司，并明确记载承包人镇江安装公司不是被保险人。附加险中，还投保有"内陆运输扩展条款 A"，保险公司负责赔偿被保险人的保险财产在中华人民共和国境内供货地点到保险单中列明的工地，除水运和空运以外的内陆运输途中因自然灾害或意外事故引起的损失，但被保险财产在运输时必须有合格的包装及装载。

保险期间内，亚民运输公司驾驶员姜某才驾驶挂车，在转弯

---

[1] 最高人民法院指导案例 74 号：中国平安财产保险股份有限公司江苏分公司诉江苏镇江安装集团有限公司保险人代位求偿权纠纷案。

时车上钢丝绳断裂，造成彩印机侧翻滑落地面损坏。平安财险公司接险后，对受损标的确定了清单。镇江市公安局交通巡逻警察支队经现场查勘，认定姜某才负事故全部责任。公估公司的报告显示：出险原因系设备运输途中翻落（意外事故）；保单责任成立；定损金额总损 1 518 431.32 元、净损 1 498 431.32 元；理算金额 1 498 431.32 元。2009 年 12 月 2 日，华东制罐公司及华东制罐第二公司向镇江安装公司发出《索赔函》，称"该事故导致的全部损失应由贵司与亚民运输公司共同承担。我方已经向投保的中国平安财产保险股份有限公司镇江中心支公司报险。一旦损失金额确定，投保公司核实并先行赔付后，对赔付限额内的权益，将由我方让渡给投保公司行使。对赔付不足部分，我方将另行向贵司与亚民运输公司主张"。

2010 年 5 月 12 日，华东制罐公司、华东制罐第二公司向平安财险公司出具赔款收据及权益转让书，载明：已收到平安财险公司赔付的 1 498 431.32 元。同意将上述赔款部分保险标的的一切权益转让给平安财险公司，同意平安财险公司以平安财险公司的名义向责任方追偿。后平安财险公司诉至法院，请求判令镇江安装公司支付赔偿款和公估费。

法院判决镇江安装公司于判决生效后 10 日内给付平安财险公司 1 498 431.32 元。

法院生效裁判认为，本案的焦点问题是：①保险代位求偿权的适用范围是否限于侵权损害赔偿请求权；②镇江安装公司能否以华东制罐公司、华东制罐第二公司已购买相关财产损失险为由，拒绝保险人对其行使保险代位求偿权。

关于第一个争议焦点。《保险法》第 60 条第 1 款规定："因第三者对保险标的的损害而造成保险事故的，保险人自向被保险人赔偿保险金之日起，在赔偿金额范围内代位行使被保险人对第三者请求赔偿的权利。"该款使用的是"因第三者对保险标的的损害而造成保险事故"的表述，并未限制规定为"因第三者对保险标的的侵权损害而造成保险事故"。将保险代位求偿权的权利范围理解为限于侵权损害赔偿请求权，没有法律依据。从立法目的看，规定保险代位求偿权制度，在于避免财产保险的被保险人因保险事故的发生，分别从保险人及第三者获得赔偿，取得超出实际损失的不当利益，并因此增加道德风险。将《保险法》第60条第1款中的"损害"理解为仅指"侵权损害"，不符合保险代位求偿权制度设立的目的。故保险人行使代位求偿权，应以被保险人对第三者享有损害赔偿请求权为前提，这里的赔偿请求权既可因第三者对保险标的的实施的侵权行为而产生，亦可基于第三者的违约行为等产生，不应仅限于侵权赔偿请求权。本案平安财险公司是基于镇江安装公司的违约行为而非侵权行为行使代位求偿权，镇江安装公司对保险事故的发生是否有过错，对案件的处理并无影响。并且，建设工程施工合同约定"承包人不得将本工程进行分包施工"。因此，镇江安装公司关于其对保险事故的发生没有过错因而不应承担责任的答辩意见，不能成立。平安财险公司向镇江安装公司主张权利，主体适格，并无不当。

关于第二个争议焦点。首先，镇江安装公司提出，在发包人与其签订的建设工程施工合同"通用条款"第40条中约定，待安装设备由发包人办理保险，并支付保险费用。从该约定可以看出，就工厂搬迁及设备的拆解安装事项，发包人与镇江安装公司共同商定办理保险，虽然保险费用由发包人承担，但该约定在双方的合同条款中体现，即该费用系双方承担，或者说，镇江安装公司在总承包费用中已经就保险费用作出了让步。由发包人向平安财险公司投保的业务，承包人也应当是被保险人。对于镇江安装公司的上述抗辩意见，《保险法》第12条第2款、第6款分别规定："财产保险的被保险人在保险事故发生时，对保险标的应当具有保险利益"；"保险利益是指投保人或者被保险人对保险标的具有的法律上承认的利益"。据此，不同主体对于同一保险标的可以具有不同的保险利益，可就同一保险标的投保与其保险利益相对应的保险险种，成立不同的保险合同，并在各自的保险利益范围内获得保险保障，从而实现利用保险制度分散各自风险的目的。因发包人和承包人对保险标的具有不同的保险利益，只有分别投保与其保险利益相对应的财产保险类别，才能获得相应的保险保障，二者不能相互替代。发包人华东制罐公司和华东制罐第二公司作为保险标的的所有权人，其投保的安装工程一切险是基于对保险标的享有的所有权保险利益而投保的险种，旨在分散保险标的的损坏或灭失风险，性质上属于财产损失保险；附加险中投保的"内陆运输扩展条款 **A**"，在性质上亦属财产损失保险。镇江安装公司并非案涉保险标的的所有权人，不享有所有权保险利益，其作为承包人对案涉保险标的享有责任保险利益，欲将施工过程中可能产生的损害赔偿责任转由保险人承担，应当投保相关责任保险，而不能借由发包人投保的财产损失保险免除自己应负的赔偿责任。其次，发包人不认可承包人的被保险人地位，案涉安装工程一切险投保单中记载的被保险人为华东制罐公司及华东制罐第二公司，并明确记载承包人镇江安装公司不是被保险人。因此，镇江安装公司关于"由发包人向平安财险公司投保的业务，承包人也应当是被保险人"的答辩意见，不能成立。建设工程施工合同明确约定"运至施工场地内用于工程的材料和待安装设备，由发包人办理保险，并支付保险费用"及"工程分包不能解除承包人任何责任与义务，分包单位的任何违约行为或疏忽导致工程损害或给发包人造成其他损失，承包人承担连带责任"。由此可见，发包人从未作出在保险赔偿范围内免除承包人赔偿责任的意思表示，双方并未约定在保险赔偿范围内免除承包人的赔偿责任。最后，在保险事故发生后，被保险人积极向承包人索赔并向平安财险公司出具了权益转让书。根据以上情况，镇江安装公司以其对保险标的也具有保险利益，且保险标的所有权人华东制罐公司和华东制罐第二公司已投保财产损失保险为由，主张免除其依建设工程施工合同应对两制罐公司承担的违约损害赔偿责任，并进而拒绝平安财险公司行使代位求偿权，没有法律依据，不予支持。

【专题案例研讨】代位求偿权纠纷的管辖[1]

2011 年 6 月 1 日，华泰财产保险有限公司北京分公司（以下简称"华泰保险公司"）与北京亚大锦都餐饮管理有限公司（以下简称"亚大锦都餐饮公司"）签订机动车辆保险合同。保险期间内，陈某某驾驶被保险车辆行驶至北京市朝阳区机场高速公路时，与李某贵驾驶的车辆发生交通事故，造成被保险车辆受损。经交管部门认定，李某贵负事故全部责任。事故发生后，华泰保险公司依照保险合同的约定，向被保险人亚大锦都餐饮公司赔偿保险金 83 878 元，并依法取得代位求偿权。华泰保险公司于 2012 年 10 月诉至北京市东城区人民法院，请求判令被告肇事司机李某贵和天安保险公司赔偿 83 878 元，并承担诉讼费用。

被告李某贵的住所地为河北省张家口市怀来县沙城镇，被告天安财产保险股份有限公司河北省分公司张家口支公司（以下简称"天安保险公司"）的住所地为张家口市怀来县沙城镇燕京路东 108 号，保险事故发生地为北京市朝阳区机场高速公路，被保险车辆行驶证记载所有人的住址为北京市东城区工体北路新中西街 8 号。

北京市东城区人民法院于 2012 年 12 月 17 日作出（2012）东民初字第 13663 号民事裁定：对华泰保险公司的起诉不予受理。宣判后，当事人未上诉，裁定已发生法律效力。

---

〔1〕 最高人民法院指导案例 25 号：华泰财产保险有限公司北京分公司诉李某贵、天安财产保险股份有限公司河北省分公司张家口支公司保险人代位求偿权纠纷案。

法院生效裁判认为：根据《保险法》第 60 条的规定，保险人的代位求偿权是指保险人依法享有的，代位行使被保险人向造成保险标的损害负有赔偿责任的第三者请求赔偿的权利。保险人代位求偿权源于法律的直接规定，属于保险人的法定权利，并非基于保险合同而产生的约定权利。因第三者对保险标的的损害造成保险事故，保险人向被保险人赔偿保险金后，代位行使被保险人对第三者请求赔偿的权利而提起诉讼的，应根据保险人所代位的被保险人与第三者之间的法律关系确定管辖法院。第三者侵害被保险人合法权益，因侵权行为提起的诉讼，依据 2012 年《中华人民共和国民事诉讼法》（以下简称《民事诉讼法》）第 28 条的规定，由侵权行为地或者被告住所地法院管辖，而不适用财产保险合同纠纷管辖的规定，不应以保险标的物所在地作为管辖依据。本案中，第三者实施了道路交通侵权行为，造成保险事故，被保险人对第三者有侵权损害赔偿请求权；保险人行使代位权起诉第三者的，应当由侵权行为地或者被告住所地法院管辖。现二被告的住所地及侵权行为地均不在北京市东城区，故北京市东城区人民法院对该起诉没有管辖权，应裁定不予受理。

因第三者对保险标的的损害造成保险事故，保险人向被保险人赔偿保险金后，代位行使被保险人对第三者请求赔偿的权利而提起诉讼的，应当根据保险人所代位的被保险人与第三者之间的法律关系，而不应当根据保险合同法律关系确定管辖法院。第三者侵害被保险人合法权益的，由侵权行为地或者被告住所地法院管辖。

【专题案例研讨】 网约车的危险增加通知义务[1]

2015 年 3 月 27 日，张某在中国人民财产保险股份有限公司

---

[1] 程某颖诉张某、中国人民财产保险股份有限公司南京市分公司机动车交通事故责任纠纷案，载《最高人民法院公报》2017 年第 4 期。

南京市分公司（以下简称"人保南京分公司"）为该车投保了交强险、保额为 100 万的商业三者险，轿车行驶证上的使用性质为"非营运"。保单上的使用性质为"家庭自用汽车"。保险期间内，张某为分担油费成本，以网约车的形式在下班途中顺路搭载乘客，驾驶途中与原告程某颖驾驶的电动自行车碰撞，致程某颖受伤，车辆损坏。原告诉请张某和保险公司赔偿损失。

法院认为：关于本次交通事故责任划分问题，依据 2011 年《中华人民共和国道路交通安全法》（以下简称《道路交通安全法》）第 76 条规定机动车发生交通事故造成损失的，首先由保险公司在交强险责任限额内赔偿，不足部分，机动车与非机动车驾驶人之间发生交通事故。张某应负事故全部责任，程某颖因本次交通事故产生的损失首先由被告人保南京分公司在交强险责任限额内赔偿，不足部分，由机动车一方赔偿。

关于被告人保南京分公司是否应当在商业三者险范围内赔偿的问题。《保险法》第 52 条规定，被保险人有危险增加的通知义务，被保险人未履行通知义务的，因保险标的的危险程度显著增加而发生的保险事故，保险人不承担赔偿保险金的责任。保险合同是双务合同，保险费与保险赔偿金为对价关系，保险人依据投保人告知的情况，评估危险程度而决定是否承保以及收取多少保险费。保险合同订立后，如果危险程度显著增加，保险事故发生的概率超过了保险人在订立保险合同时对事故发生的合理预估，如果仍然按照之前保险合同的约定要求保险人承担保险责任，对保险人显失公平。

在当前车辆保险领域中，保险公司根据被保险车辆的用途，将其分为家庭自用车辆和营运车辆两种，并设置了不同的保险费率，营运车辆的保费接近家庭自用车辆的两倍。这是因为，相较于家庭自用车辆，营运车辆的运行里程多，使用频率高，发生交通事故的概率也自然更大，这既是社会常识也是保险公司对风险的预估，车辆的危险程度与保险费是对价关系，家庭自用车辆的风险小，支付的保费低；营运车辆风险大，支付的保费高。以家庭自用名义投保的车辆，从事营运活动，车辆的风险显著增加，投保人应当及时通知保险公司，保险公司可以增加保费或者解除合同并返还剩余保费，投保人未通知保险公司而要求保险公司赔偿因营运造成的事故损失，显失公平。

营运活动与家庭自用的区别在于：第一，营运以收取费用为目的，家庭自用一般不收取费用。第二，营运的服务对象是不特定的人，与车主没有特定的关系；家庭自用的服务对象一般为家人、朋友等与车主具有特定关系的人。而本案中，被告张某通过打车软件接下网约车订单，其有收取费用的意图，且所载乘客与其没有特定关系，符合营运的特征。

被告张某的营运行为使被保险车辆危险程度显著增加，张某应当及时通知被告人保南京分公司，人保南京分公司可以增加保险费或者解除合同返还剩余保险费。张某未履行通知义务，且其营运行为导致了本次交通事故的发生，人保南京分公司在商业三者险内不负赔偿责任。

【专题理论探讨】保险人的代位求偿权与
被保险人损害赔偿请求权的冲突

保险代位权是为贯彻损害填补原则而创设的。如果被保险人获得的保险金并不足以填补其实际损害，则被保险人对未能填补部分的损害仍然享有对第三人的求偿权。此时，即会出现保险人代位权与被保险人求偿权并存的状态。在这种背景下，如果被追索的加害第三人拥有较高的清偿能力，可以同时满足被保险人和保险人的请求，则被保险人求偿权与保险人代位权之间并无利益冲突。反之，这两项权利会产生冲突，以争夺对加害人支付的有限的赔偿金的优先受偿地位。

在承认保险人代位权与被保险人求偿权竞合的前提下，核心问题在于，当保险人与被保险人同时对第三人主张权利时，如何将第三人支付的有限赔偿金在二者之间进行分配。若当事人未就此达成协议，则在理论上主要存在着四种方法：①被保险人优先受偿法。该种方法是指应将第三人的赔偿金优先分配给被保险人，若填补损失后还有剩余，再分配给保险人。美国多数州和欧洲许多大陆法系国家采用此方法。②保险人完全受偿法。依据该法，保险人将从第三人处取得全部赔偿款，而不管该款项数额是否超过保险人支付的保险赔偿金。该方法的依据在于，保险人享有的代位权的实质是对第三人的损害赔偿请求权，故而因该权利行使所得的利益应归于保险人。③保险人优先受偿法。即保险人有权优先取得第三人的赔偿款，在填补其因承担保险责任而遭受的损失后，如该款项还有剩余，再分配给被保险人。部分美国法院支持此种方法。此外，美国联邦和州的部分立法也赋予了保险人优先受偿的法律地位，特别是关于工人赔偿的立法。④比例分配法。即按照保险金额与保险价值的比例，或者保险人的赔付额与被保险人的损失额之比，把第三人的赔偿款分配给保险人与被保险人。这一方法的理由在于，保险人代位权移转自被保险人的求偿权，二者在实质上并无优劣之分，故应立足于平等地位受偿。再者，在法律或合同未约定一方享有优先权的背景下，基于债权的平等原则，也应使前述两者按比例受偿。我国部分学者与法官赞成此种观点。

第四节　保险合同的变更、解除与终止

一、保险合同变更

《民法典》第 543 条规定，当事人协商一致，可以变更合同。

保险合同作为一种合同，可以经当事人协商一致变更。保险合同的变更可以分为合同的主体、客体和内容的变更三种情况。

（一）主体变更

保险合同的主体不同，变更所涉及的法律程序规定也不相同。

1. 投保人的变更

投保人的变更属于合同的转让或者保险单的转让，如在转移财产所有权或者经营管理权的同时将保险合同一并转让给新的财产受让人。但是，根据《保险法》第 34 条第 2 款的规定，按照以死亡为给付保险金条件的合同所签发的保险单，未经被保险人书面同意，不得转让或质押。

2. 被保险人的变更

被保险人的变更只能发生在财产保险合同中。在人身保险合同中，保险标的即被保险人的生命或身体，这是保险关系确立的基础，是不能变更的。在财产保险合同中，保险标的的变更实际上意味着被保险人的变更，因为被保险人对保险标的所具有的保险利益因保险标的的移转而消灭了，但是保险利益仍然存在，为受让人所有。

3. 受益人的变更

根据《保险法》第 41 条规定："被保险人或者投保人可以变更受益人并书面通知保险人。保险人收到变更受益人的书面通知后，应当在保险单或者其他保险凭证上批注或者附贴批单。投保人变更受益人时须经被保险人同意。"在银行为贷款人的借贷中，保单质押一般需要变更受益人，这样一来，质权上的请求权就转化为保险合同上的请求权，更有利于对贷款人的保护。[1]

---

〔1〕 竺常赟：《〈民法典〉体系下保单质押纠纷案件的裁判路径——基于保单现金价值质押贷款场景展开》，载《法律适用》2021 年第 1 期。

（二）内容变更

保险合同内容的变更指保险合同中规定的各事项的变更。《保险法》第 20 条规定："投保人和保险人可以协商变更合同内容。变更保险合同的，应当由保险人在保险单或者其他保险凭证上批注或者附贴批单，或者由投保人和保险人订立变更的书面协议。"这一规定是内容变更的总原则，即须双方协商同意后由保险人批注或者附贴批单或者双方订立变更的书面协议。

保险合同内容的变更有两类情况：一类是因一定法定情形的发生，保险合同一方依法定情形提出变更，另一方亦不得拒绝变更；另一类是投保人因自己的实际需要提出变更。

1. 依法定情形变更的

①保险费的增加。投保人、被保险人未按照约定履行其对保险标的安全应尽的责任的，保险人有权要求增加保险费或者解除保险合同；保险标的危险程度增加的，被保险人按照合同约定应当及时通知保险人，保险人有权要求增加保险费或者解除合同；投保人申报的被保险人年龄不真实，致使投保人支付的保险费少于应付保险费的，保险人有权更正并要求投保人补交保险费，或者在给付保险金时按照实付保险费与应付保险费的比例支付。②保险费的减少。据以确定保险费率的有关情况发生变化，保险标的危险程度明显减少，或是保险标的的保险价值明显减少的，除合同另有约定外，保险人应当降低保险费，并按日计算退还相应的保险费。

2. 投保人提出的变更

投保人因自己的实际需要提出变更请求，主要是因变更保险金额而变更保险费。①保险金额的增加。如保险价值因市场价格上涨，投保人可提出按照或者不按照保险价值的增加比例增加保险金额，当然亦需增加保险费；投保人亦可在保险价值并无增加的情况下，在保险价值限度内提出增加保险金额的请求。②保险金额的减少。如因有保险价值减少的情况或者虽无减少的情况，投保人亦可提出减少保险金额的请求，只是有些保单规定保险人并不受理保险金额减少的请求，此种保单多为人寿保险保单。

二、保险合同解除

保险合同的解除，一般分为法定解除和约定解除两种形式。

（一）法定解除

法定解除，是指当法律规定的情形出现时，保险合同当事人一方可依法对保险合同行使解除权。法定解除的情形通常在法律中被直接规定出来。

《保险法》第 15 条规定，除本法另有规定或者保险合同另有约定外，保险合同成立后，投保人可以解除合同，保险人不得解除合同。换言之，除法律另有规定或者保险合同另有约定外，投保人有任意解除权。投保人任意解除权的例外主要是指货物运输保险合同和运输工具航程保险合同，根据《保险法》第 50 条的规定，在这两类合同中，保险责任开始后合同当事人不得解除合同。

根据《保险法》第 54 条的规定，投保人在保险责任开始前要求解除合同，应当按照合同约定向保险人支付手续费，保险人应当退还保险费。保险责任开始后，投保人要求解除合同的，保险人应当将已收取的保险费，按照合同约定扣除自保险责任开始之日起至合同解除之日止应收的部分后，退还投保人。

对保险人而言，法律的要求则相对严格，即保险人必须在发生法律规定的解除事项时方有权解除合同，我国《保险法》上保险人的法定解除事项主要有：

（1）投保人、被保险人未履行如实告知义务。《保险法》第 16 条第 2 款规定，投保人故意或者因重大过失未履行前款规定的如实告知义务，足以影响保险人决定是否同意承保或者提高保险费率的，保险人有权解除合同。

（2）在保险合同有效期内，保险标的的危险增加。

（3）未发生保险事故，被保险人或者受益人谎称发生了保险事故，向保险人提出赔偿或者给付保险金请求的，保险人有权解除合同，并不退还保险费。

投保人、被保险人故意制造保险事故的，保险人有权解除合同，不承担赔偿或者给付保险金的责任；除本法第43条规定外，不退还保险费。

（4）投保人申报的被保险人年龄不真实，并且其真实年龄不符合合同约定的年龄限制的，保险人可以解除合同，并按照合同约定退还保险单的现金价值。

（5）在分期支付保险费的人身保险合同中，当未有另外约定时，投保人超过规定的期限60日未支付当期保险费的，保险合同中止。保险合同被中止后的2年内，双方当事人未就合同达成协议，保险人有权解除合同。应当注意的是，当可行使解除权的原因发生后，并不自然发生解除的效力，而是必须由保险合同一方或双方当事人行使合同解除权后，合同的效力方可消灭。

（6）投保人、被保险人未按照约定履行其对保险标的的安全应尽责任的，保险人有权要求增加保险费或者解除合同。

（7）在合同有效期内，保险标的的危险程度显著增加的，被保险人应当按照合同约定及时通知保险人，保险人可以按照合同约定增加保险费或者解除合同。保险人解除合同的，应当将已收取的保险费，按照合同约定扣除自保险责任开始之日起至合同解除之日止应收的部分后，退还投保人。

（8）保险标的发生部分损失的，自保险人赔偿之日起30日内，投保人可以解除合同；除合同另有约定外，保险人也可以解除合同，但应当提前15日通知投保人。合同解除的，保险人应当将保险标的未受损失部分的保险费，按照合同约定扣除自保险责任开始之日起至合同解除之日止应收的部分后，退还投保人。

（二）约定解除

约定解除分两种情况：一种是保险合同双方当事人在合同中约定解除事由，在合同有效期内发生约定情况时，一方或双方当事人有权行使解除权；另一种是在合同有效期内，因某种情况的发生，保险合同双方当事人另行约定解除合同。

《保险法司法解释三》第16、17条规定，保险合同解除时，投保人与被保险人、受益人为不同主体，被保险人或者受益人要求退还保险单的现金价值的，人民法院不予支持，但保险合同另有约定的除外。投保人故意造成被保险人死亡、伤残或者疾病，保险人依照《保险法》第43条规定退还保险单的现金价值的，其他权利人按照被保险人、被保险人的继承人的顺序确定。投保人解除保险合同，当事人以其解除合同未经被保险人或者受益人同意为由主张解除行为无效的，人民法院不予支持，但被保险人或者受益人已向投保人支付相当于保险单现金价值的款项并通知保险人的除外。

三、保险合同终止

保险合同的终止，是指因法定或约定事由的自然发生，保险合同的法律效力完全消灭的法律事实。导致保险合同终止的原因主要包括：①保险合同期间届满；②保险事故发生，保险人已支付全部保险金；③保险标的非因保险事故而全部灭失，保险合同失去保险标的。

【专题理论探讨】受益人变更

《保险法》第41条第1款规定被保险人或者投保人可以变更受益人，该条第2款规定，投保人变更受益人时须经被保险人同意。据此，我国《保险法》将受益人的最终决定权分配给被保险人，由被保险人通过行使同意权来实现。如果不过分拘泥于法律条文用语，该同意权实际上是保险合同受益人的变更权。变更受益人仅需一方的意思表示即可成立，无赋予保险人同意的必要，其性质为单方法律行为。因保险旨在保障被保险人的生命、身体利益，故真正享有保险金和有权处分保险合同利益的主体实为被保险人。

《保险法》第 41 条第 1 款还规定，变更受益人的，应书面通知保险人，保险人收到变更受益人的书面通知后，应当在保险单或者其他保险凭证上批注或者附贴批单。对于通知的方式及效力，理论上有不同的见解。针对该条规定，存在以下几种解释：第一，变更受益人须将载有变更受益人意思表示的书面文件送达保险人，该书面形式不限于特定纸面形式。第二，变更受益人的意思表示须在保险单及其粘单上进行，而不能在其他纸面上为之。第三，变更受益人不仅须在特定纸面上进行，还须保险人在保险单上的批注行为的结合才能完成。第二、三种理解都严重违背了私法自治的原则，实质上限制了当事人的意思自由。

有学者指出，意思自治原则是保险法的核心理念，变更受益人无须强行法上的过多限制，变更受益人的行为不能当然解释为要式行为，在变更通知上应采书面通知的对抗主义模式，而不应采取成立主义和生效主义模式。

第三章 | 人身保险合同

第一节 人身保险合同概述

一、人身保险的概念

人身保险，是指以人的身体和生命作为保险标的的保险。人身保险的保险人在被保险人投保后，根据约定在被保险人因保单载明的意外事故、灾难及衰老等原因而发生死亡、疾病、伤残、丧失工作能力或退休等情形时给付一定的保险金额或年金。

二、人身保险的特征

（一）大部分人身保险具有定额给付的性质

之所以说大部分人身保险具有定额给付的性质，而非全部是定额给付性保险，是因为人身保险中的医疗费用保险或丧葬费用保险等，目的是损失补偿，不属于定额给付性的保险。除此之外的人身保险在发生保险事故时，保险人按照合同约定的金额给付保险金。原因是人身保险的标的是难以用货币衡量的人的身体和生命，人身保险的保险金额不像财产保险那样能以保险标的的客观价值为根据，而是依保险事故发生后经济补偿的需求程度和投保人的缴费能力通过协商加以确定的，是一种典型的定额保险。这与财产保险根据保险价值确定保额的特点形成鲜明对比。

（二）长期性

相对于保险期限多为 1 年或 1 年以下的财产保险，人身保险特别是人寿保险一般都是长期业务，保险期限持续几年、几十年甚至始于被保险人的出生终于被保险人的死亡。由于人身保险的长期性特征，业务经营效益无法在短期内予以确定，因此其在保费测算、偿付能力计算、责任准备金提留及资金运用等诸多方面都有异于财产保险。国家监管机关一般也对人身保险业务实施不同于财产保险的监管体系和标准。

（三）储蓄性

人身保险中的人寿保险在为被保险人提供经济保障的同时还具有储蓄性的特征。人寿保险的保险费一般由危险保费和储蓄保费两部分组成。后者实际上相当于投保人存放于被保险人处的储蓄存款，以预定利率在长期的缴费期间积累保费。储蓄保费的投资收益使投保人不仅可以获得经济保障，还可以享受到投资所带来的收益。

第二节　人身保险合同的主要内容

人身保险合同除了保险合同均应当具备的基本条款之外，还具有以下体现人身保险特色的条款内容。

一、保单所有权

（一）概述

保单所有权主要适用于人身保险合同，而不适用于财产保险合同。这是因为财产保险合同大多期限比较短，保单上没有现金价值。但是，在人身保险中，由于人寿保险所具有的储蓄性，以及在许多场合下，保单所有人与受益人并不是同一个人，所以确认保单所有权就具有非常重要的意义。

保单持有人或称保单所有人，是指拥有保单上各项权利的人。一般而言，投保人就是保单所有人。由于在保险合同中，投保人与被保险人为同一人的情形颇多，在英美国家的保单中，常常直接称被保险人为保单持有人或者保单所有人。投保人也可以在订立保险合同时指定其他人，如指定其配偶或者某个信托机构作为保单所有人。保单所有人所享有的权利包括转让保单的权利、以保单作为抵押进行贷款的权利、受领红利的权利、退保时领取退保金的权利、变更或者重新指定受益人的权利，等等。

（二）保单转让条款

具有现金价值的保单，与有价证券类似，保单转让就是根据这一特点，允许保单持有人在需要时转让保单，兑现现金价值的条款。保单转让时须书面通知保险人，否则对保险人不发生拘束力。此外，《保险法》第34条第2款规定，按照以死亡为给付保险金条件的合同所签发的保险单，未经被保险人书面同意，不得转让或者质押。

保单转让通常有两种形式：①绝对转让。即受让人获得保单的全部权利，成为新的保单持有人，如发生保险事故，保险金全部归受让人。②相对转让。即受让人获得保单的部分权利，如发生保险事故，已转让权益的部分保险金归受让人，其余仍然归原受益人。

（三）保单质押条款

人寿保险的被保险人如果有急需，但又不愿意退保而领取解约金，则可以在保单的现金价值限度内，以保单作为质押向保险公司申请贷款。贷款期间发生保险事故，保险人仍应当按照约定给付保险金，但可以从给付的保险金中扣除贷款本息。

二、年龄误告条款

如实告知义务是所有保险合同中投保人均应履行的义务。在订立人身保险合同时，除了投保人须履行一般的如实告知义务外，人身保险合同中的如实告知义务集中地体现在年龄的如实申报方面。

根据《保险法》第 32 条规定，投保人申报的被保险人年龄不真实，并且其真实年龄不符合合同约定的年龄限制的，保险人可以解除合同，并按照合同约定退还保险单的现金价值。投保人申报的被保险人年龄不真实，致使投保人支付的保险费少于应付保险费的，保险人有权更正并要求投保人补交保险费，或者在给付保险金时按照实付保险费与应付保险费的比例支付。投保人申报的被保险人年龄不真实，致使投保人支付的保险费多于应付保险费的，保险人应当将多收的保险费退还投保人。在年龄误告条款中，由保险人行使合同解除权，同样受到 30 日除斥期间与 2 年不可抗辩条款的限制。

三、受益人指定与变更条款

受益人是指人身保险合同中由被保险人或者投保人指定的享有保险金请求权的人。受益人条款是人身保险合同的专有条款，财产保险合同不存在受益人条款。人身保险中的受益人包括原始受益人和继受受益人。原始受益人是投保人或者被保险人在订立合同时指定的，在被保险人死亡后有权领取保险金的人。继受受益人则是在原始受益人死亡的情况下有权领取保险金的人。

（一）受益人的指定

《保险法》第 39 条规定，人身保险的受益人由被保险人或者投保人指定。投保人指定受益人时须经被保险人同意。投保人为与其有劳动关系的劳动者投保人身保险，不得指定被保险人及其近亲属以外的人为受益人。被保险人为无民事行为能力人或者限制民事行为能力人的，可以由其监护人指定受益人。《保险法司法解释三》第9条规定，投保人指定受益人未经被保险人同意的，人民法院应认定指定行为无效。当事人对保险合同约定的受益人存在争议，除投保人、被保险人在保险合同之外另有约定外，按以下情形分别处理：①受益人约定为"法定"或者"法定继承人"的，以继承法规定的法定继承人为受益人；②受益人仅约定为身份关系，投保人与被保险人为同一主体的，根据保险事故发生时与被保险人的身份关系确定受益人；投保人与被保险人为不同主体的，根据保险合同成立时与被保险人的身份关系确定受益人；③受益人的约定包括姓名和身份关系，保险事故发生时身份关系发生变化的，认定为未指定受益人。

《保险法》第40条规定，被保险人或者投保人可以指定一人或者数人为受益人。受益人为数人的，被保险人或者投保人可以确定受益顺序和受益份额；未确定受益份额的，受益人按照相等份额享有受益权。《保险法司法解释三》第12条规定，投保人或者被保险人指定数人为受益人，部分受益人在保险事故发生前死亡、放弃受益权或者依法丧失受益权的，该受益人应得的受益份额按照保险合同的约定处理；保险合同没有约定或者约定不明的，该受益人应得的受益份额按照以下情形分别处理：①未约定受益顺序及受益份额的，由其他受益人平均享有；②未约定受益顺序但约定受益份额的，由其他受益人按照相应比例享有；③约定受益顺序但未约定受益份额的，由同顺序的其他受益人平均享有；同一顺序没有其他受益人的，由后一顺序的受益人平均享有；④约定受益顺序和受益份额的，由同顺序的其他受益人按照相应比例享有；同一顺序没有其他受益人的，由后一顺序的受益人按照相应比例享有。

（二）受益人的变更

《保险法》第41条规定，被保险人或者投保人可以变更受益人并书面通知保险人。保险人收到变更受益人的书面通知后，应当在保险单或者其他保险凭证上批注或者附贴批单。投保人变更受益人时须经被保险人同意。

《保险法司法解释三》第 10 条规定，投保人或者被保险人变更受益人，当事人主张变更行为自变更意思表示发出时生效的，人民法院应予支持。投保人或者被保险人变更受益人未通知保险人，保险人主张变更对其不发生效力的，人民法院应予支持。投保人变更受益人未经被保险人同意，人民法院应认定变更行为无效。第 11 条规定，投保人或者被保险人在保险事故发生后变更受益人，变更后的受益人请求保险人给付保险金的，人民法院不予支持。

四、除外责任条款

除外责任条款，是指人寿保险合同约定的或法律规定的，保险人对于被保险人的死亡或者伤残不负责任的条款。对于人寿保险合同约定的除外责任条款，在订立保险合同时，保险人应当向投保人明确说明，不作说明的，除外责任条款不发生效力。《保险法》规定的人身保险中的除外责任有以下几种。

（一）投保人、受益人故意造成被保险人死亡、伤残或者疾病

《保险法》第 43 条规定，投保人故意造成被保险人死亡、伤残或者疾病的，保险人不承担给付保险金的责任。投保人已交足 2 年以上保险费的，保险人应当按照合同约定向其他权利人退还保险单的现金价值。受益人故意造成被保险人死亡、伤残、疾病的，或者故意杀害被保险人未遂的，该受益人丧失受益权。

（二）被保险人自杀

《保险法》第 44 条第 1 款规定，以被保险人死亡为给付保险金条件的合同，自合同成立或者合同效力恢复之日起 2 年内，被保险人自杀的，保险人不承担给付保险金的责任，但被保险人自

杀时为无民事行为能力人的除外。《保险法司法解释三》第21条规定，保险人以被保险人自杀为由拒绝给付保险金的，由保险人承担举证责任。受益人或者被保险人的继承人以被保险人自杀时无民事行为能力为由抗辩的，由其承担举证责任。

被保险人自杀通常被列入除外责任，主要是基于防止道德危险的发生。但是，近年来，大多数保险单均规定，如果被保险人在投保后2年后自杀，保险人仍然给付全部或者部分保险金。这样规定的原因主要是很少存在投保时即预先谋划2年之后再自杀的可能，基本可以排除道德风险的存在。

（三）被保险人故意犯罪导致其自身伤残或者死亡

《保险法》第45条规定，因被保险人故意犯罪或者抗拒依法采取的刑事强制措施导致其伤残或者死亡的，保险人不承担给付保险金的责任。《保险法司法解释三》第22条规定，《保险法》第45条规定的"被保险人故意犯罪"的认定，应当以刑事侦查机关、检察机关和审判机关的生效法律文书或者其他结论性意见为依据。第23条规定，保险人主张根据《保险法》第45条的规定不承担给付保险金责任的，应当证明被保险人的死亡、伤残结果与其实施的故意犯罪或者抗拒依法采取的刑事强制措施的行为之间存在因果关系。被保险人在羁押、服刑期间因意外或者疾病造成伤残或者死亡，保险人主张根据《保险法》第45条的规定不承担给付保险金责任的，人民法院不予支持。

五、宽限期、中止与复效条款

（一）宽限期条款

宽限期条款是在分期缴付保费的人身保险中，允许投保人在一定期限内延缓缴纳当期保费的条款。根据《保险法》第36条第1款的规定，合同约定分期支付保险费，投保人支付首期保险费后，除合同另有约定外，投保人自保险人催告之日起超过30

日未支付当期保险费，或者超过约定的期限 60 日未支付当期保险费的，合同效力中止，或者由保险人按照合同约定的条件减少保险金额。上述 30 日与 60 日的期间就是宽限期，在此期间内保险合同有效，因此如在宽限期内发生保险事故，保险人应当按照合同约定给付保险金，但可以扣减欠交的保险费。

（二）中止条款

保险合同的效力中止是指人身保险合同生效后，投保人超过宽限期而仍未缴费的法律事实出现时，保险合同暂时失效的条款。保险合同暂时失效，意味着保险人暂停承担保险责任，中止期间发生保险事故，保险人不负给付保险金责任。中止的最长期限是 2 年，若自合同效力中止之日起满 2 年双方未达成协议，保险人有权解除合同，但应当按照合同约定退还保险单的现金价值。

（三）复效条款

保险合同的复效是指保险合同中止后又重新恢复效力的情况。复效条款即指保险合同中止期间，投保人与保险人达成复效协议的法律事实出现后，合同效力得以重新恢复的条款。《保险法》第 37 条第 1 款规定，合同效力中止的，经保险人与投保人协商并达成协议，在投保人补交保险费后，合同效力恢复，但超过 2 年最长中止期间的除外。在保险实务中，双方当事人达成协议的要件是：投保人在中止期限内有复效之意思表示；被保险人依然符合原承保条件；保险人同意投保人的复效请求；投保人补缴所欠保费及其利息。《保险法司法解释三》第 8 条规定，保险合同效力依照《保险法》第 36 条规定中止，投保人提出恢复效力申请并同意补交保险费的，除被保险人的危险程度在中止期间显著增加外，保险人拒绝恢复效力的，人民法院不予支持。保险人在收到恢复效力申请后，30 日内未明确拒绝的，应认定为同意恢复效力。保险合同自投保人补交保险费之日恢复效力。保险人要求投保人补交相应利息的，人民法院应予支持。

保险合同的复效不是重新投保，当事人的权利义务仍按照原保险合同的规定，保险期间、保费、费率、保额和缴费期限等，均维持不变。例外的情况是，需要重新设置健康观察期和自杀免责期。

六、不丧失价值条款

不丧失价值条款，是指投保人因无力或者不愿意继续缴纳保险费以维持保险合同效力而请求退保时，保险单所具有的现金价值并不因此而丧失的条款。这是人寿保险的储蓄功能的体现。长期性人身保险合同，在其生效后经过一定期间，保险单即具有现金价值。该种现金价值具有储蓄性质，在任何情况下，保险人不能予以没收。因而，当投保人不能继续交付保险费时，保险人应当将此项现金价值退还保险单所有人，任由其加以适当之处理。

保险单所有人处理现金价值的方式有三种：

第一，返还现金。如果投保人无意继续保险合同，保险单所有人可以直接领取退保费，保险单效力即行终止。

第二，将原保险单改为展期定期保险。在不改变原保险单的保险金额的情况下将原保险单的保险期限改为较短期限的定期保险，用保险单上所具有的现金价值缴清保险费。同时，如果投保人停止交纳保险费超过一定期限而没有做出其他选择时，保险人可以自动将原保险单改为展期定期保险。

第三，将原保险单改为减额交清保险。在不改变保险期限和保险责任的条件下将原保险单的保险金额减少，用保险单上所具有的现金价值交清保险费。

【专题案例研讨】受益人索赔权的转让[1]

2013 年 9 月,四川省绿茵园林景观工程有限公司(以下简称"绿茵公司")开始承建某社区外墙装饰工程,并于中国人民财产保险股份有限公司南充市高坪支公司(以下简称"财保高坪公司")处投保建筑施工人员团体意外伤害保险,被保险人为贺某(绿茵公司委派的项目部的负责人)。保险期间内,绿茵公司雇员李某斌在前述工程施工作业时发生保险事故。绿茵公司支付抢救费用等。事故发生后,绿茵公司向财保高坪公司报告了此次事故情况。由于没有指定受益人,故该工程项目部与死者李某斌家属李某1、李某林、李某2签订赔偿协议书,约定由项目部赔偿死者家属丧葬费、死亡赔偿金、交通费、住宿费、精神抚慰金等各项费用共计 55 万元,团体意外险的保险理赔款全部由项目部享有。同日,项目部向死者家属李某1、李某林、李某2支付全部55 万元赔偿款,李某1、李某林、李某2向绿茵公司出具委托书,授权贺某接受该工程建筑施工人员团体意外伤害保险全部赔偿金。

绿茵公司在处理完死者李某斌的善后事宜后,于 2013 年底向财保高坪公司提出理赔申请,财保高坪公司未予理赔,也未向绿茵公司出具拒绝赔偿或者拒绝给付保险金通知书。

财保高坪公司认为,绿茵公司为职员购买意外险,属于寿险范畴,具有较强的人身依附性质,死亡保险金请求权不能转让给他人。其理由为《保险法》第 39 条第 2 款规定投保人为与其有劳动关系的劳动者投保人身保险,不得指定被保险人及其近亲属以外的人为受益人,该条款系对指定受益人的强制性规定,当事人约定不得排除该条款。

---

[1] 中国人民财产保险股份有限公司南充市高某某公司与四川省绿茵园林景观工程有限公司保险合同纠纷上诉案,四川省南充市中级人民法院(2016)川 13 民终 2310 号民事判决书。

　　法院认为：死者李某斌的近亲属李某 1、李某林、李某 2 作为保险合同法定受益人享有取得保险金的权利。李某 1、李某林、李某 2 与绿茵公司达成赔偿协议，由绿茵公司项目部赔偿 55 万元，团体意外险的保险理赔款由绿茵公司项目部享有，李某 1、李某林、李某 2 将从财保高坪公司取得的债权转让给绿茵公司，不属于《保险法》第 39 条规定的情形。依照《保险法司法解释三》第 13 条规定，保险事故发生后，受益人将与本次保险事故相对应的全部或者部分保险金请求权转让给第三人，当事人主张该转让行为有效的，人民法院应予支持，但根据合同性质、当事人约定或者法律规定不得转让的除外。李某 1、李某林、李某 2 将保险金请求权转让给绿茵公司并不存在不得转让的情形，故转让行为有效。

【专题案例研讨】保险合同中止与复效[1]

　　曹某云、中国人寿保险股份有限公司新民支公司（以下简称"中国人寿新民支公司"）于 1998 年 6 月 18 日签订"88 鸿利终身保险"合同一份，曹某云从 1998 年 6 月 18 日起缴纳保费至 2003 年共交 5 年，2004 年至今没有缴纳。现曹某云找到中国人寿新民支公司要求续交保费，中国人寿新民支公司称因已无该险种，无法续交。

　　中国人寿新民支公司称，保险公司没有义务向曹某云提示欠费。曹某云自 2004 年起超过 10 年未缴纳保费，已过法定时限，双方未就恢复合同效力达成协议，合同中止的责任应由曹某云承担，且保险公司有权解除合同。

　　法院认为：本案的争议焦点为投保人是否有权要求恢复保险合同效力。首先，虽然《保险法》赋予了保险公司自合同效力中

---

　　〔1〕　上诉人曹某云与被上诉人中国人寿保险股份有限公司新民支公司保险合同纠纷案，辽宁省沈阳市中级人民法院（2016）辽 01 民终 7542 号民事判决书。

止之日起满 2 年双方未达成协议的情况下，提出解除合同的权利，现保险公司既未与投保人进行协商，也未提出解除合同，故该合同仍处于中止状态。其次，根据《保险法司法解释三》第 8 条第 1 款规定，保险合同效力依照《保险法》第 36 条规定中止，投保人提出恢复效力申请并同意补交保险费的，除被保险人的危险程度在中止期间显著增加外，保险人拒绝恢复效力的，人民法院不予支持。也就是说，如果被保险人的危险程度在中止期间显著增加，则保险人享有同意复效或拒绝复效的决定权；如果被保险人的危险程度在中止期间并未显著增加，则保险人不能拒绝复效。本案中，保险人仅以现有系统里已无该险种为由拒绝复效，不符合法律规定。故案涉保险合同应自投保人补交保险费之日恢复效力，投保人应补缴保费。

第四章 财产保险合同

第一节 财产保险合同概述

一、财产保险合同的概念与特征

（一）财产保险合同的概念

财产保险合同是投保人或被保险人以某项财产及其有关利益为标的而订立的保险合同。凡是以财产及其利益为标的的保险合同，均为财产保险合同，无论该合同所涉及的是房屋、机器设备等有形财产还是期待利益、债权等无形财产。因此，财产保险合同除有形财产保险外，还包括信用保险、保证保险和责任保险。

（二）财产保险合同的特征

1. 财产保险合同的保险利益是经济性保险利益

财产保险，不论其保险标的是有形财产还是无形财产及利益，它最终所保障的利益是能够以货币进行估价的，这一点和人身保险有着本质的区别。

2. 财产保险合同是损失补偿性保险，它的目的是补偿损失

财产保险受到"损失补偿原则"的制约，即当保险事故发生

并使投保人或被保险人的财产遭受损失时，保险人必须在保险责任范围内对投保人或被保险人所受的实际损失进行补偿。如果投保人或被保险人没有损失或损失无法以金钱计算，则无法主张得到补偿。

二、财产保险合同的种类

根据财产保险标的，可以将财产保险合同分为财产损失保险、责任保险、信用保险与保证保险四大类。

财产损失保险，是财产保险业务中最主要、最具代表性的业务形式，其以补偿被保险人有形财产及其相关利益的损失为基本保障内容，其保险标的是除农作物、牲畜以外的一切动产和不动产，如房屋、家具、运输工具、机器、粮食等。

责任保险，是指投保人与保险人之间以被保险人依法所应负的民事赔偿责任为保险标的的保险形式，即保险人根据约定代为承担被保险人对第三人的赔偿责任。责任保险主要包括第三者责任保险、公众责任保险、产品责任保险、雇主责任保险和职业责任保险等险种。

信用保险，是指保险人对被保险人所从事的商品销售或商业贷款业务活动提供保险，当债务人不履行法定或约定的义务未对被保险人清偿时，由保险人负责赔偿。信用保险主要包括出口信用保险、投资信用保险、商业信用保险等险种。

保证保险，是指由保险人为被保证人的行为（作为或不作为）对第三人（权利人）所造成的经济损失承担赔偿责任的一种保险形式。保证保险主要包括诚实保证保险与确实保证保险等险种。

第二节　几种主要的财产保险合同

一、企业财产保险合同

（一）概念

企业财产保险合同，是指投保人以企业的固定资产、流动资产和专项资产等为保险标的，与保险人订立的以投保人支付一定数额保险费为对价而由保险人对保险标的因保险事故的发生所造成损失赔偿保险金的协议。企业财产保险的投保人包括国家机关和各种企业、事业单位、人民团体。

（二）保险标的

其保险标的分为基本保险财产（可保财产）和特约保险财产两类，合同中通常还有不保财产的条款。

1. 基本保险财产

基本保险财产是无须经特约即可投保的财产，根据财产的不同特征大致分为：①房屋、建筑物及其附属装修设备；②建造中的房屋、建筑物和建筑材料；③机器和设备；④工具、仪器和生产工具；⑤交通运输工具及其设备；⑥管理用具和低值易耗品；⑦原材料、半成品、在产品、成品、库存商品和特种储备商品；⑧未列入账面和摊销的财产等。

2. 特约保险财产

企业的有些财产，或者无市价参考，或者价值容易发生变化，或者非常贵重，这类财产只有经与保险人特约，在保险合同上载明后，保险人才承担保险责任，如珠宝、古玩、金银、首饰、饲养动物、堤堰、水闸、铁路、桥梁、矿井、地下建筑物、地下设备等。

3. 不保财产

保险人拒绝承保的财产主要有：①属国家所有的财产。如土地、矿藏、森林、水产资源、未经收割或收割后尚未入库的农产品等。②难以鉴定价值的财产。如货币、票证、有价证券、文件、账册、图表、技术资料及其他无法鉴定价值的财产。③违法占用的财产。如违章建筑物、非法占用的财产、处于危险状态下的财产。④运输过程中的财产。如运输过程中的原材料、产品、机器设备等。

（三）保险责任和责任免除

在企业财产保险中，保险人应承担的保险责任大体上可以分为三大类：①不可预料和不可抗力的事故所致损失。除被保险人的故意行为外，凡不可预料和不可抗力事故所造成的保险财产损失，保险人都负有赔偿的责任。②被保险人因上述灾害事故即不可预料和不可抗力事故遭受损坏引起停电、停水、停气，以致被保险人的机器设备、产品和储藏物品的损坏或报废的，保险人负有赔偿责任。但是必须同时具备下列三个条件，才属保险责任：其一，遭受损坏的必须是被保险人自己的供电、供水和供气设备；其二，必须是保险责任范围内的灾害、事故造成的"三停"损失；其三，就范围而言，只限于对被保险人的机器设备、产品和贮藏物品的损坏或报废负责。③为施救保险财产而发生的费用。

企业财产保险的责任免除（除外责任）。保险财产由于以下原因造成的损失，保险人不负赔偿责任：①战争、军事行动或暴乱；②核辐射或核污染；③被保险人的故意行为；④保险单内列明的其他除外责任。

二、家庭财产保险合同

（一）概念

家庭财产保险合同，是指以城乡居民家庭的生活资料、简单的生产资料为保险标的之财产保险合同。这里的生活资料，是指城乡居民家庭个人所有的房屋和各种生活用品。这里的简单生产资料，是指农村家庭个人所有的农具、已收获的农副产品、个体劳动者的营业用器具等。家庭财产保险的投保人，应当是城乡居民个人及个体劳动者。凡是企业、事业、机关、社会团体、街道工厂或服务站、合作商店等各种单位，均应投保企业财产保险；而领有工商营业执照并在固定场所营业的个体工商户，则应投保个体工商户财产保险。

（二）保险标的

1. 可保财产

在家庭财产保险（家财险）的经营实务中，凡是保险单上载明的标的，属于被保险人自有或代保管或负有安全管理责任的财产，均可以投保家庭财产保险。具体包括以下项目：①自有房屋及其附属设备；②各种生活资料；③农村家庭的农具、工具和已经收获的农副产品；④与他人共有的财产；⑤代保管财产；⑥租用的财产。

2. 不保财产

对于下列财产，保险公司一般不予承保：①个体工商户和合作经营组织的营业器具、工具和原材料等，须经保险公司同意方可纳入家庭财产保险承保范围。②正处于危险状态的财产。③价值高、物品小、出险后难以核实的财产或无法鉴定价值，以及无市场价值的财产。如首饰、珠宝、货币、有价证券等。④应当投保其他专项财产保险的财产。⑤其他保险公司认为不适合承保的家庭财产。

（三）保险责任和除外责任

家庭财产保险的保险责任包括：

（1）自然灾害所致损失：①雷电、冰雹、雪灾、洪水、地震、地陷、崖崩、龙卷风、冰凌、泥石流所致损失。②暴风或暴雨使房屋主要结构（外墙、屋顶、屋架）倒塌造成的损失。

（2）意外事故所致损失：①火灾、爆炸所致损失。②空中运行物体的坠落，以及外来的建筑物和其他固定物体倒塌所致损失。

（3）施救费用：为防止灾害蔓延或施救所造成的保险财产损失及支付的合理费用。

除战争或暴力行动、核辐射或污染、被保险人及其家庭成员的故意行为等责任免除项目外，其特殊的除外责任主要有：

（1）电机、电器本身之损失，即家用电机、电器（包括属于电器性质的文化娱乐用品）、电器设备因使用过度、超电压、碰线、弧花、走电、自身发热等原因所致的本身损毁。

（2）简易堆放的财产堆放在露天及罩棚下的财产，以及用芦席、稻草、油毛毡、麦秆、芦苇、帆布等材料为外墙、屋顶、屋架的简陋屋棚，由于暴风、暴雨所致损失。

（3）自然损耗、违章建筑及危险建筑所致损失。这里的自然损耗包括变质、霉变、鼠咬、虫蛀和家禽走失等；而违章建筑、危险建筑发生保险事故的损失，保险人自然不承担任何责任。

（四）家庭财产保险的种类

1. 普通家财险

普通家财险是保险公司专门为城乡居民开办的一种通用型家财险险种。普通家财险的保险金额并不代表投保人或被保险人财产的实际价值，而是家财险理赔时赔偿的最高限额。

2. 家财两全险

家财两全险是兼具家财保险和满期还本两全性质的家财保险业务。它是在普通家财险的基础上产生的。家财两全险主要特点有：

（1）被保险人缴纳保险金，当保险期满时，无论是否发生过保险赔款，该保险金均如数退还给被保险人，从而体现了一般财产保险业务所没有的满期还本性质。

（2）保险公司以保险金所生利息充当保险费收入，并按保险单期满后的应得利息的贴现值记账。因此，尽管保险公司的保险费来源于被保险人所缴纳的保险金，但又直接产生于存入储金的机构或融资机构。

（3）保险期限多样化，既有 1 年期业务，也有根据保险双方当事人的约定开展的 3 年期甚至 5 年期业务，这是其他财产保险业务所没有的。

（4）在保险期间，若发生保险损失，保险公司承担的赔偿责任与普通家财险相同，从而完全体现了其保险性质。

3. 团体家财险

团体家财险是以团体为投保人、以该团体的职工为被保险人并以其家庭财产为保险标的家财险业务。团体家财险有以下几个特点：

（1）投保人与被保险人在形式上发生了分离，但保险关系仍然仅仅存在于保险公司与被保险人之间。在团体家财险中，单位是投保人，而职工是被保险人，这种现象与其他各种财产保险中投保人与被保险人往往是同一人的特征是相异的，但也应当看到，这种承保方式的目的在于方便被保险人集体投保并让其享受优惠费率，同时也有利于降低家财险的经营成本，它并不改变保险合同关系仅仅存在于保险公司与被保险人之间的事实。

（2）团体家财险要求投保单位的职工全部统一投保。

（3）在保险金额确定方面，团体家财险的保险金额由投保单位统一确定，即所有被保险人的保险金额是一致的。同一家庭有 2 个或 2 个以上职工参加团体家财险的，其保险金额可以合并计算。

（4）团体家财险有利于节约经营成本，适用优惠保险费率。单位统一投保能够省去保险公司的大量展业承保工作，既方便并满足了投保单位的需要，又节约了保险公司经营家财险业务的成本。因此，保险公司对团体家财险往往在同等条件下给予保险费率优惠。

4. 附加盗窃险

附加盗窃险是附加在家财险或家财两全险或团体家财险的一个附加险种。它虽然不能作为独立业务承保，但因盗窃是家庭财产面临的主要风险，其亦成为多数家庭投保时必然选择的保险。

5. 其他家财险

除上述险种外，保险公司还可以根据投保人的要求开设一些专项保险业务。一般有家用煤气、液化气设备专项保险，家庭建房保险等。

三、机动车辆保险合同

（一）概述

机动车辆保险合同是财产保险的一种，是投保人与保险人之间所订立的，以投保人或被保险人所有的机动车辆（包括汽车、摩托车、拖拉机和工程车等特种机动车辆）及其利益为保险标的的保险协议。机动车保险中有强制性保险，如机动车交通事故责任强制保险，也有非强制性保险。需要注意的是，商业保险是与社会保险相对应的分类，而非与强制保险相对应，所以机动车交通事故责任强制保险虽然性质上属于强制险，但也属于商业保险的范畴。

机动车保险分为基本险和附加险两部分。基本险包括车辆损失险和第三者责任险。为了扩大保障范围，保险公司还开办了机动车辆保险的附加险，主要包括：盗抢险、车上人员责任保险、承运货物保险、车辆玻璃破碎保险等。

（二）车辆损失险

1. 车辆损失险的保险责任

车辆损失险的保险责任是指保险车辆遭受保险责任范围内的

自然灾害和意外事故造成保险车辆本身损失时，保险人依照保险合同的规定给予赔偿。

2. 车辆损失险的除外责任

保险车辆遭受下列的损失，保险人不负责赔偿：①自然磨损、朽蚀、故障、轮胎单独损坏；②地震、人工直接供油、高温烘烤造成的损失；③受本车所载货物撞击的损失；④两轮及轻便摩托车停放期间翻倒的损失；⑤遭受保险责任范围内的损失后，未经必要修理继续使用，致使损失扩大的部分；⑥自燃以及不明原因产生火灾；⑦玻璃单独破碎；⑧保险车辆在淹及排气筒的水中启动或被水淹后操作不当致使发动机损坏。

（三）第三者责任险

1. 第三者责任险的含义

第三者责任险，又称机动车道路交通事故责任险，是指被保险人或经其允许的合格驾驶人员，在使用保险车辆时发生意外事故，导致第三者人身伤亡或财物的直接毁损，依法应由被保险人承担的经济赔偿责任，保险公司按照保险条款规定负责赔偿。我国机动车交通事故责任险为强制保险。

2. 第三者责任险的保险责任

①责任范围。第三者责任险的保险责任范围为意外事故。第三者责任保险的补偿对象是第三者，因保险车辆的意外事故致使保险车辆下的人员或财产遭受损害的，在车下的受害人叫第三者。②被保险人。第三者责任保险的被保险人除了保险单上指明的被保险人外，还包括被保险人允许的驾驶人员，这些人使用保险车辆对第三者造成伤亡或财产损失，保险人都负责赔偿。同时，上述人员必须持有效驾驶执照，并且所驾车辆与驾驶执照规定的准驾车类相符。③第三者责任险的除外责任。保险车辆造成下列人身伤亡和财产毁损，不论在法律上是否应当由被保险人承担赔偿责任，保险人均不负责赔偿：其一，被保险人或其允许的

驾驶员所有或代管的财产。也就是说，非受害第三人的财产受到损失，不在本险的赔偿范围内。其二，私有、个人承包车辆的被保险人或其允许的驾驶员及其家庭成员，以及他们所有或代管的财产。这一条的规定主要是为了防范道德风险。其三，本车上的一切人员和财产。这里包括车辆行驶中或车辆未停稳时非正常下车的人员，以及吊车正在吊装的财产。

【专题案例研讨】机动车第三者责任强制保险与第三者责任商业险[1]

2012 年 4 月 21 日，陈某为其机动车在中国太平洋财产保险股份有限公司宜昌中心支公司购买了交强险及 20 万元的第三者责任商业险。保险期间内陈某驾驶其车辆与对向苏某驾驶的无号牌"新宝"牌二轮摩托车迎面相撞，造成苏某受伤送医院抢救后于案发当日死亡、二车损坏的道路交通事故。宜昌市公安局交通警察支队认定陈某、苏某承担本次事故的同等责任。陈某已支付 2292.54 元抢救费，并先行垫付 50 000 元赔偿金。同年 10 月 19 日，死者的亲属苏某明、郭某菊夫妇将陈某及保险公司诉至法院要求赔偿损失。

二审判决认为"应由中国太平洋财产保险股份有限公司宜昌中心支公司在交强险限额和第三者责任商业险范围内先行赔付，下余损失由陈某和苏某明、郭某菊按过错各承担 50% 的责任"。

上级检察院提出抗诉，认为二审上述判决适用法律确有错误。

本案中，陈某同时投保了交强险和 20 万元的第三者责任商业险。根据 2011 年《道路交通安全法》第 76 条："机动车发生交通事故造成人身伤亡、财产损失的，由保险公司在机动车第三者

---

[1] 陈某与苏某明、郭某菊机动车交通事故责任纠纷抗诉案，湖北省高级人民法院（2015）鄂监二抗再终字第 00010 号民事判决书。

责任强制保险责任限额范围内予以赔偿；不足的部分，按照下列规定承担赔偿责任：①机动车之间发生交通事故的，由有过错的一方承担赔偿责任；双方都有过错的，按照各自过错的比例分担责任。……"同时，根据 2012 年最高人民法院《关于审理道路交通事故损害赔偿案件适用法律若干问题的解释》第 16 条"同时投保机动车第三者责任强制保险（以下简称'交强险'）和第三者责任商业保险（以下简称'商业三者险'）的机动车发生交通事故造成损害，当事人同时起诉侵权人和保险公司的，人民法院应当按照下列规则确定赔偿责任：①先由承保交强险的保险公司在责任限额内予以赔偿；②不足部分，由承保商业三者险的保险公司根据保险合同予以赔偿；③仍有不足的，依照道路交通安全法和侵权责任法的相关规定由侵权人予以赔偿"之规定，结合双方保险合同《机动车第三者责任保险条款》第 6 条"保险机动车在被保险人或其允许的合法驾驶人使用过程中发生意外事故，致使第三者遭受人身伤亡或财产的直接损失，对被保险人依法应支付的赔偿金额，保险人依照本保险合同的约定，对于超过机动车交通事故责任强制保险各分项赔偿限额的部分给予赔偿"可知，交强险属于强制性责任保险，应在责任限额内分项先行赔付，而第三者责任商业险属于非强制性的商业保险，应根据保险合同的约定在责任限额内承担依法应当由被保险人承担的损害赔偿责任。

据此，本案中的赔偿责任确定规则应为：①先由承保交强险的保险公司在责任限额内分项予以赔偿，即先由中国太平洋财产保险股份有限公司宜昌中心支公司赔偿 112 000 元。②不足部分，按照责任分配比例划分双方应承担的责任，由承保商业三者险的保险公司根据保险合同负责赔偿依法应当由被保险人承担的损害赔偿责任。即将赔付总额 606 444.12 元扣除 112 000 元后按同等责任比例确定陈某应承担的赔偿数额为 247 222.06 元［即（606 444.12-

112 000) /2], 由中国太平洋财产保险股份有限公司宜昌中心支公司根据保险合同赔偿 200 000 元。③仍有不足的, 依照《道路交通安全法》和《侵权责任法》的相关规定由侵权人予以赔偿。即陈某赔偿 47 222.06 元（即 247 222.06-200 000）, 同时陈某已经先行赔付的 50 000 元赔偿费用部分应予扣减。由于苏某明、郭某菊未提出关于医疗费的诉讼请求, 陈某对于已支付的 2292.54 元抢救费可以另行要求承保交强险的保险公司在交强险医疗费用限额内赔偿。

基于此, 二审法院将第三者责任商业险 200 000 元及陈某已先行支付的抢救费 2292.54 元和赔偿费用 50 000 元在赔偿总额中先行扣减再划分责任, 适用法律错误。

第三节　财产保险合同的特殊规定

一、保险金的确定

《保险法》第 55 条规定, 投保人和保险人约定保险标的的保险价值并在合同中载明的, 保险标的发生损失时, 以约定的保险价值为赔偿计算标准; 投保人和保险人未约定保险标的的保险价值的, 保险标的发生损失时, 以保险事故发生时保险标的的实际价值为赔偿计算标准。除了保险价值以外, 在发生保险事故后, 保险人还需要确定保险标的的损失比例, 如果标的物全损则给付的保险金应当为保险金额约定的数值; 如果标的物部分损失, 则按照比例计算赔偿的保险金。保险金额不得超过保险价值。超过保险价值的, 超过部分无效, 保险人应当退还相应的保险费。保险金额低于保险价值的, 除合同另有约定外, 保险人按照保险金额与保险价值的比例承担赔偿保险金的责任。

二、委付

委付是指在保险标的物发生推定全损时，由被保险人将保险标的物的所有权转让给保险人，而向保险人请求赔付全部保险金额的做法。委付是海上保险中的一项制度。在海上保险中，委付常常作为处理保险标的损失的一种手段。按照委付制度，当保险标的虽然没有达到全损，但有全部损失的可能时，被保险人可以将其残余价值或利益或者标的物上的一切权利表示愿意转移给保险人，从而要求保险人按照全损给予赔偿。

（一）实际全损与推定全损

实际全损也称绝对全损，我国《海商法》第 245 条规定：保险标的发生保险事故后灭失，或者受到严重损坏完全失去原有形体、效用，或者不能再归被保险人所拥有的，为实际全损。实际全损包括下列几种表现形式：①保险标的灭失。保险标的灭失是指保险标的实体已经完全毁损和不复存在。如船舶及货物被大火焚毁；白糖、食盐等易溶物被海水全部溶解。②保险标的完全失去原有的形体效用。这是指保险标的受损后，实体虽然存在，但已丧失原有属性，不再是投保时所描述的货物。例如水泥被海水浸湿后结成硬块，茶叶吸收樟脑异味而无法饮用等。在这种情况下，保险标的因丧失了商业价值和使用价值而实际全损。保险标的属性是否完全改变是出于一种商业的考虑。③保险标的不能再归被保险人所有。在这种情况下，保险标的仍实际存在，可能根本没有损毁，但被保险人已丧失了对它的所有权，而且无法挽回，即被保险人无可弥补地失去对保险标的的实际占有、使用、收益和处分等权利。例如一根金条掉入了深海，打捞是不可能的。④船舶失踪。船舶在合理的时间内没有任何音信的，即构成船舶失踪。根据我国《海商法》第 248 条规定，船舶在合理时间内未从被获知最后消息的地点抵达目的地，除合同另有约定外，满 2 个月后仍没有获知其消息的，为船舶失踪。船舶失踪视为实际全损。

推定全损是指实际全损已不可避免，或受损货物残值加上施救、整理、修复、续运至目的地的费用之和超过其抵达目的地的价值时，则可视为已经全损。推定全损实际上是一种部分损失，因为保险标的受损后并未完全丧失，是可以修复或可以收回的，但所花的费用将超过获救后保险标的的价值，因此得不偿失。推定全损包括以下几种情况：①保险货物受损后，修理费用已超过货物修复后的价值；②保险货物受损后，整理和续运到目的地的费用超过货物到达目的地的价值；③为避免实际全损需要花费的施救费用将超过获救后保险货物的价值，例如船舶沉入大海后的打捞费用极高，很可能超过船舶自身的价值；④被保险人失去所保货物的所有权，而收回这一所有权花费的代价将超过收回后保险货物的价值。

（二）委付的适用

1. 保险标的物发生推定全损

我国《海商法》第 249 条规定，保险标的发生推定全损，被保险人要求保险人按照全部损失赔偿的，应当向保险人委付保险标的。当海事保险中的被保险人要求保险人赔偿全部损失时，应向保险人委付保险标的，移转保险标的的所有权及附属于保险标的的财产权，如船或货的受损残骸，保险人取得物上代位权。[1]

2. 委付请求不得部分委付或者附带任何条件

委付应就保险标的物的全部提出请求，而不能仅就一部分标的物请求委付，另一部分标的物不予委付，因为委付是以推定全损为前提的。同时，委付也不得附带条件。例如，被保险人在提出委付的同时有附带条件：日后船舶如果能够修复，则愿意返还

---

〔1〕 庄加园：《基于指示交付的动产所有权移转——兼评〈中华人民共和国物权法〉第 26 条》，载《法学研究》2014 年第 3 期。

所受领的保险金而要求返还船舶，这种附带条件的委付就是不允许的。

3. 委付须经保险人同意，且不得撤回

保险人可以接受委付，也可以拒绝接受委付。但是委付一经保险人接受，便不得撤回。保险人应当在接到委付通知后的合理期限内将接受或者拒绝接受委付的决定通知被保险人。保险人采取措施减少标的物的损失的，不得视为保险人接受委付。保险人拒绝接受委付的，不影响被保险人的索赔权利。

4. 权利义务概括转移

保险标的物一经委付，保险人不仅取得了对保险标的物的权利，而且同时取得了保险标的物上所负担的义务。《海商法》第250条规定，保险人接受委付的，被保险人对委付财产的全部权利和义务转移给保险人。

三、重复保险

所谓重复保险，是指投保人在同一时间对同一保险标的、同一保险利益、同一保险事故分别与2个以上保险人订立内容相同的保险合同且保险金额总和超过保险价值的保险。法律规定重复保险的目的在于防止双重赔付，避免任何人因保险而获利，从而防范道德风险。

我国《保险法》第56条第1~3款规定，重复保险的投保人应当将重复保险的有关情况通知各保险人。重复保险的各保险人赔偿保险金的总和不得超过保险价值。根据保险法的损失补偿原则，被保险人不能获得超过保险价值的赔偿，因此法律对重复保险实行责任分摊原则。除合同另有约定外，各保险人按照其保险金额与保险金额总和的比例承担赔偿保险金的责任。重复保险的投保人可以就保险金额总和超过保险价值的部分，请求各保险人按比例返还保险费。

【专题案例研讨】责任保险与财产损失保险[1]

被保险人浙江圣丰艺术有限公司（以下简称"圣丰公司"）为其车辆投保了汽车损失险，保险期间内，该车辆被追尾发生损失，但经认定该车驾驶员无责任。圣丰公司向保险人索赔时遭到拒绝。中国人寿财产保险股份有限公司永康市支公司（以下简称"中国人寿永康支公司"）抗辩称，根据《中国人民银行非营业用汽车损失保险条款》第 26 条第 1 款规定，保险人依据被保险机动车驾驶人在事故中所负的事故责任比例，承担相应的赔偿责任。本次事故中该车辆的驾驶人无责，故中国人寿永康支公司无需承担赔偿责任。

法院认为，首先，车辆损失险属于财产损失保险，其保险标的是车辆及其相关利益，根据《保险法》第 95 条第 1 款第 2 项的规定，财产保险业务包括财产损失保险、责任保险、信用保险、保证保险等保险业务，从该规定可见，财产损失保险与责任保险是财产保险类别下的两个不同险种，《中国人民银行非营业用汽车损失保险条款》第 26 条规定的按保险车辆在事故中所负责任比例来承担相应赔偿责任，是将财产损失保险等同于责任保险，缩小了车辆损失险的保险责任范围。其次，被保险财产在保险期间发生损害由保险人赔偿损失是财产损失保险的应有之义。而按中国人寿永康支公司的主张，因本案中涉案车辆驾驶人在事故中无责，依据该保险条款，其无需承担赔偿责任，明显有悖财产损失保险合同的目的。再次，该保险条款第 6 条和第 7 条对保险人不负责赔偿的情形作出了明确的列举，并无被保险车辆无事故责任的情形。最后，若按中国人寿永康支公司主张，则案涉保险条款第 26 条属减轻、免除保险人责任的格式条款，但中国

---

[1] 中国人寿财产保险股份有限公司永康市支公司等与浙江圣丰工艺品有限公司财产保险合同纠纷上诉案，浙江省衢州市中级人民法院（2016）浙 08 民终 1237 号民事判决书。

人寿永康支公司并未向被保险人圣丰公司作出特别提示和说明。故中国人寿永康支公司应当承担赔偿责任。

【专题案例研讨】 保险价值与保险金额[1]

事实关系：赵某为其重型厢式货车，在华安财产保险股份有限公司温州中心支公司（以下简称"华安财险温州公司"）投保了机动车商业保险合同，赵某依合同约定缴纳保险费 29 568.75 元。保险期间内，该车发生保险事故。赵某要求华安财险温州公司赔偿车辆修理、施救等各项费用共计 168 659 元。

保险公司主张，赔偿应以实际发生的修理金额为限；本案中被上诉人未提供任何维修发票，即未产生实际支出费用，故应根据合同按照标的车实际残值进行理赔。案发时，该车残值为 76 600 元。评估的维修费远远超过车辆残值。

法院认为：保险金额是指投保人与保险公司在保险合同上载明的、投保人对于保险标的实际投保的价额以及保险公司承担保险责任的最高限额。涉案车辆在投保时约定的机动车损失险的保险金额为 278 460 元，即发生交通事故时上诉人所应承担的责任限额为 278 460 元，赵某亦按此保险金额收取相应保险费用。涉案车辆发生保险事故后经核定修理费用为 176 960 元，现投保人主张的修理费用为 151 351 元，该维修费用系将车辆修复至正常使用时应花费的费用，亦在保险金额范围之内，故上诉人应承担相应的赔偿责任。上诉人上诉认为保险理赔数额已超过保险事故发生时被保险机动车的实际价值，由于上诉人的主张系按车辆全损进行的评定，并未经被上诉人同意，故不应按此情况处理。

---

[1] 华安财产保险股份有限责任公司温州中心支公司与赵某财产损失保险合同纠纷上诉案，浙江省衢州市中级人民法院（2017）浙08民终369号民事判决书。

保险业法

第一节　保险组织

一、保险业的组织形式

所谓保险组织形式，是指保险人以何种机构来经营保险业务，实为保险人的组织类型。各国保险人的组织类型不尽相同，综合而言，主要有保险股份有限公司、相互保险组织、个人保险组织以及政府保险组织等形式。

（一）保险股份有限公司

这是当今世界最为主要的一种保险组织形式。采用股份有限公司经营保险的优点在于：①产权明晰，运营效率高。②股东责任有限，利于募集巨额资本，可以开展大规模保险经营，广泛分散风险，为被保险人提供更好的保障。③采用现代公司治理结构，可以吸收众多专业人才，提高保险公司的经营管理水平，促进保险业的竞争与发展。股份有限公司是以营利为目的的组织，因此其排斥公益性保险。

（二）相互保险组织

相互保险组织，又称合作保险组织，即由社会上需要某种保险的人或单位共同组织起来，采取合作的方式组成一个团体，共同承担风险，分摊损失。相互保险组织大体有四种形式和名称：相互保险社、相互保险公司、交互保险社、保险合作社。

相互保险社是保险组织的原始形态，规模一般很小，但在当今欧美各国及日本仍相当普遍。如英国的友爱社、美国的兄弟社、日本的县级农业共济组织等。

相互保险公司是保险业特有的公司组织形态，它由相互保险社演变而来。其经营原理与相互保险社一样，不同之处在于相互保险公司为法人组织，而相互保险社往往为非法人团体。相互保险公司在人寿保险方面较股份公司更有优势，如美国110余家相互保险公司占据寿险市场的40%的份额[1]；日本人寿保险公司中有三分之二是相互保险公司。相互保险公司为大多数国家保险业法所承认，如日本、德国、瑞士、意大利、美国、英国等，并具有重大影响。2004年经国务院特批，我国第一家相互保险公司"阳光农业相互保险公司"成立，主要经营与农业相关的保险[2]。

交互保险社是美国特有的一种非法人型的合作保险组织形态，与一般相互保险组织的具体经营方式有所不同，其经营主要集中在汽车保险和火灾保险方面。

保险合作社与相互保险社几乎是一样的。我国习惯上将相互保险组织概称为保险合作社，但在《保险法》中对相互保险组织未作任何规定。

相对保险股份有限公司而言，相互保险组织的优点是被保险人与保险人利益一致，保险费支出较少；缺点是由于其成员数量相对较少，作为保险数理基础的大数法则往往不能发挥作用，保

---

〔1〕　张洪涛、郑功成主编：《保险学》，中国人民大学出版社2000年版，第211页。

〔2〕　赵旭东主编：《商法学》（第3版），高等教育出版社2015年版，第405页。

险保障不充分。

（三）个人保险组织

个人保险组织，即个人保险商的一种社团组织，其代表首推英国伦敦劳合社。劳合社在保险业中具有特殊的地位，它既是世界上历史最悠久、最大的保险交易市场，又是个人保险商的行业自律组织。劳合社只为其社员提供保险交易场所和相关服务，如制定交易规则、仲裁纠纷、开发新险种、协助理赔等，其本身并不接受保险业务，保险责任均由承保社员个人或联合承担。劳合社之所以享誉世界数百年，源于其无所不包的经营险种、严格的交易自律机制、完备的财务制度和良好的信用。随着现代保险风险的加大，个人资本已难当重任，故而目前除英国伦敦劳合社以外的其他个人保险组织已基本退出保险舞台，如美国劳合社，其势力已经微乎其微。

（四）政府保险组织

政府保险组织，也称国有保险组织，是由国家或者地方政府投资经营的保险机构，通常采取国有独资公司形式。设立政府保险组织，一般出于两种目的：一是提供一般商业保险人不愿或不能提供，而社会又急需的险种，如地震、洪水等大范围自然灾害保险，失业、工伤、养老、医疗等社会保障性保险等；二是从国家利益或国民经济政策出发，垄断经营保险业或某些保险险种。因此在原理上讲，政府保险组织，应为政策性经营机构，通常采取行政式的管理体制，一般不以营利为目的，而是为给整个社会经济生活提供保障。政府保险的特点表现为：资金雄厚，多为大规模经营，风险分散广泛，业务稳定，注重社会效益等。政府保险组织还可以起到稳定保险市场、防止垄断的作用。

二、保险公司

（一）概念与组织形式

在我国保险市场上，保险公司是指根据《保险法》《公司法》

《市场主体登记管理条例》等有关法律、法规的规定设立的经营保险业务的专业性公司。基于社会经济制度、经济管理体制、经营传统的差别，各国对保险公司组织形式有着不同的要求：如美国规定保险公司应以股份有限公司和相互保险公司两种形式设立；日本规定保险公司的组织形式应为股份有限公司、相互保险公司、保险互济合作社三种。

我国 2002 年的《保险法》第 70 条规定："保险公司应当采取下列组织形式：①股份有限公司；②国有独资公司。"随着保险业在我国的发展，这两种组织形式已不能满足实践的需要，故 2009 年《保险法》修订取消了关于保险公司组织形式的规定。因此保险公司也可采取《公司法》规定的有限责任公司等形式。但设立保险公司仍必须经国务院保险监督管理机构批准，符合《保险法》及相关法律法规的规定。

我国《保险法》第 181 条还规定："保险公司以外的其他依法设立的保险组织经营的商业保险业务，适用本法。"据此可知，除保险公司外，还可依法设立上述的其他保险经营组织。

（二）设立条件和程序

保险公司设立，是指为成立保险公司而依法定程序进行的一系列行为的总称。保险公司设立是保险公司成立的必要前提，保险公司成立是保险公司设立的结果。

各国保险立法对于保险公司设立往往都规定了较一般有限责任公司和股份有限公司更为严格的条件和程序，且往往需经政府保险监管机构的审批。我国《保险法》第 67 条规定："设立保险公司应当经国务院保险监督管理机构批准。国务院保险监督管理机构审查保险公司的设立申请时，应当考虑保险业的发展和公平竞争的需要。"由此可见，我国保险公司设立采取的是核准主义原则，设立保险公司及其分支机构须经国家金融监督管理总局批准。未经国家金融监督管理总局批准，任何单位、个人不得在中国境内经营或变相经营商业保险业务。

关于网络互助与相互保险。互助是人们面临共同风险时自发采取的应对措施。古希腊、古罗马时期就存在早期的互助组织，参会者需缴纳一定的会费，在会员死亡时，由互助会支付其丧葬费用。到中世纪时期，欧洲出现"基尔特"行会制度，一般是相同职业者基于互帮互助的精神共同出资所组成的团体，对会员遭受的生老病死等人身风险以及火灾、洪水、失窃等财产损失给予一定限额的补偿。随着组织成员的增多，"基尔特"这样的组织逐渐发展成为专门办理相互保险的"友爱社"和"互助社"等相互保险组织[1]。

网络互助与互联网结合，利用互联网的信息撮合功能，会员之间通过协议承诺承担彼此的风险损失。相互保险组织作为保险业中一种历史悠久且具有代表性的企业组织形态，是具有同质风险保障需求的人群按照平等互助原则组织起来提供自我保险服务的一种制度安排，目的在于满足成员的保险需求而不是获得投资上的回报。从本质上说，"相互原则"作为一种组织体原则，强调的是由成员拥有，为成员利益服务，而非以商业利润为目的的团体组织运作原则[2]。原中国保监会于2015年印发了《相互保险组织监管试行办法》，规定相互保险组织是指在平等自愿、民主管理的基础上，由全体会员持有并以互助合作方式为会员提供保险服务的组织，包括一般相互保险组织，专业性、区域性相互保险组织等组织形式，由中国保监会进行统一监管。目前，相互保险组织的设立应当经国家金融监督管理总局批准，并在工商行政管理部门依法登记注册。

网络互助不是互助保险，网络互助平台不能打保险的擦边

---

〔1〕 中国人寿保险股份有限公司教材编写委员会编：《社会保险》，中国金融出版社2010年版，第51~52页。

〔2〕 刘燕：《相互保险与股份保险比较》，载《中国金融》2016年第24期。

球。为大量吸引会员，一些网络互助平台出现违规宣传和经营现象，甚至涉嫌变相或实际经营保险业务。根据《中国保监会关于开展以网络互助计划形式非法从事保险业务专项整治工作的通知》的规定：①网络互助平台不得以任何形式承诺风险保障责任或诱导消费者产生保障赔付预期。不得以任何形式承诺足额赔付，不得使用过往互助案例进行宣传和营销，不得使用任何可能诱导消费者产生保障预期的宣传手段，不得使用"保障""保证"等字眼。②网络互助平台应当明确平台性质。在平台官方网站、微信公众号的首页向公众声明"互助计划不是保险""加入互助计划是单向的捐赠或捐助行为，不能预期获得确定的风险保障"。③网络互助平台与保险产品划清界限。不得使用任何保险术语，不得将互助计划与保险产品进行任何形式的挂钩或对比。④网络互助平台应妥善处理存量业务。应制定切实可行的工作预案，对不愿继续参加互助计划的会员进行妥善安排，确保有关工作平稳有序进行。⑤网络互助平台不得以保险费名义向社会公众收取资金或非法建立资金池。

第二节　保险经营规则

一、保险业务范围及限制

（一）保险业务范围

所谓保险公司业务范围，是指法律规定对保险公司承保险种的明确限制和界定。我国保险公司业务范围主要包括以下三大类保险业务：

1. 人身保险业务

根据《保险法》第 95 条第 1 款第 1 项规定，保险公司可以经营的人身保险业务具体包括人寿保险、健康保险、意外伤害保险等险种。

2. 财产保险业务

根据《保险法》第95条第1款第2项规定，保险公司可以经营的财产保险业务，具体包括财产损失保险、责任保险、信用保险、保证保险等险种。根据《保险法》第182条，在我国，海上保险主要适用《海商法》的规定。

3. 再保险业务

根据《保险法》第96条规定，保险公司可以经营下列再保险业务：一是分出保险业务，即保险公司将所承保的业务的一部分分给其他保险公司承保的业务；二是分入保险业务，即保险公司接受其他保险公司分来的业务。

（二）保险公司业务范围限制规则

各国对保险公司业务范围规定了限制规则/原则，主要是包括"兼营""兼业"和"专营"三个方面的规定：

1. 禁止保险兼营原则

禁止保险兼营原则，也称保险分业经营原则，是指同一保险公司不得同时兼营财产保险业务和人身保险业务。财产保险公司以经营财产保险业务为限；人身保险公司以经营人身保险业务为限；同一保险公司只能经营财产保险或者人身保险其中一种业务，不得同时兼营。我国《保险法》第95条第2款规定，保险人不得兼营人身保险业务和财产保险业务。但是，经营财产保险业务的保险公司经国务院保险监督管理机构批准，可以经营短期健康保险业务和意外伤害保险业务。

采取保险分业经营原则是因为财产保险和人寿保险具有不同的特点，在保险标的、保险期限、保险风险等方面均有不同，且二者在保险经营技术如保费厘定、保险赔付等方面也存在很多差异，如果同一保险公司同时经营财产保险和人寿保险难免顾此失彼，容易造成寿险准备金被占用的情况，影响偿付能力，所以许多国家禁止保险公司兼营，实行分业经营原则。分业经营，不仅有利于保险业经营的稳健，而且有利于保险监管机构实施有效的管理。

2. 业务范围法定原则

业务范围法定原则是指保险公司只能在保险监管机构核定的业务范围内从事经营活动，不得经营法定经营范围以外的业务，更不能从事非保险业务的经营活动。我国《保险法》第95条第3款明确规定："保险公司应当在国务院保险监督管理机构依法批准的业务范围内从事保险经营活动。"其目的和意义在于，既可以避免保险公司力量分散，有利于控制风险与政府监管，又可以更好地保护被保险人的利益。

3. 保险专营原则

保险专营原则是指保险业务只能由依《保险法》设立的商业保险公司经营，非保险业者均不得经营保险或类似保险的业务。保险业以风险为经营对象，专业技术性强，社会影响广泛，因此，各国保险立法大多有保险专营的规定，以保护保险交易的安全，维护社会经济的稳定。我国《保险法》第6条规定："保险业务由依照本法设立的保险公司以及法律、行政法规规定的其他保险组织经营，其他单位和个人不得经营保险业务。"

值得注意的是，近些年来，在美国和西欧的一些国家，银行、证券和保险之间的界限开始被突破，禁止保险兼营原则和保险专营原则在金融业领域受到了冲击。

二、保险公司偿付能力管理规则

保险公司偿付能力，就是保险公司履行赔偿或给付责任的能力。它体现了保险公司资金力量与其所承担的赔偿责任之间的对比关系，是衡量保险公司对保险合同责任的资金保障程度的指标。对于保险公司偿付能力的监管主要表现为保险法对于保险公司资本金、营业保证金、公积金的规定以及对保险责任准备金和保险保障基金的制度安排，也包括保险监管机构对于保险公司最低偿付能力额度标准的制定和监管等。

（一）偿付能力额度监管

1. 偿付能力额度

偿付能力额度，又称偿付能力标准，是指保险公司偿付能力的指标化和量化。偿付能力是保险公司履行赔偿或给付责任的能力。但这是一个抽象的概念，不能揭示保险公司具体的偿付能力程度。而偿付能力额度则通过运用科学公式和指标体系以及具体的计算，在量上直观地显现保险公司的偿付能力。

偿付能力额度，在运用上主要有两个核心概念：一是最低偿付能力额度，是保险监管机构规定的保险公司所应具有的偿付能力的最低标准；二是实际偿付能力额度，是按照保险监管机构的规定计算出的保险公司所实际具有的偿付能力的数额。国家对保险公司偿付能力最直接有效的监管手段，就是规定法定最低偿付能力额度，并监督各保险公司的实际偿付能力额度不能低于这个标准。当保险公司的实际偿付能力额度低于法定最低偿付能力额度时，政府保险监管机构就要对该保险公司采取相应的监管措施。

2. 最低偿付能力额度

我国《保险法》第 101 条规定："保险公司应当具有与其业务规模和风险程度相适应的最低偿付能力。保险公司的认可资产减去认可负债的差额不得低于国务院保险监督管理机构规定的数额；低于规定数额的，应当按照国务院保险监督管理机构的要求采取相应措施达到规定的数额。"第 137 条规定："国务院保险监督管理机构应当建立健全保险公司偿付能力监管体系，对保险公司的偿付能力实施监控。"

保险公司应当根据保障被保险人利益、保证偿付能力的原则，稳健经营，确保实际偿付能力额度随时不低于应具备的最低偿付能力额度。保险公司实际偿付能力额度低于最低偿付能力额度的，应当采取有效措施，使其偿付能力达到最低偿付能力额度，并向保险监督管理机构作出说明。

3. 对实际偿付能力额度低于最低偿付能力额度的保险公司的监管

国家金融监督管理总局对实际偿付能力额度低于最低偿付能力额度的保险公司，一般是根据该保险公司的偿付能力充足率情况决定采取何种监管措施。偿付能力充足率等于实际偿付能力额度除以最低偿付能力额度。《保险法》第138条规定，对偿付能力不足的保险公司，国务院保险监督管理机构应当将其列为重点监管对象，并可以根据具体情况采取下列措施：①责令增加资本金、办理再保险；②限制业务范围；③限制向股东分红；④限制固定资产购置或者经营费用规模；⑤限制资金运用的形式、比例；⑥限制增设分支机构；⑦责令拍卖不良资产、转让保险业务；⑧限制董事、监事、高级管理人员的薪酬水平；⑨限制商业性广告；⑩责令停止接受新业务。

（二）提取保证金

保险保证金，是指国家规定由保险公司成立时向国家缴存的保证金额，可以用现金或其他方式缴纳。《保险法》第97条规定，保险公司应当按照其注册资本总额的20%提取保证金，存入国务院保险监督管理机构指定的银行，除公司清算时用于清偿债务外，不得动用。

（三）提取公积金

《保险法》第99条规定，保险公司应当依法提取公积金。提取公积金的具体额度和方法应当适用《公司法》的相关规定。即《公司法》第210、211、214条规定，公司分配当年税后利润时，应当提取利润的10%列入公司法定公积金。公司法定公积金累计额为公司注册资本的 50% 以上的，可以不再提取。公司的法定公积金不足以弥补以前年度亏损的，在提取当年法定公积金之前，应当先用当年利润弥补亏损。公司从税后利润中提取法定公积金后，经股东会决议，还可以从税后利润中提取任意公积金。公司弥补亏损和提取公积金后所余税后利润，才可以用于分配；股东会或者董事会在公司弥补亏损和提取法定公积金之前向股东分配利润的，股东必须将违反规定分配的利润退还公司；给公司造成损失的，股东及负有责任的董事、监事、高级管理人员应当承担赔偿责任。公司的公积金可以用于弥补公司的亏损、扩大公司生产经营或者转增公司资本。公积金弥补公司亏损，应当先使用任意公积金和法定公积金；仍不能弥补的，可以按照规定使用资本公积金。法定公积金转为增加注册资本时，所留存的该项公积金不得少于转增前公司注册资本的 25%。

三、保险公司风险管理

保险业是经营风险的特殊行业，因此，加强对保险公司经营风险的监管，对于保障保险业的稳定和发展以及维护被保险人的利益十分重要。我国《保险法》对于保险公司经营风险的监管，主要表现为对保险公司自留保险费总额和单一承保责任两个方面的限制，并规定保险公司应按照保险监管机构的规定办理再保险。

（一）自留保险费总额的限制

自留保费是指保险人核保、收取保险费后，除去因分保而支付的再保险费所剩余的保险费。我国《保险法》第 102 条规定："经营财产保险业务的保险公司当年自留保险费，不得超过其实有资本金加公积金总和的 4 倍。"限制财险公司承担过大风险的一个基本方法就是限制其自留保险费的数额，可以说，保险公司的承保能力要受其资产规模的制约。

(二) 单一承保责任的限制

如果保险公司承保的一个危险单位的保险标的数额过大，一旦这些保单出现理赔，保险公司就可能会因此陷入财务危机。危险单位是指一次保险事故可能造成的最大损失范围。危险单位的划分关键是要与每次事故最大可能损失范围的估计联系起来考虑，而并不一定和保单份数相等同。如一个大型石油化工厂，面积很大，如果主要车间与辅助车间之间有设备的连接，则应划分为一个危险单位；如果该工厂生产区和生活区建筑物之间保持有一定距离，则应划分为不同的危险单位。为了保障保险公司稳健经营，保险法大都对保险公司单一承保责任予以限制。我国《保险法》第103条第1款规定："保险公司对每一危险单位，即对一次保险事故可能造成的最大损失范围所承担的责任，不得超过其实有资本金加公积金总和的10%；超过的部分应当办理再保险。"也就是说，保险公司接受大额保单的自留责任最多不得超过其资本金加公积金总和的10%，其余部分应办理分保，即强制再保险。这是以一个危险单位所发生的赔款额为限来划分自留风险和分保风险的。

此外，"危险单位"的标准是由保险公司来制定的，不同的标准，其结果可能差异很大。如果任由保险公司自己来计算危险单位，则容易发生故意缩小危险单位、盲目扩大业务的现象。所以，《保险法》才规定保险公司对危险单位的划分应当符合国务院保险监督管理机构的规定。

四、保险公司的资金运用

保险公司资金运用，也称保险投资，是指保险公司在经营过程中，将积聚的部分保险资金用于投资或融资，使其收益增值的活动。而保险公司资金运用监管是指政府保险监管机构依法对保险公司资金运用活动的监督和管理，也就是保险监管机构通过法律和行政手段对保险公司投资的规范和限制，以保证保险公司偿付能力，保护被保险人利益。

《保险法》第 106 条规定，保险公司的资金运用必须稳健，遵循安全性原则。保险公司的资金运用限于下列形式：①银行存款；②买卖债券、股票、证券投资基金份额等有价证券；③投资不动产；④国务院规定的其他资金运用形式。保险公司资金运用的具体管理办法，由国务院保险监督管理机构制定。《保险法》第 107 条规定，经国务院保险监督管理机构会同国务院证券监督管理机构批准，保险公司可以设立保险资产管理公司。保险资产管理公司从事证券投资活动，应当遵守《证券法》等法律、行政法规的规定。保险资产管理公司的管理办法，由国务院保险监督管理机构会同国务院有关部门制定。

关于基于风险的偿付能力框架问题，资本是保险公司风险管理的最后一道屏障。充足的资本可以保证在不利情况下，保险公司仍具有必要的偿付能力。因此，确保保险公司的资本充足性是保护投保人利益最重要的内容，而偿付能力也是监管机构对保险公司进行监管的核心。当前，我国实行的是与欧盟保险偿付能力标准 I 近似的偿付能力框架，该框架存在以下几个问题：第一，忽略了资产风险。传统的偿付能力模型主要关注负债风险可能给保险公司带来的损失，而忽略了资产的波动性，从而不能解决因资本市场萎靡造成保险公司资产缩水致使偿付能力不足的风险。第二，忽略了风险间的相关性。例如，死亡率风险对死亡保险与年金保险的影响是相反的，因而这种业务组合降低了保险公司的风险程度，应该减少对保险公司的资本要求，而传统的偿付能力模型却不能反映这种风险分散效果。第三，不具有针对性。不能反映不同保险公司之间的差异性。[1]

---

〔1〕 高志强：《基于风险的保险公司偿付能力框架研究》，载《保险研究》2008年第 9 期。

基于风险的保险公司偿付能力框架是以风险为分析对象，将保险公司的全面风险纳入考虑范围，通过对风险的损失分布进行研究，在充分考虑不同风险间的相关性及各种金融工具形成的风险分散效果的基础上，在一定的概率水平下，确保不利情况下保险公司的资本仍然是充足的。基于风险的偿付能力框架的一个突出特色，就是在监管部门认可的情况下，鼓励保险公司选用自己的内部模型进行风险衡量，以更准确地反映本公司的风险状况及资本充足度。

第三节　保险业的监督管理

一、保险监管概念和体制

（一）保险监管概念

保险业的监督管理，简称保险监管，是指国家保险行政管理部门根据相关法律法规规定，对保险业务的经营机构及保险市场进行审批、监督、检查的法律调整行为。

基于保险业自身的特殊性及其在国民经济中的重要地位，世界各国都对保险业的监管普遍重视。作为涉及广泛公共利益的行业，保险业的经营状况关系到众多社会成员的利益保障，一旦保险公司经营不善、破产倒闭便可能影响社会生活的各个方面，甚至造成社会动荡。因此，国家必须对其实施监管，规范保险市场行为，保证保险人的偿付能力，维护保险市场秩序稳定，促进保险市场的健康发展。此外，由于保险业务经营具有很强的技术性，投保人对复杂的保险合同往往难以理解，而且保险合同作为一种标准合同，保单条款与保险费率都由保险公司事先设计，极容易形成投保人与保险人之间的不平等交易地位。总之，只有通过国家保险行政管理部门对保单条款、费率水平进行审核，对保险人业务经营进行日常监督管理，才能有效维护广大保险消费者的利益。

（二）保险监管体制

保险监管体制是指保险监管活动主体及其职权的制度体系。1998 年 11 月，为了适应保险业发展的需要以及金融业分业经营的客观要求，中国保险监督管理委员会（简称"中国保监会"）成立。2018 年 3 月，第十三届全国人民代表大会第一次会议表决通过了关于国务院机构改革方案的决定，设立中国银行保险监督管理委员会（简称"中国银保监会"）。2023 年 3 月，中共中央、国务院印发了《党和国家机构改革方案》，组建国家金融监督管理总局。国家金融监督管理总局在中国银行保险监督管理委员会基础上组建，将中国人民银行对金融控股公司等金融集团的日常监管职责、有关金融消费者保护职责，中国证券监督管理委员会（简称"中国证监会"）的投资者保护职责划入国家金融监督管理总局。5 月 18 日，国家金融监督管理总局在北京金融街 15 号揭牌，与此同时，"国家金融监督管理总局"官方网站也正式启用。至此，中国金融监管体系从"一行两会"迈入"一行一总局一会"新格局。7 月 20 日，国家金融监督管理总局 31 家省级监管局和 5 家计划单列市监管局、306 家地市监管分局统一挂牌。

此外，中国保险业行业协会是保险业的自律性组织，其主要自律职责包括：①督促会员依法合规经营。组织会员签订自律公约，制定自律规则，约束不正当竞争行为，维护公平有序的市场环境；②组织制定行业标准。接受监管部门和政府有关部门委托和指导，依据有关法律法规和保险业发展情况，组织制定行业的质量标准、技术规范、服务标准和行规行约；③积极推进保险业信用体系建设。建立健全保险业诚信制度、保险机构及从业人员信用信息体系，探索建立行业信用评价体系；④开展会员自律管理。对于违反协会章程、自律公约、自律规则和管理制度、损害投保人和被保险人合法权益、参与不正当竞争等致使行业利益和行业形象受损的会员，可按章程、自律公约和自律规则的有关规定，实施自律性惩罚，涉嫌违法的可提请监管部门或其他执法部门予以处理；⑤其他与行业自律有关的事项。

二、监管的方式

保险监管方式是指保险监管的方法和形式。国家金融监督管理总局依法对保险业进行严格监管。

（一）市场准入的监管

我国《保险法》严格规定了设立保险公司等保险机构的条件和程序，规定了保险公司等保险机构的高级管理人员及各种保险市场活动辅助人的任职资格，并且严格规定非依法成立的保险公司不得从事商业保险业务。任何保险市场主体的设立，必须经过保险监管机构的审批。审批这种监管方式，条件明确，程序严谨，是一种事前监管。其功能在于保证特定市场主体资格的适法性，为以后的监管减少隐患，是较为有效的监管方式。

（二）市场经营行为的监管

仅有市场准入制度是不够的，还必须在保险公司运作过程中进行实质性的检查。检查是最为常用的一种监管方式，是一种事中监管。检查的内容主要是保险公司业务状况、财务状况和资金运用状况。《保险法》第154条第1款规定，保险监督管理机构依法履行职责，可以采取下列措施：①对保险公司、保险代理人、保险经纪人、保险资产管理公司、外国保险机构的代表机构进行现场检查；②进入涉嫌违法行为发生场所调查取证；③询问当事人及与被调查事件有关的单位和个人，要求其对与被调查事件有关的事项作出说明；④查阅、复制与被调查事件有关的财产权登记等资料；⑤查阅、复制保险公司、保险代理人、保险经纪人、保险资产管理公司、外国保险机构的代表机构以及与被调查事件有关的单位和个人的财务会计资料及其他相关文件和资料；对可能被转移、隐匿或者毁损的文件和资料予以封存；⑥查询涉嫌违法经营的保险公司、保险代理人、保险经纪人、保险资产管理公司、外国保险机构的代表机构以及与涉嫌违法事项有关的单位和个人的银行账户；⑦对有证据证明已经或者可能转移、隐匿违法资金等涉案财产或者隐匿、伪造、毁损重要证据的，经保险监督管理机构主要负责人批准，申请人民法院予以冻结或者查封。

（三）市场退出前的拯救性监管

保险公司有违法经营行为，可能影响其偿付能力的，保险监管机构可视具体情况依法对其实行整顿或接管。相对于审批和检查监管方式，整顿和接管可视为事后监管。

1. 整顿

根据《保险法》第 139～143 条的相关规定，保险公司未依照法律规定提取或者结转各项责任准备金，或者未依照法律规定办理再保险，或者严重违反保险法关于资金运用的规定，保险监督管理机构责令限期改正后，保险公司逾期未改正的，国务院保险监督管理机构可以决定选派保险专业人员和指定该保险公司的有关人员组成整顿组，对公司进行整顿。

整顿决定应当载明被整顿公司的名称、整顿理由、整顿组成员和整顿期限，并予以公告。整顿组有权监督被整顿保险公司的日常业务。被整顿公司的负责人及有关管理人员应当在整顿组的监督下行使职权。整顿过程中，被整顿保险公司的原有业务继续进行。但是，国务院保险监督管理机构可以责令被整顿公司停止部分原有业务、停止接受新业务，调整资金运用。被整顿保险公司经整顿已纠正其违反《保险法》规定的行为，恢复正常经营状况的，由整顿组提出报告，经国务院保险监督管理机构批准，结束整顿，并由国务院保险监督管理机构予以公告。

2. 接管

《保险法》第 144 条第 1 款规定，保险公司有下列情形之一的，国务院保险监督管理机构可以对其实行接管：①公司的偿付能力严重不足的；②违反本法规定，损害社会公共利益，可能严重危及或者已经严重危及公司的偿付能力的。接管与整顿相比，是一种更为严厉的监管方式。接管的目的是对被接管的保险公司采取必要措施，恢复保险公司的正常经营，以保护被保险人的利益和社会公共利益。

对于需要接管的保险公司，接管组的组成由国务院保险监督管理机构决定，并予以公告。国务院保险监督管理机构的接管决定一般应当载明被接管保险公司的名称、接管理由、接管组织、接管措施和接管期限等内容。《保险法》第153条规定，保险公司在整顿、接管、撤销清算期间，或者出现重大风险时，国务院保险监督管理机构可以对该公司直接负责的董事、监事、高级管理人员和其他直接责任人员采取以下措施：①通知出境管理机关依法阻止其出境；②申请司法机关禁止其转移、转让或者以其他方式处分财产，或者在财产上设定其他权利。《保险法》第90条规定，被整顿、被接管的保险公司有《破产法》第2条规定情形的，国务院保险监督管理机构可以依法向人民法院申请对该保险公司进行重整或者破产清算。《保险法》第146~147条规定，接管期限届满，国务院保险监督管理机构决定延长接管期限，但接管期限最长不得超过2年；如果被接管的保险公司已恢复正常经营能力，由国务院保险监督管理机构决定终止接管，并予以公告。

纵观主要发达国家保险监管制度。英国的保险市场监管制度演进大致经历了三个阶段，分别是20世纪70年代以前的有限监管阶段、20世纪70年代至90年代的监管法律制度建设阶段以及1997年以后的统一监管阶段。英国的保险监管制度具有三个特殊性：第一，具有完备的保险经纪人制度，对保险经纪人的监管十分严格；第二，劳合社是保险业自律性组织的典范，其对保险参与者的要求甚至较一般行业标准更为严格；第三，对欧盟保险偿付能力标准Ⅱ的推行是强化其保险监管的重要内容。英国保险监管制度的主要特征包括：政府监管相对宽松，行业自律性极强；信息公开透明，有效保护消费者权益；强调偿付能力，统一金融监管。

美国保险监管制度的演进也分为三个阶段，分别是19世纪中期至20世纪60年代的严格监管阶段、20世纪60年代至21世纪初的放松监管与偿付能力审慎监管阶段以及21世纪初至今的监管力量整合阶段。美国保险监管的目的在于保护被保险人的利益，十分强调费率监管、偿付能力监管和保险监管与保险评级机构的互动。美国保险监管制度的特征主要包括：严格而规范的州监管体系是美国保险监管的主体，适度扩张的联邦监管体系成为近年来的主要特色，完善的混业经营监管规范是保证美国保险市场稳定发展的重要基础。

德国保险领域两大法律——《保险监管法》和《保险合同法》是德国保险监管制度的基本框架，在百年历史中都经历了多次修改。随着欧盟保险市场一体化程度的不断加深，其做出的适应性调整也相应增加。德国在现有法律中重点对原保险市场保险监管责任范围、保险人的建议和说明义务、投保人的告知义务和责任及被保险人权利等方面进行了重要修改。德国保险监管制度具有法律制度健全、监管体系层次多以及监管制度应急调整及时等特点。正是这些特点使德国保险业在2008年全球金融危机和2010年欧洲债务危机爆发后都表现出了稳定的增长态势，保险业业绩在全球处于领先地位。

日本保险监管制度演进也分为三个时期，分别是二战后到20世纪80年代的传统模式阶段、20世纪80年代中期到90年代末的监管改革阶段以及20世纪90年代末至今的监管稳定阶段。日本保险监管制度涉及监管机构、偿付能力监管标准、保险费率、保险资金运用、保护基金制度、信息保护制度、经营范围、营销方式以及外资保险公司等多个方面。日本保险监管的特征为：具有比较成熟监管体系和模式，加强中介机构的管理，强化公司内部管理，以市场化原则完善保险市场，遵守国际保险监管标准。

以英国、美国、德国和日本为代表的主要发达国家在保险监管模式方面的相同之处在于其法律体系相对都比较完善，都建立了详细而完备的法律法规；都建立了独立和健全的保险监管机构以控制金融风险；基本完成了由监管内容向偿付能力监管的转变，由分业监管向混业监管的转变。差异之处在于：保险监管所秉承的理念和思想不尽相同，混业经营监管体系不同。

第四节　保险公司的风险处置

我国对于保险公司破产的法律规定可以参照《破产法》第135条[1]和《保险法》第90条[2]。根据《保险法》第90条的规定，我国的保险公司破产需要经过国家金融监督管理总局的同意。根据《破产法》第135条的规定，我国的保险公司破产清算时，可以适用《破产法》的程序。简而言之，我国的保险公司破产需经过国家金融监督管理总局的同意，并且破产程序可以适用《破产法》的相关规定。在国家金融监督管理总局同意保险公司破产后，在破产清算等过程中，有关投保人利益的保护问题，可以适当参照《破产法》规定的一般企业破产时对于债权人的保护措施。

---

〔1〕《破产法》第135条规定："其他法律规定企业法人以外的组织的清算，属于破产清算的，参照适用本法规定的程序。"

〔2〕《保险法》第90条规定："保险公司有《中华人民共和国企业破产法》第2条规定情形的，经国务院保险监督管理机构同意，保险公司或者其债权人可以依法向人民法院申请重整、和解或者破产清算；国务院保险监督管理机构也可以依法向人民法院申请对该保险公司进行重整或者破产清算。"

随着保险行业的发展，我国保险监管机制也在逐渐完善。对保险公司的监管也从单纯市场行为，扩展为市场行为、偿付能力和治理结构这三个方面。监管的手段也从直接干预变为间接监管。保险监管机构在鼓励保险公司自主经营的同时，对出现经营困难的保险公司仍掌握着保险监管的主导地位。

"中国有关保险监督规制的主要部分是在《保险法》中规定的，在《破产法》《公司法》等法律中也有涉及。《保险保障基金管理办法》《保险公司保险业务转让管理暂行办法》等行政规章中也有体现。"[1]

2009 年修订的《保险法》中，增加的主要内容之一便是加强对投保人利益的保护，强化保险监督。"《保险法》第六章'保险业监督管理'所规定的保险监管的内容主要包括：第一，对保险机构的监管；第二，对保险业务和市场行为的监督；第三，对财务状况与偿付能力的监管；第四，对资金运用业务的监管。"[2]对于保险行业的监督管理，是保险监管工作的基础，也是保护投保人利益的有效手段。因为中国保险市场的发展尚处于初级阶段，不能过于期待保险业内部的自我规制，因而只能通过扩大行政干预的手段对保险业进行规制。[3]《保险法》第 134 条明确了国家金融监督管理总局实施保险监管所应遵循的原则及基本任务，条文中规定了保险监督管理机构应保护投保人的权益。

---

〔1〕 参见薄燕娜主编：《保险公司风险处置及市场退出制度研究》，北京大学出版社 2013 年版，第 172 页。

〔2〕 吴定富主编：《〈中华人民共和国保险法〉释义》，中国财政经济出版社 2009 年版，第 3~4 页。

〔3〕 中国保险学会编著：《中华人民共和国保险法释义》，中国法制出版社 2009 年版，第 1 页。

【专题案例研讨】新华人寿保险公司风险处置案

一、案件背景

新华人寿保险股份公司（以下简称"新华人寿"）是自我国《保险法》颁布后，成立的第一批全国性的人寿保险公司之一。新华人寿的董事长关某亮在职期间，擅用新华人寿的资金，多次出现资金运用违规的现象。2006年，中国保监会正式对其采取监管措施并开始对资金的去向进行调查。2007年5月，中国保监会宣布保险保障基金以市场价格，收购公司问题股东所持股份，后经过几次增持，保险保障基金公司在新华人寿持有了最多的股份。

作为资金援助机构的保险保障基金于2008年成立为保险保障基金公司。在中国保监会的主导下，取代保险保障基金，参与了新华人寿风险处置一案。最终保险保障基金公司按照协议转让的方式，将所持股份一次性转让给汇金公司，以溢价12.68亿元顺利退出。

二、采取的主要措施

在参与新华人寿的风险处置过程中，保险保障基金所做的工作主要有以下几种：第一，参与经营管理，稳定新华人寿的发展；第二，选聘专业机构、推进股权转让工作；第三，维护金融稳定，合理确定股权价格；第四，确保依法合规，严格履行审批程序；第五，加强沟通协调，正面引导媒体舆论。

保险保障基金公司在此期间积极参与公司股东会议，认真研究如何改善经营管理的问题，及时对新华人寿的重大经营问题进行了决策，稳定了新华人寿的发展，并且补充完成了2006年至2008年度的审计报告，同时加大了资产保全和债权清收工作力度，并加强了内部风险控制工作。

保险保障基金公司在新华人寿风险处置案中，股权转让工作可以说是工作重心之一。保险保障基金公司为了新华人寿的股权转让工作的顺利进行，选聘了专业的财务顾问、法律顾问和资产评估机构，制定了股权转让方案，并开展了资产评估工作。同时，保险保障基金公司与汇金公司积极协商股权转让协议，并于2009年11月和汇金公司签署了转让协议。股权转让的交易价格也以各方都能接受的价格确定。"保险保障基金公司董事会决议按协议转让方式，将公司所持有的新华保险股份一次性整体转让给汇金公司，每股8.71元，总计40.58亿元。自此，保险保障基金公司所持有的新华股权以溢价12.68亿元顺利退出。"[1]

三、案例评析

在这一案件中，最主要的成果可以说是使新华人寿恢复了偿付能力，实现了新一轮的发展。

保险保障基金公司在新华人寿风险处置一案中，发现了其存在的很多问题。为了改善新华人寿公司经营管理的问题，保险保障基金公司着手掌握了公司的管理权，并接管了问题股东的股权，采取股权重组的方式进行了对新华人寿的风险处置。最终，保险保障基金公司通过股权转让的方式退出了新华人寿，实现了新华人寿的保值增值。在保险保障基金公司退出新华人寿之后的3年内，新华人寿的偿付能力从2010年的充足Ⅰ类提升至2012年的充足Ⅱ类，新华人寿应对风险的能力得到稳步提升，足以证明保险保障基金公司参与新华人寿风险处置一案取得了阶段性成果。充足的偿付能力才能保证对投保人的风险赔偿和到期给付，最终才能保证投保人的利益。恢复偿付能力的成果本身就是保障了投保人利益不受侵犯。保险保障基金参与新华人寿的风险处置，在政府和市场两端起到了很好的过渡作用，避免了新华人寿的破产，进而保护了投保人的利益。

---

[1] 薄燕娜主编：《保险公司风险处置及市场退出机制研究》，北京大学出版社2013年版，第227页。

【专题案例研讨】中华联合保险股份公司风险处置案

一、案件背景

中华联合保险公司（以下简称"中华联合"）是主要经营财产保险的国内大型保险公司之一。自 2005 年以来，中华联合就显示出了风险隐患。中华联合在经营过程中，进行了业务规模的急速扩张，赔付成本急剧升高。2007 年中华联合的综合赔付率[1]达到了 108.4%，综合成本率[2]达到了 143.5%。到 2009 年，中华联合的偿付能力[3]缺口高达 159.1 亿元，偿付能力充足率[4]为-443.1%。

自 2005 年开始，监管机构便一直采取各项监管措施，督促"中华联合改善经营，防范风险。2007 年以来，中国保监会对中华联合的监管逐渐加强，通过督促整改、严控规模、停批机构、监控资金、监测舆情等方式控制中华联合的风险"[5]。

2009 年，保险保障基金公司参与了对中华联合的整顿工作。其间，保险保障基金公司对中华联合实施了股份托管、股权重组、增资扩股和引入战略投资者等措施。[6]

二、采取的主要措施

在中华联合风险处置案中，保险保障基金公司所做的主要工

---

〔1〕 综合赔付率，是保险公司已发生赔款支出与已赚保费的比率，已发生赔款支出包括赔款支出、分保赔款支出与未决赔款准备金提转差，并扣除摊回赔款支出与追偿款收入。

〔2〕 综合成本率，是保险公司用来核算经营成本的核心数据，包含公司运营、赔付等各项支出。

〔3〕 偿付能力，是衡量保险公司财务状况时必须考虑的基本指标。

〔4〕 偿付能力充足率，是保险公司应当具有与其风险和业务规模相适应的资本，确保偿付能力充足率不低于 100%。

〔5〕 参见薄燕娜主编：《保险公司风险处置及市场退出制度研究》，北京大学出版社 2013 年版，第 228 页。

〔6〕 参见黄蕾：《保险保障基金突破 700 亿 行业并购基金酝酿设立》，载《上海证券报》2016 年 3 月 4 日，第 4 版。

作有以下几种：第一，托管主要股份；第二，改善经营管理；第三，推进股权重组；第四，处理员工股问题；第五，引进战略投资者。

在保险保障基金公司进入中华联合的初期，中华联合的偿付能力是严重不足的，保单最终的偿付责任随着保险保障基金公司的进入已经实质性地转移到了保险保障基金公司的身上。保险保障基金公司通过托管股份的形式，进入公司内部治理结构，及时有效地改善公司的经营管理，开展了中华联合的股权重组工作。2011 年，保险保障基金公司通过股权转让的方式，正式成为了中华联合的控股股东。

2012 年 1 月，保险保障基金公司向中华联合注资 60 亿元，用于改善其偿付能力。同年 12 月，通过保障基金公司的努力，东方资产管理公司通过债转股的方式，向中华联合注资 78.1 亿元，成为第一大股东。

三、案例评析

保险保障基金公司在参与中华联合风险处置中，针对风险发生的主要原因，果断介入公司治理结构内部，尽快遏制了经营亏损的不良局面。同时通过托管股权、注资重组等方式尽快恢复了公司的偿付能力。在制定重组方案时，果断削减了原股东的权益，妥善处理了员工股，并科学计算了注资规模和用途，不仅挽回了中华联合的亏损，也有效避免了大规模退保浪潮，有效保护了投保人的权益。并且保险保障基金公司在政府和市场中，起到了很好的平衡协调作用。在遵守法律法规和监管制度的同时，充分利用了市场化的运作手段，以市场平等主体身份参与到中华联合的风险处置当中。

最终，保险保障基金公司的整顿工作在保值增值方面取得了显著的成效。中华联合"连续 6 年实现盈利，历史亏损消化了近

120 亿元"〔1〕。2015 年底和 2016 年初，保险保障基金公司将持有的 60 亿股份挂牌转让，以 144.05 亿元的价格成交，保险保障基金正式退出了中华联合保险公司。

可以说，中国保监会和保险保障基金公司确实有效地控制了中华联合的经营管理使其风险得到有效控制。其中，最主要的成果便是恢复了中华联合的偿付能力，并保障了投保人的利益。〔2〕保险保障基金公司在维护各方利益的同时，主要实现了中华联合的恢复经营，维护了中华联合的无数保单持有人的保单利益，实现了对投保人利益的保护。

---

〔1〕 黄蕾：《保险保障基金突破 700 亿 行业并购基金酝酿设立》，载《上海证券报》2016 年 3 月 4 日，第 4 版。

〔2〕 参见于海纯：《保险市场退出语境下的保单持有人权益保护探析》，载《北京联合大学学报（人文社会科学版）》2015 年第 3 期。

第五编　我国破产法体系与前沿问题

第一章 中国特色社会主义破产法制度的构建

第一节 中国破产法制度的发展

导语：呈现社会主义特色的破产立法变迁过程

完善破产法关系到社会主义市场主体退出机制的完善。只有破产法完善，商主体才能有序地退出市场。破产法由各国不同的法律渊源逐步发展形成，具有破产法性质的法律规定，最早萌芽于简单商品经济社会的古罗马国家，其产生的最初动因是维护债权人的利益，保证对全体债权人的公平、有序清偿。而后，随着社会的发展进步，债务人的利益、社会整体利益才逐步得到社会重视，被破产法纳入调整范围。目前，世界各国破产法导向保护债务人利益，从保护债务人利益的角度，完善破产重整、庭外重组等制度，使得处于破产的企业持续性经营，恢复企业价值，最终实现债权人利益的保护，甚至社会公共利益的保护。

新中国成立后，在 20 世纪 50 年代初期，对无力偿还债务的私营企业，按破产的方式处理。社会主义改造完成以后，私人企业不复存在，国家对企业实行统收统支，盈亏全由国家承担，不存在破产问题。随着经济体制改革的深入，有计划的商品经济的形成和发展，企业法人制度的确定，现实经济生活中不能偿还到期债务的问题引起人们的关注，解决不能清偿到期债务问题的破产法，重新受到人们的重视。

1985 年，我国在许多城市对集体所有制企业、全民所有制企业进行了破产制度的试点工作。在全面总结试点工作经验的基础上，为适应我国经济发展的客观需要，1986 年 3 月，国务院向全国人大常委会提交了《中华人民共和国企业破产法（草案）》，提请全国人大常委会审议，经过三次会议认真严肃的审议，全国人大常委会于 1986 年 12 月 2 日通过了《中华人民共和国企业破产法（试行）》[已失效，以下简称《破产法（试行）》]。该法第 43 条规定："本法自全民所有制工业企业法实施满 3 个月之日起试行……"《中华人民共和国全民所有制工业企业法》于 1988 年 4 月 13 日正式通过，自 1988 年 8 月 1 日起正式实施。因此，1986 年通过的《破产法（试行）》于 1988 年 11 月 1 日起生效。1986 年《破产法（试行）》的颁布，标志着我国破产法律制度已正式建立，具有划时代的意义。但是，该法适用的范围仅限于全民所有制工业企业，适用主体过于狭窄。于是 1991 年的《民事诉讼法》第十九章"企业法人破产还债程序"，将破产的主体由全民所有制工业企业扩大为法人企业。尽管如此，随着我国经济体制改革的深入，商事主体立法逐渐完善，加之市场经济自身的需要，1986 年《破产法（试行）》逐渐暴露出它的不足和缺点。1994 年 3 月，全国人大财经委根据第八届全国人大常委会立法规划的要求，着手起草新的破产法。1995 年 9 月，草案提交全国人大常委会，由于种种原因未能通过，该草案后经多次修改，反复论证，对 1986 年《破产法（试行）》进行了全面的修订，终于由第十届全国人大常委会第二十三次会议于 2006 年 8 月 27 日通过，自 2007 年 6 月 1 日起施行，《破产法（试行）》同时废止。中国特色社会主义破产法体例上将破产清算、破产重整、破产和解制度统合到《破产法》中，只设立了法人破产制度，未构建个人破产制度。最高人民法院曾发布三部关于适用《破产法》的规定和《关于〈中华人民共和国企业破产法〉施行时尚未审结的企业破产案件适用法律若干问题的规定》。其中，《最高人民法院关于适用〈中华人民共和国企业破产法〉若干问题的规定（一）》（以下简称《破产法司法解释一》）解决了人民法院依法受理企业破产案件法律适用问题，《最高人民法院关于适用〈中华人民共和国企业破产法〉若干问题的规定（二）》（以下简称《破产法司法解释二》）解决了人民法院审理企业破产案件中认定债务人财产相关的法律适用问题，《最高人民法院关于适用〈中华人民共和国企业破产法〉若干问题的规定（三）》（以下简称《破产法司法解释三》）解决了人民法院审理企业破产案件中有关债权人权利行使等相关法律适用问题，《关于〈中华人民共和国企业破产法〉施行时尚未审结的企业破产案件适用法律若干问题的规定》解决了人民法院审理企业破产法施行前受理的、施行时尚未审结的企业破产案件具体适用法律问题。此外，目前热议的关注点为"个人破产制度"的立法以及实施。根据地方性法规，2019年9月，温州出现了首例个人破产案。2024年7月18日，中国共产党第二十届中央委员会第三次全体会议通过《中共中央关于进一步全面深化改革、推进中国式现代化的决定》，其中明确"健全企业破产机制，探索建立个人破产制度，推进企业注销配套改革，完善企业退出制度"。

第二节　破产与破产法

一、破产法的界定

从实体法的角度看，破产法是处理因债务人破产涉及的针对债务人而享有的权利义务关系的法律规范的总称；从程序法的角度看，破产法是关于债务人不能清偿到期债务时，在国家司法机关的主持下适用破产程序处理债务人破产事件的法律规范的总称。破产法的概念有狭义与广义之分。狭义上的破产法，是指当债务人不能清偿到期债务时，由法院宣告其破产并对债务人的全部财产进行清算以公平清偿各债权人的法律制度，仅指破产清算制度；广义上的破产法，是指当债务人不能清偿到期债务时，由法院宣告其破产并对债务人的全部财产进行清算或为了避免债务人进入破产清算程序所建立起来的破产预防法律制度的总称，即除了破产清算制度外，还包括和解制度与重整制度。此外，世界各国面临破产的企业目前以庭外重组、预重整的方式，克服了法定重整制度中效率低、审理期限过长的弊端，避免了企业价值有可能更加毁损的问题。韩国在法定重整程序中还适用迅速协商制度。

二、破产清算制度的适用对债权人和债务人均有积极意义

对于债权人来说，当债务人陷入破产境地时，通过破产清算程序变卖债务人的全部财产能使处于同等地位的所有债权人都获得公平的清偿，这也是破产清算程序的主要目标。对于债务人来说，当其不能清偿到期债务时，无谓地拖延时间必然引起债务利息及债务复加；而进入破产清算程序后，破产免责制度能帮助债务人尽快摆脱窘迫境地，了结过去的债权债务关系，获得重新开始的机会。然而，债务人以破产清算的方式清理债权债务关系也会带来负面影响。例如，适用破产清算程序要对债务人宣告破产，会引起债务人及相关人员的信用危机。企业破产还会导致员工失业，引发部分劳动者的生存危机，有可能会引起社会的动荡不安。因此，如何减少和克服破产清算程序的负面影响，在相当长一段时间内都是破产法律制度需要解决的问题。和解程序与重整程序就是为了弥补破产清算程序的缺陷而产生的，旨在为债务

人破产提供可供选择的多种途径和解决办法。

三、和解制度先于重整制度产生

作为预防破产的和解制度，首创于 1883 年比利时颁布的《预防破产之和解制度》。这一制度的确立对于传统破产法的变革产生了深远影响。由于破产清算程序拖延时间长，成本耗费大，在对破产财产的变价过程中也存在对财产进行廉价处理的可能，从而减少破产财产的变现价值。这些损失最终会转移给债权人。虽然债权人通过破产程序能获得公平清偿，但通常所获清偿比例却是非常低的，其更需要一个相对简便且成本较低的程序来处理破产事件。而对债务人而言，一旦被宣告破产，债务人本身及相关人员的信用就会受到严重影响，也会使债务人不可逆转地步入清算消灭之路，故债务人其实更希望能够采取和解这种比较低调缓和的方式清偿债务。和解方式比破产清算程序更加简便，成本也较低廉，以这种方式解决债权债务关系能够满足债权人和债务人双方的需求。

四、重整制度是在和解制度产生后逐步形成的

和解制度已经克服了单一清算程序的一些弊端，但和解程序实际上是债权人与债务人制定并执行偿债计划的程序，重视对债务的清偿，更关注债权人的利益而忽视债务人继续生存的能力及社会利益，其主要目的是节约清算成本和提高债权人的受偿比例。而且在和解协议执行完毕后，多数债务人的经济实体仍然要走向消亡，劳动者失业问题仍然存在，负面影响仍未完全解决。所以和解制度产生后，多数英美国家认为，破产和解仅是对破产债务的减额或延期清偿，只能使债务人的清偿能力暂时恢复，并未深层次触及债务人的生产经营能力，仍未能解决破产清算制度的根本问题。因此，应继续探求能深入企业生产经营内部并着眼

于债务人清偿能力恢复的整理制度。故英国率先建立了公司整理制度，传入美国后形成了公司重整制度。"二战"后，日本借鉴英美立法经验，制定了较完善的《公司更生（重整）[1] 法》，建立了公司更生（重整）制度。重整制度是从关注债务人利益和社会生产力的角度出发而设定的制度，其主要目的是使债务人从经济困境中走出来，恢复经济实力后继续清偿债务甚至可以继续存续经营，最终避免清算消亡。如果债务人重整成功，既能克服破产清算所带来的所有负面影响，同时也能满足债权人的清偿要求，可谓"治标又治本"。但是，债务人重整是以牺牲债权人的部分利益为前提的，因此重整制度的适用有条件限制。法律一方面对重整条件作出限定性安排；另一方面规定重整方案须经债权人会议同意，保证债权人和债务人都能在其自由意志的情况下处分其财产权益。

目前，日本、韩国已经取消了和解制度，只保留了重整制度和清算制度。原因在于这两个国家和解程序非常严格，适用率不高，而且致力于庭外重组、预重整制度。

五、预重整制度

中国尚未构建预重整制度，但已有实践，在最高人民法院的纪要中有所体现。2018 年最高人民法院发布的《全国法院破产审判工作会议纪要》第 22 条规定，"探索推行庭外重组与庭内重整制度的衔接，在企业进入重整程序之前，可以先由债权人与债务人、出资人等利害关系人通过庭外商业谈判，拟定重组方案。重整程序启动后，可以重组方案为依据拟定重整计划草案提交人民法院依法审查批准"。预重整是指部分或全部当事人之间在正式向法院申请重整救济之前已经就重整事项进行谈判并达成重整计

---

〔1〕 更生（重整）在日本指股份公司的重整，参见 ［日］山本和彦：《日本倒产处理法入门》，金春等译，法律出版社 2016 年版。

划，在已经达成谈判的条件下向法院正式申请重整，通过司法权确认重整计划的效力。预重整是基于传统重整的一种"改良形式"，是吸收了重组优点的重整。因此，预重整包括庭外重组和庭内重整前后两个关联阶段。[1] 预重整的性质仍然是司法程序，只是它将重整计划的制定和意见征集提前到了重整程序前的协商阶段。然而预重整有其适用范围的局限性，存在一定的缺陷，能否最大程度发挥预重整的优势，贬抑其不足，还需要立法的配合与细节程序的规制。2015 年下半年，中国第二重型机械集团公司、二重集团（德阳）重型装备股份有限公司（以下简称"中国二重"）双重整案成功完结。中国二重重整案是一起企业地位重要、负债数额巨大、社会影响广泛的央属企业案件，通过法院和管理人等多方面的努力，重整圆满成功，取得了良好的法律效果、社会效果和政治效果，打造了司法重整的"二重模式"，对于今后困境企业的重组有良好的借鉴和指导作用。中国二重危机爆发后，在国务院国资委、中国银监会的指导与支持下，以中国农业银行、中国银行、中国光大银行为主席行，组织涉及中国二重的近 30 家金融债权人成立了"中国二重金融债权人委员会"，与国机集团、中国二重展开了时长约 9 个月的庭外重组谈判。该谈判的核心目标为，在不影响中国二重正常生产经营的前提下，通过债务重组妥善解决其巨额债务，同时化解各金融机构的不良贷款问题。

2015 年 9 月 11 日，在中国银保监会的组织下达成了框架下的重组方案，其核心内容为在短期内（2015 年年内）以"现金+留债+股票"清偿全部计息金融负债。

由于受到《商业银行法》关于商业银行不能主动持有工商企业股权的限制，以及其他相关法律限制和操作障碍，各方一致认

---

〔1〕 王欣新：《建立市场化法治化的预重整制度》，载《政法论丛》2021 年第 6 期。

为以上重组方案的实施必须借助《破产法》所规定的重整制度，通过司法重整实现中国二重的重组目标。

中国二重重整案受到德阳市委、市政府的高度重视，四川省德阳市中级人民法院（以下简称"德阳中院"）以依法合规为根本原则，立即调配业务娴熟、经验丰富的骨干力量组成合议庭，对重整申请是否符合法律要求进行形式和实质审查。与此同时，依照最高人民法院的相关规定，指定管理人选聘标准和选聘程序，为接下来的重整程序做好准备。2015 年 9 月 11 日，债权人机械工业第一设计研究院、德阳立达化工有限公司分别向德阳中院提起了针对中国二重的重整申请。由于是两个公司同时重整，程序衔接等疑难问题较多，且债权人、股东人数众多，债权金额巨大，德阳中院通过公开比选程序选任具有大型重整项目丰富经验的管理人。

在程序前期，金融债权人委员会与债务人达成了主要针对计息金融负债的《综合受偿方案》，该方案获得了中国银保监会的批准，核心内容为以司法重整的方式落实"现金+留债+以股抵债"的基本重组方案。根据《综合受偿方案》记载的内容，在进入重整程序后，进行了大量论证工作，在短短 2 个月的时间内，按照《综合受偿方案》的核心思想与基本路径，根据重整现实状况形成了重整计划，重整计划在合法合规的基本思想指导下，在法律框架内进行了创新，使程序前达成的框架重组方案通过司法程序依法合规实现了完美落地，实现了庭内重整与庭外重组的完美衔接。

在中国现实法治环境下，受限于有限的司法资源，针对债权金额巨大、情况复杂或者涉及某些敏感问题（如债券违约、上市公司等）的大型重整案件，司法机关通常采取非常谨慎的态度，在未得到地方政府、主要债权人、重组方的背书前，法院在立案受理环节往往会非常迟疑。通常在受理前，司法机关都会要求债务人提供相对完善的重整方案，并征求债权人的意见，确保债权人利益不受损害，这往往会花费大量的时间。

预重整因其各方"手拉手"进入重整的态度，在应对中国司法机关前述审慎态度方面有着非常好的效果。以中国二重重整案为例，其庭外重组阶段（预重整前半部分）实质上就是政府主管部门、大股东、主要债权人三方就重组核心方案进行谈判并达成基本一致。中国二重通过预重整在各有关方面之间形成基本一致并在司法程序前解决了棘手的债券兑付问题，这一切是德阳中院快速受理重整申请的重要前提，为司法机关判断重整价值、重整可行性提供了积极的助推力。

预重整在中国语境下就更为必要了。以中国二重重整案为例，庭外重组阶段耗时远大于司法重整程序本身，这一阶段谈判、沟通、磨合的成果不仅仅是重组方案，而且给后续司法程序的快进快出创造了条件，绝大部分金融机构在这一过程中对重整程序的目的、必要性以及迫切性都有了充分认识，这为中国二重在短短2个月召开债权人会议表决重整计划并以95%以上的比例通过奠定了基础。

中国二重重整案涉及近2000家债权人，如果没有专业机构在重整程序前的提前介入和辅导，2个月内高效、平稳结束重整程序是不可想象的。

六、域外预重整

韩国预重整制度相较美日更加立法化，因此着重介绍移植美国破产法制度的韩国预重整制度。韩国《债务人重整及破产相关法律》（以下简称《债务人重整法》）第223条规定了有关"预先提交重整计划草案"的制度。韩国的预先提交重整计划草案制度来源于美国联邦《破产法典》项下的 Pre-Packaged Plan，因此《债务人重整法》项下的预先提交重整计划草案制度也被称为

"Pre-Packaged Plan 的引进"。

《债务人重整法》于 2005 年施行时已在第 223 条中规定了预先提交重整计划草案制度相关内容,而此项规定在 2016 年 5 月 29 日颁布的《债务人重整法修正案》(以下简称《2016 年修正案》)中被部分修改[1]。关于此次修改的理由,在业界被解释为"为提倡有关当事人有效使用依据预先提交重整计划草案的重整程序,《债务人重整法修正案》中制定了赋予债务人重整计划草案提交权、采用书面决议方式时可视为债权人同意重整的情形等特别规则",并称此次修订建立了"韩国 Pre-Packaged 制度"。

预先提交重整计划草案制度早在 2001 年已被引进规定在韩国施行的《旧公司整理法》(原韩国破产法名称,该法律后被修改为《债务人重整法》)中。但是,不论当时还是在施行《债务人重整法》之后,在韩国适用有关预先提交重整计划草案的重整程序的案例罕见。据介绍,就首尔中央地方法院审理的案件中,提出适用预先提交重整计划草案制度的公司,在韩国施行公司整顿法期间只有 2 家,自《债务人重整法》施行至 2014 年 9 月为止,这期间也只有 3 家[2]。鉴于此,引进韩国 Pre-Packaged 制度的《债务人重整法》第 223 条之修改在 2016 年未受到瞩目,自 2017 年初的大宇造船海洋重整过程中提到预重整程序的用语后才开始受到业界关注。

(1)提交时间。预先提交重整计划草案制度系申请人于"申请启动重整程序时起至启动重整程序止"向法院提交重整计划草案的制度(《债务人重整法》第 223 条第 1 款)。该内容与一般的重整程序不同,在一般的重整程序项下,重整计划草案应在法院

---

[1]《债务人重整法修正案》自 2016 年 8 月 30 日起实施。另外,《债务人重整法》第 223 条规定于 2014 年 10 月 15 日也曾被部分修改,即对重整计划草案的预先提交期限从"截至召开第一次关系人会议之日的前 1 日"修改为"截至调查期限届满为止"。

[2] 首尔中央地方法院破产部实务研究会:《重整案例实务》(第 4 版),第 600 页。

裁定启动重整程序时确定的提交期限内被提交；而在预包装破产重整程序项下，重整计划草案可"自申请启动重整程序时起"被提交，因此申请人向法院提交申请启动重整程序的同时可一并提交重整计划草案。

《2016 年修正案》颁布之前，提交重整计划草案的期限被规定为"自申请启动重整程序时起至调查期限届满前为止"，而现行有效的规定将该提交期限届满日提前至重整程序的启动日。

（2）提交权人。有权提交预先重整计划草案的权利人为"针对债务人的负债持有相当于二分之一以上债权的债权人"或"获得该等债权人同意的债务人"，而债权人是否持有担保权不被考虑。但是，《债务人重整法》中就认定"债权"的判断标准未作出任何规定。

在施行《2016 年修正案》之前，关于提交权人只规定了"针对债务人的负债持有相当于二分之一以上债权的债权人"，但现在又补充规定了"获得该等债权人同意的债务人"。除提交预先重整计划草案的债权人之外的其他债权人，可以以书面形式向法院作出有关其同意该预先重整计划草案的意思表示（《债务人重整法》第 223 条第 3 款）。

（3）补充提交文件。提交预先重整计划草案的申请人应在启动重整程序前向法院提交重整债权人目录和载明《债务人重整法》第 92 条第 1 款规定的各事项[1]的书面文件。

---

[1] 《债务人重整法》第 92 条第 1 款所列的各事项如下：①促使债务人启动重整程序的情况；②有关债务人的业务及财产的情况；③有无需采取第 114 条第 1 款项下的保全处分或第 115 条第 1 款项下的调查确认之诉判决的情况；④其他与债务人重整相关所需事项。记载上述事项的书面材料应由管理人制定并向法院提交，而这在实际操作中通常被称为管理人报告（管理人报告不同于由调查委员提交的调查报告，在实务中，管理人不会另行进行调查，而通常情况下其基于调查委员的调查报告制作书面材料）。在预先提交重整计划草案的重整程序中，由预先重整计划草案的提交人提交上述管理人报告，因此可以免除管理人的提交义务。

申请人预先提交重整计划草案时须提交上述重整债权人目录，但预先提交重整计划草案的重整程序与一般的重整程序不同，未规定有关重整债权人目录的提交期限（《债务人重整法》第 223 条第 5 款）。

（4）预先提交重整计划草案的效果。《债务人重整法》第223 条第 7 款对预先提交重整计划草案的效果规定如下："债权人提交预先重整计划草案或对该预先重整计划草案表示同意的，债权人被视为其在关系人会议上进行表决时对该预先重整计划草案予以同意。但是，如果预先重整计划草案的内容被修改为不利于债权人的或发生显著的变更或有其他重大事由的，债权人截至有关决议的关系人会议召集日的前 1 日止经法院批准可撤回其在关系人会议上作出的表决。"

如果预先重整计划草案的内容被修改为不利于债权人的或发生显著的变更或有其他重大事由的，债权人有权撤回有关其同意预先重整计划草案的意思表示，但须留意债权人应获得法院的批准。

预先提交重整计划草案的重整程序与一般的重整程序相同，亦可采用书面决议方式[1]。有关重整计划草案的书面决议制度，系指重整债权人及重整担保权人等不召开有关审查及批准重整计划草案的关系人会议（第二次、第三次关系人会议），而以书面方式回复其是否同意重整计划草案，并据此决定重整计划草案通过决议与否。就对重整计划草案的决议可否采用书面方式（系不召集关系人会议审查和决议重整计划草案），由法院依其裁量作出决定（《债务人重整法》第 240 条第 1 款）。

在预先提交重整计划草案的重整程序中，法院决定以书面形式对重整计划草案进行决议的，提交预先重整计划草案的债权人

---

[1] 在实际操作中，一般的重整程序项下书面决议制度几乎不被适用。

或对该预先重整计划草案表示同意的债权人被视为其在法院规定的回复期限[1]内作出同意的意思表示。但是，预先重整计划草案的内容被修改为不利于债权人的或发生显著的变更或有其他重大事由的，债权人截至上述回复期限届满之日止可以经法院批准撤回其作出同意的意思表示（《债务人重整法》第 223 条第 8款）。

七、庭外重组

世界上最早的庭外重组模式开始于英国，即伦敦模式（London Approach）。伦敦模式，是由英格兰银行在 20 世纪 70 年代创立，并用以指导企业复兴，从而实现银行与其债务人之间债务重组的方法[2]。由于它具备效率高、节奏快的特点，在 20 世纪 90年代英国经济衰退期间，大量的银行或者主债权人运用伦敦模式对存有希望的困境企业进行庭外重组，不仅延续了企业的生命力，还保住了就业机会[3]。它通常是在主债权人（一般是银行）的主导下，陷入经营困境的企业债务人和债权人银行进行协商达成一个重组计划，使债务人企业在可以继续营业的前提下，按照计划清偿债务，在"双赢"的情况下将债权人的损失降到最小[4]。

世界银行《关于有效破产与债权人/债务人制度的准则》对庭外重组的定义如下："允许债权人和债务人使用一些非正式的

---

〔1〕　法院规定的回复期限，系指债权人就其是否同意重整计划草案以书面方式回复法院的期限。

〔2〕　胡利玲：《困境企业的法庭外债务重组》，载王卫国、郑志斌主编：《法庭外债务重组》（第 1 辑），法律出版社 2017 年版，第 140~168 页。

〔3〕　胡利玲：《困境企业拯救的法律机制研究——制度改进的视角》，中国政法大学出版社 2009 年版，第 151 页。

〔4〕　董惠江：《我国企业重整制度的改良与预先包裹式重整》，载《现代法学》2009 年第 5 期。

手段可能会取得更好的效果，如自愿谈判、调停，或非正式的争议解决方案。"[1] 国内有学者认为，庭外重组是指"破产程序之外，无力偿债的企业与其债权人之间通过协议的方式，对企业进行债务调整和资产重构，以实现企业复兴和债务清偿的一种再建型程序，也是拯救困境企业的一种特殊机制"[2]。在庭外重组中，不管是在国外还是国内，银行作为主要的金融机构债权人都占有非常重要的位置。在英国，正是因为英格兰银行作为金融机构债权人积极主动地推进与困境企业的谈判才开创了庭外重组模式；在日本的法庭外债务重组中，为了最大限度地防止债权人个别行使债权，根据《法庭外债务重组指引》，金融机构债权人须暂时停止行使权利；在我国早期的庭外重组中，如"长春模式"中，可以说金融机构债权人占有最关键和最突出的位置，如果金融机构债权人不同意协商或者无法与金融机构债权人就协商达成一致，那么重组将因为不能导入资金而无从着手进行。在庭外重组中，一般只纳入金融机构债权人，供应商债权人并不参与其中，这是为了保证困境企业的持续经营。所以，在庭外重组中，供应商债权人一般会优先得到保护，甚至重要的供应商债权人会得到全额保护。笔者将供应商债权人分为大额供应商债权人和小额供应商债权人。

庭外重组的前提是使困境企业得到持续经营，而供应商债权人是企业得以持续经营的原动力，因此困境企业保持好和供应商债权人的合作尤为重要。小额供应商债权人一般会在庭外重组中得到全额偿付，因为即便是面临重组的困境企业，一般仍有能力对小额供应商债权人进行偿付，从而得以继续与小额供应商债权

---

[1] 王卫国、郑志斌主编：《法庭外债务重组》（第1辑），法律出版社2017年版，第25页。

[2] 胡利玲：《法庭外债务重组的优势与困境》，载《科技资讯》2016年第14期。

人保持合作。在日本,一般以 10 万日元到 30 万日元作为小额债权的标准,日本的《民事更生(重整)法》《公司更生(重整)法》都明确规定,困境企业随时清偿可能对困境企业持续经营带来影响的小额债权[1]。在日本的事业再生 ADR 中,只要不是巨大的供应商债权,一般都会得到保护,即庭外重组程序不对小额供应商债权人造成影响,这也能为企业的持续经营注入动力,从而为债务人企业与金融债权人谈判协商创造良好的环境。对于大额供应商债权人而言,困境企业未必具有全额偿付的能力。即便濒临破产的企业对大额供应商债权人进行了偿付,对企业本身来说也可能是雪上加霜,让其陷入更加困难的境地。对于无法协商清偿的大额债权,可以将部分债权与其他大额供应商债权进行同等比例的偿付,部分划入小额供应商债权范畴内进行全额清偿,以此解决大额供应商债权的清偿问题。

我国的金融机构债权人委员会制度主要是一种债权人的自治制度,债权人委员会是全体债权人的意思表示机构,因此,由它作出的重大决定也对全体金融机构债权人有效,包括通过困境企业的重组方案、分配债权人间的利益等。可以说,金融机构债权人的利益,主要通过金融机构债权人委员会与困境企业的协商谈判来实现。在法庭外重组制度较为成熟和发达的国家,债权人委员会在庭外重组谈判中都起到了举足轻重的作用。在运用"伦敦模式"的英国,由英格兰银行作为主导推动程序进行,成立债权人委员会并履行"暂停协议",成功挽救了企业;在美国,当决定对困境企业启动庭外重组程序时,债权人就会组成金融机构债权人委员会,在与困境企业谈判协商的过程中争取债权人利益;在日本,除了成立债权人委员会外,甚至还有专门负责起草《法

---

[1] 金春、任一民、池伟宏:《预重整的制度框架分析和实践模式探索》,载王卫国、郑志斌主编:《法庭外债务重组》(第 1 辑),法律出版社 2017 年版,第 105～127 页。

庭外债务重组指引》的机构。从各国经验来看，成立专门的债权人委员会能够调动债权人进行庭外重组的积极性，更好地维护债权人的利益。在韩国，为促进困境企业进行重组，走向重生，多达 210 家金融机构于 1998 年达成了《企业结构调整协议》，此协议并不具有强制约束力。2001 年 9 月韩国出台了《企业结构调整促进法》（以下简称《企促法》），从而将庭外重组规范化、制度化，《企促法》于 2007 年重新制定，并于 2010 年失去效力；2013年《企促法》再次制定，2 年后再次失去效力。2015 年该法失效后，"韩国尚未找出替代的方案，继而出现了因无法迅速进行庭外重组，企业没能迅速进行机构调整给国民经济带来巨大负担的可能性"。[1] 韩国于 2016 年 3 月再次修改《企促法》，将《企促法》的适用范围从主金融债权人扩大至所有金融机构债权人，修改后的有效期延长至 2018 年 6 月 30 日。

中国银监会办公厅于 2016 年 7 月出台了《关于做好银行业金融机构债权人委员会有关工作的通知》（以下简称《通知》）[2]，为保护金融机构债权人的利益迈出了重要的一步。在此之前，我国并没有明确的金融机构债权人委员会制度的指导性法律法规，更多的是靠债权人有意识组织起来的暂时性维权组织，在法律上并没有民事地位。在与困境企业的协商谈判的过程中，还需协调各种不同债权人的利益，十分艰难。

《通知》明确规定，银行金融机构债权人委员会由债务规模较大的 3 家以上金融机构债权人发起，这与"二重模式"相吻合。"二重模式"是在中国银保监会的主导下由中国农业银行、

---

〔1〕 陈景善：《韩国法庭外债务重组制度》，载王卫国、郑志斌主编：《法庭外债务重组》（第 1 辑），法律出版社 2017 年版，第 377~388 页。

〔2〕 参见《中国银监会印发〈关于做好银行业金融机构债权人委员会有关工作的通知〉》，载中国银行业监督管理委员会官网：http://www.cbrc.gov.cn/chinese/home/docView/B348815CE0F74B99B17C2AB0D41DD43F.html，最后访问日期：2024 年 8月 10 日。

中国光大银行、中国银行 3 家主要金融机构债权人组成债权人委员会，与"中国二重"展开协商谈判，并取得圆满成功。实践证明，《通知》立足于实际，具有很强的可操作性，对保护金融机构债权人的利益大有裨益。

《通知》强调了银行金融机构债权人的协商、自律和临时的性质，它充分体现了庭外重组的特征，即当事人之间的意思自治，从而避免了司法程序的干预和政府机关的过多介入，防止庭外重组的效率降低，充分保障金融机构债权人能够与困境企业展开协商谈判，维护金融机构债权人的整体利益。

另外，从金融机构债权人的角度而言，如果庭外重组程序无法通过，那么将面临企业进入司法程序、债权人将付出更高的时间成本的风险，而且其积极推进庭外重组程序的努力也将付诸东流。因此，庭外重组协议能否成功通过对债权人的利益影响巨大。庭外重组程序需要全体债权人一致同意，这不仅大大增加了其通过的难度，而且极易引发"钳制"问题，使做出妥协的权利人利益受损。在国际上，韩国已经将"多数表决机制"明确立法化，并规定在修改后的 2016 年《企促法》第 24 条之中；日本也在不断探索将其规范化。虽然韩国的多数决人数为信贷额占四分之三以上的债权人，日本的多数决人数为债权额占 85% 的债权人，两者不完全相同，但两者都抛弃了传统的"全体债权人一致同意"的做法，而采用"多数表决机制"为庭外重组协议的顺利通过谋求出路。

《通知》对议事规则做了充分说明，债权人委员会的重大决定须遵循"双多数决原则"，重大事项需要经过全体债权人委员会成员的过半数同意，同时需要占金融机构债权总金额三分之二以上的债权人委员会成员同意，方可通过[1]。"双多数决原则"通过的事项对异议金融机构债权人也能够产生效力，能够克服"钳制"效应，保障整体金融机构债权人的利益。从"全体债权人一致同意"变更为"多数表决机制"，可以克服某些债权人片面追求利益最大化带来的"钳制"问题，持反对意见的异议债权人妄图迫使其他债权人一再妥协和让步，借此满足自己利益的环境将不复存在。这样，不仅同意协议的金融机构债权人，异议债权人的利益也得到了保护。

---

[1] 《中国银监会印发〈关于做好银行业金融机构债权人委员会有关工作的通知〉》，载中国银行业监督管理委员会官网：http://www.cbrc.gov.cn/chinese/home/docView/B348815CE0F74B99B17C2AB0D41DD43F.html，最后访问日期：2024 年 8 月 10日。

破产程序的结构

第一节　破产能力

一、破产能力的概念

破产能力即适用破产法的主体资格问题，即对哪些主体可以适用破产程序的规定解决债务清偿问题，也就是指民事主体可以被宣告破产的资格。这种资格来源于法律或者破产法的特别规定。在此需注意民事权利能力与破产能力的关系。通常，具有民事权利能力是具有破产能力的前提。但因破产法是适用于特殊情况下的债务清偿程序，所以其适用的主体对象即具有破产能力者，与具有民事权利能力的主体范围有所不同。一方面，各国出于社会政策和历史文化背景的不同，在破产法中往往规定某些具有民事权利能力的主体不具有破产能力；另一方面，为公平维护债权人的利益，又可能将破产程序适用于不具有民事权利能力的主体。如许多国家的破产法规定，遗产也具有破产能力。

二、破产能力不同的立法例

(一) 自然人的破产能力

破产制度最早是从自然人破产演变而来的。从适用的一般原则讲,对自然人的破产能力,各国破产立法存在两种立法主义,即商人破产主义和一般破产主义。

商人破产主义形成于中世纪意大利沿海商业城市。该主义主张在债务人不能清偿债务时,只对从事商事活动即以营利为目的的商人适用破产程序解决债务清偿问题,对一般人仍适用民事执行程序解决。采纳此理论的国家在立法上多不将破产法作为独立法典,而是将其作为商法典的一部分。大陆法系中的拉丁法系国家往往采纳此主义,如意大利、比利时、法国(1967年前)。而一般破产主义则主张所有人均可适用破产程序,不因是否从事商事活动而有所区别,即消费者也可适用破产程序,如英国、美国、德国、日本等。出于全面调整债务关系的需要,加之现代社会中商人的概念已被法人、公司、企业等概念取代,20世纪后各国制定的破产法几乎已不再采用商人破产主义,一些过去采用商人破产主义的国家也有改行一般破产主义的趋势,如法国便在1967年颁布的破产法中摒弃了商人破产主义。

通常,各国(地区)破产立法还规定,自然人的破产能力可以延展到遗产之上,即遗产也具有破产能力。如我国台湾地区"破产相关法律规定"第59条规定:遗产不敷清偿被继承人债务,而有下列情形之一者,亦得宣告破产:①无继承人时;②继承人为限定继承或继承人全体抛弃继承时;③未抛弃继承之继承人全体有破产之原因时。前项破产申请,继承人、遗产管理人及遗嘱执行人亦得为之。

(二) 法人的破产能力

各国通常根据本国国情与社会政策,依法人的不同性质区分规定其是否具有破产能力。一般的原则是，除公法人外，对其他法人的破产能力普遍予以承认，同时又可根据具体情况，对个别法人的破产能力予以适当限制或排除。

第一，公法人。公法人是以行使社会公共管理职能为目的而设立的国家政府机关。如允许公法人破产，必然会导致社会管理职能瘫痪，社会秩序混乱，甚至引发政治危机与社会动荡。此外，公法人的经费由国家财政负担，除发生财政危机外，一般不会出现不能清偿债务的情况。所以，各国立法通常规定公法人不适用破产程序。如《德国支付不能法》第 12 条即规定，对公法人不适用破产程序。但有些国家的地方市、县政府可能是以自治团体身份注册的，故具有一定破产能力。美国联邦《破产法典》第九章就是适用于市政当局债务调整的，洛杉矶市的奥兰治县县政府曾据此申请了破产保护。在日本，一些公共性弱的公法人也可具有破产能力，这是日本学术界的普遍观点。[1]

第二，公益法人。公益法人属非营利社会组织，如政治党团、工会、商会、消费者协会、慈善组织等。对公益法人是否具有破产能力存在两种观点。一种观点认为，公益法人虽不以营利为目的，但其性质仍属于私法人，破产法亦具有私法性质，所以公益法人应受破产法的调整，如日本法律规定，学校法人、宗教法人、商工会议所等公益法人均具有破产能力。另一种观点认为，公益法人活动的宗旨是谋求社会公益，与商事企业不同，不宜适用破产程序解决债务问题。多数国家规定，公益法人有破产能力，同时对某些类型的公益法人的破产能力加以限制或排除，以适应其社会政策。

第三，企业法人。各国破产立法均承认企业法人具有破产能力，但有些国家出于社会政策需要，往往对特殊行业或企业，如

---

[1] 参见 [日] 石川明：《日本破产法》，何勤华、周桂秋译，中国法制出版社 2000 年版，第 33 页。

电信、金融及铁路交通、城市公共交通等公用企业的破产能力，在破产法或相应特别法中予以限制或排除。如美国联邦《破产法典》规定，保险公司、银行、作为公共承运人的铁路公司等不能适用破产法中的清算程序。

三、我国关于破产能力的规定

我国现行法尚未承认自然人的破产能力。根据《破产法》的规定，破产法的适用范围可分为直接适用范围与参照适用范围两种情况。我国《破产法》第2条规定，其直接适用范围是所有的企业法人。同时，《破产法》第135条规定，其他法律规定企业法人以外的组织的清算，属于破产清算的，参照适用本法规定的程序。据此规定，企业法人以外的组织也可纳入破产法调整范围，具体如下：

第一，可参照适用《破产法》规定程序的企业法人以外的组织，以企业为主，但不限于企业，可以涵盖合伙企业、农民专业合作社、民办学校等组织。

第二，要有其他法律明文规定这些组织的清算属于破产清算。因立法将参照适用的范围限为破产清算程序，依此文义解释，和解与重整程序便不能被适用。

第三，这种适用是参照适用，也就是适宜的规定内容可以适用，不适宜的规定内容可以不适用，并非绝对严格地适用破产法。为此，还有赖司法解释对如何参照适用作出具体规定。比如《最高人民法院关于个人独资企业清算是否可以参照适用企业破产法规定的破产清算程序的批复》（法释〔2012〕16号）规定，人民法院参照适用破产清算程序裁定终结个人独资企业的清算程序后，个人独资企业的债权人仍然可以就其未获清偿的部分向投资人主张权利。

此外，《破产法》还规定了一些主体适用的特殊情况。《破产法》第 134 条第 2 款规定：金融机构实施破产的，国务院可以依据本法和其他有关法律的规定制定实施办法。这是因为金融机构的破产存在一些特殊问题，需要制定具体实施办法解决。《破产法》第 133 条规定：在本法施行前国务院规定的期限和范围内的国有企业实施破产的特殊事宜，按照国务院有关规定办理。这是指国有企业的政策性破产。根据国务院有关文件规定，政策性破产于 2008 年底之后停止实施。

第二节　破产原因

一、破产原因的概念

破产原因有广义和狭义之分。广义的破产原因包括破产清算程序、和解程序、重整程序等的启动原因，泛指各种处理"危机企业"的法律程序的启动原因或条件。狭义的破产原因仅指破产清算程序的启动原因。破产原因是破产法律制度中的核心概念，也是一项重要的法律制度。破产原因是破产程序开始的前提，是法院受理破产案件、审查判断破产申请能否成立及能否作出破产宣告的法律依据。[1]

关于破产原因的规定，传统的破产法在立法形式上主要有两种：一是列举式，二是概括式。其主要原因都是债务人不能清偿到期债务，只是表达和认定方式有所不同。

（一）列举式

列举式立法例，是指在法律中明确列举债务人丧失清偿能力的各种具体行为，凡实施其中行为之一者便认为其具有破产原因。该立法模式主要为早期英美法系国家和地区所采用，如英

---

〔1〕　杨森主编：《破产法学》，中国政法大学出版社 2008 年版，第 14 页。

国、加拿大、澳大利亚等国以及我国香港地区。列举式立法例由英国首创，英国 1914 年《破产法》第 1 条规定了 8 种破产行为，作为法院可以宣告债务人破产的标准。美国 1898 年破产法也采取列举主义，该法第 3 条列举了 5 种破产行为。此外，我国香港地区《破产条例》第 3 条也列举了 8 类破产行为。不过，现在美国联邦《破产法典》和英国 1986 年《破产法》以及其他英美法系国家和地区均已改采用概括式立法例。

列举式立法例的优点在于法律规定具体明确，具有较强的可操作性，便于当事人举证和法院认定。但也具有列举立法本身的固有局限，即有限地列举各种具体行为过于狭隘和僵化，难以适应复杂多变的现实情况。

（二）概括式

概括式立法例，是指对破产原因作抽象性规定，着眼于破产发生的一般原因，而不是具体行为。大陆法系国家大多采用概括式立法例，如德国、法国、日本。在采取概括式立法例的国家，大多以"不能清偿""停止支付""债务超过"等标准来判断破产原因。如法国规定，债务人停止支付即可认定为不能清偿，可以申请宣告破产。比利时法律规定，债务人只要有一项到期债务不能清偿，且资信不可靠，即可据此申请破产程序。荷兰法律规定，债务人至少有两项到期债务未还，经法院认定已处于停止支付状态，即使没有达到资不抵债，也可以宣告破产。意大利法律规定，债务人不能正常地履行偿付责任，即达到破产界限。联邦德国规定，破产人不能支付即出现宣告破产的条件。[1]

在概括式立法例下，法院的自由裁量权较大，有利于根据实际情况灵活适用法律，但由于此种立法例比较抽象，不易把握和运用，如无有效的制约机制，容易导致司法擅权行为。

---

〔1〕 杨森主编：《破产法学》，中国政法大学出版社 2008 年版，第 15 页。

上述两种立法例各有利弊，目前存在相互交融的趋势。一方面，采取概括式立法例的国家开始在概括基础上对破产原因予以列举补充，向折中主义转化；另一方面，由于破产法的立法理念发生了变化，立法目标逐渐侧重于破产预防而非破产清算，破产原因规定越来越宽泛，法律的渐趋复杂对法官自由裁量权提出了更高要求，故而以往采取列举式立法例的英美法系国家也逐渐摒弃破产原因的完全列举规定，转而采用概括主义。[1]

二、破产原因分析

无论是列举式、概括式，抑或两者的融合，不同的立法例都有着相同的立法目的，即都是为了准确规定可以启动破产程序的实质性条件。从各国立法内容来看，要想正确理解破产原因，就必须把握"不能清偿""资不抵债""停止支付"三个概念及其内在的联系和区别。

（一）不能清偿

不能清偿，英文为"illiquidity"，是指债务人对请求偿还的到期债务，因丧失清偿能力而无法偿还的客观财产状况，亦称为支付不能或不能支付。不能清偿在法律上的着眼点是债务关系能否正常维系。目前，以"不能清偿"作为破产原因的国家主要有德国、英国、瑞士、瑞典、比利时、日本等。不能清偿的构成要件通常包括以下几个方面：

1. 债务人丧失清偿能力

即不能以财产、信用或者能力等任何方法清偿债务。清偿能力是一个综合的概念，并非仅取决于债务人的货币性财产，往往也包括债务人的信用或者能力。支付货币及财产是清偿债务的常用方法，除此之外，债务人还可以通过借新债还旧债或者协议延

---

〔1〕 王欣新主编：《破产法学》（第2版），中国人民大学出版社2008年版，第45页。

期还债的信用方法清偿债务，也可以通过提供债权人接受的劳务、技能服务等折价充抵货币清偿债务。只有当债务人穷尽所有的方法均不能清偿债务时，才构成丧失清偿能力。

2. 债务人不能清偿的债务

具体是指已到偿还期限、被提出清偿要求且无争议的债务。债务人不能清偿的债务必须是已经到期的债务。根据债权法的一般规定，所谓到期债务，主要是指以下情形：根据法律规定或者当事人约定，债务的清偿期限已经届至；法律未规定，当事人也未约定清偿期限的，根据债的性质或者其他情形可以确定债务清偿期已经届至；法律未规定，当事人也未约定，依债的性质或其他情形也无法确定清偿期的，如果债权人已经请求履行且给予了必要的准备时间的，也构成已届清偿期。据此，如果在到期前，债权人认为债务人到期后将无力清偿的，因为清偿义务尚未发生，不能将其视为不能清偿。理解到期债务，还必须明确该到期债务已经被提出清偿要求且不存在争议。债权人对到期债务未提出偿还要求的，视为默许延期偿还，债务人即使已经无力偿还此债，但因不能清偿情况未实际发生，也不能认定其发生破产的原因。如银行是典型的负债经营，而其业务的正常运转便是建立在"只有少数人会随时要求清偿"这一假定之基础上的。[1] 另外，如果债务双方对要求偿还的债务存在争议，如债务人提出抗辩理由或者主张债务抵销，则应先由法院或仲裁机构作出生效裁判，确认权利义务关系。"对于可得撤销、消灭时效完成、可抵销或者有同时履行抗辩之债务，即使有不能支付之情形，亦不构成破产或和解之原因。"

3. 债务不限于以货币支付为标的

非货币性支付债务在不能履行时，绝大多数都会依法转化为

---

[1] 参见李永军：《破产法律制度——清算与再建》，中国法制出版社2000年版，第45页。

货币赔偿债务。无论是对货币债务还是对实物交付债务或货币赔偿债务的不能清偿，都是由于债务人丧失了清偿能力，均构成法律意义上的破产原因。但只有当非货币性债务能够以货币评价时，才具有在破产法语境下评价其是否构成不能清偿的意义。

4. 债务人的不能清偿处于持续状态

不能清偿，必须是在相当长时期内或可预见的相当时期内持续不能清偿。因一时的资金周转困难或者其他原因出现的暂时性中止支付，不构成破产法意义上的不能清偿。关于构成不能清偿所需要的持续时间，各国立法有不同的表现，有些国家有明确规定，如英国破产法规定，认定不能支付债务必须具备自债权人要求发出后至少3个星期未能清偿这一条件[1]，而有些国家则规定由法院在受理破产案件或宣告破产时自由裁量。我国破产法根据社会信用实际情况未明确规定不能清偿的持续时间，而由法官裁量确定。

最后，需要明确的是，不能清偿是债务人的一种客观财产状况，应由法院依据法律和事实裁定认定，而不是依债务人的主观意识或表示来确定。当然，作为一种消极的法律事实，不能清偿的外延相当宽泛。为减轻债权人提出破产申请时的举证责任、方便法院受理破产申请并及时作出裁决，破产法需要对破产原因规定相应的破产原因推定制度。如英国《破产法》第123条第2款规定，如果法院经考虑到公司的或有及预期债务后，有证据认为公司资产的价值少于公司的债务，则公司也被认为不能支付债务。[2]

（二）资不抵债

资不抵债也是一些国家法律规定的破产原因之一。资不抵债是指债务人的"资产不足以清偿全部债务"，即"消极财产（债

---

〔1〕 参见《英国破产法》，丁昌业译，法律出版社2003年版，第204页。

〔2〕 参见《英国破产法》，丁昌业译，法律出版社2003年版，第107~108页。

务）的估价总额超过了积极财产（资产）的估价总额的客观状况"[1]。当然，资不抵债中的"资产"，并不一定仅指破产程序开始时的现有财产，有的国家还会考虑"资产"未来的增值可能。例如，根据《德国破产法》第 19 条的规定，对于法人，资不抵债也为破产程序开始的原因，债务人的财产不再能够抵偿现有债务，即为资不抵债。同时，在评估债务人财产时，根据各种情况显示仍然极有可能继续经营企业的，应以继续经营企业作为评估的基础。

实践中，债务人的资不抵债与不能清偿往往同时存在，但两者不能等同。不能清偿的概念，通常会考虑债务人清偿债务的各种手段，因此判断债务人是否不能清偿，需要综合判断债务人的财产、信用、能力等各种因素。而资不抵债的着眼点是资产与负债的比例关系，在评价债务人的清偿能力时，考察的是债务与资产的比例关系，债务无论是否到期都应计算在内。所以，两者的判断标准存在明显的差异。一方面，债务人的资产多于负债时，也可能会因为经营管理不善、资产结构不合理等原因，发生对到期债务缺乏支付能力的情况；另一方面，在债务人资不抵债时，也可能由于其具有良好的信用或融资能力等能够解决债务清偿问题，因此资不抵债并不必然导致债务人丧失清偿能力。

就适用范围而言，资不抵债和不能清偿也存在着明显的区别。根据多数国家的立法，不能清偿作为一般的破产原因，适用于所有的破产主体，包括自然人破产和法人破产等；而资不抵债，通常仅作为法人的破产原因，而不适用于自然人。因为自然人并不因为破产宣告而消灭其人格，在资不抵债时，债务人还可以其信用或劳务进行清偿，也可通过继续经营、工作等途径获得

---

〔1〕 参见［日］石川明：《日本破产法》，何勤华、周桂秋译，中国法制出版社 2000 年版，第 49 页。

新的财产以清偿债务。但法人经过破产宣告其法人格消灭，尤其是"资合性"法人（如股份有限公司），其信用基础就是法人的财产，无人对其承担无限责任。所以，当法人资不抵债时，往往就意味着其丧失了清偿能力，将此作为一种特殊破产原因具有合理性。在判断法人是否资不抵债时，应当对其资产作出全面考察，要合理确定有形财产以及商标、专利等知识产权的价值。

（三）停止支付

停止支付，通常是指债务人以其行为向债权人作出不能支付一般金钱债务的主观意思表示。以停止支付作为破产原因，对债务人显然更为严厉。通常只有采取商人破产主义的大陆法系国家将其作为独立的破产原因，其他国家往往仅是将其作为推定债务人丧失清偿能力的原因。如日本《破产法》第 15 条规定，债务人停止支付，推定为无法清偿到期债务。[1]

对停止支付的概念，必须明确其以下几个要点：第一，停止支付是指债务人以主观意思表示作出的外部行为，而不是其财产客观状况，这是停止支付与不能清偿的主要区别；第二，停止支付包括以明示、暗示等形式表示的各种行为，如债务人开出的票据得不到兑现，即可作为默示的停止支付；第三，停止支付的对象是债权人到期要求清偿的金钱债务，非金钱债务停止履行需转化为金钱赔偿要求时才可能构成停止支付；第四，须是对债务持续性的停止支付，而非一时的中止履行；第五，停止支付的债务必须是无争议的债务，同时停止行为不是法定抗辩事由（先履行抗辩权或同时履行抗辩权）出现的结果。

停止支付与不能清偿的关系表现为：前者为外在的主观表示，后者为内在的客观经济状态；停止支付是债务人丧失清偿能力的最典型的外在行为表现，但是停止支付并不必然表明不能清

---

[1] 参见李飞主编：《当代外国破产法》，中国法制出版社 2006 年版，第 721 页。

偿，因为债务人并非一定基于客观事实产生积极的或消极的表示。不过，由于停止支付的状况客观上已经损害了债权人的利益，故立法允许债权人据此提出破产申请，在一定条件下，可以根据债务人停止支付的行为推定债务人已经处于不能清偿的状态。这个"一定条件"，便是指债务人停止支付到期债务并呈连续状态，且无相反证据证明债务人能够清偿到期债务。法院也可以据此判定债务人破产。

三、我国破产法中的破产原因

我国《破产法》第 2 条规定："企业法人不能清偿到期债务，并且资产不足以清偿全部债务或者明显缺乏清偿能力的，依照本法规定清理债务。企业法人有前款规定情形，或者有明显丧失清偿能力可能的，可以依照本法规定进行重整。"依照上述规定，债务人的一般破产原因可以分解为以下三种情形：其一，债务人不能清偿到期债务，并且其资产不足以清偿全部债务。其二，债务人不能清偿到期债务，并且明显缺乏清偿能力。其三，债务人"有明显丧失清偿能力的可能"。如何理解以上情形，在理论和实务上是有争议的。

依照上述规定，"不能清偿到期债务""债务超过""明显缺乏清偿能力"均不构成法院对债务人适用破产程序的原因，也就是说，不能单独将其等同于破产原因之"不能清偿"。但在特殊情形下，债务超过则当然地成为法院对债务人适用破产程序的原因。例如，我国 2023 年《公司法》第 237 条第 1 款规定，清算组发现清算公司财产不足清偿债务的，应当依法向人民法院申请宣告破产。《破产法》所用"不能清偿到期债务""资产不足以清偿全部债务""明显缺乏清偿能力"和"有明显丧失清偿能力的可能"等，应当成为人民法院认定破产原因的基本要素。关于债务人的破产原因，《破产法》以"要素识别法"来限定不能清偿债务，法院在认定债务人有无不能清偿债务的法律事实时，应当结合法定的识别要素进行综合判断。[1]

第三节　破产程序的开始

一、破产程序的启动模式

（一）申请启动主义与职权启动主义

在破产程序的启动模式上，破产立法有申请启动主义与职权启动主义之别。所谓的申请启动主义，是指法院必须依据债权人、债务人等当事人的申请启动破产程序，无权在无当事人申请的情况下，自行依职权启动破产程序。所谓职权启动主义，是指根据法律的特别规定，在债务人存在破产原因时，无须当事人的申请，法院可以依职权直接启动破产程序。目前各国一般采纳申请启动主义，仅在少数国家存在职权启动主义，而且通常也是将其作为申请启动原则的例外制度设置。如法国《困境企业司法重整和司法清算法》规定在债务人申请启动和债权人传唤启动的基础上，法庭可以依职权立案。[2]

当代破产立法早已摒弃了破产有罪的概念，认为破产程序的启动主要是为了救济债权人、维护非常态下的债务清偿秩序，因此属于私法调整的范围，国家不宜过多干预，以免侵害当事人的民事处分权利，故目前各国破产法立法一般以申请启动主义为主。但有些国家的立法者认为，仅依靠申请启动主义，在债务人丧失清偿能力而又无人对其提出破产申请时，法律若不加干预，便难保对所有债权人的清偿公平。同时，现代破产法的发展又超

---

〔1〕　参见邹海林：《破产法——程序理念与制度结构解析》，中国社会科学出版社 2016 年版，第 58 页。

〔2〕　参见李飞主编：《当代外国破产法》，中国法制出版社 2006 年版，第 359 页。

越了原来的债权人本位，注重社会利益与债权人、债务人之间的利益平衡，呈现出清算与再建两种程序并重的格局，甚至有些国家（如法国）还特别强调重整程序的前置性。所以，一些国家或地区的破产法对破产程序的启动采用以申请启动主义为主、职权启动主义为辅的原则，我国台湾地区的"破产相关法律规定"就是如此。

（二）我国关于破产程序启动的规定

我国破产法在破产程序启动上采取申请启动主义的原则。人民法院应当依照当事人的申请启动破产程序。无当事人的申请，人民法院不能自行启动破产程序。我国《破产法》将当事人提起破产清算程序、和解程序与重整程序的申请统一规定于一个章节之中，虽然在有的法律条款中使用的是"破产申请"的概念，但实际上涵盖了破产清算、和解与重整三种申请。

根据《破产法》关于破产申请的规定，债务人发生破产原因，可以向人民法院提出重整、和解或者破产清算申请。债务人具有发生破产原因可能时，可以向人民法院提出重整申请。债权人可以在债务人不能清偿债务时，向人民法院提出对债务人申请进行重整或者破产清算的申请。在破产清算程序开始后，符合法定条件的债务人的出资人也可以提出重整的申请。

债务人、债权人以及债务人的出资人提出申请所对应的程序和条件有所不同。具体而言，债务人可以在破产原因发生前（具有破产原因发生可能）、发生时以及发生后（破产申请受理后、宣告破产前）提出重整申请，同时也可以在发生破产原因时提出破产清算与和解申请；债权人不能提出和解申请，但可以在债务人不能清偿时，提出对债务人进行重整或破产清算的申请，且提出申请时不需要考虑资不抵债的因素。至于债务人的出资人，其则只能在债权人提出的破产申请被法院受理后、宣告债务人破产前提出重整申请。如果是债务人先启动了破产清算程序，或者破产清算程序启动前以及破产宣告以后，出资人则无资格提出重整申请。

根据《破产法》第 7 条第 3 款规定，企业法人已解散但未清算或者未清算完毕，资产不足以清偿债务的，依法负有清算责任的人应当向人民法院申请破产清算。《公司法》第 237 条第 1 款对此也有相应规定：清算组在清理公司财产、编制资产负债表和财产清单后，发现公司财产不足清偿债务的，应当依法向人民法院申请宣告破产。但清算组的申请行为与其说是一种权利，不如说是一种义务。

根据《破产法》第 134 条第 1 款的规定，商业银行、证券公司、保险公司等金融机构发生破产原因时，国务院金融监督管理机构可以向人民法院提出对该金融机构进行重整或者破产清算的申请。国务院金融监督管理机构依法对出现重大经营风险的金融机构采取接管、托管等措施的，可以向人民法院申请中止以该金融机构为被告或者被执行人的民事诉讼程序或者执行程序。

二、破产申请的主体

（一）债权人

债权人提出的破产又称非自愿性破产。按照《破产法》第 7 条第 2 款的规定，债务人不能清偿到期债务，债权人可以向人民法院提出对债务人进行重整或者破产清算的申请。对债权人利益的保护是《破产法》的重要价值目标之一，因此，债权人作为破产申请的主体应是不言自明之理。

（二）债务人

按照《破产法》第 7 条第 1 款之规定，债务人有《破产法》第 2 条规定的情形，可以向人民法院提出重整、和解或者破产清算的申请。债务人提出破产申请的重要原因是现代破产法规定的债务人的免责制度，这是对债务人提出破产申请的有利激励。一个诚实的债务人可以通过破产程序而获得免责的优惠，从而摆脱债务危机。正是这种有力的激励使得更多的债务人产生了申请破产的原动力。只有适当的免责制度，才能使债务人具有适时申请破产的积极性，所以在世界各国，90%以上的破产案件是由债务人而非债权人提出的。但是，债务人不能滥用破产免责制度，债务人提出破产申请时必须符合不能清偿到期债务且资不抵债或者明显缺乏清偿能力的条件。

（三）依法负有清算责任的人

《破产法》第7条第3款规定："企业法人已解散但未清算或者未清算完毕，资产不足以清偿债务的，依法负有清算责任的人应当向人民法院申请破产清算。"所谓"依法负有清算责任的人"，依照相关的法律确定，例如，在公司清算的场合，根据2023年《公司法》第232条的规定，企业法人已解散但未清算或者未清算完毕的，属于清算法人，即为清算目的而存在的法人。企业法人解散是指企业因发生章程规定或者法律规定的除破产以外的事由而停止业务活动，进入待清算状态或者实施清算的过程。此时，其法人人格在法律上视为存续，但其营业资格已经丧失。如果企业存在资不抵债的事实，则应当适用破产清算程序清理债务。《破产法》第7条第3款的规定是关于依法负有清算责任的人在破产法中的一项特别申请义务而非权利，因此清算义务人无权选择不提出破产申请，也不得故意拖延申请。清算义务人违反此项义务不及时申请，导致债务人财产减少，给债权人造成损失的，应当承担赔偿责任。

三、破产申请的受理

法院裁定受理破产申请是破产程序开始的标志。一般而言，经审查，法院认为破产申请符合《破产法》的规定，应裁定受理破产申请。自法院裁定受理破产申请之日起，破产程序开始。受理破产申请的裁定，即时发生效力，债务人和其他利害关系人对法院受理破产申请的裁定，不得上诉，人民法院对破产案件作出的裁定，除驳回破产申请的裁定外，一律不准上诉。当事人对裁定有异议的，可以向作出裁定的原审人民法院申请复议。但是，复议期间不停止裁定的执行。

破产申请的受理构成债务人的债权诉讼时效中断的法律事实。不论自愿申请还是非自愿申请，只要法院裁定受理破产申请，债务人对他人所享有的全部债权的诉讼时效中断。《破产法司法解释二》第 19 条第 1 款规定："债务人对外享有债权的诉讼时效，自人民法院受理破产申请之日起中断。"但是，债务人对他人享有债权的诉讼时效在法院受理破产申请前已经完成的，不发生已经完成的诉讼时效自法院受理破产申请之日起重新计算的情况。

受理破产申请的裁定，应当在《破产法》第 10 条规定的时限内作出。法院受理破产申请的裁定时限，就非自愿破产申请而言，为"异议期满之日起 10 日内"；就自愿破产申请而言，则为法院"收到破产申请之日起 15 日内"。上述裁定时限，因为破产申请有特殊情况，"经上一级人民法院批准，可以延长 15 日"。

四、破产申请受理的法律后果

破产申请的受理作为启动破产程序的标志，会产生程序与实体两个方面的法律效力。从程序的角度来看，效力主要表现为对某些原正常程序的特殊调整和新的措施的实施；从实体的角度来看，效力主要体现为对原有权利的限制和新权利的产生。

（一）程序方面的效力

破产程序的启动，目的是在债务人出现破产原因或即将"陷入破产"时，开始集体偿债程序或者再生重建程序。为保障对破产财产管理与分配的秩序和效率，或者为再生重建创造必要和宽松的法律环境，我国破产法对破产申请受理后原有法律程序作出了一些特殊调整，主要包括保全措施的解除、执行程序的中止、民事诉讼和仲裁程序的中止与继续、专属管辖等四个方面。

首先，《破产法》第19条规定，人民法院受理破产申请后，有关债务人财产的保全措施应当解除，执行程序应当中止。由于债务人财产在人民法院受理破产申请后，自动受到破产程序禁止个别清偿之保全效力的保护，有关债务人财产的其他保全措施应当解除。保全措施通常是指人民法院依法对债务人财产采取查封、扣押和冻结等方式限制其处分的法律措施，目的在于保障某种债权利益的实现。同时，保全措施也包括行政处罚过程中的保全措施，如海关、税务机关、工商管理部门等采取的财产扣押、查封等措施，还包括刑事诉讼中公安机关、司法机关采取的相关措施。破产程序中解除保全措施的目的，在于解除债务人财产上影响破产程序正常进行的各种"负担"，保证债权人平等受偿，并为债务人重整创造条件。

其次，破产申请受理后，有关债务人财产的执行程序中止。这主要是因为在同一财产之上不能同时并存个别民事执行与破产概括执行两种性质冲突的执行程序，而且破产程序具有优于民事执行程序的效力。理解破产法关于执行程序中止的规定，必须把握以下三个方面的内容：其一，人民法院受理破产案件后，对债务人财产的民事执行程序尚未开始的不得开始；已经开始尚未执行完毕的，不得继续执行，但对已经完结的执行程序无溯及力。其二，应当中止的执行程序仅限于以财产为标的执行程序，针对债务人提出的非财产性执行程序不受影响，可继续进行。其三，有物权担保的债权人就债务人特定财产提起的执行程序不受中止效力的影响，除非即将进行的是重整程序。

再次，人民法院受理破产案件后，对债务人企业已经发生的未结诉讼如何处理，将影响相关当事人的实体权益以及破产程序的进行。在破产案件受理后，债务人丧失对其财产的管理、处分权，自然也就无权再就破产财产权益继续进行诉讼，相应的诉讼权利应由管理人行使。根据《破产法》第20条的规定，人民法院受理破产申请后，已经开始而尚未终结的有关债务人的民事诉讼或者仲裁应当中止；在管理人接管债务人的财产后，该诉讼或者仲裁继续进行。

最后，破产申请受理后对正常程序的特殊调整，还体现在对新发生的有关债务人的民事诉讼的专属管辖上。所谓的专属管辖，是指法律强制规定某类案件只能由特定法院管辖，其他法院无管辖权，当事人也不得协议变更的管辖。《破产法》第21条规定，人民法院受理破产申请后，有关债务人的民事诉讼，只能向受理破产申请的人民法院提起。据此，受理破产申请的人民法院形成了有关债务人的民事诉讼的专属管辖。需注意的是，此处的专属管辖不能与前述"中止后继续的诉讼"相混淆。前者是指相关民事诉讼只能向受理破产申请的法院提起，后者虽然因为破产申请的受理而暂时中止，但管理人指定并能履行职责后仍由原法院进行审理，不改变法院管辖。

进入程序之后：首先是管理人的指定。根据《破产法》第13条的规定，人民法院裁定受理破产申请的，应当同时指定管理人。管理人，是指破产案件在法院的指导和监督之下全面接管债务人企业并负责债务人财产的保管、清理、估价、处理和分配等事务的专门机构。管理人的指定，标志着破产程序的实质性展开。

其次是债权申报程序的产生。人民法院受理破产申请后，应通知债权人并发布公告，启动债权申报程序。债权申报是指债权人请求以破产程序满足其债权的意思表示，也是没有申请债务人破产的债权人参加破产程序的手段。破产案件受理之后，债权人不能再通过个体诉讼或执行实现其债权，必须通过参加破产程序获得相应的救济，为此必须申报债权。

最后是在重整程序中，重整申请的受理意味着开始重整期间的计算。《破产法》第72条规定，自人民法院裁定债务人重整之日起至重整程序终止，为重整期间。而重整期间又是重整计划提出、通过、批准的活动期间，对担保物权、取回权等有重要影响。

（二）实体方面的效力

破产程序的目的主要是弥补传统债权救济手段的不足，并满足全体债权人的公平清偿要求，防止在债务关系"生态失衡"情况下各债权人在"公共鱼塘"中的私自"钓鱼行为"。通过国家司法权力的介入和必要的管理程序，尽量使"公共鱼塘"能够休养生息、恢复原有的生态平衡，或者让大家公平地参与"公共鱼塘"产品的分配。所以，简单地改变或设置某些程序还不足以实现这些目标，法律还有必要对破产当事人或利益相关者的权利、义务作出必要的特殊调整。

1. 对原有权利的限制

对原有权利的限制，首先表现为对债务人权利的限制。人民法院受理申请后，债务人就丧失了对财产的控制权，其全部财产由管理人接管，债务人的债务人或者财产持有人应当向管理人清偿债务或者交付财产。同时，破产法还禁止破产申请受理后债务人的个别清偿行为。债务人全部财产的移交和个别清偿行为的禁止，可以有效避免债务人在破产申请受理后作出有损债权人利益的行为，有利于保持债务人的财产以及对全体债权人的公平清偿。根据《破产法》第17条第2款规定，如果债务人的债务人或者财产持有人故意违反法律规定向债务人清偿债务或者交付财产，使债权人遭受损失的，不免除其清偿债务或交付财产的义务。但如债务人将违法接受的清偿款项或财产全部转交管理人，未造成债权人损失的，则该次级债务人或财产持有人不再承担责任。为区分当事人的相关行为是否构成"故意违反规定"，《破产法》第 14 条第 1 款规定，人民法院应当自裁定受理破产申请之日起 25 日内通知已知债权人，并予以公告。通知和公告应当载明事项之一，就是债务人的债务人或者财产持有人应当向管理人清偿债务或者交付财产的要求。于是，该事项的通知或公告便有了提示作用，使相关当事人负有相应的注意义务。与这些权利限制相对应，《破产法》第 15 条还规定了债务人的有关人员在破产申请受理后至破产程序终结前承担的一系列义务，如妥善保管其占有和管理的财产、印章和账簿、文书等资料；根据人民法院、管理人的要求进行工作，并如实回答询问；列席债权人会议并如实回答债权人的询问；未经人民法院许可，不得离开住所地；不得新任其他企业的董事、监事、高级管理人员。债务人的有关人员，是指企业的法定代表人；经人民法院决定，可以包括企业的财务管理人员和其他经营管理人员。

对原有权利的限制，还表现在对特定股东权利的限制上，债务人陷入资不抵债的破产境地时，股东的剩余索取权便失去了存在条件。此时债务人的控制权由股东手中转移到债权人手中（重整程序可能除外）。为防止道德风险阻碍破产程序的正常进行，破产法对债务人企业的出资人和董事、监事及高级管理人作出某些强制性的规定。《破产法》第 35 条规定，人民法院受理破产申请后，债务人的出资人尚未完全履行出资义务的，管理人应当要求该出资人缴纳所认缴的出资，而不受出资期限的限制。根据《破产法》第 77 条的规定，在重整期间，债务人的出资人不得请求投资收益分配。在重整期间，债务人的董事、监事、高级管理人员不得向第三人转让其持有的债务人的股权。但经人民法院同意的除外。这些限制既有利于清算与重整程序中债务人资产的保持，也有利于稳定重整程序中的利益格局，为重整程序创造必要的条件。

为公平保障全体债权人的利益以及在债权人与相关利害方的利益间保持平衡，破产法对债权人的某些权利也作出限制。首先表现为对债权人救济权利的限制，即破产申请受理后，债权人不能再主张个体救济，必须参与破产这一"集体偿债程序"来实现债权。其次，在重整程序中，为保障重整成功，破产法对债权人规定了更为严格的限制性规范，集中体现在对担保物权的限制上。《破产法》第75条第1款规定，在重整期间，对债务人的特定财产享有的担保权暂停行使，但担保物有损坏或者价值明显减少的可能，足以危害担保权人权利的，担保权人可以向人民法院请求恢复行使担保权。立法之所以规定暂停担保权的行使，是因重整程序需要资产与资金的支持。为保障债务人的重整成功，应当使其能够继续使用担保财产进行经营活动，需要对债务清偿的重新安排，所以有必要对担保债权人的担保权作出一定限制。但需明确的是，这种限制是"暂时"的，可以因特定事由出现而取消，而且这种限制不得损害债权人的担保利益。

另外，《破产法》第76条规定，债务人合法占有的他人财产，该财产的权利人在重整期间要求取回的，应当符合事先约定的条件。据此，重整申请受理后，取回权人的权利也受到了一定的限制。而在破产清算程序启动后，取回权人就可以立即行使取回权，而无论原定取回期限是否已到。

2. 新权利的产生

破产申请受理后，为实现破产法的立法目标，法律在限制当事人部分权利的同时，也在一些权利方面作出扩张，甚至导致新的权利产生，这主要表现为管理人的合同决定权、撤销权，债权人的破产抵销权以及破产费用和共益债务等新债权的产生。

首先，管理人的"新生权利"。管理人具有广泛的职权，但体现破产申请受理法律效力的，主要是对合同继续履行与否的决定权、撤销权，因为这些权利的产生是以破产申请受理为标志的。

《破产法》第 18 条规定，人民法院受理破产申请后，管理人对破产申请受理前成立而债务人和对方当事人均未履行完毕的合同有权决定解除或者继续履行，并通知对方当事人。管理人自破产申请受理之日起 2 个月内未通知对方当事人，或者自收到对方当事人催告之日起 30 日内未答复的，视为解除合同。管理人决定继续履行合同的，对方当事人应当履行；但是，对方当事人有权要求管理人提供担保。管理人不提供担保的，视为解除合同。据此，可以从三个方面分析管理人对未履行完毕合同的处置权。第一，管理人具有决定权，可以要求对方当事人继续履行合同，或者单方解除合同。这种决定权在一定程度上限制了对方当事人的合同处分权。第二，管理人决定权的对象，是破产申请受理前双方当事人均未履行完毕的合同，不包括一方履行完毕、另一方当事人未履行完毕的合同。如对债务人已经完全履行而对方当事人尚未履行或未履行完毕的合同，管理人无权决定解除，只能要求对方当事人继续履行。第三，管理人的决定权受到一定限制。这一方面表示履行的意思表示必须明示并通知对方当事人，而且必须在自破产申请受理之日起两个月内通知；另一方面为保障对方当事人的合法权益，管理人要求对方当事人履行合同时必须满足对方当事人的担保请求。在这里，需要明确的是债务人为他人担保而签订的担保合同，管理人无权要求解除，必须继续履行。担保责任不因担保人的破产而解除，是一项基本原则。

各国破产法一般均赋予管理人对是否继续履行双务合同的选择权。《法国 85—98 号法律》第 37 条第 1 款规定："管理人有权单方面要求履行有效合同，同时他得执行债务人向对方当事人承诺的给付。"《德国支付不能法》第 103 条规定："在支付不能程序开始时，双务合同未为债务人和另一方当事人履行，或未为其完全履行的，支付不能管理人可以替代债务人履行合同、并向另一方当事人请求履行。管理人拒绝履行的，另一方当事人只能作为支付不能债权人主张不履行的债权。另一方当事人催告管理人行使其选择权的，对于自己是否打算请求履行这个问题，管理人应当不迟延地作出表示。管理人不作出表示的，其不得坚持要求履行。"

破产申请受理后，管理人可以就债务人在破产申请受理前特定时期内的违法行为请求人民法院予以撤销。对此，《破产法》在第 31 条、第 32 条中作有详细规定，本章不再赘述。

其次，破产申请受理后也会使一些债权因破产法的规定而发生一些"非常态"的变化。如未到期的债权，在破产申请受理时视为到期；附利息的债权自破产申请受理时起停止计息；附条件、附期限的债权和诉讼、仲裁未决的债权，债权人可以申报。另根据《破产法》第 40 条第 1 款之规定，债权人在破产申请受理前对债务人负有债务的，可以向管理人主张抵销。

最后，破产申请的受理决定了破产费用和共益债务的构成期间。根据《破产法》第 43 条第 1 款规定，此类特殊债权可以由债务人财产中随时清偿。

五、破产案件的管辖

各国立法关于破产案件管辖法院的规定主要有三种模式：①专门法院管辖。在此模式下，破产案件由特别法院系统管辖，采用的国家主要有美国等。如美国的破产案件由联邦法院审理，破产法院是联邦地区法院的一个重要组成部分，在联邦地区法院下共设有 93 个地区破产法院（庭），并在 11 个联邦巡回审判区设置破产上诉法院。②商事法院管辖。在实行商人破产主义的国家，往往根据破产人身份的不同确定管辖法院。这种管辖模式主要适用国家有法国等。另根据 2002 年俄罗斯联邦《无支付能力法》第 6 条规定，破产案件由仲裁法院审理[1]，故俄罗斯也属于此种类型。③普通法院管辖。由普通法院管辖破产案件的国家主要有德国和日本。如《德国破产法》规定，州法院所在地辖区的初级法院作为破产法院对该州法院辖区的破产程序具有专属管辖权。[2]

我国《破产法》第 3 条规定，破产案件由债务人住所地人民法院管辖。据此，破产案件的地域管辖以债务人的住所地为确定原则。债务人住所地，通常是指债务人的主要办事机构所在地。债务人无办事机构的，由其注册地人民法院管辖。所谓的主要办事机构，是指管辖全部组织的中枢机构，是法人业务的中心点，但并非必须是法人经营业务活动的场所。对主要办事机构所在地，应以法人的登记为准。

企业法人的破产案件由债务人住所地的人民法院管辖，主要有以下原因：第一，便于法院及时了解债务人的财产状况和人身动向，方便对债务人财产的接管、清理、变价和分配。第二，有利于全体债权人公平参加破产程序。尤其在债权人人数众多时，为防止债权人滥用破产申请权，也不宜确定由某一债权人所在地法院管辖。

我国破产法对级别管辖未作明确规定。《破产法（试行）》实施时《最高人民法院关于审理企业破产案件若干问题的规定》第 2 条规定，基层人民法院一般管辖县、县级市或者区的工商行政管理机关核准登记企业的破产案件；中级人民法院一般管辖地区、地级市（含本级）以上工商行政管理机关核准登记企业的破产案件；纳入国家计划调整的企业破产案件，由中级人民法院管辖。据此，破产案件的级别管辖以企业工商登记机关的行政级别为标准，这虽统一解决了管辖的划定，但也存在难以反映破产企

[1] 参见李飞主编：《当代外国破产法》，中国法制出版社 2006 年版，第 148 页。
[2] 参见李飞主编：《当代外国破产法》，中国法制出版社 2006 年版，第 12 页。

业的投资规模、资本数额、社会影响度等因素以及难以反映破产案件的简易、复杂程度和社会影响程度等问题，所以仍有待寻求更为适宜的级别管辖确定标准。

第
三
章

管理人制度

第一节　管理人的法律地位

一、管理人法律地位的学说

管理人在破产程序中处于何种地位，是一个具有重要实践意义的理论问题，关系到管理人如何正当履行职责。管理人的法律地位，虽在立法上有相应规定，但因管理人面对不同利益诉求的利害关系人所从事的行为具有复杂性，致使理论上产生了对管理人法律地位的不断讨论。我国学界关于管理人法律地位的学说，主要是继受传统破产法学上的"破产管理人"地位之学说而形成的。这里所述有关管理人法律地位的学说，并非针对《破产法》规定的管理人，而多是以"破产管理人"为背景展开的。

在英美法系各国，对管理人的法律地位的表述，以信托关系为基础。管理人，又称破产程序中的受托人（Trustee in Bankruptcy），是破产程序开始后的债务人财产的受托人。管理人作为债务人财产（bankrupt estate）的受托人，在法院、破产人之外取得独立的地位，仅以受托人的名义为法律行为和以债务人财产的

"所有权人"的名义管理、变价和分配债务人财产。美国联邦《破产法典》第 323 条规定,管理人为债务人财产的代表,并以自己的名义起诉和应诉。英美法系的信托制度是管理人受托人地位的基础。英美法系的破产法把信托制度导入破产程序,规定管理人为债务人财产的受托人,管理人以受托人的名义执行职务,避免了法律理论对管理人地位的争执,这样的法律机制也没有引起法律理论和实务对管理人受托人地位的怀疑。

以大陆法系破产立法作为传统的国家和地区,理论上关于破产管理人法律地位的学说主要有"破产人代理说""债权人代理说""破产人和债权人共同代理说""破产财团代理说"和"职务说"等不同的学说。

(一)破产人代理说

破产人代理说认为,破产程序的实质为清算程序,不是强制执行程序,破产管理人的地位和公司清算人的地位并无不同;再者,破产宣告并未剥夺破产人对其财产的所有权,破产人只是暂时丧失对破产财团的管理和处分权,管理人依据法律的规定管理和处分破产财团,以破产财团之破产管理人的名义为法律行为,不是以自己的名义为法律行为,破产管理人所为行为的效力及于破产人。破产管理人是破产人的法定代理人,代理破产人管理和处分破产财团的财产,并代理破产人行使权利。依据上述学说,破产管理人为法律行为时,不能以破产管理人本人的名义为法律行为,只能以破产人的名义为法律行为,特别是在提起有关破产财团的诉讼和应诉时,诉讼当事人为破产人而非破产管理人,破产管理人在诉讼上仅为破产人的法定代理人。

(二)债权人代理说

债权人代理说认为,债务人受破产宣告后,债权人取得对破产财团的排他性的受偿质权,破产管理人代表债权人的利益行使对破产财团的质权;破产管理人作为债权人行使质权的代理人,执行职务依据法律的规定，无须债权人的特别授权。再者，破产撤销权为破产债权人的权利，但是在破产程序中却由破产管理人向相对人行使，破产管理人实为债权人的代理人，所以破产管理人是债权人的法定代理人。破产管理人作为债权人的代理人，在学说上又具体分为两种：其一，破产管理人为各破产债权人的共同代理人。其二，破产管理人为破产债权人团体的法定代理人。依照债权人代理说，破产管理人代理债权人为破产财团的管理和处分、对破产人的行为主张无效或者行使破产撤销权。

（三）破产人和债权人共同代理说

破产人和债权人共同代理说认为，破产管理人在管理和处分破产财团时，为破产人的法定代理人；但在为债权人的团体利益执行职务时，如主张破产无效行为或者行使破产撤销权，又是破产债权人的代理人。显然，共同代理说综合了破产人代理说与债权人代理说的主要观点，将破产管理人定位于破产人和债权人的共同代理人。但是，因为债务人（破产人）与债权人之间存在利益冲突，破产管理人作为他们的共同代理人，在许多方面有悖于代理制度的本质。

（四）破产财团代理说

破产财团代理说认为，破产财团已经脱离破产人而有存在的特定目的，仅为破产债权人的利益而存在，在破产程序中表现为集合体，从而取得破产程序上的权利和义务主体地位，具有非法人团体的性质或者可以视为法人团体。管理人执行职务，管理和处分破产财团、行使权利和负担义务，均以破产财团的名义为之。所以，管理人为破产财团的代理人。破产财团代理说，又称破产财团代表说。破产财团代理说，以破产立法承认破产财团在破产程序中的独立地位（破产程序中的当事人地位）为基础。

（五）职务说

职务说（又称公吏说）认为，破产程序为概括的强制执行程序，管理人为法院选任的、负责破产财团的管理和处分的执行机关，与代理人的性质不同；破产财团的管理和处分，破产人和债权人均无权涉及，专属于管理人；况且，有关破产财团的诉讼，以管理人为原告或者被告；管理人执行职务，不仅要维护破产债权人的利益，而且还要维护破产人的利益。所以，管理人为破产程序中具有公吏性质的执行机关。德国、日本的判例和多数学者支持这种学说。[1]

上述五种主要学说，依其性质可以划分为两大类：破产管理人代理说和破产管理人职务说。破产管理人代理说的实质，源于破产程序的自力救助主义，过分渲染了破产管理人的"私权机关"地位，否认破产管理人以自己的名义独立为法律行为的品格，认为破产管理人不具有独立的诉讼主体地位，充其量为破产程序中的当事人之代理人。与之不同，破产管理人职务说则是破产程序公力救助主义思想的产物，较为符合现代破产立法的务实倾向，突出了破产管理人的"公权力机关"地位，充分肯定破产管理人在破产程序中的独立地位，破产管理人以自己的名义为破产财团的管理、变价和分配。但是，破产管理人代理说和破产管理人职务说，都因其自身所不能克服的某些缺陷而受到多方面的批评。

批评破产管理人代理说的意见主要有：第一，不符合代理的基本观念。破产管理人如为他人的代理人，则应当以被代理人的名义为法律行为，但是，在法理和司法实务上，破产管理人具有独立的人格，多以自己的名义为法律行为，这说明破产管理人不是破产人、债权人或者破产财团的代理人。特别是，破产管理人不能同时代理利益冲突的破产人和债权人。所以，将破产管理人的法律地位归结为代理人，不符合代理制度的基本观念。第二，

---

〔1〕 参见刘清波：《破产法新论》，东华书局股份有限公司 1984 年版，第 247 页。

破产财团代理说或者破产财团代表说，以破产财团的人格化为基础。但是，各国破产立法例少有明文规定破产财团具有法律主体地位。事实上，破产财团在破产程序中自始至终均为破产债权人行使权利的客体，更是破产管理人执行职务的对象。况且，将破产财团拟制为法人或者非法人团体，以图说明破产管理人的代理人地位，又与各国司法实务以破产管理人作为破产程序当事人的现状不符。第三，代理人和被代理人是两个独立的法律主体，代理人不能做不利于被代理人的行为，诸如破产管理人不能主张被代理人的行为无效或者撤销被代理人的行为。破产管理人代理说不能合理解释，当破产管理人作为破产人的代理人时，何以能够行使破产撤销权的疑问。第四，破产管理人代理说同破产程序的性质不相符。破产程序实质上是一种概括的执行程序，而非一般的公司清算程序可以比拟。所以，破产管理人管理、变价和分配破产财团的行为和结果，在性质上具有强制执行的效力，这不是代理人所能做到的。

批评破产管理人职务说的意见主要有：第一，破产管理人不能同法院的执行机关或者国家公务员相提并论。破产管理人虽由法院选任，但破产管理人只不过是管理、变价和分配破产财团的临时机构而已，破产管理人的职责法定，工作性质仍然可以归入公司清算或财产清算的范畴，破产管理人随着破产程序的终结而告解散，不具有法院执行人员或者国家公务员的地位。第二，破产管理人为破产财产的执行机关，与其在破产程序中的实际地位不完全吻合。破产管理人职务说强调破产管理人以自己的名义参加有关破产财团的诉讼，具有诉讼当事人的法律地位，这不能合理解释在法律程序中作为执行机关的破产管理人，何以又成为执行标的的诉讼当事人的疑问。如果破产管理人为破产程序的执行机关，那么有关破产财团的诉讼当事人应当为破产人或者破产债权人，不能够为管理人。特别是破产债权人为破产撤销权人，但是在破产程序中，破产撤销权却由破产管理人行使，作为执行机关的破产管理人何以能够代行破产债权人的权利？这与破产管理人的执行机关的地位不符。

关于管理人法律地位的争论如上所说，在我国破产法理论上都曾有所反映。因为破产管理人代理说存在的诸多缺陷与我国破产立法的程序制度设计无法相容，我国鲜有学者采用"破产人代理说""债权人代理说""破产人和债权人共同代理说"或"破产财团代理说"。目前，我国学者关于管理人在破产程序中的法律地位的认识，主要有债务人财产受托人说和专门机构说等观点。

二、管理人在我国破产程序中的法律地位

管理人在我国破产程序中究竟处于何种法律地位？在理论上对这一问题的认识，有一个与我国破产制度改革逐步趋同的过程。

我国《破产法（试行）》对破产管理人（清算组）有如下的规定：清算组由人民法院指定，对人民法院负责，并受债权人会议监督。这样的规定中，貌似破产管理人的法律地位是清楚的，但破产管理人究竟该如何履行职能，实则是模糊的。在当时的情形下，不少学者认为，破产管理人为破产企业的法定代表人；也有学者认为，破产管理人"为破产财产的法定管理人，它依法接管破产企业，依法对破产财产行使分配权，是企业被宣告破产后，破产财产分配前在法院领导下的一个临时机关"；还有学者认为，破产管理人在我国破产程序中有独立当事人地位，为执行破产清算事务的专门机构，即破产管理人为我国破产法特别规定的管理、变价和分配破产财产的专门机关。

依法理以及我国的司法实务，债务人财产在破产宣告时构成破产财产，但破产财产不具有法人或者非法人团体的地位，仅为

破产清算的客体，破产管理人不可能成为破产财产的代理人；再者，破产管理人实际上具有独立的民事主体地位，以自己的名义从事破产清算行为，特别是在诉讼上取得独立的当事人地位，"用自己的名义参加诉讼"[1]，由此决定破产管理人也不是破产企业或者债权人（团体）的代理人或者代表人。破产管理人更不具有执行机关的地位，因为破产管理人在破产程序中执行职务时，既不是以国家公务员的名义，也不是以法院的执行员的名义，其只是法院指定的管理、变价和分配破产财产的一个"临时机关"，因法院的指定而产生，随着破产程序的终结而解散。破产管理人执行管理、变价和分配破产财产的职能及其效果，均源自破产法的特别规定。破产管理人对人民法院负责并报告工作、接受债权人会议的监督，仅受破产法对其独立的当事人地位所附加的限制。因此，破产管理人为我国破产法特别规定的管理、变价和分配破产财产的专门机关，在破产程序中取得独立的地位，依破产法的规定行使权利和承担义务，并仅以自己的名义执行破产清算事务。[2]

《破产法》对我国的管理人制度进行了富有实效的改革，以管理人中心主义为指引，基本上确立了管理人在破产程序中的独立地位。管理人中心主义的核心问题，不是要不要坚持管理人中心主义的问题，而是在管理人中心主义的架构下，如何协调管理人、法院和债权人之间的关系或者分配权力的问题。管理人的法律地位集中体现在管理人与法院、债权人会议相互间权力分配的机制上。《破产法》第 23 条第 1 款规定："管理人依照本法规定执行职务，向人民法院报告工作，并接受债权人会议和债权人委

---

〔1〕 参见 1988 年最高人民法院《关于贯彻执行〈中华人民共和国民法通则〉若干问题的意见（试行）》（已失效）第 60 条。

〔2〕 参见邹海林：《破产程序和破产法实体制度比较研究》，法律出版社 1995 年版，第 235 页。

员会的监督。"第 25 条规定："管理人履行下列职责：①接管债务人的财产、印章和账簿、文书等资料；②调查债务人财产状况，制作财产状况报告；③决定债务人的内部管理事务；④决定债务人的日常开支和其他必要开支；⑤在第一次债权人会议召开之前，决定继续或者停止债务人的营业；⑥管理和处分债务人的财产；⑦代表债务人参加诉讼、仲裁或者其他法律程序；⑧提议召开债权人会议；⑨人民法院认为管理人应当履行的其他职责。本法对管理人的职责另有规定的，适用其规定。"

我国学者试图借鉴英美法系的信托法理念，以债务人财产受托人地位解释管理人的法律地位。

用破产受托人来定位破产管理人法律地位更为适合。破产受托人法律地位更加明确，它依照受托人的法律地位独立行使权利和履行义务，并且接受法院和受益债权人的监督；破产受托人可以更有效地履行对破产财产的管理职责，以达到破产目的；破产受托人制度并不需要强行将债务人财产人格化，它仍然可以作为权利的载体存在，根据信托法律关系，破产程序开始以后，债务人财产成为受托财产，并由受托人暂时享有法律上的财产权，由受托人根据信托意图、受托权利和义务对其进行管理，并由受益债权人享有权益。债务人财产在破产程序中作为信托财产，由破产受托人进行管理和处分。

破产债务人财产受托人说，能够在以下几个方面对破产法律现象作出合理解释：①关于破产程序的性质问题。信托说还原了破产程序本来的目的。这就是在法院的主持下，在破产管理人的具体操作下，以破产财产按照一定的规则清偿全体破产债权人。②关于实体权利的承受问题。受托人说可以解决破产管理人何以自己名义，却以他人财产清偿他人债务的问题。③关于破产管理人死亡问题。依受托人说，受托人死亡，其继承人和具有同等地位的人有紧急处理事务的义务，满足了破产法的需要。④关于破产人死亡问题。受托人说可以解释破产程序何以不因破产人死亡而终止并不会危及继承人的财产安全。⑤关于解释撤销权问题。受托人说可以运用信托关系合理解释破产管理人何以以自己名义行使本属于破产债权人的撤销权。⑥关于破产人请求的财团费用问题。在受托人说下，破产管理人的独立地位与信托财产的独立性，可以解释破产人（自然人）及其家属请求从破产财产中支付必要生活费用、丧葬费用等财团费用而自己向自己财产请求的问题。将管理人定位于破产财产受托人，也就意味着债权人享有受益人之法律地位，管理人理所当然应当为受益人尽忠实、勤勉之责，为其利益最大化而工作。因此，将管理人定位于破产财产之受托人，更有利于保护债权人利益。将管理人视为信托受托人，可以更好地处理破产程序中相关利益主体的权利和义务，并且可以保障破产管理人职责的履行。从法理上看，采纳此说较为适宜。我国立法已经确立了信托制度，存在采纳此说建构管理人制度的前提。但在我国破产法理论上，管理人专门机构说仍为通说。

管理人专门机构说认为，债务人财产仅为破产程序支配的客体，管理人不是债务人财产的代理人或代表；管理人具有独立的民事主体地位，以自己的名义从事破产执业行为，特别是在诉讼上取得独立的当事人地位，由此决定管理人不是债务人或债权人的代理人或代表人；管理人不具有执行机关的地位，因为管理人既不是国家公务员，也不是法院的执行员，只是法院指定的管理债务人财产的临时机关，随着破产程序的终结而解散。因此，管理人为破产法特别规定的管理债务人财产的专门机关。

依照《破产法》的规定，管理人应当是由法院选任的在破产程序中独立执行破产事务的临时性专门机构。其主要理由是：①管理人是依法接管债务人企业并对其财产进行管理、处分和分配以及实施其他与债务人财产相关的法律行为的专门机构。②从某种意义上讲，管理人具有法人性质，是特殊的民事主体。管理人可以管理、处分债务人财产，并代表债务人以自己的名义参加诉讼、仲裁或者其他法律程序，但其仅存在于破产程序中，且为了债权人的利益仅为从事破产事务性工作而设立。③管理人具有相对独立性，独立于法院和债权人会议，但又受法院和债权人会议的监督。④管理人是独立的诉讼主体。

管理人是具有独立民事主体资格的专门的独立机构，理论上将管理人视为一种专门的独立机构更为妥当。专门的独立机构是指管理人既不是政府机构，也不是债权人或债务人的代理人，而是依据《破产法》的规定在破产程序开始后成立，负责执行债务人财产管理、变价、分配等事务的独立的专门主体。管理人作为专门的独立机构，更能公平地维护全体利益关系人的利益，并以超脱于有关当事人的利益身份而介入破产事务。

总体而言，关于管理人的法律地位的不同观点，尽管其侧重点各有不同，但他们具有共同特点：一是学者始终着眼于管理人在破产程序中应当具有的职能，试图对管理人的法律地位作出说明。理论上关注"管理人是什么"的真正用意在于明确"管理人干什么"的问题，只不过采取了从"干什么"到"是什么"的逆向推导策略，结果是不同观点出于对管理人不同的期许而做出不同的定性，从而出现认识上的多样化。二是不同观点都致力于在包括债权人、债务人（破产人）这样一个涉及利益冲突的破产程序的格局中勾画管理人的行为模式，结果是选择不同的利害关系人为基点，就会对管理人法律地位的定位产生不同影响，从而出现不同的观点。但各种观点都无法否认这样一个事实：管理人是基于破产法的特别规定，在破产程序中专司管理、变价和分配债务人财产的专门机关。

第二节　管理人产生的方式

《破产法》第 13 条规定："人民法院裁定受理破产申请的。应当同时指定管理人。"依照上述规定，管理人产生的方式在我国仅以"法院指定"为限。法院指定为法院行使破产案件管辖权的司法行政行为。管理人在破产程序中的地位，只能源于法院指定的职权行为。

但是，在破产立法例上，管理人产生的方式则是多样化的，与破产程序所具有的当事人自治主导型特征保持着一定程度的适应性。具体而言，在破产立法例上，管理人产生的方式主要有法院指定（或任命）、债权人会议选任、法院指定和债权人会议选任双轨制、有权机关指定。

一、法院指定

法院指定（或任命）管理人，较为鲜明地反映了法院在破产程序中的职权主义色彩。法院基于其审判机关的地位，独立行使指定（或任命）管理人的权力。不论从哪个角度讲，法院在破产程序中都居于主导地位，独立行使对破产案件的审判权，不受债权人会议的干预或者影响，如何指定（或任命）管理人、指定（或任命）何人为管理人、指定（或任命）多少人为管理人，均取决于法院自己的决定。对于法院指定（或任命）的管理人，债权人会议如果不服，也不能另行选任管理人，只能向法院提出指定（或任命）管理人的异议或者申请法院予以更换。法国、意大利、日本、俄罗斯、埃及、泰国、韩国、伊朗等国的破产立法，均实行法院指定（或任命）管理人的制度。在法院指定（或任命）管理人的模式下，法院指定（或任命）成为管理人产生的唯一方式。

有些破产立法给予债权人会议推选管理人的机会，但仍然实行法院指定（或任命）管理人的制度；债权人会议推选管理人的职能，对法院指定（或任命）管理人的制度模式不产生实质性的影响。例如依照俄罗斯联邦《破产法》的规定，债权人会议具有确定或推选管理人、重整管理人以及破产管理人的职权（第12条），但破产程序中的临时管理人、管理人、重整管理人和破产管理人均是法院任命的俄罗斯公民。[1]

有些破产立法允许债权人会议另选管理人，申请法院任命其所选任的管理人以替换法院指定的管理人。但是，法院是否替换其已经指定的管理人，则由法院决定。例如德国《破产法》第78条规定，破产管理人由法院任命。第80条规定，在法院任命破产管理人后召开的债权人会议可以选任管理人以替代法院任命的管理人，但法院有权拒绝债权人会议的选任。这说明，债权人会议在法院指定（或任命）管理人后，虽可以另选管理人，但法院有权拒绝任命债权人会议选任的管理人，事实上仍然贯彻了法院指定（或任命）管理人的模式。

依照我国《破产法》第22条的规定，管理人由法院指定，但债权人会议认为管理人不能胜任工作的，可以申请法院予以更换。依照上述规定，管理人由法院指定，债权人会议只能要求法院更换指定的管理人；是否更换则由法院决定。这就是说，管理人的指定不受债权人会议的影响。

管理人由法院指定，在破产程序上具有重要意义。首先，法院受理破产案件，具有保全债务人财产的效力，并通过管理人加以实现。管理人有接管债务人财产的权力。因此，这意味着债务人丧失了对其财产的管理处分权。其次，管理人自破产程序开始之日，全面负责债务人财产的日常管理和经营事务，与债务人财

---

〔1〕 参见李飞主编：《当代外国破产法》，中国法制出版社2006年版，第152、145页。

产有利害关系的人，例如，债务人的债务人、财产持有人、对债务人财产享有担保物权的人，均应当以管理人为相对人履行义务和行使权利。最后，管理人在管理和处分债务人财产过程中，依法享有询问债务人以及有关利害关系人的权利，受法院监督（负责向法院报告工作），同时受债权人会议或者债权人委员会的监督，对破产程序的顺利进行起着重要的作用。为全面实现破产程序保全债务人财产的效力，由法院指定管理人最便捷、经济和有效。法院在指定管理人后，应当及时通知债务人，并且公告管理人的姓名、住址和办公地点。

另外要说明的是，法院指定管理人不受其他国家行政机关或者任何第三人的干预。但在我国司法实务上，如果涉及国有企业破产的，法院指定管理人时，确实应当考虑国有企业的实际需要，征得有关政府部门的意见后，指定管理人。再者，企业破产案件有下列情形之一的，法院可以指定清算组为管理人：①破产申请受理前，根据有关规定已经成立清算组的；②审理《破产法》第133条规定的案件的；③有关法律规定企业破产时成立清算组的；④人民法院认为可以指定清算组为管理人的其他情形。清算组为管理人的，法院可以从政府有关部门、编入管理人名册的社会中介机构、金融资产管理公司中指定清算组成员，人民银行及金融监督管理机构可以按照有关法律和行政法规的规定派人参加清算组。[1]

我国已经建立管理人名册制度，法院作出受理破产申请的裁定而指定管理人时，应当从管理人名册中指定。法院指定管理人，原则上应当依照属地原则和机构管理人优先原则，以节省破产程序的费用和便利债务人财产的管理。受理破产案件的法院指定管理人，一般应从本地管理人名册中指定社会中介机构担任管

---

〔1〕 参见2007年《最高人民法院关于审理企业破产案件指定管理人的规定》第18条、第19条。

理人。[1] 但是，对于商业银行、证券公司、保险公司等金融机构以及在全国范围内有重大影响、法律关系复杂、债务人财产分散的企业破产案件，法院可以从所在地区高级人民法院编制的管理人名册列明的其他地区管理人或者异地法院编制的管理人名册中指定管理人。[2] 对于事实清楚、债权债务关系简单、债务人财产相对集中的企业破产案件，法院可以指定管理人名册中的个人为管理人。[3]

法院指定管理人实行机构管理人优先原则，忽视了管理人专业服务的个人属性，通常认为机构执行破产事务具有比个人更好的水平和信用。这个问题是我国未来破产法改革将要深入检讨和慎重对待的问题。在一个开放和充分竞争的市场环境中，债务人财产的管理都是由具体的个人来操作的，机构虽然可以具有较个人更丰富的资源，但离不开个人所拥有的专业技能。

二、债权人会议选任

破产程序为债权人的共同利益而进行，负责破产事务的机构应当由债权人会议选任，才有助于保障债权人的利益，彻底贯彻债权人在破产程序中的自治精神。有些破产立法例规定，管理人由债权人会议选任。在债权人会议选任管理人的体制下，债权人会议享有选任管理人的绝对权威。美国、加拿大、瑞典等国实行债权人会议选任管理人的制度。

破产程序开始后，由债权人会议选任管理人，需要召开债权人会议。但在召开债权人会议前或者债权人会议选出管理人前，

---

[1] 参见 2007 年《最高人民法院关于审理企业破产案件指定管理人的规定》第 15 条第 1 款、第 16 条。

[2] 参见 2007 年《最高人民法院关于审理企业破产案件指定管理人的规定》第 15 条第 2 款。

[3] 参见 2007 年《最高人民法院关于审理企业破产案件指定管理人的规定》第 17 条。

破产程序不能因为尚未选出管理人而停止，法院基于破产程序保全债务人财产的需要，可以任命管理人或临时管理人负责破产事务。法院任命的管理人或临时管理人，在债权人会议选出管理人时，终止执行其职务；如果债权人会议不选任管理人，则由法院任命的管理人或临时管理人继续执行管理人职务。[1]

三、法院指定和债权人会议选任双轨制

管理人，可以由债权人会议选任，也可以由法院指定。德国和我国台湾地区"破产相关法律规定"实行这种制度，即法院指定和债权人会议选任管理人双轨制。

德国在 1994 年改革破产法后，实行管理人由法院指定和债权人会议选任的双轨制。依照《德国支付不能法》第 21 条、第 56 条和第 57 条的规定，法院在开始破产程序时，应当任命临时管理人或者管理人；在法院任命管理人后召开的第一次债权人会议上，债权人会议可以另选管理人替代法院任命的管理人；除非债权人会议选任的管理人不适宜担任管理人的职务，法院不得拒绝任命债权人会议选任的管理人。任何破产债权人对于法院拒绝任命债权人会议选任的管理人的决定，均可以提出上诉。[2]

我国台湾地区"破产相关法律规定"第 83 条和第 85 条规定，破产管理人由法院选任，但是，债权人会议可以另选破产管理人，并可以决议撤换破产管理人。依照上述规定，债权人会议选任的破产管理人优于法院指定的破产管理人，具有替换法院指定的破产管理人之效力。[3]

---

〔1〕 参见美国联邦《破产法典》第 701 条、第 702 条、第 703 条、第 1104 条、第 1163 条和第 1302 条。

〔2〕 参见《德国支付不能法》第 21 条和第 57 条。《德国支付不能法》，杜景林、卢谌译，法律出版社 2002 年版，第 16、32 页。

〔3〕 参见陈荣宗：《破产法》，三民书局股份有限公司 1986 年版，第 148～149 页。

第三节　管理人的职权

由于各国立法对管理人的概念采用广义或狭义的态度不同，管理人的职权也因而有所不同。多数国家采取狭义管理人概念，立法规定的管理人职权限于在清算程序中的职权。我国破产法采取广义的管理人概念，对管理人职权规定的范围涵盖破产清算、重整与和解三个程序。

根据我国《破产法》第 25 条第 1 款的规定，管理人依法应当履行下列职责：①接管债务人的财产、印章和账簿、文书等资料；②调查债务人财产状况，制作财产状况报告；③决定债务人的内部管理事务；④决定债务人的日常开支和其他必要开支；⑤在第一次债权人会议召开之前，决定继续或者停止债务人的营业；⑥管理和处分债务人的财产；⑦代表债务人参加诉讼、仲裁或者其他法律程序；⑧提议召开债权人会议；⑨人民法院认为管理人应当履行的其他职责。此外，《破产法》第 26 条、第 69 条也规定了与管理人职责有关的事项。

一、接管债务人的财产、印章和账簿、文书等资料

管理人上任后的首要职权就是将债务人的财产和事务全面置于其掌管之下。这一职权规定的目的是在债务人丧失对其财产与事务管理权的情况下，迅速实现对债务人财产与事务的全面控制与保全，防止损害债权人利益的行为发生，这也是破产管理工作顺利进行的基础。接管债务人的财产，包括有形财产和无形财产，债务人的法定代表人要向管理人办理移交手续。债务人的印章包括企业的行政章、合同章、财务章等全套印章。债务人的文书主要包括企业的设立合同、章程、营业执照、房地产证、企业的人事档案、劳动合同档案、经营合同等文件。

在债务人怠于或拒绝交出其财产、印章和账簿、文书等资料的情况下，管理人有权申请法院强制执行。有学者认为，如果认为破产程序开始的裁定有执行力，会给执行机关带来执行上的困难。因为破产程序开始的裁定中应当交付的内容并不十分明确，当就交付内容发生争议时，只能通过诉讼解决。但《破产法》对管理人所要接管内容范围的规定是相当明确的，包括债务人的财产、印章和账簿、文书等资料，所以在债务人怠于或者拒绝交出时，管理人可以直接依据破产受理裁定请求法院强制执行。在日本，破产者拒绝交出财产时，管理人可以将破产宣告决定正本作为债务名义而申请执行。[1]《德国支付不能法》第 148 条第 2 款也规定："财物处于债务人管束之下的，管理人可以根据具有执行力的程序开始裁定的正本以强制性方式请求交付。"此时以支付不能法院作为执行法院。需要注意的是，尽管程序开始裁定的正本可以作为执行依据，但该项执行只能针对破产债务人，而不能针对破产债务人之外的其他主体，在第三人占有破产债务人财产并不予归还的情况下，管理人只能通过诉讼或仲裁解决。

二、调查债务人财产状况，制作财产状况报告

调查债务人的财产并制作财产状况报告，是进行破产程序的必要条件。各国破产法一般都要求管理人就任后迅速进行这一工作，如英国《破产法》第 22 条规定，当管理令被作出，管理人应立即要求担任或曾经担任公司官员的人员、管理令作出前一年内参加公司组建的人员、受雇于公司或者曾于该年内受雇于公司的人员的部分或全部以规定的形式作出并向他提交一份包括公司资产、债务详细情况在内的关于公司事务的报告。在清算程序中，调查债务人财产状况是制定财产变价、分配等方案的前提。

---

〔1〕 参见 [日] 石川明：《日本破产法》，何勤华、周桂秋译，中国法制出版社 2000 年版，第 207 页。

在重整程序中，管理人对债务人财产和事务的管理，以及制定重整计划，也都需要将债务人的财产状况了解清楚。在和解程序中，只有债务人的财产状况被债权人充分了解，和解协议才有可能在债权人会议上通过。因此，调查债务人财产的工作需要管理人尽快完成。

三、决定债务人的内部管理事务

进入破产程序后，债务人的内部管理事务并不停止。这些事务由管理人决定，如企业人员的留守或者劳动合同的解除、聘用必要的工作人员、必要时继续债务人的营业等。《破产法》第 25 条第 3 项规定，管理人的职责包括 "决定债务人的内部管理事务"。不过管理人的法定职责也只限于 "决定" 权而非代为运营债务人的原有业务活动且决定的事项是内部管理事务。[1]

四、决定债务人的日常开支和其他必要开支

管理人就任后，债务人的日常开支及其他必要开支，如工作人员的薪酬、继续营业情况下的各种支出等，由管理人决定。

五、在第一次债权人会议召开之前，决定继续或者停止债务人的营业

企业进入破产程序后是否继续营业对债权人利益影响重大。按照各国立法惯例，是否继续营业要由债权人会议决定，不能由管理人决定。但在法院受理破产案件后、第一次债权人会议召开前的期间内，债务人是否继续营业则由管理人决定，但要得以执行还需经法院的许可。在第一次债权人会议召开时，再由债权人会议决定继续营业问题。日本《破产法》中也有同样规定。

---

[1] 赵精武：《论破产程序中企业数据财产的处理》，载《中国法学》2024 年第 3 期。

六、管理和处分债务人的财产

管理和处分债务人的财产是管理人的核心职权。对债务人财产的管理主要是指保证财产的安全，防止破产财产遭受各种损失，使破产财产得到价值最大化，清理、回收债务人的财产、债权等。管理人处分债务人财产主要包括：决定解除或者继续履行债务人与对方当事人均未履行完毕的合同；确认别除权、抵销权和取回权等权利；对破产财产中的非货币财产进行变现；行使撤销权等。

七、代表债务人参加诉讼、仲裁或者其他法律程序

在人民法院受理破产申请后，已经开始而尚未终结的有关债务人的民事诉讼或者仲裁应当中止；在管理人接管债务人的财产后，由其代表债务人参加该诉讼或者仲裁等法律程序。在破产申请受理以后，管理人为取回被他人占有的债务人财产或为行使债权，或为解决对债务人的新争议，可以代表债务人提起诉讼或仲裁。

八、提议召开债权人会议

债权人会议是破产程序中的重要机关，有关债务人财产及营业等事项的决定权属于债权人会议，如决定继续或者停止债务人的营业，通过重整计划，通过债务人财产的管理方案、变价方案以及分配方案等。为保证债权人会议及时审议相关事项，法律赋予管理人提议召开债权人会议的权利。

九、人民法院认为管理人应当履行的其他职权

此为兜底条款。由于破产事务复杂，涉及很多方面，立法尽管作了详尽列举，仍然难保不出现缺漏，因此有必要对法院作出

授权性规定，允许法院根据案件的具体情况决定管理人应当履行的其他职权。

以上各项内容是破产法对管理人职权的集中规定，由于在我国，管理人参与各种破产程序，职权较为复杂，集中规定难免出现不协调。因此，对管理人职权的规定还散见于其他相关条款以及司法解释中。如在重整程序中，管理人要在法定期限内提交重整计划草案；管理人负责监督重整计划的执行；在债务人自行管理财产和营业事务的情况下，管理人对其进行监督；在特定情形下，管理人可以请求人民法院终止重整，宣告破产；管理人负责管理财产和营业事务的，可以聘任债务人的经营管理人员等。另外，按照 2007 年《最高人民法院关于审理企业破产案件指定管理人的规定》第 29 条规定，管理人就任后，凭指定管理人决定书按照国家有关规定刻制管理人印章，并交人民法院封样备案后启用。管理人终止执行职务后，应当将印章交公安机关销毁，并将销毁的证明送交人民法院。上述内容也涉及管理人的职权。

第四节　对管理人的监督

我国《破产法》对管理人设置了监督制度。其第 23 条规定，管理人应当向人民法院报告工作，并接受债权人会议和债权人委员会的监督。管理人应当列席债权人会议，向债权人会议报告职务执行情况，并回答询问。

人民法院对管理人负有监督职责。管理人应当向人民法院报告工作，报告可以分为常规报告和临时报告。管理人应依照破产程序的进程和人民法院的要求向人民法院报告工作。当决定特定事项时，管理人应依法向人民法院报告，求得其许可，接受其监督。依据《破产法》的规定，此种临时性监督事项主要包括：①在第一次债权人会议召开之前，管理人决定继续或者停止债务人的营业；②涉及土地、房屋等不动产权益的转让；③探矿权、采矿权、知识产权等财产权的转让；④全部库存或者营业的转让；⑤借款；⑥设定财产担保；⑦债券和有价证券的转让；⑧履行债务人和对方当事人均未履行完毕的合同；⑨放弃权利；⑩担保物的取回；⑪对债权人利益有重大影响的其他财产处分行为。其中后 10 项应向人民法院报告的事项，仅在债权人会议未设立债权人委员会的情况下进行。

后 10 项的事项均是管理人对债务人有重大影响的财产处分行为，这些处分行为会直接影响债权人从破产程序中所受偿的数额，为了保障债权人的利益，《破产法司法解释三》第 15 条第 1、3、4 款规定，管理人处分《破产法》第 69 条规定的债务人重大财产的，应当事先制作财产管理或者变价方案并提交债权人会议进行表决，债权人会议表决未通过的，管理人不得处分。若债权人委员会认为管理人实施的处分行为不符合债权人会议通过的财产管理或变价方案的，有权要求管理人纠正。管理人拒绝纠正的，债权人委员会可以请求人民法院作出决定。若人民法院认为管理人实施的处分行为不符合债权人会议通过的财产管理或变价方案的，应当责令管理人停止处分行为。管理人应当予以纠正，或者提交债权人会议重新表决通过后实施。

债权人可以通过债权人会议或者债权人委员会依法实施对管理人的监督。依照《破产法》，债权人会议的监督途径主要包括以下方面：①管理人应当列席债权人会议，向债权人会议报告职务执行情况，并回答询问；②管理人拟订的债务人财产的管理方案、变价方案以及分配方案需经债权人会议通过；③管理人行为受到质疑时，债权人委员会或者占债权总额四分之一以上的债权人可以向债权人会议主席提议召开债权人会议，要求管理人报告工作；④管理人遇到特定重大事项，也可以主动提议召开债权人会议，汇报情况，接受其监督。

依据《破产法》，债权人会议可以决定设立债权人委员会。债权人委员会的职责主要是监督管理人，包括监督债务人财产的管理和处分行为、监督破产财产分配等。债权人会议还可以委托债权人委员会就其他一些事项监督管理人。债权人委员会执行职务时，有权要求管理人对其职权范围内的事务作出说明或者提供有关文件。管理人违反法律规定拒绝接受监督的，债权人委员会有权就监督事项请求人民法院作出决定，人民法院应当在 5 日内作出决定。前述管理人需要向法院临时报告的后 10 项事项中，在债权人会议设立债权人委员会时，管理人实施这些行为，应当及时报告债权人委员会并接受监督。

第四章 | 债权人会议

第一节　债权人会议概述

作为债权人自治的基本形式，债权人会议以维护全体债权人共同利益为目的，其对破产事务的顺利进行发挥着重要作用，它是全体债权人参与破产程序、表达共同意志、维护共同利益的自治团体和意思表示机关。

一、债权人会议的地位

债权人会议的性质决定着债权人会议的地位。但是，债权人会议究竟是债权人全体的临时性组织，还是债权人团体的机关组织，在理论和实务上都存在争议。

有学者认为，债权人在破产程序中有共同的利益，有必要组成债权人会议；但是，债权人会议并非权利主体或者非法人主体，不具有诉讼能力，从而在破产程序中当然也不具有独立的地位。债权人会议是法院认为必要时临时召集成立的集会。[1] 我

---

〔1〕　参见陈荣宗:《破产法》，三民书局股份有限公司 1986 年版，第 170 页。

国也有部分学者认为，债权人会议只是"破产案件处理过程中集中体现债权人意志的临时性组织形式"。[1] 还有学者认为，并非所有的破产案件都应当设债权人会议，当参加破产程序的债权人较少时，就没有必要成立债权人会议。[2]

事实上，在一些国家，例如法国、埃及、比利时、意大利等国，破产程序不设债权人会议。在这些国家，债权人会议是否组成或者召集，则完全取决于法院在破产案件处理过程中的需要。法院认为有必要召开债权人会议时，才会临时召集债权人会议以决定有关债权人切身利益的问题。在此情形下，债权人会议确为债权人参加破产程序的临时性集会。

另有学者认为，债权人在破产程序进行中有一致的基本利益、共同的利害关系，债权人对于是否同意和解、对于债务人财产的增加或者减少、破产费用的增加或者拨付、债务人财产的变价或者分配等事项，表达共同利益的唯一方式，是组成和召开债权人会议；何况，债权人会议还是债权人参加破产程序表达意愿的法定机构。因此，债权人会议是债权人团体的组织机关。日本学者多采取这种立场。认为债权人会议不是债权人参加破产程序的临时性集会，而是债权人团体在破产程序中取得独立地位的意思表示机关，其理由主要有以下两点：

第一，债权人会议是债权人参加破产程序表达意思、行使权利的基本形式。《破产法》对债权人会议的组成、召集、职权范围及其决议的执行等事项，都作了专门规定，充分肯定债权人会议在破产程序进行中不可或缺的地位。债权人在破产程序中有权成立债权人会议作为其表达共同意志的机关，而且应当成立债权人会议。只要有破产程序的开始，不论债权人人数多寡，均应当组成债权人会议；债权人会议为破产程序中必须设置的法定

---

〔1〕 参见曹思源：《企业破产法指南》，经济管理出版社 1988 年版，第 90 页。
〔2〕 参见张卫平：《破产程序导论》，中国政法大学出版社 1993 年版，第 108 页。

机构。

第二，债权人会议在破产程序中有独立的意思表示能力。债权人会议不是民法上的权利主体或者非法人团体，不能从事民事活动；债权人会议也不具有诉讼法上的诉讼能力，不构成民事诉讼法所规定可以起诉或者被诉的其他非法人组织。但是，债权人会议依破产法的规定在破产程序中有独立的意思表示能力。相对于债务人（破产人）而言，它是促成和解的一方当事人，又是决定债务人财产的管理、变价和分配的职能机构；相对于管理人而言，它是独立实施监督的专门机构；相对于法院而言，它是债权人表达意愿的自治共同体。债权人会议在民法和民事诉讼法上的无能力，足以说明其在破产程序上的无能力。实际上，债权人会议在破产程序上取得之独立意思表示能力，源于破产法的创制；债权人会议在破产程序所为职权范围内的一切活动，充分反映了其在破产程序上的独立地位。

二、债权人会议组成

（一）债权人会议的成员及其表决权

债权人会议是在破产程序中代表全体债权人共同利益的自治性机构，因此其应当由全体债权人组成。但是，现实中，由于债权债务关系的复杂性，可能有些债权人未能参加到破产程序中，从而也就不能通过破产程序获得债权的清偿，更谈不上参加债权人会议了。因此，这里的"全体债权人"应当局限于能够参加到破产程序中的全体债权人。

我国《破产法》第59条规定："依法申报债权的债权人为债权人会议的成员，有权参加债权人会议，享有表决权。债权尚未确定的债权人，除人民法院能够为其行使表决权而临时确定债权额的外，不得行使表决权。对债务人的特定财产享有担保权的债权人，未放弃优先受偿权利的，对于本法第61条第1款第7项、第 10 项规定的事项不享有表决权。债权人可以委托代理人出席债权人会议，行使表决权。代理人出席债权人会议，应当向人民法院或者债权人会议主席提交债权人的授权委托书。债权人会议应当有债务人的职工和工会的代表参加，对有关事项发表意见。"依此规定，对我国破产程序中债权人会议的组成人员及其表决权应作如下理解：

（1）依法申报债权的债权人均为债权人会议的成员，有权参加债权人会议，并且享有表决权。依法申报债权是债权人参加破产程序并通过破产程序获得债权清偿的前提，但在实践中，却存在着"只要申报债权均可参加债权人会议，成为其成员"和"申报后尚需经过审查确认，方可成为债权人会议成员"两种不同观点。因核查债权是债权人会议的一项职权，可是在第一次债权人会议召开之前，这一机构尚未成立，也就无从谈及履行核查债权的职权。因此，解决这一问题的方法应当是，要么像有些国家立法那样在债权人会议之外再设立一个债权审查与确认机构，来完成这一职能；要么就只能是对于第一次债权人会议而言，只要申报即可参加，并有权参与对其债权的审查活动，并可依法提出异议。而此后的债权人会议只有申报且经审查确认后，方可参与其中。

（2）债权尚未确定的债权人也可参加债权人会议，但其表决权受到一定的限制。在破产程序中，有些债权数额尚不能准确确定，这将直接影响权利人在债权人会议中行使表决权，但并不影响其参加债权人会议，其表决权可依经法院确定的债权额为标准进行行使，债权数额完全确定后，则依确定的债权额行使表决权。

（3）享有别除权的债权人，未放弃优先受偿权利的，也可参加债权人会议，并行使表决权，但此处的"表决权"将某些表决事项排除在外。对于别除权人能否成为债权人会议的成员，各国破产法规定有所不同。有的国家法律规定，别除权人未放弃优先受偿权时，不属于债权人会议的成员，如日本。有的国家立法规定，别除权人和普通债权人均为债权人会议的成员，但别除权人对债权人会议决议与其无关的事项不享有表决权。我国《破产法（试行）》第 13 条第 1 款规定，别除权人属于债权人会议成员，但是未放弃优先受偿权利的，则不享有表决权。《破产法》的规定是科学合理的，因别除权人也是债权人，与其他普通债权人一样，和债务人之间具有债权债务关系，也欲通过破产程序获得债权清偿，因此其应当成为债权人会议的成员。但是，就其表决权而言，那些与其具有利益关系的表决事项，其应当享有表决权；而那些与其并无利益关系的表决事项，如是否通过和解协议，破产财产的分配方案，其则不享有表决权。

（4）债权人会议应当有债务人的职工和工会的代表参加，对有关事项发表意见。这一规定涉及职工债权人的法律地位及权利问题。职工债权人能否参加债权人会议并行使表决权？这一问题是较为复杂的，职工债权源于劳动关系，与其他的基于商事关系而形成的债权是有一定的区别的，各国破产法均给予其较之于其他债权优先清偿的地位，我国法律也是如此规定。正是由于这种优先清偿的制度安排，从而使得通常情况下，破产财产的处分、变价、分配与其利害关系较之于其他债权人而言并不密切，因此各国法律一般规定职工债权人不参加债权人会议，也就谈不上表决权的问题。当然这样规定还存在着技术设计上的有意安排，因我国法律规定债权人会议表决时的标准之一是人数标准，即"出席会议的有表决权的债权人的过半数通过"。现实中，职工债权人可能人数众多，但所占债权比例较小，如允许其参加债权人会议，那通过一项决议的难度可想而知。但是，出于对职工债权人利益的保护，我国《破产法》规定债权人会议应当有职工和工会代表参加，但其仅对与职工利益有关的事项享有发表意见的权利。

（5）就债权人参加会议的方式及行使表决权问题，我国《破产法》第 59 条第 4 款规定，债权人可以委托代理人出席债权人会议，行使表决权。代理人出席债权人会议，应当向人民法院或者债权人会议主席提交债权人的授权委托书。参加债权人会议并行使表决权是债权人参与民商事法律生活，为民商事法律行为的具体表现，因此该行为的开展亦可通过代理为之，并应符合代理的相关法律要求。具体而言，债权人委托代理人出席债权人会议的，代理人应当向法院或债权人会议提交由委托人签名盖章的授权委托书，并且对委托事项和授权权限进行明确记载。

债权人参加会议行使表决权的方式包括现场表决和非现场表决。根据《破产法司法解释三》第 11 条第 1 款规定，债权人会议的决议除现场表决外，可以由管理人事先将相关决议事项告知债权人，采取通信、网络投票等非现场方式进行表决。采取非现场方式进行表决的，管理人应当在债权人会议召开后的 3 日内，以信函、电子邮件、公告等方式将表决结果告知参与表决的债权人。企业的债权人众多，采用非现场方式进行表决可以大大减少各债权人参加会议的成本，也可以提高债权人参加债权人会议的积极性，使债权人会议的决议更能体现各债权人的意志。

债权人只有在了解债务人财务信息、经营信息等资料的前提下，才能在债权人会议中投出符合自己利益的一票。债权人知情权的保障是债权人正确行使表决权的前提。若债权人行使知情权渠道受阻，则债权人无法作出理性的决策。为了保障破产程序中债权人的知情权，《破产法司法解释三》第 10 条第 1 款规定："单个债权人有权查阅债务人财产状况报告、债权人会议决议、债权人委员会决议、管理人监督报告等参与破产程序所必需的债务人财务和经营信息资料。管理人无正当理由不予提供的，债权人可以请求人民法院作出决定；人民法院应当在 5 日内作出决定。"该条文不仅确定了个别债权人在破产程序有知情权及其范围，还规定了债权人行使知情权的具体方式，以确保债权人的知情权得以实现。若知情权行使的对象属于商业秘密或者国家秘密，根据《破产法司法解释三》第 10 条第 2 款规定：涉及商业秘密的，债权人应当依法承担保密义务或者签署保密协议；涉及国家秘密的应当依照相关法律规定处理。

（6）税收债权人是否为债权人会议的成员？对这一问题，我国破产法未作明确规定，学界有赞同与反对两种观点，并且各有其道理。在我国破产法中，税收债权被列为第二清偿顺序，优先于普通债权，因此其实现的可能性大于其他普通债权。从这个意义上讲，税收债权人不宜参加债权人会议，行使表决权。但是，从法律制度设计的科学性、合理性上讲，对于那些涉及税收债权人权利的事项，应当允许其参加债权人会议，并行使表决权。因此，本书认为，对这一问题可参照职工债权相关制度设计予以解决。

（二）债权人会议主席

债权人会议主席是指负责召集和主持债权人会议的人。从立法来看，有些国家和地区规定，债权人会议设主席，如英国、加拿大等国与我国台湾地区等；有些国家立法则未规定债权人会议主席的设置，如德国。

我国《破产法》第 60 条规定："债权人会议设主席一人，由人民法院从有表决权的债权人中指定。债权人会议主席主持债权人会议。"依此规定可以看出，我国债权人会议主席的选任权只能由人民法院行使，债权人会议无权自行选任，同时其也无权对人民法院选任的会议主席提出异议。此规定倒是充分体现了法院在破产程序中的主导地位，但似乎对债权人自治体现不够。

就债权人会议主席的职责而言，破产法规定债权人会议主席主持债权人会议，具体而言，其职责应当包括：①召集债权人会议；②安排和掌握会议进程；③维护会议秩序；④主持会议讨论事项；⑤负责完成会议记录与决议等。

第二节　债权人会议的职权

因不同国家对债权人会议的法律性质以及其与管理人、法院等之间的关系认识不同，因此法律对债权人会议职权的规定也略有差异。但是，其绝大部分内容是相同的，主要涉及以下内容：选任、更换管理人或者向法院提出更换管理人的申请；决定是否设置债权人委员会，选任、更换债权人委员会成员；决定破产企业是否继续营业；决议管理人对破产企业财产的管理方案；决议破产财产的处理、分配方案；决议和解协议方案等。我国《破产法》以列举的方式将债权人会议的职权予以罗列，该法第 61 条规定："①核查债权；②申请人民法院更换管理人，审查管理人的费用和报酬；③监督管理人；④选任和更换债权人委员会成员；⑤决定继续或者停止债务人的营业；⑥通过重整计划；⑦通过和解协议；⑧通过债务人财产的管理方案；⑨通过破产财产的变价方案；⑩通过破产财产的分配方案；⑪人民法院认为应当由债权人会议行使的其他职权。债权人会议应当对所议事项的决议作成会议记录。"

一、核查债权

核查债权是破产程序中一项十分重要的工作，有些国家的立法规定，核查债权的工作由法院进行；有些国家立法规定，核查债权的工作由管理人负责完成。我国破产法将此项职权交由债权人会议行使。但需注意的是，债权人会议行使的职权仅是调查、核实债权，最终对债权的确认应当是由法院完成的。在我国 1986 年《破产法（试行）》中规定，债权人会议具有审查债权和确认债权数额等职权，这显然与法理相悖，确认债权及其数额是对当事人之间实体的民商事权利的确认，只有通过司法裁判程序方可确认，而将此职权直接赋予一个自治性的议事机构显然不妥。现实中，对经债权人会议调查核实记入债权表中的债权，如全体债权人无异议，则人民法院可最终予以确认；如有债权人提出异议的，该异议债权最终是否能够成为破产债权，应当由人民法院裁判决定。《破产法》改变了 1986 年《破产法（试行）》的规定，应当是立法的一个进步。

二、申请人民法院更换管理人，审查管理人的费用和报酬

依照我国破产法的相关规定，管理人由人民法院指定产生，其向人民法院报告工作，但应受债权人会议和债权人委员会的监督。因此，管理人各项职务的执行都受到债权人会议的监督。同时破产法还规定，债权人会议认为管理人不能依法、公正执行职务或者有其他不能胜任职务情形的可以请求人民法院予以更换。

尽管我国《破产法》第 28 条第 2 款规定，管理人的报酬由人民法院确定，但是债权人会议对管理人报酬有异议的，有权向人民法院提出。由于管理人的报酬将从破产财产中予以支付，因此报酬与债权人利益密切相关。最高人民法院虽然规定了管理人报酬的计算方法，但那只是一个比例限额的上限，在此限度内由人民法院予以确认。如债权人会议认为法院确定的管理人报酬过高，其有权向人民法院提出变更请求。同时，管理人在破产程序中所支付的各项费用，其必要性及数额也是由债权人会议来审查的，如债权人会议认为无必要或数额过高，其可不予认可，由管理人自己承担，但管理人有异议的，最终应当由人民法院予以确认。

三、监督管理人

监督管理人是债权人会议的一项十分重要的职权。管理人接

管破产企业后，便对破产企业的财产、事务等进行了全面接管，对破产财产进行管理、清理、处分、变价，其在重整以及和解程序中也都发挥着重要的作用，管理人上述行为的开展，直接影响债权人的切身利益，因此，监督管理人依法、忠实、勤勉地履行职责，也是对债权人的切身利益的保障。

四、选任和更换债权人委员会成员

债权人委员会是否设立由债权人会议决定，因此这也是债权人会议的一项职权。而债权人委员会一旦设置，债权人会议有权选任和更换债权人委员会成员。根据《破产法》第 67 条第 1 款规定，债权人会权决定是否设立债权人委员会，根据《破产法》第 61 条第 1 款第 4 项规定，债权人会议有权对债权人委员会的成员进行选任和更换。

五、决定继续或者停止债务人的营业

破产案件一经受理，破产企业即处于一种行为能力受到限制的法律状态，其原有的营业活动是否继续进行，将直接关系破产财产价值的保值与增值，但同时也可能导致破产财产价值减损，这些问题与债权人的权益密切相关。所以，我国《破产法》规定，管理人在第一次债权人会议召开之前，有权决定继续或者停止债务人的营业。债权人会议一旦召开，此项职权只能由与该项职权的行使利益密切相关的债权人会议行使。实践中，管理人对债权人会议的该项决议是可以提出一定的建议的。

六、通过重整计划

破产重整的目标是通过重整计划，重整计划是涉及全体债权人利益的十分重要的措施，其既可能带来债务人的"起死回生"，从而使债权人的债权得以充分实现，但同时也可能使债务人"越

陷越深"，从而使债权人的债权更难以实现。因此，通过重整计划只能是债权人会议的职权。

七、通过和解协议

破产和解与债权人利益密切相关。实践中，和解协议的内容往往是债权人同意债务人延期还债，或者是减免债务人一定比例或数额的债务，这些内容对债权人而言，风险和利益并存。如果和解顺利，债权人的债权可最大化实现；如果和解失败，债务人的财产可能进一步减少，债权人的债权实现比例降低。因此，通过和解协议也只能是债权人会议的职权，其他任何机构不得行使，法院也不得强迫债权人会议通过。

八、通过债务人财产的管理方案

债务人财产的管理是破产管理人的一项职责，但是管理人对债务人财产实施的各种管理行为，都应当以债权人利益的实现为出发点。通常管理人在接管债务人财产以后，应当就这些财产的管理、清理、处分、变价，对回收债务人的财产和债权，对取回权、别除权和抵销权的承认等事项制订一个管理方案，这一方案须经债权人会议通过方可由管理人执行，管理人在以后的管理工作中也应当按照债权人会议通过的管理方案来进行债务人财产的管理工作。

九、通过破产财产的变价方案

管理人接管的债务人的财产一般包括货币财产和非货币财产，通常非货币财产应当通过法定的变现程序变现为货币财产，以便向债权人分配。非货币财产的变价方案也直接影响到债权人可分配财产的多少，因此破产财产的变价方案应当由债权人会议通过。财产的变价主要包括价值评估和变卖处理两部分的工作。

在上述第 8 项职权与本项职权中，管理人所提出的破产财产管理方案和变价方案如经债权人会议表决未获通过的，法律规定最终由人民法院裁决。

十、通过破产财产的分配方案

破产财产的分配是债权人依破产程序实现债权的主要方式，破产财产能否进行公正的分配，将直接决定着债权人的债权能否公平地实现。因此，破产财产的分配方案必须经债权人会议通过。实践中，破产财产的分配方案可由管理人制定并提出，交由债权人会议讨论并表决通过，法律还要求该方案必须最终报请人民法院裁定后，方可由管理人具体执行。

在该项职权中，因破产财产的分配方案直接关系债权人债权实现，法律规定如债权人会议一次表决未获通过的，经与管理人协商修改后，还可再表决一次；如果第二次表决依然未获通过的，则最终由人民法院裁决。

十一、人民法院认为应当由债权人会议行使的其他职权

我国《破产法》就债权人会议的职权作了列举式的规定，而现实中可能存在法律并未作出明确规定，但依其事项性质和具体情况，应当由债权人会议行使职权的情况。因此，在这种情况下，最终需由人民法院决定该事项是否属于应由债权人会议行使职权的事项。应当注意的是，我国《破产法》要求债权人会议在行使上述职权时，应当作出书面决议。

第三节　债权人会议的召集与决议

一、债权人会议的召集

债权人会议的召集，各国立法规定也有不同，但大致有以下

三种方式：一是由法院召集，但破产管理人、债权人会议或一定数量的持有一定数额债权的债权人也可申请召开，如德国、日本；二是由破产管理人召集，其他认定人员可申请召开，但法院无召集权，如英美法系的一些国家；三是由法院或债权人会议主席召集（第一次债权人会议由法院召集），管理人、债权人委员会（或监督人）或持有一定数额债权的债权人可申请召开。我国破产法采用第三种模式。[1]

我国《破产法》第 62 条规定："第一次债权人会议由人民法院召集，自债权申报期限届满之日起 15 日内召开。以后的债权人会议，在人民法院认为必要时，或者管理人、债权人委员会、占债权总额四分之一以上的债权人向债权人会议主席提议时召开。"据此规定，债权人会议的召集应当分以下几种情况：

（一）第一次债权人会议的召集

我国《破产法》规定，第一次债权人会议由人民法院负责召集。这体现了破产程序中法院的主导地位。

第一次债权人会议应当自债权申报期限届满之日起 15 日内召开。通常人民法院在裁定受理破产申请发出的通知或发布的公告中，就应当载明第一次债权人会议召开的具体时间、地点，以使债权人周知。而对债权申报期限，法律也作了明确的规定，债权申报期限自人民法院发布受理破产申请的公告之日起计算，最短不少于 30 日，最长不得超过 3 个月，具体期限由人民法院确定。因此，法律规定了债权申报的起点和期限，又以此起点和期限确定的时间点作为第一次债权人会议召开的期限的起点。第一次债权人会议的召开，既不宜过早，应尽量使全体债权人都能在法定的期限内及时申报债权，参加债权人会议；但又不能召开得过晚，否则造成破产程序拖延时间太长，对债权人不利。因此，第

---

〔1〕 参见王欣新：《破产法》（第 2 版），中国人民大学出版社 2007 年版，第 299 页。

一次债权人会议应当在法定的期限内选择一个恰当的时间召开。

（二）第一次债权人会议以后的召集

法律对第一次债权人会议的召开及其期限作了明确规定，因此，第一次债权人会议是必须在法定期限内召开的。而此后，是否召开债权人会议，法律并未作出明确规定。但是，债权人会议是破产程序中维护全体债权人利益的一个自治性机构，是债权人意思的表示机构，法律对其职权作出了明确的规定。因此，在以后的破产程序中，只要涉及债权人会议的法定职权行使的事项，都应当召开债权人会议。同时，对那些法律未作列举但确实涉及债权人利益的事项进行表决时，也应当召开债权人会议。对上述情况，我国破产法概括规定为：

（1）在法院认为必要时召开。法院在破产程序中居于主导地位，如其认为有涉及债权人利益的事项，需要召开债权人会议的，可以决定召开。

（2）管理人、债权人委员会向债权人会议主席提议召开。管理人直接负责破产财产的管理、处分、变价和分配；债权人委员会是债权人会议的常设机构，负责监督破产财产的管理、处分和分配。两个机构都是破产程序中非常重要的机构，当其认为某些事项涉及全体债权人共同利益时或其认为有必要时，便可向债权人会议主席提议召开债权人会议。

（3）占债权总额四分之一以上的债权人向债权人会议主席提议召开。债权人会议是全体债权人进行意思表示、维护债权人共同利益的自治性机构，因此应当允许债权人在认为有涉及其利益的重大事项时，通过会议的形式表达观点、行使表决权。但是，可能由于债权人人数众多、各自情况复杂等因素，召开一次有效的债权人会议需要一定的成本支出，这一成本支出是从破产财产中予以支付的，召集频繁还可能损害债权人的债权实现，而且也可能不方便、不现实。因此，法律规定只有当提议召开债权人会议的债权人所代表的债权额占全部已确定债权额的四分之一以上时，方可向债权人会议主席提议召开债权人会议。

（三）债权人会议的开会通知

为了使债权人能够作好参加债权人会议的充分准备，在会议上能够充分发表自己的意见、行使自己的权利，法律规定，人民法院在裁定受理破产申请的通知和公告中，应当将第一次债权人会议的召开时间地点等信息予以载明。此后根据破产进程的需要，特定主体提议召开债权人会议的，应当由管理人提前 15 日通知已知的债权人，通知中，同样应当将债权人会议的召开日期地点、主要议程等内容予以载明。

二、债权人会议的决议

债权人会议决议的通过，各个国家均实行表决制，但是就表决通过的具体标准来看，又有三种不同的模式：第一种是人数比例标准，即以出席债权人会议的债权人的多数同意为通过，例如意大利的立法规定、法国 1985 年以前的立法规定。第二种是债权额比例标准，即以同意决议的债权人所代表的债权额在债权总额中占简单多数或绝对多数为通过，如德国《破产法》第 76 条规定："表示同意的债权人的债权数额总额超过参加表决的债权人的债权数额总额的半数的，债权人会议决议即告成立。"日本《破产法》第 138 条规定："对于债权人会议的决议，由可以行使表决权的破产债权人中出席会议或者依照后条第 2 款第 2 项的规定进行书面等投票后，必须经过持有超过全部表决权的二分之一以上的表决权的持有人同意。"第三种是人数和债权额双重比例标准，如英国《破产法》规定，在通过和解等特殊事项时，要求以债权人人数的多数和所占债权额的四分之三以上通过。

我国《破产法》采用人数和债权额双重比例标准，这样可以相对充分地兼顾大多债权人和大额债权人的利益，有利于形成更为公平、合理的债权人会议决议。《破产法》第64条规定："债权人会议的决议，由出席会议的有表决权的债权人过半数通过，并且其所代表的债权额占无财产担保债权总额的二分之一以上。但是，本法另有规定的除外。债权人认为债权人会议的决议违反法律规定，损害其利益的，可以自债权人会议作出决议之日起15日内，请求人民法院裁定撤销该决议，责令债权人会议依法重新作出决议。债权人会议的决议，对于全体债权人均有约束力。"该条对债权人会议的决议规则、决议的效力、违法决议的救济等内容进行了规定。

（一）决议规则

债权人会议的决议，是指债权人会议对法律规定属于其职权范围的事项作出决定，形成全体债权人关于该事项的共同意思表示。我国破产法对债权人会议决议的规则实行人数和债权额双重比例标准，并且对一般决议事项和特别决议事项的规定也有所区别。

1. 对于一般决议事项的表决

法律规定，债权人会议的决议，由出席会议的有表决权的债权人过半数通过，并且其所代表的债权额占无财产担保债权总额的二分之一以上方为通过。

2. 对于特别决议事项的表决

我国《破产法》第64条第1款规定"但是，本法另有规定的除外"。这里的"另有规定"主要是：

（1）关于重整计划的表决。《破产法》第82条规定："下列各类债权的债权人参加讨论重整计划草案的债权人会议，依照下列债权分类，分组对重整计划草案进行表决：①对债务人的特定财产享有担保权的债权；②债务人所欠职工的工资和医疗、伤残补助、抚恤费用，所欠的应当划入职工个人账户的基本养老保险、基本医疗保险费用，以及法律、行政法规规定应当支付给职工的补偿金；③债务人所欠税款；④普通债权。人民法院在必要时可以决定在普通债权组中设小额债权组对重整计划草案进行表决。"

《破产法》第 84 条规定："人民法院应当自收到重整计划草案之日起 30 日内召开债权人会议，对重整计划草案进行表决。出席会议的同一表决组的债权人过半数同意重整计划草案，并且其所代表的债权额占该组债权总额的三分之二以上的，即为该组通过重整计划草案。债务人或者管理人应当向债权人会议就重整计划草案作出说明，并回答询问。"

（2）关于和解协议的表决。《破产法》第 97 条规定："债权人会议通过和解协议的决议，由出席会议的有表决权的债权人过半数同意，并且其所代表的债权额占无财产担保债权总额的三分之二以上。"

（二）违法决议的救济

为了防止多数债权人以债权人会议决议的方式损害少数债权人的利益，给少数债权人维护其自身合法权益提供救济渠道，各国破产法均规定有债权人会议决议违法、损害部分债权人合法权益或损害全体债权人共同利益时，债权人可向法院提出申请撤销债权人会议决议，法院也可依职权撤销债权人会议的决议。例如，德国《破产法》第 78 条规定，债权人会议决议违背破产债权人的共同利益的，经一名享有别除权的债权人、一名非后顺位破产债权人或破产管理人在债权人会议上提出撤销申请，破产法院即应撤销该决议。撤销决议应当公告。任何享有别除权的债权人和任何非后顺位破产债权人均有权对撤销提出即时抗告。对驳回撤销决议申请，申请人有权提出即时抗告。

我国《破产法》第 64 条第 2 款规定："债权人认为债权人会议的决议违反法律规定，损害其利益的，可以自债权人会议作出决议之日起 15 日内，请求人民法院裁定撤销该决议，责令债权

人会议依法重新作出决议。"《破产法司法解释三》第 12 条第 1
款对债权人会议决议的撤销事由进行了具体规定，债权人会议的
决议具有以下情形之一，损害债权人利益的，债权人有权申请撤
销债权人会议决议：①债权人会议的召开违反法定程序；②债权
人会议的表决违反法定程序；③债权人会议的决议内容违法；
④债权人会议的决议超出债权人会议的职权范围。而对于决议内
容违背全体债权人之共同利益的情形，法律并未作出规定，但从
法理上讲，这一理由也应当成为债权人请求法院撤销决议的
原因。

就行使该救济途径的方式来看，债权人应当自债权人会议决
议作出之日起 15 日内，向人民法院请求裁定撤销该决议，责令
债权人会议依法重新作出决议。但决议内容是否有应予以撤销之
情形，最终应当由人民法院裁定。《破产法司法解释三》第 11 条
第 1 款规定了债权人会议可以采取非现场方式进行表决。在非现
场表决的场合下，债权人知晓债权人会议表决结果的时间可能会
晚于决议作出时间，而债权人只有在收到表决结果通知后才能判
断该决议是否构成《破产法》第 64 条及《破产法司法解释三》
第 12 条第 1 款规定之撤销事由。若要求非现场表决的债权人应当
自债权人会议决议作出之日起 15 日内起诉，就会使非现场表决
的债权人实际可行使撤销权的期间短于现场表决的债权人可行使
撤销权期间，这违反平等原则。故《破产法司法解释三》第 12
条第 3 款规定，债权人会议采取通信、网络投票等非现场方式进
行表决的，债权人申请撤销的期限自债权人收到通知之日起算。

（三）决议的效力

关于债权人会议决议的效力，我国《破产法》第 64 条第 3
款规定："债权人会议的决议，对于全体债权人均有约束力。"债
权人会议是全体债权人表示共同意思的机关，一旦经过其表决程
序，形成会议决议，其决议内容就应当是全体债权人共同意思的

体现，应当对全体债权人产生约束力，无论其是否出席会议，是否行使表决权。但是，也有学者提出，此规定有不妥之处，认为根据《破产法》规定，对债务人的特定财产享有担保权的债权人对债权人会议和解协议、破产财产的分配方案是没有表决权的，根据权利与义务相对应的理论，上述两项决议对这些债权人也不应当具有约束力。因此，债权人会议的决议，应当只能对在该项决议事项上有表决权的债权人产生约束力。[1] 这一观点也不无道理。

三、对债权人会议未决事项的处理

在债权人会议的决议中，有些事项与债权人利益密切相关，也正因如此，对这些事项按照债权人会议表决规则通过决议有时可能难度较大，尤其是就这些事项，债权人意见较为分散或分歧较大时，将会使破产程序久拖不决，造成司法成本的额外支出，也不利于债权人利益的实现。因此，当出现债权人会议就某些事项不能形成相对一致的意见、决议未获通过时，法律规定由人民法院裁定，并且对法院的裁定结果不服的，还可以向人民法院申请复议，但复议期间不停止裁定的执行。这种制度设计是破产法兼顾公平与效率原则的立法体现。

我国《破产法》第65条规定："本法第61条第1款第8项、第9项所列事项，经债权人会议表决未通过的，由人民法院裁定。本法第61条第1款第10项所列事项，经债权人会议二次表决仍未通过的，由人民法院裁定。对前两款规定的裁定，人民法院可以在债权人会议上宣布或者另行通知债权人。"第66条规定："债权人对人民法院依照本法第65条第1款作出的裁定不服的，债权额占无财产担保债权总额二分之一以上的债权人对人民

---

〔1〕 参见王欣新：《破产法》（第2版），中国人民大学出版社2007年版，第311页。

法院依照本法第 65 条第 2 款作出的裁定不服的，可以自裁定宣布之日或者收到通知之日起 15 日内向该人民法院申请复议。复议期间不停止裁定的执行。"据此规定，立法对债权人会议的未决事项分两种情形分别进行了制度设计。

（1）债权人会议对关于债务人财产的管理方案和变价方案表决未获通过的，可直接由人民法院作出裁定。债权人对该裁定不服的，可以自裁定宣布之日或者收到通知之日起 15 日内向该人民法院申请复议。复议期间不停止裁定的执行。

（2）债权人会议对破产财产分配方案经两次表决依然未获通过的，由人民法院裁定，债权额占无财产担保债权总额二分之一以上的债权人对该裁定不服的，可以自裁定宣布之日或者收到通知之日起 15 日内向该人民法院申请复议。复议期间不停止裁定的执行。

上述两种情形的不同之处在于：其一，相较于债务人的财产管理方案、变价方案而言，破产财产的分配方案与债权人利益关系更为直接、更为密切，关系破产程序的公平性问题。因此，对这一方案立法本着最大限度地尊重债权人自治的出发点，给了债权人会议两次表决的机会。如果两次表决仍未获通过，立法则兼顾效率原则，规定由人民法院裁定。其二，对于人民法院裁定的破产财产分配方案不服，不像前一种情形规定任何债权人均可提出复议申请，而只能是债权额占无财产担保债权总额二分之一以上的债权人才可提出复议申请。

第四节　债权人委员会

债权人会议是全体债权人表达共同意志的一个议事机构，其以会议形式开展活动，形成决议。由于其并不是一个常设机构，在破产程序中，法律规定属于债权人会议职权的事项，在形成决议时是应当召开债权人会议的，但是在闭会期间应如何行使职权？尤其是如何行使对管理人执行职务的监督权？各国立法出于对破产程序的成本、效率等因素的考虑，在债权人会议制度中设置一常设的监督机构，来完成上述职能。

在不同国家和地区的破产法中，这一常设的监督结构的称谓有所不同，有的被称为破产监督人，有的被称为监查人，有的被称为监察人或监察委员，还有的同我国破产法的称谓一样，被称为债权人委员会。

一、债权人委员会的设置

关于债权人委员会是否为必设机构，德国《破产法》第68条规定："债权人会议以决议决定是否应当设立债权人委员会。破产法院已经设立债权人委员会的，债权人会议以决议决定是否应当保留。"因此，在德国该机构的设立与否最终由债权人会议决定。这一点，我国《破产法》第67条第1款中有同样的规定：债权人会议可以决定设立债权人委员会。据此可看出，在我国，债权人委员会的设置与否由债权人会议决定，既可以设立，也可以不设。那么实践中到底是否需要设立这一机构，往往可考虑以下因素：破产案件的复杂程度、破产财产的数额、债权人的人数等。对于那些案件简单、破产财产数额较小，债权人人数较少的案件，设置债权人委员会还可能增加破产费用，从而影响债权人债权的实现，因此，此类破产案件就可以不设置债权人委员会。

二、债权人委员会的成员

（一）成员资格

对于债权人委员会的成员资格，有的国家法律规定必须是债权人，并且应当是有表决权的债权人，如英国《破产法》；有的国家法律规定，除债权人外，其他人员也可成为债权人委员会成员，如律师、会计师等专业人员。德国《破产法》第67条规定："在债权人委员会中，享有别除权的债权人、拥有最高数额债权的债权人以及小额债权的债权人应当得到代表。雇员作为破产债权人，拥有并非小额的债权的，应当在债权人委员会中有一名代表。非为债权人的人也可被任命为债权人委员会的成员。"就此问题，我国《破产法》第67条第1款中规定："债权人委员会由债权人会议选任的债权人代表和1名债务人的职工代表或者工会代表组成。"

（二）成员人数

债权人委员会的成员人数，各国立法规定也不尽相同，日本《破产法》第144条规定："委员人数，在3人以上、最高法院规则规定的人数以内。"有的国家并未作出明确规定。就我国立法来看，《破产法》第67条第1款中还规定，债权人委员会成员不得超过9人。这一人数规定，主要是从提高效率、方便工作、易于形成有效决议的角度出发。实践中，债权人委员会成员的具体人数可根据破产案件的具体情况而定，只要不超过9人，且有1名债务人的职工代表或者工会代表即可。

（三）成员的选任、解任与辞任

由于债权人委员会是债权人会议的常设机构，因此，大多数国家的立法都规定，债权人委员会成员由债权人会议决定产生。但是在第一次债权人会议召开之前，根据工作需要，可由法院指定一个临时性的债权人委员会，待债权人会议召开以后再由其决定临时性的债权人委员会的去留，德国《破产法》即规定如此。并且德国《破产法》还规定了债权人委员会成员的免职问题，该法第70条规定："破产法院可以因重大理由免除债权人委员会成员的职务。此项免职可以依职权、经债权人委员会成员申请或经债权人会议申请作出。"

我国《破产法》第67条规定：债权人会议可以决定设立债

权人委员会。债权人委员会成员应当经人民法院书面决定认可。这一规定表明，在我国，债权人委员会成员虽由债权人会议选任，但是为了体现人民法院的主导地位，发挥法院对破产程序的最终监督的作用，保证债权人委员会成员选任的公正、合法，债权人委员会成员最终应当经人民法院书面决定认可，方表明其正式成为委员会成员。

就债权人委员会成员的解任、辞任，我国《破产法》并未作出规定。实践中，由于债权人委员会成员是由债权人会议选任的，因此可由债权人会议来决定债权人委员会成员的解任和辞任。通常当债权人委员会成员出现了违法、履行职务出现重大过失给债权人造成利益损失，或有其他不适合担任委员会成员的情况的，债权人会议可将其撤换，但新进入委员会的成员依然要最终经过人民法院书面认可。

因通常情况下，债权人委员会的成员为多人，那么其在形成决议时应当依照什么决议规则？这一点，我国《破产法》并未作出规定。德国《破产法》第 72 条规定："有半数成员参加对决议的表决，其决议以所投票数的过半数作出的，债权人委员会决议为有效。"实践中，债权人委员会需要形成决议时，我们可以参照德国《破产法》的规定。

三、债权人委员会的职权

债权人委员会是债权人会议的常设机构，是代表全体债权人对破产程序中的有关事项进行日常监督的机构，因此，债权人委员会的职权主要是行使监督权。如德国《破产法》第 69 条规定："债权人委员会应当支持并监督破产管理人执行事务。他们应当了解事务进展情况、请人查阅账簿和营业文件以及审查金钱往来及财务现状。"在日本，债权人委员会也主要是行使听取破产财产管理人有关事项报告的权利。

我国《破产法》第 68 条第 1 款和第 2 款规定："债权人委员会行使下列职权：①监督债务人财产的管理和处分；②监督破产财产分配；③提议召开债权人会议；④债权人会议委托的其他职权。债权人委员会执行职务时，有权要求管理人、债务人的有关人员对其职权范围内的事务作出说明或者提供有关文件。"据此规定，在我国债权人委员会主要行使下列职权：

（一）监督债务人财产的管理和处分

这主要是对管理人行为的监督，监督管理人在履行破产财产的管理和处分行为时，是否尽到了忠实、勤勉义务。具体而言，债权人委员会有权要求管理人以及债务人对债务人企业的财产状况作出相应说明并提供文件，有权对管理人管理债务人财产的工作进行审查并提出建议，有权查阅或聘请专业机构或专业人员查阅债务人企业的财务账簿与营业文件，有权听取并审查管理人的报告等。

（二）监督破产财产分配

破产财产的分配直接关系全体债权人的债权能否得以公平实现。债权人委员会的这一监督权，具体包括：①破产财产分配方案制定的监督，即管理人在提出破产财产分配方案时，债权人委员会即可就其分配方案是否科学、合理、公平、公正进行监督，提出意见与建议；②破产财产分配方案实施的监督，即对通过的破产财产分配方案的实施，在每一个环节上进行全面的、细致的监督，从而使该方案能够真正得以落实，最终保障债权人债权的公平实现。

（三）提议召开债权人会议

债权人委员会是常设机构，可完成日常事项的决议，并履行对破产程序的监督权。但是，当出现法律规定或债权人委员会认为必须由债权人会议决议通过的事项时，其可提议召开债权人会议。

（四）债权人会议委托的其他职权

根据破产案件的具体情况，债权人委员会还可行使债权人会议委托的其他职权。《破产法司法解释三》第13条对债权人会议可以委托给债权人委员会的职权进行了具体的规定，债权人会议可以把以下三项职权委托给债权人委员会：①申请人民法院更换管理人，审查管理人的费用和报酬；②监督管理人；③决定继续或者停止债务人的营业。该条还规定，债权人会议不得作出概括性授权，委托其行使债权人会议所有职权。结合《破产法》第61条可知，核查债权、选任和更换债权人委员会成员、通过重整计划、通过和解协议、通过债务人财产的管理方案、通过破产财产的变价方案、通过破产财产的分配方案等职权是债权人会议专属的权利，不得授权给债权人委员会。不得授权的职权均是涉及各债权人重大利益的事项，《破产法司法解释三》第13条通过明确规定债权人会议授权的具体范围并禁止概括性授权，防止债权人会议被债权人委员会架空，从而保障各债权人的利益。

我国《破产法》第68条第2款规定，债权人委员会执行职务时，有权要求管理人、债务人的有关人员对其职权范围内的事务作出说明或者提供有关文件。

当出现破产管理人、债务人拒绝接受债权人委员会监督时，我国法律还提供了相应的司法救济手段，《破产法》第68条第3款规定："管理人、债务人的有关人员违反本法规定拒绝接受监督的，债权人委员会有权就监督事项请求人民法院作出决定；人民法院应当在5日内作出决定。"这一规定，使债权人委员会的监督权得到了充分的司法保障。

第
五
章

债务人财产

第一节 债务人财产概述

一、债务人财产的概念和特征

债务人财产是整个破产程序的物质基础，可以说，债务人财产是贯穿整个破产程序始终的。厘清债务人财产的概念，合理界定债务人财产的范围对于破产程序的顺利进行、对于债权人利益的保护至关重要。

债务人财产的概念早在 1986 年的《破产法（试行）》中已经出现。但是，相关法律和司法解释对债务人财产和破产财产没有作很明确的区分，有的甚至干脆将"债务人财产"等同于"破产财产"。理论界也有不少学者认为，"债务人财产"和"破产财产"没有什么区别。[1] 也有人认为，"债务人财产"和"破产财

---

〔1〕 参见李国光主编：《新企业破产法教程》，人民法院出版社 2006 年版，第144 页。

产"没有本质区别，只是两者所处的时间不同。[1] 本书认为，"债务人财产"不等同于"破产财产"，因为进入破产程序并不一定会宣告债务人破产，在债务人没有被破产宣告之前也将其财产称为"破产财产"显然是不合适的。我国《破产法》对"债务人财产"和"破产财产"这一概念进行了区分，在破产宣告之前称之为"债务人财产"，在破产宣告之后称之为"破产财产"。根据《破产法》第30条之规定，所谓债务人财产是指，破产申请受理时属于债务人的全部财产，以及破产申请受理后至破产程序终结前债务人取得的财产。

二、债务人财产的性质

目前，我国《破产法》对破产宣告后破产财产的法律地位问题没有明文规定。从法学理论上讲，在破产财产的性质上，大陆法系国家的破产法理论主要有两派观点：一是"权利客体说"，即破产财产本质上只是权利的客体的理论。这种理论认为债务人被宣告破产后，虽丧失对破产财产的管理与处分权，但破产财产的所有权仍属于破产人，破产财产仍只是破产人权利的客体。二是"权利主体说"，即破产财产自身即构成权利主体的理论。这一理论的基础是财团法人制度，主张破产财产本身即构成权利主体，可享有权利，其作为主体属于财团法人的性质，具有民事主体的资格。

"权利主体说"和"权利客体说"的关键区别在于将债务人财产置于何种地位。"权利主体说"认为应将债务人财产视为一个财团，认为其具有一定的法律身份；而"权利客体说"否认其独立存在的法律地位，认为其是依附于债务人而存在的。从实践

---

〔1〕 参见汤维建主编：《新企业破产法解读与适用》，中国法制出版社2006年版，第117页。

层面来看，债务人财产并不是财产简单地相加，其对外具有一定的诉权，这体现了债务人财产是具有一定法律地位的，从这个意义上讲，"权利主体说"似乎更为合理。但是，由于我国现行民事立法中尚无财团法人的具体规定，债务人财产也不是依据《民法典》及相关法律登记设立的法人，故而在现行立法体系下，就国内破产企业而言，认为债务人财产自身即构成权利主体的理论恐难以成立。

三、债务人财产的范围

（一）对债务人财产构成范围的不同立法原则

在债务人财产的构成范围上，不同国家与地区的破产立法采取的主要有固定主义与膨胀主义两种立法主义。

固定主义以破产案件受理时或破产宣告时（为与多数大陆法系国家/地区的立法表述相一致，以下统称"破产宣告时"），债务人所有的财产包括将来行使的财产请求权为债务人财产。所谓固定，是指破产宣告时债务人财产的范围即已确定。日本、美国等国采用这一立法方式。如日本《破产法》第 6 条第 1 款规定，于破产宣告时归破产人所有的一切财产，为破产财团；第 2 款规定，破产人基于破产宣告前产生的原因而于将来可行使的请求权，属于破产财团。

膨胀主义是指债务人财产不仅包括债务人在破产宣告时所有的财产，而且包括其在破产程序终结前所新取得的财产，债务人财产的范围在破产宣告后仍有所膨胀。英国、德国等国以及我国台湾地区的"破产相关法律规定"采用这一立法主义。如我国台湾地区"破产相关法律规定"第 82 条规定："左列财产为破产财团：①破产宣告时属于破产人之一切财产，及将来行使之财产请求权。②破产宣告后，破产终结前，破产人所取得之财产。专属于破产人本身之权利及禁止扣押之财产，不属于破产财团。"

　　两种立法方式各有利弊。在固定主义中，因在破产宣告时破产财产的范围便已确定，管理人的工作较为简单，有助于破产程序迅速进行，使债权人早受分配。破产人在破产宣告后新得到的财产由其自由支配，可鼓励其在破产过程中尽早恢复经济活动，维持自身生活，减轻社会负担，有利于社会安定。同时，以破产宣告前的财产清偿破产宣告后的新生债权，使相互的责任财产对应，较为公平。此外，破产人新得财产不属于破产财产，也有利于促进债权人会议与破产人达成和解。但固定主义的弊病是对债权人利益保障不足，给予清偿较少，破产人在破产程序中进行新的经济活动失败时可能导致二次破产，反使案件复杂化，还可能出现破产人利用破产宣告与取得新财产的时间差来规避债务，侵害债权人利益的欺诈现象。

　　膨胀主义通过将破产终结前破产人新取得的财产纳入破产财产范围，增加了对债权人的分配，防止出现债务人实际上有钱却不还债的不公平现象，可制止欺诈行为，杜绝二次破产发生。但破产程序终结前破产财产可能不断增加，致使其管理、变价等工作较为复杂，破产程序的时间相对延长。而且，由于破产人在破产宣告后新得财产也被用于破产分配，在破产终结之前，破产人难以恢复正常的经济活动，会造成社会的救济负担。

　　相对而言，固定主义在理论上较为合理，膨胀主义则更为实用。为此，有的学者主张，在这两种主义之间采取折中做法，对破产人在破产宣告后新得到的财产加以区分，凡是通过劳动得到的工资等收入不纳入破产财产范围，而非其工作所得财产，如继承、受赠的财产，则被纳入破产财产范围，以鼓励破产人积极参加社会生产生活，并借以平衡膨胀主义与固定主义之利弊。此种立法模式在我国将来制定涉及自然人破产的立法时可予借鉴，以公平保护债权人的利益。

　　一国之破产立法采取固定主义还是膨胀主义，须根据本国的具体情况而定，采何立法主义的实际意义主要表现在自然人破产方面。因为只有自然人破产才存在破产后需恢复正常经济活动，继而进行新的经济活动、继承、受赠而新得财产等问题。法人因破产而终止，且其在破产宣告后仍能新得财产的情况很少。

我国破产法在破产财产范围上采用的是膨胀主义，这有助于制止破产欺诈行为，保障经济秩序，维护债权人的合法权益，防止出现法律调整空白。由于企业法人破产后新得财产的可能不大，对破产进程的时间也无甚不利影响，而且因法人破产后即告消灭，无须采用固定主义来鼓励其开展新的经济活动，还可适应将来破产制度扩大适用到自然人企业乃至自然人的发展趋势。

（二）我国立法对债务人财产范围的规定

破产财产的构成范围涉及两个问题：一是破产人在何期间拥有的财产属于破产财产；二是在破产人的财产中，哪些财产属于破产财产，哪些财产不属于破产财产。

在前一问题上，首先是破产财产范围确定的起始时点。以破产宣告为破产程序开始的国家规定，破产人在破产宣告时的财产属于破产财产。以提出破产申请或案件受理为破产程序开始的国家规定，破产案件受理时（或破产申请提出时）的破产人财产属于破产财产，如美国。其次是终止时点，如前所述，这取决于一国破产法采取固定主义还是膨胀主义。

在后一问题上，涉及各国破产法根据本国具体情况而作的一些特别规定。通常在破产人为自然人时，为保障其生活需要，在破产清算时对其财产作出一定的保留，不将之纳入破产财产的范围。

我国《破产法》采取膨胀主义，其第30条规定，债务人财产包括破产申请受理时属于债务人的全部财产，以及破产申请受理后至破产程序终结前债务人取得的财产。

（1）破产申请受理时属于债务人的全部财产。破产案件受理时属于债务人的全部财产，包括动产、不动产以及应当由债务人行使的相关财产权利。《破产法》使用的是"属于"，此处之"属于"应当理解为"所有"，而不包括"债务人经营管理的财产"。

（2）在破产申请受理后至破产程序终结前债务人所取得的财产。债务人企业在破产申请受理后至破产程序终结前所取得的财产，通常称为新得财产。新得财产属于债务人财产，是我国破产立法在债务人财产问题上采取膨胀主义的体现。在破产申请受理后至破产程序终结前，债务人仍然可以从事某些必要的民事活动，比如决定继续履行破产企业尚未履行的合同等，这就存在取得财产的可能。在破产申请受理时的债务人财产也存在产生收益的可能，这部分财产应属于债务人财产。在这一时段内取得的财产，既包括实物财产，也包括财产权利。需要提及的是，破产申请受理后，债务人企业因行使某些原来已经享有的财产性权利而从其他主体处获得的财产，不能称为新得财产，因为它并非新得到的财产，只不过是权利人使其原有的财产权利变换了一种存在形式。

第二节　破产撤销权

一、撤销权的概念

撤销权又称否认权，是指管理人请求法院对破产债务人在破产申请受理前法定期限内实施的，对恶意减少其财产而有碍全体债权人公平受偿的行为予以撤销的权利。撤销权只能由管理人向法院请求行使。撤销权的行使将产生两个法律后果：一是使损害债权人利益的行为归于无效；二是使因该行为取得的财产或财产权利回归债务人。我国《破产法》第 34 条规定，因破产申请受理前法定期限内恶意减少其财产有碍全体债权人公平受偿的行为而取得的财产，管理人有权追回。正因为如此，撤销权是行使追回权的前提，追回权是撤销权行使的必然结果。

二、撤销权的法律特征

（一）撤销权的行使主体是管理人

根据《破产法》，在破产程序中管理人的职责是管理债务人财产，而行使撤销权追回债务人不当处分的财产是其当然的职责，因而撤销权是管理人的法定职责。管理人在发现债务人有法律禁止的处分行为时，不仅有权而且必须主动行使撤销权。根据《破产法》第 31 条、第 32 条的规定，管理人发现破产债务人在破产申请受理前法定期限内有恶意减少其财产损害全体债权人利益的行为时，有权请求法院撤销该行为，并取回相应财产。

（二）债务人的可撤销行为一般发生于法院受理破产案件前的法定期间内

规定可撤销的行为应发生于法院受理破产案件前的法定期间内：一是为了避免任意扩大撤销的范围而妨害交易安全，影响经济秩序的稳定；二是由于在受理破产案件后，管理人接管破产债务人财产，使得破产债务人在客观上不可能非法处分其财产。《破产法》区分两类情形，分别规定了案件受理前的 1 年内和 6 个月内两种期间。同时，《破产法》还规定了一类不受期间限制的可以撤销的行为，即为逃避债务而隐匿、转移财产和虚构债务或者承认不真实的债务两种行为，不论何时发生，均为无效。

（三）撤销权的设置目的是防止债权人的利益受到不正当损害

有的学者认为，行使撤销权的一个前提，就是应有债权人利益因该行为受到损害的事实。也就是说，如果债务人在从事上述行为时，企业经营状况正常，资产超过负债，并无破产之风险，未实际损害到债权人的利益，那么即使以后企业亏损破产，对该行为也不得撤销，这也是为了保障正常的经济秩序，维护民事关系的稳定。[1] 应当说，采用这一实质判断原则较为公平，这也是学界的通说。但问题是，要管理人对债权人利益受损的事实进行举证较为困难，这样一来有可能造成撤销权难以行使。我国《破产法》对撤销权进行规定时并未将债权人利益受损作为一客观要件提出，而只是规定了法定期限。因此，只要在法定期限内债务人实施了特定的行为，就可以推定债权人利益受损，而不管该行为是否实际对全体债权人的利益构成损害。

（四）债务人存在主观恶意

对此，学界存在一定争议。第一种观点认为，债务人主观上必须为恶意；[2] 第二种观点认为，应区分有偿行为和无偿行为，对于有偿行为，必须以主观恶意为要件，而对于无偿行为则不以主观恶意为要件；[3] 第三种观点认为，成为撤销权对象的行为必须是有不当性的行为。[4] 所谓不当性，应当综合权衡破产债权人的利益与受益人的利益，考虑该行为的内容、目的、动机，依照信义原则与公平理念作出判断。若行为缺乏不当性，则即使行为具有危害性，也不予撤销。例如，以低廉的价格处理了有关财产，但是如果是为了缓解企业资金周转的困难，避免企业陷入破产困境，迫不得已而为之的，则该行为具有正当性。我国也有学者持相同观点。[5] 本书认为，上述观点基本上要么要求"主

---

〔1〕 参见王欣新：《破产法学》，中国人民大学出版社 2004 年版，第 208 页。

〔2〕 参见柴发邦主编：《破产法教程》，法律出版社 1990 年版，第 226 页；张卫平：《破产程序导论》，中国政法大学出版社 1993 年版，第 238 页。

〔3〕 参见李国光主编：《新企业破产法教程》，人民法院出版社 2006 年版，第 171 页。

〔4〕 参见［日］伊藤真：《破产法》（新版），刘荣军、鲍荣振译，肖贤富译校，中国社会科学出版社 1995 年版，第 223 页。

〔5〕 参见汤维建：《论破产法上的撤销权》，载《法律科学（西北政法学院学报）》1995 年第 6 期。

观恶意", 要么要求"不当性", 但是, "主观恶意"和"不当性"是一个非常抽象的概念, 极难判断, 如果将其作为撤销权的要件之一, 极易给债务人恶意减少财产的行为制造借口。因此, 可以这样理解, 法律规定可以撤销的行为都是债务人应当禁止的行为, 只要债务人实施了法律所禁止的行为, 即可认定或推定债务人主观为恶意。

三、撤销权的范围

我国《破产法》第31~33条规定了三类应撤销的行为:

(1) 人民法院受理破产申请前1年内, 涉及债务人财产的下列行为, 管理人有权请求人民法院予以撤销:①无偿转让财产的;②以明显不合理的价格进行交易的;③对没有财产担保的债务提供财产担保的;④对未到期的债务提前清偿的;⑤放弃债权的。

(2) 人民法院受理破产申请前6个月内, 债务人有《破产法》第2条第1款规定的情形, 仍对个别债权人进行清偿的, 管理人有权请求人民法院予以撤销。但是, 个别清偿使债务人财产受益的除外。

(3) 有关债务人财产和财产权利的下列行为, 不论何时发生, 均为无效:①为逃避债务而隐匿、转移财产的;②虚构债务或者承认不真实的债务的。

第三节　破产取回权

一、取回权概述

(一) 取回权的概念和性质

取回权, 是指对于不属于破产人的财产, 财产权利人可以不按照破产程序，依法通过管理人取回该财产的权利。《破产法》第 38 条规定："人民法院受理破产申请后，债务人占有的不属于债务人的财产，该财产的权利人可以通过管理人取回。但是，本法另有规定的除外。"这就是破产程序中的取回权。我国台湾地区学者陈荣宗认为，取回权系指破产管理人占有不属于破产财团之他人财产，财产之权利人得不依破产程序，直接对该项财产行使权利，从破产财团取回其财产之权利。[1]

取回权也是基于民事法律规定产生的，债务人财产的范围应以债务人的财产为限，将他人财产划入破产财产，是对权利人的侵害。依据民事法律的规定，在这种情况下，权利人有权要求返还原物，破产法上的取回权即是依此产生的。所以，这一权利并非《破产法》所创设，只是因其在破产程序中的行使特点，而称之为取回权。

（二）取回权的法律特征

1. 取回权的标的物不属于破产人所有，但为破产人所占有

这是取回权存在的客观前提。取回权的标的物原不属于破产人所有，但被破产人占有，因此如果管理人将该财产误列为破产财产，财产权利人得主张返还。至于破产人占有的依据，既可以是基于财产共有、仓储、保管、加工承揽、委托交易等法律关系而发生合法占有，也可以是基于侵权行为、不当得利而发生的不法占有。破产人占有的形态，既可以是曾经占有、现在占有，也可以是即将占有。

2. 取回权的基础权利是所有权或者他物权

取回权的发生依据只能是物权关系，而不能是债权关系。只有所有权人或者其他物权人依照物上返还请求权才能提出取回请求。取回权的基础权利最为常见的是所有权。也就是说，在管理

---

[1] 转引自李永军、王欣新、邹海林:《破产法》，中国政法大学出版社 2009 年版，第 91 页。

人所占有的财产中，属于他人所有的财产，如由于租赁、借贷、承揽等原因而被债务人所占有，所有权人于合同终止后请求返还的情况是最典型的取回权。

3. 取回权是不依破产清算程序行使的权利

虽然取回权人行使取回权需要通过破产管理人来进行，但这绝不意味着取回权人需要通过破产清算程序来行使取回权。取回权人行使取回权是取回自己的财产，因此不需要依照破产程序申报，也不需要等待破产财产的变价和分配，而是可以直接向破产管理人主张，直接从破产管理人控制的财产中取回。[1]

（三）取回权的种类

取回权按照成立的根据不同，可分为一般取回权和特别取回权两类。

1. 一般取回权及其分类

一般取回权，也称典型取回权，是指依据民事法律中物的返还请求权，当债务人实际占有取回权人的财产时，取回权人可以从管理人处取回该财产的权利。

根据债务人占有财产的基础法律关系，一般取回权主要包括：租赁物的取回权，借用物的取回权，寄存物的取回权，定作物的取回权，出售、寄售物的取回权和失散物的取回权等。

2. 特别取回权及其分类

特别取回权，也称特殊取回权或者特种取回权，是指依据破产法或者商事法的专门规定，对债务人曾经占有或者即将占有的取回权人的财产，取回权人可依法从管理人占有管理的财产中，取回其财产的权利。

特别取回权具体包括代偿取回权、出卖人取回权和行纪人取回权三种。

---

[1] 参见中国法制出版社编：《公司股权诉讼关键法条与典型实例》，中国法制出版社 2011 年版，第 103、104 页。

（1）代偿取回权。我国《破产法》没有明确规定代偿取回权。从国外破产法有关代偿取回权的规定来看，债务人在破产宣告前，将取回权的标的财产非法转让，但尚未接受对待给付财产的，取回权人可以请求将对待给付财产的请求权移转给自己。但如债务人在破产宣告前已经接受对待给付财产，则取回权人只能将对债务人不当得利的返还请求权作为破产债权要求清偿。破产管理人在破产宣告后，将取回权的标的财产非法转让，破产管理人尚未接受待给付财产的，取回权人可以请求将对待给付财产的请求权移转给自己，破产管理人已经接受待给付财产的，取回权人可以请求取回该待给付财产。日本《破产法》规定，破产管理人在破产宣告后，将取回权的标的财产转让，已经接受待给付财产时，如接受的待给付财产的特定属性尚未失去，并存在于破产财团中，取回权人可以对其行使取回权；如接受的待给付财产是没有特定属性的货币时，取回权人可以将该货币数额作为财团债权。[1]

（2）出卖人取回权。出卖人取回权，是指异地动产买卖合同中，当出卖人已将出卖物交付运送，买受人还未实际占有该物，且未支付或者未全额支付价金即被宣告破产时，出卖人有权解除买卖合同，并取回出卖物。出卖人取回权是破产法根据公平的原则，为保护出卖人的利益而设立的。但是，依照《破产法》，管理人可以支付全部价款，请求出卖人交付标的物。

（3）行纪人取回权。行纪人取回权，是指当行纪人受委托人的委托购入委托物并在异地发送货物后，委托人还未实际占有该物，且未支付或者未全额支付价金即被宣告破产时，行纪人有权解除行纪合同，并取回委托物。我国《破产法》上没有行纪人取回权的规定，但根据《破产法》的立法精神，这种取回权在我国

---

〔1〕　转引自王艳梅、孙璐：《破产法》，中山大学出版社 2005 年版，第 131 页。

也应适用。

二、取回权的行使

（一）取回权行使的时间

人民法院受理破产申请后至破产程序终结前，取回权人得随时向管理人请求取回财产。管理人收到取回权人的请求后，一经证明属实，应予以返还。

（二）取回权行使的条件

根据取回权类别的不同，取回权行使的条件不尽相同，下面仅对一般取回权和出卖人取回权的行使条件略加说明。

1. 一般取回权行使的条件

（1）取回权的标的物，需现实存在，并被债务人或破产管理人占有。取回权以取回原物为原则。如果在取回权人行使权利之前，标的物已经毁损灭失，则一般取回权随之消灭，取回权人只能将损害赔偿请求权作为破产债权要求清偿。

（2）取回权的基础权利应具有完全对抗力。取回权人应是标的物的合法所有人或其他权利人，如取回权人对该物拥有合法的支配权等，否则破产管理人可以此对抗取回权人。

2. 出卖人取回权行使的条件

（1）买受人在破产申请受理前，出卖人已将出卖标的物发送而买受人尚未收到。这是出卖人取回权行使的重要条件。当买受人被宣告破产时，买卖标的物正在运送途中。此时，买卖标的物已经脱离了出卖人的直接占有，但买受人还未实际控制该物。如果在出卖人发送标的物之前，买受人已经进入破产程序，出卖人为了维护自身利益，就不会发送标的物；如果买受人在破产申请前，已经收到了标的物，这时标的物的所有权转归为买受人，出卖人自然不再享有取回权，其债权只能作为破产债权受偿。

（2）买受人在破产申请受理时，买受人或管理人尚未付清全部价款。如买方已付清货物价款，卖方权益未受损失，自然也无取回货物之权。这里的未付清货款，并不问原定清偿期限是否已到，因为无论清偿期到与否，破产的事实已使卖方不可能再获得全部货款。

（3）一般为异地动产买卖。如果为同地买卖，买卖标的物无需在途中停留较长时间，就不会产生出卖人行使取回权的问题。但随着交通和通信的快速发展，异地已经成为一个相对的概念，出卖人取回权的基础已经被大大地削弱了。另外，从理论上说，即使在同地的情况下，也有可能发生出卖人已经将货物发出而买受人尚未收到时被宣告破产的情形。在此情况下，出卖人也应享有取回权。[1]

（三）取回权行使的方式

首先，破产法上的取回权在破产申请受理后方得形成，在破产申请受理前，包括和解与整顿期间，权利人要取回财产，须根据《民法典》，依照原订立的合同进行。

其次，取回权不依破产程序而在破产程序之外行使。取回权是在法院受理破产申请之后形成的，这时，破产管理人已经接管了债务人的全部财产。当对取回权无争议时，取回权人只能直接向管理人主张权利，不得擅自从债务人处拿走财产。

再次，取回权是一种对物的权利，只限于取回原物。如在破产案件受理前，原物已售出或灭失的，就不能再要求取回价款，只能以物价作为破产债权要求清偿。

最后，权利人在取回定作物、保管物等财产时，存在相应给付义务的，应向清算组交付加工、保管等费用后，方得取回；当有争议发生时，取回权人应通过诉讼方式行使其权利。

---

〔1〕　参见李永军：《破产法律制度——清算与再建》，中国法制出版社 2000 年版，第 251 页。

第四节　破产别除权

一、别除权的概念与法律特征

（一）别除权的概念

《破产法》第 109 条规定："对破产人的特定财产享有担保权的权利人，对该特定财产享有优先受偿的权利。"此项权利在破产法理论中被称为别除权。它是由债务人特定财产上已存在的担保物权之排他性、优先效力沿袭而来，并非破产法所创设。[1]别除权的名称，是根据这种权利在破产程序中行使的特点而命名的。

（二）别除权的法律特征

（1）别除权的基础是在破产申请受理以前成立的设立了担保的债权。这些担保债权必须在破产申请受理之前的特定期间内存在，这是构成别除权的时间要件。在破产申请受理后，破产人已经丧失了对自己财产的经营管理权，不可能再形成别除权。

（2）别除权是对债务人之特定财产行使的权利。这意味着，第一，别除权行使的对象应是破产管理人管理下的债务人财产，所以别除权人就担保物的价款受偿时，如有超过债务的余额，应返还破产管理人，用于对全体破产债权人清偿。如担保物的价款不足以清偿全部债务，未受偿之债权便转化为破产债权，得对债务人其他财产行使权利。第二，别除权是针对债务人设定担保之特定财产行使的权利，而破产债权和产生于破产程序启动后的破产费用是针对一般破产财产行使的权利，因此它们在清偿财产的范围上有别。即便是在破产财产不足以支付破产费用的情况下，

---

〔1〕　参见陈荣宗：《破产法》，三民书局股份有限公司 1986 年版，第 231 页。

也不得从担保财产中拨付，别除权人的权利不受影响。只有在担保财产清偿担保债权后尚有余额的情况下，才可用于对破产费用的拨付和破产债权的清偿。

（3）别除权是一种优先受偿权。别除权的优先受偿，不同于破产费用从破产财产中的随时优先拨付，更不同于破产债权因性质不同而在清偿顺序上排列的先后。别除权的优先受偿权，是针对特定的担保财产行使的，是可优于其他债权人单独、即时受偿的优先权利。

二、别除权的行使

别除权不依破产清算程序行使，这是别除权行使的一般原则。别除权的基础权利是担保物权，担保物权的设立目的是在债务人失去清偿能力时优先受偿，而破产程序要解决的是债权人公平受偿的问题，如果别除权的行使完全受破产程序的限制，那就与当初设定担保物权的本意相违背。根据《破产法》的相关规定，别除权的行使不受《破产法》第16条、第19条的限制，即人民法院受理破产申请后，债务人对个别债权人的债务清偿无效以及有关债务人财产的保全措施应当解除，执行程序应当中止的限制。《破产法》之所以这样规定，是因为破产申请受理后债务人对个别债权人清偿债务、有关债务人财产的保全措施不解除、执行程序不中止会影响其他债权人的公平受偿。而别除权的行使和其他债权人的公平受偿无关，所以别除权的行使不应受上述规定的限制。另外，因别除权所针对的特定财产不属于破产财产，而破产清算的对象为破产财产，并且别除权人对破产清算方案也没有表决权，所以别除权不受破产清算的限制。破产和解程序的启动是以和解协议的有效成立为必要条件的。没有放弃优先权的别除权人不享有协议的表决权，和解协议对没有放弃优先受偿权的别除权人也不具有约束力。但由于别除权处在债务人进入破产程序这一特殊的背景下，因此，别除权人行使权利时还应遵守《破产法》的有关规定。根据《破产法》的规定和破产理论，别除权行使的程序和方式如下：

（1）别除权人须申报债权。别除权人是否应申报债权，各国破产立法规定不一：有的国家规定，别除权的实现有特定的财产担保，不受破产清算程序的约束，因而无须申报债权，仅在别除权标的物的价款可能不足以保证担保债权全额受偿时，对预计不能受偿的那部分债权才需申报，将其作为破产债权受偿。有的国家规定，破产程序涉及破产人、债权人以及破产人的职工等多数人的利益，为减少争议，使破产程序顺利进行，别除权人也应申报债权。从我国《破产法》第49条"债权人申报债权时，应当书面说明债权的数额和有无财产担保"的规定来看，我国立法上采取的是后一种做法即所有债权人无论有无财产担保都应当依法申报债权。

（2）别除权须经有权机关承认。别除权人要行使别除权，必须经过有权机关的承认。关于别除权的承认机关，各国破产立法规定不同。有的国家基于破产管理人接管破产人的法律地位，规定破产管理人拥有承认别除权的权利。有的国家的破产法还规定，破产管理人承认别除权，必须经债权人会议或监查人的同意。有的国家从保护其他债权人利益的角度出发，将该承认权赋予债权人会议。从我国《破产法》的相关规定来看，管理人有权审查别除权证明材料的真实性，这里的审查只是一种形式上的审查。债权人会议拥有核查权，核查权是一种实质意义上的审查，这里的核查权实际上是一种承认权。由此可见，我国《破产法》将别除权的承认权赋予了管理人，而债权人会议享有的是核查权。

（3）别除权人就依法律规定的程序处分的标的物优先受偿。别除权的行使除须遵守担保物权的有关规定外，还应遵守破产法的特殊规定。如在行使时间上，由于破产申请受理会产生将未到期的债权视为已到期的法律后果，故未到期的别除权也可据此提前行使，但其利息应只计算到破产申请受理时止，未到期的利息应当扣除；在行使方式上，留置权人的法定催告义务应当免除。

三、别除权成立的范围

从各国有关立法来看，通常可在破产法上享有别除权的民事权利包括质权、抵押权、留置权、特别先取权等。在此问题上存在争议的是，留置权和定金是否可以在破产程序中成立别除权。对此各国无论从立法上还是理论上，都存在很大争议。

对留置权能否在破产法上享有别除权，各国立法规定不一致。有的国家规定，留置权可以在破产法上享有别除权。有的国家规定，留置权不能在破产法上享有别除权。还有的国家将留置权分为民事留置权和商事留置权，规定只有商事留置权可以在破产法上享有别除权。[1] 从我国《破产法》的规定来看，对债务人特定财产享有担保权的债权人可以在破产程序中行使别除权。而留置权显然是对特定财产设定的担保物权，所以留置权在破产程序中是能产生别除权的。

定金这种担保形式能否构成别除权存在争议，问题不仅在于破产立法规定的不统一，而且在于定金担保在理论上应否给予别除权存在争议。如前所述，别除权是基于物权担保产生的，其是针对特定财产行使的权利，而定金以货币作为担保，即不是以特定物，而是以种类物担保。由于定金不是就特定物设定的权利，也就无法通过物权性限制来保障债权人的利益，起不到物权担保的作用，所以对定金担保债权不宜给予别除权。

---

〔1〕 转引自李永军、王欣新、邹海林：《破产法》，中国政法大学出版社 2009 年版，第 109 页。

四、别除权人的破产申请权

各国破产立法对此问题有两种观点。一种观点认为，别除权人的债权有担保物担保，其受偿不受债务人是否破产的影响，原则上没有必要赋予其破产申请权，仅在担保物不足以清偿其担保债权的情况下，才允许其提出破产申请，否则便可能出现权利的滥用。另一种观点认为，别除权人同时也是债务人之债权人，债务人的全部财产都是对全体债权人的一般共同担保，而别除权之担保不过是为了个别债权人的利益，又于债务人的特定财产上另外给予的一重保障，其作为债权人的基本权利不应因有担保物反受限制，更何况还存在担保物不足以清偿担保债权的可能，所以别除权人应享有破产申请权。但是，对债务人以其财产为他人担保的情况，别除权人不享有破产申请权。因这时别除权人只对债务人的特定财产享有优先受偿权，对债务人并无债权权利，即其权利仅限于申请对担保物的执行，因提供担保的债务人本身并不是担保债权的主债务人，所以别除权人在此种情形下不享有破产申请权。

有财产担保的债权人通常可从担保物中获得全部清偿，一般情况下，有财产担保的债权人并无不能受偿的危险。而破产程序是一种概括执行程序，成本较高，申请债务人破产完全没有必要。只有当设定有担保的特定财产不足以清偿债权时，才可以申请债务人破产。

第五节　破产抵销权

一、破产抵销权概述

（一）破产抵销权的概念和意义

破产法上的抵销权，是指债权人在破产程序开始时对债务人负有债务，不论其债权同所负债务的种类是否相同，也不论其债权是否已到清偿期，可不依破产程序主张抵销其对债务人所负债务而消灭其所负债务的现象。债权人在破产程序开始后抵销其对债务人财产所负债务的权利为破产抵销权。

债权人行使破产抵销权，将使其由债务人财产获得较其他债权人优先的分配利益，但为了便于债务人财产和债权债务的清理，破产立法例通常准许债权人在破产程序中行使抵销权，而且相应放宽了债权人行使破产抵销权的条件。例如，日本《破产法》（1922 年）第 98 条规定，破产债权人在破产程序开始时，对于债务人负有债务者，可不依破产程序而为抵销。我国《破产法》第 40 条第 1 款中规定："债权人在破产申请受理前对债务人负有债务的，可以向管理人主张抵销。"

破产抵销权是为简化破产程序而保护债权人利益特设的一项制度。破产抵销权得以实现的债权本体，原来就是债权人在私法上依照其意思即可实现的权利。因此，破产抵销权并非破产立法新创设的权利，只是民法上的抵销权在针对债务人而开始的破产程序中的扩张适用。

（二）破产抵销权与民法上的抵销权

破产抵销权原本也是民法上的权利，但又不完全等同于民法上的抵销权。两者的主要区别表现在：

第一，民法上的抵销权，要求相互抵销的债务均已到清偿期限，而且通常情况下，相互抵销的债务给付种类、品质是相同的。而破产抵销权则没有上述两个方面的限制。我国《民法典》第 568 条第 1 款规定，当事人互负债务，该债务的标的物种类、品质相同的，任何一方可以将自己的债务与对方的到期债务抵销；但是，根据债务性质、按照当事人约定或者依照法律规定不得抵销的除外。《民法典》第 569 条规定，当事人互负债务，标的物种类、品质不相同的，经协商一致，也可以抵销。破产法中抵销权的行使，则无上述两个条件的限制，即使是种类不同的债权或者是未到期债权，也可行使抵销权。这主要是因为《破产法》规定，附条件的债权可以作为破产债权申报，未到期的债权一律视为到期债权，所以附条件的债权和未到期的债权也可抵销。另外，破产程序是一种概括执行程序，不同种类、品质的债权，要一律折合为货币形式方能加以清偿，所以不同种类、品质的债权在破产程序中均能进行抵销。

第二，民法上的抵销权对相互抵销的债权债务成立的时间并无限制，而破产抵销权，原则上仅允许破产申请受理前成立的债权债务相互抵销，在时间上有严格限制。

第三，破产抵销权虽然不是一种担保权，但是在破产程序中，实际上具有保证债权人优先受偿的担保功能。而民事抵销权主要是为双方当事人节省结算时间和费用，担保作用并不明显。

二、破产抵销权的行使及其限制

（一）破产抵销权的行使

《破产法》第40条规定，债权人行使抵销权，应通过管理人进行。从以上规定我们可以看出，在通常情况下，破产抵销权的行使应当以如下方式进行：

首先，破产债权人依法申报债权，并向管理人提出行使抵销权的请求。根据《破产法》第56条第2款的规定，债权人未按《破产法》规定申报债权的，不得依照《破产法》规定的程序行使权利。可见，所有的债权人都必须申报债权，破产抵销权人也不例外。法院受理破产申请后，债务人由管理人接管，其享有的债权和承担的债务由管理人予以收回和负责清偿，因此破产债权人只能以管理人为相对人，行使破产抵销权。

其次，债权人会议经核查后承认破产债权。我国《破产法》规定，破产债权须经管理人审查和债权人会议核查。如果管理人或者债权人会议对破产债权不予承认，破产债权人只能通过诉讼程序请求法院确认有争议的破产债权。

最后，破产债权人应在破产财产最终分配前行使抵销权，这是对破产抵销权行使期间的规定。破产财产分配之后如破产债权人未主张抵销权，其对破产人所负的债务应作为破产财产收回，其债权只能依照破产清算程序参加破产分配。

（二）破产抵销权的限制

为防止破产抵销权为当事人所滥用而损害他人利益，我国《破产法》第40条规定了禁止条款，下列违法抵销的行为无效：

1. 债务人的债务人在破产申请受理后取得他人对债务人的债权禁止抵销

这种债权本身虽成立于破产宣告之前，但对债务人来说，其取得却是在破产宣告之后。债权转手后法律禁止抵销的主要原因是，在债权转手抵销的过程中，会部分免除债务人的清偿义务，从而导致债务人财产不当减少，损害广大债权人的利益。因抵销权人对债务人的债权可以获得全部清偿，而其他一般债权人则只能按比例清偿，如果不禁止债权转手后的抵销，就有可能出现债务人的债务人通过低价购买债权的方式逃避全部清偿义务，债权人通过转让可以获得超过应受清偿比例的清偿。对于转手抵销之禁止，我国《破产法》并不以区分债务人的债务人在转手取得债权的过程中是否善意为必要，无论何种原因取得，均不得抵销。

2. 债权人恶意对债务人负担债务的

破产债权人在已知债务人不能清偿到期债务或有破产申请的情况下，仍然对债务人负担债务，法律推定其是出于抵销牟利之目的，是恶意对破产人发生的债务，所以此种债务不得抵销。《破产法》第40条第2项但书规定了例外情况，即债权人因为法律规定或者有破产申请1年前所发生的原因而负担债务的除外。如果债务的发生是基于法定原因（如继承）或有破产申请1年前所发生的原因而负担债务的，则不在禁止抵销之列。

3. 债务人的债务人恶意取得对债务人债权的

一般情况下，如果已知债务人有不能清偿到期债务或者破产申请的事实，正常的民事主体是不会对债务人产生新的债权的，因为债务人进入破产程序后不可能获得全部清偿。因此，在已知债务人有不能清偿到期债务或者破产申请的事实，仍然取得对债务人的债权，法律上推定行为人有不当行使抵销权之恶意。《破产法》第 40 条第 3 项但书规定了例外情况，即债务人的债务人因为法律规定或者有破产申请 1 年前所发生的原因而取得债权的除外。如果债权的发生，是基于法定原因（如继承）或有破产申请 1 年前所发生的原因而取得的，则不在禁止抵销之列。

破产债权

第一节　破产债权概述

一、破产债权的含义

通常认为，破产债权是指在破产程序启动前成立的，经依法申报确认，并得由破产财产中获得清偿的可强制执行的财产请求权。

破产债权是破产法中最重要的一种实体性权利。正因为如此，对破产债权的规定无疑成为各国破产法上的一项重要内容。破产法是实体法和程序法的统一，因而破产债权从不同的角度考察有不同的含义。从程序的角度来看，破产债权是依破产程序申报并依破产程序受偿的财产请求权，学理上称之为形式意义上的破产债权。形式意义上的破产债权揭示了破产债权的外部特征与最终目标，即破产程序是破产债权实现的唯一途径，破产债权非依破产程序不得受偿。从实体法的角度看，破产债权是在破产申请受理前成立的对债务人可以行使的一切财产上的请求权。[1]
实质意义上的破产债权反映了破产债权的实质，即破产债权是在
破产程序启动之前基于法律原因就已经存在的债权，并不是因破
产程序而新产生的权利。可以这样说，实质意义上的破产债权是
程序意义上破产债权实现的前提和基础，程序意义上的破产债权
是实质意义上破产债权实现的方法和途径，两者只是从不同方面
揭示破产债权的特征而已。从形式意义上对破产债权进行界定还
是从实质意义上对破产债权进行界定，是对同一问题从不同角度
认识的反映。从各国的情况来看，大多破产立法对破产债权的定
义一般都指实质意义上的破产债权，而把形式意义上的破产债权
放在条件或要件中规定。如我国《破产法》第 107 条第 2 款规
定，人民法院受理破产申请时对债务人享有的债权称为破产债
权；同时又在第 56 条第 2 款规定，债权人未依照《破产法》规
定申报债权的，不得依照《破产法》规定的程序行使权利。

二、破产债权的特征

（一）破产债权基于破产程序开始前的原因成立

破产程序是一种概括性程序，主要目的是使债权人公平受
偿，故必须划定一定的时间界限，使破产债权的范围固定化。破
产债权必须基于破产程序开始前的原因成立，这是指债权得以产
生的法律事实在破产程序开始前已有效存在，至于该债权是否附
有条件，是否附有期限以及是否到期，则在所不论。这一时间界
限是破产债权与破产费用、共益债务相区别的重要特征。需要指
出的是破产债权应在破产受理前成立，仅为一般性原则。作为该
原则的例外，法律上应承认某些虽成立于破产申请受理后的债权
仍不失为破产债权，以维系社会公平。例如，票据的发票人或者

---

[1] 参见李永军：《破产法律制度——清算与再建》，中国法制出版社 2000 年版，
第 172 页。

背书人被宣告破产，而付款人或者承兑人不知其事实而付款或承兑，由此产生的债权也为破产债权。

（二）破产债权是对人的请求权

对物请求权基于的是"对物的责任"，对人请求权基于的是"对人的责任"，对人的请求权是相对于对物的请求权而言的。前者是债务人以其所有的非特定的全部财产对债权人负清偿责任，后者是债权人对债务人的特定财产为请求权。在破产法中，破产人以其所有的非特定的全部财产即破产财产为清偿保障，这是破产债权与取回权和别除权相区别的重要特征。取回权针对的是不属于破产人但被其占有的特定财产；别除权针对的是破产人用于担保的特定财产，这些均是对物的请求权。

（三）破产债权为财产请求权

民法上的请求权依给付内容，可以分为财产请求权和非财产请求权。破产债权为财产请求权，指破产债权是能直接或间接以金钱为给付标的的请求权。非以财产为给付内容的请求权不能作为破产债权。但在一定条件下，某些非财产上的请求权因不履行而产生损害赔偿请求权时，此项请求权若发生在破产程序开始之前，这种损害赔偿请求权可转化为破产债权。

（四）破产债权必须是能够强制执行的债权

债权除了指获得国家强制力的保护，能够通过强制执行实现以外，民法理论上还承认一种没有强制执行力的债权，即"自然债权"。破产程序是一种概括强制执行程序。在破产程序中，对破产人全部财产的接管、清算、变卖、分配等，都具有强制执行的特征。"自然债权"因其已丧失了受国家强制力保护的可能性，就应将其排除在破产债权之外。在一般情况下，"自然债权"经债务人自愿履行能够实现，但如债务人已经进入破产程序，即使债务人自愿，"自然债权"也不可能转化为破产债权。

（五）破产债权必须依法申报和确认，并通过破产清算程序按比例受偿

破产债权必须在法定期限内申报，并经债权人会议确认。凡未在法定期限内申报的债权、虚报的债权，或未经债权人会议确认的债权，都不属于破产债权。此外，破产债权必须按照破产清算程序，在破产管理人对破产财产进行清算、变价后，从破产管理人处按比例受偿。破产程序开始后，破产债权人在破产清算程序之外接受的清偿不得对抗其他债权人，破产管理人可依法追回。

第二节　破产债权的范围

一、破产债权的所属范围

破产债权的范围是指破产法对破产债权外延的界定。由于受一国经济体制、破产程序开始时间、破产程序的内容以及对债权的认识等因素的影响，各国的破产法规定的破产债权的范围也不尽相同。根据我国《破产法》的规定，可以成为破产债权的主要有下列财产请求权：

（一）成立于破产程序开始前的所有债权

成立于破产程序开始前的所有债权，包括所有有财产担保的债权和无财产担保的债权。在破产立法中，对成立于破产程序开始前的有财产担保的债权是否属于破产债权，在学理上存在一定的意见分歧。由于这类债权可以从担保财产中优先得到清偿，故有人认为它不应属于破产债权。

《破产法》第 107 条第 2 款中规定，人民法院受理破产申请时对债务人享有的债权称为破产债权。据此，确定破产债权的时间与破产程序启动的时间相统一，均为受理破产申请时，解决了

破产申请受理后新生债权的法律地位问题；另外，对破产人的特定财产享有担保权的债权也属于破产债权，未再对其作排除性规定。但我国《破产法》第59条第3款规定，对债务人的特定财产享有担保权的债权人，未放弃优先受偿权利的，对"通过和解协议"和"通过破产财产的分配方案"的事项不享有表决权。

（二）税收债权

税收债权是一种特殊债权，它是依据公法而产生的，体现税务机关与纳税人之间的征管关系，其权利主体为国家，税收为国家行使管理职能所必需，具有公益性。关于税收债权在破产程序中的法律地位，各国法律的规定有所不同，即使在同一国家也因不同历史时期而有所区别。有的国家将其列为共益债权，如日本《破产法》第47条规定："依国税征收法及国税征收条例可以征收的请求权为财团债权。"有的国家将其列为优先破产债权，即承认其为破产债权，但优于一般破产债权。德国旧破产法就是如此。但新《德国支付不能法》不再将税收债权列为优先破产债权，而是将其作为一般债权对待。奥地利、澳大利亚等国的新破产法也都将税收优先权彻底取消而视为一般债权。因此，从世界各国破产法的发展趋势看，税收债权在破产程序中的优先性正在逐步淡化。

我国《破产法》第113条第1款规定，破产财产在优先清偿破产费用和共益债务后，依照下列顺序清偿：①破产人所欠职工的工资和医疗、伤残补助、抚恤费用，所欠的应当划入职工个人账户的基本养老保险、基本医疗保险费用，以及法律、行政法规规定应当支付给职工的补偿金；②破产人欠缴的除前项规定以外的社会保险费用和破产人所欠税款；③普通破产债权。由此看出，其一，《破产法》明确规定，破产财产应当优先清偿破产费用和共益债务，但共益债务包括管理人或者相关人员执行职务及债务人财产致人损害的侵权债务的规定，使后顺序的债权清偿面临较大风险；其二，《破产法》着重强调劳动者权益的保护，将破产人欠缴的除前项规定以外的社会保险费用列为第二顺序，与税收债权共同按比例清偿；其三，依据《破产法》，即使是普通债权人的权益也可能通过行使抵销权等，优先于税收债权获得清偿。总之，破产法上税收的债权优先性逐步淡化，符合世界破产立法的基本趋势。因此，税务部门应当注意加强破产前的欠税追索。

（三）附条件债权

附条件债权所附条件分为延缓条件（即停止条件）与解除条件两种。前者是指债虽已设立，但其效力处于停止状态，直至所附条件成就时，债才发生效力；后者是指已经生效的债权在所附条件成就时，便失效解除。

破产申请受理前成立的附条件债权，可以全额申报作为破产债权参加破产清偿。因为附解除条件的债权，条件未成就时，其效力与普通债权相同，理应予以清偿。附延缓条件的债权，虽然在破产申请受理时尚未生效，但其设立是在破产申请受理之前，而且在破产申请受理之后条件仍有可能成就，所以也应属于破产债权。这两种债权虽享有破产债权的地位，但因其在现实中的法律效力不同，所附条件有可能成就，也有可能不成就，债权在将来有发生或失去效力的可能，因此在破产程序中与普通破产债权的权利有所不同。附解除条件债权是已经生效的债权，所以其债权人在债权人会议上可以享有表决权。而附延缓条件的债权因是尚未生效的债权，所以其债权人在债权人会议上不享有表决权。

（四）债权人对连带债务人及保证人的债权

对连带债务人的债权是指债务人为具有连带关系的数人，各债务人均负有对债务进行全部履行的义务。在此关系中，全部债权债务关系因一次全部给付而消灭。债权人对连带债务人的债权可以作为破产债权申报，对保证人的求偿权同样应作为破产债权申报。《破产法》第51条规定："债务人的保证人或者其他连带债务人已经代替债务人清偿债务的，以其对债务人的求偿权申报债权。债务人的保证人或者其他连带债务人尚未代替债务人清偿债务的，以其对债务人的将来求偿权申报债权。但是，债权人已经向管理人申报全部债权的除外。"《破产法司法解释三》第4条第1款规定，保证人被裁定进入破产程序的，债权人有权申报其对保证人的保证债权。

《破产法司法解释三》第4条对债权人向保证人申报债权进行了详细的规定。法院受理保证人破产申请时，若承认一般保证的保证人有先诉抗辩权，则可能会导致债权人错过申报债权的最好时机。故《破产法司法解释三》第4条第2款规定，主债务未到期的，保证债权在保证人破产申请受理时视为到期。一般保证的保证人主张行使先诉抗辩权的，人民法院不予支持。由于一般保证人是就主债务人不能清偿部分承担补充清偿责任，而在债权人进行债权申报时，主债务人不能清偿部分还不确定，故第4条第2款又规定，债权人在一般保证人破产程序中的分配额应予提存，待一般保证人应承担的保证责任确定后再按照破产清偿比例予以分配。

（五）因票据关系所产生的债权

我国《破产法》第55条规定："债务人是票据的出票人，被裁定适用本法规定的程序，该票据的付款人继续付款或者承兑的，付款人以由此产生的请求权申报债权。"这一规定是为了维护票据作为无因证券的地位，保障付款人或承兑人的合法权益，保证票据的流通作用。此项规定不适用于票据的付款人事先已经收受票据资金的情况。

（六）管理人解除双务合同所发生的债权

对于破产人进入破产程序之前成立的且破产人尚未履行的双务合同，各国破产立法一般都赋予管理人解除权。我国《破产法》第 18 条对此问题也作了相同的规定。管理人解除权的行使，有主动为之，也有法律推定为之。因管理人解除合同给对方当事人造成的损失，对方当事人请求损害赔偿的权利应属于破产债权。《破产法》第 53 条规定："管理人或者债务人依照本法规定解除合同的，对方当事人以因合同解除所产生的损害赔偿请求权申报债权。"

二、破产债权的除外范围

在国外破产立法和法学理论中，有所谓"除斥债权"制度，即这些债权虽然符合一般债权的构成要件，但因债务人处于破产状态这一特定事实，法律规定这些债权不得参加破产程序获得分配。按照各国破产立法，以下债权不得作为破产债权：

（一）债权人参加破产程序的费用

债权人参加破产程序所支出的债权申报费用、邮电送达费用、出席债权人会议的交通和住宿费用等，均发生在破产宣告之后，且系为个人行使债权而支付，故不应列为破产债权。这样规定可以促使债权人节约破产费用，并可避免因个别债权人恶意扩大费用支出而损害其他债权人利益的情况发生。

（二）破产宣告后的利息

依照破产法的规定，于破产宣告时未到期的债权，均视为已到期。因此，如债权系计息债权，破产宣告后的利息不得作为破产债权。

（三）对破产人科处的罚金、罚款和没收财产

在破产宣告前司法机关、行政机关对破产人作出的罚金、罚款和没收财产等处罚决定，如果没有执行，在破产宣告后即不得再执行。因为如果再执行，实际上是惩罚破产债权人，并未达到处罚的目的。

（四）因破产宣告后合同不履行而产生的违约金

在破产宣告后，债务人即丧失了对其财产的管理与处分权。

此时，清算人有权决定解除未履行的合同，由此产生的违约金，不应作为破产债权。

（五）破产申请受理后债务人欠缴款项产生的滞纳金

《破产法司法解释三》第 3 条规定，破产申请受理后，债务人欠缴款项产生的滞纳金，包括债务人未履行生效法律文书应当加倍支付的迟延利息和劳动保险金的滞纳金，债权人作为破产债权申报的，人民法院不予确认。

（六）其他不得作为破产债权的情形

如超过诉讼时效期间的请求权，未按法定期间申报的债权，破产企业的股权，股票持有人在股权、股票上的权利等，不得作为破产债权。

第三节　破产债权的申报与确认

一、破产债权的申报

（一）债权申报的概念与特征

债权申报，是指债权人于破产案件受理后，在法定的期限内，依法定程序主张并证明其债权，以便参加破产程序的行为。债权人申报债权是其参加破产程序的必要条件。未申报债权的债权人，不得参加破产程序。无论是无财产担保的债权，还是有财产担保的债权，都必须申报。

债权申报具有以下特征：

（1）债权申报是债权人的单方意思表示。根据意思自治原则，债权人享有申报和不申报的自由。

（2）债权申报以主张并证明债权为内容。申报人主张债权以外的其他权利（例如财产取回权）的，或者不能提出债权证明的，不予接受。

（3）债权申报是债权人参加破产程序的必要条件。债权人申报债权并经确定后，即具有参加债权人会议的资格，并依法享有相应的程序权利。未申报的债权人，不得参加破产程序。

（4）申报债权必须符合法定的程序规范。我国《破产法》第56条规定："在人民法院确定的债权申报期限内，债权人未申报债权的，可以在破产财产最后分配前补充申报；但是，此前已进行的分配，不再对其补充分配。为审查和确认补充申报债权的费用，由补充申报人承担。债权人未依照本法规定申报债权的，不得依照本法规定的程序行使权利。"

（二）债权申报的规则

1. 申报期限

关于债权申报期限，有法定主义和法院酌定主义两种立法例。多数国家采用酌定主义，即由法院根据具体情况加以确定。我国《破产法》采取的是法定主义和酌定主义相结合的立法体例。《破产法》第45条规定："人民法院受理破产申请后，应当确定债权人申报债权的期限。债权申报期限自人民法院发布受理破产申请公告之日起计算，最短不得少于30日，最长不得超过3个月。"

2. 申报方式

债权人申报债权有口头和书面两种方式。有的国家的破产法明确规定必须采取书面方式，如德国《破产法》第174条第1款规定："破产债权人应向破产管理人书面申报其债权。申报时应附上债权证明材料复印件。"我国《破产法》第49条明确规定："债权人申报债权时，应当书面说明债权的数额和有无财产担保，并提交有关证据。申报的债权是连带债权的，应当说明。"从上述规定可以看出，我国立法上采用的是书面形式。

3. 申报内容

关于债权申报的内容，各国立法大致相同，即要求申报债权人的姓名或名称、住址、债权的内容和原因，债权的性质，并提供相关证据。如前面提到的德国《破产法》第 174 条第 1 款规定："破产债权人应向破产管理人书面申报其债权。申报时应附上债权证明材料复印件。"我国《破产法》第 49 条也作了类似的规定。依据《最高人民法院关于审理企业破产案件若干问题的规定》第 21 条："债权人申报债权应当提交债权证明和合法有效的身份证明；代理申报人应当提交委托人的有效身份证明、授权委托书和债权证明。申报的债权有财产担保的，应当提交证明财产担保的证据。"

4. 接受债权申报的机关

各国立法对债权申报机关有不同的规定。有的国家规定债权申报机关为法院，如日本、美国等；有的国家规定向债权人代表申报债权，如《法国 85—98 号法律》第 50 条规定："自程序开始裁定公告之日起，除雇员外，所有持有程序开始前发生的债权的债权人均应向债权人代表申报他们的债权。"有的国家规定向破产管理人申报债权，如德国《破产法》第 174 条规定："破产债权人应向破产管理人书面申报其债权。"债权人申报债权，应向法律规定的机关为之，否则不产生债权申报的效力。

我国《破产法（试行）》曾规定人民法院是接受债权申报的机关，而《破产法》将接受债权申报的机关改为管理人，该法第 48 条第 1 款规定："债权人应当在人民法院确定的债权申报期限内向管理人申报债权。"第 57 条规定："管理人收到债权申报材料后，应当登记造册，对申报的债权进行审查，并编制债权表。债权表和债权申报材料由管理人保存，供利害关系人查阅。"

（三）债权申报的范围

破产案件受理前成立的对债务人的债权，均为可申报债权。如债权在案件受理时未到期，则视为已到期。有财产担保的债权和无财产担保的债权，均应申报。附条件的债权，以该债权的全额行使权利。连带债权人可以由其中一人代表全体连带债权人申报债权，也可以各自申报债权。债务人的保证人及其他连带债务人，可以就其承担连带清偿义务而享有的追偿权向人民法院申报债权。

此外，还应注意到，债务人所欠职工的工资和医疗、伤残补助、抚恤费用，所欠的应当划入职工个人账户的基本养老保险、基本医疗保险费用以及法律、行政法规规定应当支付给职工的补偿金不必申报，由管理人调查后列出清单并予以公示。职工对清单记载有异议的，可以要求管理人更正；管理人不予更正的，职工可以向人民法院提起诉讼。

《破产法司法解释三》第 5 条规定，债务人、保证人均被裁定进入破产程序的，债权人有权向债务人、保证人分别申报债权。债权人向债务人、保证人均申报全部债权的，从一方破产程序中获得清偿后，其对另一方的债权额不作调整，但债权人的受偿额不得超出其债权总额。保证人履行保证责任后不再享有求偿权。

（四）债权申报的效力

破产债权申报发生两个方面的效力：

1. 取得参加破产程序并行使权利的资格

债权人申报债权，是其参加破产程序的必要条件。未申报债权的债权人，不得参加破产程序。无论是无财产担保的债权，还是有财产担保的债权，都必须申报。所以，债权申报能使债权人参加到破产程序中来，并行使一定的权利，如表决权、依破产程序接受债权清偿的权利等。

2. 债权的诉讼时效因债权申报而中断

破产程序是一种概括执行程序。申报债权和提起诉讼具有相同的法律效果，都是债权人主张债权的表现。当事人主张权利是诉讼时效中断的当然原因，既然申报债权是债权人主张债权的表现，那么其当然应该发生诉讼时效中断的法律效果。

二、破产债权的确认

破产债权确认的含义应有广义和狭义之分。广义破产债权的确认包括整个破产债权的确认过程，指的是债权人通过破产程序向有权的主体申报债权，由有权的主体对债权进行登记并审查，确认债权之有无、性质及数额的法律行为。狭义破产债权的确认仅仅是指有权的主体依法对破产债权之有无、性质与数额予以确定和认可的行为。这里的破产债权确认主要指的是狭义上的含义。从我国《破产法》第 57 条和第 58 条的规定来看，破产债权的确认主要包含以下内容：

（一）破产债权的审查

根据《破产法》第 57 条及《破产法司法解释三》第 6 条之规定，管理人在收到债权人的债权申报材料后，应当详尽记载申报人的姓名、单位、代理人、申报债权额、担保情况、证据、联系方式等事项，形成债权申报登记册。对申报的债权的性质、数额、担保财产、是否超过诉讼时效期间、是否超过强制执行期间等情况进行审查，编制债权表并提交债权人会议核查。可见，债权申报后，首先要接受管理人的审查。需要指出的是，管理人对破产债权的审查应当是一种形式上的审查，即主要审查债权申报材料的真实性以及申报材料是否符合法律规定的形式要件，管理人无权对债权进行实质性审查。虽然破产债权由管理人审查，但债权人等利害关系人有权查阅。根据《破产法司法解释三》第 6 条，管理人有保管债权表、债权申报登记册及债权申报材料之义务，而债权人、债务人、债务人职工及其他利害关系人对上述材料有知情权，在破产期间有权对其查阅。

（二）债权的核查

依照《破产法》第 58 条第 1 款之规定，管理人编制的债权表应当提交第一次债权人会议核查。可见，对债权核查的权利应当属于债权人会议。《破产法》第 61 条规定的债权人会议的首要职权便是核查债权，这里的核查实际上是一种实质审查。前已述及，管理人的审查主要是一种形式审查，其无权也不可能对债权进行实质审查。在法院召集的第一次债权人会议上，债务人对于债权人申报债权的真实性，债权人对于其他债权人申报债权的真实性，可以展开相互质询和辩驳，这有利于债权人会议更好地审查申报债权的真实性。

（三）无异议债权的确认

《破产法》第 58 条第 2 款规定："债务人、债权人对债权表记载的债权无异议的，由人民法院裁定确认。"根据《破产法司法解释三》第 7 条，已经生效法律文书确定的债权，管理人应当予以确认。在确认过程中，若管理人认为债权人据以申报债权的生效法律文书确定的债权错误，或者有证据证明债权人与债务人恶意通过诉讼、仲裁或者公证机关赋予强制执行力公证文书的形式虚构债权债务的，应当依法通过审判监督程序向作出该判决、裁定、调解书的人民法院或者上一级人民法院申请撤销生效法律文书，或者向受理破产申请的人民法院申请撤销或者不予执行仲裁裁决、不予执行公证债权文书后，重新确定债权。

（四）异议债权的处理

《破产法》第 58 条第 3 款规定："债务人、债权人对债权表记载的债权有异议的，可以向受理破产申请的人民法院提起诉讼。"我国《破产法》作如此规定应该是合理的。首先，破产程序是一种非诉程序，而对债权有异议实际上是实体权利上的争议，对于实体权利上的争议应当通过诉讼程序解决；其次，如果依照破产程序一次裁定即可确定债权，这对当事人极为不公平。因为同属于债权债务争议，如果按照普通民事诉讼解决，当事人享有一系列的诉讼权利。

　　《破产法司法解释三》第 8 条是对债权异议处理方式的具体规定。该条规定，债务人、债权人对债权表记载的债权有异议的，应当说明理由和法律依据。经管理人解释或调整后，异议人仍然不服的，或者管理人不予解释或调整的，异议人应当在债权人会议核查结束后 15 日内向人民法院提起债权确认的诉讼。由此可知，如果异议人在债权人会议核查结束后 15 日内未起诉，则无法再对债权表记载的债权提出异议，这一规定将有利于促进异议人尽快行使异议权，从而提高破产案件的处理效率。

　　在异议人对债权表记载的债权存在异议而向法院所提起的诉讼中，各方的诉讼主体地位问题，《破产法司法解释三》第 9 条规定，债务人对债权表记载的债权有异议向人民法院提起诉讼的，应将被异议债权人列为被告。债权人对债权表记载的他人债权有异议的，应将被异议债权人列为被告；债权人对债权表记载的本人债权有异议的，应将债务人列为被告。对同一笔债权存在多个异议人，其他异议人申请参加诉讼的，应当列为共同原告。

破产重整程序

第一节　重整制度概述

一、重整制度的概念

在立法上，重整在美国法上被称为"公司重整"（Corporate Reorganization），在英国法上被称为"公司管理"（Arrangementand Reorganization），在法国法上被称为"司法康复"（Redressment Juaiciaire），在日本法上被称为"会社更生（重整）"。在学理上，对重整的概念有不同的解释。有的学者认为，重整是股份有限公司因财产发生困难，暂停营业或有停止营业的危险时，经法院裁定予以整顿而使之复苏的制度。这种解释不能涵盖重整制度的全部内容。如美国联邦《破产法典》第11章规定的重整程序不仅适用于公司，而且适用于合伙及个人。日本学者龙田节认为："公司更生（重整）是对于虽处在困境但却有希望再建的公司，谋求维持和更生（重整）的制度，就是如果偿还到期债务会给继续营业带来显著障碍的公司，或者有发生成为破产原因的事实危险的公司，按照公司更生（重整）法在裁判所的监督下，谋求其再建的一种制度。"[1] 我国学者认为，重整是指在企业无力偿债的情况下，依照法律规定的程序，保护企业继续营业，实现债务调整和企业整理，使之摆脱困境走向复兴的再建型债务清理制度。[2] 还有学者认为，重整是经由利害关系人申请，在审判机关主持和利害关系人的参与下，对不能支付到期债务陷入财务困难的企业，进行生产经营整顿和财务清理的一种旨在使其摆脱困难，挽救其生存的积极特殊法律程序。[3] 显然最后一种解释比较全面地揭示了重整制度的参与主体、重整原因、重整能力、重整目的，但是其对重整原因的概括不全，根据我国《破产法》第 2 条的规定，重整的原因有二：一是不能清偿到期债务；二是有明显丧失清偿能力可能。因此，结合我国《破产法》的规定，重整就是由特定的利害关系人申请，在人民法院的主持和利害关系人的参与下，对不能支付到期债务或有明显丧失清偿能力可能的企业，依照法律规定的程序，对该企业进行生产经营整顿和财务清理的一种旨在使其摆脱困难，挽救其生存的积极特殊法律程序。

二、重整制度的特征

重整制度本质上是破产预防制度，是一种积极拯救企业的特别程序，与破产清算程序以及和解程序相比较，它具有如下基本特征：

（一）程序启动的私权化

重整程序只有经利害关系人的申请才能启动，除了法国以

---

〔1〕 转引自李国光主编：《新企业破产法教程》，人民法院出版社 2006 年版，第 173 页。

〔2〕 参见王卫国：《破产法》，人民法院出版社 1999 年版，第 226 页。

〔3〕 参见汤维建主编：《新企业破产法解读与适用》，中国法制出版社 2006 年版，第 237 页。

外，其他国家均规定法院不得依职权启动程序，而利害关系人包括债权人、债务人，甚至包括债务人的股东。但为了防止重整程序的滥用，各国对债权人、债务人的股东的申请均有一定限制。如美国联邦《破产法典》规定，债权人必须持有总数达到或超过5000美元的无担保债权，并且债权人要有12名或更多，且申请必须由至少3名债权人提出。我国《破产法》第70条规定，债权人和债务人均可申请重整，但债务人的出资人申请重整时，其出资额必须占到债务人注册资本十分之一以上。

（二）重整原因的宽松化

重整制度首要目的是挽救企业，使其摆脱财务困境，重获经营能力，以期使社会损失最小化。因此，各国法律规定重整原因并不像破产原因或和解原因那样严格，债务人、债权人或出资人申请重整程序的开始，并不以债务人已具支付不能事实为必要，只需有丧失清偿能力之可能即可。

（三）重整措施的多样化

重整作为预防企业破产的一项有力制度的重要原因在于，重整制度中重整措施的多样化。重整不仅调整债务人企业的内部事务、债权人和债务人的外部关系，而且还可能涉及债务人和第三方的关系。重整措施不仅包括债权人对债务人的妥协让步，还包括企业的整体出让、合并与分离、租赁经营、追加投资、发行公司债券、税务减免等。

（四）重整程序的优位化

重整程序一旦启动，不仅优先于一般民事执行程序，而且也优先于破产清算程序和和解程序。因此，重整程序一经开始，不仅正在进行的一般民事执行程序应当中止，而且正在进行的破产清算程序或强制和解程序也应当中止。当破产清算申请、强制和解申请与重整申请同时并存时，法院应当优先受理重整申请。因为重整程序开始后仍允许这些程序的进行则无法顺利完成重整目的，且重整一旦成功，这些程序的运行则没有必要。此外，重整程序的优先性还表现在，重整程序一旦启动，重整的效力及于对特定财产设定有担保的债权人。重整期间别除权的行使受到限制；而在破产清算和和解程序中，别除权的行使不受限制。

第二节 破产重整的申请与审查

一、重整的适用范围及适用条件

（一）重整的适用范围

各国和地区根据自己的实际情况，对重整的适用范围有宽窄不同的规定。有的规定大多数商事企业（无论是法人还是非法人）和个人均属于重整的范围，如美国和法国。有的规定重整只适用于股份有限公司，如英国、日本等。按照我国《破产法》的规定，重整程序适用于企业法人，即公司和其他经登记为法人的企业。

（二）重整的适用条件

我国《破产法》第70条规定："债务人或者债权人可以依照本法规定，直接向人民法院申请对债务人进行重整。债权人申请对债务人进行破产清算的，在人民法院受理破产申请后、宣告债务人破产前，债务人或者出资额占债务人注册资本十分之一以上的出资人，可以向人民法院申请重整。"《破产法》第2条规定："企业法人不能清偿到期债务，并且资产不足以清偿全部债务或者明显缺乏清偿能力的，依照本法规定清理债务。企业法人有前款规定情形，或者有明显丧失清偿能力可能的，可以依照本法规定进行重整。"由此可见，重整程序的启动需要具备以下几个条件：

（1）能力要件。即法律规定可以成为重整对象的权利或者资格。根据我国《破产法》的规定，只有企业法人才能适用重整程序。

（2）原因要件。在具备如下两个理由时可以使用重整程序：第一，企业法人不能清偿到期债务，并且资产不足以清偿全部债务或者明显缺乏清偿能力；第二，企业法人有明显丧失清偿能力的可能。

（3）形式要件。申请人是《破产法》规定的具有申请重整资格的人；提出申请的方式符合法律的规定；法院有管辖权；缴纳重整费用。

二、重整程序的申请与受理

（一）重整申请人

重整程序的启动，必须由有申请资格的当事人提出申请。当然，有申请资格的当事人的范围在不同国家是不一样的。在我国，按照《破产法》第 70 条的规定，有资格的重整申请人分为以下三类：

1. 债权人

根据《破产法》第 70 条的规定，当债务人不能清偿到期债务或有明显丧失清偿能力的可能时，债权人可以直接申请重整。

对于债权人申请重整，重整法或者破产法均要求债权人所持债权应达到一定比例。根据我国台湾地区"公司相关法律规定"，相当于公司已发行股份总额 10%的公司债权人才能申请对公司重整。日本《公司更生（重整）法》也作了相同的规定。

我国《破产法》对于债权人重整申请没有规定所持债权额必须达到一定比例。对于债权人的债权额度缺乏一定的限制，导致任何债权人均有权申请重整，这有可能导致重整程序被滥用。因此，我们可以借鉴日本的做法，申请股份公司重整的，债权人的债权相当于已发行股份总额 10%的才能申请对公司重整；对于有限责任公司的重整，则可以借鉴美国的做法，在人数和债权额上根据不同的情况分别加以限制。

2. 债务人

债务人的申请分为两种情形，即主动申请和被动申请。

债务人的主动申请，是指当出现重整原因时，债务人可以直接向人民法院申请进行重整。《破产法》第7条第1款规定："债务人有本法第2条规定的情形，可以向人民法院提出重整、和解或者破产清算申请。"根据这一规定，债务人不能清偿到期债务，并且资产不足以清偿全部债务或者明显缺乏清偿能力，或者有明显丧失清偿能力的可能时，有权直接向法院提出重整申请。

债务人的被动申请，是指债权人申请对债务人进行破产清算的，债务人可以在人民法院受理破产申请后到破产宣告前向人民法院申请进行重整。在这种情形下，因债权人已经申请破产清算而且已为法院受理，已经进入法定破产程序，相关法律措施已经开始实施，如管理人已经产生，账目、财产已经被接管等，此时债务人提出的申请相对于主动申请而言是一种被动的申请。

3. 出资人

出资人是指债务人的出资人，且其出资额占债务人注册资本十分之一以上。其必须在债权人申请对债务人进行破产清算的情形下，在人民法院受理破产申请后，宣告债务人破产前向人民法院申请进行重整。债务人经营的好坏，直接影响出资人的利益。债务人一旦破产，出资人就可能血本无归。为了保护出资人的利益，法律赋予出资人在破产程序启动后申请重整的权利。破产重整时间较长，程序比较复杂，成本也比较高，而且重整还有优位化的特征，一旦重整程序启动，不但所有民事执行程序中止，而且别除权人的别除权也受到限制。重整程序对债务人和债权人的利益影响极大，为了防止出资人滥用重整申请权，法律对出资人的重整申请权作了出资额度的限制。

（二）重整申请的审查与受理

按照《破产法》的规定，重整程序在人民法院的主持下进行，所以人民法院在收到申请后应当对重整申请进行审查，决定是否裁定债务人重整。

法院对重整申请的审查主要从两个方面展开：一方面是形式审查，主要是审查申请人是否合格，法院有无管辖权，申请书的形式是否符合法律规定的要求；另一方面是实质审查，包括对债务人是否具有重整原因、被申请人是否合格等进行审查。法院进行审查时，可以要求债务人提交相应材料或说明情况，对于根据《破产法》规定已经任命管理人的，也可以要求管理人履行提交和说明职责。

人民法院经审查认为重整申请符合法律规定的，应当作出重整裁定，并予以公告。自人民法院裁定债务人重整之日起，重整期间就开始了。此裁定一经作出，即对重整案件的各利害关系人产生一系列的法律效力，直至重整程序终止。

第三节　破产重整期间债务人财产的经营和管理

一、重整期间的概念和意义

（一）重整期间的概念

我国《破产法》第72条规定："自人民法院裁定债务人重整之日起至重整程序终止，为重整期间。"重整期间，在美国被称为"冻结期间"（period of freeze）；在澳大利亚被称为"延缓偿付期"（moratorium）；在法国被称为"观察期间"。

外国法上对重整期间一般都规定有具体的时限，我国破产法没有规定重整的具体时限，体现了我国破产法极力挽救企业的法律政策。但是，这并不意味着重整期间可以无限延长。根据《破产法》的规定，自人民法院裁定许可债务人重整之日起，债务人或者管理人应当在6个月内提交重整计划草案；有正当理由的，经债务人或者管理人申请，人民法院可以裁定延长3个月。人民法院应当自收到重整计划草案30日内召开债权人会议，付诸表决。自重整计划通过之日起10日内，债务人或者管理人应当向人民法院提出批准重整计划的申请，人民法院应当自收到申请之日起30日内裁定批准，终止重整程序。部分表决组未通过重整计划草案的，债务人或者管理人可以申请人民法院强制批准重整计划草案，人民法院应当自收到申请之日起30日内审查该重整计划草案是否符合《破产法》规定的条件，并裁定是否批准重整计划草案，逾期不提交重整计划草案，或者重整计划草案未获通过，或者人民法院没有裁定批准重整计划草案的，人民法院应当裁定终止重整程序并宣告债务人破产。在强制批准前提条件的建构上，美国联邦《破产法典》第1129条提供了范例。第1129条包含"一致同意批准"（consensus approval）和"强制批准"（cramdown）两款。"强制批准"的适用必须先满足除了受影响组没有全部通过以外的"一致同意批准"的所有要件。强裁的前提条件是设在"一致同意批准"的规则内的。法院行使"一致同意批准权"之前必须审查重整计划是否满足13个前提条件：即符合美国联邦《破产法典》第十一章的规定［§1129（a）（1）］；计划的提出者遵守了美国联邦《破产法典》第十一章的规定［§1129（a）（2）］；计划之提出必须为善意，并且合法［§1129（a）（3）］；对于计划的支出和管理层任命有充分的披露［§1129（a）（4）和（5）］；已经取得必要的监管批准［§1129（a）（6）］；受影响之债权人所得不得低于清算所得，即债权人利益最大化的测试［§1129（a）（7）］；每一个债权人组要么没有受到影响，要么同意重整计划［§1129（a）（8）］；重整计划生效之日起支付行政费用、某些职工工资和薪金、无担保税金［§1129（a）（9）］；至少有一组受影响组的同意，并且同意的受影响组为非内部人（insider）［§1129（a）（10）］；计划必须具有可行性［§1129（a）（11）］；必须支付所有的管理人费用和评估费用；必须支付第1114条下的退休金。这里法院判定一个重整计划是否符合13个前提条件时一般沿用第五巡回法院在布里斯科一案中所采纳的证明原则，即要求重整计划提供者能够提出优势证据来证明计划已经达到了要求。对于冗长的13个前提条件，有评论者认为概括起来主要有三种情形：①计划符合美国联邦《破产法典》其他条款要求，包括信息披露和善意等；②计划符合合理和可行的要求；③符合债权人利益最大化的测试。其中可行性测试和债权人利益最大化的测试是核心，分别保障重整价值优于清算并且无导致再次清算之虞，以及每一个权益人（特别是反对计划的少数派）不会被置于比清算更坏的境地。这三种针对重整计划的测试实际上是法院进行"强制批准"的前提。[1]

（二）重整期间的意义

我国《破产法》专列一条对重整期间进行定义，是因为重整期间具有非常重要的意义。在重整期间，所有的对债务人及其财产采取诉讼或其他程序的行动，包括别除权人的别除权都一律停止，以便保护企业的运营价值和制定重整计划，增加重整成功的可能性。

从我国《破产法》的相关规定来看，重整期间的法律意义主要体现在以下几个方面：

1. 债务人企业的管理权在重整期内发生变化

根据《破产法》的相关规定，在重整期间，对债务人企业的财产和营业事务的管理，有两种情况：一是经债务人申请，人民

---

〔1〕 参见高丝敏：《重整计划强裁规则的误读与重释》，载《中外法学》2018年第1期。

法院批准，由债务人自行管理，但要接受管理人的监督；二是由管理人进行管理。

2. 别除权行使受到限制

在重整期间，权利人对债务人的特定财产享有的担保权和法定优先权暂停行使，债务人或管理人为继续营业，可以通过提供为债权人接受的担保，取回质物或留置物。

3. 债务人的权利人在重整期间行使权利应当符合法律规定

根据《破产法》的规定，债务人合法占有他人财产，该财产的权利人在重整期间要求取回的，应当符合事先约定的条件。

4. 债务人的出资人和有关人员的权利在重整期间受到限制

在重整期间，债务人的出资人不得要求投资收益分配；其董事、监事、高级管理人员非经人民法院同意，不得向第三人转让其所持有的债务人的股权。

二、重整人

（一）重整人及其确定

重整公司的营业机构一般被称为"重整人"。"重整人"是重整程序中执行公司业务，代表公司，拟定并执行重整计划的法定必备机关。它是由法院指定或认可的，在债务人重整期间负责债务人财产的管理、处分、业务经营以及重整计划的拟定与执行的机构，其法律地位一般由法律直接规定。由于各地的历史传统和法律规定不同，重整人的名称也不同：美国联邦《破产法典》称之为重整受托人；英国《破产法》称之为管理人；日本《公司更生（重整）法》称之为财产管理人。除此之外，我国台湾地区的"公司相关法律规定"称之为重整人。

重整人的选任是重整制度中一个重要的问题。关于重整人选任的立法例大致有三种：一是由法院指定，法院在裁定重整程序开始时任命重整人。重整人直接向法院负责，并接受其监督，不允许债务人在重整期间管理和主持营业，债权人和股东对此亦不得干涉。这种立法例以英国和日本为代表。二是以债务人直接续任为原则，以由法院指定为例外。这种做法以美国和德国为代表。三是以法国为代表采用的并列制，即管理人和债务人并行负责，双方的管理权限处于此消彼长的状态。相比较而言，上述第二种体例较为可取，因为债务人对债务人企业情况比较熟悉，让其继续对该企业进行管理相对于其他人更有优势。只有当债务人的管理层存在欺诈等道德危险或者其他难以继续管理的情形时，才由法院另行指定。

我国《破产法》对债务人的财产管理和营业管理，采取了比较谨慎和灵活的态度。重整期间，经债务人申请，由人民法院批准，允许债务人在破产管理人的监督下自行管理，也可由管理人继续管理。

（二）债务人担任重整人

我国《破产法》第73条第1款规定："在重整期间，经债务人申请，人民法院批准，债务人可以在管理人的监督下自行管理财产和营业事务。"因此，债务人自行管理的前提是：①债务人向人民法院提出自行管理的申请，而且提出申请的时间必须在人民法院裁定许可债务人重整以后；②须经人民法院批准；③须由管理人对债务人自行管理实施监督。

债务人自行管理始于美国破产法中"占有中的债务人"制度。美国破产法制定时，美国国会的专家们在设计占有中的债务人制度时面临的选择是：更多地依靠受托管理人，还是更多地信赖债务人？在这个问题上，他们首先确立了两个目标：第一，保护公众利益和债权人利益；第二，便利对债权人和债务人均为有利的重整。然后，他们着重考虑了以下几个因素：一是因债务人主持继续营业对债权人和公众利益造成损害的可能性；二是债务人与受托管理人在管理营业事务方面的能力比较；三是债务人主持继续营业对当事人选择适用重整程序的影响；四是债务人管理层存在欺诈或行为不端的可能性及其预防的方法。在考虑前三点时，他们表现出对实践经验的高度重视，以及优先调动积极因素而不是优先避免消极因素的进取型制度偏好。至于第四点所涉及的消极因素（它是选择信赖债务人的主要制约因素），他们采取的处理原则是灵活性原则和个案处理原则；这些原则可以帮助人们摆脱潜在的消极因素给制度设计者带来的"事难两全"的困扰。[1]

从我国已有的实际情况来看，我国现有的比较成功的重整都是由债务人自己担任重整人的。并且，目前我国还缺乏一支高素质的管理人队伍，倘若一概不允许债务人担任重整人，则难以保证重整的效果，所以应当允许债务人自己担任重整人。虽然债务人自己担任重整人具有诸多优点，但是债务人企业陷入困境在大多数情况下毕竟是债务人自己经营管理不善所致。另外，债务人自己担任重整人，难免会偏向债务人一方的利益；而且，债务人有可能滥用重整来拖延时间，逃避债务。所以我国《破产法》对于债务人担任重整人进行了一定的限制：一是债务人担任重整人必须经过人民法院的批准，法院批准程序可以防止品行不端、业务素质不高的人担任重整人，从而在一定程度上保证重整人的素质；二是债务人担任重整人应当在管理人的监督下进行财产管理，这样能够使债务人的重整活动处在管理人的监督之下，防止债务人滥用重整权损害债权人的利益。

三、重整程序的终止

重整程序的终止，又称重整程序的废止或撤销，是指法院根据重整人或者利害关系人的申请或者依职权裁定取消已经开始的

---

[1] 参见王卫国：《论重整企业的营业授权制度》，载《比较法研究》1998 年第 1 期。

重整程序。重整之目的在于企业更生（重整），但在重整程序开始以后，如果企业拯救已无成功的可能，或者因拯救成本过高或存在其他障碍而难以继续进行，则应当终止重整程序和转入破产清算程序。因此，重整程序的终止是重整制度的一个重要组成部分。

（一）重整程序终止的情形

根据我国《破产法》的相关规定，重整程序终止主要有以下几种情形：

（1）债务人的经营状况和财产状况继续恶化，缺乏挽救的可能性。

（2）债务人有欺诈、恶意减少债务人财产或者其他显著不利于债权人的行为。

（3）由于债务人的行为致使管理人无法执行职务。

（4）债务人和管理人自裁定重整之日起超过 6 个月，或者经过人民法院裁定延长 3 个月的情况下未按期提出重整计划草案的。

（5）在通过和批准重整计划的过程中，债权人会议没有通过重整计划草案，而该重整计划草案在协商后仍未获得有关债权人的通过，或者未依法提请法院批准，或者法院以该计划不符合《破产法》的有关规定为由驳回批准申请的。

（二）重整程序终止的效力

日本《公司更生（重整）法》规定，更生（重整）程序终止时，除非法院认为公司有破产原因的事实时，应按照破产法规定宣告其破产（第 23 条），或者认为相当时认可和解申请（第 27 条），管理人应当清偿共益债权，对于有异议的共益债权实行提存（第 282 条）；无异议的确定重整债权或重整担保权、重整债权人或重整担保权人表的记载，对于公司有与确定判决同一的效力，重整债权人或重整担保权人于重整程序终止后可以对公司实行强制执行（第 283 条）；对于重整计划被认可后无望实现而终止重整程序的，记载于重整债权人表或重整担保权人表的基于重整债权或者重整担保权依计划所定认许的权利且系以金钱的支付或其他给付的请求为内容的，可以对公司或因重整而负担债务者实行强制执行。[1]

我国台湾地区"公司相关法律规定"第 307 条规定，裁定终止重整程序后，公司符合破产原因时，法院可依职权主动宣告破产。第 308 条规定，重整程序终止产生以下效力：公司破产、和解、强制执行及因财产关系所产生的诉讼程序恢复其效力；法院所作的各项保全处分或紧急处分，都失去效力；非依重整程序不得行使的债权，都解除其限制；因怠于申报权利而不能行使的债权人，都恢复其权利；股东会、董事会及监察人的职权自行恢复；终止重整的裁定无溯及力，重整人在此裁定前依法执行职务，对外发生的法律行为仍然有效；权利人所行使的取回权、抵销权、撤销权的效力不受影响。第 312 条规定，重整债务（维持公司业务继续营运所发生之债务和进行重整程序所发生之费用），优先于重整债权而为清偿之效力，不因裁定终止重整而受影响。[2] 按照我国《破产法》的规定，人民法院裁定终止重整程序的，应当宣告债务人破产，即债务人进入破产清算程序。

---

〔1〕 赵雷主编：《新企业破产法讲读》，中国工人出版社、人民法院出版社 2006 年版，第 168 页。

〔2〕 赵雷主编：《新企业破产法讲读》，中国工人出版社、人民法院出版社 2006 年版，第 167、168 页。

第四节　破产重整计划

一、重整计划的起草

(一) 重整计划的法律特征

第一，重整计划是一个一揽子解决方案，涉及重整法律关系的方方面面，既有债务人与债权人之间的债的关系，也有出资人与债务人的投资关系，还有劳动关系、税收关系、一些由破产法特别调整的物权关系（譬如对取回权人的限制、担保物权人权利的限制）、重整中的追加投资关系、企业合并关系等。

第二，重整计划是一个涉及多方法律主体的法律行为，有的学者将其称为协议，具有一定的道理。重整计划是一个要式合同，以法院的裁定批准作为生效条件。

第三，重整计划是重整各方重整行为的基本准则，违反重整计划不仅会带来民事上的违约后果，还会带来破产法规定的其他后果。

第四，重整计划以债务人的复兴为目标，在此基础上努力维护和实现其他利害关系人的权益，特别是债权人的债权。

(二) 重整计划的起草人

根据我国《破产法》的规定，重整计划的起草人包括债务人和管理人两类。债务人自行管理财产和营业事务的，由债务人制作重整计划草案。管理人负责管理财产和营业事务的，由管理人制作重整计划草案。

为全面体现利益相关各方的意志，提高重整计划草案的通过率，重整计划在起草过程中应当充分征询各方意见，让各方都有机会参与到重整计划的制订中来。

(三) 重整计划草案的起草时限

债务人或者管理人应当自人民法院裁定债务人重整之日起 6

个月内，同时向人民法院债权人会议提交重整计划草案。6 个月期限届满，重整计划草案尚未起草完成，经债务人或者管理人请求，有正当理由的，人民法院可以裁定延期 3 个月。

债务人或者管理人未按期提出重整计划草案的，未申请延期，或者延期后仍未提出重整计划草案的，人民法院应当裁定终止重整程序，并宣告债务人破产。

（四）重整计划草案的基本内容

重整计划草案主要应涉及两方面的内容：一是债务人重整的措施；二是债权的清偿方案。重整措施是重整计划的关键部分。根据我国《破产法》的规定，重整计划草案应当包括下列内容：债务人的经营方案；债权分类；债权调整方案；债权受偿方案；重整计划的执行期限；重整计划执行的监督期限；有利于债务人重整的其他方案。

二、重整计划的通过

重整计划草案主要是由债权人会议表决通过，债权人会议对重整计划草案分组进行表决。债务人的出资人代表可以列席讨论重整计划草案的债权人会议。重整计划草案涉及出资人权益调整事项的，应当设出资人组，对该特定事项进行表决。

（一）表决组的划分

债权人会议的组别划分是以债权性质为标准的，债权的性质不同，其地位与清偿顺序会有差别。依照《破产法》的规定，一般分为四组：

第一组是对债务人的特定财产享有担保权的债权人。这类债权人享有优先权，但由于重整程序，其权利的行使受限。

第二组是职工债权人。债务人所欠职工的工资和医疗、伤残补助、抚恤费用，所欠的应当划入职工个人账户的基本养老保险、基本医疗保险费用，以及法律、行政法规规定应当支付给职工的补偿金这一类债权的债权人都是职工。职工债权人在我国具有非常特殊的地位，特别是在劳动保障制度不健全的情况下，劳动监察工作及对劳动者的保护力度不够，使得有的企业在这一方面存在长期大量的拖欠，所有的问题都被集中到了破产程序中解决。

第三组是税收债权人。其是指债务人所欠税款。

第四组是普通债权人。普通债权人的债权性质虽然相同，但数额上可能存在着较大差异，人民法院在必要时可以决定在普通债权组中设小额债权组对重整计划草案进行表决。小额债权组是从普通债权组中分离出来的一个特殊组别。

另外还有一个出资人组。当重整计划草案涉及出资人权益调整事项的，人民法院应当另设出资人组，对该特定事项进行表决。

（二）表决的时限和方法

人民法院应当自收到重整计划草案之日起30日内召开债权人会议，对重整计划草案进行表决。重整计划草案实行分组表决，各表决组均通过重整计划草案时，重整计划即为通过。债务人或者管理人应当向债权人会议就重整计划草案作出说明，并回答询问。

（三）表决权及其限制

债权人表决权的计算采用的是双重标准：一是债权额，其所持有的同性质的债权额与其在相应组别中的表决权相同；二是债权人的人数，每一个债权人与同一组别的其他债权人在地位上平等，每人享有基于主体地位所拥有的一个表决权。对重整计划草案的表决实行双通过原则，出席会议的每一表决组的债权人所代表的债权额超过法定比例通过，并且每组债权人总数的法定比例通过，即为该组通过重整计划草案。

根据《破产法》第83条之规定，债务人所欠的应当划入职工个人账户的基本养老保险、基本医疗保险费用以外的社会保险费用的债权人不参加重整计划草案的表决，也就是说不享有表决权。因为根据法律的规定，社会保险费用的征缴主体是各级政府劳动保障行政部门，确切来讲债权人应当是政府劳动保障行政部门。因此，债务人的这部分债务与所欠税款在性质上并无差别，但却不得减免。不赋予其表决权对这部分权利不构成不利影响。

债权人之所以对重整计划草案有表决权是因为该草案会影响其权益。易言之，若重整计划草案并不影响其权益，该草案是否通过与该债权人无任何利害关系，则法律无需赋予该债权人以表决权。有鉴于此，《破产法司法解释三》第 11 条规定，对重整计划草案进行分组表决时，权益因重整计划草案受到调整或者影响的债权人或者股东，有权参加表决；权益未受到调整或者影响的债权人或者股东，不参加重整计划草案的表决。

（四）表决的通过与未通过

根据《破产法》第 87 条第 1 款的规定，重整计划草案必须经过所有表决组通过，部分表决组未通过重整计划草案的，债务人或管理人可以同未通过重整计划草案的表决组协商。该表决组可以在协商后再表决一次。双方协商的结果不得损害其他表决组的利益。每组对重整计划草案的表决事项实行双通过原则，即出席会议的债权人过半数同意重整计划草案的，且其所代表的债权额占该组债权总额的三分之二以上的，即为该组通过重整计划草案。

如果没有出资人组的，出资人组也应当同时依法表决通过重整计划草案，重整计划草案才能通过。法律对出资人组的表决规则没有作明确规定，因所涉事项为法人重大事项，可以参照债权人各组表决规则处理，实行双通过原则。

（五）表决通过与未通过的意义

各表决组对重整计划的表决通过并不是重整计划的生效要

件，仅是人民法院裁定批准重整计划的前置条件。但问题是，如果重整计划草案符合法律规定的基本条件，即使未获表决组的通过，人民法院同样有权应债务人或管理人的请求，强制裁定批准重组计划，这是重整程序强制性的重要表现。

根据《破产法》第 87 条第 2、3 款的规定，未通过重整计划的表决组拒绝再次表决或者再次表决未通过重整计划草案，但重整计划草案符合下列条件的，债务人或者管理人可以申请人民法院批准重整计划草案：

（1）按照重整计划草案，对债务人的特定财产享有担保权的债权人就该特定财产获得全额清偿，其因延期清偿所受的损失将得到公平补偿，并且其担保权未受到实质性损害，或者该表决组已经通过重整计划草案。

（2）按照重整计划草案，职工债权和债务人所欠税款将获得全额清偿，或者相应表决组已经通过重整计划草案。

（3）按照重整计划草案，普通债权所获得的清偿比例，不低于其在重整计划草案被提请批准时依照破产清算程序所能获得的清偿比例，或者该表决组已经通过重整计划草案。

（4）重整计划草案对出资人权益的调整公平、公正或者出资人组已经通过重整计划草案。

（5）重整计划草案公平对待同一表决组的成员，并且所规定的债权清偿顺序与法定的破产清算顺序相同。

（6）债务人的经营方案具有可行性。

人民法院经审查认为重整计划草案符合前款规定的，应当自收到申请之日起 30 日内裁定批准，终止重整程序并予以公告。

三、重整计划的批准

自各表决组通过重整计划之日起 10 日内，债务人或者管理人应当向人民法院提出批准重整计划的申请。人民法院经审查认为符合《破产法》规定的，应当自收到申请之日起 30 日内裁定批准，终止重整程序，并予以公告。

经人民法院裁定批准的重整计划，对债务人和全体债权人均有约束力。债权人未依照《破产法》规定申报债权的，在重整计划执行期间不得行使权利；在重整计划执行完毕后，可以按照重整计划规定的同类债权的清偿条件行使权利。债权人对债务人的保证人和其他连带债务人所享有的权利，不受重整计划的影响。

重整计划草案未获得各表决组通过，并且不符合法定条件且未经人民法院强制特别批准的，或者已通过的重整计划未获得批准的，人民法院应当裁定终止重整程序，并宣告债务人破产，正式进入破产清算程序。

四、重整计划的执行

（一）执行人

重整计划既可以由债务人执行，也可以由管理人执行。根据我国《破产法》第 89 条之规定，重整计划由债务人负责执行。人民法院裁定批准重整计划后，已接管财产和营业事务的管理人应当向债务人移交财产和营业事务。

（二）执行期间

重整计划的执行期间是指由重整计划所规定的实施期间，债务人应当在该期间内忠实执行重整计划。

债权人未依照《破产法》规定申报债权的，在重整计划执行期间不得行使权利；在重整计划执行完毕后，可以按照重整计划规定的同类债权的清偿条件行使权利。债权人对债务人的保证人和其他连带债务人所享有的权利，不受重整计划的影响。

（三）重整计划的执行监督

重整计划的监督期是由重整计划所规定的，它与重整计划的执行期间不是一个概念。在重整计划监督期内，由管理人监督重整计划的执行，债务人应当向管理人报告重整计划执行情况和债务人财务状况。

重整计划所规定的监督期届满时，管理人应当向人民法院提交监督报告。自监督报告提交之日起，管理人的监督职责终止。管理人如果认为必要，可以向人民法院申请裁定延长重整计划执行的监督期限。

管理人向人民法院提交的监督报告，重整计划的利害关系人有权查阅。

（四）重整计划执行的终止

重整计划执行的终止分为两种类型：一是正常终止，是指重整计划执行人（债务人）在重整期间忠实地执行了重整计划，重整计划所设定的目的均已实现，重整计划终止，债务人恢复正常生产经营。按照重整计划减免的债务，自重整计划执行完毕时起，债务人不再承担清偿责任。二是非正常终止，包括重整计划执行期间届满但重整计划规定的目的没有实现、债务人不能执行重整计划或者不执行重整计划等情形。当出现非正常终止的情形时，人民法院经管理人或者利害关系人请求，应当裁定终止重整计划的执行，并宣告债务人破产。

人民法院裁定终止重整计划执行的，债权人在重整计划中作出的债权调整承诺失去效力。债权人因执行重整计划所受的清偿仍然有效，债权未受清偿的部分作为破产债权。已经部分受偿的债权人，只有在其他顺位债权人同自己所受的清偿达到同一比例时，才能继续接受分配。为担保重整计划的执行，为重整计划的执行提供的担保继续有效，担保人因重整计划被违反而承担担保责任。

破产和解程序

第一节　破产和解制度概述

一、和解制度

和解制度是为了预防破产而设立的再建型债务清理制度，主要是通过债权人的谅解、减少债权额、展期付款等方式，使债务人免受破产宣告。

（一）和解制度的立法例

1. 和解分离主义

和解分离主义是指和解程序与破产程序分别独立，究竟申请开始哪种程序，债务人有选择的自由。大陆法系国家普遍确立了和解分离主义的立法原则。1883 年比利时在其立法中确立了破产和解制度。自此，欧洲一些国家，如瑞士、法国、德国、奥地利等纷纷采用和解制度，并且将其单独立法，与破产法并行。

2. 和解前置主义

和解前置主义是指在法院宣告债务人破产之前，应首先试行和解。和解是必经程序，只有在和解不成的情况下，方能开始破产宣告程序。此种立法例以美国和英国为典型。采用和解前置主义的法律，将和解制度规定于一部统一的破产法中。应当指出的是，将和解制度与破产制度规定于一部统一的破产法中是当今破产立法的趋向，一些采用和解分离主义的大陆法系国家也有如此发展的趋势。

（二）和解制度的性质

当今理论界对破产和解制度的性质，大致有下列四种学说：

1. 民事契约说

此说认为破产和解主要由要约和承诺两个环节构成，同民法上的合同最为接近，因而属于民事契约的范畴。但是此学说难以解释如下问题：为什么民事契约要经过法院的认可才能生效？为什么民事契约对那些不同意和解的少数债权人也能产生约束力？

2. 诉讼裁判说

此说认为破产和解能否产生法律效力，关键在于法院的审查与认可。当事人双方提出的和解协议便是一种诉讼材料，法院正是据此作出了裁判。但是这种学说不恰当地高估了法院在破产和解过程中的作用，而忽略或淡化了当事人在破产和解中所起的主导、能动的作用。

3. 权利说

此说认为和解是债务人在破产程序中享有的权利。债务人行使此种权利，可以达到延期清偿债务或减额清偿的目的；债务人放弃这种权利，也不会产生其他不利后果。此说试图脱离和解的形成过程来界定其性质，未免流于抽象而失之偏颇。

4. 特殊行为说

此说认为破产和解既不是单纯的民事契约，也不是单纯的诉讼裁判，而是一种兼具二者特征的特殊法律行为。特殊行为说是目前学术界的通说。

（三）破产和解的特点

1. 债务人已具备破产原因且由债务人提出和解的请求

破产和解制度设立的目的在于为债务人提供避免破产清算的机会，如果债务人不具备破产原因，那么清算制度及和解制度则没有适应的必要。破产和解制度的设立是出于保护债务人利益的需要，因而债务人最有寻求和解的动机。但是，由于和解之后，债务人将继续承担债务清偿责任，因此是否请求和解应由债务人自行决定。

2. 和解的目的在于中止破产程序，避免破产清算

债务人和债权人就和解事项达成的和解协议一旦生效，破产程序即告中止。只要债务人能够按照和解协议的约定履行清偿义务即可避免破产宣告，而且破产程序同时宣告终结，这是和解制度存在的主要目的。人民法院作出破产宣告后，债务人即丧失了对其全部财产的经营管理权，债权人通常也难以得到全部的清偿；同时破产造成的失业也将会给社会带来极大的压力。进入和解程序，不但债务人可以获得实现复兴的机会，债权人也有可能会获得更多的清偿，社会秩序在一定程度上也就更容易保持稳定。

3. 和解协议具有强制性

破产法上的和解又被称为"强制和解"，是因为和解协议并非需要每一个债权人的同意，而是由债权人会议以多数表决的方式通过债务人所提出的和解条件。和解协议实际上是债务人与债权人会议的和解，和解协议一旦生效，即使不同意的债权人也要受到该协议的约束。

和解协议同时也具有强制执行力。和解协议一经法院认可，对双方当事人均产生法律约束力。债务人必须切实履行和解协议的内容，按照协议规定的期限、数额清偿债务，不得有破产欺诈的行为。根据我国《破产法》第 104 条第 1 款的规定："债务人

不能执行或者不执行和解协议的，人民法院经和解债权人请求，应当裁定终止和解协议的执行，并宣告债务人破产。"和解制度侧重于保护债务人的利益，但是本条赋予了债权人救济措施，目的在于平衡两者之间的利益。

4. 和解协议须经法院裁定认可才能生效

为了防止和解协议违反法律规定，或牺牲少数或者小额债权人的利益，法律赋予法院以司法裁决权，即和解协议须经法院裁定认可才能生效。根据我国《破产法》第98条的规定，债权人会议通过和解协议的，由人民法院裁定认可，终止和解程序，并予以公告。根据《破产法》第100条第1款的规定，经人民法院裁定认可的和解协议，对债务人和全体和解债权人均有约束力。

二、破产和解与重整的关系

从历史沿革看，破产和解制度的产生早于重整制度的产生，应当说破产和解制度是为了克服破产清算制度的固有缺陷而产生；而重整制度则是为了克服破产和解制度因未触及债务人生产能力而不能从根本上解决债务人的清偿能力，避免破产问题这一先天性缺陷而产生。两种制度既相互联系，又相互独立，共同构成了现代破产预防制度。破产和解制度与重整制度在相同之中又存在不同。在价值取向上，和解制度与重整制度相对于破产清算制度趋于保护债权人的利益而言，表面上更侧重于保护债务人利益，但两者实质有所差异。和解制度是通过保护债务人的利益来保护债权人的利益，即虽然在和解程序中，债权人作出了一定的让步和牺牲，债务人由此获得喘息的机会和重生的希望，但归根结底其目的是使债权人获得更高的清偿，因而债权人在和解程序中并不关心债务人履行和解协议后是否还能继续生存，其作出的让步也完全是权衡利弊后的自愿行为。而重整制度的目的在于拯救债务人，通过采取各种措施使债务人走出困境，以避免债务人破产给社会造成的巨大冲击和影响，其价值取向更多的是通过保护债务人进而保护社会整体的利益，债权人利益被放在了社会整体利益之后。具体地说，破产和解与破产重整的区别在于：

（一）适用对象不同

破产和解的适用对象较重整之适用对象更广。破产和解一般适用于所有具备破产能力的主体。关于破产重整的适用对象，各国规定不一，但大多数国家均对此加以严格限制，规定只有公司或股份公司或上市公司才属于重整的适用范围。仅有美国等极少数国家规定，重整适用于包括自然人、公司、合伙以及任何非公司的实体在内的几乎任何类型的债务人。同时，由于重整程序复杂、耗时长、费用高，而和解程序相对简单、成本低、耗时短，因而在各国司法实务中，选用和解程序的一般都是自然人以及规模小、人员少、资本小的中小型企业，而采用重整程序的则是规模较大、人员众多的大型企业。

（二）启动原因不同

和解程序开始的原因与破产程序相同，为债务人不能清偿到期债务，即和解程序是在债务人已经出现破产原因时，出于法律规定的和解前置程序或当事人的自行选择而开始。重整程序开始的原因则更为宽泛，除债务人已经出现破产原因外，债务人尚未出现破产原因，但已经产生支付不能的危险或债务人自己认为有支付不能之虞时，均可开始重整程序。

（三）提出申请的主体不同

和解程序和重整程序对于提出申请的主体均采取了当事人申请主义，但对于和解程序，绝大多数国家均规定只能由债务人提出。而在重整程序中，除债务人外，债权人、债务人股东、董事会等均可提出重整申请。《法国商法典》第六卷"困境企业"第二编"企业的重整和司法清算"第 621-2 条甚至规定，法院可以依职权或应检察官的申请，宣布重整程序开始。

（四）债权人地位不同

①在和解程序中，债权人一旦作出决议通过债务人提出的和解协议草案并经法院认可生效后，债权人只能处于一种消极等待债务人按协议清偿债务并且与债务人相对立的地位。而在重整程序中，债权人积极参与其中，并与债务人共同完成重整计划。②在和解程序中，债权人在对和解协议草案进行表决时完全意思自治，有充分的发言权，和解协议的效力也只及于无财产担保的债权人，和解程序的进行并不能限制或影响担保物权人行使担保物权。而在重整程序中，债权人的发言权因分组表决的方式被削弱，美国联邦《破产法典》甚至规定，如债权人的债权未受重整计划的削减，该债权人无权对计划通过表示反对，甚而无须征求其意见，完全剥夺了该债权人的发言权。而且，重整程序一经开始，即对包括担保物权人在内的所有债权人均发生效力，担保权人对担保物权的行使或债权的受偿都必须受重整计划的限制。

（五）程序的直接参与者不同

和解程序的参与者只包括债务人、债权人及法院三方，债务人的出资人在此程序中没有任何法律地位，不能直接参与其中。而重整程序的参与者则包括了债务人的出资人，出资人代表可以列席讨论重整计划草案的债权人会议。

（六）采取的措施不同

和解程序因其实质目的仍为偿债，主要采取债权人让步的方式，故措施相对单一。而重整则因其实质目的是帮助债务人走出困境，脱离破产危险区，故其措施则具多样性，除债权人让步外，还可以采取公司依法发行新的股票以筹集资金、转让或部分转让企业、设立子公司等其他措施。

（七）效力不同

重整程序的效力优于和解程序。当破产申请、和解申请和重整申请并存时，法院应首先受理重整申请。重整程序一旦开始，和解程序则不得开始或必须中止。此外，在和解程序开始后，可以转化为重整程序，但重整程序开始后，则不得转化为和解程序。

第二节 破产和解程序的规则

一、和解申请

（一）申请人

和解的申请只能由债务人向法院提出，其他任何利害关系人均不得提出和解申请，法院也不得依职权开始和解程序，这是各国破产法一致承认的规则。和解能否开始，债务人所提出的和解方案以及清偿办法的担保起着决定性作用。因为债务人之事业有无维持价值及可能，债务人最为清楚，而且和解所必需的方案及清偿办法的担保，只有债务人有提出的可能，债权人不能替代。

我国《破产法》第 95 条第 2 款规定："债务人申请和解，应当提出和解协议草案。"从这款规定可以看出，在我国，债务人是唯一的和解申请人。

（二）申请的有效时间

债务人可以依照破产法规定，直接向人民法院申请和解；也可以在人民法院受理破产申请后、宣告债务人破产前，向人民法院申请和解。该规定未将申请的有效期间局限于破产申请受理后、破产宣告前，其根本目的在于鼓励当事人和解。

二、和解协议的成立和生效

和解协议的成立需要经债务人与债权人团体双方意思表示一致；和解协议的生效需要经人民法院认可。

（一）和解协议的成立

债务人以和解协议草案的形式向债权人团体发出要约，债权人会议以通过和解协议草案的决议形式进行承诺。由于和解协议草案与各债权人的切身利益密切相关，因而是债权人会议的特别决议事项，对这项决议的通过应当有特别的要求，我国《破产法》第 97 条规定：债权人会议通过和解协议的决议，应当由出席会议的有表决权的债权人过半数同意，并且其所代表的债权额占无财产担保债权总额的三分之二以上。只有满足了这样的条件，和解协议才能成立。

（二）和解协议的生效

和解协议的生效应当经过人民法院的认可。因为和解协议与普通的契约不同，它是债权人团体对债务人作出的实质性让步，深刻影响着每一个债权人的切身利益。因此，为保证和解协议的合法，不损害个别债权人的利益，我国《破产法》设定了人民法院对和解协议的认可程序，旨在审查和解协议的内容与和解程序的合法性。

（三）债权人会议或法院对于和解协议的否定

根据《破产法》第 99 条之规定："和解协议草案经债权人会议表决未获得通过，或者已经债权人会议通过的和解协议未获得人民法院认可的，人民法院应当裁定终止和解程序，并宣告债务人破产。"根据法律整体解释的方法，《破产法》第 103 条第 1 款所规定的"因债务人的欺诈或者其他违法行为而成立的和解协议，人民法院应当裁定无效，并宣告债务人破产"可作为法院的否定事由之一。

三、和解协议的效力

和解协议一旦生效，即产生以下法律效果：

（一）和解程序终结，破产程序中止

各国破产法均承认和解协议生效后，和解具有优先于破产程序，主要表现在：破产申请与和解申请同时并存时，法院应当首先审查和解申请；在破产程序的进行过程中有和解许可的，应当终结或者中止破产程序。根据《最高人民法院关于审理企业破产案件若干问题的规定》第 25 条，债权人会议与债务人达成和解协议并经人民法院裁定认可的，无论是在破产宣告裁定以前还是破产宣告以后，均应由人民法院发布公告，中止破产程序。

（二）和解协议对债务人产生法律约束力

和解协议生效后，债务人重新取得对其财产的支配权。个别债权人不得向债务人追索债务，且请求企业给付财产的民事诉讼、民事执行程序以及相关的诉讼保全措施也均不得进行。债务人应当严格执行和解协议，不得给予个别债权人以和解协议以外的利益以防止在债权人之间产生不平等，影响和解协议的正常执行。

（三）和解协议对债权人产生法律约束力

和解协议一经债权人会议依法定程序通过并经法院认可即对所有债权人发生法律效力，包括不同意和解协议的债权人。债权人应当按照和解协议的规定接受清偿，不得向债务人要求和解协议规定以外的任何利益。只要债务人没有出现法定的应予终结和解程序、宣告破产的事由，任何债权人均不得超越和解协议的约定实施干扰债务人正常生产经营和清偿活动的行为。

值得注意的是，和解协议对于在和解协议生效后发生的新债权不产生效力。因为在和解协议生效后，债务人重新获得了对财产的支配权。为再生的需要，其必然要与他人发生新的交易，产生新的债权人。和解协议对这些新的债权人不产生任何效力，新债权人可以在和解协议外请求法院个别执行，债务人不能清偿债务的，甚至可以向法院申请债务人破产。

（四）和解协议对于保证人、连带债务人的效力

和解协议的效力不及于保证人、连带债务人和物上保证人。根据《破产法》第 96 条第 2 款、第 101 条之规定，对债务人的

特定财产享有担保权的权利人，自人民法院裁定和解之日起可以行使权利。和解债权人对债务人的保证人和其他连带债务人所享有的权利，不受和解协议的影响。

四、和解的终结

《破产法》规定和解程序的启动仅需债务人在自身具备破产原因时即可启动，而终止和解协议的执行亦是由于出现债务人不执行和解协议，不能执行和解协议，或者严重侵犯债权人的共同利益等情形时，为保护债权人的合法权益，法院根据债权人的申请或者依职权裁定废止已经生效的和解协议。

（一）终止和解协议的执行

根据《破产法》第103条、第104条第1款的规定，可能因以下三个方面原因而不能继续进行，从而使和解程序归于消灭：

1. 债务人不执行和解协议

和解协议经人民法院裁定生效后，对债务人和全体债权人均有约束力。如果债务人不执行和解协议，债权人作出的让步和破产程序的中止就失去了意义，这也说明债务人对和解并无诚意，此时应当终止和解协议的执行，恢复破产程序，由人民法院宣告债务人破产。债务人不执行和解协议包括完全没有执行和部分没有执行。对于后者，应当根据不同的情况作出不同的处理。

2. 债务人不能执行和解协议

和解的目的在于使企业的财务状况获得根本好转，恢复偿债能力。但是如果执行期限届满前即有证据证明债务人的复兴已无可能，那么财产的减少也就意味着清偿能力的进一步丧失，所以在整顿期限届满前，只要债务人的财产状况继续恶化，债权人即可以申请人民法院终结整顿程序，宣告企业破产。

3. 因债务人的欺诈或者其他违法行为而成立和解协议

《破产法（试行）》第35条列举了严重损害债权人利益的行

为，包括：隐匿、私分或者无偿转让财产；非正常压价出售财产；对原来没有财产担保的债务提供财产担保；对未到期的债务提前清偿；放弃自己的债权。只要债务人有上述行为之一，并且从行为所涉及的财产数额、造成的后果看，构成"严重损害"的，债权人会议或者部分债权人即有权申请人民法院终结整顿程序，宣告债务人破产。人民法院也可以依职权裁定终结整顿，宣告债务人破产。而《破产法》第 103 条第 1 款规定："因债务人的欺诈或者其他违法行为而成立的和解协议，人民法院应当裁定无效，并宣告债务人破产。"该法对于"债务人的欺诈或者其他违法行为"虽无具体列举，但依据为保证和解协议的合法性以防止损害个别债权人利益的立法目的，则可将《破产法（试行）》中所列举的严重损害债权人利益的行为尽数包括其中，且不局限于此，从而在实务中对抗恶意债务人，充分保护在和解协议中让步的债权人。

（二）终止和解协议执行的法律后果

首先，在有上述法定事由时，人民法院经和解债权人请求，应当裁定终止和解协议的执行，并宣告债务人破产。

其次，债权人让步的取消及受偿部分的保持力。依据《破产法》第 104 条之规定，人民法院裁定终止和解协议执行的，和解债权人在和解协议中作出的债权调整的承诺失去效力。和解债权人因执行和解协议所受的清偿仍然有效，和解债权未受清偿的部分作为破产债权。此种债权人，只有在其他债权人同自己所受的清偿达到同一比例时，才能继续接受分配。

破产清算程序

第一节　破产宣告

一、破产宣告的概念与特征

破产宣告，是指法院依据当事人的申请或依法定职权，对债务人具有破产原因的事实作出有法律效力的判定，并使债务人进入破产清算程序的一种司法裁定行为。法院通过破产宣告程序确认债务人确有无法消除的破产原因，从而决定对债务人进行清算。破产宣告是破产清算程序开始的标志，是破产程序中对债务人财产进行分配的关键程序。

破产宣告都是由法院作出的，但是对破产宣告的依据，综观各国破产立法，有两种立法例：申请主义和职权主义。所谓申请主义，是指法院必须依当事人的申请，才能受理破产案件，作出破产宣告。所谓职权主义，是指法院可以依职权在无人申请的情况下受理破产案件，作出破产宣告。我国《破产法》在破产宣告问题上采取申请主义。

一般来说，破产宣告具有以下特征：

（1）破产宣告是依当事人的申请由法院作出的司法审判行为。我国破产法实行破产程序受理开始主义，因此只有在当事人依法申请的前提下，在符合法律规定的情形时，法院才有权力作出破产宣告。破产宣告是法院行使破产案件管辖权的行为，具有司法强制力，破产法赋予了法院自由裁量的空间，在破产程序开始后，法院有权决定是否裁定宣告债务人破产清算。

（2）法院宣告破产，应以债务人具有法律规定的破产原因为必要。[1]债务人有偿债能力的，法院不能做出破产宣告，破产宣告只适用于不能清偿债务的债务人。《破产法》第108条规定："破产宣告前，有下列情形之一的，人民法院应当裁定终结破产程序，并予以公告：①第三人为债务人提供足额担保或者为债务人清偿全部到期债务的；②债务人已清偿全部到期债务的。"

（3）破产宣告是破产清算程序开始的标志。法院受理破产申请，是破产程序的开始，并不必然导致对债务人财产的清算、变价和分配，只有在法院实际宣告破产之后，债务人才进入破产清算程序，债务人财产才成为破产财产，由管理人负责管理和清算。

二、破产宣告的适用情形

人民法院宣告债务人破产，应当根据《破产法》的有关规定作出。根据《破产法》的规定，宣告债务人破产的情形主要有以下几种：

（1）债务人被申请破产。《破产法》第2条第1款规定，企业法人不能清偿到期债务，并且资产不足以清偿全部债务或者明显缺乏清偿能力的，依照《破产法》规定清理债务。

（2）债务人进入了破产重整程序，但在重整期间发生了法定

---

〔1〕 李永军、王欣新、邹海林：《破产法》，中国政法大学出版社2009年版，第215页。

事由，而由人民法院宣告破产。这些法定事由为：第一，债务人的经营状况和财产状况继续恶化，缺乏挽救的可能；第二，债务人有欺诈、恶意减少企业财产或者其他显著不利于债权人的行为；第三，由于债务人的行为致使管理人无法执行职务。

（3）债务人进入了破产重整程序，但是，债务人或管理人未能在法定期限内提出重整计划草案。

（4）重整计划未通过，并且人民法院没有强制批准重整计划。

（5）债务人不能执行或者不执行重整计划，人民法院经利害关系人申请，裁定终止重整计划的执行，并宣告债务人破产。

（6）和解协议草案经债权人会议表决没有通过，或者债权人会议通过的和解协议未获得人民法院认可的，人民法院宣告债务人破产。

（7）和解协议是因为债务人的欺诈或者其他不法行为而成立的，该协议无效，人民法院应宣告债务人破产。

（8）债务人不按照或者不能按和解协议规定的条件清偿债务，人民法院根据和解债权人的申请，宣告债务人破产。

三、不予宣告破产的情形

债务人因具有法定的破产原因而进入破产程序，但是在进入破产程序后，因为某些法定情形的出现而使破产原因消失，此时就不应再继续破产程序，而应当裁定终结破产程序。

《破产法》第 108 条规定不予破产宣告的情形有两种：

（1）来源于外部的破产宣告障碍，即第三人为债务人提供足额担保或者为债务人清偿全部到期债务的。因为第三人为债务人提供足额担保或清偿全部到期债务后，企业法人破产原因消失，此时破产程序无继续进行之必要。需要强调的是，第三人提供的担保必须是足额的，仅仅是对部分债务提供担保不能构成法定的破产宣告的障碍。

（2）来源于内部的破产宣告障碍，即债务人自己已清偿全部到期债务而导致破产案件终结。

四、破产宣告的程序

（1）破产宣告的裁定。根据《破产法》第 107 条第 1 款的规定，人民法院对破产宣告应当以裁定的形式作出，人民法院应当在破产宣告的裁定作出之日起 5 日内将裁定送达债务人和管理人。

（2）破产宣告的公告。按照《破产法》第 107 条第 1 款的规定，人民法院应当自裁定作出之日起 10 日内通知已知债权人，并予以公告。人民法院将破产宣告的事实公告于众，主要通过以下两种方式：第一，对于人民法院已经知晓的债权人，应当直接通知。第二，对于人民法院不知晓的债权人、其他利害关系人等，通知应以公告的形式进行。无论是通知还是公告，在内容上均应包括破产宣告裁定的内容，如破产案件的受理法院、债务人、债权人的资产负债情况、破产宣告的理由和适用的法律、破产宣告的时间等。

五、破产宣告的效力

破产宣告的法律效力在《破产法》中没有专门规定。破产宣告是对债务人启动破产清算程序的标志。一般认为，破产宣告的法律效力主要表现在以下几个方面：

（一）对债务人的效力

法院作出破产宣告后，债务人成为"破产人"，其民事权利受到破产程序拘束。债务人的财产成为破产财产。《破产法》第 30 条规定："破产申请受理时属于债务人的全部财产，以及破产申请受理后至破产程序终结前债务人取得的财产，为债务人财产。"第107条第2款规定:"债务人被宣告破产后,债务人称为破产人,债务人财产称为破产财产,人民法院受理破产申请时对债务人享有的债权称为破产债权。"

同时,破产财产由管理人接管,债务人丧失对财产和事务的管理权。

（二）对债权人的效力

对债权人而言,破产宣告后债务人可以行使权利。破产宣告前,所有的债权都处于冻结状态,破产宣告后,因破产宣告以前的原因而发生的请求权,得依照破产清算程序的规定接受清偿。在此基础上,破产法对破产宣告后的债权行使作出了具体规定,即有财产担保的债权人享有别除权,可以就担保物获得清偿;无财产担保的债权人依破产财产分配方案获得清偿。我国《破产法》第109条规定:"对破产人的特定财产享有担保权的权利人,对该特定财产享有优先受偿的权利。"第110条规定:"享有本法第109条规定权利的债权人行使优先受偿权利未能完全受偿的,其未受偿的债权作为普通债权;放弃优先受偿权利的,其债权作为普通债权。"

（三）域外效力

关于破产宣告的域外效力,国际上有普及主义、属地主义和承认主义三种观点。

普及主义是指一国破产宣告对破产人的所有财产,无论它们位于国内还是国外,均产生一定的法律效力。但是,这种理论仅仅是一种理想的设计,实践中很难实现。

属地主义是指一国的破产宣告只对本国境内的财产具有一定的法律效力。这种理论过分强调国家主权,不利于国际经济协作和交流。

承认主义是指一国的破产宣告,根据国际条约、双边条约或对等原则相互承认,对破产宣告的企业财产在境外具有一定的法律约束力。目前国际上大多数国家采用承认主义。

我国《破产法》第 5 条规定："依照本法开始的破产程序，对债务人在中华人民共和国领域外的财产发生效力。对外国法院作出的发生法律效力的破产案件的判决、裁定，涉及债务人在中华人民共和国领域内的财产，申请或者请求人民法院承认和执行的，人民法院依照中华人民共和国缔结或者参加的国际条约，或者按照互惠原则进行审查，认为不违反中华人民共和国法律的基本原则，不损害国家主权、安全和社会公共利益，不损害中华人民共和国领域内债权人的合法权益的，裁定承认和执行。"根据这一规定，我国采用的是承认主义的立法原则。

第二节　破产财产变价与分配

一、破产财产的变价

破产财产变价的方法包括：第一，破产财产的估价。破产财产在变价前，有必要进行估价的，应当进行估价。破产财产的估价应当由具备合法资格的评估机构或评估师进行。第二，破产财产的变价方案。根据《破产法》第 111 条的规定，债务人被宣告破产后，管理人应当及时拟定破产财产变价方案，提交债权人会议讨论。根据债权人会议通过或者人民法院裁定的变价方案，管理人应当适时变价出售破产财产。根据《破产法》第 112 条规定，变价出售破产财产应通过拍卖进行。按照国家规定不能拍卖或者限制转让的财产，应当按照国家规定的方式处理。

二、破产财产的分配

（一）破产财产分配的顺序

根据《破产法》第 113 条的规定，破产财产在优先清偿破产费用和共益债务后，依照下列顺序清偿：一为破产人所欠职工的工资和医疗、伤残补助、抚恤费用，所欠的应当划入职工个人账户的基本养老保险、基本医疗保险费用以及法律、行政法规规定应当支付给职工的补偿金；二为破产人欠缴的除前项规定以外的社会保险费用和破产人所欠税款；三为普通破产债权。破产财产不足以清偿同一顺序的清偿要求的，按照比例分配。破产企业的董事、监事和高级管理人员的工资按照该企业职工的平均工资计算。

（二）破产财产的分配方案

《破产法》第115条第2款对破产财产分配方案的内容作了详细规定，按照该款规定，破产财产分配方案应当包括以下内容：①参加破产财产分配的债权人名称或者姓名、住所；②参加破产财产分配的债权额；③可供分配的破产财产数额；④破产财产分配的顺序、比例及数额；⑤实施破产财产分配的方法。《破产法》第114条规定，除债权人会议另有决议的外，破产财产的分配应当以货币分配方式进行。

（三）破产财产分配方案的执行

按照《破产法》第116条第1款的规定，经债权人会议通过，法院裁定认可后的破产财产分配方案，由破产管理人负责执行。管理人应在破产财产分配方案生效后，及时通知参加破产财产分配的债权人接受分配，并按照破产分配方案规定的顺序、方式、地点和时间，将可供分配的破产财产分配给债权人。

（四）特殊情况下未受领债权分配额的提存

1. 对于附生效条件或者解除条件的债权的分配额的提存

《破产法》第117条规定，对于附生效条件或者解除条件的债权，管理人应当将其分配额提存。管理人依照前款规定提存的分配额，在最后分配公告日，生效条件未成就或者解除条件成就的，应当分配给其他债权人；在最后分配公告日，生效条件成就或者解除条件未成就的，应当交付给债权人。

2. 对债权人未受领的破产财产分配额的提存

《破产法》第118条规定，债权人未受领的破产财产分配额，管理人应当提存。债权人自最后分配公告之日起满2个月仍不领取的，视为放弃受领分配的权利，管理人或者人民法院应当将提存的分配额分配给其他债权人。

3. 在破产财产分配时，对于诉讼或者仲裁未决的债权的分配额的提存

《破产法》第119条规定，破产财产分配时，对于诉讼或者仲裁未决的债权，管理人应当将其分配额提存。自破产程序终结之日起满2年仍不能受领分配的，人民法院应当将提存的分配额分配给其他债权人。

（五）追加分配

根据《破产法》第123条之规定："自破产程序依照本法第43条第4款或者第120条的规定终结之日起2年内，有下列情形之一的，债权人可以请求人民法院按照破产财产分配方案进行追加分配：①发现有依照本法第31条、第32条、第33条、第36条规定应当追回的财产的；②发现破产人有应当供分配的其他财产的。有前款规定情形，但财产数量不足以支付分配费用的，不再进行追加分配，由人民法院将其上交国库。"

第三节 破产费用与共益债务

一、破产费用

（一）破产费用的成立条件

我国《破产法》第41条规定："人民法院受理破产申请后发生的下列费用，为破产费用：①破产案件的诉讼费用；②管理、

变价和分配债务人财产的费用；③管理人执行职务的费用、报酬和聘用工作人员的费用。"从以上规定可以看出，破产费用是指人民法院受理破产案件后，为保障破产程序顺利进行，在破产程序中所必须支出的各项费用的总和。要构成破产费用必须具备以下几个条件：

1. 为了保障破产程序的顺利进行

从《破产法》第 41 条的规定来看，该条所列举的费用都是为了保障破产程序的顺利进行，另外，从《破产法》第 43 条的规定来看，破产费用由债务人财产随时清偿。这一规定也体现了破产费用以保障破产程序顺利进行为目的这一特点。

2. 发生在破产程序中

这是破产费用的时间界限，即破产费用应该是发生在破产案件受理后至破产程序终结前。但是，必须指出的是，这仅仅是一般情况下的时间条件，特殊情况下有可能在破产程序终结后。为追收债务人财产而支出的费用，同样是为全体债权人的利益而支出的，也应当纳入破产费用的范围。

3. 必须是为了全体债权人的利益而支出

破产程序的目的是使全体债权人按清偿比例公平受偿，而为了保证全体债权人的公平受偿，这必然会产生一定的管理费用和诉讼费用。这些费用应当是为全体债权人的利益而支出的，不是为了全体债权人利益而支出的费用不属于破产费用，《破产法司法解释三》第 1 条第 2 款再次明确了这一点。该条规定，人民法院裁定受理破产申请前债务人尚未支付的案件受理费、执行申请费，可以作为破产债权清偿。由于案件受理费、执行申请费是为了个别债权人的利益而支出的费用，故不能纳入破产费用，计入破产债权。

（二）破产费用的范围

1. 破产案件的诉讼费用

有关破产案件的诉讼费用，包括破产案件本身的受理费和其他诉讼费用；管理人为收取债权或行使追回权，或为全体债权人利益而对他人提起诉讼、申请仲裁及进行其他法律程序所支付的费用；他人以破产企业或破产财团为被告而提起的诉讼；管理人以破产财团名义应诉所支付的各项费用。需要指出的是，根据2007年《诉讼费用交纳办法》第14条的规定，破产案件依据破产财产总额计算，按照财产案件受理费标准减半交纳，但是最高不超过30万元。

2. 破产财团的管理、变卖和分配所需的费用

该费用具体包括因管理而支付的仓储费、运输费、保险费等；因变卖而支付的鉴定费、评估费、拍卖费等；因分配而支付的公告费、送达邮费、权属变更费用等。

3. 管理人员执行职务的费用、报酬和聘用工作人员的费用

（1）管理人员执行职务的费用。管理人员在执行职务的过程中必不可少地会产生一些费用，这些费用的产生是为了全体债权人的利益，因此，其应当纳入破产费用的范围。例如，管理人员执行职务所产生的差旅费、通信费、复印费等。

（2）管理人员执行职务的报酬。管理人在执行职务的过程中付出了劳动，其当然应具有获得报酬的权利，而且其职务行为是为了全体债权人的利益，因此，管理人员执行职务的报酬应当属于破产费用。依据《破产法》第22条的规定，管理人的报酬由最高人民法院规定。

（3）聘用工作人员的费用。有些情况下，仅凭管理人还不足以保证破产程序的顺利进行，所以《破产法》第28条规定，管理人经人民法院许可，可以聘用必要的工作人员，这样就必然涉及聘用人员的报酬问题。经人民法院许可而聘用的人员的费用可以纳入破产费用。

4. 强制清算转入破产程序的公司在强制清算程序中发生的清算费用

《破产法司法解释三》第 1 条第 1 款规定，人民法院裁定受理破产申请的，此前债务人尚未支付的公司强制清算费用，可以参照《破产法》关于破产费用的规定，由债务人财产随时清偿。根据《破产法》第 41 条，破产费用是法院受理破产申请后产生的费用。而强制清算转入破产程序的公司在强制清算程序中发生的清算费用是法院申请破产申请前产生的费用，故该清算费用不属于破产费用的范畴。但由于公司强制清算程序与企业破产程序性质类似，在强制清算转入破产的程序中，公司强制清算程序产生的费用与企业破产程序产生的费用应受到同等对待，故《破产法司法解释三》规定，强制清算转入破产程序的公司在强制清算程序中发生的清算费用可参照破产费用的规定来受偿。

5. 未终结的执行程序中产生的执行费用

《最高人民法院关于执行案件移送破产审查若干问题的指导意见》第 15 条规定，受移送法院裁定受理破产案件的，在此前的执行程序中产生的评估费、公告费、保管费等执行费用，可以参照破产费用的规定，从债务人财产中随时清偿。该文件仅规定在"执转破"案件中产生的评估费等执行费用可参照破产费用规定从债务人财产中随时清偿。而《破产法司法解释三》以司法解释的方式明确了该规则，并把该规则的适用范围扩张到所有的破产案件。《破产法司法解释三》第 1 条第 1 款规定，人民法院裁定受理破产申请的，未终结的执行程序中产生的评估费、公告费、保管费等执行费用，可以参照《破产法》关于破产费用的规定，由债务人财产随时清偿。

二、共益债务

（一）共益债务的含义和成立条件

大陆法系中有的国家将破产费用和共益债务统称为财团债权

或者财团债务。例如，日本破产法就是将破产费用和共益债务统称为财团债权。德国破产法将破产费用和共益债务统称为财团债务。其中，破产费用被称为破产程序费用；共益债务被称为其他财团债务。

世界上绝大多数国家对共益债务的规定采取的是列举式，我国《破产法》第 42 条采取的也是列举的方式。从其列举的情形来看，构成共益债务必须具备以下条件：第一，该债务发生在人民法院受理破产案件之后。只有当人民法院受理破产案件并指定管理人之后，管理人才能对债务人财产进行必要的管理。第二，该债务应该和债务人财产有密切的关系。

（二）共益债务的范围

根据《破产法》第 42 条的规定，共益债务具体包含以下几个方面的内容：

1. 因管理人或者债务人请求对方当事人履行双方均未履行完毕的合同所产生的债务

根据《破产法》的规定，人民法院受理破产案件后，对于破产申请受理前成立的债务人和对方当事人均未履行完毕的合同，管理人有权决定解除或继续履行，当管理人决定继续履行时，对方当事人应当继续履行。依据《破产法》第 42 条第 1 项的规定，如果管理人或者债务人决定继续履行合同时，在对方履行的情况下，债务人企业也应当履行，由此而产生的新的债务即属于共益债务。

2. 债务人财产受无因管理所产生的债务

所谓无因管理是指没有法定或者约定的义务，为避免他人利益受损，而自愿管理他人事务的行为。破产申请受理后，无因管理人为避免债务人利益受损的行为显然是对全体债权人有益的行为，无因管理人因此而支出的必要的管理费用显然应当被作为共益债务处理，这才符合民法的公平正义。

3. 因债务人不当得利所产生的债务

破产企业无法律上的原因获得利益而致他人受损时，应将该不当得利返还给受损人。破产程序开始后，债务人的不当得利显然会使全体债务人受益，因此而产生的债务当然属于共益债务。该不当得利也必须发生在破产程序开始后才能列为共益债务，若发生在破产程序开始前，只能作为一般破产债权。

4. 为债务人继续营业而应支付的劳动报酬和社会保险费用以及由此产生的其他债务

管理人决定债务人营业的目的是使债务人财产保值或者增值，管理人决定继续营业，就有可能要聘用人员，按照劳动法的规定就涉及所聘人员的工资以及社会保险费等问题。这些费用的支出是为了使债权人有更多的财产受偿，因此而产生的债务当然属于共益债务。

债务人为了维持正常营业，有对外进行借款的需求。但由于债务人正陷于财务困境，无法清偿其到期债务，其原来的债权人都只能获得部分清偿，理性的投资者自然不愿意向债务人提供借款。为了保障破产受理后的借款人的利益，鼓励投资者对债务人继续经营提供资金支持，《破产法司法解释三》第 2 条赋予新借款人的债权优先于普通破产债权的地位。该条规定，破产申请受理后，经债权人会议决议通过，或者第一次债权人会议召开前经人民法院许可，管理人或者自行管理的债务人可以为债务人继续营业而借款。提供借款的债权人主张参照《破产法》第 42 条第 4 项的规定优先于普通破产债权清偿的，人民法院应予支持。

由上文可知，破产案件受理后，新借款人的债权有优于破产受理前生效的普通债权的地位，接下来的问题是，破产受理后的新借款人的债权的优先地位是否优于破产受理前生效的担保债权呢？《破产法司法解释三》第 2 条给出了否定的答案。该条规定破产受理后的新借款人主张优先于此前已就债务人特定财产享有担保的债权清偿的，人民法院不予支持。另外，若管理人或者自行管理的债务人可以为破产受理后的新借款设定抵押担保，抵押物在破产申请受理前已为其他债权人设定抵押的，债权人主张按照《民法典》第414条规定的顺序清偿，人民法院应予支持。该规定有利于维护正常的交易秩序以及交易安全，保护已存在担保物权，同时也体现了破产法规定应尊重非破产法规范的理念。

5. 管理人或者相关人员执行职务致人损害所产生的债务

破产程序开始后的管理人或者相关人员的职务行为应当是为全体债权人的利益服务的，其职务行为所产生的债务当然属于共益债务。

6. 债务人财产致人损害所产生的债务

破产程序开始后，债务人财产应当为全体债权人的利益而存在，债务人财产所产生的损害当然属于共益债务。

三、破产费用与共益债务的清偿

（一）随时清偿

破产费用和共益债务均旨在维护全体债权人的利益，同时为了保证破产程序的顺利进行，各国法律一般都规定，破产费用和共益债务可以从破产财产中随时支付，而不受破产程序的限制。也就是说，破产财产分配前，应当先行清偿所有的破产费用和共益债务或者作必要的预先提留；拨付破产费用和共益债务后尚有剩余财产的，才可依据破产财产分配方案予以分配。实践中，有的破产费用和共益债务是在发生时随时予以支付，有的是在债务人财产分配时预先予以扣除。

（二）破产费用优先

虽然《破产法》规定了破产费用和共益债务随时清偿，但是当破产财产不足以清偿破产费用和共益债务时，是破产费用和共益债务平等受偿还是谁优先受偿，这是法律必须考虑的问题，否则，会产生不同的清偿后果。

美国、日本等国家实行不加区分的平等清偿主义，即不考虑破产费用和共益债务的种类及发生的先后顺序，当破产财产不足以清偿时，按比例清偿。我国台湾地区有些学者认为，破产费用和共益债务在受偿时没有先后之别，原则上应当依从"先发生者，先受清偿"，"后发生者，后受清偿"，"同时发生者，同时受清偿"。[1] 而德国则实行有区别的顺序清偿主义，德国《破产法》规定了破产费用优先于共益债务而受清偿。[2]

我国《破产法》对该问题作出了和德国《破产法》一致的规定，即债务人的财产不足以清偿所有破产费用和共益债务的，先行清偿破产费用。我国《破产法》的规定是合理的。破产费用优先于共益债务受偿，一个根本的原因在于，破产费用主要影响破产程序的顺利进行，而共益债务主要影响债权人受偿的多少。一般情况下，如果连必要的破产费用都无力支付，往往会导致破产程序无法进行，而无力支付共益债务并不必然导致破产程序终结。可以这样认为，破产费用对破产程序产生质的影响，而共益债务对破产程序只是产生量的影响，因此破产费用优先于共益债务受偿。

（三）按比例清偿

我国《破产法》第 43 条第 3 款规定："债务人财产不足以清偿所有破产费用或者共益债务的，按照比例清偿。"此处的按比例清偿包含以下几种情形：一是债务人财产不足以清偿破产费用。因破产费用优先于共益债务受偿，所以当债务人财产不足以清偿破产费用时，只发生破产费用的债权人按比例受偿的问题，不发生共益债务按比例受偿的问题。二是债务人财产在清偿破产

---

〔1〕 参见柴启宸：《破产法新论》，宏律出版社 1982 年版，第 168 页。
〔2〕 参见赵旭东主编：《商法学教程》，中国政法大学出版社 2004 年版，第 711 页。

费用后还有剩余，但剩余部分不足以清偿共益债务。此时不存在破产费用的债权人按比例受偿的问题，而发生共益债务按比例受偿的问题。

（四）债务人财产不足以支付破产费用时的处理

破产程序因破产财团财产的不足而终结，是各国破产立法的通例。我国《破产法》第43条第4款规定，破产财产不足以清偿破产费用的，管理人应当提请人民法院终结破产程序。人民法院应自收到请求之日起15日内裁定终结破产程序，并予以公告。破产费用应当在破产分配实施之前从破产财产中优先拨付。如果破产财产的数额不足以支付破产费用，破产债权人的债权就根本不可能再从破产财产中得到任何分配。此时，破产程序继续进行既不可能，也无实益。从维护债权人利益，维护社会公益和节省人民法院财力、人力的角度考虑，法院理当裁定终结破产程序。[1]

第四节　破产程序终结

一、破产程序终结的情形

（一）因财产不足以支付破产费用而终结

《破产法》第43条第4款规定，破产财产不足以清偿破产费用的，管理人应当提请人民法院终结破产程序。人民法院应当自收到请求之日起15日内裁定终结破产程序，并予以公告。根据《破产法》的规定，破产费用由破产财产随时清偿，并在破产分配实施之前从破产财产中优先拨付。如果债务人的财产不足以支付破产费用，债权人就不可能再从破产财产中得到任何分配。因此，破产程序继续进行则无疑构成浪费，也没有实际意义。管理人

---

[1]　参见王欣新：《破产法》（第3版），中国人民大学出版社2011年版，第234页。

在破产宣告前已经查明破产财产不足以清偿破产费用时，应当提请人民法院终结破产程序。破产程序随着人民法院的裁定而终结。

（二）因全体债权人同意而终结

《破产法》第 105 条规定，人民法院受理破产申请后，债务人与全体债权人就债权债务的处理自行达成协议的，可以请求人民法院裁定认可，并终结破产程序。全体债权人同意与债务人就债权债务自行达成协议的，是当事人对人民法院作出的放弃继续进行破产程序的意思表示。人民法院接到债务人请求裁定认可的申请后，应对申请是否符合条件进行全面的审查。如果全体债权人没有异议的，法院应裁定认可，并同时终结破产程序。

（三）因债权得到全部清偿而终结

《破产法》第 108 条规定，破产宣告前，第三人为债务人提供担保或者为债务人清偿全部债务，或者债务人已清偿全部到期债务的，人民法院应裁定终结破产程序，并予以公告。债权人得到全部清偿或者足额担保，破产程序就没有必要再进行下去，人民法院应当依职权裁定终结破产程序，并予以公告。

（四）因没有财产可供分配而终结

《破产法》第 120 条第 1 款规定，债务人无财产可供分配的，管理人应当请求人民法院裁定终结破产程序。债务人被宣告破产后，管理人在破产程序进行中发现债务人无财产可供分配的，人民法院裁定终结破产程序。债务人无财产的原因可能是原来预想应当存在的财产并不存在，也可能是该财产的价值已经丧失。如由于第三人行使取回权，在因破产财产发生争议的诉讼中败诉的，或者在破产宣告前并不知道破产财产是否存在，债务人被宣告破产后，最终发现没有财产的。没有财产可供分配，管理人应当请求人民法院裁定终结破产程序。裁定一经作出，破产程序即告终结。

（五）因破产财产分配完毕而终结

这是破产程序终结最常见的原因。《破产法》第 120 条第 2

款规定，管理人在最后分配完结后，应当及时向人民法院提交破产财产分配报告，并提请人民法院裁定终结破产程序。破产分配是破产程序进行的主要目的，如果破产财产已通过破产分配的方式分配完毕，破产程序已没有任何实际意义，管理人应当在最后分配完毕后，向人民法院提交破产财产分配报告，并申请终结破产程序。《破产法》第 120 条第 3 款规定，人民法院在收到管理人终结破产程序的请求后，经审查没有申请不当的事由的，应在 15 日内作出终结破产程序的裁定，并予以公告。

二、破产程序终结的效力

(一) 对于破产人的效力

由于我国现行的破产法律仅适用于企业法人，因此在破产宣告后，破产程序因分配完毕和破产财产不足以支付破产费用而终结后，法人的主体资格归于消灭，其所负剩余债务当然免除。管理人应当自破产程序终结之日起 10 日内，持人民法院终结破产程序的裁定，向债务人的原登记机关办理注销登记。

(二) 对于破产债权人的效力

由于破产程序终结后破产企业的主体资格归于消灭，债权人未得到分配的债权，于破产终结裁定作出后视为消灭。破产债权人不能于程序结束后向债务人另行主张权利。和解协议实现后，和解债权人于达成和解协议时所免除的部分债权，在整顿成功后亦不得向债务人再行索要。但是，破产程序终结后，债权人对破产企业的保证人、连带债务人等享有的权利，原则上不受影响。被保证人（主债务企业）破产，债权人固然可以通过破产还债程序实现其债权。然而，在实践中罕有破产债权人的债权靠破产财产获得足额满足的情况。既然保证制度的目的在于促进经济活动当事人建立债权债务关系，督促债务人履行义务，从而使债权人的利益得以实现，那么债务人的破产便不能免除保证人的责任。

债权人依破产程序未受全额清偿时，可以就不足部分向保证人主张权利。《破产法》第 124 条规定："破产人的保证人和其他连带债务人，在破产程序终结后，对债权人依照破产清算程序未受清偿的债权，依法继续承担清偿责任。"

（三）对破产机构的效力

破产程序终结后，破产管理人、债权人会议等破产机构宣布解散，但破产管理人如有关于破产财产的未完结的诉讼、债权确认诉讼或者对债权分配表异议之诉等遗留事务时，仍须对破产财产进行管理和处分。《破产法》第 122 条规定："管理人于办理注销登记完毕的次日终止执行职务。但是，存在诉讼或者仲裁未决情况的除外。"

第五节　金融机构破产

根据我国《破产法》第 134 条规定，金融机构破产须经国务院金融监督管理机构批准。目前为止，金融风险处置条例尚未有统一的规定，证券公司破产应依据《证券公司风险处置条例》、银行破产应依据《存款保险条例》。在资本市场的发展过程中，证券公司已进行风险处置以及重整的案例为数不少，保险公司尚未出现进入破产程序的案子而是如前所述保险保障基金接管处置。银行破产案，最近破产学界、实务界关注"包商银行"破产案。在金融机构破产中，除了各个不同金融机构有各自不同的特点需要处理之外，以下共同点值得关注。

一、对不良金融机构的合同转让决定

针对合同转让决定存在诸多争议，但是合同转让决定作为对不良金融机构作出的行政行为，仍属金融机构重组时的重要手段，发挥着重要作用。

合同转让是以移转金融交易合同地位的方式，将不良金融机构的资产、负债中特定部分转让给作为第三人的接管金融机构，将转让的负债与资产价值的差额支付给接管金融机构的不良金融机构重组方式之一，一般通过金融监管当局的行政决定作出。合同转让与商法上营业转让之间是有区别的，因此无需经股东大会特别决议。

合同转让制度的根本目的在于保护存款人、保障金融系统稳定。因其分离销售资产、负债的特点，与合并或清算相比，可以更为迅速地重整不良金融机构，使金融机构价值贬损、交易企业拒付及金融市场不稳定等副作用最小化；因接管金融机构将持续提供金融服务，故有利于保护存款人；另外，可防止接管金融机构随之不良化[1]，与支付存款保险相比，其能够以较小规模的负担重整不良金融机构。

二、管理人的选任

金融监管当局作出合同转让决定的，应同时选任不良金融机构的管理人，使其负责合同转让决定的履行。

管理人有权根据选任目的代替员工履行职务，有权在与合同转让决定有关的业务范围内管理、处分不良金融机构的资产、负债。存款保险公司高管、员工被选任为管理人的，一般而言，在国外金融监管当局无权将其解聘，管理人的任期为营业停止期间或者合同转让决定规定的处理结束之日为止，营业停止期间金融机构解散或破产的，其任期至解散决议日或者破产宣告日为止。

---

〔1〕 考察接管对象的健全资产与负债，发现其向接管金融机构转让的负债更多时，可由存款保险公司等保全其差额，在接管后一定期间内发生进一步恶化的情形的，允许其采取回购（put-back option）等措施，防止接管金融机构的不良化。参见1997年12月6日，中国人民银行宣布，关闭海南省5家已经实质破产的信用社，其债权债务关系由海南发展银行托管。

三、人寿保险合同的特殊性

（一）保险是国民生活与国民经济的基础

通过购买人寿，投保人可获得避免自己的家族未来陷入经济贫困的心理上的安全感。事前将家族未来的经济安全通过投保的方式予以保护，是一种对家人的爱的表现。投保人正因为在投保时充分相信保险事故发生时确定能得到赔付，也相信国民经济未来能够平稳发展，才得以全身心地投入自己当前的重要工作。从这个意义上说，保险制度是社会保障制度的重要补充。

（二）超长期合同

人寿保险合同的保险期限通常长达几十年，在此保险期间，保险企业对自身保险业务进行科学的管理、在保险事故发生时能及时支付保险金，才得以建立起保险制度。因此，保险合同应是一种能以安全稳妥的危机管理对策应对周期性发生的经济繁荣或衰退、应对经济发展的情势变更等状况的合同类型。

（三）保险企业与多数投保人之间订立的合同

众多的投保人通过与保险公司签订相同的或相似的保险合同，形成具有组织性的保险集团。形成这样的保险集团可试图将保险事故定型化，分散风险的同时使维持保险合同的持续履行成为可能。此类保险集团，通常是只由保险公司一方确认的团体。各投保人并不知晓自己是保险集团的成员，保险公司也未对成员（投保人）名单进行过公示。投保人通常只有等到保险公司破产的时候才会知晓有保险集团的存在。

（四）保险合同不以可多次移转所有权的物件为标的物

与权利义务可以转移、以有体物作为标的的普通买卖合同不同，保险合同的权利义务不能移转，而是为保证投保人家族未来的确定性，保险合同由投保人作为合同当事人长期持有。

（五）保险合同因具有高度专业性、技术性，投保人之间知情程度各不相同

保险合同是运用了统计、保险数理技术等高度专业性、技术性的独特制度，投保人作为普通消费者，在进行保险的风险判断，保险公司的财务、经营状态的分析等调查时，与保险公司之间存在信息不对称、知情权不对等的情况。

四、日本人寿保险企业破产案例借鉴

到目前为止，日本的保险公司破产案例一共有 8 例。破产处理存在两种类型：一种为基于保险业法的处理，另一种为基于金融机构的更生（重整）程序特例等相关法律进行的处理。

（一）基于保险业法的处理（4 家企业的案例）

破产案例发生的年份分别为，日产生命 1997 年、东邦生命 1999 年、第百生命 2000 年、大正生命 2000 年。

人寿保险合同当事人保护机构（以下简称"保护机构"）提供的资金援助金额分别为，日产生命 2000 亿元、东邦生命 3660 亿元、第百生命 1450 亿元、大正生命 262 亿元，由此可得知实务中多存在保护机构提供高额援助金的情形。

（二）更生（重整）特例法的处理（4 家企业的案例）

破产案例发生的年份分别为，千代田生命 2000 年、协荣生命 2000 年、东京生命 2001 年、大和生命 2008 年。

协荣生命和大和生命是股份有限公司，其他的为相互公司，保护机构未提供援助资金。

日本的人寿保险企业在破产中呈现一种特征，即利差损问题。因为，保险金的支付以保险合同中约定的投保人缴纳的保险费以及保险合同缔约时的利率为基准，而在经济泡沫破裂导致长期的不动产价格低迷、经济不景气，从而引发利率下调，投资收益率下降，为填补因此出现的资金损失消耗了保险公司大量的资金。近期的人

寿保险企业破产案例为大和生命，其破产的原因有以下几点：

（1）发行高预定利率的保险产品导致发生利差损从而产生利润损失（资产使用的实际收益与预定利率不同而产生的损失）。

（2）中小规模的保险企业的事务管理成本，尤其是用人成本成为一项较大的负担，从而产生长期的费用损失（预估的事务管理费用与实际发生的事务管理费用相差过大导致的损失）。

（3）保险企业为填补利润损失与费用损失将不动产等优良资产出卖，从而导致净资产的实质减少。由此引发，进行有价证券的积极投资时资信评级的降低。

（三）保险企业破产情形的特殊性

前文所述的人寿保险合同的特殊性反映在保险企业破产时的处理的特殊性中。缔结保险合同的债权人人数庞大，有时甚至会达到数百万人的规模，且各个保险合同的当事人多是彼此之间不存在信息共享、分散的、对保险缺乏专业认知的一般消费者。一般消费者对于保险企业的破产并无过错，关于保险、保险企业的风险信息和保险企业的财务状况的信息存在偏差也是不可避免的。即使保险企业破产，也能保障保险合同当事人对于未来的经济安定的追求，是今后国民经济平稳发展与维护保险制度的信誉的重要课题。为了解决这一课题，今后通过维持保险的持续有效来保护保险合同当事人的权利是十分重要的，尤其应注意年龄限制问题、因罹患疾病而不能缔结新的保险合同问题、消费者只能选择缔结对于其自身来说不利的保险合同等问题，在维持已有的保险合同的同时保护弱者这一需求是十分急迫的。

此种属性之下，同时需兼顾庞大数量的债权人（保险合同当事人）的保护，人寿保险企业的破产处理若运用一般破产法制度，则债权人的权益将有可能无法得到保全（如申报债权、行使表决权等），另外还存在保险公司破产程序需要花费时间、保险公司尽量压缩成本等可能。因此，保险业这一特殊的、需要专业性技术的行业，不能使用一般的破产法进行应对，而应适用保险业法、更生（重整）特例法应对保险公司的破产处理。

第六节　跨境破产

我国《破产法》第5条对跨境破产做出了规定，但该规定比较简单，包括跨境破产管辖权在内的很多问题都没有涉及。管辖权与国外破产判决的承认与执行、跨境破产的法律适用等都有着密切的联系，是跨境破产制度的重要组成部分，中国未来建构跨境破产法律规则时，需要首先弥补该项立法空白。我国的跨境破产案例，被国外承认的有浙江"尖山光电"案和北京"洛娃"公司破产重整案。

联合国贸易法委员会（United Nations Commission on International Trade Law，以下简称"UNCITRAL"）于1997年5月为了统一关于国际破产的各国法律制度，制定了有关国际破产的《贸易法委员会跨国界破产示范法》（UNCITRAL Model Law on Cross-Border Insolvency，以下简称《示范法》）。[1]

《示范法》将外国破产程序分为外国主程序（foreign main proceedings）与外国从程序（foreign non-main proceedings）。外国主程序指，债务人的主要利益中心地国家开始的破产程序。外国从程序指，非外国主程序为破产程序的，债务人进行营业活动地国所开始的破产程序。《示范法》区分主程序与从程序，在承认国对外国主程序作出承认的裁定时，赋予了在该国家审理中的个别诉讼以及强制执行程序自动中止、禁止债权人强制执行以及处

---

〔1〕 参考 UNCITRAL 事务局颁布《示范法》的同时颁布了《贸易法委员会跨国界破产示范法立法指南》（Guide to Enactment of the UNCITRAL Model Law on Cross-Border Insolvency），该指南于2013年12月被修改为"颁布及解释指南"（UNCITRAL Model Law on Cross-Border Insolvency with Guide to Enactment and Interpretation），此次修改变更了名称，大幅度补充了内容。

分债务人财产等强有力的效力（参照《示范法》第 20 条）。相反，对外国从程序作出承认裁定时，自动中止的效果被否定，仅限于依据当事人申请法院个别裁定的情形下具有同等效力以及也有可能作出其他支援处分（参照《示范法》第 21 条）。

值得一提的是，欧洲 2000 年也制定了《关于破产程序的规定》［Council Regulation（EC）No 1346/2000 on Insolvency Proceeding，以下简称《欧盟破产规定》］，是关于欧盟成员国国际破产的相关立法政策，该规定是关于适用框架的条约。《欧盟破产规定》与《示范法》的显著不同点之一是，对于欧盟成员国之中某一国有管辖权的法院作出的破产程序开始裁定，原则上在其他成员国也自动被承认。《示范法》在主程序和从程序中对外国破产程序的承认，根据不同效力加以区别（第 20 条）。在将外国破产程序作为主程序承认的情形下：①关于债务人的资产、权利、义务或责任的所有程序会中断，无法提出新的程序；②中止对债务人资产的执行；③停止（suspend）对债务人资产权利的转让或限制或其他处分的权利。只是这种自动中止（automatic stay）的效果：可能因承认国的破产法或法院的命令而被限制（第 2 项）；债权人在保全自身权利而为的在必要的限度内是前述中止不会被适用（第 3 项）；债权人为了启动程序向有关法院申请的权利不会被限制（第 4 项）。

将外国破产程序作为从程序承认的情形下不发生前述自动中止的效力，因而可以根据《示范法》第 21 条向有关法院申请，以法院发出命令的方式产生如前所述的适用效力。

制定《示范法》的时候，当时考虑到各国破产法规定存在相当大的差异，选择了不具有约束力形式的合议方式，保留了法院高度自由裁量的余地。[1] 问题是，即使在适用《示范法》的国

---

〔1〕 Sandeep Gopalan / Michael Guihot, Recognition and Enforcement in Cross-Border Insolvency Law: A Proposal for Judicial Gap-Filling, Vanerbilt Journal of Transnational Law, 1234（2015）.

家，各国破产法依然可以介入，基于承认外国破产程序的代表人在允许的范围内可进行的支援处分，也是依然采用《示范法》的国家的法院的解释。比如在对海运公司的营业中占比比较大的租赁船舶是否保护等问题上，各国法院的立场不同，尤其是重整计划草案批准之后，免责的效力或其他除了重整程序开始裁定之外的有关重整的法院的个别裁定是否能得到承认国法院的承认的问题，在加入《示范法》的国家之间也没有统一的认识，因而在各国多个地方具有财产的海运公司以及多国籍企业破产时，招致众多混乱。[1] 法院裁定得到外国破产程序的承认，这些承认生效之后产生诉讼程序中止等效力，但是该效力在外国破产程序终结之后并不当然被维持，因而需要提前了解各国法律规定。在外国破产程序中计划草案得到批准之后产生免责的效力，为了该免责效力对外国的债权人也能产生效力或者外国破产程序终结之后，为了防止之前中止的诉讼程序的重新被启动，需要向承认法院追加申请支援处分。[2] 根据《示范法》申请外国破产承认程序之后，被承认的外国破产程序存在相当大的变化时，具有报告的义务（《示范法》第18条），如果懈怠此义务，则有可能导致承认被取消。[3]

---

〔1〕 UNCITRAL 认识到相关问题点，2014 年提出了有关破产审判的承认以及执行的示范法草案（Model Law on the Recognition and Enforcement of Insolvency-Related Judgements），之后一直在探讨并进行修正。参照 https://documents-dds-ny.un.org/doc/UNDOC/LTD/V15/017/25/PDF/V1501725.pdf? OpenElement。

〔2〕 美国法院认为虽然对大宇物流依据美国联邦《破产法典》第十五章的程序承认了韩国的重整程序，但是不另行申请永久中止等支援处分，法院不批准的话，在重整程序终结之后不能对抗债权人的扣押处分。[In re Daewoo Logisticcs Corporation (Bankr. S. D. New York, 2011).]

〔3〕 在 Kumkang Valve Co., Ltd.（Bankr. S. D. Tex. Apr 08, 2009）案中，债权人根据美国联邦《破产法典》第十五章规定以未在程序中履行报告义务为理由提出申请，而法院取消了（dismis）第十五章的程序。

图书在版编目（CIP）数据

商事法律制度前沿问题研究 / 陈景善编著. -- 北京：
中国政法大学出版社，2025. 3. -- ISBN 978-7-5764
-2036-4

Ⅰ. D923.994

中国国家版本馆 CIP 数据核字第 2025NB5118 号

出 版 者　中国政法大学出版社

地　　址　北京市海淀区西土城路 25 号

邮寄地址　北京 100088 信箱 8034 分箱　邮编 100088

网　　址　http://www.cuplpress.com（网络实名：中国政法大学出版社)

电　　话　010-58908289(编辑部) 58908334(邮购部)

承　　印　北京中科印刷有限公司

开　　本　880mm×1230mm　1/32

印　　张　21.25

字　　数　535 千字

版　　次　2025 年 3 月第 1 版

印　　次　2025 年 3 月第 1 次印刷

定　　价　99.00 元